MELENCOLIA I

"十四五"时期国家重点出版物出版专项规划项目

群星闪耀

——大数学家传

上册

[美]E.T.贝尔 ◎著

李文林　胡作玄　袁向东　胡俊美　贾随军　程钊 ◎译

大连理工大学出版社

Dalian University of Technology Press

图书在版编目(CIP)数据

群星闪耀：大数学家传. 上册 /（美）E. T. 贝尔著；
李文林等译. -- 大连：大连理工大学出版社，2024. 8.
ISBN 978-7-5685-5131-1

Ⅰ. K816.11

中国国家版本馆 CIP 数据核字第 2024BF8079 号

群星闪耀：大数学家传
QUNXING SHANYAO：DA SHUXUEJIA ZHUAN

出 版 人：苏克治
策划编辑：苏克治
责任编辑：赵晓艳　王　伟
责任校对：周　欢
封面设计：奇景创意

出版发行：大连理工大学出版社
　　　　　（地址：大连市软件园路 80 号，邮编：116023）
电　　话：0411-84708842（发行）
　　　　　0411-84708943（邮购）　0411-84701466（传真）
邮　　箱：dutp@dutp. cn
网　　址：https://www. dutp. cn

印　　刷：大连图腾彩色印刷有限公司
幅面尺寸：170mm×240mm
插　　页：1
印　　张：45.25
字　　数：700 千字
版　　次：2024 年 8 月第 1 版
印　　次：2024 年 8 月第 1 次印刷
书　　号：ISBN 978-7-5685-5131-1
定　　价：158.00 元（全二册）

本书如有印装质量问题，请与我社发行部联系更换。

中译序

E. T. 贝尔的数学家传记著作 *Men of Mathematics*（本中译本取名《群星闪耀——大数学家传》），从古希腊的芝诺、阿基米德写到 20 世纪初的庞加莱和康托尔，自从 1937 年首次出版以来，多次再版，至今仍在不断重印，可以说是在西方世界最受欢迎的一部数学家传记作品了。

贝尔这部数学家传记之所以广受欢迎，最明显的原因自然是其通俗性加科学性，就是说用通俗生动而又不失准确的语言，向大众介绍经过精心挑选的数学家的生平，传播他们的数学思想和精神。通俗性与科学性是一本优良的科普作品的两大要素，前者决定传播的广度，后者决定传播的深度。在通俗性方面，贝尔为这本传记提出了很高的要求，并且应该说是认真实践了这一要求。在作者笔下，一个个栩栩如生的大数学家和他们脍炙人口的生平故事，对读者有很大的吸引力，而这些数学大师的数学发现和数学思想，虽然许多内容远远超过了中学数学范围，但如贝尔在导言中所说："无论它们在哪里出现，我们都给出了充分的描述，使任何具有高中数学水平的人都能看懂。"

当然，通俗性不能以丧失科学性为代价。如果一味以博取眼球为目的，忽视甚至罔顾数学内容的准确性和史实的可靠性，那样的科普作品是不可取的。除了准确无误以外，科学性还有一个很重要的要求，就是一部科普作品应有足够的科学知识含量。数学家传记不应仅仅满足于传播数学家的奇闻轶事甚至热衷于八卦传说以哗众取宠,而应着力传播数学家的数学思想与科学精神。贝尔的这部数学家传记显然不是那种肤浅的消遣品。读者通过阅读书中大数学家们的故事,不仅认识了构建现代数学大厦的是一群什么样的建筑师,而且对他们的智力创造物,从芝诺悖论、欧氏几何、解析几何、微积分、群论、非欧几何乃至逻辑代数、超穷集合论等等都会有一定程度的理解。正如伯特兰·罗素对本书的评论所言:"任何学习数学的人都会从阅读这本书中获益,因为他使得数学这一学科变得人性化,并有助于我们对数学历史环境的了解。"

撰写数学家传记必然遇到的一个问题是如何处理一些高度吸睛但却没有根据的传说。在这方面,贝尔表现出一个数学家的严谨。在本书中我们看不到一些笛卡儿传中津津乐道的因瞥见一只蜘蛛(或说苍蝇)而发明解析几何的故事。特别是,与一般以传说人物泰勒斯为数学第一人的西方数学史著作不同,本书压根就没有提到泰勒斯这个名字!

在翻译本书的过程中,笔者感到,除了通俗性与科学性,贝尔的这部数学家传记还有另一个重要的特点,就是具有明确的数学史观。贝尔在导言中指出:"我们有必要在此简要说明什么是贯穿整个数学历史的主要指导线索。"而贝尔认为:"从早期开始,就一直有两种对立的、有时又是互补的倾向,支配着整个数学的发展。粗略地说,这两种倾向就是离散的倾向和连续的倾向。"与此密切联系的是"当今蓬勃发展的两大对立的数学思想流派的代表,即批判破坏性学派和批判构造性学派。"这就是贯穿本书的指导线索。数学史观可以说是数学史家的灵魂,明确的史观指导数学史家去伪存真,去粗取精,将表面上杂乱无章的数学史料编织成脉络清晰的知识动力体系,而不致成为史料的堆砌或单纯的编年史。当然,数学发展的线索不只有一条,不同的视角可以有不同的见解,这里正是数学史家们争鸣探讨、深耕求真之处。

本书有一个乍看明显的缺陷,即缺失东方数学家的传记。本书还有一些其他缺点,例如对有的数学家(如柯西)的成就介绍重点不够突出等。

对于缺选东方数学家,笔者认为应非作者的主观意图,因为贝尔在本书导言中明确提出反对狭隘民族主义。他说:"狭隘民族主义和国际嫉妒,即使在最不带感情色彩的纯数学中,也严重扭曲了发现和发明的历史。"他进一步写道:"对西方数学的公正描述,包括对每个人和每个国家在错综复杂的发展中所占地位的评析,只有一个中国史学家才能写出来。只有他才有耐心和以超然的态度,去解开那奇怪的扭曲的模式,去发现我们西方五花八门的自夸中所隐藏的任何真相。"贝尔所反对的"狭隘民族主义"剑指何方,可以说昭然若揭。一位西方数学史家在 20 世纪 30 年代能持如此立场,确实令人称奇!

本书曾受到部分西方史学家依据所谓"史学标准"的严厉批评。正如我们已看到,贝尔在本书中对史料的处理方式和观点与传统的西方史学标准的确相去甚远。史学标准确实是一个严肃的并且在笔者看来需要以客观而非双重的态度认真研讨的问题。无论如何,读者是上帝,由于前面所述的特点,本书已然成为久传不衰的数学科普经典。正因为此,我们欣然接受了大连理工大学出版社翻译新的中文译本的邀请,并严谨以待,奋力译作。我们希望这个新译本有自己的特色,同时欢迎批评指正。

本书的翻译出版得到了严加安院士和纪志刚教授的大力支持,在此谨表感谢。

李文林

2024 年 3 月于北京中关村

致　谢

如果没有大量的脚注，就不可能在本书中为每一个历史事实的引用标明出处。但在大型大学图书馆之外所查阅的资料很少，而且大部分都是外文。关于某个人生活中的主要日期和主要事实，我查阅了讣告（现代人的）：这些都可以在他曾经参加过的学术团体的会刊中找到。其他有趣的细节从数学家之间的通信和他们的作品集中获得。除了目前所引用的少数具体资料外，以下的参考书目和参考资料也特别有帮助：

（1）大量的历史笔记和论文摘自《数学年鉴》（*Jahrbuch über die Forschritte der Mathematik*，数学史部分）；

（2）《数学文献》（*Bibliotheca Mathematica*）。只有三份资料来源比较"私密"，需要明确所引用的文献。伽罗瓦的生平是根据 P. 迪普威（P. Dupuy）在《巴黎高等师范学校科学年鉴》（*Annales scientifiques de l'École normale supérieure*，3me série，tome 13，1896）上发表的经典陈述，以及 P. 塔内利（P. Tannery）编辑的注记。魏尔斯特拉斯和索尼娅·柯瓦列夫斯基之间的通信由米塔格-勒弗莱（Mittag-Leffler）发表在《数学学报》（*Acta Mathematica*）上（部分也发表于第二届国际数学家大会文集，巴黎，1902）。关于高斯的许多细节都摘自冯·沃尔特豪森的书《回忆高斯》（W. Sartorius von Waltershausen，*Gauss zum Gedächtnissy*，Leipzig，1856）。

如果断言书中的每一个日期或专有名称的拼写都是正确的,那就太轻率了。日期的使用主要是为了使读者可以了解到一个人在什么年龄做出最具独创性的发明。

至于拼写,我承认,面对诸如 Basle、Bale 和 Basel(或者 Utzendorff 和 Uitzisdorf)这样的同一座瑞士城镇的不同拼法,我感到很无助。在 James 与 Johann 之间,或者 Wolfgang 与 Farkas 之间做出选择时,我会采取较简单的方法,即通过其他途径来确定相应的人物。

与前一本书(《探索真理》)的情形一样,我非常高兴地感谢 E. 哈勃博士和他的妻子格蕾丝给予的宝贵帮助。虽然书中所有的陈述都是由我个人负责,但在我不能自称为专家的领域,两位专家的学术批评(尽管我并不总是从中受益)对我有很大的帮助,我相信他们建设性的批评已经弥补了我的不足。M. 沃德博士也批评了某些章节,并对他所擅长的问题提出了许多有益的建议。托蓓一如既往,贡献良多;为了感谢她所付出的一切,我把这本书献给她(如果她愿意的话)——它既是我的,也是她的。

最后,我要感谢各图书馆的工作人员,感谢他们慷慨地借出珍本书籍和书目资料。我要特别感谢斯坦福大学、加利福尼亚大学、芝加哥大学、哈佛大学、布朗大学、普林斯顿大学、耶鲁大学、约翰·克雷拉图书馆(芝加哥)和加州理工学院。

E. T. 贝尔

目　录

他们说，他们说什么？让他们说！

（阿伯丁大学马歇尔学院校训[①]）

纯粹数学科学的现代发展，可以说是人类精神的最高创造。

——A. N. 怀特黑德（《科学与现代世界》，1925）

数学真理本身既不简单也不复杂，它就是这样。

——É. 莱莫恩

一个数学家，如果不是某种程度的诗人，就决不是一个完美的数学家。

——K. 魏尔斯特拉斯

我听到有人指责我是数学的对手、数学的敌人，然而没有人比我更重视数学，因为它完成了我所不能完成的事情。

——歌德

数学家就像情人。……给数学家最少的原理，他就会从中推出一个结论，而你也必须承认他这个结论，然后从这个结论又可得出另一个推论。

——丰特内勒

做不可能的事比绕过数学家容易。

——A. 德·摩根

我很遗憾，在这堂课上，我必须使用如此多的四维几何知识。我不道歉，因为我真的不应该为大自然最基本的方面是四维的这一事实担责。事情就是这样……

——A. N. 怀特黑德（《自然的概念》，1920）

---

① "They say, What they say? Let them say! "英国阿伯丁大学马歇尔学院大门上铭刻的箴言。

* * *

万物皆数。

——毕达哥拉斯学派

数学是科学的女王,算术是数学的女王。

——C. F. 高斯

因此,我们可以说,数字支配着整个量的世界,算术四则运算可以被看作是数学家的全部装备。

——J. C. 麦克斯韦

算术的不同分支——野心、迷惑、丑化和嘲笑。

——假海龟(《爱丽丝漫游奇境》)

上帝创造整数,其余一切都是人的作品。

——L. 克罗内克

[算术]是人类知识中最古老的分支之一,也许是最古老的分支;然而,它的一些最深奥的秘密却与它最古老的真理相近。

——H. J. S. 史密斯

* * *

柏拉图的著作并不能使任何数学家相信它们的作者对几何学有强烈的迷恋……我们只知道他鼓励数学。但是,如果——没有人相信这一点——在他的大门上确实写了齐泽斯的"不懂几何者莫入"这句话,那么它所显示的几何学的意义,顶多相当于提醒你一顿好晚餐不要忘记带一包三明治一样。

——A. 德·摩根

几何学没有王者之路。

——梅内克穆斯(致亚历山大大帝)

* * *

当他还是国会议员的时候,他就学习并几乎掌握了欧几里得的前六卷。为了提高自己的能力,特别是逻辑和语言能力,他开始了严格的思维训练。因此,他喜欢欧几里得,他随身携带着欧几里得,直到他能够轻松地证明前六卷中的所有命题;他经常学习到深夜,枕头旁边放着一支蜡烛,而他的律师同行们,六个人挤在一个房间里,空中响彻不间断的鼾声。

——A. 林肯(《短篇自传》,1860)

* * *

尽管听起来很奇怪,但数学的力量正是在于它可以避免所有不必要的思考,以及它对思维活动的奇妙节省。

——E. 马赫

像棉花价格曲线那样画出的一条曲线,描述了我们耳朵所能听到的最复杂的音乐演奏效果。……在我看来,这正是数学力量的绝妙证明。

——开尔文勋爵

* * *

数学家,凭借他们的符号洪流,显然是在处理纯粹形式的真理,却仍然可能得出对我们描述物质宇宙具有无限重要性的结果。

——K. 皮尔森

说明一个实验者在没有数学帮助的情况下解释他的结果是多么困难,这样的例子数不胜数。

——开尔文勋爵

但是,数学之所以享有崇高声誉还有另一个原因:正是数学为精确的自然科学提供了某种程度的可靠性,而没有数学,它们就无法获得这种可靠性。

——A. 爱因斯坦

数学是特别适合处理任何抽象概念的工具,它在这方面的力量是无限的。因此,一本关于新物理学的书,如果不是纯粹描述实验工作,本质上也必须是数学的。

——P. A. M. 狄拉克(《量子力学》,1930)

当我继续研究法拉第的时候,我意识到他描述(电磁学)现象的方法也是数学的,虽然没有表现为传统的数学符号形式。我还发现,这些方法可以用通常的数学形式来表达,因此可以与那些公认的数学家的方法进行比较。

——J. C. 麦克斯韦(《电磁通论》,1873)

* * *

命题 64……数学家难道……没有他们的神秘甚至前后不一和自相矛盾之处吗？

——伯克利主教

要创造一种健康的哲学，你就应该放弃形而上学，而做一个好的数学家。

——B. 罗素（1935 年的一次演讲）

数学是唯一好的形而上学。

——开尔文勋爵

数学，毕竟是独立于经验的人类思想的产物，怎么能如此令人钦佩地适应于现实对象呢？

——A. 爱因斯坦（1920）

每一个新发现都是以数学的形式出现，因为我们没有其他的指导。

——C. G. 达尔文（1931）

无限！没有任何其他问题能如此深刻地打动人类的精神。

——D. 希尔伯特（1921）

无限的概念是我们最好的朋友；它同时又是我们内心平静的最大敌人。……魏尔斯特拉斯教我们相信，我们已经彻底驯服了这匹野兽。然而，事实并非如此；它又一次挣脱了缰绳。希尔伯特和布劳威尔已经着手再次驯服它。需要多长时间？我们不知道。

——J. 皮尔庞特（《美国数学会通报》，1928）

在我看来，一个数学家，只要他是一个数学家，就不需要把自己的全部精力放在哲学上——而且许多哲学家都表达过这一观点。

——H. 勒贝格（1936）

上帝是几何学家。

——柏拉图

上帝是算术家。

——C. G. J. 雅可比

宇宙的伟大建筑师现在开始以纯数学家的身份出现。

——J. H. 琼斯（《神秘的宇宙》，1930）

数学是最精确的科学，它的结论能够得到绝对的证明。但这只是因为数学并不试图得出绝对的结论。所有数学真理都是相对的，有条件的。

——C. P. 斯坦梅茨(1923)

这是一条万无一失的准则，当一个数学家或哲学家用一种玄乎的深奥来写作时，他就是在胡说。

——A. N. 怀特黑德(1911)

（李文林 译）

第一章

导　言

●为了读者受益●现代数学的发端●数学家是普通人吗？●无知的模仿●数学进化的无限范围●先锋和侦察员●穿越迷宫的线索●连续性和离散性●常识的升华●生动的数学还是模糊的神秘主义？●数学的四个伟大时代●我们的黄金时代

这一章的标题是导言,而不叫序言(其实就是序言),希望引导那些习惯于跳过序言的读者在会见一些伟大的数学家之前,为了他们自己受益,至少能读一读下面第一排星号以前的段落。我首先要强调的是,这本书在任何意义上都不是一部数学史,也不是任何这类数学史书的一部分。

这里介绍的数学家们的生活,是写给普通读者和其他一些希望了解究竟是什么样的人创造了现代数学的读者看的。我们的目标是引出一些支配着当今广袤的数学领域的主导思想,并通过描写创造这些思想的人的生平来实现这一目标。

在确定人选的时候,有两项标准:一个人的工作对现代数学的重要性;其生活与性格的人性魅力。有些人两条都符合,例如帕斯卡、阿贝尔和伽罗瓦;另一些人,比如高斯和凯莱,主要是符合第一条,虽然这两人的生活也都很有趣。当这些标准发生冲突或对同一项重大成就存在不止一位值得记载的候选人时,第二项标准是优先考虑的,因为我们主要感兴趣的是作为人的数学家。

近年来,人们对科学(尤其是物理学)及其对我们迅速变化的宇宙观的影响兴趣激增。已经有大量关于当前科学进展的优秀著述,这些著述尽可能使用非专业的语言,有助于缩小职业科学家与那些必须从事科学以外工作来谋生的人之间的距离。在许多这样的著述中,特别是那些与相对论和现代量子理论有关的著述中,出现了一些一般读者可能不熟悉的名字——比如高斯、凯莱、黎曼和埃尔米特。了解了这些人是谁,了解了他们在1900 年以来物理学爆炸式发展的酝酿过程中所起的作用以及他们富有魅力的个性,科学的辉煌成就就会变得更加真实,就会具有全新的意义。

伟大的数学家在科学和哲学思想的演进中发挥了堪与哲学家和科学家相媲美的作用。下面几章的目的是通过大数学家们的生活来描述这方面的主要特点,并以他们那个时代的一些主要问题为背景。重点完全放在现代数学上,也就是说,放在那些伟大而简单的数学思想的指导理念上,这些理念在当今创造性科学和数学中仍然至关重要。

不能认为数学的唯一功能是充当"科学的侍女"——就是为科学服务。数学也被称为"科学的皇后"。如果皇后偶尔似乎向科学领域讨取,那她也是一个无比高傲的乞丐,既不向比她更富有的科学姐妹乞求,也不接受她们的赐舍。她所得到的是她曾经的付出。数学本身就有一种光明和智慧,超越了任何可能的科学应用,它将给任何能窥见数学本质的智者以丰厚的回报。这不是为艺术而艺术的古老信条,而是为人类的艺术。毕竟,技术不是科学的全部目的——上帝知道我们已经拥有充足的工具箱;科学还探索宇宙的深处——人类永远无法达到的超越一切想象的宇宙深处,这种探索对我们当前的物质生活并没有什么影响。因此,我们也将关注一些伟大的数学家仅仅因为其内在美而认为值得钟情探究的事物。

据说柏拉图曾在他的学院入口上方题写过"不懂几何者莫入"。我们这里不需要类似的警示,我们的故事的主体是现代数学创造者们的生活和个性,而不是充斥于书本的公式和图表,这也许能使一些过于认真的读者免于不必要的苦恼。从现代数学的基本思想出发,无数学者织造了庞大而复杂的体系,然而现代数学的基本思想本身是简单的,范围广阔,是任何具有正常智力的人都能理解的。拉格朗日(我们稍后将会见到他)认为,数学家只有能够向他在大街上遇见的第一个人解释自己的工作并让对方明白,他才算真正理解了自己的工作。

这当然是一种理想的状态,并不是总能做到。但是,我们也许还记得,就在拉格朗日说这话之前不久,牛顿的万有引力"定律"甚至对受过高等教育的人来说都是无法理解的谜。而到了昨天,牛顿的"定律"已经成为司空见惯的东西,每一个受过教育的人都认为它简单而真实;今天的爱因斯坦相对论引力理论正是18世纪前几十年的牛顿"定律";明天或后天,爱因斯坦的理论就会显得像昨天的牛顿"定律"一样"自然"。随着时间的推移,拉格朗日的理想并非无法实现。

另一位伟大的法国数学家,同样感到他自己遭遇的困难并不比他的读者少,他劝告那些认真的人在困难面前不要钻牛角尖,"继续前进,信念将迎面而来。"简而言之,如果某个公式、图表或段落偶尔显得过于专业,那就绕过它。退一步海阔天空!

学数学的学生都熟悉所谓"慢进"的现象,或者说潜移默化;刚开始学习一种新事物时,纷繁的细节往往会让你陷入令人绝望的混乱,脑海中全无连贯的整体印象。然而,稍作休整后再回来,发现一切都已各就各位,适得其所——就像是一部电影情节的发展。大多数第一次认真学习解析几何的人都有过类似的经历。另外,微积分的学习,则由于一开始就说明了明确的目标,人们通常会很快掌握它。即使是专业的数学家也经常会浏览别人的工作,以获得一个广泛的、全面的整体视角,然后再集中到他们感兴趣的细节上。跳读并不是像清教的教师告诉我们的那样是一种陋习,而是合乎常识的长处。

部分读者会明智地跳过本书中某些内容,至于为了理解本书内容所需要的数学知识量,老实说,我相信高中的数学课程就够了。书中许多内容虽然远远超过了这一范围,但无论它们在哪里出现,我们都给出了充分的描述,使任何具有高中数学水平的人都能看懂。对于与它们的创造者一起介绍的一些最重要的思想,例如群、高维空间、非欧几里得几何和符号逻辑,甚至不到高中程度就能够理解,所需要的只是兴趣和专注的头脑。领悟现代数学中的这些充满活力的思想,就像大热天喝冰水一样令人神清气爽,犹如欣赏任何艺术作品一样鼓舞人心。

为了便于阅读,书中将在必要的地方重复重要的定义,并不时地经常引用前面的章节。这些章节不必连续阅读。

事实上,那些善于思考或具有哲学思维倾向的人可能更喜欢先阅读最后一章。本书各章基本上按编年顺序编排,只有少数场合为切合当时的社会背景而作了无关紧要的改动。

我们不可能把这些人的所有作品都描述出来,即使是他们中最不高产的人。那样做对一般读者来说也不会有什么好处。何况,即使是过去那些伟大的数学家的许多工作,现在也只具有历史意义了,它们已被纳入更一般的观点中。因此,本书只介绍每位入选者所做的最引人注目的新成果,而这些新成果之所以被挑选出来,是因为它们在现代思想中的原创性和重要性。

在所选择的主题中,这里特别提一下以下几项,相比其他主题来说它们也许更能吸引一般读者的兴趣:无限的现代学说(第二、二十九章);数学概率论的起源(第五章);群的概念及其重要性(第十五章);不变量的意义

（第二十一章）；非欧几里得几何（第十六章和第十四章的一部分）；广义相对论的数学来源（第二十六章最后一部分）；普通整数的性质（第四章）及其现代推广（第二十五章）；所谓虚数（例如$\sqrt{-1}$）的意义和用处（第十四、十九章）；符号推理（第二十三章）。而任何人如果希望一睹数学方法的力量尤其是应用于科学的威力，只要看一看什么是微积分（第二、六章），必定会如愿以偿。

现代数学始于两个伟大的进步——解析几何和微积分。前者在1637年形成，后者大约始创于1666年，尽管直到十年后才成为公共财富。虽然这一切背后的思想极其简单，但解析几何的方法是如此强大，以至于普通的17岁男孩可以用它来证明一些结果，这些结果可能会使希腊最伟大的几何学家——欧几里得、阿基米德和阿波罗尼奥斯——感到困惑。这个人，笛卡儿，最终明确了这个伟大的方法，他的生活特别充实和有趣。

我们说笛卡儿是解析几何的创造者，并不是说这种新方法完全出自他一个人之手。在他之前的许多人已经在这个新方法上取得了重大的进展，但还需要笛卡儿迈出最后一步，真正把这个方法作为几何证明、发现和发明的切实可行的引擎。但即使是笛卡儿，也必须与费马分享这一荣誉。

类似的话也适用于现代数学的其他大多数进步。一个新概念可能会在几代人之间"酝酿"，直到某个人——偶尔两三个人一起——清楚地看到他的前辈们遗漏的关键细节，这个新概念就诞生了。例如，相对论有时被认为是时间留给天才闵可夫斯基的伟大发明。然而，事实是创造相对论的不是闵可夫斯基，而是爱因斯坦。说某某人可能会怎样怎样做，或者如果情况不是这样又如何如何之类的话，似乎是毫无意义的。毫无疑问，如果我们和我们所在的物理宇宙与现在不一样，我们中的任何一个人都可以跳上月球,但事实是,我们自己不能跳上月球。

然而,在其他情况下,某些重大进步的荣誉归属并不总是公正的,最先比发明者更有效地使用一种新方法的人有时会得到更多的荣誉。例如,在微积分这一非常重要的问题上,情况似乎就是如此。阿基米德有一个关于极限和的基本概念,这是积分学的源泉。他不仅有这个概念,而且证明了他能够应用这个概念。阿基米德在他的一个问题中就使用了微积分的方法。当我们走近17世纪的牛顿和莱布尼茨时,微积分的历史显得非常复杂。在牛顿和莱布尼茨的新方法落地之前,它并不完全是一座"空中楼阁";费马已经知道这类方法,他还独立于笛卡儿发明了坐标几何方法。尽管存在诸如此类不容置疑的事实,我们仍将遵循传统,即使冒一点言过其实的风险,将荣誉赋予多数人所公认的每一位伟大的领军人物。毕竟,优先权逐渐失去了其令人刺激的重要性,因为随着时间的推移,那些因优先权而爆发激烈口水战的当事人及其支持者已经远逝而去。

* * *

那些从来没有了解过职业数学家的人邂逅数学家时可能会倍感惊讶,因为一般读者对数学家这类人可能比其他脑力工作者群体更生疏。数学家相比其科学家同仁很少成为小说中的角色,当他出现在小说中或屏幕上时,往往被描写成不修边幅的梦想家,缺乏常识,滑稽可笑。现实生活中的数学家究竟是一些什么样的人?只有仔细观察一些伟大数学家的为人和他们的生活,我们才能认识到传统的数学家形象的荒谬和不实。

虽然这看起来很奇怪,但并不是所有伟大的数学家都是大学教授。不少人的职业是军人,有的人是从神学、法律和医学进入数学领域。在最伟大的数学家中,甚至还有一位是狡黠的外交官,曾经为了国家的利益而撒谎。还有一些人则根本没有职业。更奇怪的是,并非所有的数学教授都是数学家。但当我们想到拿着优厚薪水的普通诗学教授和穷困潦倒、饿死阁楼的诗人之间的天壤之别,这些就都不足为奇了。

接下来的故事至少会告诉我们,数学家可以和普通人一样为人——有时甚至比普通人还要普通,让你感到失望。在普通的社会交往中,大多数人都是正常的。当然,数学领域也出怪人,但其比例并不高于商界或其他专业领域。作为一个群体,伟大的数学家们大都多才多艺,精力充沛,头脑敏捷,对数学以外的许多事情充满兴趣。他们多是有骨气的斗士,一般来说,数学家不是可以任由欺压的软客,而对于所得到的东西他们通常都会投桃报李。此外,他们都是卓有成就的天才。一种不可抗拒的数学冲动,是他们与大多数有天赋的人的唯一区别。有时数学家还是(在法国至今有些人仍然是)极其能干的管理者。

在政治方面,伟大的数学家涵盖了从保守主义到激进自由主义的整个范围。也许可以正确地说,作为一个阶层,他们在政治观点上略微左倾。他们的宗教信仰也包含了一切,从最狭隘的正教说(有时会演变成最黑暗的偏执)到彻底的怀疑论。数学家对于他们不了解的事情,有一些人会给出武断的结论,但大多数人倾向于呼应伟大的拉格朗日所言:"我不知道"。

这里需要提到的另一个特征,涉及伟大数学家的性生活。一些作家和艺术家(有的来自好莱坞)要求我们回答这个问题。特别地,这些询问者希望知道有多少伟大的数学家属于变态人——这可能是一个不太文雅的问题,但足够合法,值得在这个热衷于此类话题的时代得到一个严肃的回答。我们的回答是:一个也没有。有些人过着独身生活,通常是经济上的原因,但大多数人婚姻幸福,以文明、聪明的方式抚养他们的孩子。顺便提一下,这些孩子的天赋往往远高于平均水平。在过去的几个世纪里,有几位伟大的数学家有情妇,那是他们那个时代的时髦习俗。在这里讨论的数学家中,只有帕斯卡的一生可能会给弗洛伊德主义者带来一些有趣的东西。

让我们暂时回到数学家的银幕形象,我们注意到邋遢的衣服并不是伟大数学家一成不变的装束。在我们拥有详细知识的数学历史长河中,数学家与其他同样数量众多的男性群体一样,对个人的外表给予了同样多的关注。有些人是花花公子,有些人是懒汉,但大多数人体面却不引人注目。如果今天有人穿着奇怪的衣服,留着长长的头发,戴着黑色的宽边帽,或显露出其他自我表现的标志,一脸认真地让你相信他是一个数学家,你可以放心地和人打赌,说他是一个心理学家转行的数字占卜学家。

伟大数学家的心理特性是另一个令人感兴趣的话题。在后面的章节中庞加莱将告诉我们一些关于数学创造的心理学。但是在这个普遍的问题上,在心理学家之间达成一致意见之前,没有什么可说的。总的来说,伟大的数学家过着比那些陷于繁重的日常劳动的人更丰富、更精力充沛的生活。这种丰富性并不完全只有智力冒险的一面。有些伟大的数学家经历过超出他们所能承受的身心危险和刺激,他们中的一部分人是不可调和的愤世者——或者说,实际是一回事,是老练的辩论家。许多人早就渴望战斗,这无疑不是好事,但也足够体现人性,之后他们便体验到那些软弱之人从未有过的感受:"诅咒使人振奋,祝福使人懈怠",就像虔诚的基督徒威廉·布莱克(William Blake)在他的《地狱箴言》(*Proverbs of Hess*)中所说的那样。

这就把我们带到了乍看(从本书中考虑的几个人的行为)可能是数学家的又一重要特征——一触即发,易于争吵。根据其中几个人的生平,我们会得到这样一种印象：一个伟大的数学家更有可能认为别人在窃取或贬低他的成果，或没有给他足够的荣誉，并开始争吵，以恢复想象中的权利。那些本应超脱于这种争吵的人，似乎也为了优先权而走上法庭去战斗，并指控他们的竞争对手剽窃。我们将会看到足够多的不诚实行为，从而使追求真理必然会使一个人变得诚实的说法大打折扣，但我们将不会找到确凿的证据表明，数学会使一个人脾气变坏，变得好争吵。

另一个类似的"心理"细节更令人不安。嫉妒被提升到一个更高的层面。狭隘民族主义和国际嫉妒，即使在最不带感情色彩的纯数学中，也严重扭曲了发现和发明的历史，以致人们几乎不可能就一些重大事件中某个特定人物的工作对现代思想的意义做出公正的评价。种族狂热——尤其是在最近——也使任何人试图对自己种族或国家以外的科学家的生活与工作作出不带偏见的描述的任务变得越加复杂。

对西方数学的公正描述，包括对每个人和每个国家在错综复杂的发展中所占地位的评析，只有一个中国史学家才能写出来。只有他才有耐心和超脱的态度，去解开那奇怪的扭曲的模式，去揭示我们西方五花八门的自夸中所隐藏的真相。

* * *

即使把我们的注意力限制在现代数学阶段，我们也面临着一个必须以某种方式解决的选择问题。在解决所涉问题之前，这里要指出：要阐述与任一重要时期（比如法国大革命和美国内战时期）的政治历史规模相当的数学史，估计一下其所需要的工作量是十分有趣的。

当我们开始揭示数学历史上的一条特殊线索时，我们很快就会有一种沮丧的感觉：数学本身就像一块巨大的墓地，它不断地扩大，以永久地保存新死者。新来者,就像 5 000 年前被永久搁置的少数逝者一样,必须摆得看起来保持着去世时的全部精气神。事实上,必须制造出让人感到他们还活着这样一种错觉。这种骗局必须十分自然,以至于即使是在陵墓中潜行的最持怀疑态度的考古学家也会被感动到与活着的数学家们一起欢呼数学真理是永恒的、不朽的。昨天如此,今天如此,永远如此,这是永恒真理的基石,也是我们人类在一切生死轮回、兴衰交替背后所窥见的一种永恒不变性。这也许是事实。许多人,尤其是老一辈的数学家,都坚信这一点。

但是,仅仅是数学历史的旁观者很快就会被数量惊人的数学发明所淹没,这些发明在经历了几个世纪甚至几十个世纪后仍然保持着它们对现代工作的活力和重要性,而其他任何科学研究领域既往的发现却没有做到这一点。

法国大革命或美国内战中所有重要的事件都出现在不到一百年的时间里,而两者都只有不到 500 位领导人扮演了值得记录的角色。但是,当我们回顾历史的时候,那些据我们所知对数学做出至少一项明确贡献的人很快就会形成一群乌合之众。六千或八千个人名一拥而上,要求我们说些什么,使他们不致被人遗忘。一旦确认了那些比较突出的领导人物,进一步判断在这吵吵嚷嚷的人群中,谁应该被允许活下来,谁应该被人遗忘,就成了一件武断而无章可循的事情。

这种问题在描述自然科学的发展时很少出现。它们也可以追溯到遥远的古代。然而,对于其中的大多数来说,350 年的时间跨度足以涵盖所有对现代思想有重要意义的工作。但是,任何试图对数学和数学家施行全面的、人性化的公正的人,都将面临 6 000 年的旷原,在这旷世的 6 000 年中,他可以发挥他也许拥有的才能,去应对他面前 6 000 人到 8 000 人的甄别任务和他们对公正的诉求。

随着临近我们自己的时代,这个问题变得更加严重。这决不是因为我们越来越接近我们之前两个世纪的人,而是因为一个(在职业数学家中)普遍承认的事实:19世纪,一直延续到20世纪,过去是,现在仍然是世界上已知的最伟大的数学时代。与光荣的希腊数学相比,19世纪的数学犹如在一支蜡烛旁熊熊燃烧的篝火。

我们应该遵循什么线索来引导我们穿越数学发明的迷宫?主线已经被指出:它从半被遗忘的过去引出一些主导概念,这些概念现在统治着广阔无垠的数学帝国,但其自身明天可能会退出舞台,为更广泛的发展让路。遵循这条主线,我们将略过开发者,而主要关注原创者。

发明家和完美主义者对任何科学的进步都是必要的。除了侦察员之外,每个探险家还必须有让世界知道其发现的追随者。但是,对大多数人来说,不管是否公正,最先指明新道路的探索者的个性更引人注目,即使他自己跌跌撞撞地向前走了不过半步。我们应该优先记述原创者而不是开发者。幸运的是,历史是通情达埋的,大多数数学领域的伟大创始者同时也是无与伦比的开发者。

即使有这样的限制,从过去到现在的发展道路,对于那些之前不加关注的人可能并不总是清楚的。因此,我们有必要在此简要说明什么是贯穿整个数学历史的主要指导线索。

从早期开始,就一直有两种对立的、有时又是互补的倾向,支配着整个数学的发展。粗略地说,这两种倾向就是离散的倾向和连续的倾向。

离散论努力以原子的方式,用不同的、可识别的单个元素,比如墙上的砖块,或数字 1,2,3,…描述所有的自然和数学。连续论试图这样理解自然现象,好比行星在其轨道上的运行,电流的流动,潮汐的涨落,以及大量其他的现象,这使我们误以为我们可用赫拉克利特的神秘公式——"万物皆流动"来认识整个自然。今天(如我们将在最后一章中所看到的),"流动",或其对等物"连续性",是如此的不清晰以至于几乎没有意义。不过,让我们暂时将这一切放在一边吧。

直觉上,我们觉得我们知道什么是"连续运动"——就像一只鸟或一颗子弹穿过空气,或一滴雨滴下落那样。这种运动是平稳的,不是跳跃前进的。它是不间断的。在连续运动中,或者更一般地说,在连续的概念本身中,单个的数字 1,2,3,…都不是合适的数学形象。例如,直线上的所有点都不像序列中的数字 1,2,3,…那样具有鲜明的个性,其中从序列中的一个成员到下一个成员的步骤是相同的(即 1,1+2=3,1+3=4,等等);因为在线段上的任意两点之间,无论它们之间的距离有多近,我们总能找到,或者至少可以想象有另一个点:从一个点到"下一个点"没有"最短"的一步。事实上根本就没有下一个点。

当按照牛顿、莱布尼茨和他们的后继者的方式发展后,最后这个概念——连续性,即"无邻接性"的概念——就延伸到了微积分的无限领域及其在科学和技术上的无数应用,以及今天所称的数学分析的整个领域。另一些基于 1,2,3,…的离散型领域是代数、数论和符号逻辑。几何学则兼采了连续和离散两种模式。

当今数学的一个主要任务就是协调连续和离散这两种模式,将它们纳入统一数学整体,并消除两者的模糊性。

* * *

强调现代数学思想,却很少提及迈出第一步也可能是最困难的一步的先驱,这可能是我们对前辈的不公。但是,在17世纪以前,数学中几乎所有有用的东西都遭遇了以下两种命运中的一种:要么被大大简化,成为学校常规课程的一部分,要么早已被纳为一种更宏大的普遍理论的细节。

现在看起来像常识一样简单的事情,其发明却耗费了令人难以置信的劳动,例如,我们记数的方式,"位值制"和为其画上最后一笔的零号的引入。即使是包含数学思想本质——抽象性和普遍性——的更简单的东西,也必须花费几个世纪的努力才能设计出来;然而,他们的创始者已经消失了,没有留下他们生活和个性的任何痕迹。例如,正如伯特兰·罗素所观察到的,"人们一定花了很长时间才发现一对野鸡和两天都是数字2的例子。"罗素本人对"2"或任何基数的逻辑定义(见最后一章),是经过了大约25个世纪的文明发展才形成的。

同样,点的概念,我们(错误地)认为我们在开始学习中学几何时就完全理解了,其出现一定也很晚,是在人类洞穴绘画艺术活动的晚期。英国数学物理学家霍勒斯·兰姆(Horace Lamb)说过他要"为数学点的未知发明家树立一座纪念碑,他把数学点作为抽象的最高类型,而这种抽象从一开始就是科学工作的必要条件。"

一个顺便的问题是:谁发明了这个数学点?在第一种意义上,是兰姆要纪念的被遗忘的人;在第二种意义上,是欧几里得,他定义了"点是没有部分也没有大小的";在第三种意义上,是笛卡儿,他发明了"点的坐标";最后,正如在今天的专家们所实施的几何学中那样,神秘的"点"将连同那被遗忘的人和他所有的神一起被永远遗忘,被更有用的东西——一组按一定顺序书写的数字——所取代。

最后一种方法是抽象性和精确性的现代范例,数学坚持不懈地向抽象性和精确性的目标努力,只是当达到一定的抽象性和精确性时,就需要更高的抽象性和更精确的精确性来获得更清晰的理解。毫无疑问,我们自己的"点"的概念也将演变成更抽象的东西。的确,今天用来描述点的"数字"在本世纪初已经融入纯逻辑的闪亮天空,而纯逻辑本身似乎也将消失在更罕见,甚至更不具体的东西中。

因此,循序渐进地跟随我们的前辈不一定是理解他们的数学概念或我们自己的数学概念的可靠方法。这样重走通到我们目前景象的道路本身无疑会引起我们极大的兴趣。但是从我们现在所站的山顶回眸俯瞰地势要快捷得多。那些错迈的脚印,弯曲的小径,以及那些消失在远方、不知通往何处的道路,只有那些宽阔的大道,一直通往过去,在那里,我们迷失在不确定和猜想的迷雾中。在迷雾中朦胧地显现出一些伟人的身影,他们无论对于空间、数还是时间的意义都与我们有不一样的认识。

公元前 6 世纪的毕达哥拉斯信徒,能够吟诵"保佑我们,神圣的数,你创造了神和人";19 世纪的康德主义者可以自信地将"空间"称为"纯粹直觉"的一种形式;而在十年前一个数理天文学家可以宣布宇宙的伟大建筑师是一个纯粹数学家。在所有这些深刻的话语中,最值得注意的是,跟我们自己智力不相上下的人曾经都认为这些观点是有意义的。

对一位现代数学家来说,这种包罗万象的普遍性并没有什么意义。然而,不再宣称自己是众神与人类的万能创造者的数学,却获得了更实质性的东西,即对自身及其创造人类价值的能力的信仰。

我们的观点已经改变了,而且还在改变。对于笛卡儿所说的"给我空间和运动,我就会给你一个世界",爱因斯坦今天可能会反驳道,人们提出的要求太多了,这种要求实际上毫无意义:没有"世界"——物质——就没有"空间"和"运动"。为了消除 17 世纪莱布尼茨对 $\sqrt{-1}$ 的混乱的神秘主义——"圣灵在分析的奇迹中找到了一个崇高的出口、理想的预兆,在存在与不存在之间,我们称之为单位负数的假想的平方根",哈密顿在 1840 年构建了一种数对,任何聪明的孩子都可以理解和运算,它为数学和科学做了曾被错误命名的"虚数"所曾做过的一切。17 世纪莱布尼茨神秘的"不存在"之物现在已被认为是像 ABC 那样简单的"存在"。

这是损失吗?或者说,当一位现代数学家通过假设的方法来追寻无线电波的发现者海因里希·赫兹(Heinrich Hertz)所描述的那种难以捉摸的"感觉"时,他会失去任何有价值的东西吗?海因里希·赫兹说:"人们无法逃避这样一种感觉:这些数学公式具有独立的存在和它们自己的智慧,它们比我们更聪明,甚至比它们的发现者更聪明,我们从它们那得到的东西比最初输入它们的东西更多。"

任何有能力的数学家都会理解赫兹的感受,但他也会倾向于这样一种信念:新大陆和无线电波是被发现的,而发电机和数学是被发明的,我们让它们做什么就做什么。我们仍然可以做梦,但我们不必刻意追求噩梦。如果真如查尔斯·达尔文所断言的那样,"数学似乎赋予人某种新的意识",这种意识就是物理学家与工程师开尔文勋爵所宣称的升华的常识。

伽利略说过:"大自然这本伟大著作是用数学符号写成的",同意并接受这种看法,难道不比附和柏拉图的"上帝是几何学家"或雅可比的"上帝是算术家"更接近我们自己的思维习惯吗?如果我们用现代科学的批判眼光来审视这本自然巨著中的符号,我们很快就会发现,这些文字是出于我们自己之手,我们使用这些特殊的文字,因为我们发明它正是为了符合我们自己的理解。也许有一天,我们可能会找到一种比数学更能表达我们对物理世界的体验的简写方式——除非我们接受科学神秘主义的信条,即一切事物都是数学,而不是仅仅为了方便而用数学语言来描述。如果毕达哥拉斯说"数统治宇宙",那么数只是我们权位的代表,因为是我们统治着数。

当一位现代数学家暂时抛开他的符号,向别人传达数学在他心中的高端感觉时,他并不是在附和毕达哥拉斯和琼斯(Jeans),但他可能会引用伯特兰·罗素大约四分之一世纪前说过的话:"公正而论,数学不仅拥有真理,而且拥有至高无上的美——一种冷峻的美,就像雕塑一样,她不会引起我们柔弱天性的任何感悦,也没有绘画或音乐那样的华丽装饰,但它是崇高的纯洁,能够表现只有最伟大的艺术才能表现的庄严的完美。"

另外熟悉自罗素赞扬数学之美以来我们对数学"真理"概念的认识变化的人,可能会提到一些人在试图理解数学的意义时所表现的"坚强毅力",并引用詹姆斯·汤姆逊[①]评述阿尔布雷特·丢勒[②]的《忧郁》[③](卷首插画)的诗句(本书以此诗结尾)。如果某个奉献者被指责其一生都在自私地追求一种美,而这种美对他的同胞的生活并没有直接的影响,他可能会重复庞加莱的"为数学而数学"。人们已经被这一名言震惊了,但它跟为生活而生活是一样的境界,即使生活只是痛苦。

＊　＊　＊

要评估现代数学与古代数学的成就,我们可以先把 1800 年以后的大

---

① 詹姆斯·汤姆逊(James Thomson,1834—1882),英国诗人 。——译注
② 阿尔布雷特·丢勒(Albrecht Dürer,1471—1528),德国画家。——译注
③ 《忧郁》(Melencolia),丢勒最著名的版画之一,因其中包含许多数学元素特别是"丢勒幻方"亦著称于数学史。——译注

部分工作与 1800 年以前的工作进行比较。迄今最全面的数学史著作是莫里茨·康托的三卷密密印刷的《数学史》(Geschichte der Mathematik)，还有作为补充的合作者的第四卷。四大卷共约 3 600 页。康托只给出了发展的轮廓，并没有试图详细说明所描述的贡献，也没有提供技术术语的解释，以使外行人也能够理解整个故事。数学家的传记则被削减成干枯的骨架，读者对象是那些训练有素的专业人士。这部数学史的截止年代是 1799 年——就在现代数学开始感受到它的自由之前。仅仅是 19 世纪的数学史概要，如果也以类似的规模进行尝试，会怎么样呢？据估计，要讲述这个故事，大约需要 19 卷或 20 卷像康托那样的书，也就是说大约 1 7000 页的篇幅。在这个尺度下，19 世纪对数学知识的贡献大约是之前整个历史的五倍。

1800 年之前的数学发展可以明显地分为两个阶段，其分界点在 1700 年左右，主要是由于依萨克·牛顿(1642—1727)。牛顿在数学上最大的竞争对手是莱布尼茨(1646—1716)，而恰恰是莱布尼茨认为，在牛顿时代以前的全部数学成就中，更重要的一半归功于牛顿。这个评价主要是指牛顿运用一般方法的能力，而不是他的巨大的工作数量。《自然哲学的数学原理》至今仍然被认为是单个学者对科学思想做出的最巨大的贡献。

继续回溯 1700 年以前的数学，我们发现直到希腊的黄金时代，没有任何可与之媲美的时期——其间相隔了将近 2000 年。再往前到公元前 600 年，我们很快又进入阴霾之中，直至古埃及，我们再见光明。最后，我们来到了第一个伟大的数学时代，大约公元前 2000 年的幼发拉底河流域。

巴比伦苏美尔人的后裔似乎是数学领域的第一批"现代人"；当然，他们对代数方程的研究比黄金时代的希腊人做的任何事情都更符合我们所知的代数精神。比这些古巴比伦人的代数技巧更重要的是他们对数学证明必要性的认识，这一点从他们的工作中就可以看出。直到最近，人们一直认为希腊人是第一个认识到数学命题需要证明的人。这是人类所采取的最重要的步骤之一。不幸的是，这一步迈得太早而对后世特别是对我们自己的文明影响甚微——除非希腊人有意识地追随了它，他们很可能已经这么做了，只是他们对他们的前驱并不是特别慷慨。

数学经历了四个伟大的时代：巴比伦时代、希腊时代、牛顿时代（给1700 年前后这个时期的名称），以及最近的，大约从 1800 年开始一直持续到今天的时期。权威的评论家们把最后一个时期称为数学的黄金时代。

今天，数学的发明（或者发现，如果你更倾向于这个说法的话）比以往任何时候都更加生机蓬勃。显然，唯一能阻止文明进步的，是我们乐于称道的文明的全面崩溃。若果真如此，数学很可能会像巴比伦衰落以后那样，在地下蛰伏好几个世纪。但是，如果历史重演，就像人们所说的那样，我们可以指望，在我们和我们所有的愚蠢被遗忘很久之后，春天将会重新降临，并且比以往任何时候都更明媚、更清新。

（李文林　译）

第二章

古代哲人，现代思维

芝诺(前495—前435)、欧多克索斯(前408—前355)、阿基米德(前287—前212)

◉现代的古人和古代的现代人◉毕达哥拉斯,伟大的神秘主义者,伟大的数学家◉证明还是直觉?◉现代分析的主根◉让哲学家们心烦意乱的乡巴佬◉芝诺的未解之谜◉柏拉图贫穷的年轻朋友◉无穷尽的穷竭法◉有用的圆锥曲线◉阿基米德,贵族,古代最伟大的科学家◉关于他的生活和性格的传说◉他的发现及其现代性◉一个顽强的罗马人◉阿基米德的失败和罗马的胜利

······光荣的希腊,辉煌的罗马!

——E. A. 坡(E. A. Poe)

为了欣赏我们今天的数学黄金时代,我们最好记住那些在很久以前就为我们开辟了道路的天才人物的一些伟大而简单的指导思想,我们首先来看看三位希腊人的生活和工作,他们是:芝诺(Zeno)、欧多克索斯(Eudoxus)和阿基米德(Archimedes)。欧几里得将在后面适当的地方进行介绍,以体现其最好的工作的价值。

芝诺和欧多克索斯是当今蓬勃发展的两大对立的数学思想流派的代表,即批判破坏性学派和批判构造性学派。两人的思想都像他们在 19 世纪和 20 世纪的后继者一样具有深刻的批判性。这话当然也可以反过来说:克罗内克(1823—1891)和布劳威尔(1881—1966),数学分析(无限和连续性理论)的现代批判家,与芝诺一样古老;现代连续性和无限理论的创造者,魏尔斯特拉斯(1815—1897)、戴德金(1831—1916)和康托尔(1845—1918)是与欧多克索斯同时代的哲人。

阿基米德,古代最伟大的智者之一,是十足的近代人。他和牛顿两人一定会心有灵犀,而阿基米德如果活得足够长而去读数学和物理学的研究生课程,完全可能会比爱因斯坦、玻尔、海森堡和狄拉克更了解他们自己的理论。在所有的古人中,只有阿基米德习惯于毫无拘束地自由思考,就像今天那些伟大的数学家用来之不易的 25 个世纪的成果为自己开拓道路那样,因为在所有的希腊人中,只有他一人有足够的身段和力量,去扫清那些听从了哲学家的意见、受到惊吓的几何学家在数学发展道路上设置的障碍。

任何历史上"最伟大"的三位数学家的名单都会包括阿基米德的名字。通常与他联系在一起的另外两位是牛顿（1642—1727）和高斯（1777—1855）。考虑到这些巨人所在时代的数学和物理学的相对发展程度，并根据他们所处时代的背景来评估他们的成就，有些人会把阿基米德放在第一位。如果希腊数学家和科学家追随阿基米德而不是欧几里得、柏拉图和亚里士多德，他们也许能提早两千年迎来从 17 世纪笛卡儿（1596—1650）和牛顿开始的近代数学时代，以及同一世纪由伽利略（1564—1642）开创的现代物理学时代。

* * *

在这三位现代先驱的背后，隐现着半神话般的毕达哥拉斯（前 580 至前 570 之间—约前 500）。他是一位神秘主义者、数学家，一个尽其所能探索自然的人，"十分之一的天才，十分之九的胡言乱语"。他的生活已经成为一个寓言，充满了令人难以置信的奇事传闻。然而，对于数学的发展而言，只有下面这个事实是重要的，它区别于他为自己的宇宙学说披上的离奇的数字神秘主义外衣，那就是他曾经到埃及旅行，从祭司那里学到很多东西，相信更多；他还访问过巴比伦，在那里重复他在埃及的经历；他在意大利南部的克罗顿建立了一个秘密的兄弟会，从事高级数学探究和荒谬的身体、心理、道德和伦理思考；除此之外，他还为数学的整个历史做出了两项最伟大的贡献。据传说，毕达哥拉斯死于自己学校的一场大火中，大火是由政治和宗教偏执者纵燃的，他们煽动群众抗议毕达哥拉斯试图给他们带来的启蒙思想。

在毕达哥拉斯之前,人们还没有清楚地认识到证明必须从假设出发。按传统的说法,毕达哥拉斯是第一个坚持在发展几何时应该首先设定公理、公设的欧洲人,他认为此后的整个发展必须通过对公理的严密演绎推理来进行。按照目前的做法,我们以后将使用"公设"而不是"公理",因为"公理"在历史上往往与"不证自明的必然真理"有害地联系在一起,而"公设"则不然。公设是由数学家自己而不是由全能的上帝任意设定的假设。

毕达哥拉斯随后将证明引入数学。这是他最大的成就。在他之前,几何在很大程度上是经验法则的集合,对这些规则之间的相互联系没有任何明确的说明,对所有这些规则是否可以从相对较少的假设中推演出来也没有丝毫质疑。现在人们普遍认为证明是数学的本质,以致我们很难想象在数学推理出现之前必已存在的原始事物。

毕达哥拉斯在数学上的第二项杰出贡献给人们带来了一个活跃至今的问题。这就是令他感到羞辱和崩溃的发现:普通的整数 1,2,3,…不足以构建数学,即使是以他所知道的最基本的形式。在这个重大发现之前,他就像一个受启发的先知一样宣称,整个自然,事实上整个宇宙,无论是物理上的还是形而上学的,精神上的还是道德上的,或者是数学上的——这一切的一切都建立在整数 1,2,3,…的离散模式上,仅用这些上帝赐予的砖块就可以进行解释。他宣称,上帝确实是"数",他指的是普通整数。毫无疑问,这是一个崇高的概念,美丽而简单,但却像柏拉图的"上帝是几何学家"、雅可比的"上帝是算术家"或琼斯的"宇宙的伟大建筑师是数学家"这些相应的说法一样不合实际。一个棘手的数学矛盾摧毁了毕达哥拉斯的离散哲学、数学和形而上学。但是,与他的一些后继者不同的是,在竭力克压颠覆自己信条的发现无果之后。他最终接受了失败。

这就是推翻毕达哥拉斯的理论的东西：不可能找到两个整数，使其中一个数的平方等于另一个数的平方的两倍。只要上过几周代数课，甚至只要真懂初等算术的人，都可以用一个简单的论证来证明这一点①。事实上，毕达哥拉斯是在几何研究中发现了他的这块绊脚石：正方形的边长与其对角线的比值不能用任意两个整数的比值来表示。这与上面关于整数平方的命题是等价的。

换一种形式，我们可以说 2 的平方根是无理数，也就是说，它不等于任何整数或十进分数，或两者之和，这些都可以通过将一个整数除以另一个整数而得到。因此，即使是正方形的对角线这样简单的几何概念，也在蔑视整数 1，2，3，… 而否定早期的毕达哥拉斯哲学。我们可以很容易地在几何上构造对角线，但我们不能通过任何有限的步数来测量它。这种不可能性清晰而尖锐地引起了数学家们对无理数及其隐含的无限（无终止）过程的关注。因此，2 的平方根可以用学校里教过的方法或更强大的方法计算到小数点后的任何有限位，但十进分数不会"重复"（比如像 $\frac{1}{7}$ 所呈现的那样），也不会终止。在这一发现中，毕达哥拉斯找到了近代数学分析的根源。

这个简单的问题引出了一系列至今仍未得到能使所有数学家都满意的解答的问题，它们涉及无限（无止境的、不可数的）、极限和连续性等数学概念，这些概念正是现代分析的基础。

———————————

① 设 $a^2 = 2b^2$，不失一般性，其中 a,b 为整数，没有任何大于 1 的公因数（此公因数可从假定方程中消去）。如果 a 是奇数，我们直接得出矛盾，因为 $2b^2$ 是偶数；如果 a 是偶数，假设是 $2c$，那么 $4c^2 = 2b^2$，或者 $2c^2 = b^2$，于是 b 是偶数，因此 a,b 有公因数 2，这也是一个矛盾。——原注

　　跟这些似乎不可缺少的概念一起潜入数学的悖论和诡辩,一次又一次地被认为被最终消除了,只是在一两代人以后它们又重新出现,虽然改头换面,实质还是一样。在我们这个时代的数学中,我们会比以往任何时候都更频繁地遇到这些问题。下面是一张能说明问题的非常简单,直观明了的图:

　　考虑一条两英寸①长的直线,想象它被一个"点"的"连续""运动"所追踪。引号中的词语隐藏了困难。不分析它们,我们很容易说服自己想象它们意味着什么。现在把线的左端标记为 0,右端标记为 2。在 0 和 2 的中间,我们自然会放 1;在 0 和 1 的中间放 $\frac{1}{2}$;在 0 和 $\frac{1}{2}$ 的中间放 $\frac{1}{4}$,以此类推。类似地,在 1 到 2 之间标记 $1\frac{1}{2}$,在 $1\frac{1}{2}$ 到 2 之间标记 $1\frac{3}{4}$,以此类推。完成这些之后,我们可以用同样的方法标记 $\frac{1}{3}$,$\frac{2}{3}$,$1\frac{1}{3}$,$1\frac{2}{3}$,然后将得到的每个部分再分割成更小的相等部分。最后,"在想象中",我们可以设想已经对所有大于 0、小于 2 的普通分数和普通带分数进行了这个过程②。概念上的分割点给出了 0 和 2 之间的所有有理数。它们有无穷多个。它们完全"覆盖"了整个线段了吗?不。根号 2 对应什么点?没有这样的点,因为这个平方根不能通过任何整数除以另一个整数得到。但是 2 的平方根显然是某种"数字",它的代表点在 1.41 到 1.42 之间,我们可以尽

①　1 英寸＝2.54 厘米。——译注

②　这种假设显然存在固有的缺陷。——原注

可能地靠近它。为了完全覆盖整个线段,我们不得不想象或创造出比有理数无限多的"数字"。也就是说,如果我们接受这条线是连续的,并假设它的每个点对应一个且只有一个"实数",同样的想象可以应用于整个平面,甚至更一般的情形,但目前这已经足够了。

诸如此类的简单问题很快就会导致非常严重的困难。关于这些困难,希腊人和我们一样分成了两个不可调和的派别。一派人固守自己的数学轨道,拒绝继续前进走向分析学——我们将在适当的时候作介绍的积分学;另一派试图克服这些困难,并成功地使自己相信已经做到了这一点。那些裹足不前的人,他们很少犯错误,对真理的认识却也相对贫乏;那些大胆前进的人发现了许多对数学和一般理性思维至关重要的东西,然而,其中一些人可能会遭受毁灭性的批判,就像在我们这一代发生的那样。从最早的时候起,我们就遇到了这两种截然不同而又相互对立的人:一种是理直气壮的谨慎者,他们畏缩不前,因为脚下的大地在震动;另一种是更大胆的拓荒者,他们跨越鸿沟,到彼岸寻找宝藏和相对安全的地方。我们首先来看一位拒绝跃进的人物。就思想的深刻敏锐而言,我们要到 20 世纪才会遇到能与其相提并论的人——布劳威尔。

埃利亚的芝诺是哲学家巴门尼德的朋友,他和他的保护人访问雅典时,以其发明的四个单纯的、难以消除的悖论,震惊了那些自鸣得意的哲学家。据说芝诺是一个自学成才的乡村男孩。我们不打算讨论他发明悖论的目的是什么——权威们对此观点大相径庭——我们只是陈述它们。有了这些东西摆在我们面前,很明显,芝诺一定会反对我们刚才提出的对那条两英寸长的线段"无限继续"的分割。这可以从他的前两个悖论——二分法和阿基里斯——中看出。然而,后两个例子表明,他会以同样强烈的热情反对相反的假设,即这条线段不是"无限可分"的,而是由一组离散的点组成,这些点可以像1,2,3,…那样计数。这四条悖论共同构成了一堵铁墙,超越这堵铁墙取得进展似乎是不可能的。

首先,二分法。运动是不可能的,因为任何运动在到达终点之前,都必须走到中点,但在到达中点之前,它必先到达四分之一处,以此类推,以至无穷。因此,运动根本无法开始。

其次,阿基里斯。阿基里斯跑步追赶一只在他前面爬行的乌龟,但是永远追不上它,因为他必须先到达乌龟出发的地方;当阿基里斯到达那里时,乌龟已经离开了,所以乌龟仍然领先。重复这一推理,我们容易看到,乌龟总是领先的。

现在来看另一方面。

飞箭。移动的箭在任何时刻既是静止又是不静止即移动的。如果瞬间不可分割,箭就不能移动,因为如果它移动了,瞬间就会被分割。但时间是由瞬间组成的。因为箭在任何一个瞬间都不能移动,所以它在任何时间都不能移动。因此它总是处于静止状态。

体育场。"证明一半的时间可能等于两倍的时间。考虑三排物体:

	位置一		位置二
(A)	0 0 0 0	(A)	0 0 0 0
(B)	0 0 0 0	(B)	0 0 0 0
(C)	0 0 0 0	(C)	0 0 0 0

其中一排(A)是静止的,而另外两排(B)和(C)以相同的速度向相反的方向移动。在到达相同位置的过程中,(B)通过的(C)中物体个数将是在(A)中的两倍。因此,它通过(A)的时间是通过(C)的两倍。但(B)和(C)达到(A)的位置的时间是相同的。因此双倍的时间等于一半的时间。"(博内的

翻译。)把(A)想象成一排圆柱尖桩的栅栏会有助于我们的理解。

按非数学的语言,这些都是早期的连续性和无限性的探究者们所遇到的困难。在大约 20 年前写的一些书中,有人说康托尔创造的"正无穷理论",以及诸如欧多克索斯、魏尔斯特拉斯和戴德金发明的"无理数"(如 2 的平方根),已一劳永逸地解决了所有这些难题。这样的说法今天不会被所有的数学思想流派所接受。所以在谈论芝诺的时候我们其实也在讨论我们自己。想了解更多关于芝诺的情况的人可以参考柏拉图的《巴门尼德》。我们只需再注意一点,芝诺最终因为叛国罪或类似的罪名而被砍了头。然后我们将转而介绍那些没有因他的观点丢掉脑袋的人。芝诺的追随者对数学的发展贡献相对较小,尽管他们的继承者做了不少动摇数学基础的工作。

* * *

克尼杜斯的欧多克索斯继承了芝诺留给世界的烂摊子。就像很多在数学上留下印记的人一样,欧多克索斯年轻时饱受极度贫困之苦。欧多克索斯还活着的时候,柏拉图正当盛年。欧多克索斯去世时,亚里士多德大约 30 岁。柏拉图和亚里士多德,古代的主要哲学家,都非常关注芝诺在数学推理中注入的疑问,而欧多克索斯在他的比例理论——"希腊数学的王冠"——中曾试图消解这些疑问,直到 19 世纪的最后 25 年它们又重新引起关注。

年轻的欧多克索斯从塔伦托姆搬到雅典,他在那里师从一流的数学家、行政官员和军人阿基塔斯(前 428—前 347)。到达雅典后,欧多克索斯很快就成了柏拉图的信徒。由于太穷而无法住在学院附近,欧多克索斯每天都要从比雷埃夫斯港来回跋涉。比雷埃夫斯港的鱼和橄榄油都很便宜,而且住宿条件很好。

虽然柏拉图本人不是专业意义上的数学家，但他一直被称为"数学家的制造者"。不可否认，他确实激励了许多比他强得多的数学家创造了一些真正的数学。我们将看到，他对数学发展的影响总体来说可能是有害的。但他确实是欧多克索斯的伯乐，并成为其忠实的朋友，直到他开始对自己这位才华横溢的门徒表现出某种嫉妒。据说柏拉图和欧多克索斯一起去过埃及。如果是这样的话，欧多克索斯似乎不像他的前人毕达哥拉斯那么轻信；然而，柏拉图却吸纳了大量东方数字神秘主义并深受影响。欧多克索斯发现自己在雅典不受欢迎之后，最终到库齐库斯（Cyzicus）定居和教书，并在那里度过了自己的晚年。他学的是医学，据说，除了数学之外，他还当过执业医生和立法委员。仿佛这一切不足以让一个人忙碌似的，他又开始了对天文学的认真研究，并做出了杰出的贡献。在科学观点上，他比那些夸夸其谈、崇尚哲学思考的同时代的人领先了几个世纪。像伽利略和牛顿一样，他对无法通过观察和经验加以检验的物理世界的种种推测不屑一顾。他说，如果他能登上太阳去确定它的形状、大小和性质，他将甘愿接受法厄同①的命运，但在此之前，他不愿凭空猜测。

从一个非常简单的问题可以了解欧多克索斯所做的事情。要求矩形的面积，我们要用长乘以宽。虽然这听起来很简单明了，但其中却包含着严重的困难，除非长、宽二者都能用有理数衡量。我们可以在另一个简单的问题中看到这些特殊的困难的更明显的形式，这个问题就是求曲线的长度，或曲面的面积，或曲面包围的体积。

---

① 法厄同（Phaëthon），希腊神话人物，太阳神之子，因冒险驾驶太阳车而身亡。——译注

任何一个希望测试自己数学能力的年轻天才都可以尝试设计一种方法来解决这类问题。如何严格证明任意半径的圆的周长公式？在学校里从未学过而能完全凭一己之力做到这一点的人，可以理直气壮地自称是一流的数学家。当我们突破以直线或平面为边界的图形的范围，我们就会直面连续性问题和无穷之谜，并走入无理数的迷宫。欧多克索斯发明了第一个逻辑上令人满意的处理这类问题的方法，欧几里得在他的《原本》第五卷中再现了这种方法。

欧多克索斯将穷竭法应用于面积体积的计算，他指出，我们不需要假设"无限小量"的"存在"。就数学的目的而言，只要能通过对给定量的不断分割，得到我们所希望那么小的量，就足够了。

最后，我们来谈谈欧多克索斯关于等比的划时代定义，以结束对欧多克索斯的介绍。这个定义使数学家能够像有理数一样严格地处理无理数。从本质上说，这是现代无理数理论的起点。

"四个量中的第一个量与第二个量之比、第三个量与第四个量之比叫作等比，如果对第一个量和第三个量取任意等倍数（相同的倍数），又对第二个量和第四个量取任意等倍数，而第一个量的倍数大于、等于或小于第二个量的倍数，那么第三个量的倍数与第四个量的倍数也有相应的关系。"

在其工作影响到 1600 年以后的数学而我们尚未提名的希腊人中，这里只需提及阿波罗尼奥斯。阿波罗尼奥斯（Apollonius，前 260—前 200）以欧几里得的方式——至今仍是对倒霉的初学者的教授方式——研究几何学，并且远远超过了欧几里得（前 330—前 275）本人的程度。作为这种类型的几何学家——一种综合的、"纯粹的"几何学家，阿波罗尼奥斯直到 19 世纪出了斯坦纳（Steiner）才算棋逢对手。

设有一个立于圆底上的圆锥,通过其顶点向两个方向无限延伸,它被一个平面切割,这个平面与圆锥表面相交的曲线称为圆锥截线。有五种可能的圆锥截线:椭圆;双曲线,由两个分支组成;抛物线,即炮弹在真空中的路径;圆;和一对相交直线。根据柏拉图的分类方式,椭圆、抛物线和双曲线是"力学曲线",也就是说,这些曲线不能只通过使用(不带刻度的)直尺和圆规来作出,尽管用这些工具可以很容易地作出任意多个位于这些曲线上的点。由阿波罗尼奥斯和他的后继者制定的高度完美的圆锥曲线几何学已被证明对 17 世纪及以后的几个世纪中的天体力学极其重要。确实,如果希腊几何学家没有跑在开普勒之前,牛顿很可能发现不了他的万有引力定律,而开普勒已经用他辛苦而巧妙的行星轨道计算为之铺平了道路。

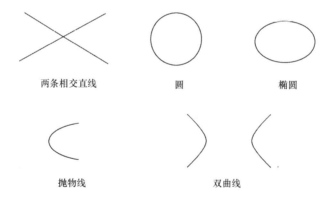

两条相交直线　　　　圆　　　　椭圆

抛物线　　　　双曲线

＊　＊　＊

在后来的希腊人和中世纪的阿拉伯人中间,阿基米德所激起的崇敬,就像高斯在 19 世纪和牛顿之于 17 世纪、18 世纪一样。在这三人之中,阿基米德是无可争议的首领、"前辈""智者""大师"、"伟大的几何学家"。回忆一下他的时代,他生活在公元前287—公元前212年。多亏了普鲁塔克,人们对他的死比生更了解。作为典型的历史传记作家,普鲁塔克显然认为数学家之王在历史上不如罗马军官马塞琉斯(Marcellus)那么重要,这样说也许并无不公。在他的马塞琉斯生平传记中,关于阿基米德的记述就像塞进巨大的三明治里的一小片火腿。然而,阿基米德却是今天人们能记住并诅咒马塞琉斯的主要名头。在阿基米德之死中,我们将看到一个粗野而务实的文明对它所毁灭的更伟大的事物的第一次冲击——罗马,在摧毁了半个迦太基之后,因胜利而膨胀,因英勇而变得霸气,向希腊扑来,粉碎了它那柔弱的美好。

阿基米德从身躯到心灵都是贵族。他是天文学家菲迪阿斯(Phidias)的儿子,出生在西西里岛的叙拉古,据说与叙拉古的暴君(或国王)希伦二世有亲戚关系。无论如何,他与希伦和他的儿子盖伦关系很好,他们都对这位数学家之王非常钦佩。他那骨子里的贵族气质表现在他对今天被称为应用科学的态度上。尽管他是有史以来最伟大的机械天才之一(如果不说最伟大那是因为考虑到当时有限的需求),但贵族阿基米德对自己的实际发明有一种发自内心的蔑视。从某种观点来看,他是有道理的。关于阿基米德对应用力学的贡献可以写成好几本书。然而,这方面工作,只是从我们自己的机械偏向的视角来看是伟大的,而比之他对纯粹数学的贡献,则完全相形失色了。我们首先要了解关于他的一些鲜为人知的事实和关于他个性的传说。

在传统的意义上,阿基米德是一个完美的榜样,显示了在公众心目中一个伟大的数学家应该是什么样的。像牛顿和哈密顿一样,当他潜心研究数学时,往往忘记吃饭。在不修边幅方面,他甚至超过了牛顿,因为他有一个著名的发现:一个浮体的重量的损失与被排开的液体的重量相等。他从观察漂浮物体的澡盆里跳了出来，一丝不挂地冲到叙拉古的大街上喊道："发现了，发现了！"（Eureka，eureka！）他发现了流体静力学第一定律。根据这个故事，一个不诚实的金匠在希伦的一顶王冠的金子中掺了银，希伦怀疑其中有假，要求阿基米德解决这个问题。今天任何一个高中生都知道，通过一个简单的实验和一些比重的简单计算就能解决这个问题。阿基米德原理及其众多的实际应用对于今天的年轻人和海军工程师来说是一件很有价值的事情，但是第一个发现它的人肯定拥有比一般人更深的洞察力。目前还不清楚这位金匠是否获罪，按照故事情节，人们通常假定是。

阿基米德的另一句流传了许多世纪的警句是："给我一个支点，我将移动地球"（$\pi\hat{\alpha}\ \beta\hat{\omega}\ \kappa\alpha\hat{\imath}\ \kappa\iota\nu\hat{\omega}\ \tau\grave{\alpha}\nu\ \gamma\hat{\alpha}\nu$，他是用多利安语说的）。他说出这样的豪言壮语，因为自己也被他发现的杠杆定律深深打动了。这句话可以成为一个现代科学研究所的完美座右铭，但似乎很奇怪，至今并没有人这样做。这句话还有一个更好的希腊语版本，但意思是一样的。

阿基米德有一个怪癖，和另一位伟大的数学家魏尔斯特拉斯相像。据魏尔斯特拉斯的一位姐姐说，当他还是一名年轻的中学教师时，如果他手里有一支笔，那就不能担保你会看到1平方英尺①的干净墙纸或整洁的袖口。阿基米德打破了这个纪录。在他那个年代，沙地板或撒满尘土的光滑的硬地面是常见的"黑板"。阿基米德有他自己的做法。他坐在火炉前，耙出灰烬铺开，然后在上面作图。洗完澡后，他会按照当时的习惯，在身上抹上橄榄油，然后，他不穿衣服，用指尖在自己油腻的皮肤上画图，并陷入沉思。

---

① 1平方英尺约等于0.0929平方米。——译注

阿基米德是一只孤独的鹰。他年轻时曾在埃及的亚历山大港学习过一段时间,在那里他结识了两个终生的朋友。一个是柯农,阿基米德非常看重的天才数学家。另一个是埃拉托塞尼,也是一位优秀的数学家,但有点像公子哥儿。这两人,尤其是柯农,似乎是阿基米德认为他同时代的人中唯一能与之分享并理解自己的思想的人。他写给柯农的信中包含了他的一些最好的作品。柯农去世后,阿基米德与柯农的学生多西修斯保持通信。

撇开他对天文学和机械发明的巨大贡献不谈,我们将对阿基米德对纯粹数学和应用数学所作的主要贡献作一个简单而不充分的总结。

他发明了求平面曲边形的面积和曲面所包围的体积的一般方法,并将这些方法应用于许多特殊的情形,包括圆,球,抛物弓形,螺线的两条向径与两段相邻的弧围成的螺环的面积,球缺,以及由矩形、三角形、抛物线、双曲线和椭圆围绕它们的主轴旋转而产生的曲面(圆柱,圆锥,抛物面,双曲面,椭球)的片段。他给出了计算 π(圆的周长与直径之比)的方法,并将 π 确定在 $3\frac{1}{7}$ 到 $3\frac{10}{71}$ 之间;他还给出了求近似平方根的方法,这表明他预见到了印度人发明的循环连分式。在算术方面,他发明了一种能够处理任意大的数字的记数系统,功能远远超过了希腊人用来书写或描述大数的不科学的象形数字。在力学方面,他确立了一些基本假设,发现了杠杆定律,并应用他的力学原理(杠杆定律)计算了若干平面图形和各种形状的立体图形的表面积和重心。他开创了流体静力学的整个学科,并应用它来寻找几类浮体的静止和平衡位置。

阿基米德创作了许多杰作,而不只是一部。他是如何做到这一切的?他那极其简洁、逻辑缜密的论述,丝毫没有透露出他是如何得出他那些绝妙的结论的。但是在 1906 年，希腊数学史学家和学者 J. L. 海伯格在君士坦丁堡戏剧性地发现了阿基米德写给他的朋友埃拉托塞尼的一篇到当时为止一直"失传"的论文：《论力学定理和方法》。在这篇论文中，阿基米德解释了如何通过想象将一个面积或体积未知的图形或立体与已知物体进行称重比较，从而获得与他所寻找的事实相关的一些知识；一旦知道了这个事实，就比较容易（对他来说）从数学上来加以证明了。简而言之，他用他的力学来推进他的数学。这就是他的堪称具有现代思想的工作之一；他利用一切有启发意义的东西作为武器来解决他的问题。

对现代人来说，在战争、爱情和数学中一切都是公平的。对许多古代人来说，数学是按照具有哲学头脑的柏拉图所强加的基本规则来进行的一种枯燥呆板的游戏。根据柏拉图的规定，只有直尺和圆规被允许作为几何作图的工具。难怪几个世纪以来，古典几何学家们一直在为"三大古代问题"而绞尽脑汁：将一个角三等分；作一个体积为给定立方体两倍的立方体；画一个面积等于给定圆的正方形。

只用（不带刻度的）直尺和圆规，这些问题都不可能解决。证明第三个问题的不可能性非常困难，其不可能性直到 1882 年才最终获证。所有使用其他工具实现的作图都被称为"机械的"，因此，由于某些只有柏拉图和他的几何学上帝才知道的神秘原因，这类工具被认为是极端低俗的并被严格禁止在体面的几何学中使用。直到笛卡儿，在柏拉图死后 1985 年，发表了他的解析几何，几何学才摆脱了柏拉图式的束缚。当然，在阿基米德出生之前，柏拉图已经去世了 60 年或更久，所以他不应该被指责说不欣赏阿基米德方法的灵活、力量和自由。另外，阿基米德没有拘泥于柏拉图的古板守旧的几何观念，这一点他应该得到后人的称赞。

阿基米德第二项被认为具有现代思想的工作也是基于他的方法论。他比牛顿和莱布尼茨早 2 000 多年发明了积分学,在他的一个问题中,他也预见了他们发明的微分学。这两种算法一起构成了所谓的微积分,它被描述为有史以来被发明的探索物理世界的最强大的数学工具。举个简单的例子,假设我们想求圆的面积。在各种方法中,我们可以把圆分割成任意多个等宽的平行条带,通过垂直于条带的切割,割去这些条带弯曲的两端,使被舍弃的小片的面积加起来尽可能小,然后将所有得到的矩形的面积相加。这给出了所求面积的近似值。通过无限增加条带的数量并对总和取极限,我们就得到了圆的面积。这个(粗略描述的)取和的极限的过程叫作积分,这种求和的方法叫作积分法。阿基米德就是用这种微积分方法来求抛物线弓形的面积和解决其他问题的。

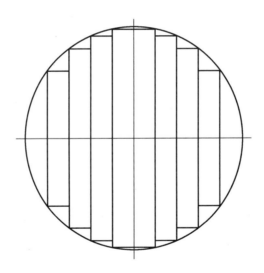

他用到微分学的问题是在螺线的任意给定点上作切线。如果已知切线与给定直线的夹角,就可以很容易地画出切线,因为有一个简单的作图

方法,可以通过给定的点画一条平行于给定直线的直线。找出所提到的角度(对于任何曲线,不仅仅是螺线)的问题,是用几何语言表述的微分学的主要问题。阿基米德为他的螺线解决了这个问题。他的螺线是一个沿一条直线作匀速运动的点所描画的曲线,而该直线则以匀角速度绕直线上的一个固定点旋转。如果一个没有学过微积分的人认为阿基米德的问题很简单,他可以给自己安排时间来试一试。

＊ ＊ ＊

阿基米德的一生是平静的。如果一个数学家要想完成他的全部成就,他的一生就应该是平静的。他生命中所有的动荡和悲剧都集中到了最后。公元前 212 年,第二次布匿战争打响。罗马与迦太基互相厮杀,而叙拉古,阿基米德所在的城市,坐落在罗马舰队的必经之路上。为什么不围攻它呢? 他们果真来了。

罗马将领马塞琉斯自吹自擂(正如普鲁塔克所说,“仗着自己的名声”),相信自己辉煌的“准备”,而不是相信自己的头脑,他预计能迅速征服这座城市。他那自大的心中引以为傲的是一门原始的大炮,架在高高的竖琴形平台上,由八艘大橹船连在一起支撑着。眼看着所有这些鼓噪和五花八门的船只向他们扑来,胆小的叙拉古市民们一定会把这座城市的钥匙交给马塞琉斯。然而事实不是这样,希伦也做好了战争的准备,而且是以务实的马塞琉斯做梦也想不到的方式。

尽管阿基米德本人瞧不上应用数学,但即使在和平时期他也似乎屈从于希伦的强求,证明了数学有时可以变得极其实用,这使这位暴君感到满意。为了让他的朋友相信数学不仅仅是抽象的推理,阿基米德运用他的杠杆和滑轮定律来操纵满载的大船,自己一个人把船推了出去。当战争的不祥阴云开始笼罩城市，希伦想起了这一壮举，他让阿基米德为马塞琉斯准备一个合适的欢迎仪式。为了帮助他的朋友，阿基米德再次停止了他的研究，他成立了一个只有他一个人的接待委员会来款待那些鲁莽的罗马人。当他们到达的时候，他的那些巧妙的魔器正严阵以待，准备迎客。

八条橹船上的竖琴状龟背甲板并没有能比马塞琉斯自负的名声坚持得更长久。阿基米德的超级弹射器连续发射的石头炮弹，每个重达四分之一吨，摧毁了这个笨重而奇怪的装置，像鹤喙一样的冲角和铁爪伸出城墙，抓住正在靠近的船只，把它们转过来，抛向突出的悬崖，把它们撞沉或撞碎。被阿基米德大炮击溃的陆战部队也没有取得更好的进展。马塞琉斯在官方公告中将自己的溃败伪装成撤回到事先准备好的后方阵地，在那里与他的参谋们进行商议。这位著名的罗马将领因无法召集反叛的军队继续进攻这座可怕的城墙而被迫撤退了。

马塞琉斯终于表现出一点军事常识，不再发出"回头，去攻打城墙"的命令，放弃了正面进攻的一切想法。他从后方占领了米加拉，最后从那里悄悄逼近叙拉古。这一次他走运了。疏忽的叙拉古人正在举行盛大的宗教庆典，膜拜阿尔忒密斯①。战争和宗教总能调制出一种令人作呕的鸡尾酒。欢庆的叙拉古人确实醉得不轻。他们醒来时发现大屠杀正在席卷全城。阿基米德也倒在了血泊之中。

首先让阿基米德意识到城市已被攻破的是一个落在他的图形上的罗马士兵的身影。根据一种传说，那个士兵踩到了地上的图，愤怒的阿基米德大声喊道："不要动我的圆！"另一种说法是：在解决手里的问题之前，阿

---

① 阿尔忒密斯(Artemis)，希腊神话中的月神和女猎神。——译注

基米德拒绝服从这个士兵要带他去见马塞琉斯的命令。无论如何，这个士兵勃然大怒，拔出他那把闪光的剑，杀死了这个手无寸铁的七十五岁的几何大师。阿基米德就这样去世了。

　　正如怀特黑德所观察的，"没有一个罗马人会因为沉迷于数学图形而丧命。"

（李文林　译）

第三章

绅士、战士和数学家

笛卡儿(1596—1650)

●美好的旧时光●一个小哲学家,但不是学究●妙不可言的卧床●生机勃勃的怀疑●战火中的平静●被梦所改变●解析几何的启示●更多的厮杀●马戏团,职业嫉妒,虚张声势,殷勤的女性朋友●厌恶地狱之火,尊重教会●被红衣主教救了●教皇大开脑洞●隐居二十年●《方法论》●人怕出名●溺爱的伊丽莎白●笛卡儿对她的真实评价●自负的克里斯蒂娜●她对笛卡儿做了什么●他的几何设计非常简洁

解析几何使笛卡儿的名字载入史册,远胜于他的任何一项形而上学的思辩。它是精密科学的进步中所曾迈出的最伟大的一步。

——J.S.穆勒(J.S.Mill)

"我只要求安谧与静卧。"这句话出自斯人之口，他要把数学纳入新的轨迹并改变科学历史的进程。在他勤勉的一生中，为了摆脱好事和苛求的朋友，笛卡儿常常被迫到军营去寻找他所追求的宁静；或隐居于僻远的村落以期得到适于他沉思的静卧。只求安谧与静卧的勒内·笛卡儿（René Descartes）1596 年 3 月 31 日降生于法国图尔附近的拉海（La Haye），这时的欧洲正值宗教和政治改革的阵痛之中，到处都是战火。

他的时代跟我们自己所处的时代颇有点相像。旧秩序正在迅速消逝，而新的尚未建立。中世纪那些掠夺成性的王公贵族传宗接代，形成了一大批有着江洋大盗政治伦理的统治者，其中多数人的才智与马夫相当。只要我的胳膊粗，按常理属于你的东西就可以拿来归我。这也许是欧洲史上著名的文艺复兴时代晚期的一幅真实图景。当然，关于文明社会孰好孰坏的评价，总是伴随人们的亲身经历而变化的。

在笛卡儿的青年时代，除了掠夺性战争之外，还充斥着凌驾于一切之上的宗教偏执与冥顽，这又孕育着新的战争，并使得不允许带偏见的科学研究成为高度冒险的事业。那时，人们对起码的公共卫生准则愚昧无知，富人的宅第跟贫民窟一样污秽不洁。贫民窟里的穷人肮脏、无知，生着脓疮；不时流行的瘟疫为流行病式的战争助长威势，使不断繁殖的人口保持在发生饥荒的限度以下，显然瘟疫并不理睬你在银行的账户。这就是旧日的那个美好时代。

但在非物质的,具有永恒性的分类账中,情况要光明一些。笛卡儿生活的那个年代确实称得上是沾染污点的文明史上最伟大的智力开发时期之一。只要提一下几位和笛卡儿相继在世的杰出人物,即可窥其一斑:费马(Fermat)、帕斯卡(Pascal)是和他同时的数学家;莎士比亚去世时,笛卡儿20岁;笛卡儿比伽利略晚死8年,而牛顿8岁时笛卡儿亡故;笛卡儿12岁时弥尔顿(Milton)出生;哈维(Harvey)——血液循环的发现者,在笛卡儿死后7年离开人间;而电磁学的奠基人吉尔伯特(Gilbert)去世时,笛卡儿恰好7岁。

笛卡儿出生在一个古老的贵族家庭。虽然笛卡儿的父亲并不富有,但家境尚好,他的儿子命中注定要过一辈子绅士的生活——位高则任重——为法兰西当差。笛卡儿是他父亲跟第一个妻子让娜·布罗夏尔(Jeanne Brochard)生的第三个,也是最后一个孩子。妈妈在生他后几天就去世了。父亲看来十分理智,尽自己之所能照顾丧母的孩子。一位出色的保姆担起了母亲的责任。父亲再婚后也经常关心他的"小哲学家"——他总想知道阳光普照下的世间万物的来历,以及保姆讲述的有关天象的全部奥秘。笛卡儿并不是一个早熟的儿童,不过由于身体虚弱,迫使他只能把精力用于满足智力方面的好奇心。

笛卡儿身体孱弱,父亲对其学业采取听其自然的态度。然而这孩子总是主动地学习,父亲则明智地让他做他喜欢的事。笛卡儿8岁时,父亲决定不能再拖延对他的正式教育,经过充分调查和权衡,终于选中了一所理想的学校:位于拉弗莱希的教会学校。校长沙莱(Charlet)神父一见笛卡儿就喜欢上这个脸色苍白、性格直率的孩子,并专门研究了他的情况。校长以为要教育这孩子的心智必先增进他的健康。他注意到笛卡儿似乎比他同年的普通孩子需要更多的休息，所以吩咐他每天早上高兴躺到什么时候都行，而且在想和同学一起上课之前可以一直待在自己的屋里。在笛卡儿此后的一生中，除了接近生命之末的那段不幸的时刻，每当他打算思考问题时，总是在床上度过他的早晨。中年以后，他曾回顾在拉弗莱希上学的情景，他断言：在那些长长的安静的早晨所进行的沉思乃是产生他的哲学和数学思想的真正源泉。

他学习得很出色，成了一名优秀的古典学者。当时的教育传统极重视拉丁语、希腊语和修辞学。不过这仅是笛卡儿学到的部分知识。他的老师都是饱经世故的人，他们的工作就是把孩子们培养成"绅士"——要按照这个已经降低了地位的词的最好的意义上去理解——这是他们在上层社会中扮演的角色。1612 年 8 月，17 岁的笛卡儿离开了这所学校，他跟沙莱神父已结下了终身不渝的友情，并准备好在社会上自立。沙莱只是笛卡儿在拉弗莱希交上的许多朋友中的一位；另一位朋友梅森（Mersenne，后来也成了神父）——著名的科学与数学的业余爱好者，则是笛卡儿科学方面的一位代理人，他较笛卡儿年长，后来帮他躲避开许多惹人生厌的家伙。

笛卡儿与众不同的才华在学校时就已显露出来。早在 14 岁那年，每当他躺在床上沉思，就已开始怀疑那些他正在熟习的人文学科，认为它们相对而言乃是最不能表达人的价值的，而且肯定不是人类控制环境和掌握命运的有用知识。那些硬要他盲目接受的具有权威性的哲学、伦理和道德，在他眼里都显露出迷信色彩。由于童年时养成的绝不无条件服从权威的习惯，笛卡儿开始认真地剖析已被断言的论证和决疑逻辑，而虔诚的耶稣会教员企图使这位富于推理能力的学生赞同这种逻辑。由此出发，笛卡儿很快产生了一种涉及根本的怀疑，这种怀疑将激励他一生的研究事业：

我们是怎样知道任何一件事的？进一步问（这也许是更重要的）如果不能确凿地说我们知道些什么，那么又是如何去发现那些我们也许有能力知道的事情呢？

离校后，笛卡儿思考的时间比过去更长，也更刻苦、更拼命。思考的第一个成果使他理解了异教徒的真理：逻辑本身——中世纪烦琐哲学家们的伟大方法，它一直顽固地盘踞在文科教育中——就像不会生育的骡子一样无助于人的创造活动。他的第二个结论跟前者紧密相关：跟数学的论证相比——他热衷数学论证，就像小鸟一旦羽毛丰满，便即刻要去空中飞翔一般——那些哲学、伦理和道德的论证不过是些花哨而庸俗的赝品。他问，我们到底是如何发现任何一个事物的呢？答案是用科学的方法（虽然笛卡儿没使用这个术语），做有控制的实验，并对实验结果进行严格的数学推理。

人们也许会问，他从合于理性的怀疑中得到了什么呢？他只得到一个也仅仅只有一个事实："我存在。"或如他所说的"我思故我在"（"Cogito ergo sum"）。

到 18 岁那年，笛卡儿对他如此艰苦钻研但却枯燥无味的学习已经厌恶至极。他决心去观察世界，向有血有肉的生活学习，而不再在纸墨中讨生活。感谢上帝，他运气好，手头宽裕，可以随意行事，于是他就付诸行动了。他伸开双臂扑向像他这种年龄和地位的青年应当享受的欢乐。这是一种自然的矫枉过正的行为，因为他在逝去了的童年和青年时期受到过体力上的极大限制。和几个渴求自由自在生活的浪荡公子一起，笛卡儿冲破父亲所属阶层的令人郁闷的清规戒律，前往巴黎落户。在当时，赌博被视为绅士的一种才艺，笛卡儿对赌博兴致极浓，获得了不小的成功。他无论干什么,总是专心致志,把整个灵魂都舍给它。

这种境况并没持续多久。他对那些淫猥的伙伴厌烦了,便乘人不备溜之大吉。他在一处朴素而舒适的小屋寄居(此屋现在圣日耳曼市的郊区),潜心钻研数学,时达两年之久。然而,过去的放荡不羁终于遭到了报应,那些轻浮的朋友兴高采烈地找上门来。这位勤勉好学的青年看清了友人的面目,体验到他们个个都讨厌无比。为了得到一点安宁,笛卡儿决定从军。

这样,他便开始了第一次服役当兵的经历。他先到荷兰的布雷达(Breda),在卓越的奥伦治亲王莫里斯(Prince Maurice of Orange)麾下当差。由于没能在亲王的军旗下参与战事,他颇感失望。过这种太平的营房生活同样令人生厌,它很可能变得跟巴黎同样的喧闹,于是他又匆匆跑到德国。笛卡儿在生命的旅途中首次暴露了其性格特征:敦厚且软弱。他的这种性格终生未改。像儿童跟随马戏班串巷一样,笛卡儿绝不错过好机会去观赏绚丽的奇观。当时,法兰克福正有一出好戏可看,费迪南德二世(FerdinandⅡ)将在该城举行加冕礼。笛卡儿及时赶到,浮华的加冕仪式尽收眼底。他倍受这一壮观场面的鼓舞,再次从戎,在正与波希米亚交战的巴伐利亚选侯麾下听命。

* * *

这支军队当时正驻扎在多瑙河畔靠近诺伊贝格(Neuburg)村的冬季营地休整。笛卡儿终于找到了久寻不遇的理想的安谧与充足的静卧时间。没有人来打扰他,而他也发现了自己的特长,并尽情地加以发挥。

关于笛卡儿"转变"的故事——假如称得上是"转变"的话——非常奇特。在圣马丁节前夜,即 1619 年 11 月 10 日,笛卡儿做了三个颇为逼真的梦。他说这些梦改变了他的整个生活进程。他的传记作者(巴莱[Baillet〕)记载了如下情况:为纪念圣徒节日,曾有过一次狂饮。这位作者暗示,笛卡儿入睡时尚未醒酒。笛卡儿本人则把梦归于完全不同的原因,他强调说,在经历这一崇高梦境之前,足足有三个月滴酒未进。我们没有理由怀疑他的话。这些梦奇妙地连贯一气,根本不像专家们所认为的是暴饮暴食的后果,尤其不会是酒烧肚肠之故。表面上,这些梦很容易解释为梦者内心斗争的下意识反应;他渴望过理智的生活而实际却在虚度年华。无须怀疑,精神分析学家已经详细研究过这些梦,不过任何古典维也纳式的精神分析恐怕都不能进一步阐明解析几何的发明,而这正是我们的主要兴趣之所在。看来,各种神秘或宗教的解释对此也无所裨益。

第一个梦,一阵阴风把笛卡儿从他所在的极安全的教堂或学院吹向第三处风力无以施威的场所;第二个梦,他发现自己正用非迷信的科学眼光观察一股可怕的风暴,并且注意到,当看清了风暴的真正面目后,它不能再伤害他;第三个梦,他梦见自己正在朗诵奥索尼乌斯(Ausonius)的诗,头一句是"我得遵循什么样的生活道路?"(Quod vitae secata bor iter?)

梦的细节还很多,但不管笛卡儿怎么讲,他的内心肯定充满了"激情"(也许故意掺进了神秘色彩)。正如第二个梦所说,他面前已展现了一把开启自然宝库的魔钥,它起码已使他占有了一切科学知识的真正的基础。

这把奇妙的钥匙到底是什么?看来笛卡儿本人也没向任何人讲明。人们通常认为那不外是将代数应用于几何。简而言之,这把钥匙即是解析几何;概而论之,即是用数学方法探究自然现象。今日的数学物理乃是这种方法高度发展的例证。

那么,1619年11月10日就是解析几何正式诞生的日子,因此也是现代数学的生日。但这个方要到18年后才公之于世。其间,笛卡儿继续他的战士生活。数学也许得感谢战神，他保护了笛卡儿；在布拉格战役中，居然没有一片流弹敲掉他的头颅。大约 300 年后，由于笛卡儿的梦激起的这门科学的进步，使大约 20 名前途无量的青年数学家失去了在战争中保住性命的幸运①。

＊　＊　＊

此时此刻，22 岁的年轻战士意识到，真的想要去发现真理，首先必须无条件地抛弃一切从别人那里得来的思想。他需要依靠孜孜不倦地请教自己的心灵，为自己指明前进的道路。所有来自权威的知识必须抛弃；所有继承来的道德观和理论观必须破除。他要通过持久的努力重建一个体系，并仅仅依靠原始质朴的人类理性的力量来达到目的。为了抚慰自己的良心，笛卡儿祈祷圣母玛利亚帮他实现这个异端的计划。为尽早得到她的帮助，他许愿去朝拜圣地罗瑞特圣母院；同时就立即开始对公认的宗教真理进行尖刻的、破坏性的批判。当然，一遇机会，他便及时地履行了他许过的愿。

1620 年春，他还在当兵，参加了布拉格战役中一次真刀真枪的战斗。笛卡儿跟其他胜利者一起，高唱赞美上帝的圣歌凯旋进城。在惊恐万分的难民中间有位公主：4 岁的伊丽莎白②，她后来成了笛卡儿所宠爱的门徒。

到 1621 年春，笛卡儿终于尝够了战争的滋味，便和几个快乐的绅士士兵随着奥地利人来到弗兰西瓦尼亚，打算到另一边去觅寻光荣。此时他虽暂时跟战争断绝了来往，但在哲学上却尚未成熟。巴黎的瘟疫和反对胡格诺派（16 世纪、17 世纪法国的新教徒）的战争，使得法国比奥地利更缺少吸

---

① 指 1914 年开始的第一次世界大战中，许多青年数学家在战争中死去。——译注
② 她是莱茵的巴拉丁选侯、波希米亚国王腓特烈的女儿，英王詹姆士一世的孙女。——原注

引力。当时的北欧和平而又清洁,笛卡儿决意去拜访它。在乘船去东费里西亚(德国北方的群岛)前,旅途一帆风顺,所以上船前他仅留一名保镖亲随,其余的仆从全都辞退了;这对杀人劫财的水手真是天赐良机,他们商量要杀掉有钱的乘客,掠取财物并沉尸大海。可是他们运气不好,笛卡儿懂得他们的语言,冷不防抽出宝剑,强令水手把他送回岸上。解析几何又一次幸免于战事的不测、谋财害命和突然死亡。

下一年,笛卡儿访问了荷兰和父亲居住的雷恩城(Rennes)①,诸事平安。年末,他返回巴黎。由于他举止冷漠,神情有些神秘,立即招来了人们的责难,说他是个玫瑰十字会(Rosicrucian)②成员。笛卡儿不管旁人的闲话,开动哲学家的头脑,搞了点政治手腕,希冀得到军队的委任。虽然事情没有成功,笛卡儿倒也丝毫不感觉失望,因为他可以无拘无束地去访问罗马。他在那里大饱眼福,亲自经历了从未目睹过的最富丽堂皇的奇景:每25年举行一次的世界天主教徒的纪念盛典。意大利之行这幕生活插曲,对笛卡儿的思想产生了重大影响,理由有二:这位哲学家看着从欧洲各个角落赶来接受教皇祝福的未受洗礼的人群,内心迷惑不解。他的哲学本不属于普通百姓,经此遭遇,他对下层民众更产生了永久的偏见。另一方面也同样重要,笛卡儿未能见到伽利略。这位数学家如果达观有余,拜在现代科学之父门下一两个星期,那么他自己对物质世界的冥想也许就不会那么富于奇异的色彩。笛卡儿此次意大利之行的全部收获就是对那位无与伦比的同时代的人的嫉妒。

罗马度假后,笛卡儿又在萨伏依(Savoy)公爵那里从军,再次领受了一回血的洗礼。他表现得如此出色,以致被提议授予陆军将军的头衔,他明

---

① 法国西部的城市。——译注。
② 散见于世界各地的秘密结社,该会的信仰融合了不同宗教的奥秘教义。——译注。

智地谢绝了。回到红衣主教黎塞留（Richelieu）和善于虚张声势的达他尼翁（D'Artagnan）统治的巴黎——后者几乎是吹牛家，前者则比传奇剧更不可信任——笛卡儿开始了三年的冥思。他确有高超的思想，但不是那种穿邋遢袍子、留长胡须的大科学家；他是个穿着漂亮、讲究整洁的俗人。为了适合自己的门第，他总穿着时髦的波纹绸装，随身不离佩剑，一顶硕大的装饰鸵鸟毛的帽子更为他增添了雅气。他随时准备以此装束去对付横行于教堂、大街或隆重仪典上的恶汉。一次，有个醉酒的粗鄙之徒对陪伴他的贵妇无礼，这位愤怒的哲学家便用达他尼翁的挑战方式，去追赶这鲁莽的傻瓜，并猛然打掉了酒鬼的宝剑。笛卡儿没要他的命，原因倒不是对方剑术蹩脚，而是他不配死在漂亮的女人面前。

既然已提到了笛卡儿的一位女友，下文还会再提到两位。笛卡儿喜欢与女友交往，并与其中的一位生下一个女儿，但孩子过早夭折，给了他很深的影响。他并未结过婚，其理由（如他曾对一名有希望嫁给他的妇人所说）也许是：他喜爱真理胜过美貌。但更大的可能看来是他十分明智，不愿把自己追求的静卧与安谧抵押给某个肥胖、富有的荷兰寡妇。笛卡儿并不十分富裕，但很知足。因此，人们都说他冷漠而且自私。其实，更公正的说法应该是，他真正知道自己所走的道路，完全认识了他所追求的目标的重要性。他惯于节欲和自制，但并不吝啬；他从不把他有时为自己准备的斯巴达式的生活方式强加给家人。仆人们尊重他，他在仆人离去后许久也仍然关心他们的境况。在他临终前陪伴他的一名男童因失去主人而久久无法平静。这一切肯定不是自私所能产生的后果。

人们常谴责笛卡儿是个无神论者，但真相不容歪曲。尽管他坚持合于理性的怀疑主义，其宗教信仰仍是纯真质朴的。他把信仰的宗教跟赋予他这种信仰的保姆相比，称依附宗教如依附保姆一样能获得安慰。人们的精神有时是理性与非理性的最奇妙的混合。

笛卡儿还有一种奇特的心理,影响他的一言一行,最后靠了严格的军纪才逐渐消失。他因童年时体格孱弱,需要时时保养,染上了忧郁症。好长一段时期内,他陷于死亡的恐惧之中。无疑,这是他研究生物学的出发点。到中年以后,他心悦诚服地说,大自然是最佳的医生,健康的秘诀是不要去担忧死亡。此后,他再也不为寻找延年益寿的药方而苦恼了。

笛卡儿在巴黎度过的三年和平、安谧、任其静思的生活,实是他一生中最快乐的日子。伽利略用自制的极简单的望远镜获得了辉煌的发现,使欧洲半数的自然哲学家在透镜前面消磨时光;笛卡儿也以此为乐,但没发现什么惊人的新现象,他的天才主要在于数学和抽象。他在这时期曾有一项发现:力学中的虚速度原理。这一发现至今仍有其科学上的重要性,是真正一流的工作。可在当时几乎无人识货,也无人给予评价,笛卡儿遂放弃对抽象事物的探索,转而研究人——他以为是最高级的研究。但正如他毫不夸张地说过的那样,他很快发现了解人的人数比起自认为懂得几何的人数来少得可怜。

到那时为止,笛卡儿尚未发表过任何著作。可是他的名气正与日俱增,又招来了上流社会中那些对科学一知半解的涉猎者的注意,笛卡儿只好再次去战场寻找安谧与静卧。于是,他投奔了正在围攻拉罗舍勒的法兰西国王,他在那里遇到了那位可爱的老家伙——红衣主教黎塞留。后来主教为笛卡儿做了一件好事。笛卡儿对主教印象很深,原因并非是主教的足智多谋,而只是因为主教是神圣的象征。战争胜利了,笛卡儿安然无恙地返回巴黎,经历了他的第二次转变并永远摒弃了那些无用的东西。

这时他32岁(1628年)。过去,完全靠神奇的好运才保全了他的身躯不被毁灭,思想不被湮没;否则,拉罗舍勒战场上的流弹能轻而易举地夺去他的所有记忆。他终于领悟到,要取得成功,决不可错过目前最好的时机。有两位红衣主教德贝律尔(De Béulle)和德巴涅(De Bagné)把他从无益且消极的淡漠情绪中唤醒了,科学界尤其要永远感谢其中的第一位,他劝说笛卡儿发表他的学说。

* * *

当时的天主教士热衷于科学,还亲自参与研究,这和狂热的新教徒恰成鲜明的对照,新教徒的冥顽已经摧垮了德国的科学。笛卡儿跟德贝律尔和德巴涅的交往日益加深,终于在他们的雨露滋润下如玫瑰般大放异彩。特别是在德巴涅家的社交晚会上,笛卡儿曾随心所欲地向一个叫 M. 德尚杜(M. de Chandonx)的先生讲述了他的新哲学(此人后因伪造罪被绞死,但愿这不是笛卡儿的诡辩说教所致)。为了说明区分真伪的困难,笛卡儿提出 12 种无可辩驳的论证,用以证明任何一个无怀疑余地的真理都是虚妄之说;反之,同样可以证明任何一个公认的虚妄之说却是真理。被弄得晕头转向的听众问:那么人类怎样去区别真伪呢? 笛卡儿向他们吐露真情:他所考虑的用以区分真伪的乃是一种从数学中导出的确实可靠的方法。他说,他希望并筹划用他的方法得出力学发现,从而证明它可用于科学研究和造福人类。

德贝律尔被笛卡儿的能用以分析尘世间一切事物的最高级的哲学思维深深打动了。他以不容置疑的措辞告诫笛卡儿:和世人同享他的发现乃是他对上帝的责任。他还恐吓说,假如不履行这一职责,他必遭地狱之火的折磨——至少会失去升入天堂的机会。虔诚、笃信的天主教徒笛卡儿不可能拒绝这样的要求,他决定公开己见。于是,恰值 32 岁的笛卡儿即刻退役来到荷兰以履行自己的诺言(那里较冷的气候适合他的胃口),实现了他一生中的第二次转变。

其后的 20 年间,他走遍了荷兰各地,从不在一地长期定居。在偏僻小镇,在乡村客店,在城市的僻静角落,他深居简出。靠着他在拉费莱希念书时的忠实朋友梅森神父(唯有这位密友知道他来去无影的行踪)的帮助,笛卡儿和欧洲一流的学者频频通信,探讨科学和哲学问题。离巴黎不远的明尼斯修道院的客厅也是他们交流观点、切磋数学、研讨科学与哲学,以及发表异议、进行辩论的场所(当然仍是通过梅森的安排)。

在荷兰长期漂泊的年代,笛卡儿除了哲学与数学,还搞了不少其他方面的研究。光学、化学、物理、解剖学、胚胎学、药物学、天文观察和气象学(包括虹的研究)瓜分着他那用之不竭的精力。今天,任何一个人若把精力分散到如此众多的领域,恐怕都会落得个样样半瓶子醋的下场。不过在笛卡儿的时代却不然,一个有才干的人仍然能指望在几乎每一门他所感兴趣的学科中作出有意义的发现。凡是被笛卡儿遇到的一切都像原料一样输进他头脑的工厂。去英国的短暂访问使他熟悉了磁针的神秘性质,磁性便立刻进入了他那包罗万象的哲学领地。神学的空泛理论也在招引他的注意:他早年接受的教育如同梦魇般缠绕着他的心灵,也许他没去撵走它,尽管他有能力办到。

笛卡儿收集和发明的一切正在被编入一部伟大的论著《论世界》(*Le Monde*),1634 年,笛卡儿 38 岁,这部大作进入了最后的修订。他打算把他作为新年礼物赠给梅森神父。巴黎的学术界也急不可耐地等着见到这部杰作。梅森曾多次读过部分手稿,但一直没见过前后连贯的完整作品。假如《创世纪》的作者像笛卡儿一样知道那么多科学与哲学,他也会写出像

《论世界》这样的书的，这样说并没有什么不敬。笛卡儿打算添上"理性的要素"来解释上帝创造宇宙的过程，以弥补某些读者在六天创世圣经故事中发现的不足。300 年之后的今天，人们在《创世纪》和笛卡儿之间似乎无须作出抉择；我们也很难体会像《论世界》这样的书会引起主教和牧师们的勃然大怒。事实上，当时什么也没发生，因为笛卡儿注意到了后果。

笛卡儿了解宗教法庭的态度，也知道伽利略的天文学研究，以及这位无畏的人对哥白尼体系的支持。在对自己的著作进行最后的修订之前，他亟待看到伽利略的最新著作。但他没能收到朋友答应给他送来的（伽利略的）书，代之而来的是一则令人震惊的消息：70 岁高龄的伽利略，尽管跟势力强大的托斯卡纳（Tuscany）公爵私交甚密，仍被押进了宗教裁判所（1633 年 6 月 22 日）。他屈膝跪地，发誓将哥白尼的地球绕太阳旋转的学说当作异端邪说而放弃。要是伽利略拒绝发誓放弃他的科学知识，将遭何种下场呢？笛卡儿虽能凭猜想去推测，不过，布鲁诺（Bruno）、魏尼尼（Vanini）和康帕内拉（Campanella）的名字已浮现在他的脑际。

笛卡儿被压服了。他在自己的书中也是把哥白尼体系作为当然的事情加以阐述的。他在独自研究时一直比哥白尼和伽利略更为大胆；因为他所感兴趣的是一种具有科学性的神学，而那二位则不然。笛卡儿很满意自己证明了宇宙的存在遵循着一种"必然性"。他认为，他证实了不论上帝创造出多少个各不相同的宇宙，它们在"自然规律"作用下迟早会进入那种"必然"的状态，如我们周围现存的宇宙一样。简言之，笛卡儿宣称他利用科学知识了解到大量自然和上苍的奥秘，并已远远超过《创世纪》的作者和神学家们曾梦想过的内容。假如伽利略因为他那温和而谨慎的异见就得下跪，笛卡儿将遭受何种待遇呢！

当然,如果把笛卡儿不发表《论世界》之举仅仅归因于胆怯,就还没抓住事物的症结。他不是单纯的害怕——任何头脑健全的人都可能如此,更重要的是他被深深地伤害了。笛卡儿像相信自己的存在一样坚信哥白尼体系是真理,同时又坚信教皇的不谬性。眼下,他的脑际闪过一丝念头:教皇竟做出了反对哥白尼的蠢事。决疑论方面的修养帮他克服了内心的矛盾,通过某种神秘莫测的超人的综合,也许能证明教皇和哥白尼都是正确的。站在这一高度,笛卡儿犹如登上了人间的毗斯迦山巅①,满怀信心地期待着那一天的到来:他能以从容不迫的哲学思考来对待这种明显的矛盾,使它消失于光荣的统一之中。要他放弃教皇或者哥白尼都不可能,所以他压着他的书不发,以便保持对教皇不谬性和哥白尼体系真理性的双重信念。出于对下意识的自尊心的让步,他拿定主意不在生前发表《论世界》,自己百年之后教皇也可能死去,那时矛盾将自然得到解决。

笛卡儿这个延迟出版的决定扩展到他的一切著作。到 1637 年笛卡儿 41 岁时,他的朋友终于战胜了他的抗争,规劝他同意出版那部杰作,书名改为《论在科学中寻找真理和正确推理的方法,以及用此方法研究折光学、气象学和几何》(*A Discourse on the Method of rightly conducting the Reason and seeking Truth in the Science. Further, the Dioptric, Meteors, and Geometry, essays in this Method*)。这本书以其简称《论方法》闻名于世,出版日期是 1637 年 6 月 8 日,解析几何从此步入了社会。在描述这种几何在哪些方面优于希腊人的综合几何之前,让我们先讲完笛卡儿的生平。

讲过笛卡儿推迟出版的缘由,最好再说说故事的另一面,也就是更光

---

① 毗斯迦山:《圣经》中传说摩西从此山眺望上帝赐给亚伯拉罕的迦南地方。——译注

辉的一面。

笛卡儿曾惧怕过的教会实际并没出面反对他,现在又给予他最慷慨的援助。红衣主教黎塞留给予笛卡儿特权:在法国或海外出版他喜欢写的任何东西。(顺便说一句,人们也许会问,根据什么权力——神的或是别的什么的,主教黎塞留或其他任何人可以命令一位哲学家或科学家应该出版或不应该出版什么?)但在荷兰的乌得勒支,新教神学家们恶狠狠地谴责笛卡儿的著作是无神论的,对于被称作"国家"的奥秘实体是危险的;宽宏大量的奥伦治亲王则施加自己的巨大影响,不遗余力地支持笛卡儿。

＊　＊　＊

从 1641 年秋天起,笛卡儿常住在靠近荷兰海牙的憩静小村。流亡的伊丽莎白公主——正值妙龄的好学女子——和母亲亦在乡下闲度。看来,公主确是学识广博的才女,在掌握六种语言又精通大量文学作品之后,正转而攻读数学和科学,以期发现更多能滋润生活的营养。有一种理论认为,这位引人注目的年轻女性的求知欲,是出于对爱情的失望。数学和科学并不能使她满足。当见到笛卡儿的书时,她便觉得这正是她需要的,可以用来填补使她痛苦的空虚,于是安排了与这位哲学家的会见,笛卡儿对此倒颇感勉强。

要确切知道今后会发生什么,那是很难的。笛卡儿是位绅士,对即使是最无势力的王子、公主,也怀有那些豪侠和王权时代的绅士的尊敬和畏惧之情。他的信件彬彬有礼,堪称典范。但不知何故总透着不那么真实。我们即将引证的一则怀有恶意的记事,比起他给她书信中的大量微妙的恭维之语,或者比起有关他那位热切的学生——一面仰慕他的仪表而另一面盯着出版他的遗著的说法,可能更真实地反映出笛卡儿对伊丽莎白公主的智力的估价。

伊丽莎白硬要笛卡儿给她讲课。在正式场合,笛卡儿宣称:"在我所有的学生中,唯有她能完全理解我的著作。"不容怀疑,他像慈父般真诚地爱她,猫也有权正视国王的女眷——这是他的心情。但只有极度轻信的人才会相信他的评价是符合事实的科学判断。诚然,也可以认为他说的是反话,即她曲解了自己的哲学;伊丽莎白也许懂过了头,因为天底下除了自以为是的蠢人,好像只有哲学家本人才能彻底了解他自己的哲学。不管怎么说,他没向她求婚;众所周知,她也没向他求爱。

笛卡儿曾透彻地向她讲解哲学,包括解析几何方法。有一个初等几何问题看起来很容易,能极简单地用纯几何方法解决;但若用严格的笛卡儿的模式去处理,它就变成解析几何的捣蛋鬼了。该问题要求作一个圆,使它和任意给定的圆心不在同一直线上的三个圆相切。它共有八种可能的解答,但恰好不适合未臻完善的初等笛卡儿几何发挥威力。伊丽莎白却用了笛卡儿的方法去解它。笛卡儿让她来解这个题目真有点残忍。笛卡儿在见到她的解法时的评论却泄露了任何一个数学家都能领悟的天机。可怜的少女还在自鸣得意呢!笛卡儿说,他不会按她的办法解这道题,那样实际上要用一个月的时间才能画出那个相切圆。如果笛卡儿不是借此披露自己对她的数学才能的估价的话,他不可能把话说得这样明白。说来这是桩不仁慈的行为,特别是因为她没弄懂解析几何的真谛,而笛卡儿明明知道这一点。

伊丽莎白离开荷兰后常有书信和他来往,直到笛卡儿寿终正寝。他的信饱含高尚忠诚的情操,但我们尽可以放心,他没被皇家的香风所惑。

1646 年,笛卡儿隐居于荷兰的埃格蒙特,逍遥自在;沉静地思考;管理一个小花园；继续和欧洲的学者频繁交换信件，数量惊人。他最伟大的数学工作也已完成，但他仍在思考数学，并且不乏深入的洞察与创见。芝诺的阿基里斯与乌龟赛跑的问题就是他所注意的问题之一。他对这个悖论的解释当然不能被今天的人们普遍接受，但在当时却算得上一项巧妙的创造。这时，他50岁，闻名于世。事实上他的名声超出了使他担忧的限度。他终身追求的安谧与静卧仍然和他没有缘分。他继续从事重要的研究，但一切又都不能随心所欲地去干了：瑞典女王克里斯蒂娜（Christine）已经发现了他！

这位多少有点男子气的年轻女性那时才19岁，但已是一个能干的统治者了。据说她是位优秀的古典学者，这将留待后叙。她体格健壮，有魔鬼般的耐力；她是个凶悍的猎手，骑术尤其高明，能在马鞍上连续颠簸10个小时而毫不在乎；她还是个顽强可爱的女性，能像瑞典伐木工一样忍受寒冷的侵袭。跟这些品质相伴的弱点是愚钝和好面子。她自己的饭菜很节俭；其臣民当亦如此。在瑞典的隆冬季节，她能像冬眠的蛙那样一连几个小时坐在不生火的图书室里；她的随从上牙打着下牙，她还要大开窗户，让可爱的雪花飘进书房。她对内阁大臣们很放心；他们对她总是随声附和，唯命是听。她是个万事通；她的大臣和私人教师也这样恭维她。在她一天只睡五个钟头的时候，她就让那些拍马屁的人一天折腾19个小时而无一刻安宁。这位难缠的人一见到笛卡儿的哲学，便决定要让这个可怜的睡鬼当她的私人教师。迄今为止她所学的一切反使她感觉空虚，她渴望学得更多。像那位博学的伊丽莎白一样，她觉得只有让这位哲学家本人用哲学浇灌她的心田，才能缓和她对知识和智能的狂热追求。

如果没有那股不幸的绅士气，笛卡儿本可以拒绝女王克里斯蒂娜的讨好奉承，让她等到自己90岁高龄，无齿，无发，无哲学，一命呜呼为止。

1649 年春,她派遣海军大臣弗莱明(Fleming)乘船前来接他,笛卡儿不好再坚持不去。远行所需的全部行李全按这位心情烦闷的哲学家的要求去办了;拖到 10 月,笛卡儿终于怀着无限的惋惜,最后环顾了一遍他那小小的花园,锁上门,永远离开了埃格蒙特。

斯德哥尔摩为他举行了热烈的欢迎仪式,虽然称不上盛大。笛卡儿不住在皇宫,这对他可谓是一种宽恕。但待人友善的朋友尚努特(Chanute)一家常来打扰,于是他希冀保住的一点独处的清静也丧失殆尽。他们还坚持要笛卡儿和他们一起生活。尚努特是笛卡儿的同乡,事实上的法国大使。尚努特特别会体贴人,要是愚钝的克里斯蒂娜没有如下的怪念:清晨 5 点是像她那样忙碌的女子学习哲学的最好时间,那么事情也许还会一切顺利。但事与愿违。笛卡儿多么想拿基督教王国的所有任性的女王去换取在拉费莱希床上做一个月的好梦呀!那时见多识广的沙莱会温文尔雅地走近床边,看看他是不是醒得太早。事实上,在最不可容忍的钟点,天色还是一片漆黑,他就不得不顺从地爬出被窝,登上前来接他的马车,穿过斯德哥尔摩狂风呼啸的冰冷的广场前往皇宫,克里斯蒂娜则焦急地坐在冰窖似的图书室里等待哲学课能在准五点开始。

斯德哥尔摩最老的居民说,在他们的记忆中,冬天从来没这样可怕过。可是,克里斯蒂娜看来除了神经非同凡人,皮肤也格外与众不同,她对此毫无感觉并要笛卡儿忠实地履行那张可怕的时间表。笛卡儿试图在午后躺着休息片刻,以弥补睡眠的不足,但又要遭到她的破坏。克里斯蒂娜多产的脑子里正孕育着要成立瑞典皇家科学院的念头,于是把笛卡儿从床上拖起来为她的设想"催生"。

不久,朝臣们知道笛卡儿和女王进行的冗长讨论已远远超出哲学的范围。疲倦不堪的哲学家也认清自己的双脚已踏进了嘈杂而忙乱的马蜂窝，他们随时随地都会借机刺他一下。女王呢，不是麻木到根本没觉察新的宠臣的遭遇，就是聪明过度，想利用他的哲学家身份来刺刺她的朝臣。不管怎么说，为了平息"外国影响"的恶意流言，克里斯蒂娜决意让笛卡儿成为瑞典人。皇室公布了一项法令，为笛卡儿保留一块封地。而他企图摆脱困境的每一次挣扎只能使自己在泥潭中越陷越深。到 1650 年 1 月 1 日，他完全沉沦于朦胧的希望，希图通过说句真话而出现真正的奇迹，使他获得永远的自由。但他生来尊敬皇族，说不出那句能使他飞回荷兰的带魔力的话，尽管他曾在给忠实的伊丽莎白的信中，以彬彬有礼的口吻写过许多这类希望。他曾偶尔中断过一堂希腊语课，他惊奇地发现自吹是古典学者的克里斯蒂娜正在为克服简单的语法上的问题而拼命努力。他说，他本人在孩童时就掌握了这些东西。之后，他对她智力的评价一直不高，但也不失礼貌。有件事倒并非她的强令所致：一大型宴会上，笛卡儿坚决拒绝跳激烈的瑞典四人舞，在他这种年纪再去练这种舞蹈无异使自己变成一名江湖汉子。为了给她的客人们助兴，他跳起了芭蕾。

事隔不久，尚努特染上了严重的肺炎，笛卡儿在旁照料他。尚努特病愈后，笛卡儿又染上同样的病。女王着了慌，派来许多医生。笛卡儿命令他们离开房间。他的病情不断恶化，虚弱的身体使他良莠不辨，最后竟同意让一个最执拗的医生替他放血，此人是他的朋友，结果差点儿要了他的命。

他的好友尚努特夫妇眼看他的病情已趋危重，提醒说他也许乐于进行临终的圣礼。他确曾表露过要见见他心灵上的开导者。笛卡儿平静地面对死亡，祈求上帝宽恕他的灵魂。他说愿奉献上他的一切，以此也许能赎去他的罪过。拉弗莱希仍牢牢地吸引着他，直到生命的最后一刻。那位开导者请他表示一下是否愿意做最后的祝祷,笛卡儿睁开双眼又闭上,于是为他做了临终祝祷。1650年2月11日,笛卡儿离开人世,终年54岁。他的生命葬送于一个刚愎自用的姑娘的虚荣心。

克里斯蒂娜颇感痛惜。17年后,那时她早已放弃了王位和她的信仰,笛卡儿的遗骨被运回法兰西(其中右手部分被法国财政部长留下,作为他达成这项交易的纪念),重新安葬在巴黎现叫作先贤祠(Pantheon)的墓地。原定葬礼上有向公众的宣讲,但皇室急忙下令加以阻止,因为笛卡儿的学说过于激进,不能在公众场合宣扬。在评论笛卡儿的遗骨送回故乡法兰西时,雅可比(Jacobi)写道:"占有伟人的骨灰比支配活着的本人要容易得多。"

笛卡儿生前,教会曾接受主教黎塞留的开明主张,允许出版他的书。笛卡儿一死,他的书即被列入教会的禁书目录。"始终如一,人所珍视的瑰宝!"但是,宗教徒并不管什么始终如一,"心胸狭窄者的无端惊恐"——正是反复无常的顽固迷信者的毒药。

* * *

在这里,我们不去关注笛卡儿为哲学增添了多少不朽贡献。他在实验方法诞生的黎明时期所作的光辉贡献也不在我们的考查之列。这些离纯粹数学领域都太远了,而他最伟大的工作正是纯粹数学。革新人类全部思想的功绩属于少数几个人,笛卡儿就是这少数人中的一员。为了突出他最伟大的贡献所具有的简明特点,我们又只好忍痛割爱,把他在代数,特别是代数符号和方程论方面的众多漂亮结果搁置一边,而专门来简述一下那项最了不起的工作。这工作漂亮非凡,从古至今大约只有半打最伟大的数学成果能与它的简洁明了相媲美。笛卡儿改造了几何,使现代几何得以发展、繁荣。

　　正如数学中真正伟大的事物一样,其基本思想十分简单,甚至到了显然的地步。在平面上任意画两条相交的直线,不失一般性,不妨假定它们互相垂直。现在设想在一张美国城市地图上有一座城市,大街走向非东西即南北,东西向的叫大道,南北向的称林荫路。于是,整个地图以一条林荫路和一条大道——我们称之为轴——为基干向外扩展;这两条街的交点叫作原点。以原点为起算点,各条大道和林荫路分别依次用数字连续命名。这样,即使不拿地图也很清楚西 126 大道 1002 号的具体位置,只要知道 1002 代表向西走 10 条林荫路(地图上则在原点的左面)。我们很熟悉这种地址号码,随便给个这类号码便立即知道它的位置。林荫路的号码和大道的号码,补充以必要的较小的数字(如上面 1002 中的"2"),能使我们唯一确定任何一点对于坐标轴的位置。给定这对数字用以测定相应的点在坐标轴的东或西,南或北多远的地方,这一对数称作点(关于轴)的坐标。

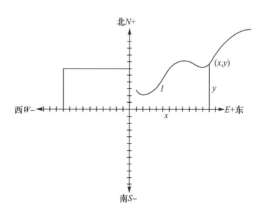

　　现在假定一个点在地图上移动,所经之处画出一条曲线,线上所有点的坐标(x,y)可用一个方程联系起来(对于从来没有用过以代表数字的点来画图形的读者,必须先承认这一事实),即曲线的方程。为简单计,现假

定曲线是个圆,于是我们得到圆的方程,接下去可做些什么事呢？我们可以写出更一般的同类方程(比如,二次无交乘项、坐标最高幂次项的系数皆相等的方程),以代替特殊的方程。然后对方程施以代数运算。最后,利用经代数运算得出的结果推出图形上点的坐标满足的等价结果。而在上述推导过程中,我们故意不考虑具体的图形。用代数方法解决问题比希腊的初等几何方法更容易,后者往往需要画许多错综复杂的参考线。总之,我们所做的无非是用代数去发现和研究关于圆的几何定理。

用另一种方法——希腊的方法也能奏效。现在来看其真正的威力所在。我们考虑任一方程(其复杂程度可以随需而定),要求用几何的语言说明其代数的和分析的性质。此时,我们不仅要解雇几何这个"领航员",甚至应在它的脖子上绑一口袋石块,然后投入大海。代数和分析遂成为领航员,指引我们在没有海图的"空间"及其"几何"的海洋中遨游。我们还将扩充已有的成果,一步跨入任意维数的空间:在平面上,我们只需两个坐标;在通常的立体空间,需要三个坐标;力学和相对论几何,需要四个坐标;而数学家喜欢的空间,或者需要 n 个坐标,或者坐标数跟所有的自然数 $1,2,3,\cdots$ 一样多,甚至像直线上的点一样多,这真会使参加赛跑的阿基里斯和乌龟吃惊匪浅。

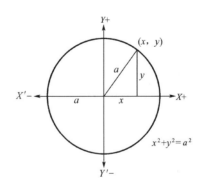

笛卡儿不是在改造几何,他创造了它。

让我们用笛卡儿本国的杰出数学家的话来结束本文吧。J.阿达马(J. Hadamard)首先指出,发明坐标并非笛卡儿最伟大的功绩,因为"古代一些学者"已经使用过它——只是在我们把一种未明显表达的意图解释成是一项未完成的业绩的含义下,这种说法才是确切的。"古人"提出的只是朦胧的思想,他们凭自己的力量决不能使这些思想臻于完善。

如能认识清楚具普遍性的方法(如在应用坐标时)并将其表达的观念贯彻始终,那就截然不同了,而笛卡儿几何的卓绝之处正在于此,每一个真正的数学家都通晓其重要性;事实上,他被引向了真正伟大的发现,即不仅把坐标方法应用于写出几何上已有定义的曲线的方程,而且从完全相反的观点提出问题;研究先于几何经验而定义的越来越复杂的曲线,从而达到了更高的一般性。

"直接地是由于笛卡儿本人,间接地是由于下一世纪从另一方向做出的努力,导致了整个数学科学观念的革命。确实,笛卡儿彻底理解他所做工作的意义,当他自夸像西塞罗(Cicero)的修辞学超过了 ABC 一样,他已远远超出了他以前的一切几何学时,他是正确的。"

(袁向东 译)

第四章

业余数学王子

费 马(1601—1665)

◉17 世纪最伟大的数学家◉费马的忙碌而务实的一生◉数学是他的业余爱好◉他初涉微积分◉他深刻的物理原理◉又创建解析几何◉算术和逻辑◉费马在算术中至高无上的地位◉一个关于素数的未解决的问题◉为什么有些定理是"重要的"？◉一个智力测试◉"无限递降法"◉费马未决问题向后世的挑战

我已经发现了大量极其美妙的定理。

——P. 费马(P. Fermat)

不是所有的丑小鸭都能变成白天鹅；因此，在展现了笛卡儿是有史以来最伟大的数学家之一之后，我们将不得不证明一个经常被提及却很少被反驳的论断，即 17 世纪最伟大的数学家是与笛卡儿同时代的皮埃尔·费马(Pierre Fermat)。当然，这没有将牛顿考虑进来。但我们可以说费马至少和牛顿一样是一位纯粹的数学家，而且，不管怎么说，牛顿一生将近三分之一的时间是在 18 世纪，而费马完全生活在 17 世纪。

牛顿似乎主要将数学当作他科学探索的工具，并将其主要精力都放在科学探索上。与之不同的是，费马则是对纯粹数学更感兴趣，尽管他在将数学应用于科学，特别是光学方面也作了值得注意的工作。

随着笛卡儿在 1637 年出版解析几何，数学才刚刚进入现代阶段，并且多年来一直进展缓慢，以至于任何一个有天赋的人都希望自己在纯粹数学和应用数学两方面有所贡献。

微积分的发明使牛顿作为一名纯粹数学家的声望达到了顶峰，而这项发明也是由莱布尼茨独立完成的。稍后我们将对这点进行详细论述。就目前来看，在牛顿出生的 13 年前与莱布尼茨出生的 17 年前，费马已经就微积分的主要思想进行了构思与应用，虽然他并没有像莱布尼茨那样将他的方法归结为一套连笨蛋都能用来解决简单问题的经验法则。

笛卡儿和费马他们两人各自完全独立地完成了解析几何的发明。尽管他们在这个问题上有通信往来，但这并不影响上述论断。笛卡儿的大部分精力都投入到各种科学研究、哲学阐述以及他关于太阳系的荒谬的"涡旋理论"上。而这一"涡旋理论"，长期以来，即使在英国，也与巧妙简单且非形而上学的牛顿的万有引力理论不相上下。而费马似乎从来不像笛卡儿和帕斯卡那样被对狡诈而富于诱惑力的关于上帝、人类和整个宇宙的哲学思考所吸引。所以，自从费马完成了微积分与解析几何的工作，并过上了为了生计而努力工作的平静生活后，他仍然将余下的精力投入到他最喜欢的纯粹数学上，并完成了他最伟大的工作——奠定了数论的基础，这为他带来了无可争议的不朽名望。

不久我们就会看到，费马与帕斯卡共同创立了概率论。如果说所有这些一流的成就都不足以使之成为同时代的纯粹数学家之首的话，那么谁还能当之无愧呢？费马是天生的创造者，从最严格的意义上来讲，就他的科学和数学工作而言，他都是一个业余爱好者。毫无疑问，他是科学史上即使不是第一个，也是最卓越的业余爱好者之一。

费马的一生是平静、勤勉和平凡的，但他从中收获颇丰。接下来，马上为您揭晓费马的平静生活。数学家皮埃尔·费马（Pierre Fermat）于 1601 年 8 月（确切日期不详；洗礼日为 8 月 20 日）在法国博蒙-德洛马涅（Beaumont-de-Lomagne）出生。他的父亲是皮革商人多米尼克·费马（Dominique Fermat），博蒙的第二任领事。母亲是议会法学专家家族的女儿克莱尔·德·隆（Claire de Long）。他最早在家乡接受家庭教育，随后在图卢兹（Toulouse）继续学习，为担任地方行政官员做准备。由于费马的一生都过着平稳而安静的生活，没有无益的争端，也没有像帕斯卡的吉尔贝特那样溺爱他的姐姐来为后人记录他少年时代的天才故事，因此关于费马学生时代的故事是非常少的。但从他成年后的成绩与成就来看,他的学生时代一定是辉煌的;这是因为如果没有坚实的学术基础,任何人都不可能成为像费马这样的古典主义者和文学家。但是他在数论和数学方面的非凡成就通常无法追溯到他的学校教育了;这是因为他所从事的最伟大的工作领域,在他是个学生的时候还没有被开辟,他学习的东西几乎无法对他有所启发。

在他的实际生活中唯一值得注意的事件是他在图卢兹的就职,时年30 岁(1631 年 5 月 14 日),担任申请受理员;同年 6 月 1 日,他与母亲的表妹路易丝·德·隆(Louise de Long)结婚,婚后育有三个儿子和两个女儿。其中一个儿子克莱芒-萨米埃尔(Clément-Samuel)成为他父亲的科学遗嘱执行人,两个女儿都当了修女;1648 年,他被晋升为图卢兹地方议会的议员,在担任该职位的 17 年的时间里,他一直是备受尊敬的、正直的和称职的——他 34 年的整个工作生涯都在为国家服务;最后,1665 年 1 月 12 日,在完成卡斯特尔(Castres)城的一个案子之后的两天,他在该城去世了,终年 65 岁。“故事?”他可能会说;“上帝保佑您,先生! 我一个也没有。”然而,这个度过平静的一生,而且诚实、性情平和、严谨公正的人却拥有数学史上最精彩的故事之一。

他的故事就是他的工作——更确切地说是他的娱乐——完全是出于对它的热爱,其中最精彩的部分是如此的简单(只是说来如此,完成或效仿就不同了),以至于任何一个智力正常的小学生都能理解它的本质并欣赏它的美。在过去的 3 个世纪里,这位业余数学王子的工作对所有文明国家的数学爱好者都有着不可抗拒的吸引力。这个数论领域,可能是当今有天赋的业余爱好者希望在其中找到感兴趣东西的一个数学领域。我们将先看一下他的其他贡献,不过是在顺便提及一下他在许多人称之为人文学科中的"非凡学识"之后。他对欧洲大陆的主要语言和文学方面的知识广博而精湛,希腊哲学和拉丁哲学的几次重要修订都要归功于他。用拉丁语、法语和西班牙语写诗,是他那个时代的绅士们的素养之一,而他都表现出了高超的技巧和高雅的品味。如果我们把他想象成一个和蔼可亲的人,不因受到批评而发怒或生气(就像牛顿晚年那样),不骄傲,但有某种虚荣心,我们就能了解他平稳好学的一生了。笛卡儿在所有方面都与他相反,笛卡儿说:"费马先生是一个加斯科涅人,而我不是。"这里提到的加斯科涅人,可能是指一些法国作家[例如罗斯坦(Rostand)在《西拉诺·德·贝热拉克》第二幕第七场中]所描述的加斯科涅族人——一种可爱的爱吹牛的人。费马的信中可能有一些这样的内容,但它总是相当天真和无伤大雅的,即使他的头脑膨胀得像气球一样大,但没有影响到对自己工作的公正性看法。至于笛卡儿,我们必须要记住,他并不是一个公正的法官。我们马上就会注意到,在他与加斯科涅人就极其重要的切线问题的长期争论中,他那种军人般的固执怎样使他败在了对方手里。

考虑到费马公职的艰难费力和他所做的大量一流的数学工作,许多人对他如何抽出时间来完成这一切而百思不得其解。一位法国评论家提出了一个可能的答案:费马作为议员的工作有益于他的智力活动。与其他议员不同——例如在军队中——议会议员被要求远离他们的老乡朋友,避免不必要的社交活动,以免他们在履行职责时受到贿赂或其他腐败行为。因此,费马找到了大量的空闲时间。

* * *

接下来,我们简要地说明一下费马在微积分发展中的贡献。正如在阿基米德的那一章中所提到的,微积分基本问题的几何等价物,就是在任意给定的点上画一条直线,与曲线上给定的、非闭的、连续的弧相切。这里的"连续弧"指的是"平滑的、无间断点或跳跃点的曲线";要给出一个精确的数学定义,就需要数页的定义和极细微的比较,可以肯定地说,这会让包括牛顿和莱布尼茨在内的微积分的发明者感到困惑和震惊。而且,我们还可以合理地猜测,如果将现代学生要求掌握的所有微积分的精细论述都端到其发明人面前,那么微积分就永远不会被发明出来。

　　微积分的发明者,包括费马在内,依靠几何和物理(主要是运动学和动力学)的直觉来取得进展:他们观察他们想象中的"连续曲线"图,描绘了一个在曲线上的任意点 P 处绘制与曲线相切的直线的过程。首先,通过在曲线上取另一点 Q,画一条连接 P 点与 Q 点的直线 PQ;然后,通过想象让 Q 点沿着曲线从 Q 滑动到 P,直到 Q 点与 P 点重合,此时的弦 PQ 的极限位置即为曲线在点 P 处的切线 PP——这正是他们所要寻找的。

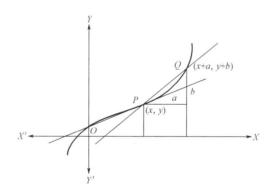

　　下一步就是将上述过程转化为代数或解析语言。已知图中曲线上点 P 的坐标为 x 与 y,以及点 Q 的坐标为 $x+a$ 与 $y+b$,在 Q 开始滑动到与 P 重合之前,他们检查了图并观察到弦 PQ 的斜率等于 b/a——显然是弦 PQ 相对于 x 轴(测量 x 距离的直线)的"陡度"的度量;此"陡度"正是斜率

的概念。由此可见,点 P 处切线所求的斜率(在 Q 与 P 重合之后)正是 b 和 a 同时接近零值时的 b/a 的极限值;Q 的坐标 $x+a,y+b$,最终变成 P 的坐标 x,y。这个极限值就是所求的斜率。有了斜率和点 P,就可以绘制切线了。

当然,这并不完全是费马绘制切线的过程,但他的过程与上述过程大致上是相同的。

为什么所有这些都值得理性或务实的人认真考虑呢?这是一个很长的故事,这里只需要给一点线索;我们在讨论牛顿的时候将会有更多的说明。动力学的基本概念之一是运动粒子的速度(速率)。如果我们将运动粒子在单位时间内经过的距离的单位数绘制出来的话,我们会得到一条直线或者曲线,通过这条线,我们能够一目了然地看出粒子的运动状态。这条线在任意一点上的陡度就是运动粒子在那一刻的速度;粒子的速度越大,切线的斜率就越大。这个斜率实际上是粒子在其运动轨迹上任意一点的速度。当运动学问题转化为几何问题时,就是求曲线上某一点的切线的斜率。还有与曲面的切平面相关的类似问题(在力学和数学物理上也有重要的解释),所有这些问题都要用微积分来着手解决——我们试图描述它的基本问题,就像它呈现给费马和他的继任者那样。

从上述内容中,我们还可以看出微积分的另一个用途。设某个量 y 是另一个量 t 的"函数",记为 $y=f(t)$,当用任意确定的数,比如 10 来代替 t 时,我们得到 $f(10)$——"当 t 为 10 时函数 f 的值"——我们可以根据假设给定的代数表达式计算 y 的对应值,即 $y=f(10)$。假设 $f(t)$ 是 t 的特定"函数",用代数式 t^2 或 $t\times t$ 表示。当 $t=10$ 时,我们得到 $y=f(10)$,即 $y=10^2=100$;当 $t=\dfrac{1}{2}$ 时,$y=\dfrac{1}{4}$,等等。t 可取任意值。

　　凡是在近三四十年内接受过初级中学教育的人,对所有这些都是熟悉的,熟悉这些是理所当然的事,当然有些人可能已经忘记了他们小时候在算术方面所做的事情。但即使是最健忘的人也会看到,我们可以为任何特定形式的 f 绘制 $y = f(t)$ 的图像[当 $f(t)$ 为 t^2 时,该图像是一个类似倒拱的抛物线]。想象一下下面绘制的图像,在它的极大值(最高)点或极小值(最低)点——这些点高于或低于其紧邻的点——我们观察到这些极大值点或极小值点处的切线是平行于 x 轴的。也就是说,我们所绘制的 $f(t)$ 的一个极值(最大值或最小值)处的切线斜率为零。因此,如果我们要求取给定函数 $f(t)$ 的极值的话,我们应该再次求解特定曲线 $y = f(t)$ 的斜率,并且在找到一般点 (t, y) 的斜率后,将这个斜率的代数表达式等于零,以便找到极值对应的 t 的值。这基本上是费马在 1628 年至 1629 年发明的极大值和极小值方法中所做的,但直到十年后,费马通过梅森向笛卡儿发送了一份关于它的说明时才被公开。

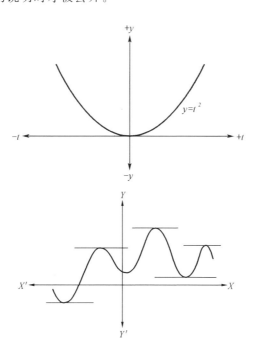

这种简单方法的科学应用——当然,为了解决比刚才描述的更复杂的问题需要进行细心而充分的构思——是多种多样且十分广泛的。例如,在力学中,正如拉格朗日所发现的那样,在某一个问题中,有关物体的位置(坐标)和速度有一个特定的"函数",当取函数的极值时,我们就可以得到该系统的"运动方程",这些方程反过来又使我们能够确定在任意给定时刻物体的运动,并对其进行完整的描述。在物理学中,有许多类似的函数,在所研究问题中的函数必须是一个极值函数的简单要求下,这些函数中的每一个都概括了数学物理学的一个广阔分支;[1]希尔伯特在 1916 年为广义相对论找到了一个这样的函数。所以当费马在干完繁重的法律事务的闲暇之余,以研究极大极小值问题作为消遣时,他并不是在浪费时间。他将他的原理应用到光学上,形成了美丽而惊人的应用。顺便提一下,我们可能会注意到,这一特殊发现已被证明是自 1926 年以来阐述的新量子理论的萌芽,在数学方面,就是"波动力学"。费马发现了通常所谓的"最小时间原理"。称他为"极值"(最小或最大)比称之为最小更准确。[2]

根据这个原理,我们可以知道,如果一束光线从 A 点经过 B 点,在经过的过程中发生任何形式的反射和折射("折射",即弯曲,如光线从空气进入水中,或光线通过不同密度的胶状物),它必须经过的路径——由于折射而产生的所有的扭转和转向,以及由于反射而导致的所有的来回——可以由从 A 到 B 的时间是一个极值这个单一的要求而计算出来(请参见前面的脚注)。

---

[1]　这个说法对于现在的考虑来说是足够准确的。实际上,有必要求出使函数稳定(函数值既不增加也不减少)的驻点变量(坐标和速度)的值。极值一定是驻点;但驻点不一定是极值点。——原注

[2]　读者可以很容易地看到,只需处理 n 是奇素数的情况即可,因为在代数中,$u^{ab}=(u^a)^b$,其中 u,a,b 是任意数。——原注

根据这个原理,费马推导出为我们所熟悉的反射和折射定律:入射角(在反射中)等于反射角;入射角的正弦(在折射中)是一个常数乘以从一种介质到另一种介质时折射角的正弦。

我们已经提过了解析几何的问题;费马是第一个将解析几何应用于三维空间的人。而笛卡儿只是满足于二维空间。这种从二维空间到三维空间的延伸,虽然今天所有学生都熟悉,但即使对于像笛卡儿这样的天才人物来说也不会是显而易见的。可以说,要找到把一种特殊的几何有意义地从二维空间推广到三维空间,通常比把它从三维空间推广到四维空间或五维空间甚至 n 维空间要困难得多。费马修正了笛卡儿的一个要点(曲线的阶分类)。敏感的笛卡儿应该与冷静的"加斯科涅人"费马争论一番,这似乎是很自然的。笛卡儿在与费马关于切线法争论时,经常会变得易怒和刻薄;而心平气和的法学家总是彬彬有礼。一般情况下,耐得住脾气的人都会在辩论中占上风。但费马理应获胜,不是因为他是一个更优秀的辩论者,而是因为他本来就是正确的。

顺便说一句,我们应该假设牛顿会听说过费马对微积分的使用,并且会承认这一点。可是直到1934年,都还没有任何证据表明这一点,但在那一年,莫尔(More)教授在他的牛顿传记中提及了一封迄今为止未被注意到的信,牛顿在信中明确表示,他从费马绘制切线的方法中得到了微积分方法的提示。

* * *

我们现在转向费马最伟大的工作,它是所有人都能理解的,无论是数学家还是业余爱好者。它就是所谓的"数论"或"高等算术",或者是最后,使用对高斯来说已经足够好的平淡无奇的名字,即"算术"。

希腊人把我们的小学教科书中统称为"算术"的内容分为两个截然不同的部分：计算术(logistica)和算术(arithtica)。第一个部分是计算在一般商业和日常生活中的实际应用，第二个部分是费马和高斯意义上的算术，他们试图发现数字本身的性质。

算术的终极问题，也可能是最困难的问题，是研究那些我们常见的，几乎一学会说话就能说出来的整数1,2,3,4,5,…之间的相互关系。在努力阐明这些整数之间关系的过程中，数学家们都致力于在代数和分析中发明一些微妙而深奥的定理，这些定理中的术语掩盖了最初的问题，即关于1,2,3,…之间的相互关系的问题，但其真正的目的却是解决这些问题。与此同时，这些看似毫无用处的研究的副产品，却提出了许多适用于与物理宇宙直接相关的其他数学领域的强大方法，给予了从事这些研究的人充分的回报。仅举一个例子予以说明，代数的最新阶段，即如今由专业代数学家所开垦的，为代数方程理论提供全新的视角的代数，其起源可直接追溯到费马大定理的努力解决上（在做好充分准备后，我们将会陈述费马大定理）。

我们从费马的素数这一点开始讲述。一个正素数，或者简称一个素数，是任何大于1的数，其除数（没有余数）只有1和该数本身；例如，2,3,5,7,17是素数，257,65 537也是素数。但4 294 967 297就不是素数，因为它还有641作为除数。数字18 446 744 073 709 551 617也不是素数，因为它可以被274 177整除；而641和274 177都是素数。当我们在算术中说一个数有另一个数作为除数，或可被另一个除数整除时，我们的意思是完全可除，没有余数。因此，14可以被7整除，而15却不能被7整除。上面的两个大数字都是预先设计好的，原因您很快就会明白。让我们一起回想另一个定义。给定数（例如 N）的 n 次幂，是 n 个 N 相乘，记为 N^n；因此

$5^2=5\times5=25;8^4=8\times8\times8\times8=4\,096$。为了一致性，$N$ 本身可以写成 N^1。同样，对于 2^{3^5} 这样的形如宝塔的数，我们需要首先计算 $3^5(=243)$，然后再将 243"提升"至 2 的幂上，即 2^{243}；最后得到的数字有 74 位。

下面谈到的这点在费马的一生中以及数学史上都具有重要意义。考虑数字 $3,5,17,257,65\,537$，它们都属于特定类型的一个"数列"，因为它们都是通过相同的简单过程生成的（从 1 和 2），如下：

$$3=2+1,5=2^2+1,17=2^4+1,257=2^8+1,65\,537=2^{16}+1;$$

如果想验证上述计算的话，我们很容易发现刚才我们提到的两个大数字可以写成 $2^{32}+1$ 和 $2^{64}+1$ 的形式，也是该数列的数字。因此，我们有七个数字属于这个数列，其中前五个数字是素数，但后两个数字却不是素数。

在观察数列的组成后，我们注意到"指数"（上面的数字表示 2 的幂），即 $1,2,4,8,16,32,64$，可以写成 1（即 2^0，在代数中，为了一致性可以写成此形式），$2^1,2^2,2^3,2^4,2^5,2^6$。也就是说，我们的数列是 $2^{2^n}+1$，其中 n 的范围在 $0,1,2,3,4,5,6$。我们不必停留在 $n=6$；我们还可以取 $n=7,8,9,\cdots$，我们可以无限地继续这个数列，得到越来越多的大数字。

假设我们现在想知道这个数列的某个特定数是否是素数。尽管有许多捷径，我们通过验算可以一整类一整类地排除试除数，尽管现代算术可以限制需要检验的试除数的种类，但我们的问题与将特定数连续除以小于该特定数的平方根的相继素数 $2,3,5,7,\cdots$ 的艰辛程度相同。如果这些数都不能整除给定的数，则该特定数为素数。不言而喻，即使使用已知的简便方法，这样的验算所涉及的工作量也是令人生畏的，即使 n 的值很小，比如 100。（读者可以通过尝试解决 $n=8$ 的情况来证明这一点。）

费马断言，他确信数列中的所有数字都是素数。正如我们所见，上述数字中有的(对应于 $n = 5,6$)是非素数,与他的结论相矛盾。这就是我们希望提出的具有历史意义的观点:费马的猜想是错误的,但他并没有声称已经证明了他的猜想。几年后,他确实对自己的猜想发表了一番费解的声明,一些批评者从中推断他是在欺骗自己。我们继续讲下去,这一事实的重要性就会显现出来。

出于心理上的好奇,我们会提到美国速算神童泽拉·科尔伯恩(Zerah Colburn,1804—1839),当被问及费马的第 6 个数(4 294 967 297)是否是素数时,经过短暂的心算后回答说不是,因为它有除数 641。他无法解释他得出正确结论的过程。在之后的叙述中科尔伯恩会再次出现(与哈密顿有关)。

在讲完"费马数" $2^{2^n} + 1$ 之前,我们先回顾一下 18 世纪的那最后十年,在漫长的数学史上的两个或三个最重要的事件中,有一个是由这些神秘的数字造成的。有一段时间,一个 18 岁的年轻人一直在踌躇着——按照传统——是把他的高超天赋奉献给数学还是语言学呢,他在这两方面都有同样的天赋。使他下定决心的是一个美丽的发现,这个发现与每个小学生都熟悉的初等几何中的一个简单问题有关。一个 n 边的正多边形,其所有 n 条边相等且其所有 n 个角相等。古希腊人很早就发现了如何仅使用直尺和圆规来构造 3,4,5,6,8,10 和 15 边的正多边形,并且使用相同的工具从一个给定边数的正多边形中构造出另一个有两倍边数的正多边形。下一步就是探索如何使用直尺和圆规来构造 7,9,11,13 等边的正多边形。许多人都在探索,但都没有结果,因为这样的构造是不可能的,只是他们当时不知道而已。时隔 2200 多年,这位在数学和语言学之间犹豫不决的年轻人向前迈出了一步——大大的一步。

如前所述,只考虑具有奇数边的正多边形就足够了。这位年轻人证明,当且仅当正多边形的边数是费马素数(即 $2^{2^n}+1$ 形式的素数)或不同费马素数的乘积时,这个正多边形才有可能用直尺与圆规构造出来。因此,如古希腊人所知,3,5 或 15 边的构造是可能的,但 7,9,11 或 13 边的构造是不可能的,17 或 257 或 65 537 边的构造也是可能的,或者费马数列 3,5,17,257,65 537 中的下一个素数也是可能的——如果这个素数存在的话,但目前(1936 年)还没有人知道它是否存在。对于边数为 3×17 或 5×257×65 537 的正多边形来说,用直尺和圆规构造它们也是可能的,依此类推。正是这个于 1796 年 3 月 30 日作出,于同年 6 月 1 日宣布的发现,促使这个年轻人选择数学而不是语言学作为他的终身工作。他的名字叫高斯。

费马关于数的另一个发现,就是我们所熟知的费马定理(不是他的"大定理")。如果 n 是任意整数,p 是任意素数,则 n^p-n 可被 p 整除。例如,取 $p=3,n=5$,我们得到 5^3-5,或 $125-5$,即 120 或 3×40;对于 $n=2,p=11$,我们得到 $2^{11}-2$ 或 2 048-2,即 2 046=11×186。

算术中的某些定理被认为是"重要的",而其他同样难以证明的定理却是微不足道的,要说明这是为什么,即便不是不可能,但也是很困难的。第一个标准,尽管不一定是决定性的,即这个定理在数学的其他领域应该是有应用的;第二个标准,它启发了算术或一般数学的研究;第三个标准,它在某些方面应该具有普遍性。刚才提到的费马定理满足了所有这些多少有点武断的要求:首先,它在数学的许多领域都是不可或缺的,包括群论(见第十五章),而群论又是代数方程理论的基础;其次,它启发了许多研究,其中原根的主题对于数学的读者来说可能是一个重要的例子;最后,它是普遍的,因为它说明了所有素数的一个性质。这样的一般性的表述是极难找到的,已经知道的非常少。

像往常一样,费马在没有证明的情况下提出了关于 n^p-n 的定理。莱布尼茨在一份未注明日期的手稿中给出了第一个证明,但他似乎在 1683 年之前就已经知道了一个证明。读者不妨试一试自己的能力,设法想出一个证明。我们所需要的只是以下事实,这些事实可以被证明,但也可以为了我们手头的目的而假设为已知:一个给定的整数只能以一种方式,即素数相乘的形式——重新排列因数除外——表示出来;如果一个素数能整除两个整数的乘积(相乘的结果),那么该素数至少能整除其中一个整数。举例说明:$24=2\times2\times2\times3$,并且 24 不能以任何本质上不同的方式通过素数的乘法表示出来,我们认为 $2\times2\times2\times3\times2$、$2\times3\times2\times2$ 和 $3\times2\times2\times2$ 是相同的;42 可被 7 整除,并且 $42=2\times21=3\times14=6\times7$,那么组成 42 的乘数中的至少一个可以被 7 整除;同样,98 可被 7 整除,$98=7\times14$,在这种情况下,7 和 14 的至少一个可被 7 整除。根据这两个举例,只需要不到半页纸就可以把证明写出来。这是任何一个正常的 14 岁小孩都能理解的,但可以肯定的是,在一百万个智力正常的任何年龄段的、所知道的数学不超过小学算术程度的人中,只有不到十个人可以在一个合理的时间(比如一年)内成功找到证明。

这里引用一些高斯的著名评论是比较恰当的,这些评论是与费马和高斯本人最喜欢的领域相关的。这些评论来自高斯于 1847 年为爱森斯坦数学论文集出版所撰写的序言。爱尔兰数学家 H.J.S.史密斯(H.J.S. Smith,1826—1883)翻译了序言。

"高等算术向我们展示了无穷无尽的有趣真理——这些真理不是孤立的,而是紧密地联系在一起的。随着我们知识的增长,我们会不断发现新的、有时完全意想不到的联系。高等算术的很大一部分定理还有另外一种魅力,那些看似简单的重要命题往往很容易通过归纳法发现,但这些定理又是如此的深刻以至于需要我们在无数次的尝试之后才能找到它们的证明;即便如此,虽然我们能成功地找到证明方法,但也是往往通过一些令人生厌的矫揉造作的过程找到的,而更简单的方法可能很难被发现。"

高斯提到了许多有趣的事实,其中的一则被后人认为是费马发现的数字中最美丽(但不是最重要)的东西:形为 $4n+1$ 的每个素数都是两个整数的平方和,并且这种和式是唯一的。不难证明,没有任何一个形如 $4n-1$ 的数是两个整数的平方和。由于所有大于 2 的素数都是这些形式中的一种或另一种,因此无须再详细说明。例如,37 除以 4 得到余数 1,因此 37 必须是两个整数的平方和。通过验算(还有更好的方法),我们确实发现 $37=1+36=1^2+6^2$,并且没有其他平方 x^2 和 y^2,使得 $37=x^2+y^2$。对于素数 101,我们有 1^2+10^2;对于 41,我们有 4^2+5^2。另一方面,$19=4\times5-1$,不是两个整数的平方和。

就像他几乎所有的算术工作一样,费马没有留下上述定理的证明。1749 年,伟大的欧拉经过他七年断断续续的努力之后才首次证明了这个定理。但是费马也确实描述了他发明的巧妙方法,通过这个方法,他证明了这一定理并得到了其他一些奇妙的结果,那就是"无限递降法",完成它比伊利亚升天还要难。他自己的叙述简洁明了,所以我们将提供他 1659 年 8 月写给卡卡维的信的意译。

"很长一段时间以来,我无法将我的方法应用到肯定命题上,因为用于肯定命题的迂回曲折的方法比我用于否定命题的方法要麻烦得多。因此,当我不得不证明每一个 4 的倍数加 1 的素数都是由两个平方组成时,我发现自己陷入了一种痛苦之中。但最后,我从无数次的思考中得到了我所缺少的线索。于是,借助于一些必然与肯定的命题相关的新原理,我的方法能够应用于肯定命题。我对于肯定命题中的推理过程是这样的:如果任意选择的 $4n+1$ 形式的素数不是两个整数的平方和,[我证明]将有另一个相同性质的数,小于所选择的数,[因此]有下一个更小的数,以此类推,用这种方式无限递降,我们最终得到这类数字中最小的[$4n+1$],即 5。[通过前面提到的证明和论证],可知 5 不是两个整数的平方和,但事实上 5 是两个整数的平方和。因此,我们可以通过反证法推出来,形为 $4n+1$ 的所有数字都是两个整数的平方和。”

将递降法应用于新问题的所有困难都在第一步上,即证明假设或推测的命题对于特定数类中随机选出的任何一个数成立,那么它对于同一类中的一个较小的数也成立。对于这一步来说,没有任何一种方法适用于所有问题。我们要想在荒野中找到出路,就需要比拼命的耐心和大大夸张了的“忍受痛苦的无限能力”更稀缺的东西。那些认为天才只不过是一名优秀的记账员的人,可以劝他们把无限的耐心放在费马大定理上。在陈述这个定理之前,我们再举一个费马考虑过并解决了的那些看似简单的问题的例子,即费马擅长的丢番图分析。

任何玩数字游戏的人都可能会在 $27=25+2$ 这一奇妙的事实面前停顿下来。有趣的是,27 和 25 都是幂数,即 $27=3^3$ 和 $25=5^2$。因此,我们观察到方程 $y^3=x^2+2$,有整数 x,y 的解,解是 $y=3,x=5$。作为一种超智能测试,读者现在可以证明 $y=3,x=5$ 是满足方程的唯一解。这并不容易。事实上,与掌握相对论相比,需要更多的天赋来证明这个问题。

方程 $y^3=x^2+2$,在解 y 与 x 都是整数的条件下,是不确定的(因为未

知数的个数 x 和 y 是两个,比联系它们的方程的个数,即一个,要多)。它是一个丢番图方程,这个名称来自希腊人丢番图,他是最早坚持方程整数解或者不那么严格地坚持有理(分数)解的人之一。在不限制整数的情况下,描述无限解是没有任何困难的:我们可以给 x 任何我们喜欢的值,然后通过对 x 平方再加上 2 得出结果,并解出结果的立方根来确定 y。但是找到所有整数解的丢番图问题完全是另一回事。解 $y=3,x=5$ 是"通过检验"得到的;问题的难点在于证明没有其他整数 y,x 可以满足此方程。费马证明了没有其他的解,但像往常一样,他并没有发表他的证明。这一证明直到他去世多年后才被人发现。

这一次,他不是在猜测。问题很难;他声称他能证明这一命题,这个证明后来被发现了。因此,对于他所有的肯定论断(除了他在他的大定理中提出的一个看似简单的论断,数学家们奋斗了近 300 年,也未能证明它),每当费马宣称他已经证明了什么,除了刚刚提到的那个例外,后来都得到了证实。他一丝不苟的诚实性格和他在算术上无与伦比的洞察力,证实了一些人(但不是所有人)给他的评价,即当他声称发现了他自己命题的一个证明时,他知道自己在说什么。

在阅读巴歇(Bachet)的《丢番图》(Diophantus)时,费马习惯于在他的书页空白处写下简短的备注。由于书页空白处没有足够的地方写下完整的证明,因此,在评论丢番图的算术第 2 卷第 8 个问题时,即求方程 $x^2+y^2=a^2$ 的有理数(分数或整数)的解时,费马评论如下:

"相反,一个立方数不可能是两个立方数的和,一个四次方数不可能是两个四次方数的和,一般来说,任何大于二次方的数都不可能是两个类似的幂的和。我发现了有关这个一般定理的美妙的证明,但这书的边距太窄了，写不下"（《费马著作集》，Ⅲ，241 页）。这就是他在 1637 年发现的著名的费马大定理。

再用现代语言重申一下：丢番图的问题是找到整数或分数 x，y，a 使得 $x^2+y^2=a^2$；费马认为，不存在整数或分数，使得 $x^3+y^3=a^3$ 或 $x^4+y^4=a^4$，或者，n 是大于 2 的整数，即 $x^n+y^n=a^n$。

丢番图的问题有无穷多解；比如 $x=3$，$y=4$，$a=5$；$x=5$，$y=12$，$a=13$。费马用自己发明的无限递降法给出了 $x^4+y^4=a^4$ 不可解的一个证明。自那一天起，$x^n+y^n=a^n$ 已经对很多数 n（所有小于 $n=14\,000$ 的素数，如果 x，y，a 中的任何一个都不能被 n 整除的话）证明不可能有整数或分数解，但这不是所需要的证明，我们需要解决的是所有大于 2 的 n 的证明。费马说他有"一个绝妙的"证明。

说了这么多，他有可能欺骗自己吗？这就留给读者自己判断吧。作为伟大算术家的高斯对费马投了反对票。嘿，吃不到葡萄的狐狸却说葡萄是酸的。其他人都投票支持费马。费马是一位一流的数学家，是一位诚实可信的人，也是历史上不可匹敌的算术家。[1][2]

（贾随军　译）

---

[1]　1908 年，已故教授保罗·福尔夫斯克尔（Paul Wolfskehl）（德国人）留下十万马克，奖励给第一个能够完整证明费马大定理的人。世界大战后的通货膨胀使这一奖金贬值到不到一分钱，这就是现在一个贪财的人证明出这个定理所能得到的奖励。——原注

[2]　1994 年，英国数学家 A. 怀尔斯（A.Wiles，1953—）最终证明了费马大定理，因此获得了 1996 年的沃尔夫奖。1997 年，他接受了福尔夫斯克尔奖，奖金时值 75 000 马克。——译注

第五章

"人的伟大与不幸"

帕斯卡(1623—1662)

●一个被神童埋没了的天才●17世纪的伟大几何学家●帕斯卡的美妙定理●糟糕的身体和对宗教的痴迷●计算机的首次尝试●帕斯卡在物理上的辉煌成就●神圣的杰奎琳修女,灵魂拯救者●酒和女人?●"去修道院吧!"●在狂欢中皈依●堕落为偏执的文学●几何学的海伦●一次绝妙的牙痛●验尸报告的发现●赌徒之于数学史●概率论的范畴●帕斯卡与费马一起创建的理论●与上帝或魔鬼打赌是愚蠢的

我们知道……概率论从根本上讲就是把普遍的常识简化为运算;它使我们准确地体会到理智的头脑出于某种直觉而感觉到的东西,往往无法说清其原因……值得注意的是,[这门]起源于思考游戏机会的科学,竟然成了人类知识最重要的一部分。

——P.S.拉普拉斯(P.S.Laplace)

布莱斯·帕斯卡(Blaise Pascal)1623 年 6 月 19 日出生于法国奥弗涅的克莱蒙,比他同时代的笛卡儿年轻 27 岁,卒年比笛卡儿晚 12 年。他的父亲艾蒂安·帕斯卡(Étienne Pascal)是克莱蒙最高法院的院长,是一位有文化的人,在那个时代也是一个聪慧过人的人。他的母亲安托瓦妮特·贝贡(Antoinette Bégone)在他 4 岁时就去世了。帕斯卡有两个美丽且有才华的姐妹,吉尔贝特(Gilberte)和杰奎琳(Jacqueline),吉尔贝特后来成为佩里耶(Périer)夫人。她们两人都在他的生活中扮演着重要的角色,尤其是杰奎琳。

帕斯卡由于他的两部文学经典而为普通读者所熟知,这两部著作分别是《思想录》和《路易斯·德·蒙塔尔特致他的一位外省朋友的信》,通常被称为《致外省人信札》。人们习惯于几笔带过他的数学生涯,而重墨于展示他在宗教方面的奇才。在这里,我们的观点必然与之不同,我们主要把帕斯卡看作一位极具天赋的数学家,这位数学家有着在自我折磨中作乐的癖性。他还对那个时代教派争议进行毫无意义的思考,这些让他沦为现在所说的笃信宗教的精神病患者。

在数学方面,帕斯卡也许有成为历史上最伟大数学家的可能。不幸的是,他只比牛顿早了几年,又与笛卡儿和费马同时代,而这两个人都比他更沉稳。他最具创新性的工作,即概率论数学理论的创立,是与费马共同完成的,而费马也可以轻易地独自完成了这一工作。在他以神童著称的几何学方面,创造性的思想则是由一个名气比他小得多的人——德萨格(Desargues)提供的。

就他对实验科学方面的见地来说,从现代的角度来看,帕斯卡对科学方法的看法比笛卡儿要清晰得多。但他缺乏笛卡儿的那种专一,虽然他做了一些一流的工作,但他却放任自己对宗教奥秘的病态热情而使他丧失了本该完成更多有意义工作的机会。

推测帕斯卡可能做出什么成就是没有意义的,就让他的一生来说明他实际上做了什么吧。那么,如果让我们做出选择的话,我们可以把他归结为一个数学家,我们可以说他做了他所做的,没有人能做得比他更多。他的一生伴随着对《新约全书》中两则故事或寓言的持续评论,而这本书是他忠实的伙伴和永远的安慰者。那么这两则寓言分别是:关于人才的寓言故事,以及关于新酒胀破旧瓶子(或皮囊)的故事。如果曾经有一个非常有天赋的人埋葬了自己的天赋,那就是帕斯卡;如果曾经有一个中世纪的头脑因试图装下 17 世纪科学的新酒而精神分裂,那就是帕斯卡。他辜负了他那伟大的天赋。

七岁时,帕斯卡随父亲和姐妹从克莱蒙迁居到了巴黎。大约就在这个时期,父亲开始教育他的儿子。帕斯卡是一个非常早熟的孩子。他和他的姐妹们似乎都有着超常的天赋。但可怜的帕斯卡在拥有聪明头脑的同时,也继承了(或获得了)糟糕的体格,而杰奎琳,他姐妹中最有天赋的一个,似乎和她哥哥一样身体病弱,因为她也变成了病态宗教的牺牲品。

起初一切都很顺利。老帕斯卡对他的儿子能轻松自如地接受当时的古典文学教育而感到惊讶,他试图让这个男孩适当放慢进度,以免损害他的健康。有种说法,年轻的天才可能会用脑过度而过于劳累,所以数学是禁忌的。他的父亲是一位出色的老师,但却是一位蹩脚的心理学家。老帕斯卡对数学的禁令反而激发了这个男孩的好奇心。有一天,帕斯卡大约12岁时,他想知道几何学是什么东西。他的父亲给他作了一番清晰的描述。这让帕斯卡像脱兔一般冲向了他真正的职业生涯。他受到了上帝的召唤,不要去招惹那些耶稣会士,而是要成为一名伟大的数学家,然而这与他后来的想法相反,因为当时他的听力有缺陷,他把次序搞乱了。

帕斯卡开始研究几何学时发生的事情已成为数学早熟的传说之一。顺带说一句,数学方面的神童并不都是像人们有时所说的那样总是会垮掉的。数学上的早熟常常是灿烂成熟的第一缕曙光,尽管有一些顽固的观点与之相反。就帕斯卡而言,早期展现出的数学天才并没有随着他的成长而消失,而是被其他兴趣扼杀了。从摆线的那一段插曲可以看出,在他短暂的一生中,他始终保持着一流的数学才能。如果有什么要为他相对较早地放弃数学负责的话,那可能就是他的胃。他的第一个惊人成就是在没有任何其他书籍的帮助下,完全依靠他自己的创造力证明了一个三角形的内角之和等于两个直角之和。这个成就激励他大踏步向前迈进。

意识到自己养育了一位数学家,老帕斯卡高兴地哭了起来,并给了他儿子一本欧几里得的《原本》。帕斯卡求知若渴,很快就读完了这本书,他不是把读书作为一项任务,而是作为一种娱乐。这个男孩用研究几何取代了做游戏。关于帕斯卡迅速掌握欧几里得几何学这件事,他的姐姐吉尔贝特情不自禁地撒了一个关于帕斯卡的夸大其词的小谎。的确,帕斯卡在看到这本书之前就已经发现并证明了欧几里得的几个命题。但是,吉尔贝特所描绘的关于她才华横溢的弟弟的浪漫故事,其发生概率比掷骰子连续掷出 10 亿个 1 点的概率还要小,因为这种事是绝对不可能发生的。吉尔贝特声称,她的弟弟已经独自重新发现了欧几里得的前32个命题,并且他发现它们的顺序与欧几里得提出这些命题的顺序相同。而第32个命题确实是帕斯卡重新发现的关于三角形内角和的著名命题。现在,可能只有一种方法能把事情做对,但似乎有无数种方法能把事情做错。今天我们知道,欧几里得所谓的严格论证,即使就他的前四个命题而言,也根本不是证明。说帕斯卡自己忠实地将欧几里得的所有疏忽都重新写了一遍,这是一个容易讲述但难以相信的故事。然而,我们可以原谅吉尔贝特的夸大其词。她的弟弟值得这样的夸大,因为在她的弟弟仅14岁的时候,就被允许参加由梅森主持的每周科学讨论会,而法国科学院就是在这个科学讨论会的基础上发展起来的。

当小帕斯卡在快速地使自己成为几何学家时,老帕斯卡却因为他的诚实和一贯的正直而使自己成为当局厌恶的人物。特别是他在关于征税的一点小问题上与红衣主教黎塞留意见不一。红衣主教被激怒了;帕斯卡一家一直在躲藏,直到这场暴风雨过去才敢露面。据说,美丽而有才华的杰奎琳隐姓埋名参加了一部为黎塞留表演的戏剧,并以出色的表演拯救了这个家庭,并使她的父亲重新博得红衣主教的好感。黎塞留被这个可爱的年轻女演员所吸引,并询问这位女演员的名字,当被告知她是他的微不足道的敌人的女儿时,他非常大方地原谅了帕斯卡全家,并给她的父亲在鲁昂安排了一份行政工作。根据对那个狡猾的老阴谋家红衣主教黎塞留的了解,这个令人愉快的故事可能是一个荒唐不可信的传说而已。无论如何,帕斯卡一家再次在鲁昂找到了工作,并安顿下来。在那里,帕斯卡遇到了悲剧剧作家高乃依(Corneille),他对这个男孩的天才印象深刻。当时帕斯卡已完全是个数学家了,所以高乃依可能没有想到他的这位年轻朋友会成为法国散文的伟大创作者之一。

在这期间,帕斯卡一直在不停地学习。在他 16 岁之前(大约 1639 年)①,他已经证明了整个几何学范围内最美妙的定理之一。幸运的是,这个定理可以用任何人都可以理解的术语来描述。我们将在后面提及的 19 世纪的数学家——西尔维斯特(Sylvester),他称帕斯卡的伟大定理是一种"翻花绳"游戏。我们首先说明这个一般定理的一个特殊形式,它可以仅用直尺画出来。

记两条相交的直线 l 和 l',在 l 上取任意三个不同的点 A、B、C,在 l' 上取任意三个不同的点 A'、B'、C'。用直线交叉连接这些点,连接方式如下所示:A 和 B'、A' 和 B、B 和 C'、B' 和 C、C 和 A'、C' 和 A。其中的两条线对相交于一点。因此我们得到三个点。我们现在描述的帕斯卡定理的特殊形式是说这三个点位于一条直线上。

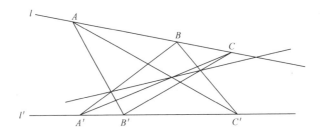

在给出这个定理的一般形式之前,我们先来说说另一个与其类似的结果,其由德萨格(Desargues,1593—1662)得出的。如果连接两个三角形 XYZ 和 xyz 的对应顶点的三条直线交于一点,则两个三角形的对应边的交点位于一条直线上。因此,如果连接 X 和 x、Y 和 y、Z 和 z 的直线相交于一点的话,则 XY 和 xy、YZ 和 yz、ZX 和 zx 的交点位于一条直线上。

---

① 有关方面对帕斯卡完成这项工作时的年龄有不同的看法,估计从 15 岁到 17 岁不等。1819 年版的帕斯卡著作中包含了关于圆锥曲线某些命题陈述的简短摘要,但这不是莱布尼茨所看到的完整的文章。——原注

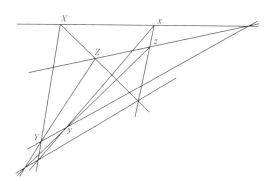

在第二章中,我们说明了什么是圆锥曲线。想象一下任意一条圆锥曲线,为了明确起见,比如说一个椭圆。在其上标出任意六个点:A,B,C,D,E,F。并按此顺序用直线将它们连接起来。这样,我们在圆锥曲线上就有一个六边形图形,其中 AB 和 DE、BC 和 EF、CD 和 FA 是成对的边。这三对边的每一对的两条线相交于一点;三个交点位于一条直线上(参见第十三章的图)。这就是帕斯卡定理;它提供的图形就是帕斯卡所谓的"神秘六边形"。他可能首先证明了这个定理对圆是成立的,然后通过投影证明对任意的圆锥曲线也成立。如果读者希望看看对于圆这个图形(帕斯卡定理)是什么样子,只需要一把直尺和一个圆规即可。

关于这个奇妙的命题,有几处令人惊奇的地方,其中最重要的是它是由一个 16 岁的男孩发现并证明的。再有,在他的《略论圆锥曲线》中,这个非常有天赋的男孩围绕他的伟大定理写了不少于 400 个关于圆锥曲线的命题,包括阿波罗尼奥斯和其他人的工作,都被系统地当作推论演绎出来。他所使用的方法是让 6 个点成对移动直到重合,使得弦成为切线,当然还有其他方法。完整的《略论圆锥曲线》本身从未出版过,显然已经无可挽回地丢失了,但莱布尼茨看到并检查了它的副本。此外,帕斯卡在这里所做的几何学与希腊人的几何学根本不同。它不是度量的几何,而是画法几何或射影几何。线或角的大小在定理的陈述或证明中都无足轻重。这一定理本身就足以废除把数学作为"量"的科学的愚蠢定义,这个定义继承自亚里士多德,有时仍在字典中出现。帕斯卡几何中没有"量"。

要了解该定理的射影意味着什么,请想象从一个点发出一个(圆形)光锥,然后将一块平玻璃片从不同的位置穿过这个光锥。玻璃片穿过圆锥的区域的边界曲线就是一条圆锥曲线。如果就任意给定位置,将帕斯卡的"神秘六边形"画在玻璃片上,再将另一块平玻璃片穿过光锥,使六边形的影子落在上面,那么阴影将是另一个"神秘六边形"。这个神秘六边形两对边的交点在一条直线上(简称"三点线")①,而这条直线正是原来的六边形"三点线"的影子。也就是说,帕斯卡定理在圆锥投影下是恒定的(不变的)。普通初等几何研究的图形的度量特性在投影下不是不变的;例如,第二张玻璃片上任何位置的直角的影子都不是直角。很明显,这种射影几何或画法几何是自然地适合于某些透视问题的几何之一。帕斯卡在证明他的定理时使用了射影方法,但德萨格在此之前曾使用射影方法推导出了有关两个三角形"透视"的结果。帕斯卡对德萨格的伟大发明给予了充分的肯定。

* * *

所有这些辉煌都是有代价的。从 17 岁到 39 岁生命结束,帕斯卡几乎每天都在痛苦中度过。急性的消化不良在白天折磨着他,慢性的失眠又使他晚上半醒半睡。然而他却不停地工作。18 岁时,他发明并制造了历史上第一台计算机——所有算术机器的祖先,这些机器在我们这一代已经取代了大批文员的工作。我们将在后面了解这个巧妙发明的结果。五年后

---

① 此处括号中的文字是译者添加的。

的 1646 年,帕斯卡经历了他的第一次"转变"。这个转变并不彻底,可能是因为帕斯卡那时才 23 岁,他还全神贯注于他的数学。在这之前,这个家庭一直都很虔诚,现在他们似乎都有了轻微的疯癫。

现代人很难重现 17 世纪的那种强烈的宗教热情,这种热情不仅扰乱家庭,还使各基督教的国家和教派公开地相互攻击。在那个时代,在所谓的宗教改革者中,有一个叫科尼利厄斯·詹生(Cornelius Jansen,1585—1638)的人,他是一位浮夸的荷兰人,后来成为伊普尔的主教。他的教条的一个要点是"皈依",以此作为求得"赦免"的一种手段,这有点像今天某些教派的依然流行的做法。然而,至少在反对派的眼中,救世似乎是詹生的抱负中次要的部分。他深信,上帝特意拣选了他,让他在今生摧毁耶稣会士,并使他们死后永远沦入地狱。这是他的召唤、他的使命。他的信条既不是天主教也不是新教。尽管他的信条更倾向于后者。詹生对那些对其教条式的偏执提出异议的人一直怀有强烈的憎恨。现在(1646 年),帕斯卡一家热切地——虽然一开始并不热衷——接受了詹生教派这个令人讨厌的信条。因此,帕斯卡在 23 岁的时候,就开始从精神上慢慢死亡。同年,他的整个消化道出现了问题,开始出现了暂时性的瘫痪。但他在智力上并没有死亡。

1648 年,他在科学上的成就在一个全新的方向再次显现出来。帕斯卡继续进行着托里拆利(Torricelli,1608—1647)关于大气压力的工作,并超越了托里拆利,证实了他理解托里拆利的老师伽利略向世界展示的科学方法。通过他提出的气压计实验,帕斯卡证明了现在每个物理学初学者都熟知的关于大气压力的事实。在这个时期,帕斯卡的姐姐吉尔贝特已经嫁给了佩里耶先生。在帕斯卡的建议下,佩里耶进行了一项实验,将气压计带到奥夫涅的多姆山上,并发现气压计的水银柱会随着大气压力的降低而下降。后来,帕斯卡和妹妹杰奎琳搬到巴黎时,他自己又做了一次这个实验。

帕斯卡和杰奎琳回到巴黎后不久,就与他们的父亲重逢了,现在他们的父亲作为一个州议员已完全恢复了声誉。不久,笛卡儿正式拜访了帕斯卡一家。笛卡儿和帕斯卡谈了很多事情,包括气压计。这两个人之间几乎没有相互敬仰之心。一方面,笛卡儿公开拒绝相信著名的《略论圆锥曲线》是由一个 16 岁的男孩写的。另一方面,笛卡儿怀疑帕斯卡是从他那里窃取了气压实验的想法,因为他在给梅森的信中讨论过该实验的可能性。正如前面提到的,帕斯卡从 14 岁起就参加了梅森神父举办的每周讨论会。双方互相不喜欢的第三个理由是他们的宗教信仰相去甚远。笛卡儿因一生都从耶稣会士那里得到友善的款待,因此十分敬爱他们。而帕斯卡却追随虔诚的詹生,对耶稣会士的憎恨比传说中魔鬼对圣水的憎恨还要严重。最后,根据坦率的杰奎琳的说法,她的哥哥和笛卡儿彼此之间相互嫉妒。因此这次拜访相当不成功。

然而,善良的笛卡儿确实以真正的基督教精神给了他的年轻朋友一些善意的忠告。他告诉帕斯卡以自己为榜样,每天在床上躺到 11 点;对于可怜的帕斯卡的胃病,他建议帕斯卡只吃牛肉汁。但帕斯卡无视这些善意的忠告,可能是因为这些忠告来自笛卡儿。帕斯卡是一个缺乏幽默感的人。

现在,杰奎琳开始对他哥哥的天赋施加不好的影响或者好的影响——这一切都取决于每个人的个人观点。1648 年,杰奎琳在她二十三岁这个很容易受影响的年龄,宣布打算搬到巴黎附近的罗亚尔港,成为一名修女,那里是詹生教派在法国的主要聚居地。她的父亲非常反对这个计划,虔诚的杰奎琳便把她冲破阻挠的努力集中在她那走入歧途的哥哥身上。她怀疑他还没有彻底转变信仰，而他本来是可以实现彻底转变的。现在这家人又回到克莱蒙，在那里住了两年。

在这两年里，日子过得很快，尽管妹妹杰奎琳焦急地劝告他要完全服从于主，但帕斯卡似乎仅仅奉献了一半。即使是顽固的胃也遵守节制饮食几个月了。在被祝福的几个月里，就连桀骜不驯的胃也服从了理性的管理。

有人说帕斯卡在这段理智的阶段和后来几年中，发现了酒和女人命中注定的用途，但也遭到了其他人的否认。他保持沉默。但这些关于人性卑劣的谣言毕竟可能只是谣言。因为在他死后，帕斯卡很快就成为基督教的圣教徒的一员。任何企图了解他作为一个凡人的生活事实的尝试都被敌对的宗派悄无声息地遏止了，这个宗派中的一方试图证明他是一个虔诚的狂热信徒，另一方则要证明他是一个持怀疑态度的无神论者，但是双方都宣称帕斯卡是一个不属于这个尘世的圣人。

在这些危险的岁月里，病态的、神圣的杰奎琳继续对她虚弱的哥哥施加影响。帕斯卡很快就被一个美丽的怪诞的讽刺所彻底改变了——这一次他的命运是把他过于虔诚的妹妹扭转过来，把她赶进修道院，而她现在看来也许不那么想进修道院了。当然，这不是对所发生事情的正统解释。但对于一个或另一个教派——基督徒或无神论者——以外的任何人来说，相对于传统认可的记述，这是对帕斯卡和他未婚妹妹之间不健康关系的更合理的描述。

现代《思想录》的读者一定会对书里的某些内容而感到震惊，我们沉默寡言的祖先要么没有注意到这些内容，要么他们明智地容忍了这些内容。这些信件也揭示了许多本应该妥善隐藏的东西。帕斯卡在《思想录》中关于"欲望"的狂言完全暴露了他,正如他在看到已婚姐姐吉尔贝特自然地爱抚她的孩子时,他异常疯狂的事实也证明了这一点。

现代心理学家,不亚于具有普通常识的古人,经常提到性压抑与病态的宗教狂热之间的高度相关性。帕斯卡遭受了这两方面的折磨,他不朽的《思想录》是对他偶尔语无伦次,但也只是纯粹生理上怪癖的出色的证明。如果这个人能有完整的人性,那他就可能随心所欲地去享受整个人生,而不会在一堆关于人的苦难和尊严的毫无意义的神秘主义和陈词滥调下扼杀他的另一半天性。

1650年,一家人结束四处奔波,再次回到巴黎。第二年,父亲去世了。帕斯卡抓住机会给吉尔贝特和她的丈夫写了一篇关于死亡的长篇布道。这封信备受称赞。我们不需要在这里重述信中的任何内容;希望形成自己观点的读者可以很容易地找到它。为什么在受爱戴的父亲去世时,这封假惺惺和无情的道德说教的信,竟会引起人们对其作者的钦佩,而不是蔑视,这就像这封信中用令人作呕的语气所讨论的上帝之爱一样,是一个不可理解的谜。然而,关于文体,没有什么争论的,那些喜欢帕斯卡那封被广泛引用的信的人,尽可以不受干扰地欣赏它,毕竟,这是法国文学中自我意识自我暴露的杰作之一。

老帕斯卡去世的一个更现实的结果就是,帕斯卡作为家产的管理人,有机会回归到与家人的正常交往之中。在她哥哥的鼓励下,妹妹杰奎琳现在进了波尔·罗亚尔修道院,她的父亲再也不能反对她了。她对她哥哥灵魂的甜蜜关怀,现在由于一场关于财产分割的完全世俗的争吵而添加了佐料。

一年前(1650年)的一封信揭示了帕斯卡虔诚性格的另一个方面,或者可能是他对笛卡儿的嫉妒。帕斯卡被瑞典人克里斯蒂娜的超凡才华所折服,谦卑地请求将他的计算机放在"世界上最伟大的公主"的脚下。他用渗透着蜂蜜和融化黄油的阿谀之词来宣称公主的智力和她的社会地位一样杰出。克里斯蒂娜用这台机器做什么就不清楚了。但她没有邀请帕斯卡来代替曾经被她折磨死的笛卡儿。

终于,在1654年11月23日,帕斯卡实现了真正的转变。根据一些记载,他已经过了3年的放荡生活。最权威的人士似乎都认为这个说法并没有多少可信度,他的生活毕竟不放荡。他只是在尽他可怜的力量,尽可能地像一个正常人一样生活,并从生活中得到比数学和宗教更多的东西。促使他发生转变的那天,他正驾驶一辆四匹马拉的马车,这时马突然狂奔。领头的两匹马冲过了纳伊河桥边的栏杆,马车的挽绳断了,帕斯卡仍然留在路上。

对于像帕斯卡这样一个有着神秘气质的人来说,这次幸运地从死神手中逃脱,是来自上天的直接警告,让他在道德悬崖的边缘勒马。而作为病态自我分析的受害者,他想象自己即将坠入道德悬崖。他拿了一小片羊皮纸,上面写着一些神秘虔诚的费解感想,然后把它戴在心旁,作为护身符,保护他不受诱惑,并提醒他,是上帝的善良,把他这个可怜的罪人从地狱之口中解救出来。此后,他只有一次失去了上帝的宽恕(按照他自己的可怜又可笑的看法),尽管在他的余生中,他一直被脚下悬崖的幻觉所困扰。

杰奎琳,此时在波尔·罗亚尔修道院当修女,她来帮助她的哥哥了。帕斯卡远离尘世,并在波尔·罗亚尔定居,部分是出于他自己的考虑,部分是因为他妹妹的有说服力的恳求,从此帕斯卡把他的才华永远埋葬于关于"人的伟大与不幸"的沉思之中。那是在1654年,帕斯卡31岁。然而,在永远摆脱肉体和灵魂之前，他已经完成了他对数学最重要的贡献，即与费马共同创造了概率论。为了不打断对他生平的叙述，我们暂时不谈这一理论。

他在波尔·罗亚尔的生活即便不像人们希望的那样正常，至少是卫生的、安静的、有序的日常生活，这对他岌岌可危的健康大有好处。在波尔·罗亚尔生活期间，他撰写了著名的《致外省人信札》，这些信件是帕斯卡为了帮助被指控为异端罪名的詹生教派头号人物阿诺德（Arnauld）获释而写的。这些著名的信件（共有18封，第一封出版于1656年1月23日）是辩论技巧的杰作，据说给耶稣会士带来了沉重的打击，该会再也没有从这个打击下完全恢复过来。然而，就像任何长眼睛的人都能客观地观察到，耶稣会仍然蓬勃发展。因此，人们有理由怀疑《致外省人信札》是否具有那些富有同情心的评论家所认为的致命力量。

尽管帕斯卡全神贯注于与他自身的救赎和人类苦难有关的事情，但他仍然能够做出出色的数学工作。尽管他认为追求一切科学研究是一种虚荣，是应该避免的，因为它对灵魂有害无益。尽管如此，他还是再次与上帝的恩宠失之交臂，但只有这一次。这次就是著名的摆线插曲。

这条比例匀称的曲线（通过车轮圆周上的固定点在平坦路面上沿直线滚动的运动来描绘）似乎最早出现在1501年的数学文献中，当时查尔斯·鲍威尔（Charles Bouvelles）在与化圆为方相关的问题中描述过它。伽利略和他的学生维维亚尼（Viviani）研究过它，并解决了在任意点构造曲线切线的问题（当这个问题提交给费马时，他立刻就解决了），伽利略建议将其用于桥拱的建造。自从钢筋混凝土被广泛使用以来，在公路高架桥上经常看到摆线拱。由于力学原因（伽利略当时不知道），摆线拱在结构上优于其他任何结构。在研究摆线的著名人士中,圣保罗大教堂的建筑师克里斯托弗·雷恩爵士(Sir Christopher Wren)确定了曲线任一弧段的长度及其重心,而惠更斯(Huygens,1629—1695)则出于机械方面的考虑将摆线引入了钟摆制造中。惠更斯最美丽的发现之一就与摆线有关。他证明了摆线是等时曲线,也就是说,在朝下的摆线(像碗一样倒置时)的任意地方放置的珠子,在重力的影响下,都会同时滑向最低点。由于摆线具有独特的美、精巧的特性,以及它在喜欢争论的数学家之间引起的无休止的争吵(他们互相挑战解决与之相关的问题),摆线被称为"几何学中的海伦"。"海伦"来源于希腊特洛伊一位女士的名字,据说仅凭她那美丽的容貌就能使"一千艘战舰下水"。

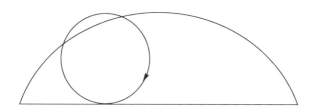

可怜的帕斯卡所遭受的其他病痛还包括顽固的失眠和严重牙病,而在那个时代,牙科手术是由理发匠用坚硬的钳子和蛮力实施的。一天晚上(1658年),在牙痛的折磨下,帕斯卡夜不能寐,于是他开始疯狂地思考摆线,用这种方法来使自己忘掉疼痛。令他吃惊的是,他立刻注意到疼痛停止了。帕斯卡将这解释为来自天堂的暗示,这表明他在思考摆线而没有思考灵魂时并没有触犯戒律,于是他继续让自己思考下去。一连八天,他致力于摆线的几何学,并成功地解决了许多与摆线有关的主要问题。他以阿莫斯·德顿维尔(Amos Dettonville)的笔名发表了他发现的一些东西,作为对法国和英国数学家的挑战。在这件事上,帕斯卡对待对手们一向是严肃认真的,但在这个问题上不是那样。这是他数学智慧之光的最后一次闪现，也是他来波尔·罗亚尔后对科学的唯一贡献。

同年（1658 年），他患上了他一生中最严重的疾病。那时，胃部的痛苦和不断的头痛剥夺了他大部分时间的睡眠，他只能偶尔小睡一会儿。他忍受了 4 年的痛苦，过着更加苦行僧式的生活。1662 年 6 月，作为一种自我牺牲的行为，他将自己的房子让给了一个患有天花的贫困家庭，并与已婚姐姐住在一起。1662 年 8 月 19 日，他饱受折磨的一生在惊厥中结束，卒年 39 岁。

尸检显示了人们对他的胃和重要器官的预测，同时还发现了他的大脑受到了严重损伤。然而，尽管如此，帕斯卡还是在数学和科学方面作出了伟大的工作，并在文学史上留下了自己的名字，这个名字在三个世纪后仍然受到尊敬。

* * *

帕斯卡在几何学中所做的美妙工作，除了"神秘六边形"之外，如果他不做的话，其他人也都会做出来，这一点特别适用于摆线的研究。在微积分发明之后，所有这些事情都变得比以前简单得多，并很快就成为教科书中要求年轻学生练习的内容。但在与费马共同创建概率论的过程中，帕斯卡开辟了一个新的天地。很可能，在帕斯卡作为作家的名声被人们遗忘很久之后，他会由于这项越来越重要的伟大发现而重新为人们所铭记。《思想录》和《致外省人信札》，除了其文学上的成就外，主要是呼唤了一种正在迅速消失的思想。支持或反对一个特殊论点的论据在现代人看来要么微不足道，要么无法令人信服，而帕斯卡如此狂热地专心研究的那些问题，现在似乎又奇怪又荒谬。如果他所讨论的关于人的伟大和不幸的问题确实像狂热者们所宣称的那样具有深远的重要性，而不仅仅是说得很玄妙且无法解决的伪问题,那么这些问题似乎不太可能通过陈词滥调的说教来解决。但在他的概率理论中,帕斯卡指出并解决了一个真正的问题,那就是将纯粹偶然事件表面上的无规律性置于规律、秩序和规则的支配之下。今天这一微妙的理论似乎是人类知识的根本,也是物理学的基础。从量子理论到认识论,它的影响无处不在。

概率论的真正奠基人是帕斯卡和费马,他们在 1654 年的一段非常有趣的通信中发展了这一学科的基本原理。这段通信现在可以在《费马著作集》(由 P. 塔内利[P. Tannery]和 C. 亨利[C. Henry]编辑,第 2 卷,1904年)中找到。这些信件表明,帕斯卡和费马同等地参与了该理论的创立。他们对问题的正确解决办法在细节上不同,但在基本原则上是一致的。由于对某个问题中可能出现的"点数"需要进行冗长的列举,而帕斯卡对冗长的列举感到厌烦,试图走捷径,结果犯了错误。费马指出了帕斯卡所犯的错误,帕斯卡也承认了这一点。该系列通信的第一封信已经丢失,但这次通信已得到充分的证实。

开启整个庞大概率理论的最初问题是由一个或多或少是职业赌徒的法国人梅雷骑士(Chevalier de Mere)向帕斯卡提出的。所提出的问题就是"点数"的问题:两个玩家(比如掷骰子)每人都需要一定数量的"点数"才能赢得比赛;如果他们在比赛结束前退出,他们之间的赌注应该如何分配呢?每个玩家的分数(点数)是在退出时给出的,这个问题相当于确定每个玩家在赌局的给定阶段赌赢的概率。假设两个玩家赢得一个"点数"的机会均等,解决这个问题只需要合理的常识;但当我们寻找一种方法来列举可能的情况,而不实际计算它们时,概率的数学就登场了。例如,在一副普通的 52 张牌中,一次拿到 3 张 2 点或者不是 2 点的其他 3 张牌会有多少种不同的可能呢?或者,当掷 10 个骰子时,要掷多少次骰子能出现 3 个 1

点、5个2点和2个6点呢？第三个同样无聊的问题是：如果每一类宝石被认为是没有区别的，那么用10颗珍珠、7颗红宝石、6颗祖母绿宝石和8颗蓝宝石能串成多少不同的手镯呢？

要找出完成一个指定事件的方式的数量，或找出一个特定事件发生方式的数量，它们都属于组合分析的范畴。它在概率上的应用是显而易见的。例如，假设我们想知道掷3个骰子，1次掷出2个1点和1个2点的概率是多少。如果我们知道3个骰子掷出的方式总数（6×6×6或216），并且我们还知道2个1点和1个2点可以出现的方式的数量（比如说，读者可以自己设定 n），所需的概率是 $\frac{n}{216}$（这里 n 是3，所以概率是 $\frac{3}{216}$）。安托万·贡博（Antoine Gombaud），也就是梅雷骑士提出了这个问题，帕斯卡认为他是一个头脑很好但没有数学头脑的人；而莱布尼茨似乎不喜欢这个骑士，把他说成是一个思想敏锐的人、一个哲学家、一个赌徒——这是一个非同寻常的组合。

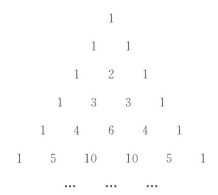

关于组合分析和概率论问题，帕斯卡大量使用算术三角形，其中前两行之后的任何一行中的数字都是从前一行的数字得来；把前一行两端的1抄下来，再从左到右把相邻的数两两加在一起，得出新行中的数；因此 5 =

$1+4,10=4+6,10=6+4,5=4+1$。第 n 行中 1 之后的数字是从 n 个事物中选出 1 个、2 个、3 个……的不同选择方法的数目。例如，10 就是从 5 个不同事物中选出 2 个的所有可能选法的数目。第 n 行中的数也是 $(1+x)^n$ 通过二项式定理展开的系数，因此对于 $n=4$，$(1+x)^4=1+4x+6x^2+4x^3+x^4$。三角形还有许多其他有趣的性质。尽管它在帕斯卡时代之前就已为人所知，但通常用帕斯卡的名字命名，因为他在概率中巧妙地使用了它。

起源于赌徒之争的理论，现在是许多我们认为比赌博更重要的事业的基础，包括各种保险、数理统计及其在生物学和教育上的各种测量的应用，以及现代理论物理学中的许多分支。我们不再认为电子在给定时刻"在"给定位置，但我们确实计算了它在给定区域中的概率。稍加思考就会知道，即使是我们所做的最简单的测量（当我们试图准确地测量任何东西时）都是统计性质的。

这个极其有用的数学理论的不起眼的起源是许多理论起源的典型例子：一些看似微不足道的问题，也许是出于无意的好奇而首先解决的，结果导致了深刻的一般性原理。就像量子理论中原子的新统计理论一样，可能会使我们修正我们对物质世界的整个概念，或者就像将统计方法应用于智力测试和遗传研究一样，可能会使我们修正我们关于"人的伟大与不幸"的传统信念。当然，帕斯卡和费马都没有预见到他们不体面的孩子会如何发育。数学的整个结构是如此紧密地交织在一起，以至于我们只要解开和剔除任何碰巧不合乎我们个人品味的线，就会有破坏整个图案的风险。

然而，帕斯卡确实应用过一次概率（在《思想录》中），这个应用在他那个时代是非常实用的。这就是他著名的"赌注"。赌博中的"期望"是奖金的价值乘以中奖的概率。在帕斯卡看来,永恒幸福的价值是无限的。他推断,即使通过虔诚的宗教生活赢得永恒幸福的概率确实非常小,但是,由于期望是无限的(无限的任何有限部分仍然是无限的),任何人过这样的生活都是值得的。不管怎样,他自己服了这剂药,但就好像表明他没有吞下瓶子一样,他在《思想录》的另一个地方记下了这个心存疑惑的问题,"概率是可能的吗?"就像他在另一个地方说的,"做这样的琐事是很让人厌烦的,但是有的时候就得做这些琐事。"帕斯卡的困难在于,他并不总是清楚,什么时候他在做无意义的琐事(就像他在对上帝打赌那样),或者什么时候他在做有意义的琐事(就像他在解决梅雷骑士的赌博问题那样)。

(贾随军　译)

第六章

在海边

牛 顿(1642—1727)

●牛顿对自己的评价●一个未经认证的年轻天才
●混乱的时代●站在巨人的肩膀上●他的一个爱好
●剑桥大学的日子●年轻的牛顿明白了容忍蠢人是
徒劳无益的●大瘟疫与大福音●24 岁（或更早）名垂
千秋●微积分●牛顿在纯粹数学上无与伦比，在自
然哲学上至高无上●蚊蚋、大黄蜂和愤怒●《自然哲
学的数学原理》●塞缪尔·佩皮斯和其他煽风点火
的人●史上最平淡的虎头蛇尾●争论，神学，年代
学，炼金术，公职，逝世

流数法(微积分)是现代数学家揭开几何学和自然奥秘的普遍钥匙。

——伯克利主教

我不做假设。

——I. 牛顿(I. Newton)

"我不知道世人会怎么看我,对我自己来说,我似乎只是像一个在海边玩耍的孩子,不时发现一块比平常更光滑的卵石或一个比平常更美丽的贝壳而自得其乐,而在我面前展现的,依然是一片未知真理的浩瀚海洋。"

这就是依萨克·牛顿(Isaac Newton)在漫长的生命即将结束时对自己的评价。然而,他的能够评价他的工作的后继者们几乎无一例外地指出,牛顿是人类迄今所产生的最高智慧——"他是人类天才的顶峰。"

1642年,也就是伽利略去世的那一年,依萨克·牛顿出生于圣诞节(按"旧历"算①)。他出生于一个独立的小农户家庭,住在英国林肯郡格兰瑟姆以南约8英里②的伍尔索普村的庄园里。他父亲的名字也叫依萨克,三十七岁就去世了,去世时他的儿子还没有出生。

牛顿是个早产儿。刚生下来时,他是如此羸弱,两个妇女到邻居家去给这个婴儿要"强心剂",以为他活不到她们回来的时候。他的母亲说,他出生时太小了,一个夸脱③杯子就能装下他的整个身体。

牛顿的祖先并不足以引起研究遗传学的学生的兴趣。他的父亲被邻

---

① "旧历"指牛顿出生时英国奉行的儒略历,牛顿的生日为儒略历1642年12月25日(圣诞日),相当于公历1943年1月4日。——译注
② 1英里约为1.61公里。——译注
③ 1夸脱约为1.136升(英制)。——译注

居描述为"一个野蛮、奢侈、软弱的人";他的母亲汉娜·埃斯库(Hannh Ayscough)节俭、勤劳,而且是个有管理能力的女强人。丈夫去世后,牛顿夫人被人以"一位非凡的好女人"的荐言推荐给一个老单身汉,并成为他未来的妻子。这位谨慎的单身汉,邻近北威瑟姆教区的巴纳巴斯·史密斯牧师,就凭这份荐言娶了这位寡妇。史密斯太太把三岁的儿子留给外祖母照顾。在第二次婚姻中,她又生了三个孩子,但没有一个表现出什么非凡的才能。牛顿从他母亲第二次婚姻的财产和他父亲的遗产中最终获得了大约每年 80 英镑的收入。当然,在 17 世纪,这笔款数的意义比现在要大得多。牛顿是不必与贫穷抗争的伟大数学家之一。

牛顿小时候身体不太健壮,被迫避开同龄男孩的粗野游戏。牛顿没有以通常的方式自娱自乐,而是发明了自己的消遣方式,他的天才在这种消遣方式中锋芒初露。有时有人说牛顿并不早熟。就数学而言,这种说法可能是对的,但如果涉及其他方面,那就需要对早熟下新的定义。牛顿在探索光的奥秘时所表现出的无与伦比的实验天才,在他的儿童时期的娱乐活动中已显露无疑。风筝上挂个灯笼,用来在夜里吓唬那些迷信的村民;一些制作完美的机械玩具,完全是他自己的作品。这些玩具包括水车、把小麦磨成雪白的面粉的磨坊,一只贪婪的老鼠(它吃掉了大部分产品)既是磨坊主,又是动力;还有他送给许多小女伴的针线盒和玩具、图画、日晷,以及一个为自己准备的能计时的木钟——这些就是这个"不早熟"的男孩试图把玩伴的兴趣引到"更有哲学意义"的渠道上的一些东西。除了这些引人注目的超乎常人的才华之外,牛顿还进行了广泛的阅读,并在笔记本上草草记下各种神秘的配方和奇怪的观察结果。如果把这样一个男孩仅仅看作他在村民们眼中身心健康的平常小伙,那可是目光短浅了。

牛顿最早的教育是在他家附近乡村的普通学校接受的。牛顿的一位舅舅,威廉·埃斯库牧师,似乎是第一个认识到牛顿之与众不同的人。作为剑桥大学的毕业生,埃斯库最终说服牛顿的母亲把她的儿子送到剑桥,而不是按照她原来的打算让他待在家里,在她第二任丈夫死后回到伍尔索普帮她管理农场。那时牛顿才 15 岁。

然而,在此之前,牛顿已经初露锋芒。在舅舅的建议下,他被送进了格兰瑟姆文法学校。在那里,他的身高是倒数第一,他受到恶霸学生的欺凌。有一天,恶霸学生踢了牛顿的肚子,给他带来了身体上的痛苦和精神上的折磨。在一位老师的鼓励下,牛顿向欺负他的人提出公平决斗,痛打了对方一顿,并将认怂的对手的鼻子顶在教堂的墙上使劲擦了擦,作为最后的羞辱。在此之前,年轻的牛顿对功课并没有表现出极大的兴趣。现在,他开始证明自己的头脑和拳头一样行,并很快成为学校里的优等生。校长和埃斯库舅舅都认为牛顿适合上剑桥大学,但一锤定音的事情是:有一次埃斯库撞见他的外甥正在树篱下埋头读书,而当时他本被安排跟一个农场工人一起去市场卖货。

在格兰瑟姆文法学校读书期间,以及后来准备上剑桥大学期间,牛顿住在村里的药剂师克拉克先生家里。在药剂师的阁楼上,牛顿发现了一包旧书,他如饥似渴读了起来。在这所房子里,牛顿还跟克拉克的继女斯托利(Storey)小姐彼此相爱并在1661 年 6 月牛顿 19 岁离开伍尔索普去剑桥前订了婚。但是,尽管牛顿对他的初恋也是唯一的情人一生都怀有温暖的情意,但他的离去和对工作的日益专注使浪漫成为过往烟云,牛顿终身未婚,斯托利小姐成了文森特夫人。

* * *

在讨论牛顿在三一学院的学生生涯之前,我们可以简单地看看他那个时代的英国，以及这位年轻人继承的一些科学知识。顽固而偏执的苏格兰斯图亚特人按照他们声称的神授权力来统治英格兰，其结果是普通人对天权的篡夺感到厌恶并起而反抗他们的统治者极端的傲慢、愚蠢和无能。

牛顿成长于内战的氛围中——政治上和宗教上都是如此——清教徒和保皇党都如出一辙地掠夺一切所需的东西，以维持他们破败不堪的军队的战斗力。查理一世(1600—1649)尽其所能镇压国会，但尽管他无情地敲诈勒索，并通过对法律和公平正义的肆意歪曲，为自己的星法院^①提供了邪恶的支持，他还是无法与奥利弗·克伦威尔领导下的冷酷的清教徒相匹敌，后者则通过诉诸神圣事业的神圣正义，支持他的屠杀和对议会的粗暴打压。

所有这些暴行和披着圣衣的伪善对年轻的牛顿的性格，却产生了有利的影响：他在对暴政、诡计和压迫的强烈仇恨中成长。当国王詹姆斯后来试图压制大学事务时，这位数学家和自然哲学家无须刻意了解就知道，那些自由受到威胁的人表现出坚定的骨气和团结一致，是对无良政客联盟的最有效的抵御，他通过观察和本能知道了这一点。

牛顿有句名言："如果我比别人看得远些，那是因为我站在巨人的肩膀上。"他确实是站在了巨人的肩膀上。这些巨人中最高大的有笛卡儿、开普勒和伽利略。

从笛卡儿那里，牛顿继承了他起初觉得困难的解析几何；从开普勒开始，人类经过 22 年的计算，凭经验发现了行星运动的三条基本定律；而从伽利略那里，他获得了三个运动定律中的前两个，这两个将成为他自己动

---

①　星法院(Star Chamber)，15—17 世纪英国设在威斯敏斯特宫内的法庭，以滥刑专断著称于世。——译注

力学的基石。但是砖块自己不能造房子,牛顿是动力学和天体力学的建筑师。

因为开普勒定律在牛顿的万有引力定律的发展中扮演了英雄的角色,我们在这里将它们陈述如下:

Ⅰ.行星绕太阳做椭圆运动;太阳在这些椭圆的一个焦点上。[如果 S, S' 是焦点,行星 P 在其轨道上的任何位置,$SP+S'P$ 总是等于 AA',即椭圆的长轴:如图。]

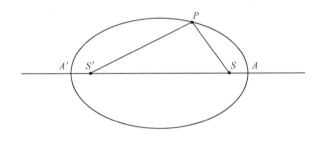

Ⅱ.太阳和行星之间的直线在相同的时间内扫过相同的面积。

Ⅲ.每颗行星完成一圈公转所需时间的平方与它到太阳的平均距离的立方成正比。

通过牛顿的万有引力定律并应用微积分演算,上述这些定律用一两页纸就可以证明,万有引力定律是说:

宇宙中任何两个质点都相互吸引,其引力与它们质量的乘积成正比,与它们之间距离的平方成反比。因此,如果 m、M 是两个质点的质量,d 是它们之间的距离(都用适当的单位测量),它们之间的引力就是 $\dfrac{k \times m \times M}{d^2}$,其中 k 是某个常数(通过适当地选择质量和距离的单位,k 可以取 1,因此引力就可简单地表示为 $\dfrac{m \times M}{d^{2}}$)。

为了完备起见,这里再陈述一下牛顿的三大运动定律:

Ⅰ.任何物体都将保持静止或匀速[非加速]运动的状态,除非它受外力作用被迫改变这种状态。

Ⅱ.动量["质量乘以速度",质量和速度以适当的单位度量]的变化率与外力成正比,并与外力作用的直线方向一致。

Ⅲ.作用力和反作用力[就像一个完全弹性的台球与无摩擦力的台球桌的碰撞]大小相等而方向相反[一个球失去的动量将被另一个球获得]。

对于数学来说,最重要的是第二运动定律表述中一开始的那个词——变化率。什么是变化率,如何测量? 如前所述,动量是"质量乘以速度"。牛顿讨论的质量是假设在运动过程中保持不变的——不像现代物理学中电子和其他粒子,当速度接近于光速的可测量比值时其质量将明显地增加。于是,为了研究"动量变化率",牛顿只须阐明速度,即位置的变化率就够了。他对这个问题的解决——一种可行的研究任意连续运动粒子速度的数学方法(无论其速度多么变化不定)——给了他解开变化率及其测算之谜的关键钥匙,也就是微分学。

一个由速率引起的类似问题使他掌握了积分学。如何计算一个速度不断变化的运动质点在给定时间内移动的总距离? 在回答这个或类似这样的问题时,牛顿遇到了积分学。最后,当把这两个问题放在一起思考时,牛顿有了重大发现:他发现微分和积分之间存在着密不可分的互逆关系,这就是我们今天所称的"微积分基本定理"——关于这个定理我们将在后面适当的地方加以描述。

* * *

除了从前辈们那里继承了科学和数学之外,牛顿还从他那个时代的精神中获得了另外两件礼物:对神学的热情和对炼金术奥秘不可抑制的渴望。责备他把他无与伦比的才智浪费在这些现在看来不值得他认真投入的事情上,就是在责备我们自己。因为在牛顿的时代,炼金术就是化学,而事实证明,炼金术并非不毛之地——从炼金术中脱胎而出的,是近代化学。牛顿,作为一个天生具有科学精神的人,致力于通过实验来发现炼金术士的主张究竟有什么意义。

至于神学,牛顿是一个绝对的信徒,他相信宇宙的造物主是万能的,相信他自己面对无边无际的真理海洋的无能,恰如那个在海边彷徨的男孩。因此,他相信,不仅天界,而且地球上有很多东西都超出了他的哲学,他以理解他那个时代大多数知识分子无争议地接受的传统的创世论(对他们来说,这是很自然的常识)为己任。

因此,他认真努力地试图证明《但以理书》①中的预言和《启示录》②中的诗歌是有意义的,并进行了年代学考证,其目的是使旧约的日期与历史的日期协调一致。在牛顿的时代,神学仍然是科学的女王,她有时用一根黄铜权杖和一个铸铁头脑来统治她那些吵闹的臣民。然而,牛顿确实允许他的理性科学影响他的信仰,这使他成为现在所谓的"一位论派"③。

* * *

1661 年 6 月,牛顿以减费生(当时一种允许以打工挣取学费的学生)

---

① 《但以理书》:《圣经》"旧约"的一卷书。——译注
② 《启示录》:《圣经》"新约"的一卷书。——译注
③ 一位论派(Unitarian),认为上帝只有一位,反对"三位一体论"(Trinity)教义的宗教派别。——译注

的身份进入剑桥大学三一学院。

内战、1661 年的君主复辟，以及大学方面对王室毫无意义的奉承，这些都使牛顿入学时的剑桥大学作为教育机构进入了历史上的低潮时期之一。尽管如此，年轻的牛顿虽然一开始感到孤独，但很快就找到了自我，并全身心投入到工作中。

在数学方面，牛顿的老师是依萨克·巴罗博士（Isaac Barrow，1630—1677）。这位神学家和数学家被公认在数学方面才华横溢，富有独创性，但他不幸只是成了预示牛顿这个太阳的晨星。巴罗很高兴地认识到一个比自己更伟大的人降临了，当这个历史性时刻（1669 年）到来时，他辞去了鲁卡斯数学教授的职位（他是这个职位的第一个拥有者）以支持他无与伦比的学生。巴罗的几何课最大的特色，是用他自己的方法来求面积和画曲线的切线——本质上分别是积分和微分的关键问题。毫无疑问，这些课激发了牛顿自己的钻研。

关于牛顿大学生活的记录少得可怜。他似乎没有给他的同学留下什么深刻的印象，他那简短而敷衍的家书也没有告诉我们任何有意义的东西。头两年是学习初等数学。似乎还没有一个牛顿的现代传记作家能够找到任何关于牛顿作为一个突然成熟的发现者的可靠说明。在 1664 年到 1666 年的三年里（21 岁到 23 岁），牛顿奠定了他后来在科学和数学方面所有工作的基础，而不间断的工作和加班使他疾病缠身，除此之外，我们不知道任何确切的情况。牛顿对自己的发现讳莫如深，这也加深了他的神秘感。

从纯粹的人性角度来看，牛顿作为一个大学生是很正常的，他偶尔会放松一下，他的日记本上有几次酒吧聚会和两次打牌输掉的记录。他于

1664 年 1 月获得了学士学位。

＊ ＊ ＊

1664 年到 1665 年大瘟疫（黑死病）流行，以及次年的轻度反复，给了牛顿一个虽说是被动但巨大的机会。大学关闭了，在这两年的大部分时间里，牛顿回到伍尔索普，在自己家沉思。在此之前，他还没有做过什么了不起的事——除了因为过于勤勉地观察彗星和月晕而使自己生病——或者，如果他有过什么发现，那也是一个秘密。在这两年里，他发明了流数法（微积分），发现了万有引力定律，并通过实验证明白光是由不同颜色的光组成的。这一切都发生在他 25 岁之前。

1665 年 5 月 20 日的一份手稿显示，23 岁的牛顿已经充分发展了微积分的原理，能够求出任意连续曲线上任意一点的切线和曲率。他把他的方法称为"流数法"——这是由"流量"或变量及其"流动"或"增长"的速率的概念而来。在此之前，他发现了二项式定理，这是迈向全面发展的微积分的重要一步。

牛顿的二项式定理是诸如

$$(a+b)^2 = a^2 + 2ab + b^2$$

$$(a+b)^3 = a^3 + 3a^2b + 3ab^2 + b^3$$

和依此类推的简单结果的推广，它们是通过直接计算得到的，也就是说，

$$(a+b)^n = a^n + \frac{n}{1}a^{n-1}b + \frac{n(n-1)}{1 \times 2}a^{n-2}b^2 +$$

$$\frac{n(n-1)(n-2)}{1 \times 2 \times 3}a^{n-3}b^3 + \cdots$$

其中的省略号表示级数将按照与所写项相同的规律继续；下一项是

$$\frac{n(n-1)(n-2)(n-3)}{1\times2\times3\times4}a^{n-4}b^4$$

如果 n 是正整数 $1,2,3,\cdots$，级数在 $n+1$ 项后自动终止。这一点很容易用数学归纳法证明（如中学代数所述）。

但如果 n 不是正整数，级数不会终止，上述证明方法是不适用的。对于小数和负数 n（也适用于更一般的值）的二项式定理的证明，以及对 a,b 的必要限制的陈述，是在 19 世纪才出现的。在这里我们只需要说明，在将定理推广到 n 的这些值时，牛顿确信，对于他在工作中需要考虑的那些 a，b 值，定理是正确的。

如果所有现代的改进都像在 17 世纪那样被忽略，那么很容易看出微积分是如何最终被发明出来的。基本的概念是变量、函数和极限。最后一个概念花了很长时间才被弄清楚。

一个字母，比如 s，在数学研究过程中可以有几个不同的值，它被称为变量；例如，s 是一个变量，如果它表示物体在地球上方下落的高度。函数（function）这个词（或其拉丁语对应词）似乎是莱布尼茨在 1694 年首次引入数学的；这个概念现在在数学中占主导地位，在科学中也不可或缺。从莱布尼茨时代开始，这个概念就变得非常精确。如果 y 和 x 是两个相互关联的变量，当给 x 赋一个数值时，就会确定 y 的数值，那么 y 就被称为 x 的一个（单值的）函数，用 $y=f(x)$ 来表示。

我们不打算给极限下一个现代的定义，而将满足于举一个最简单的例子，这类例子曾使牛顿和莱布尼茨（尤其是前者）的追随者们在讨论变化率时使用极限。对于微积分的早期开创者来说，变量和极限的概念是直观的，而对我们来说，它们是极其微妙的概念，笼罩着关于数（包括有理数和无理数)的本质的半形而上学的神秘迷雾。

设 y 是 x 的函数,记作 $y = f(x)$。y 相对于 x 的变化率,或者说 y 关于 x 的导数,定义如下:给 x 任意的增量,比如 Δx(读作"x 的增量"),这样 x 就变成 $x + \Delta x$,$f(x)$ 或者说 y 变成 $f(x + \Delta x)$。y 对应的增量 Δy 为其新值减去初值,即 $\Delta y = f(x + \Delta x) - f(x)$。作为 y 相对于 x 的变化率的一个粗略的近似值,根据我们对"平均值"的直观概念,我们可以用 y 增量除以 x 增量所得的结果来表示,也就是 $\dfrac{\Delta y}{\Delta x}$。

但这显然太粗糙了,因为 x 和 y 都是变化的,我们不能说这个平均值代表在 x 的任何特定值处的变化率。因此,我们无限地减小增量 Δx,直到"极限"情形 Δx 趋近于零,并在整个过程中始终取"平均值"$\dfrac{\Delta y}{\Delta x}$,$\Delta y$ 同样无限地减少,最终趋近于零;但这并没有给我们一个无意义的符号 $\dfrac{0}{0}$,而是一个确定的极限值,也就是所求的 y 关于 x 的变化率。

为了说明问题,设 $f(x)$ 是特定的函数 x^2,即 $y = x^2$。按照上面的步骤,我们首先得到

$$\frac{\Delta y}{\Delta x} = \frac{(x + \Delta x)^2 - x^2}{\Delta x}$$

目前还没有提到极限。简化代数式,我们得到

$$\frac{\Delta y}{\Delta x} = 2x + \Delta x$$

在尽可能简化代数式之后,我们现在令 Δx 趋向于 0,求得极限 $2x$。一般来说,如 $y = x^n$,用同样的方法,$\dfrac{\Delta y}{\Delta x}$ 的极限值为 nx^{n-1},这可以用二项式定理证明。这样的论证在今天甚至不会令一个学生满意,但对微积分的发

明者来说,没有比这更好的方法了。在这里,我们完全是如法炮制。设有 $y=f(x)$,则 $\dfrac{\Delta y}{\Delta x}$ 的极限值(倘若存在的话)称为 y 对 x 的导数,记为 $\dfrac{\mathrm{d}y}{\mathrm{d}x}$。

这个符号(本质上)属于莱布尼茨,并且沿用至今。牛顿则使用了另一个不太方便的记号($\dot{y}$)。

在物理学中变化率最简单的例子是速度和加速度,这是动力学的两个基本概念。速度是距离(或"位置"或"空间")相对于时间的变化率;加速度则是速度相对于时间的变化率。

如果 s 表示运动粒子在时间 t 内经过的距离(假设距离是时间的函数),那么在时间 t 时的速度为 $\dfrac{\mathrm{d}s}{\mathrm{d}t}$。用 v 表示这个速度,我们有相应的加速度 $\dfrac{\mathrm{d}v}{\mathrm{d}t}$,这样就引入了变化率的变化率的概念,或者说二阶导数的概念。因为在加速运动中,速度不是恒定的,而是可变的,因此它有一个变化率:加速度是距离变化率的变化率(两者都是对时间的变化率);为了表示第二个变化率,或者说一个变化率的变化率,我们记作 $\dfrac{\mathrm{d}^2 s}{\mathrm{d}t^2}$,表示加速度。它本身相对于时间还可能有一个变化率;这第三个变化率记为 $\dfrac{\mathrm{d}^3 s}{\mathrm{d}t^3}$,以此类推,第四个变化率,第五个变化率,……,也就是四阶、五阶导数,……。在科学的应用中,微积分最重要的导数是一阶和二阶导数。

$$* \quad * \quad *$$

如果现在我们回头来看关于牛顿第二运动定律的表述,并将其与加速度的类似情况进行比较,我们会发现"力"与它们产生的加速度成正比。有了这些，我们就可以"建立"一个关于"中心力"问题的微分方程，这个问题绝不是微不足道的：一个质点被一个固定的不动点吸引，引力的方向总是在通过该不动点的直线上。假设力是距离 s 的函数，比如 $F(s)$，s 是质点在 t 时刻到不动点 O 的距离：

现在要求描述质点的运动。稍加考虑就会明白

$$\frac{\mathrm{d}^2 s}{\mathrm{d}t^2} = -F(s) ，$$

取负号是因为引力降低了速度。这就是这个问题的微分方程，之所以这么称呼是因为它涉及变化率（加速度），而变化率（或导数）是微分学研究的对象。

把问题转化成微分方程后，我们现在需要解这个方程，也就是说，找到 s 与 t 之间的关系，或者用数学语言，通过把 s 表示成 t 的函数来解微分方程。这就是困难的开始。把给定的物理情况转化为一组没有数学家能解的微分方程可能是相当容易的。一般来说，物理上每一个本质上的新问题都会导致各种类型的微分方程，这些微分方程的求解往往需要建立新的数学分支。但若 $\frac{\mathrm{d}y}{\mathrm{d}x} = x$，那么上面那个特殊的方程可以很简单地用初等函数来解决，如像牛顿的万有引力定律的情形。因此我们将不考虑那个特殊的方程，而是考虑一个简单得多的方程，不过它已足以显示出问题的重要之处：

$$\frac{\mathrm{d}y}{\mathrm{d}x} = x$$

已知 y 是 x 的函数，它的导数等于 x，需要把 y 表示成 x 的函数，更一

般地,用同样的方法考虑

$$\frac{\mathrm{d}y}{\mathrm{d}x} = f(x)$$

问题是:什么样的函数 $y(x)$,其关于 x 的导数(变化率)等于 $f(x)$? 如果我们能找到所需的函数(或如果存在这样的函数),我们就称它为 $f(x)$ 的反导函数,并记作 $\int f(x)\,\mathrm{d}x$。很快我们就会知道这样做的原因,而目前我们只需要注意 $\int f(x)\,\mathrm{d}x$ 表示一个导数等于 $f(x)$ 的函数(如果它存在)。

通过考察,我们看到上面的第一个方程的解是 $\frac{1}{2}x^2 + c$,其中 c 是一个常数(数值不依赖于变量 x);因此 $\int x\,\mathrm{d}x = \frac{1}{2}x^2 + c$。

即使是这个简单的例子也可以表明,对于看起来相对简单的函数 $f(x)$,求 $\int f(x)\,\mathrm{d}x$ 的问题也可能超出了我们的能力范围。当随机选择一个 $f(x)$ 时,并不能得出结论说借助已知的函数的"答案"一定存在——这种可能性的概率是最糟糕类型("不可数")无穷大分之一。当一个物理问题导致这样一种可怕情形时,人们便应用近似方法来获得可能达到期望精度的结果。

有了微积分的两个基本概念,$\frac{\mathrm{d}y}{\mathrm{d}x}$ 和 $\int f(x)\,\mathrm{d}x$,我们现在可以来描述将它们联系起来的微积分基本定理。为了简单起见,我们将使用一张图表,尽管这不是必要的,也不是精确的描述。

考虑一条连续的、非封闭的曲线,其在笛卡儿坐标下的方程为 $y=$

$f(x)$。要求找出该曲线、x 轴和从曲线上任意两点 A、B 到 x 轴的两条垂线 AA'，BB' 之间的面积。OA'，OB' 的距离分别为 a，b，则 A'、B' 的坐标为 $(a,0)$，$(b,0)$。就像阿基米德所做的那样，我们把要求的面积切成相等宽度的平行条形，把这些条形看成矩形，忽略上面的三角形小块（其中一个在图中被标阴影），把所有这些矩形的面积加起来，最后求出当矩形的数量无限增加时这个总和的极限。这很好，但是我们如何计算这个极限呢？答案无疑是数学家所发现的最惊人的事情之一。

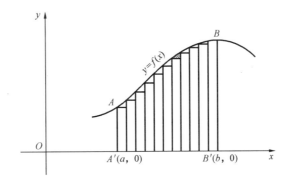

首先，求 $\int f(x)\mathrm{d}x$。假设结果是 $F(x)$，代入 a 和 b，得到 $F(a)$ 和 $F(b)$，然后用第二个减去第一个，$F(b)-F(a)$，这就是需要的面积。

给定曲线方程 $y=f(x)$，注意该曲线在点 (x,y) 处切线的斜率 $\dfrac{\mathrm{d}y}{\mathrm{d}x}$（如费马的那一章所见）以及关于 x 的变化率等于 $f(x)$ 的函数 $\int f(x)\mathrm{d}x$ 或 $F(x)$ 之间存在联系。我们刚刚说过，所要求的面积，如阿基米德所描述的那种极限和，由 $F(b)-F(a)$ 给出。这样，我们就把斜率（或导数）与极限和（或称为定积分）联系起来了。符号 $\int$ 是一个老式写法的 S，它是单词 summa 的首字母。

我们用符号语言来概括以上所说的内容。我们用 $\int_a^b f(x)\,\mathrm{d}x$ 表示问题中讨论的面积;a,b 分别为和的下限和上限,其中 $F(b),F(a)$ 是通过求不定积分 $\int f(x)\,\mathrm{d}x$ 而得出的,即通过找到函数 $F(x)$,使其对 x 的导数 $\dfrac{\mathrm{d}F}{\mathrm{d}x}$ 等于 $f(x)$,即

$$\int_a^b f(x)\,\mathrm{d}x = F(b) - F(a)$$

这就是牛顿和莱布尼茨各自独立地发现的(以几何形式表述的)微积分基本定理。我们再次重申,这里忽略了这个定理的现代表述中所要求的许多精细的改进。

＊ ＊ ＊

我们以两个简单而重要的事实来结束对微积分先驱者们提出的主要概念的概述。到目前为止,只考虑了单个变量的函数。但大自然却向我们提出了涉及多个变量甚至无穷多个变量的函数的问题。

举个简单的例子,气体的体积 V 是温度 T 和压强 P 的函数,如 $V = F(T,P)$,函数 F 的实际形式无须在这里指定。V 随着 T,P 变化而变化。假设 T,P 中只有一个在变,而另一个保持不变,我们又回到了单变量的函数。$F(T,P)$ 的导数可以通过这个变量求出来。如果 T 变化而 P 保持不变,$F(T,P)$ 对 T 的导数称为(关于 T)偏导数,为了表示变量 P 保持不变,我们用另一个符号 $\dfrac{\partial F(T,P)}{\partial T}$ 表示这个偏导数。同样,如果 P 变而 T 不变,则得到 $\dfrac{\partial F(T,P)}{\partial P}$。就像普通的二阶、三阶……导数的情况一样,我

们有类似的高阶偏导数。这样，$\dfrac{\partial^2 F(T,P)}{\partial T^2}$ 表示 $\dfrac{\partial F(T,P)}{\partial T}$ 关于 T 的偏导数。

数学物理中绝大多数重要的方程都是偏微分方程。一个著名的例子是拉普拉斯方程，或称"连续性方程"，它出现在牛顿引力、电、磁以及流体运动等理论中：

$$\frac{\partial^2 u}{\partial x^2} + \frac{\partial^2 u}{\partial y^2} + \frac{\partial^2 u}{\partial z^2} = 0$$

在流体运动中，这是无涡旋、不间断的"理想"流体运动的数学表述。这个方程的推导超出了本书范围，但是对其含义的说明可能会使它看起来不那么神秘。如果流体中没有涡旋，流体中任何质点平行于 x、y、z 轴的三个分量速度都可以用由特定类型的运动决定的同一个函数 u 的偏导数来计算：

$$-\frac{\delta u}{\delta x},\ -\frac{\delta u}{\delta y},\ -\frac{\delta u}{\delta z}$$

把这一事实与一个显而易见的说法结合起来，即如果流体是不可压缩和不间断的，那么在一秒钟内流出的任何小体积的流体必定与流入它的流体一样多；注意，一秒内流过任何小区域的流量等于流速乘以面积。我们看到（结合这些评论和总流入与总流出的计算）拉普拉斯方程多少是一种老生常谈。

这个方程和其他一些数学物理方程的真正惊人之处在于，一个物理上的老生常谈，在进行数学推理时，竟然会提供一些出乎意料的信息，而这些信息绝不是老生常谈。后面章节中提到的物理现象的"预报"，就是从这些用数学方法处理过的老生常谈中产生的。

然而,在这类问题中出现了两个非常实际的困难。第一个问题与物理学家有关,他必须有这样一种感觉:什么样的复杂性可以从他的问题中剔除,而不会把它弄得面目全非,这样他就可以用数学来表述它。第二个问题与数学家有关,它又引出了一个非常重要的问题,也就是我们在这里的微积分概述中要提到的最后一个问题,即所谓的边值问题。

科学不会把拉普拉斯方程这样的方程扔到数学家的脑子里,让他去找出通解。它想要的(通常)是更难以得到的东西,即一个特解,它不仅要满足方程,而且还要满足特定的辅助条件,这取决于要解决的特定问题本身。

这一点可以用热传导中的一个问题来简单说明。导体中热量"运动"的一般方程(傅里叶方程)类似于流体运动的拉普拉斯方程。假设要求一根圆柱形棒的最终温度分布,该圆柱形棒的两端保持一个恒定温度,其曲面保持另一个恒定温度。这里的"最终"意味着在棒的所有点上都处于"稳定状态"——温度没有进一步的变化。解不仅要满足一般方程,还必须符合表面温度或者说初始边界条件。

第二个是比较难的部分。圆柱杆的问题与矩形截面杆的相应问题有很大的不同。边值问题的理论研究满足给定初始条件的微分方程的解。它在很大程度上是过去 80 年的产物。在某种意义上,数学物理与边值问题的理论是共生共长的。

* * *

1666 年,牛顿二十二三岁的时候在伍尔索普获得了第二个伟大的灵感,那就是他的万有引力定律(已经介绍过了)。在这方面,我们将不再重复苹果落地的故事。为了改变经典叙述的单调,我们将在谈到高斯时,给出他关于这一传说的版本。

大多数权威都认为,牛顿确实在 1666 年(当时他 23 岁)做了一些粗略的计算,以确定他的万有引力定律是否可以用来解释开普勒定律。多年以后(1684 年),哈雷问他什么引力定律可以解释行星的椭圆轨道,牛顿立即回答是反平方比。

"你怎么知道的?"哈雷问道——他是受克里斯托弗·雷恩爵士和其他人的鼓励提出这个问题的,因为在伦敦人们已经就这个问题进行了一段时间的激烈争论。

"为什么? 我已经计算过啦。"牛顿回答。在试图恢复他的计算(原稿不知放哪了)时,牛顿有一点疏误,他以为自己原来算错了。但不久他发现了自己的疏误,并证实了他原来的结论。

牛顿在万有引力定律的发表上耽搁了二十年,很多人认为这是由于不准确的数据造成的不应有的挫折。关于这个问题有三种解释,其中一种不那么浪漫,但比其他任何一种都更数学、更可取。

牛顿的延迟源于他无法解决积分学中的一个问题,而积分学正如牛顿定律所示对万有引力的整个理论至关重要。在牛顿可以解释苹果和月球的运动之前,他必须求出一个均匀的球体对球外任何质点的总引力。因为球体上的每一个质点都吸引着球外的质点,其引力的变化与两质点质量的乘积成正比,与它们之间距离的平方成反比:所有这些数量无限的单项引力如何被叠加成一个合力呢?

这显然是积分学中的一个问题。今天,它在教科书中被作为一个例子,年轻的学生在 20 分钟或更少的时间内就能解答。然而,它却阻碍了牛顿 20 年。当然,他最终解决了这个问题:引力就像整个球体的质量集中在它的中心点上一样。因此,这个问题被简化为寻找两个质点在给定距离上的引力,这个问题的直接解决方法正如牛顿定律所述。如果这是对 20 年延迟的正确解释,它可能会让我们理解自牛顿时代以来,几代数学家花费大量的劳动来发展和简化微积分的意义,这种发展和简化使今天 16 岁的普通男孩都能有效地使用它。

* * *

虽然我们对牛顿的主要兴趣集中在他作为数学家的伟大,但我们不能只讲到他那未成熟的 1666 年的杰作就戛然而止。这样做将无法充分说明他的伟大,因此我们将继续简要地概述他的其他活动,而不涉及任何细节(由于篇幅有限)。

回到剑桥后,牛顿于 1667 年被选为三一学院研究员,1669 年,26 岁的他接替巴罗成为鲁卡斯数学教授。他的第一节课是关于光学的。在这些课中,他阐述了自己的发现,并概述了他的光的微粒理论。根据该理论,光是一种微粒流,而不是惠更斯和胡克所断言的波动现象。虽然这两种理论似乎是矛盾的,但它们今天在联系光现象方面都很有用,而且在纯粹数学意义上,它们在现代量子理论中是协调一致的。因此,现在再像前些年那样认为牛顿的微粒理论完全错误,那就不对了。

第二年,也就是 1668 年,牛顿亲手建造了一个反射望远镜,并用它来观测木星的卫星。他的目的无疑是要通过木星的卫星的观察来确定万有引力是否真的是普遍存在的。这一年也是微积分史上值得纪念的一年。麦卡托用无穷级数来计算双曲线区域面积的理论引起了牛顿的关注。这个方法和牛顿自己的方法几乎完全相同,牛顿自己的方法没有发表,但他现在把它写了出来,交给了巴罗博士,并允许在几位比较好的数学家中间传阅。

1672 年,牛顿当选英国皇家学会会员,并在会上介绍了他在望远镜方面的工作和他的光的微粒理论。一个由三人组成的委员会,包括脾气暴躁的胡克,被任命报告光学方面的工作。胡克超越了自己作为评审人的权力,抓住这个机会宣传波动理论和吹嘘自己,贬低牛顿。一开始,牛顿在受到批评时表现得很冷静和科学,但当数学家鲁卡斯和内科医生莱纳斯(都来自列日)加入胡克的行列,添油加醋提出反对意见,并且这些意见很快就从合理建议变成了吹毛求疵和愚昧无知时,牛顿逐渐开始失去耐心。

阅读他在这第一次恼人的争论期间的信件,任何人都应该相信牛顿本来并不是对自己的发现守口如瓶和天性忌妒之人。他写信的语气逐渐从一种急切地愿意解决别人发现的困难转变为一种困惑:科学家是否应该把科学视为个人争吵的战场。他的态度很快从困惑转变为冷漠的愤怒和痛苦,他做出了一个伤心又有点儿孩子气的决定,将来不再同他们打交道。他真是忍受不了那些恶意的傻瓜。

最后,在1676年11月18日的一封信中,他说:"我知道我已经把自己变成了哲学的奴隶,但是如果我摆脱了鲁卡斯先生的事务,我将坚决地永远告别哲学,除了为满足我自己的兴趣或留待身后发表的东西。因为我明白了,一个人要么下决心不发表任何新东西,要么变成一个奴隶去捍卫它。"高斯在非欧几里得几何方面表达了几乎相同的感受。

在《自然哲学的数学原理》出版后,牛顿在面对批评的急躁和对无谓的争论的恼怒再次爆发。1688年6月20日,他在给哈雷的信中说:"哲学(科学)是一个爱打官司的无礼的女人,一个男人如果和她有了瓜葛,就等于官司缠身。我早就发现了这一点,现在只要我一靠近她,就会发出警告。"事实上,我们不妨承认,对牛顿来说,数学、动力学和天体力学不再是主要的兴趣,他已经醉心于炼金术、年代学和神学研究。

只是因为一种内在的冲动，才会驱使他把数学当作消遣。早在1679 年，他 37 岁的时候（当时他已把自己的重大发现和发明安全地藏在自己的脑子里或锁在抽屉里），他在给讨厌的胡克的信中写道："几年来，我一直在努力从哲学转向其他研究，以至于我长期以来都不愿再把时间花在哲学上，除非是作为闲暇时的消遣。"这些"消遣"而不是他自诩的那些"研究"往往会耗费他更多的精力。比如，他因为日夜思考月亮的运动而得了重病，据他说这是唯一让他头疼的问题。

牛顿敏感性的另一面在 1673 年春天表现出来，他写信给奥尔登堡，要辞去皇家学会会员资格。对这种任性的行为有各种各样的解释。牛顿本人给出的理由是经济困难和他住得离伦敦很远。奥尔登堡相信了这位的数学家的话，并告诉他，根据规定，他可以不交会费而保留他的会员资格。这使牛顿恢复了理智，冷静下来以后，他收回了辞呈。尽管如此，牛顿还是认为他面临着巨大的压力。不过，他的财务状况很快就得到好转，他感觉好多了。这里也许需要指出，当涉及钱财问题时，牛顿并不是一个心不在焉的人。他非常精明，到他去世时，牛顿可以说是他那个时代的富翁。但尽管精明而节俭，牛顿同时也非常大方，总是准备在朋友需要时出手相助，并尽可能不事张扬。他对年轻人尤为慷慨。

* * *

1684—1686 年是人类思想史上最伟大的年代之一。在哈雷的巧妙劝说下，牛顿终于同意把他的天文学和动力学发现发表出来。牛顿在创作他的《自然哲学的数学原理》时所表现出的专注与毅力是无与伦比的。牛顿从不关心自己的身体健康，当他埋头于他的杰作时，他似乎忘记了他的身体需要，真正是废寝忘食。刚醒来的时候，他会半裸着坐在床沿上，一坐就是几个小时,完全沉浸于数学的迷宫。《自然哲学的数学原理》于1686年被正式提交给皇家学会,并于1687年由哈雷出资印制。

这里不可能对《自然哲学的数学原理》的内容进行详细描述,但可以简单地展示一下其中取之不尽、用之不竭的一小部分精粹。整部作品的生命线是牛顿的动力学、万有引力定律,以及对太阳系——“世界体系”的应用。虽然微积分已经隐匿于综合几何证明的外衣下,但牛顿(在一封信中)声称,他利用微积分发现了自己的结果,并据此将微积分提供的证明重新加工成几何形式,以便他的同时代的人能够更容易地抓住主题——天空的动态和谐。

首先,牛顿从他自己的万有引力定律推导出开普勒的经验定律,他展示了如何计算太阳的质量,以及如何确定任何有卫星的行星的质量。其次,他开创了极其重要的摄动理论:例如,月球不仅被地球所吸引,同时也被太阳所吸引,因此,月球的轨道会受到太阳引力的干扰。以这种方式,牛顿解释了分别属于希帕恰斯和托勒密的两项古代观测。我们这一代人已经看到了现在高度发展的微扰理论应用于电子轨道,特别是氦原子。除了这些古老的观测之外,第谷·布拉赫(1546—1601)、弗兰斯蒂德(1646—1719)等人还从万有引力定律推导出了其他7个关于月球运动的不规则现象。

关于月球的扰动就是这样。类似的方法也适用于行星。牛顿创立了行星微扰理论,该理论导致了19世纪海王星的发现,以及20世纪冥王星的发现。

那些“不守规则”的彗星——对迷信的人来说,它们仍然是愤怒的上天发出的警告——也被作为太阳大家庭中无害的一员而纳入了普遍法则之下。我们可以对它们进行精确的计算,并预报它们的闪亮回归(除非受到木星或其他某些系外行星的过度干扰），就像我们在 1910 年所做的那样，美丽的哈雷彗星在消失 74 年后如期准时回归。

他通过计算（根据他的动力学和宇宙定律）地球两极由于昼夜自转而变得扁平，开始了对行星演化的广泛而不完整的研究，他证明了一颗行星的形状决定了它一天的长度，因此，如果我们准确地知道了金星两极的扁平度，我们就可以知道它绕着连接两极的轴线旋转一圈需要多长时间。他计算了重量随纬度的变化。他证明了一个以同心球面为边界的均匀空心壳不会对壳内任何地方的小物体产生力。最后一点在静电方面也有重要的影响——在科幻小说领域亦是如此，它成为有趣幻想的主题。

昼夜平分点的岁差被完美地解释为月球和太阳对地球赤道隆起的引力所致，这种引力使我们的星球像陀螺一样摆动。神秘的潮汐也很自然地落入这个宏大的计划中——月球和太阳潮汐都被计算出来，从观察到的春潮与小潮的高度推算出了月球的质量。《自然哲学的数学原理》第一卷确立了动力学的原理；第二卷讨论物体在阻尼介质中的运动和流体运动；第三卷是著名的"世界体系"。

也许没有其他的自然法则能像牛顿在他的《自然哲学的数学原理》中提出的万有引力定律那样简单地统一了如此众多的自然现象。牛顿同时代的人的功劳是，他们至少朦胧地认识到已经取得的成就的重要性，尽管很少有人能理解实现这一惊人的统一奇迹的推理，他们把《自然哲学的数学原理》的作者捧成半个上帝。没过多久，剑桥（1699 年）和牛津（1704 年）都在教授牛顿体系了。法兰西沉睡了半个世纪，仍然在笛卡儿的天使旋涡中晕眩。但不久，神秘主义让位给了理性，牛顿在法国而不是英国找到了他最伟大的继承者。在法国，拉普拉斯担当了继承并完善《自然哲学的数学原理》的任务。

＊　＊　＊

《自然哲学的数学原理》之后，剩下的事情都平淡无奇。虽然月球理论继续困扰他或者说供他"消遣"，牛顿暂时厌倦了"哲学"，并希望有机会转向与天体没有多大关系的事务。詹姆斯二世，一个执拗的苏格兰人和顽固的天主教徒，不顾学术权威的抗议，决定强迫大学授予一个本笃会教徒以硕士学位。牛顿作为剑桥大学代表之一，于1687年前往伦敦，向高等法院陈述了大学的案情。高等法院由著名的无赖律师、最高法院大法官乔治·杰弗瑞主持，他在历史上被称为"臭名昭著的杰弗瑞"。杰弗瑞以狡诈的方式侮辱了代表们的领袖，然后命令其他人离开，不要执迷不悟。牛顿表面上保持沉默。在杰弗瑞这样的人自己的狗窝里跟他辩论，是不会有好果子吃的。但是，当其他人要签署一份不光彩的妥协协议时，牛顿给了他们勇气，让他们拒绝签字。牛顿赢得了胜利，没有失去任何有价值的东西——甚至连荣誉也毫发无损。"在这些事情上，诚实的勇气护佑了一切，"他后来写道，"法律在我们这一边。"

剑桥大学显然很赏识牛顿的勇气，因为1689年1月，在詹姆斯二世逃离这个国家并让位于奥兰治的威廉和他的玛丽后，他被选为剑桥大学出席议会的代表，而忠实的走狗杰弗瑞们则躲进茅厕里躲避民众的审判。牛顿一直在国会任职，直到1690年2月国会解散。值得称赞的是，他从未在那个地方发表过演讲。但他忠于职守，并不厌恶政治。他的外交才能很大程度上是为了让动荡不安的大学忠于正统的国王和王后。

牛顿在伦敦体验的"真实生活"表明了他在科学上的消沉。一些有影响力、爱管闲事的朋友，包括以《人类理解》而闻名的哲学家约翰·洛克

(John Locke，1632—1704)，让牛顿相信他没有得到应得的荣誉。盎格鲁-撒克逊人最愚蠢的地方在于，他们愚蠢地认为，担任公职或行政职务才是智者的最高荣誉。英国人最终（1699 年）任命牛顿为造币局局长，以改革和监督英国的铸币工作。大卫·布鲁斯特爵士（Sir David Brewster）在其《牛顿传》（1860）中热情欢呼英国人民给予牛顿天才"当之无愧的认可"，使对《自然哲学的数学原理》作者的"抬举"达到登峰造极的程度。当然，如果牛顿真的想要这些东西，那就没什么可说的了。他已经赢得了数百万倍的权利，可以做任何他想做的事情。但他的好管闲事的朋友们不需要怂恿他。

这并不是突如其来的。查尔斯·蒙塔古，后来的哈利法克斯伯爵，三一学院的研究员和牛顿的密友，在永不消停、拨弄是非和丑闻不断的塞缪尔·佩皮斯（1633—1703）的煽风点火下，加上洛克和牛顿本人的鼓励，开始为牛顿争取"配得上他"的荣誉而奔走呼号。

协商显然并不总是很顺利，牛顿多疑的性格使他相信他的一些朋友玩过头了，现在要放弃他——他们也许的确是这样。他在十八个月里完成《自然哲学的数学原理》创作的那种废寝忘食的拼搏，现在招来了报复。1692 年秋天（那时牛顿已年近 50，本应该是他最好的时光），他得了一场重病。对所有食物的厌恶和几乎完全无法入睡，再加上暂时的受迫狂躁，使他濒临精神崩溃。从他康复后于 1693 年 9 月 16 日写给洛克的一封令人同情的信中，可以看出他的病情。

* * *

先生，

听说您企图把我和女人或别的事情扯到一起①，我感到非常震惊，以

---

①　有流言说牛顿最喜欢的侄女利用她的魅力帮助牛顿晋升。——原注

至于当有人告诉我说您病了,活不长了,我回答说,您还是死了的好。我希望您原谅我的冷酷无情。因为我现在很满意,您所做的是公正的。我请求您原谅我对您的刻薄的想法,以及认为您触及了道德底线,因为您在论述您的思想的书中提出并打算在另一本书中实施的一个原则,而我把您当成了一个霍布斯主义者。请原谅我说过或想过有人打算向我卖官,或把我卷入这类丑闻中。

您最卑微和不幸的仆人

依萨克·牛顿

* * *

牛顿生病的消息传到了欧洲大陆,在那里自然被大大夸大了。他的朋友们,包括那个即将成为他最大敌人的人,都为他的康复感到高兴。莱布尼茨写信给一位熟人,表示他很满意牛顿又康复如初。但就在他康复的那一年(1693 年),牛顿第一次听说微积分在欧洲大陆上已经广为传播,并且人们普遍认为这是莱布尼茨的发明。

牛顿的《自然哲学的数学原理》出版后的十年时间,被炼金术、神学和令人头痛的或多或少是被动地涉足的月球理论所平分。牛顿和莱布尼茨仍然很友好。他们各自的"朋友",像鸵鸟①一样对所有的数学尤其是微积分一概熟视无睹,还没有决定挑起数学史上最可耻的优先权之争,鼓动一方去指控另一方在微积分的发明过程中抄袭,甚至有更严重的不诚实行为。牛顿承认莱布尼茨的优点,莱布尼茨也承认牛顿的长处,在他们相处

---

① 原文为 Kaffir(卡菲尔),阿拉伯语原意为掩盖、隐昧的意思,后常用于天启的宗教(犹太教、基督教、伊斯兰教)信徒之间,意义各别。"卡菲尔人"则为种族蔑称。为避免歧解,本处用意译。——译注

的这个平静的阶段,谁也没有怀疑过对方从自己那里窃取了哪怕一丁点微积分的思想。

后来,在 1712 年,就连大街上的路人——那些对事实一无所知的热心的爱国者——也模糊地意识到牛顿在数学方面取得了巨大的成就(也许更大,如莱布尼茨所说,比牛顿之前历史上所有的成就都要大)。于是,关于谁发明了微积分就成了事关为民族争光的尖锐问题,所有受过教育的英国人都团结起来支持这个有点困惑的冠军,大声疾呼斥责他的对手是小偷和骗子。

牛顿和莱布尼茨最初都没有相互指责。但是,当英国人的运动本能显露并被调动起来后,牛顿默许了这种不光彩的攻击,他自己建议或同意了一些完全不诚实的阴谋,目的是不惜一切代价赢得国际冠军——甚至不惜牺牲国家名誉。莱布尼茨和他的支持者们也是半斤八两。这一切的结果是,在牛顿死后的整整一个世纪里,保守的英国人在数学上日趋陈腐落后,而更进步的瑞士人和法国人,在莱布尼茨的带领下,发展了他那无可比拟的更好的微积分记号与方法,完善了这门学科,使它成为简单、容易应用的研究工具,而牛顿的直接继任者本应有幸做到这一点。

* * *

1696 年,54 岁的牛顿成为造币局监督,他的工作是改革货币制度。在此之后,他在 1699 年被提升为局长。对时代最高智慧的这种降格,数学家唯一能感到满意的,是驳斥了认为数学家没有实际能力的偏见。牛顿是造币厂有史以来最好的主管之一。他对待工作非常认真。

1701—1702 年,牛顿再次代表剑桥大学进入议会。1703 年,他被选为英国皇家学会会长,这是一个光荣的职位,他一次接一次地连任,直到

1727 年去世。1705 年,他被仁慈的安妮女王封为爵士。也许这个荣誉是对他作为货币改革家的嘉奖,而不是对他在智慧殿堂中的卓越地位的认可。这一切都是应该的:如果"粘在大衣上的绶带"是对无节气政客的奖励,为什么一个有智慧和正直的人,如果他的名字出现在国王授予的生日荣誉名单上,要感到受宠若惊呢?恺撒可以被慷慨地赐予属于他的东西,但是,当一个学者,作为一个从事科学的人,从宫廷的餐桌上分食残羹剩菜时,他就像加入了那些在富豪的宴会上舔乞丐的疮疤的又脏又饿的狗群。人们希望牛顿被封爵是因为他对货币改革的贡献,而不是因为他的科学成就。

牛顿的数学天才死了吗?大多数人会强调说没有。他仍然与阿基米德不相上下。不过,幸运的是,像这样有智慧的古希腊人,天生就是贵族出身,并不在乎这个本来就属于他的地位荣誉,直到他漫长生命的最后一分钟,他仍像年轻时一样致力于数学研究。但对于抵御可预防的疾病和贫困而言,数学家是一个长存的智力群体。他们的创造力比诗人、艺术家甚至科学家都要持久几十年。牛顿还是和他以前一样聪明。如果他的那些好管闲事的朋友们不管他,牛顿可能会很容易地创造出变分法,这是仅次于微积分的物理和数学发现工具,而不是把它留给伯努利、欧拉和拉格朗日。他在《自然哲学的数学原理》中已经给出了一点线索,当时他确定了在流体中行进的受阻力最小的旋转体表面的形状。他已经在心中勾勒出整个方法的大致轮廓。就像帕斯卡放弃现世,去了更神秘但更满意的天堂一样,牛顿虽然还是个数学家,但他离开了剑桥的书斋,走进了造币局这座更令人印象深刻的圣殿。

1696 年,约翰·伯努利和莱布尼茨共同对欧洲数学家提出了两个具有魔力的挑战。第一个仍然很重要;第二个则不在同一个等级。假设在垂直平面任意两个固定的点,一个粒子在重力的影响下(无摩擦)沿一条曲线滑行,使从上方点滑行到下方点时间最短的曲线是什么形状? 这就是所谓最速降线问题。这个问题让欧洲的数学家们困惑了六个月之后,又再次被提出来。牛顿于 1696 年 1 月 29 日第一次听说了这个问题,当时他的一个朋友把这个问题告诉了他。他刚下班回到家,在造币局度过了漫长的一天,已经精疲力尽。但晚饭后,他一举解决了这个问题(同时还解决了第二个问题),并在第二天匿名向皇家学会提交了他的解决方案。尽管他十分谨慎,但还是无法掩饰自己的身份——在造币局的时候,牛顿对数学家和科学家诱使他参与科学问题讨论的努力很厌烦。伯努利一看到答案就惊呼道:"啊! 通过它的利爪我认出了雄狮。"(这并非伯努利拉丁原文的准确翻译。)他们一见到牛顿就能认出他来,哪怕他头上顶着钱袋,并且还隐姓埋名。

能够证明牛顿创造活力的第二个例子发生在 1716 年,当时他 74 岁。莱布尼茨轻率地提出了一个在他看来对欧洲数学家构成挑战的难题,并且是特别针对牛顿提出这个问题①。一天下午五点,牛顿疲惫不堪地从造币局回来,收到了这封信。他当晚就解决了。这一次,莱布尼茨过于乐观地认为他已经把狮子困住了。在整个数学史上,没有人比牛顿更能(势均力敌的也许都没有)将他全部的智力力量瞬间集中爆发在一个难题上。

一个人一生中所获得的荣誉,对于他的后人来说,却无足轻重。牛顿得到了一个活着的人所拥有的一切。总的来说,牛顿的一生和其他一些伟人一样幸运。直到晚年,他的身体一直很健康:他从不戴眼镜,一生中只掉了一颗牙。三十岁时,他的头发变白了,但直到去世时,头发仍然浓密而柔

---

① 问题是找出任何单参数曲线族的正交轨迹(用现代语言来表述)。——原注

软。

关于他最后的日子的记录更有人情味,也更感人。即使是牛顿也无法摆脱痛苦。在他生命的最后两三年里,在几乎一直处于痛苦中,他的勇气和忍耐力为他作为一个大写的人增添了另一顶桂冠。他毫不畏惧地忍受着"石头"(结石)的折磨,尽管汗水从他身上淌落,还总是对守候他的人说些感谢的话。最后,感谢上帝,由于"持续的咳嗽",他的身体变得非常虚弱,在疼痛缓解了几天之后,在1727年3月20日凌晨1点到2点之间,牛顿在睡梦中安详地离去,享年85岁。他被安葬在威斯敏斯特大教堂。

(李文林 译)

第七章

博学的大师

莱布尼茨(1646—1716)

●两个卓越贡献●政治家的后代●15岁天才●被法律所诱惑●"普遍语言"●符号推理●出卖给野心●一流的外交官●外交就是外交,这位大师的外交功绩留待历史学家去评论●老狐狸变成历史学家,政治家变成数学家●应用伦理学●上帝的存在●乐观主义●徒劳无功的40年●像脏抹布一样被丢弃

我有这么多想法,要是有一天比我思想更敏锐的人深入地钻研它们,并将他们美丽的心灵结合上我的劳作,这些想法也许最终会派上用场。

——G.W.莱布尼茨(G.W.Leibniz)

"万事皆通，样样稀松"就像其他任何民间谚语一样，也有它惊人的例外，戈特弗里德·威廉·莱布尼茨（Gottfried Wilhelm Leibniz）就是这样一个例外。

数学只是莱布尼茨在其中显示卓越天赋的许多领域当中的一个，法律、宗教、治国术、历史、文学、逻辑、形而上学和思辨哲学都曾受惠于他的贡献，这些领域中的任何一个都将为他赢得声望并保存对他的纪念。"通才"可以毫不夸张地适用于莱布尼茨，但却不适用于牛顿——这位他在数学方面的竞争者以及他在自然哲学方面难以匹敌的优胜者。

甚至在数学方面，莱布尼茨的普遍性也与牛顿矢志不移的唯一目标形成鲜明对照，即在将数学推理应用于物理世界的现象时，牛顿认为有一样在数学上绝对重要的东西；莱布尼茨则认为有两样。这两样东西中的第一个是微积分，第二个是组合分析。微积分是关于连续性的自然语言；组合分析之于离散性（见第一章）就如同微积分之于连续性。在组合分析中，我们面对的是不同事物的集合，每个事物都有自己的个性，我们要做的是，在最一般的情况下，说明这些完全异质的个体之间存在什么样的关系（如果有的话）。这里我们所关注的，不是我们的数学对象总体被消除了的相似性，而是这些个体作为个体具有的共同性，无论这些个体可能是什么——显然不会有很多。事实上，似乎我们可以组合地说出的所有内容，最终都归结为以不同方式计数这些个体并对结果进行比较的问题。这个貌似抽象并且看起来似乎没有意义的过程，竟然会导致重要的结果，好像是一个奇迹，但却是事实。莱布尼茨是该领域的先驱，他也是最早认识到逻辑——"思维规律"——的构造是一个组合分析问题的人之一。在我们自己的时代，整个这门学科正经历着算术化。

从牛顿的角度看，他那个时代的数学精神具有明确的形式和内容。在卡瓦列里（1598—1647）、费马（1601—1665）、沃利斯（1616—1703）、巴罗（1630—1677）和其他人做出他们的工作后，微积分本身注定不久将会被组织成一门独立的学科。就像在临界时刻将水晶投入到饱和溶液中一样，牛顿凝结了他那个时代悬而未决的想法，微积分有了确定的形态。任何一流的头脑同样都有可能起到水晶的作用。莱布尼茨是那个时代另一位具有一流头脑的人，他同样塑造了微积分。但他不仅仅是他那个时代精神的代言人——而牛顿在数学上却未能扮演这样的角色。他的"普遍语言"的梦想，再次仅涉及数学和逻辑，在这方面莱布尼茨超越了他的时代两个世纪。历史研究已经表明，莱布尼茨在第二个伟大的数学梦想方面是独树一帜的。

莱布尼茨以其超强的能力，涉足数学思想的两个广阔的、对立的领域——分析和组合，或连续和离散，可谓前无古人，后无来者。他是数学史上唯一在这两方面兼具最高等级的思维品质的人。他在组合方面的思想反映在其德国后继者的工作中，这些工作大部分都不足道，只是到20世纪，当怀特黑德和罗素，继19世纪布尔的工作后，部分地实现了莱布尼茨关于普遍符号推理的梦想，数学的组合方面对于全部数学和科学思想的极端重要性，才变得像莱布尼茨曾经预言的那样显著。今天，莱布尼茨的组合方法——正如在符号逻辑及其扩展中所发展的那样——对于他和牛顿开启并达到目前复杂程度的分析来说就如同分析本身一样重要；因为符号方法提供了我们目前视力所及的唯一希望,用以澄清数学分析中自芝诺以来就侵扰其基础的悖论和矛盾。

在涉及费马和帕斯卡关于概率的数学理论的工作时,我们已经提到过组合分析。然而,这只是莱布尼茨心目中的"普遍语言"中的一个细节,并且(正如我们将要看到的那样)他迈出了重要的第一步。但是微积分的发展和应用,对于18世纪的数学家有着不可抗拒的吸引力,直到19世纪40年代莱布尼茨的计划才受到认真对待。此后,除了少数不追求数学时尚的人的工作外,它再次被忽视了。一直到1910年,另一部《原理》,即怀特黑德和罗素的《数学原理》才发起符号推理的现代运动。

自1910年以来,这个计划已经成为现代数学的主要兴趣之一。通过一种奇怪的"永恒轮回",概率论——其中首次出现狭义的组合分析(正如帕斯卡、费马及其后继者所应用的)——近来在莱布尼茨的计划的影响下,对概率的基本概念进行了根本性的修改,这些经验(部分来自新的量子力学)已被证明是可取的;今天,概率论正在成为符号逻辑——莱布尼茨的广义"组合学"——领域中的一部分。

我们在上一章已经注意到莱布尼茨在创立微积分过程中所扮演的角色,也提到了这一角色所引发的灾难性争论。在牛顿和莱布尼茨两人都去世并被安葬(牛顿葬于威斯敏斯特教堂,它是整个讲英语的民族景仰的圣地;莱布尼茨则被自己的人民冷漠地抛弃在一个不起眼的坟墓里,只有拿着铁锹的人和他自己的秘书才能听到泥土落在棺木上的砰砰声)后的很长时间里,牛顿获得了所有的荣誉——或羞辱,至少在说英语的地方是这样。

莱布尼茨本人并没有详尽阐述他将一切严密推理都归约为符号技术的伟大计划。就此而言,现在仍未做到。但他的确设想了它的全部,并且他的确标志着一个重要的开端。他将自己束缚于那个时代的王子公孙以获得毫无价值的荣誉和超出所需的金钱,他的思想的多样性,以及他在生命的最后几年与人精疲力竭的争论,所有这些都妨碍他完整地创作出像牛顿的《自然哲学的数学原理》那样的杰作。在对莱布尼茨所取得的成就、他的五花八门的活动和他永不停歇的好奇心的简要总结中,我们将会看到熟悉的挫折悲剧,这种悲剧已经使不止一个最高级别的数学天才过早地枯萎了——牛顿总是追求他所青睐的大众推崇,而高斯因需要引起那些在智力上不如他的人的注意就放弃了他更伟大的工作。在所有最伟大的数学家中,只有阿基米德从没有动摇过。只有他出生于其他人极力想跻身其间的社会阶层;牛顿的做法是不加掩饰和直接的;高斯的做法则是间接的、无疑是下意识的,就是寻求已经确立了名声和有身份的人的认可,尽管他本人的出身再低微不过了。因此关于贵族阶层也许最终可说的是:凭借与生俱来的权利或其他社会差别而拥有它,这样一种情形会让它的幸运的拥有者懂得,它其实一文不值。

就莱布尼茨的情况而论,他贪婪地从贵族雇主那里获得金钱,从而造成他没有将才智用在正地儿:他总是在厘清那些半王室私生子(他们的后裔为他支付了丰厚的报酬)的家谱,并用他那高超的法律知识证明他们对公国的合法要求,而他们粗心的祖先却忘了与他们私相授受。但是比他对金钱的渴望更悲催的是,他包罗万象的才智——要是他能活 1 000 年而不是短短的 70 年的话,他能做任何事情——毁掉了他。正如高斯责备他所做的那样,莱布尼茨把他在数学方面的卓越天赋浪费在了各种各样的学科上,没有人能指望在所有这些学科中都出类拔萃,在高斯看来,莱布尼茨的才智在数学上无人匹敌。但是为什么要责备他呢?他就是他,不管愿不愿意,他都得"认命"。正是他的才华横溢使他能够拥有阿基米德、牛顿和高斯都不曾有过的梦想——"普遍语言"。其他人可能会实现它；莱布尼茨则梦想到了它是可能的。

可以说莱布尼茨的人生不止一种，而是好几种。作为外交官、历史学家、哲学家和数学家，他在每个领域所完成的事情足以让一个普通人干一辈子。他比牛顿大约年轻4岁，于1646年7月1日在莱比锡出生，1716年11月14日在汉诺威去世，与牛顿活到85岁相比，他只活了70岁。他的父亲是一位道德哲学教授，出身于一个三代为萨克森政府服务的世家。因此，年轻的莱布尼茨早年是在充满政治色彩的学术氛围中度过的。

6岁时他失去了父亲，但在此之前他已经从父亲那里获得了对历史的热情。虽然莱布尼茨上了莱比锡的一所中学，但他大部分时间是在父亲的书房里通过不断地阅读来自学。8岁时他开始学习拉丁语，12岁时就掌握了它并能够用拉丁语写出值得称赞的诗句。他从拉丁语又转到希腊语，很大程度上也是靠自己的努力学会的。

这一阶段，他在智力发展上与笛卡儿相似：他已不再满足于古典学研究，而是转向了逻辑学。从他不到15岁的时候，他就尝试改革古典学者、经院哲学家和基督教神父提出的逻辑，由此产生了他的"普遍语言"或普遍数学的最初萌芽，正如库蒂拉、罗素和其他一些人指出的，这是他的形而上学的线索。由布尔在1847—1854年发明的符号逻辑（将在后面的一章中讨论）只是该语言的一部分，莱布尼茨称其为"推理演算"。我们一会儿将引用他本人对普遍语言的描述。

15岁时莱布尼茨进入莱比锡大学学习法律。不过法律并没有占用他的全部时间。在最初的两年，他广泛阅读了哲学著作，第一次知道了现代或"自然"哲学家，如开普勒、伽利略和笛卡儿所发现的新世界。鉴于这种较新的哲学只有熟悉数学的人才能够理解,莱布尼茨于是便在耶拿大学度过了 1663 年的夏天,在那里听了埃哈德·魏格尔的数学讲座,这是一位在当地颇有名气的人,但算不上一个数学家。

回到莱比锡后,他便把注意力都集中在法律上。到 1666 年他 20 岁时,莱布尼茨已经为获得他的法学博士学位作了充分准备。我们回想一下,正是在这一年,牛顿在伍尔索普开始乡居生活,这期间他创立了微积分并发现了万有引力定律。莱比锡大学的教授们嫉妒得要命,拒绝授予莱布尼茨博士学位,官方的理由是他太年轻,实际原因是关于法律他比那帮迂腐的家伙知道的还要多。

在此之前,17 岁的他已经以一篇杰出的论文在 1663 年取得了学士学位,这篇论文预示了他的成熟哲学的一个基本原则。我们将不占用篇幅深入讨论这一问题,但可以指出的是,莱布尼茨论文的一种可能的解释就是"作为一个整体的有机体"这一原则,在我们这个时代,一个前卫的生物学家学派和另一个心理学家学派都发现这个原则非常具有吸引力。

莱布尼茨对莱比锡大学教授们的小肚鸡肠深恶痛绝,他于是前往纽伦堡并从此永远离开了家乡。1666 年 11 月 5 日,在附属于纽伦堡的阿尔多夫大学,他不仅靠关于法学教学的新(历史)方法的论文立即获得了博士学位,而且还被请求接受该大学的法学教授职位。但是,就像笛卡儿拒绝了中将的职位——因为他知道自己想从生活中得到什么,莱布尼茨也拒绝了,说他有完全不同的抱负。他没有透露这些抱负可能是什么。但似乎不太可能是给王侯公子充当高级讼师,但现在命运却把他踢进了这一行。莱布尼茨的悲剧在于,他在遇到科学家之前遇到了律师。

他关于法学教学并建议重新编纂法律条款的论文,是在从莱比锡到纽伦堡的旅途中写就的。这表明了莱布尼茨终其一生的一个特点，就是他能够在任何地点、任何时间、任何条件下工作。他不停地读书、写作和思考。他的大部分数学著作，更不用说他对世间万物的其他奇思妙想，都是当他坐在颠簸摇晃、四面透风的马车上，应雇主反复无常的要求，沿着17世纪欧洲崎岖不平的小路四处奔波时写出的。所有这些无休止的活动的收获，就是一堆尺寸不一、质量各异的论文手稿，像一个小草堆一样大，从来没有被彻底整理过，更不用说发表了。如今，其中的大部分都成捆地躺在皇家汉诺威图书馆里，等待一群学者以耐心的劳动去将里面的精华筛选出来。

莱布尼茨写在纸上的所有这些（发表的和未发表的）思想，竟然都出自同一个头脑，这似乎令人难以置信。据说（我不知道是否可靠），作为骨相学家和解剖学家感兴趣的一个项目，有人把莱布尼茨的颅骨挖出来，测量后发现它明显地小于正常成年人的尺寸。这可能是有些原因的，因为我们很多人都见过十足的白痴，具有从像汤锅一样大的脑袋凸显出来的额头。

1666年是牛顿的奇迹年，对莱布尼茨来说也是伟大的一年。在他所称的一篇"中学生随笔"《论组合术》中，这位20岁的年轻人旨在创造"一种一般的方法，其中所有理性真理都将被简化为一种计算。同时，这将是一种普遍的语言或文字，但与迄今为止所设想的所有语言或文字完全不同；因为其中的符号甚至词语将指导理性；而错误，除去那些事实错误，都只是计算上的错误。构造或者发明这种语言或文字将会很困难，但不用任何词典也很容易理解它"。在后来的描述中，他自信地（并且乐观地）估计了实施他的计划所需的时间："我认为经过挑选的几个人可以在五年内将它变为现实。"莱布尼茨在他生命的尽头后悔自己被其他事情分心而无法实现他的想法。他说，如果他自己更年轻，或者有能干的年轻助手，他仍然可以实现它——这是一个在势利、贪婪和阴谋上挥霍才智的人的常见托辞。

稍微预测一下，就可以说莱布尼茨的梦想在他同时代的数学家和科学家看来仅是一个梦想而已，注定要作为一个在其他方面心智健全、天赋异禀的天才的固执想法而被礼貌地忽视。在 1679 年 9 月 8 日的一封信中，莱布尼茨（特别谈到几何学，但总体上谈到所有的推理）向惠更斯讲述了一种"完全不同于代数学的新语言，它对于精确而自然地表达思想将有很大好处，并且不用图形，一切都依赖于想象。"

这种处理几何的直接的符号方法，是赫尔曼·格拉斯曼（他在代数方面的工作是对哈密顿有关工作的推广）在 19 世纪发明的。莱布尼茨继续讨论了该计划的固有困难，但不久就强调了他认为它优于笛卡儿解析几何的地方。

"但是它的主要功用在于能够借助字符[符号]的运算来得出结论和进行推理，这一过程如果用图形（甚至模型）来表达，就需要过度细化，还要使用过多的点和线致其模糊，因此人们将不得不进行无数次无用的尝试；相反，这种方法将会确定地并且简单地达到[预期的目标]。我相信力学就像几何学一样也可以用这种方法来处理。"

关于莱布尼茨在他的普遍语言（现在称为符号逻辑）中所做的确切事情，我们可以引用他有关逻辑加法和逻辑乘法、否定、恒等、空类以及类的包含等主要性质的公式化表述。关于这些术语的含义和逻辑代数公设的解释，我们必须提前参考关于布尔的那一章内容。所有这一切都半途而废了。假如在莱布尼茨散播它时就被有能力的人捡到，而不是在 19 世纪 40 年代，那么数学史现在就可能有一个完全不同的故事了。幸好没有那么快。

在 20 岁时做了他的普遍语言梦后，莱布尼茨不久便转向了更实际的事务,他成为一名公司律师并为美因茨选帝侯①服务,美其名曰商务旅行家。在投身于多少有些肮脏的政治之前,莱布尼茨在梦想的世界里进行了最后一次狂欢,他花了几个月的时间,和纽伦堡的玫瑰十字会成员一起钻研炼金术。

正是他的关于法学教学新方法的论文毁了他。这篇文章引起了选帝侯一名亲信的注意,他催促莱布尼茨把它印出来,以便向威严的选帝侯呈交一份。莱布尼茨照办了。在一次面谈后,他被委派去修订法典。不久,他就被委以重任,承担着各种微妙和秘密的使命。他成了一流的外交官,总是和蔼可亲,光明磊落,但从不谨小慎微,即使在睡梦中也是如此。那个称为"力量均衡"的不稳定方案,至少部分要归功于他的天才。就纯粹的愤世嫉俗的才华而言,即使在今天,也很难超越莱布尼茨为征服和开化埃及而进行一场圣战的伟大梦想。当拿破仑发现莱布尼茨这个宏伟梦想已经预料到他的行动时,他感到非常懊丧。

* * *

直到 1672 年,莱布尼茨仍对他那个时代的数学知之甚少。26 岁时他才在惠更斯手下开始接受真正的数学教育,他是于两次外交密谋之间在巴黎遇见惠更斯的。克里斯蒂安·惠更斯(1629—1695)尽管主要是一位物理学家——他最好的一些工作是有关钟表学和光的波动学说的研究,但也是一个颇有造诣的数学家。惠更斯送给莱布尼茨一本他关于钟摆的数学著作。因着迷于数学方法的力量,莱布尼茨恳求惠更斯给他上课。惠更斯看出莱布尼茨具有一流的头脑,高兴地答应了。莱布尼茨已经用他自己的

---

① 选帝侯(Elector),是神圣罗马帝国诸侯中有权选举德意志皇帝的诸侯,这一制度始于 13 世纪,到 1806 年神圣罗马帝国灭亡为止。——译注

方法——普遍语言的各个方面——做出了一系列令人印象深刻的发现。其中的一个是性能远超帕斯卡计算器的计算机器,帕斯卡的计算器只能处理加减法;莱布尼茨的机器还能做乘法、除法和开方。在惠更斯的专业指导下,莱布尼茨很快找到了自我。他天生就是一个数学家。

从 1673 年 1 月到 3 月课程中断了,其间莱布尼茨作为选帝侯的随从去了伦敦。在伦敦时,莱布尼茨会见了英国数学家,并向他们展示了他的一些研究成果,却发现这些成果早已为人所知。他的英国朋友向他讲述了墨卡托的双曲线求积方法——这是牛顿发明微积分的线索之一。这将莱布尼茨引向无穷级数方法,并将其发扬光大。这里可以记录他的一个发现(有时被归功于苏格兰数学家詹姆斯·格雷果里,1638—1675):如果 π 是圆的周长与其直径之比,则有级数

$$\frac{\pi}{4} = 1 - \frac{1}{3} + \frac{1}{5} - \frac{1}{7} + \frac{1}{9} - \frac{1}{11} + \cdots$$

这不是计算数值 π(3.141 592 6…)的一种实用方法,然而 π 和所有奇数之间的这种简单联系令人惊奇。

莱布尼茨逗留伦敦期间,参加了英国皇家学会的会议,在那里展示了他的计算机器。因此,加之其他工作,他在 1673 年 3 月返回巴黎之前当选为英国皇家学会外籍会员。后来(1700 年)他和牛顿成为法国科学院的第一批外籍院士。

惠更斯对莱布尼茨离开巴黎期间所做的工作非常满意,鼓励他继续做下去。莱布尼茨把所有的空闲时间都投入到了数学研究中,在 1676 年离开巴黎前往汉诺威为布伦瑞克-吕讷堡的公爵效力之前——在 1675 年(如果我们接受他自己所说日期的话),他已经得出了微积分的一些基本公式,并发现了"微积分基本定理"(见前一章)。这一工作直到 1677 年 7 月 11

日才发表,也就是在牛顿做出发现但未发表后 11 年,牛顿的发现是在莱布尼茨的工作发表后才公布的。当莱布尼茨使用外交手腕将自己装扮成无所不知的编辑,匿名在《教师学报》上写了一篇评论,严厉批评牛顿的工作时,这场争论就正式开始了,而《教师学报》是莱布尼茨本人在 1682 年创办并担任主编的杂志。从 1677 年到 1704 年,莱布尼茨的微积分在欧洲大陆已经发展成一种真正有力并易于应用的工具,这主要是靠瑞士的伯努利兄弟(雅各布和他的弟弟约翰)的努力,而在英国,由于牛顿不情愿自由分享他的数学发现,微积分仍然是一个相对来说未经尝试的新奇事物。

有一个例子现在对于微积分的初学者来说很容易,但却让莱布尼茨(可能还有牛顿)在找到正确方法之前冥思苦想、反复尝试,这可以表明数学自 1675 年以来已经走了多远。我们将使用前一章讨论过的比率代替莱布尼茨的无穷小。如果 u, v 是 x 的函数,那么如何将 uv 关于 x 的变化率用 u 和 v 关于 x 的相应变化率来表示呢?使用符号如何用 $\dfrac{\mathrm{d}u}{\mathrm{d}x}$ 和 $\dfrac{\mathrm{d}v}{\mathrm{d}x}$ 表示 $\dfrac{\mathrm{d}(uv)}{\mathrm{d}x}$ 呢?莱布尼茨曾认为它应该是 $\dfrac{\mathrm{d}u}{\mathrm{d}x} \times \dfrac{\mathrm{d}v}{\mathrm{d}x}$,这与正确形式

$$\frac{\mathrm{d}(uv)}{\mathrm{d}x} = u\,\frac{\mathrm{d}v}{\mathrm{d}x} + v\,\frac{\mathrm{d}u}{\mathrm{d}x}$$

完全不同。

选帝侯于 1673 年去世,莱布尼茨在他待在巴黎的最后时日里多少是自由的。1676 年,莱布尼茨离开巴黎,途经伦敦和阿姆斯特丹前往汉诺威,为布伦瑞克-吕讷堡的约翰·弗雷德里克公爵服务。正是在阿姆斯特丹,他策划了他作为哲学家外交官漫长职业生涯中最阴暗的一笔交易。莱布尼茨与"醉心于上帝的犹太人"本尼迪克特·德·斯宾诺莎(Benedict de

Spinoza,1632—1677)之间的交易史可能是不完整的,但按照目前的记述,莱布尼茨似乎一度在一件关乎道德的事情上竟然毫无道德。莱布尼茨似乎相信将他的伦理学应用于实际目的。他从斯宾诺莎未发表的杰作《(依几何方式证明的)伦理学》中毫无顾忌地摘录了大量内容,这是一本以欧几里得几何学的方式展开的伦理学专著。当斯宾诺莎于次年去世后,莱布尼茨似乎觉得是时候可以忘掉阿姆斯特丹之行的纪念品放在哪儿了。这个领域的学者们似乎都认为:莱布尼茨自己的哲学中凡是涉及伦理学的地方,都是未经同意从斯宾诺莎那里挪用的。

对于不是伦理学方面专家的任何人来说,怀疑莱布尼茨有罪,或认为他本人有关伦理学的思想与斯宾诺莎的思想无关,都过于轻率。不过在数学上至少有两个类似的例子(椭圆函数,非欧几里得几何),某个时期所有的证据都足以证明有几个人的不诚实行为比莱布尼茨更严重。在所有受到指责的人死后数年,当预料之外的日记和通信被公开时,人们发现受到指责的人都是完全无辜的。直到所有的证据都有了之前——这对于一个死后才被审判的人来说,是永远不可能的,偶尔相信人类最好的一面,而不是最坏的一面,也许会有好处。

* * *

莱布尼茨余下的 40 年人生都是在为布伦瑞克家族的琐碎服务中度过的。他作为这个家族的图书馆馆长、历史学家和智囊,总共服侍过三位雇主。对这样一个家族来说,有一部与像它一样受到上天眷顾的其他家族所有联系的确切历史,是一件非常重要的事情。莱布尼茨作为该家族的图书馆馆长,不仅仅是给书籍编目,他还是一位专业的家谱学者和发霉的档案的搜寻者,他的职责是确认他的雇主对欧洲半数王位的权利要求,如果确认不了,就通过精明的隐瞒来制造证据。他的历史研究使他在1687—1690年走遍了德国,从那里又去了奥地利和意大利。

在意大利逗留期间,莱布尼茨访问了罗马,教皇力劝他接受梵蒂冈图书馆馆长职位。但作为这份工作的先决条件是莱布尼茨要成为一名天主教徒,他拒绝了——难得的一次小心谨慎。是吗?他不愿放弃一个好职位去换另一个好职位,这也许会让他开始其"普遍语言"的下一个应用,这是他的所有梦想中最雄心勃勃的。如果他做成了,他本可以搬进梵蒂冈而远离喧闹的尘世。

他的宏大计划不外是将新教和天主教重新统一在一起。当时新教从天主教分离出来没多久,所以这个计划并不像现在听起来那么荒唐。在他狂热的乐观主义中,莱布尼茨忽略了一条对于人性来说是最基本的定律,就像热力学第二定律对于物理宇宙一样——的确它们属于同一类:所有的信条都倾向于分裂成两个,两个中的每一个又再分裂成两个,如此继续下去,直到经过有限世代(次数可以很容易地用对数计算)的分裂,在任何指定地区,无论它有多大,其人口数量都会比信条的数量少,第一个信条中所体现的原始教义进一步退化为一种显而易见的废话,它太难以捉摸以至于无法维系任何人的信仰,无论这种信仰有多微弱。

1683年在汉诺威举行的一次颇有和解希望的会议未能达成和解,因为双方都无法决定哪一方要被对方吞并,双方都希望1688年在英格兰天主教徒与新教徒之间的血腥争斗可以作为无限期休会的合法理由。

莱布尼茨没有从这场闹剧中吸取任何教训,马上又组织了另一场闹剧。他试图把当时的两个新教派别联合起来,结果却使一大批优秀的人比以前更加固执,更加仇视对方。新教会议在相互指责和诅咒中解散了。

大概就是在这一时期,莱布尼茨转向了哲学,将此作为他的主要慰藉。为了帮助帕斯卡的詹生教派老朋友阿诺德,莱布尼茨写了一篇半诡辩的形而上学论文,它注定会对詹生教派信徒和其他需要比耶稣会士过于隐晦的逻辑更隐晦的东西的人有用。莱布尼茨的哲学占据了他的余生(当他不再从事为他的雇主编纂没完没了的布伦瑞克家族史后),总共差不多有四分之一个世纪。像莱布尼茨这样的头脑,在 25 年的时间里就发展出了一大堆哲学思想,这一点几乎无须赘述。毫无疑问,每位读者都听说过一些关于单子——宇宙的微型复制品,宇宙中的一切事务都是由它们组成的,就像是所谓的万物蕴含一,一蕴含万物——的奇妙理论,莱布尼茨用它们解释了这个世界和来世的一切(单子本身除外)。

莱布尼茨的方法应用于哲学的力量是不可否认的。作为莱布尼茨在他的哲学中证明过的那些定理的一个实例,我们可以提一下他所考虑的上帝的存在性。在他证明乐观主义的基本定理——"在这个所有可能的世界中最好的世界里,一切事物都倾向于最好"——的尝试中,莱布尼茨就没那么成功了,只是在 1759 年,莱布尼茨默默无闻地去世后 43 年,伏尔泰才在他划时代的著作《老实人》中发表了一个决定性的论证。还可以提到另一个独立的结果:那些熟悉广义相对论的人都知道"虚空"(empty space)——完全没有物质的空间——的概念已遭淘汰。莱布尼茨就认为这一概念是荒谬的。

莱布尼茨的兴趣清单还远非完整。经济学、语言学、国际法(他是这方面的一个先驱),在德国某些地方将采矿作为一种产业的建立,神学,创建科学院,对年轻的勃兰登堡选帝侯夫人索菲(笛卡儿的伊丽莎白的一个亲戚)的教育,所有这些都分散了他的注意力,在其中的每个方面他都做了一些值得注意的事情。可能他最不成功的涉猎是在力学和物理学方面,他偶尔的错误使他在伽利略、牛顿、惠更斯,甚至笛卡儿等人冷静、坚定的光辉映衬下相形失色。

在这份清单中,只有一项在此需要进一步关注。当莱布尼茨作为年轻的选帝侯夫人的家庭教师在 1700 年被召到柏林期间,他抽时间筹备了柏林科学院。他担任了首任院长。直到纳粹"清洗"它之前,这个科学院仍然是世界上三四个主要学术机构之一。莱布尼茨生前在德累斯顿、维也纳和圣彼得堡进行的类似尝试都终成泡影,但在他死后,他为彼得大帝制订的圣彼得堡科学院的计划得以实施。1714 年,莱布尼茨最后一次访问奥地利时,耶稣会士挫败了建立维也纳科学院的努力。在莱布尼茨为阿诺德所做的一切之后,他们的反对是意料之中的事。他们在一场微不足道的学术政治事件中战胜了这位杰出的外交官,这表明莱布尼茨在 68 岁时已经开始多么糟糕地走下坡路了。他不再是他自己。事实上,他的最后几年只是他昔日荣耀的虚幻身影。

莱布尼茨终其一生都在为王子公孙服务,他现在收到了这种服务的通常报酬。他病了,迅速衰老,被争论所困扰,他被一脚踢开。

莱布尼茨在 1714 年 9 月回到布伦瑞克,得知他的雇主选帝侯乔治·路易斯——在英国历史上以"诚实的傻瓜"闻名——已经收拾好行囊前往伦敦,去做英国历史上的第一位日耳曼人国王。尽管由于和牛顿的争论,他在英国皇家学会和英国其他地方树敌过多,而且人们对他的态度也十分恶毒,但是没有什么比跟随乔治去伦敦更让莱布尼茨高兴的了。

但举止粗犷的乔治如今已是社交场上的绅士,莱布尼茨的外交手腕对于他已经没什么用处了,他草率地命令帮助他进入文明社会的那些人待在汉诺威图书馆,继续撰述著名的布伦瑞克家族永恒的历史。

在两年后（1716年）莱布尼茨去世时，这部经外交手腕篡改过的历史仍是不完整的。尽管他费了很大的劲，但莱布尼茨始终无法把1005年以前的历史记录下来，而已经撰写的部分跨度还不到三百年。这个家族在它的婚姻冒险中如此错综复杂，即使是万能的莱布尼茨也不能给他们所有人提供完美无瑕的名牌徽章。布伦瑞克家族对这项巨大劳动的感谢，就是把它忘得一干二净，直到1843年它才出版。但它究竟是完整的还是经过删改了的，要等到仔细检查过莱布尼茨的其余手稿后才能知道。

在莱布尼茨去世300多年后的今天，他作为一个数学家的声誉，要比他的秘书护送他进入坟墓后的许多、许多年后都要高，而且还在不断上升。

作为一名外交官和政治家，莱布尼茨在任何时候、任何地方都是精英当中的精英，而且比他们所有人加起来还要聪明得多。世界上只有一种职业比他的这个职业更长久，在这一职业成为受人尊敬的职业之前，任何人尝试把外交作为他的谋生手段都生不逢时。

（程钊　译）

第八章

先天还是后天？

伯努利家族

◉三代八位数学家◉遗传的临床证据◉变分法

这些人的确取得了丰硕的成果，并出色地实现了他们的既定目标。

——J. 伯努利(J. Bernoulli)

第八章　先天还是后天?

自从大萧条开始冲击西方文明以来,优生学家、遗传学家、心理学家、政治家以及独裁者们,出于种种截然不同的原因,对遗传和环境之间仍悬而未决的争议重新燃起了兴趣。在一个极端,百分之百的无产者都认为:只要有机会,任何人都可以成为天才;而在另一个极端,同样自信的保守党则宣称:天才是与生俱来的,即使在伦敦的贫民窟里也会出现。介于二者之间,还有一系列形形色色的观点。但一般认为,天才产生的决定因素是先天而不是后天的,可如果不经过刻意或偶然的协助,天才也会流于平庸。数学史为研究这个有趣的问题提供了丰富的素材。若不站在任何立场上(目前这样做还为时过早),可以说,数学家的生活史所提供的证据似乎更倾向于上面的一般看法。

历史上,也许最引人注目的例子就是伯努利家族了,他们三代人中产生了8位数学家,而且其中几位非常出色。在其一大批后裔中,约有半数天资过人,直至今日,几乎所有人都出类拔萃。通过对数学伯努利家族家谱上至少120人的追溯,我们发现,在众多后裔中,大多数人在法律、经学、科学、文学、需要高深学识的职业、管理和艺术方面获得过荣誉,有的甚至声名显赫,无一人失败。最重要的是,在这个家族的第二代和第三代数学成员中,大部分并不是刻意选择数学作为职业,而是像遇到烈酒的酒鬼那样不知不觉地沉溺于数学领域。

由于伯努利家族在 17 世纪和 18 世纪微积分及其应用的发展过程中扮演着主导角色,因此哪怕只是对现代数学的演变给出最为简短的描述,也必然不能将他们仅仅一笔带过。在微积分的完善过程中,他们和欧拉实际上是超群绝伦的领导者,使普通人都能借助微积分去发现连最伟大的希腊人都未曾发现的成果。然而,仅伯努利家族的工作从数量上讲就已太过庞大,以致我们无法像现在这样对他们详细阐述,所以将其放在一起简要介绍。

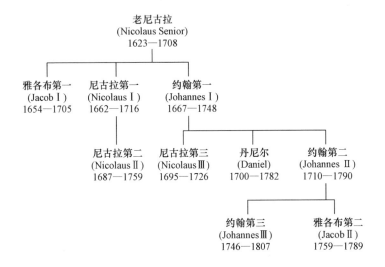

长期以来,胡格诺教派(Huguenots)一直受到天主教的迫害[如圣巴托罗缪(St.Bartholomew)之夜]。1583 年,为了摆脱他们的屠杀,许多新教家庭逃离了安特卫普(Antwerp),伯努利家族就是其中之一。他们最初在法兰克福避难,随后移居瑞士,最后在巴塞尔安顿下来。伯努利家族的先祖与一个最古老的巴塞尔家族联姻,成了一个大商人。位于家谱之首的老尼古拉,像他的祖父和曾祖父一样,也是一个大商人。他们中所有人都娶了商人的女儿为妻,除一人外全部积累了巨额财富。这唯一的例外——那位曾祖父——则首次背离了家族的商业传统，走向了医学道路。数学天赋可能早已融入到了这个精明的商业家族的血统之中，最终它们突然爆炸式地真实呈现了出来。

在继续讨论遗传因素之前，参照家谱表，我们将简要地概括老尼古拉的八位数学家后裔的主要科学活动。

雅各布第一从 1687 年到去世一直是巴塞尔大学的数学教授。他自学掌握了莱布尼茨的微积分，并且成为最早对微积分进行发展的人之一，远远超越了牛顿和莱布尼茨的研究范围，将其应用到了复杂而重要的新问题之中。他在解析几何、概率论和变分法领域都做出了重大贡献。由于后面我们还会经常遇到变分法（在欧拉、拉格朗日和哈密顿的工作中），这里不妨介绍一下他在这个课题攻克的一些问题的性质。事实上，在费马的最短时间原理中，我们已经看到用变分法处理此类问题的一个实例。

变分法的起源非常古老。据一个传说①讲，当迦太基建城的时候，一人一天之内犁出的犁沟能圈出多大的面积，被赋予的土地就有多少。考虑到一人一天只能犁出一定长度的直犁沟，犁沟应该设计成什么形状呢？从数学角度，相当于是说对于所有周长相同的图形，哪种面积最大？这是一个等周问题，答案是圆。这一点似乎显而易见，但要证明却绝非易事（有时学校几何学中给出的初等"证明"极为荒谬）。要解决这个问题，用到的数学知识可以归结为求某积分在一个限制条件下的最大值。雅各布第一解

---

① 实际上，我在这里把两个传说结合到了一起，狄多女王（Queen Dido）获得一张牛皮所"包围"的最大领地。为此，她把牛皮切成细条状，围成了个半圆形。——原注

决了这个问题并对其进行了推广①。

前面几章已经提到过人们发现了最速降线是摆线。1697 年，雅各布第一和约翰第一两兄弟发现沿摆线下降速度最快，几乎同时，其他几人也得到了同样的答案。但摆线也是等时线，约翰第一觉得这是一个惊人而奇妙的结果："公正地说，我们也许会钦佩惠更斯，因为他首先发现一个大的质点沿摆线滑动时，无论起点在哪个位置，下落的时间都相同。但是，当我说这个摆线，也就是惠更斯的等时线，正是我们寻找的最速降线时，你一定会惊讶得目瞪口呆。"［见前面布里斯（Bliss）的著作第 54 页。］雅各布也满腔热忱。它们仍然属于可以用变分法来解决的那类问题的例子，为了说明其不容小觑，我们再次重申，整个数学物理领域经常被归结为一个简单的变分原理，如光学中的费马最短时间原理或者动力学中的哈密顿原理。

雅各布第一去世后，他关于概率论的伟大论著《猜度术》（*Ars Conjectandi*）于 1713 年出版，其中包含的许多内容至今仍在概率论以及保险、统计和遗传数学研究的应用中具有重要价值。

雅各布第一的另一项研究成果反映出了他对微积分的深入发展程度：他在莱布尼茨工作的基础上，对悬链线进行了相当详尽的研究（悬链线是指悬挂在两点之间的均匀链子所形成的曲线，或悬挂着的重链所形成的曲线）。这可不仅仅是为了满足好奇心。当今，由他发展的这套数学成果已经应用到了吊桥和高压输电线路中。尽管它们现在只不过是微积分或力学基础教程中的练习题，但在雅各布第一将所有这一切给予解决之时，还

①　关于变分法的这个问题和其他问题的历史记录见 G. A. Bliss 的著作《变分法微积分》（*Calculus of Variations*），芝加哥，1925。雅各布第一的英文译名是詹姆斯（James）。——原注

都属于崭新的、棘手的问题。

雅各布第一和他的弟弟约翰第一相处得并不总是非常融洽。其中约翰第一好像更喜欢拌嘴斗舌,可以确定无疑的是,他在等周问题上对待哥哥的态度有失诚恳。兄弟二人极其认真地从事着数学研究,他们关于数学的一些信件中充斥着只有偷马贼才会有的激烈言辞。约翰第一不仅试图窃取哥哥的思想,还因儿子荣获了他本人也在角逐的法国科学院奖项而将其赶出家门。毕竟,就连理智的人也会因为纸牌游戏而激动不已,那么他们为什么不会因为更令人激动得无与伦比的数学而大发雷霆呢?

雅各布第一具有一种神秘的气质,对我们研究伯努利家族的遗传因素具有一定意义。这种气质在他生命的最后时刻曾有趣地显现出来。有一种螺线(对数螺线或等角螺线),经多种几何变换后仍以类似的螺线再现。他对螺线的再现及发现的几个性质如痴如醉,命人把这种螺线刻在自己的墓碑上,碑文为"纵然变化,依然故我"。

雅各布第一的座右铭是"我违父意,研究星辰"——当时,父亲徒劳地反对他将才华投入到数学和天文学中去,这是一种讽刺性的纪念方式。但该细节更有利于支撑天才是"先天的"而不是"后天的"观点。如果当时父亲占了上风,他或许会成为一位神学家。

雅各布第一的弟弟约翰第一开始时并不是数学家,而是一位医学博士。前面已经提到过,他与慷慨地传授他数学知识的哥哥之间存在着争执。约翰第一是个爱憎分明的人:莱布尼茨和欧拉是他的神;但作为莱布尼茨的铁杆拥护者,出于嫉妒或怨恨,他必然极为憎恶并过分贬低牛顿。当初,固执的父亲试图强迫儿子约翰第一从事家族产业,但他跟随哥哥雅各布第一的脚步,奋起反抗,投身医学和人文学科,浑然不觉这是在与自己的遗传基因对抗。他在 18 岁获得硕士学位,不久之后,意识到选择医学并不是明智之举,于是转而学习数学。1695 年,他获得第一份学术任命,到格罗尼根(Groningen)担任数学教授;1705 年,雅各布第一去世,约翰第一接替了哥哥在巴塞尔大学的教授席位。

约翰第一在数学上甚至比他的哥哥更加多产,为微积分在欧洲的传播做了大量工作。除了数学,他还研究物理、化学和天文学。应用方面,他在光学领域做出了巨大贡献,撰写了潮汐理论和船只航行的数学理论,并阐明了力学中的虚位移原理。约翰第一有着非凡的体力和脑力,直到 80 岁去世的前几天还一直很活跃。

雅各布第一和约翰第一的兄弟尼古拉第一也颇具数学天赋。诚如他的兄弟们,尼古拉第一也有一个错误的开端。他 16 岁时在巴塞尔大学获得哲学博士学位,20 岁时获法学最高学位,最初在伯尔尼(Bern)担任法学教授,后来成了圣彼得堡科学院数学部成员。他受到了人们的高度评价,去世时,叶卡捷琳娜(Catherine)大帝出资为他举行了公开的葬礼。

遗传基因在第二代人中奇怪地显露了出来。约翰第一曾试图强迫他的二儿子丹尼尔经商。但丹尼尔认为自己更喜欢医学,想成为一位医生,之后他才知不觉地陷入到数学领域。他 11 岁时开始跟随仅比自己大 5 岁的哥哥尼古拉第三学习数学。丹尼尔和大数学家欧拉是密友,有时也是友好的竞争对手。与欧拉一样,他也有十次赢得法国科学院奖项的殊荣(有几次是和其他成功参赛者共享的奖项)。丹尼尔对后来所谓的能量守恒中的一条原理进行了统一发展,在流体力学领域取得了辉煌成果。当今,从事纯粹流体运动和应用流体运动研究的人无不知晓丹尼尔·伯努利的名字。

1725年，丹尼尔(25岁)成为圣彼得堡的数学教授，那里相对粗陋的生活令他很厌倦，因此，8年后他一遇机会就马上回到了巴塞尔，担任解剖学和植物学教授，最后又成为物理学教授。在数学方面，他除了研究微积分、微分方程、概率论、弦振动理论外，还尝试着研究了气体动力学理论以及应用数学中的许多其他问题，被誉为数学物理学的奠基人。

有趣的是，从遗传学的角度来看，丹尼尔有着一种明显的思辨哲学气质——可能是对他祖先胡格诺教派信仰的提炼与升华。在后来因宗教偏狭而逃亡的杰出难民的众多后裔身上，类似情形也出现过。

第二代的第三位数学家，尼古拉第三和丹尼尔的弟弟约翰第二，也是经历最初的失误之后，后来因为遗传因素或者也可能是因为他的哥哥们，最终回到了正轨。他最开始学的是法律，在巴塞尔大学任修辞学教授，之后接替了父亲的数学交椅。他的工作主要集中在物理学领域，并因其卓越成就三次赢得巴黎大奖(通常只赢得一次就能让一位优秀的数学家心满意足——如果他足够优秀)。

约翰第二的儿子约翰第三，重蹈家族错误传统，像父亲开始时学习的是法律一样，最初也做出了错误的选择。他13岁获得哲学博士学位，19岁时找寻到了自己的真正职业，被任命为柏林皇家天文学家。他的兴趣囊括天文学、地理学和数学。

约翰第二的另一个儿子雅各布第二，再次沿袭了家族的一贯错误，最开始也学习法律，直到21岁时才转而研究实验物理学。他还深入到数学领域,曾是圣彼得堡科学院数学和物理部成员。他30岁时因意外溺水而英年早逝,似锦前程戛然而止,我们无从知晓其真正的才华。他的妻子是欧拉的孙女。

伯努利家族中展露出数学天赋的人还远不止于此,但其余的就没那么突出了。偶尔有人会说,伯努利家族的血统已趋于淡薄,而实际情况似乎恰恰与之相反。当数学对卓越人才来说是最具发展前景的领域时,比如微积分刚刚发明之际,天才的伯努利家族马上投身到了数学研究之中。然而,在人类为之不懈努力的众多领域中,数学和科学只不过是其中的两个而已,当这两个领域都挤满了才华卓绝的人物时,天才们涌向其中任何一个都缺乏实际意义。伯努利家族的天赋并没有泯灭,只是在数学这个领域拥挤得像德比赛马日一样时,将精力投入到了与数学同等,甚至比数学更具社会价值的事情上了。

那些对遗传的变幻莫测感兴趣的人,可以在达尔文和高尔顿的家族史中找到大量资料。弗朗西斯·高尔顿(Francis Galton)〔查尔斯·达尔文(Charles Darwin)的表弟〕因为创立了遗传的数学研究,他的情况特别耐人寻味。在达尔文的后裔中,有人是在数学或数学物理,而并非在生物学方面取得了卓越成果,如果因此而苛责他们,未免有些不明事理。天才依旧是天才,不能说一种天赋一定比另一种"更好"或"更高级",除非我们偏执地认为所有的一切都应该是数学、生物学、社会学,或桥牌和高尔夫球。由此,伯努利家族放弃了数学这一家族行业,可能不过是其天赋的又一例证。

对于伯努利这样天赋异禀、言语激烈、闻名遐迩的家族来说,自然会有许多传说和轶事围绕着他们而展开。在这些老生常谈的故事中,我们会再次提及其中一个相对较早，至少和古埃及传闻一样古老的真实故事，它是大家司空见惯强加在从爱因斯坦以来的各种杰出人物身上的那种传说的翻版。在一次旅行中，年轻的丹尼尔与一位风趣的陌生人闲聊，他谦逊地自我介绍说："我是丹尼尔·伯努利。"对方讥讽地回答道："那我就是依萨克·牛顿。"丹尼尔因此乐坏了，认为这是自己有生以来受到过的最诚挚的赞颂。

（胡俊美　译）

第九章

分析的化身

欧 拉(1707—1783)

●历史上最多产的数学家●从神学开始●统治者买
单●不切实际的实践●天体力学和海战●一个偶然
和命中注定的数学家●困在圣彼得堡●沉默是金
●青年时半瞎●逃往自由普鲁士●腓特烈大帝的慷
慨和粗野●回到好客的俄罗斯吧●叶卡捷琳娜大帝
的慷慨和宽厚●晚年时完全失明●一个世纪以来的
大师和大师的启发者

> 数学是所有确定性科学的共同源泉。历史表明，那些鼓励数学研究的
> 帝王，其统治最为辉煌，荣耀也最为持久。
>
> ——M.沙勒(M.Chasles)

　　"欧拉计算时不费吹灰之力,就像人们进行呼吸,或者苍鹰在风中保持平衡一样"[阿拉戈(Arago)语],这并不是对莱昂纳德·欧拉(Leonard Euler)无与伦比的数学能力的夸大其词,他是历史上最多产的数学家,被同时代的人誉为"分析的化身"。欧拉撰写伟大的论著,就像文思敏捷的作家给密友写信一样轻松自如。在生命的最后 17 年里,即使他已完全失明,也并没有妨碍他绝无仅有的生产力;事实上,如果非要说与之前有什么不同的话,那就是视力的丧失反而使他对想象中内在世界的洞察力更加敏锐。

　　即使到 1936 年,人们对欧拉论著的数量也没有精确的把握,但据估计,要出版他的全集需要大四开本 60 卷至 80 卷。1909 年,瑞士自然科学协会着手搜集和出版欧拉散落的论著,得到了世界各地许多个人及数学团体的经济资助,这恰好说明:欧拉不仅仅属于瑞士,而且属于整个文明世界。但随着欧拉的大量手稿在圣彼得堡(列宁格勒)的意外发现,人们经充分评估而确定的预算费用(在 1909 年约合 8 万美元)被严重颠覆了。

　　欧拉的数学生涯始于牛顿去世那一年,此时对他这样的天才来说无疑是最有利的时期。解析几何(1637 年问世)已经使用了 90 年,微积分使用了大约 50 年,而物理天文学的钥匙——牛顿的万有引力定律在数学公众面前已经存在了 40 年。其中的每个领域都解决了大量孤立的问题,对统一性的各种备受瞩目的尝试随处可见；然而，还没有人对既存的整个纯粹数学和应用数学加以系统处理。特别是，人们还没有把笛卡儿、牛顿和莱布尼茨强有力的分析方法发挥到极致，在力学和几何学中情况尤其如此。

那时，人们对代数学和三角学进行了初步的系统化与推广。特别是三角学，已经为其基本完成准备就绪。然而，费马的丢番图分析领域以及通常的整数性质，不可能有这种"暂时的完善"（甚至到现在也没有）；但即便如此，欧拉也在此诠释了自己的一代宗师之名。事实上，作为一个全才，欧拉最显著的特征之一便是：他在连续数学和离散数学这两大主流领域都彰显了同等的实力。

作为一位算法学家，从来没有人能超越欧拉，甚至或许除了雅可比之外，从来没有人能与他旗鼓相当。算法学家是通过设计"算法"来解决某类特殊问题的数学家。举个非常简单的例子，假设（或证明）每个正实数都有实平方根，那么如何计算出这个根呢？已知的方法有很多；算法学家要设计切实可行的方法。再举一个例子，在丢番图分析和积分学中，可能只有将其中的一个或多个变量用其他变量的函数巧妙地（通常很简单）代换时，才能解决问题；算法学家就是能顺理成章想到这种独创性技巧的数学家。就像能够信手拈来的打油诗人一样，对算法学家来说，没有统一的程序可循，这种能力是天生的，不是后天造就的。

如今，"纯粹算法学家"常常会受到别人的鄙视；然而，当像印度拉马努金（Ramanujan）这样真正的巨星横空出世时，就连专业的分析学家都会赞叹他是上天赐予的礼物；他以超乎寻常的洞察力，从表面上看似毫不相关的公式中揭示了从一个领域通往另一个领域的潜藏路径，为分析学家提供了清理路径的新任务。算法学家是"形式主义者"，单纯地深爱着漂亮的公式。

在继续讨论欧拉平静而有趣的一生之前,我们必须提到当时的两个环境因素,它们促进了欧拉惊人的工作,并为其指明了前进的方向。

18世纪,大学还不是欧洲主要的学术研究中心,要不是由于古典文学传统以及它们对科学无可厚非的敌对态度,大学或许可以早点成为学术研究中心。数学因其较为古老而受人尊崇;但物理学因其较为现代而令人质疑。此外,当时的大学希望数学家把主要精力放在基础教学中;即便做学术研究,也只是无利可图的奢侈行为,就像今天美国普通高等教育机构中的情况一样。英国大学的教师们倒是可以随心所欲地做事。但是,如果做完(或未做完)事不能改善生计,就几乎没人愿意做了。在这种松懈、公然的敌对情绪下,大学没有充分的理由在科学方面占据主导地位,事实也确实如此。

起主导作用的是那些慷慨的、具有远见卓识的统治者们所支持的各种皇家科学院。普鲁士的腓特烈(Frederick)大帝和俄国的叶卡捷琳娜大帝开明大度,对数学的发展给予了大力支持。在科学史上最活跃的一个时期,他们造就了数学长达整整一个世纪的持续发展。对欧拉来说,柏林和圣彼得堡是他数学创造的动力源泉,而这两个地方之所以成为创造力的中心,都归功于莱布尼茨的远大抱负。莱布尼茨给科学院制定的规划,为欧拉成为有史以来最多产的数学家提供了契机。所以,从某种意义上讲,欧拉是莱布尼茨的苗裔。

在过去的40年中,柏林科学院因无所用心而日渐衰落,而欧拉,在腓特烈大帝的敦促下使它重焕生机;至于圣彼得堡科学院,彼得(Peter)大帝有生之年未能执行莱布尼茨的规划,而是由他的继任者将其牢固地建立起来。

现在一些科学院的主要职能是对其成员的出色工作业绩给予表彰与嘉奖；而原来的与之不同，它们属于研究机构，花钱雇佣别人从事科学研究。而且，当时科研人员得到的薪水和津贴足以使自己和家人生活得相当安逸。欧拉一家曾至少有 18 个人，但尽管如此，他得到的报酬足以让他们享受优渥的生活。作为对 18 世纪院士生活的最后一抹吸引力，那就是他们的孩子但凡有一点点才能，就肯定会有很好的施展机会。

这就将我们带到了影响欧拉取得丰硕数学成果的第二个主要因素。对那些提供财政支持的统治者而言，除了抽象文化之外，他们自然还想得到其他东西。但必须强调的是，一旦统治者的投资获得了适当的回报，他们就不会再坚持让雇员把剩余的时间也花费在"生产性"劳动上；欧拉、拉格朗日和其他院士们可以随心所欲地做自己想做的事。他们不会对院士们施加明显的压力，以榨取一点点国家能即刻使用的实际成果。18 世纪的统治者们比今天许多研究机构的领导者都要明智，他们只是偶尔提出自己急需什么，其他时间都是让科学自行发展。他们似乎本能地意识到，只要偶尔给出适当的暗示，所谓的"纯粹"研究必将会把他们期冀的实用的东西作为副产品搞出来。

相比于这种一般性说法，还存在一个重要的特例，它既不能证明也不能否定上述规则。巧合的是，在欧拉那个时代，数学研究的突出问题恰好与当时可能最重要的实际问题一致，即海洋控制。一个国家的航海技术如果超越所有竞争对手，它必然会掌握制海权，但是，航海归根结底要在距离陆地数百英里的海面上精确定位，只有比竞争对手的定位更加精准，才能更快抵达海战现场。遗憾的是，当时的研究目的似乎只是为了这一点。众所周知，英国掌握着制海权，这在很大程度上归功于 18 世纪航海家把天体力学中纯粹数学的研究成果应用到了实际中去。

如果可以稍作预测，这样的应用与欧拉有着直接关系。诚然，现代航海学的奠基人是牛顿，尽管他本人既没有在这个问题上花费过心思，也从没（据目前所知）置身于轮船的甲板之上。海上定位是通过观察天体确定的（在非常复杂的航海中有时要观察木星的卫星）；牛顿的万有引力定律表明，只要有足够的耐心，必要时可以提前一个世纪计算出行星的位置和月相，因此那些想要掌控制海权的人便让人埋头计算航海天文历，以努力打磨出未来的位置表。

在这样的实践规划中，月球为人们提出了一个尤为棘手的问题，即根据牛顿的万有引力定律彼此相互吸引的三体问题。随着 20 世纪的到来，这个问题还会反复出现；欧拉是为月球问题（"月球运动理论"）提出可计算解的第一人。所谓三体，是指月球、地球和太阳。关于这个问题，虽然我们现在不作赘述而是待到后面章节再提，但可以说它是整个数学领域中最困难的问题之一。欧拉没有解决这个问题，然而，他给出的近似计算方法相当实用（当今已被更好的方法所取代），一位英国计算人员利用它为英国海军部计算出了月球运行表。为此，该人获得了 5 000 英镑奖金（在当时是一笔相当大的数目），而欧拉则因其方法获得了 300 英镑奖金。

* * *

莱昂纳德·欧拉是保罗·欧拉（Paul Euler）和妻子玛格丽特·布鲁克尔（Marguerite Brucker）的儿子，可能是瑞士出现的最伟大的科学家。他1707 年 4 月 15 日出生于巴塞尔，次年随父母搬到了雷恩（Riechen）附近的一个小村庄，父亲在那里成了加尔文教派的牧师。事实上，保罗·欧拉曾是雅各布·伯努利的学生,本身是一位深有造诣的数学家。他本来想让莱昂纳德·欧拉继承自己的衣钵,接替乡村教堂的工作,但幸亏他犯了一个错误,那就是教了儿子数学。

尽管小欧拉早就知道自己想做什么,但他还是本分地顺从了父亲的意愿,到巴塞尔大学学习神学和希伯来语。约翰·伯努利注意到了欧拉突出的数学才能,慷慨地每周单独给他授一次课。为了在下次上课时尽可能少向老师提问,欧拉把一周剩余的时间全部用于下节课的预习。很快,欧拉的勤奋以及卓越能力引起了丹尼尔·伯努利和尼古拉·伯努利的注意,他们成了他忠实的朋友。

欧拉过得很开心,直到1724年,17岁的他获得硕士学位,这时父亲坚持让他放弃数学,把所有的时间都用在神学上。然而,伯努利们告诉保罗·欧拉,他的儿子注定会成为一位伟大的数学家而不是雷恩的牧师,他这才妥协了。尽管这一预言应验了,但欧拉早期的宗教教育影响了他的一生,他从未放弃过一点点对加尔文教派的信仰。事实上,随着年龄的增长,他兜了一大圈后开始回应父亲的感召,带领全家人作家庭祈祷,最后通常还要布道。

19岁时,欧拉独立完成了第一项工作。据说,这项成就揭示了他后继许多工作的优势和不足。1727年,巴黎科学院提议将船桅问题设为当年的悬赏大奖题目;欧拉的研究论文虽没能获奖,但却受到了高度评价。不过,他后来以12次荣获此类奖金弥补了这次的失利。欧拉工作的优势在于其中包含着分析学——专业数学;要说不足的话,那就是与实际联系不紧密。如果我们知道瑞士海军本就是一个子虚乌有的笑话(瑞士没有海军),这便没什么好奇怪的。欧拉或许曾经在瑞士的湖面上见到过一两只小渔船，但绝对不可能见到过桅帆船。有人批评他，说他让数学脱离了实际，这一点有时是公允的。对欧拉来说，物质世界不过是数学的一种特殊表现形式，本身并不是多么重要；如果物质世界与他的分析不符，那一定是物质世界出了毛病。

欧拉知道自己是天生的数学家，于是申请了巴塞尔大学的教授职位，然而，他失败了。由于憧憬着有朝一日能在圣彼得堡与丹尼尔·伯努利和尼古拉·伯努利为伍，他又重新振作起来，继续着自己的研究。伯努利兄弟慷慨地答应帮他在科学院找一份工作，并随时与他保持联系。

在职业生涯的这个阶段，欧拉似乎对自己应该具体做什么并不关心，只要与科学有关就行。于是，当伯努利兄弟写信说圣彼得堡科学院医学部有潜在的职位空缺时，欧拉便在巴塞尔大学全身心地投入到了生理学研究中，并参加医学讲座。然而，即使在这个领域，他也无法回避数学：耳朵的生理机能使他联想到对声音的数学研究，而这又刺激了对波的传播的另一项数学研究，等等——在欧拉的整个职业生涯中，这项早期工作就像噩梦中的大树一样，疯狂地开枝散叶。

伯努利兄弟办事效率很高。1727 年，欧拉接到了前往圣彼得堡的邀请，正式成了科学院医学部助理。根据那里的一项英明规定，每个外来人员都必须带两个学生——实际上是要培训的学徒。然而，可怜的欧拉的欣喜之情很快就消失得无影无踪了，因为就在他踏上俄国土地的那一天，思想开明的叶卡捷琳娜一世去世了。

叶卡捷琳娜一世在成为彼得大帝的妻子前是他的情妇，从很多方面来看，她似乎都是一个心胸开阔的女人。正是她，于在位仅仅两年的统治时间里，就实现了彼得大帝建立科学院的愿望。叶卡捷琳娜一世去世后，由于小沙皇年幼(小沙皇执政前就去世了,对他来说可能也算一件幸事),政权落到了一个异常残暴的小集团手里。俄国新的统治者视科学院为可有可无的奢侈品,在焦躁紧张的几个月中,甚至打算解散科学院,遣返所有外籍成员。这就是欧拉到达圣彼得堡时的情况。在一片混乱之中,他应邀的医学岗位杳无音讯,他绝望了,差点接受海军中尉之职,不过之后他溜进了数学部。

此后情况好转,欧拉开始安心工作。6年来,他一直埋头苦干,这并不完全是因为他全神贯注于数学,还有一部分原因在于到处都是危险的间谍,他不敢过正常的社交生活。

1733年,丹尼尔·伯努利忍受不了俄国的恐怖气息,回到了自由的瑞士,26岁的欧拉成了科学院的数学领军人物。欧拉觉得自己的余生都要留在圣彼得堡,便决定结婚,定居下来,随遇而安。妻子凯萨琳娜(Catharina)是画家格塞尔(Gsell)的女儿,曾由彼得大帝带回俄国。随着政治形势日益恶化,欧拉比以往任何时候都更渴望逃离这个地方。然而,一个又一个孩子呱呱坠地,他感到自己越发牢固地被束缚在了这里,只能在无休止的工作中寻求慰藉。一些传记作者把欧拉无与伦比的生产力归因于他在俄国的这第一次旅居;平常的谨小慎微使他养成了坚不可摧的勤勉习惯。

欧拉是能在任何地方、任何条件下工作的几位伟大数学家之一。他非常喜欢孩子(他自己有13个孩子,但除了5个外其余都夭折了),写论文时经常腿上抱着一个婴儿,而大点的孩子在他周围戏耍。他能在这种环境下轻松自如地写出最艰深的数学论著,真的令人难以置信。

关于欧拉不断倾泻的思想,流传着许多传说。有些无疑是夸大其词,但据说欧拉能在别人第一次和第二次催他吃晚饭的大约半小时时间里赶出一篇数学论文。论文一写完,他就将它放在已经叠得越来越高的一堆文稿上,等着印刷工取走。当科学院学报需要填补材料时,印刷工就从这堆材料的最顶上拿走一摞。这样一来,文章出版的先后日期常常与写作日期相反。此外,为了澄清和拓展自己已经做过的工作,欧拉习惯在一个主题上反复研究多次,于是便进一步加剧了这种怪现象,以至人们偶尔会看到关于某一主题的一系列论文的出版顺序是颠倒的。

小沙皇死后,安娜·伊凡诺夫娜(Anna Ivanovna,彼得的侄女)于 1730 年当上女皇,科学院的状况大为改观。但在安娜的情夫欧内斯特·约翰·德·比隆(Ernest John de Biron)的间接统治下,俄国遭受了历史上最为血腥的一段恐怖统治时期。在长达 10 年的时间里,欧拉专心致志、沉默不语地从事着研究工作。期间,他第一次惨遭不幸。当时,巴黎科学院就一个天文学问题设置了一项大奖,一些顶尖的数学家限定人们用几个月的时间来破解它。为了赢得大奖,欧拉只用三天时间就解决了(由于高斯那章还有一个类似的问题,我们在这儿就不作介绍了)。但是持续的劳累使得他大病一场,他右眼失明了。

应该指出的是,现代考证颇有成效地使得数学史上所有的奇闻异事都受到了质疑。考证表明,欧拉的失明与天文学问题毫不相干。但是,至于博学的评论家(或其他任何人)是如何对所谓的因果法则如此了解,恐怕要靠大卫·休谟(David Hume,欧拉同时代的人)的在天之灵来揭秘了。抱着这样谨慎的心态,我们再讲一个关于欧拉和无神论者(或者可能只是泛神论者)、法国哲学家德尼·狄德罗(Denis Diderot,1713—1784)的著名故事。这里稍有悖时间顺序,因为故事发生于欧拉在俄国的第二次旅居时期。

狄德罗应叶卡捷琳娜大帝的邀请到王宫访问,他试图通过让朝臣改信无神论来证明自己并不是吃闲饭的。叶卡捷琳娜烦透了,委托欧拉让这位空话连篇的哲学家闭嘴。这很容易,因为对狄德罗来说所有的数学就像天书一样。德·摩根(De Morgan)讲述了事情的经过[见其经典著作《悖论集》(*Budget of Paradoxes*),1872]:"欧拉告诉狄德罗,一位博学的数学家用代数学证明了上帝的存在性,如果他想听,自己可以当着所有朝臣的面儿给出证明。狄德罗欣然同意。……欧拉走到他面前,以一种确定无疑的口吻严肃地说:

"先生,因为 $\dfrac{a+b^n}{n}=x$,所以上帝存在;这就是答案!"

对狄德罗来说,这听起来好像蛮有道理,他尴尬地无言以对,肆无忌惮的笑声让他深受羞辱,于是这个可怜的人请求叶卡捷琳娜答应他立即返回法国。她大度地同意了。

欧拉并不满足于这幅杰作,他郑重其事、极其认真地用严谨的证明来达到锦上添花:上帝是存在的,灵魂不是物质实体。据说,这两个证明都纳入到了当时的神学论著。它们可能是欧拉的天赋在数学中表现出的不切实际一面的最好例证。

欧拉在俄国旅居期间,并没有把所有的精力都倾注到数学上。每当政府要求他用与纯粹数学相去不远的方式施展自己的数学才华时,他都会让他们的付出物超所值。欧拉为俄国学校编写了初等数学教科书,管理过政府地质部门,帮助改革度量衡,还设计了检验天平的实用方法。然而,这些只不过是他活动的一部分,他不管做多少额外的工作,都依旧能源源不断地创作出数学成果。

欧拉在这一时期最重要的工作是 1736 年出版的有关力学的专著。值得注意的是,该书出版时只差一年就是笛卡儿的解析几何问世 100 周年。欧拉的论著对力学的贡献就像笛卡儿的论著对几何学一样,它使力学从综合论证的桎梏中解放出来,变成了分析力学。如果说阿基米德(Archimedes)或许能够写出牛顿的《数学原理》,但任何希腊人都绝不可能写出欧拉的力学。微积分首次将巨大威力应用于力学研究,开创了这门基础学科的现代新纪元。在这个方向上,尽管欧拉后来被自己的朋友拉格朗日所超越,但他却是迈出决定性一步的人。

*　*　*

1740 年,安娜·伊凡诺夫娜去世,尽管这时俄国政府变得比较开明,但欧拉已经受够了,于是他欣然接受了腓特烈大帝的邀请,到柏林科学院工作。王太后对欧拉颇有好感,试图与他畅所欲言。但她得到的回答只是一两个字。

"你为什么不愿跟我谈话?"她问道。

"夫人,"欧拉答道,"我来自的国家,谁多说话,谁就会上绞刑架。"

在接下来的 24 年中,欧拉一直生活在柏林。他过得并不十分愉快,因为腓特烈更喜欢圆滑的朝臣,而非质朴的欧拉。虽然腓特烈觉得鼓励数学发展是自己的职责,但他因不擅长数学而对这门学科嗤之以鼻。尽管如此,他还是非常赏识欧拉解决各种实际问题的才能,如造币、修输水管道、挖航海运河和制定年金制度等。

俄国从未完全放弃过欧拉,即使他在柏林期间,仍为其支付部分薪水。这样,尽管欧拉要养活很多人,他依旧比较富有,除了柏林的房产外,在夏洛腾堡(Charlottenburg)附近还拥有一个农场。1760 年,俄国入侵勃兰登堡(Brandenburg)边境,洗劫了欧拉的农场。俄军统帅宣称他"并不是向科学宣战",因而给了欧拉远远超过其实际损失的赔偿。当伊丽莎白(Elizabeth)女皇听说欧拉的损失后,除了足够的补偿外,还给了他一笔数目可观的款项。

欧拉之所以在腓特烈王宫不受欢迎,其中一个原因在于他无法将自己置身于一窍不通的哲学问题的辩论之外。伏尔泰(Voltaire)几乎整天想着对腓特烈阿谀奉承,他与腓特烈周围那帮精于咬文嚼字的人,以把倒霉的欧拉缚在纯哲学的圈套中为乐。欧拉心平气和地隐忍着这一切,与别人一起为自己荒谬的错误放声大笑。但腓特烈逐渐被激怒了,他想找一位更老练的哲学家来领导科学院,并娱乐宫廷。

达朗贝尔(D'Alembert,后面我们会接触到他)应邀到柏林视察了局势。由于数学方面的原因,他和欧拉存在着一些芥蒂,但达朗贝尔不是那种会因个人分歧而影响自己判断的人,他直言不讳地告诉腓特烈,让任何其他数学家凌驾于欧拉之上都是一种对欧拉的侮辱。然而,这却使得腓特烈变得比以往更加执拗与愤怒,欧拉忍无可忍,觉得自己的孩子们在普鲁士没有任何出路。于是 59 岁(1766 年)时,他在叶卡捷琳娜大帝的盛情邀请下,背起行囊,再次返回圣彼得堡。

叶卡捷琳娜给予了这位数学家王室成员规格的礼待,为欧拉和他的18 位家人拨出了一栋陈设一应俱全的住宅,并委派自己的厨师来管理膳食。

就在这时,欧拉的另一只眼睛(由于白内障)的视力开始减弱,不久完全失明了。对于他因视力迅速恶化而即将面临的黑暗,拉格朗日、达朗贝尔及其他大数学家在通信中都表现出了担忧与同情。欧拉本人则平静地等待着失明的迫近。毫无疑问,根深蒂固的宗教信仰使他并没有"屈服"于沉默和黑暗,而是勇敢地面对未来,立即着手挽救这个不可弥补的损失。直到最后一丝光亮消失之前,他习惯于用粉笔把公式写在一块大石板上,然后他的孩子们[尤其是阿尔伯特(Albert)]充当抄写员,记下他对这些公式的口述说明。他的数学生产力不但没有降低,反而增加了。

欧拉一生中都具有非凡的记忆力。他把维吉尔(Virgil)的《埃涅阿斯纪》(Aeneid)熟记于心,尽管年轻时就很少再翻看了,但始终能说出那本书每一页的第一行和最后一行是什么。他的记忆力来自视觉和听觉的结合。不论是对算术运算,还是对高等代数和微积分中所要求的更复杂的计算,他都表现出了惊人的心算能力。可以说,当时整个数学领域的所有重要公式都准确无误地存储在他的大脑中。

作为他心算能力的一个例证,孔多塞(Condorcet)曾讲过一件事。欧拉的两个学生将一个复杂的收敛级数求和(就一个变量的特殊值)到了第 17 项,结果在第 50 位上有一个数字不一致。为了判断哪个结果正确,欧拉把整个过程心算了一遍,而且他得到的答案是正确的。所有这一切都得益于记忆力的帮助,以至使他不过分依赖光明。在失明的 17 年岁月中,他还有一项令人难以置信的壮举,那就是月球理论——月球的运动,这个唯一让牛顿都感到头疼的问题被欧拉第一次彻底解决,而且整个复杂的分析过程完全都是在头脑中直接进行的。

欧拉回到圣彼得堡五年之后,另一场灾难降临了。在 1771 年的一场大火中,他的房屋和所有陈设焚烧殆尽,承蒙瑞士仆人[彼得·格林姆(Peter Grimm)或格里蒙(Grimmon)]英勇相救,他才幸免于难。格林姆冒着生命危险,带着失明多病的主人穿越火海,来到安全的地方。书房也烧毁了,多亏了奥洛夫伯爵(Count Orloff),欧拉的所有手稿才得以抢救出来。叶卡捷琳娜大帝立即弥补了欧拉蒙受的全部损失,很快他又重新开始了研究工作。

1776 年,欧拉(当时他 69 岁)的妻子去世,他深感失落,第二年又结婚了。第二任妻子是前任妻子同父异母的妹妹,名为萨洛梅·阿比盖尔·格塞尔(Salome Abigail Gsell)。欧拉想要通过手术来恢复左眼的视力,然而最可悲的是手术失败了(可能是由于手术过程疏忽),唯一的希望破灭了。事实上,本来手术"成功"了,他欣喜若狂,但不久受到了感染,在经历一段他所谓的可怕的、漫长的痛苦之后,他重新坠入了黑暗之中。

* * *

回顾欧拉取得的丰硕成果,乍看上去我们可能会认为任何有天赋的人都能像他一样轻松自如地完成大部分工作。但是,对现存数学的审查很快就会让人幡然醒悟。结合我们现在所掌握的方法的威力,相对而言,目前数学及其理论丛林的情况并不比欧拉那时更艰深。对欧拉式的人物来说,数学已经成熟。在那个时代,他将大量杂乱无章的碎片结果和孤立定理进行了系统化和统一处理,借助分析方法轻而易举地清理了数学领域,将有价值的东西整理了出来。即使在今天,大学数学课程中学的很多内容实际上都是欧拉留下来的——例如,利用一般二次方程的观点统一讨论三维空间中的圆锥曲线或二次曲线,就是欧拉给出的方法。另外,关于年金问题以及由此衍生的所有问题(保险、养老金等),都是经欧拉而演变成现在"投资数学理论"中学生所熟悉的形式。

正如阿拉戈指出的那样,作为一位通过论著与学生见面的老师,欧拉之所以能马上取得巨大成功,其中的一个原因是他从来不妄自尊大。比如为了阐明先前备受瞩目的著作,如果需要写一些内在价值相对较低的著作,欧拉也会毫不犹豫地去完成。他从来都不怕降低自己的名声。

即使在创造性方面,欧拉也是把传授与探索结合起来。他在 1748 年、1755 年以及 1768—1770 年关于微积分的重要论著[《无穷小分析引论》(*Introductio in analysin infinitorum*)、《微分学原理》(*Institutiones calculi differentialis*)和《积分学原理》(*Institutiones calculi integralis*)]一经问世,立即成了经典名作,在随后的四分之三世纪中,一直哺育着后来成为大数学家的年轻人。但正是有关变分法的著作(《寻求具有某种极大或极小性质的曲线的方法》,*Methodus inveniendi lineas curvas maximi minimive proprietate gaudentes*,1744 年),首次彰显了欧拉是一流的数学家。前面章节中已谈到过这个主题的重要性。

如前所述,欧拉在力学的分析化方面向前迈出了一大步,例如,每个学习刚体动力学的学生都熟悉的转动分析,就是欧拉的杰作。分析力学是纯粹数学的一个分支,因此欧拉不必像原来在那些偏于实际的工作中表现的那样,一有机会就飞入广阔无垠的纯粹计算领域。欧拉同时代的人对他的工作提出了严厉批评,称他总是在无法遏制的冲动下,仅仅是为了漂亮的分析而进行计算。有时,他可能对物理情况缺乏足够的理解,不管是什么问题,都试图转化为计算。然而,当今流体力学中使用的关于流体运动的基本方程,就是欧拉给出的。只要一个问题值得做,他就会付诸行动。

由于欧拉的分析学是影响 19 世纪数学主流的重要因素之一,我们这里顺便提一下其怪异之处。那就是他认识到,除非无穷级数收敛,否则在使用过程中就存在隐患。例如,由长除法可以得到

$$\frac{1}{x-1} = \frac{1}{x} + \frac{1}{x^2} + \frac{1}{x^3} + \frac{1}{x^4} + \cdots ,$$

该级数能够无限延续下去。令 $x = \frac{1}{2}$，则

$$-2 = 2 + 2^2 + 2^3 + 2^4 + \cdots$$
$$= 2 + 4 + 8 + 16 + \cdots 。$$

对收敛性的研究（将在高斯那一章讨论）会告诉我们如何避免这样荒诞不经的结果。然而，匪夷所思的是，尽管欧拉认识到了必须谨慎处理无限过程，但他在很多工作中都没有遵从这一信条。他对分析学信心十足，以至于有时为了使一个明显荒谬的结果能够自圆其说，而去寻找一个荒唐怪诞的"理由"。

但这里必须补充一点，在欧拉富有真知灼见及创见性的工作中，绝大部分都具有极其重要的意义，很少有人能与他匹敌或者接近他的水平。在丢番图分析领域，那些喜欢算术（可能不是一个非常"重要"的科目）的人一定会授予欧拉一枚与费马和丢番图本人佩戴的同样大小、同样鲜亮的勋章。欧拉是第一位，可能也是最伟大的一位数学通才。

欧拉绝不是一位狭隘的数学家，对文学以及包括生物学在内的各个科学领域至少都有很深的了解。但即便他沉浸在《埃涅阿斯纪》中时，也会情不自禁地探索可以用数学才能来解决的问题。书中那句"锚抛下去，奔腾的船停下了"，使他开始研究这种状态下的船体运动。欧拉涉猎广泛，好奇心强，甚至一度扑到占星术上。但 1740 年当他被命令用占星术给伊凡大公（Prince Ivan）算命时，他表示自己还没能领悟占星术，婉言拒绝了，并指出这属于宫廷天文学家的职责范围。可怜的天文学家不得不遵命去做。

欧拉在柏林时期的一部作品还表明他是一位文笔优雅的（尽管有点过

于虔诚)作家。为了给腓特烈的侄女安哈尔特·德绍公主(Anhalt-Dessau)讲授力学、物理光学、天文学、声学等课程,他写了著名的《致德国公主的信》(*Letters to a German Princess*)。这些闻名遐迩的信受到了人们的热烈欢迎,以 7 种语言翻译成书出版,广泛流传。这也说明,与我们想象的不同,公众对科学的兴趣并不是新近才发展起来的。

1783 年 9 月 18 日,欧拉去世,享年 77 岁。直到临终的那一刻,他仍然头脑清醒,思维敏捷。那天下午,他像往常一样在大石板上自娱自乐地计算着气球上升定律,之后与莱克赛尔(Lexell)及家人共进晚餐。"赫歇尔(Herschel)的行星"(天王星)那时才刚刚被发现,欧拉粗略给出了其轨道计算。过了一会儿,他让人把孙子带进来,一边喝茶,一边陪孩子玩耍,突然就中风了。烟斗从他的手里滑落下来,随着一声"我要死了","欧拉停止了生命,也停止了计算。"[1]

(胡俊美　译)

---

[1]　引自孔多塞的《颂词》(*Eloge*)。——原注

第十章

一座高耸的金字塔

拉格朗日(1736—1813)

●18世纪最伟大最谦虚的数学家●破产给了他机会
●十九岁构思出他的杰作●欧拉的宽宏大量●从都
灵到巴黎,柏林:一个心怀感激的私生子帮助了一
个天才●征服天文力学●让腓特烈大帝龙颜大悦
●心不在焉的婚姻●工作是一种坏习惯●算术方面
的经典著作●《分析力学》●方程论的一个里程碑
●在巴黎受到玛丽·安托瓦内特的欢迎●中年时的
神经衰弱、抑郁和厌世●被法国大革命和一个年轻
女孩唤醒●拉格朗日对革命的看法●公制●革命者
对拉格朗日的看法●一个哲学家是怎么死的

我不知道。

——J.L.拉格朗日(J.L.Lagrange)

"拉格朗日是数学科学中高耸的金字塔。"这是拿破仑·波拿巴(Napoleon Bonaparte)斟酌后对 18 世纪最伟大、最谦逊的数学家约瑟夫-路易斯·拉格朗日(Joseph-Louis Lagrange)给出的评价。他曾请拉格朗日当参议员、授予他帝国伯爵和荣誉军团勋章。撒丁国王以及腓特烈大帝也曾给予过他很多荣誉,只不过没有拿破仑那么慷慨罢了。

拉格朗日兼有法国和意大利血统,其中法国血统居多。他的祖父是法国骑兵上校,曾为撒丁国王查尔斯·伊曼纽尔二世(Charles Emmanuel Ⅱ)效力,后来定居都灵,与地位显赫的孔蒂(Conti)家族联姻。他的父亲曾是撒丁的陆军部司库,娶了坎比亚诺(Cambiano)一位富有医生的独生女玛丽-特蕾莎·格罗斯(Marie-Thérèse Gros)为妻,两人共生育 11 个子女。然而,在众多孩子中,只有最小的一个,也就是出生于 1736 年 1 月 25 日的约瑟夫-路易斯活了下来。父亲倚靠着自己和妻子的实力,非常富有。但他也是一个不可救药的投机商,到儿子准备继承家产的时候,已经所剩无几了。拉格朗日晚年回顾起来,认为这场灾难是他所经历的最幸运的事情:"如果我继承了可观的财产,可能就不会与数学共命运了。"

上学后,拉格朗日最初的兴趣是古典文学,对数学的热情多少具有一些偶然性。在学习古典文学的同时,他早就熟悉了欧几里得和阿基米德的几何著作,但似乎没有留下深刻印象。后来,年轻的拉格朗日读到了哈雷

(Halley,牛顿的朋友)的一篇文章,文中赞颂了微积分相对于希腊的综合几何方法的优越性。他被迷住了,从此走上了数学研究的道路。在令人难以置信的短暂时间内,他就完全靠自学掌握了当时的现代分析。16 岁时[这是德拉米尔(Delambre)的说法,可能不太准确],拉格朗日成为都灵皇家炮兵学院的数学教授,接着便开启了他在数学史上最为辉煌的职业生涯之一。

拉格朗日从最开始就是一位分析学者,而不是几何学者。从他身上,首次出色地见证了专业化几乎已成为数学研究的必备条件。他对分析的钟爱在其杰作《分析力学》(*Mécanique analytique*)中体现得淋漓尽致。早在 19 岁时,他就在都灵拟定了这部著作的写作方案,但直到 1788 年才在巴黎出版,那时他已经 52 岁了。他在序言中写道:"在本书中找不到几何图形。"但怀着对几何之神半幽默式的祭奠,他说,可以把力学科学看作四维空间中的几何学,三个笛卡儿坐标再加上一个时间坐标,就足以定位出时空中运动的粒子了。自 1915 年爱因斯坦用这种处理力学的方式来研究广义相对论后,它就开始广泛流行起来。

拉格朗日用分析方法来研究力学,标志着与希腊传统的第一次彻底决裂。牛顿和他同时代的人,以及他的直接继承者们在解决力学问题时总要借助图形;现在拉格朗日则说明,如果一开始就采用一般的分析方法,就能获得更大的灵活性和无与伦比的强大威力。

在都灵,这位孩子气的教授上课的对象都比自己年龄大。不久,他将能力较强的人组织成一个研究协会,这正是都灵科学院的前身。1759 年,科学院第一卷论文集问世,当时拉格朗日只有 23 岁。通常认为,在这部早期著作中,大多数其他人发表的优秀数学论文,应该是谦逊的、低调的拉格朗日所为。其中丰塞内克斯(Foncenex)的一篇论文写得非常漂亮,以至于撒丁国王决定让这位作者掌管海军部。数学史家们有时感到很奇怪,为什么丰塞内克斯后来再也写不出原来那么成功的数学论文了呢?

拉格朗日自己也撰写了一篇关于极大和极小值的论文(第四章和第八章提到的变分法),他承诺要由这一课题推导出关于固体力学和流体力学的全部内容。因此,他在 23 岁(实际上更早)时便构想出了他的名著《分析力学》,这部著作对一般力学的影响就像牛顿的万有引力定律对天体力学的影响一样。10 年后,在给法国数学家达朗贝尔(D'Alembert, 1717—1783)的信中,拉格朗日说他把自己的早期工作,即 19 岁就思考的变分法,视为他的代表作。正是通过变分法,拉格朗日统一了力学,就像哈密顿所说的,他使力学成了"科学的诗篇。"

拉格朗日的方法一旦被人们所理解,几乎就成了老生常谈的话题。正如有些人指出的,在力学中居于主导地位的拉格朗日方程是体现所有科学从无到有的艺术的最完美的例证。然而,如果稍作思考就会发现,任何具有普适性、能把整个宇宙现象统一起来的科学原理一定具有简明性,因为只有最简明的原理才能支配众多不同的问题。仔细观察这些问题,我们会发现它们个性鲜明、截然不同。

在都灵的同一卷论文集中,拉格朗日又向前迈出了一大步,将微积分应用于概率论的研究。对这位 23 岁的年轻巨匠来说,这些似乎还远远不够,他在声学的数学理论方面超越了牛顿,通过考虑一条直线上所有空气粒子在振动下沿直线逐点传播的作用行为,将其纳入到弹性粒子系统的力学(而不是流体力学)统治之下。在同一个大方向上,他还解决了整个振动理论中至关重要的问题——弦振动问题的正确数学公式,结束了一流数学家们持续多年的激烈争论。在 23 岁时，人们已公认拉格朗日是与欧拉和伯努利们齐名的当时最伟大的数学家。

欧拉总是慷慨地赞美别人的工作。他对待年轻对手拉格朗日的态度堪称科学史上最无私的表现之一。拉格朗日 19 岁时曾把自己的一些研究成果寄给欧拉，这位著名的数学家马上认识到了它们的价值，并鼓励这位才华横溢的年轻初学者继续努力。4 年后，当拉格朗日告诉欧拉解决等周问题的正确方法（伯努利家族那章介绍的变分法）时，面对自己用半几何方法而困惑多年的问题，欧拉写信给这位年轻人，说自己用他给出的新方法克服了困难。欧拉并没有急于发表这个寻求已久的解答，而是一直拖到拉格朗日率先发表之后，"这样就不会剥夺本应属于你的荣耀。"

往来的私人信件无论写得多么富丽堂皇，都不会对拉格朗日的前途有所帮助。欧拉意识到了这一点，于是在发表自己的著作时（继拉格朗日之后），特意说明了他如何被困难所困，如果不是拉格朗日给出了解决方案，它们将会是自己无法逾越的障碍。最后，为了一劳永逸，欧拉举荐他当选上了柏林科学院外籍院士（1759 年 10 月 2 日）。当时拉格朗日非常年轻，只有 23 岁，国外的官方认可对国内的拉格朗日有很大帮助。欧拉和达朗贝尔打算让他到柏林工作。一定程度上，出于个人原因，他们渴望看到这位才艺超群的年轻朋友被任命为柏林的宫廷数学家。经过漫长的协商之后，他们成功了，虽然腓特烈大帝在这个过程中稍微上了点当，但他（无可非议地）高兴得像个孩子。

达朗贝尔是拉格朗日忠实的朋友和慷慨的崇拜者，为了把他某方面的性格与稍后遇到的恃才傲物的拉普拉斯形成鲜明对比，我们也必须提一下他。

让·勒隆·达朗贝尔(Jean le Rond d'Alembert)的名字来源于巴黎圣母院旁边的一个小教堂圣·让·勒隆(St.Jean le Rond)。作为与谢瓦里叶·德杜歇骑士的私生子,母亲把他遗弃在了圣·让·勒隆教堂的台阶上。教区当局把这个弃儿交给了一个贫穷的玻璃工的妻子,他们视若己出,养育着他。按照法律,谢瓦里叶必须要承担私生子的教育支出。达朗贝尔的亲生母亲知道他在哪里,当他初显不凡天赋时,就派人去找他,希望笼络到自己的身边。

男孩告诉他:"你只是我的继母(英语中很好的双关语,但在法语中不是),玻璃工的妻子才是我真正的母亲。"就这样,就像母亲当初遗弃她的骨肉一样,他也遗弃了自己的亲生母亲。

当达朗贝尔赫赫有名,成为法国科学界的巨星时,他回报了玻璃工夫妇,使其免于贫困(他们宁愿生活在简陋的住所里),而且他总是骄傲地宣称他们就是自己的父母。虽然我们没有足够的篇幅把他和拉格朗日分开介绍,但必须指出的是,达朗贝尔首次对著名的岁差问题给出了完整解答。他在纯粹数学领域最重要的工作是偏微分方程,特别是有关振动弦的那些偏微分方程。

在信件往来中,达朗贝尔鼓励这位谦逊的年轻人去解决高难度的重大问题。由于他本人身体不好,他经常提醒拉格朗日要适当注意身体。事实上,拉格朗日在16岁到26岁之间由于身体透支,消化功能严重受损,在此后的一生中,不得不严格自律,特别是不能过度劳累。在给拉格朗日的一封信中,达朗贝尔告诫这个年轻人不能靠沉溺于茶叶和咖啡中来使自己保持清醒;在另一封信中,他忧郁地让拉格朗日注意新近出版的一本关于学者疾病的医学著作。对于所有这些,拉格朗日总是毫不在乎地回答说自己感觉很好,正发疯似的工作。但最后他还是为此付出了代价。

从某种程度上讲,拉格朗日和牛顿的职业生涯存在着惊人的相似之处。拉格朗日到了中年后,对最重要问题的持续专注消磨了他的热情,尽管他的大脑依然像原来一样强健,但对数学开始漠不关心。在年仅45岁的时候,他在给达朗贝尔的信中就写道:"我开始感觉自己的惰性越来越强,我不敢肯定十年之后我会不会还在继续从事数学研究。在我看来,矿井已经太深了,除非能够找到新的矿脉,否则它必然会遭到废弃。"

拉格朗日写这封信时正生着病,非常抑郁。然而,就他而言,这是当时的真实情况。达朗贝尔在去世前一个月给拉格朗日写了最后一封信(1783年9月),他收回了原来的建议与忠告,劝他把工作作为治愈精神疾病的唯一良药:"苍天在上,请不要放弃工作,这是你最好的消遣方式。再见了,或许这是最后一次了。请记住世界上我这个最爱你、最崇拜你的人吧。"

对数学来说幸运的是,拉格朗日自达朗贝尔和欧拉设法把他安排在柏林后,历经了20年的光辉岁月,才陷入深度沮丧状态并最终得到必然的结论,即任何知识都不值得人类为之奋斗。在前往柏林之前,拉格朗日攻克并解决了许多重大问题,其中之一便是月球的天平动。除了一些能给出原因的微不足道的不规律行为外,为什么月球总是以同一面朝向着地球?要演绎这个事实,需要用到牛顿的万有引力定律。它是著名的"三体问题"的又一个例子,其中三体指的是地球、太阳和月球,它们依与重心之间距离的平方成反比的定律相互吸引。(关于这个问题的更多信息可参看庞加莱那一章。)

1764年,拉格朗日因解决天平动问题而荣获法国科学院大奖,当时他只有28岁。

在这一重大胜利的鼓舞下,科学院提出了一个更大的难题,拉格朗日1766年再次因其解答获奖。在他那个时代,人们只发现了木星的四颗卫星。因此木星系统(木星本身、太阳,以及木星的四大卫星)构成一个六体问题。直到今天(1936年),人们也无法找到适于实际计算的完整的数学解决方案。但借助近似方法,拉格朗日在解释观测不等式方面取得了显著进展。

在拉格朗日活跃的一生中,牛顿理论的这种应用是他最感兴趣的问题之一。1772年,他再次因三体问题的论文赢得巴黎大奖。1774年和1778年,他在月球运动和彗星摄动方面也取得了类似的成就。

鉴于之前的丰功伟绩,1766年,撒丁国王出资让拉格朗日到巴黎和伦敦旅行,当时他30岁。按计划,他应该陪同撒丁驻英公使卡拉乔利(Caraccioli),可刚到巴黎,为了表示对他的敬意,巴黎当局举办了宏大的意大利菜肴的盛宴,但他却因肠胃问题患了重病,被迫留在了那里。期间,他遇到了许多杰出英才,比如,日后给他提供巨大帮助的朋友阿贝·马里(Abbé Marie)。这次宴会打消了拉格朗日在巴黎居住的念头,他一能行动就迫不及待地返回了都灵。

最后,1766年11月6日,应腓特烈大帝的邀请,30岁的拉格朗日来到柏林。腓特烈谦虚地称自己是"欧洲最伟大的王",他很荣幸自己的王宫有"最伟大的数学家"。至少后一个称号名副其实。拉格朗日成了柏林科学院物理数学部的负责人。20年来,他没有上过课,科学院学报中刊载了他接踵而至的一篇又一篇论文。

最初,这位年轻的负责人发现自己的处境有些微妙。很自然地,德国人非常讨厌引进的外国人骑在自己头上,故意冷淡这位腓特烈的"进口货"，甚至经常冒犯他。但拉格朗日不仅是一流的数学家，还体贴周到，温文尔雅，具有懂得何时应该保持缄默的罕见能力。他在给信赖的朋友写信时直言不讳，甚至面对自己和达朗贝尔好像都反感的耶稣会士时也会畅所欲言。在科学院的官方报告中，他对其他人科学工作的评价仍然也是直截了当。但在社会交往中，他从不管闲事，甚至在有正当理由的情况下也尽量避免触犯别人。在同事们习惯他的存在之前，他一直都尽量避开他们。

拉格朗日天生不喜欢争论，这对他在柏林的发展有所裨益。欧拉跌跌撞撞地从一个宗教或哲学争论中闯入到另一个争论；如果拉格朗日被逼得走投无路，他总是会以诚恳的套话"我不知道"作为回答的开场白。然而当自己的信念受到攻击时，他知道如何进行顽强的、理性的防御。

总的来说，拉格朗日比较同情腓特烈，因为欧拉对他自己一无所知的哲学问题进行的抨击，时而不时会让腓特烈勃然大怒。他在给达朗贝尔的信中写道："我们的朋友欧拉是一位伟大的数学家，但他却是一位很糟糕的哲学家。"还有一次，谈到欧拉在著名的《致德国公主的信》中迸发出虔诚的道德说教时，他称之为经典的"欧拉对《启示录》的评注"，附带讽喻了牛顿轻率地放弃了对自然哲学的热情。拉格朗日这样评价欧拉："他对形而上学竟会如此平庸与幼稚，真的让人难以置信。"而对他自己来说，"我对争论深恶痛绝。"当他确实在信中进行哲学探讨时，采用的则是那种在他出版的著作中完全没有的、出人意料的讥讽语气，正如他所说："我总是发现一个人的自负与他的价值成反比，这是一个道德公理。"在宗教问题上，可以说拉格朗日是不可知论者。

腓特烈因拉格朗日获奖非常高兴，他们共同度过了很多美好的时光，他还向拉格朗日解释规律生活的好处。与欧拉比起来，他对拉格朗日特别满意。他常常因欧拉对宗教的过于虔诚以及对宫廷世故的缺乏而勃然大怒，因为当时欧拉有一只眼睛失明，他甚至称不幸的欧拉为"笨拙的独眼巨人数学家"。而无论在散文还是在诗歌中，他对达朗贝尔的感激之情都溢于言表。他写道："由于你不辞劳苦、举力推荐，科学院才让有两只眼睛的数学家取代了独眼的数学家，解剖部一定对此极为满意。"尽管腓特烈说了这样的俏皮话，但他其实并不是一个坏人。

＊　＊　＊

在柏林定居不久，拉格朗日就派人到都灵去接一位年轻的女亲戚，并娶她为妻。关于这件事情的经过有两种说法。有人说拉格朗日曾与这个女孩及其父母住在一起，并对她的购物行为产生了兴趣。谨慎的拉格朗日生性节俭，女孩的奢侈行为让他大吃一惊，便亲自给她买了丝带。此后，他迫不得已就与她结婚了。

另外一种说法可以从拉格朗日的一封信中推断出来，这封信在外人看来一定是宠溺妻子的年轻丈夫所撰写的最奇怪的冷漠告白。达朗贝尔曾对他的这位朋友开玩笑地说："我知道你已经采取了我们哲学家所谓的决定性步骤……大数学家首先应该知道如何计算自己的幸福，因此我毫不怀疑你经过计算之后已经找到了婚姻的解。"

拉格朗日要么非常认真地接受了这个观点，要么就是在用自己的玩笑回敬达朗贝尔——他成功了。他在信中对自己的婚姻只字未提，这让达朗贝尔大为惊讶。

拉格朗日回答说："我不知道自己计算得正确与否，或者更确切地说，我根本就未曾计算过；因为我可以像莱布尼茨那样终身不娶，如果有人被强迫着去思考，就永远也拿不定主意。坦白跟你讲，我对婚姻从来都不感兴趣……但现实情况决定我得找一位年轻亲戚来照顾我和我所有的事务。如果我没告诉你,那是因为在我看来无关紧要,不值得劳神跟你说。"

当妻子久病不愈,身体日渐衰弱时,事实证明这桩婚姻对双方来说都很幸福。他彻夜不眠亲自照顾着妻子。当妻子去世时,他悲痛欲绝。

他用工作抚慰着自己。"我的工作终归为平静而沉默地进行数学研究。"然后他告诉了达朗贝尔一个秘密:为什么自己所有工作的完美程度足以让那些浮躁的后继者绝望。他说:"因为我没有压力,工作不是出于职责,更多的是为了消遣,我就像那些建造宫殿的王公们一样:建造、拆毁、再建造,直到对自己的结果满意为止,可惜这种情况很少。"还有一次,在抱怨完自己是积劳成疾之后,他说自己不可能休息:"我有一个坏习惯,就是一篇论文要重写好几遍,直到满意为止,我无法改掉这个毛病。"

在柏林的 20 年间,拉格朗日并没有把所有的精力都投入到天体力学和推敲他的绝世佳作上。尤其有意思的是,他偏移到费马的研究领域——算术,算术中看似简单的内容实质上可能非常复杂。可以看到,伟大的拉格朗日在算术研究中付出的心血是自己始料未及的,就连他本人也大惑不解。

在 1768 年 8 月 15 日给达朗贝尔的信中,他说:"最近几天我的研究范围有所扩大,开始思考一些算术问题,我向你保证,我发现的困难要比预期的多得多。例如,下面是我费了很大劲儿才解决的一个问题。设 n 为任意非平方正整数,求一个平方数 x^2,使 nx^2+1 也为平方数。这是平方理论[现在的二次型理论,将在高斯这一章介绍]中非常重要的一个问题,其中平方数是丢番图分析的基本对象。我发现了这种情况的一个非常漂亮的算术定理,如果你愿意,我下次告诉你。"

拉格朗日所描述的问题历史悠久，可以追溯到阿基米德和印度教徒。他关于使得 nx^2+1 为平方数的经典论文成了数论中的一个里程碑。他还率先证明了费马和约翰·威尔逊(John Wilson，1741—1793)的一些定理。威尔逊指出，若 p 为任一素数，则 $1\times 2\times\cdots\times(p-1)+1$ 能被 p 整除。例如，若 $p=5$，则 $1\times 2\times\cdots\times 4+1=25$。若 p 不是素数，则类似结果不成立。这个定理可以用初等推理来证明，同时它也属于算术高级智能测试中的题目①。

达朗贝尔在回信中说，他相信丢番图分析在积分学中也可能有用，但并没有详细说明。说也奇怪，19 世纪 70 年代，俄国数学家 G.佐洛塔廖夫(G.Zolotareff)实现了这个预言。

拉普拉斯也曾一度对算术感兴趣，他告诉拉格朗日，费马未经证明的那些定理的存在，是法国数学最伟大的荣耀之一，但也是最惹眼的瑕疵，消除这些瑕疵是法国数学家的职责。但他也预见到这必将面临巨大的困难。在他看来，问题的根源在于当时没有能够用来攻克离散问题（最终处理 1，2，3，… 的问题）的一般性武器，而不像连续问题那样，能用微积分来解决。达朗贝尔在谈到算术时也说，他发现它"比乍看上去要困难得多。"拉格朗日和他的朋友这样的数学家的经历表明：算术的确很艰深。

拉格朗日的另一封信(1769 年 2 月 28 日)记述了这件事的结局。"我谈到的问题花费的时间要比最初预期的多得多；但最终我幸运地解决了，我相信在二元二次不定方程这一课题上，我基本完成了全部研究内容。"事

---

① 要提到的是，一位西班牙绅士给出的荒谬"证明"很有意思。人们习惯把 $1\times 2\times\cdots\times n$ 缩写为 $n!$，又 p 能整除 $p-1+1=p$。现在在整个过程中加上感叹号$(p-1)!+1!=p!$。因为右边仍能被 p 整除，所以$(p-1)!+1$ 也能被 p 整除。遗憾的是，若 p 不是素数，这个结果也成立。——原注

实证明,他在这一领域过于乐观了,毕竟当时还没有高斯的消息,因为高斯的父母再过7年才能相识。在高斯出生(1777年)两年前,拉格朗日悲观地回顾了自己的工作:"算术是最让我伤脑筋,且价值可能最低的研究工作。"

心情好的时候,拉格朗日几乎不会错误地估价自己工作的"重要性"。1777年,他在给拉普拉斯的信中写道:"我一直把数学作为消遣的对象,而不是为了某种野心。我可以保证,我对自己的工作总是不满意,喜欢别人的工作远胜于自己的。由此你会明白,如果你因自己的成功而免于嫉妒,那么我因自己的性格也是如此。"拉普拉斯曾傲慢地宣称,他从事数学工作只不过是为了满足极端的好奇心,其实自己对"民众"的赞美毫不在乎——对他来说,这种赞美一定程度上是胡言乱语。拉格朗日前面所说的话正是对拉普拉斯的答复。

拉格朗日1782年9月15日写给拉普拉斯的一封信具有重大历史意义,因为在信中他宣告自己完成了《分析力学》:"仅仅基于所附论文第一节中的原理和公式,我基本完成了一部分析力学的著作,但由于不知道何时何地才能出版,因此不急于做最后的润色。"

勒让德负责出版前的编辑工作,而拉格朗日的老朋友阿贝·马里则以自己的名誉作为担保说服了巴黎的一位出版商。在马里答应在规定的时间后把未售出的所有库存都购买下来时,这时精明的出版商才同意印刷此书。直到1788年拉格朗日离开柏林后,这部著作才问世,并寄给了拉格朗日一份副本,而此时他对所有的科学和数学都变得漠不关心,甚至懒得再打开此书,就算告诉他这部著作可能已经有了中译本,他也不会在乎。

第十章　一座高耸的金字塔

* * *

拉格朗日在柏林时期的研究工作，即 1767 年的论文《数值方程的解》(*On the Solution of Numerical Equations*) 以及随后的关于方程代数解的一般问题，在现代代数学的发展过程中具有至关重要的作用。事实证明，拉格朗日对方程论及其求解的研究工作最重要的价值，可能在于它们对 19 世纪早期杰出代数学家的启发。我们将会一次又一次地看到，那些最终解决困扰代数学家 3 个多世纪或者更长时间难题的人们，正是从拉格朗日那里获得了思想与灵感。拉格朗日本人并没有解决最核心的问题，即方程代数可解性的充要条件，但我们可以在他的工作中找到求解的源头。

在所有代数学的主要问题中，由于方程代数求解描述起来最简单，不妨顺便介绍一下它。19 世纪一些伟大的数学家，如柯西、阿贝尔、伽罗瓦、埃尔米特 (Hermite)、克罗内克 (Kronecker) 等人，都反复将解决它视为其工作的主要目标。

首先要强调的是，求解具有数字系数的代数方程没有任何困难。对于高次方程，如

$$3x^{101} - 17.3x^{70} + x - 11 = 0,$$

虽然计算量可能会很大，但有很多现成的简单方法能将这种数字方程的根精确到任何指定的程度，其中一些是学校常规代数课程的一部分。但在拉格朗日那个时代，用来将数字方程求解到预先指定精度的统一方法，即便存在也还不常见。拉格朗日给出了这样一种方法，不过它虽然从理论上能满足需要，却并不实用。今天，面对数字方程的任何工程师，也不会想着去使用拉格朗日的方法。

真正重要的问题在于具有字母系数的方程,如 $ax^2+bx+c=0$、$ax^3+bx^2+cx+d=0$ 以及 3 次以上的方程,该如何求出它们的代数解? 我们需要通过已知的 $a,b,c,\cdots$ 来给出未知量 x 的表达式,使得如果把 x 的任何一个表达式代入方程的左端,左端都会等于零。对关于未知量 x 的 n 次方程,x 恰好有 n 个值。因此对上面的 2 次方程,

$$\frac{1}{2a}\left(-b+\sqrt{b^2-4ac}\right), \quad \frac{1}{2a}\left(-b-\sqrt{b^2-4ac}\right)$$

为两个根,将其取代 x 后,$ax^2+bx+c=0$。在任何情况下,所求的 x 值都可以经 $a,b,c,\cdots$ 进行有限多次加、减、乘、除和开根表示出来。对于一般方程,它有代数解吗? 这就是人们面临的问题。尽管直到拉格朗日去世大约 20 年后,人们才得到问题的答案,但求解思路很容易追溯到他的工作。

作为建立综合性理论的第一步,拉格朗日详尽研究了前人对 4 次及 4 次以下一般方程的所有解法,成功地证明了所有的解法都可以用统一的步骤来代替。这种通用方法的一个细节中包含了前面提到的思路。假设给定一个含字母 $a,b,c,\cdots$ 的代数表达式,如果其中的字母以所有可能的方式互换,会得到多少个不同的表达式? 例如,将 $ab+cd$ 中的 b 与 d 互换,可得 $ad+cb$。由这个问题可以想到另一个密切相关的问题,同时也正是拉格朗日寻找的一部分线索:对字母进行何种互换才能使已知表达式保持不变? 比如,因为 $ab=ba$,所以 $ab+cd$ 互换 a 与 b 之后所得结果 $ba+cd$ 仍等于 $ab+cd$。有限群理论便是从这些问题出发创立起来的。人们发现,它是破解代数可解性问题的关键所在。后面我们讲到柯西和伽罗瓦时还会提到它。

拉格朗日在研究过程中还发现另一个重要事实。对于 2 次、3 次和 4 次的一般代数方程,可以通过讨论比它次数低的方程的解来求解。这

样,对于这些方程,便有了完美、一致的方法,但当试图用完全相似的方法解决一般 5 次方程

$$ax^5 + bx^4 + cx^3 + dx^2 + ex + f = 0$$

时,它的预解方程的次数非但没有低于 5 次,还变成了 6 次,从而导致产生了一个比已知方程更复杂的方程。这样,对 2 次、3 次和 4 次方程行之有效的方法在 5 次方程面前便束手无策了,除非有办法绕过棘手的 6 次方程,否则道路就会被阻塞。事实上,就好像不能用欧几里得的方法化圆为方或三等分角一样,我们会看到任何方法都回避不了这个困难。

* * *

腓特烈大帝去世(1786 年 8 月 17 日)后,对非普鲁士人的怨恨以及对科学的冷漠态度,使拉格朗日和科学院的外籍同事越来越难以在柏林待下去,他寻求离开的机会。他最终得到了批准,但条件是在接下来的几年中要继续把论文寄给科学院学报,拉格朗日同意了。他欣然接受路易十六的邀请,成为法国科学院成员,去巴黎继续从事数学研究工作。1787 年,当他抵达巴黎时,法国王室及科学院向他致以最崇高的敬意,并在卢浮宫为他安排了舒适的住所。他在那里一直住到大革命爆发,成了玛丽·安托瓦内特(Marie Antoinette)[①]最宠信的人(当时距离她被送上断头台还有不到 6 年的时间)。虽然玛丽比拉格朗日小 19 岁,但她似乎能够理解他,竭尽所能减缓他强烈的抑郁情绪。

显然,长期的过度劳累致使拉格朗日精神衰弱,51 岁时,他感觉自己快要死了。他给巴黎人的感觉是谈吐优雅温和,从不争先。他少言寡语,

———————

① 玛丽·安托瓦内特,路易十六的王后,法国大革命时期与路易十六一起被处死。

———译注

看起来心神恍惚,极度忧郁。在拉瓦锡的科学家聚会上,拉格朗日站在窗前茫然地凝视着窗外,背对着前来向他致敬的客人,一幅悲伤冷漠的画面。他自己说,他的热情已经熄灭,失去了对数学的兴趣。如果有人告诉他某个数学家正在从事一项重要研究工作,他会说:"那就更好了,我起个头,但没必要完成了。"两年来,《分析力学》躺在他的办公桌上,一直没有打开。

厌倦了所有带有数学气息的东西,拉格朗日现在转向了他所认为的自己真正的兴趣所在。这一点与牛顿类似,牛顿在《自然哲学的数学原理》之后,开始研究形而上学、人类思想的演变、宗教史、语言的一般理论、医学和植物学。在一些奇怪的杂七杂八的东西上,拉格朗日渊博的知识以及对数学之外问题敏锐的洞察力使他的朋友大为震惊。当时,化学正迅速成长为一门科学——与之前的炼金术不同,这主要得益于拉格朗日的好友拉瓦锡(Lavoisier,1743—1794)的努力。在某种意义上,任何学习初等化学的学生都很欣赏拉格朗日所说的:拉瓦锡使化学"像代数一样简单"。

至于数学,拉格朗日认为它已经完成,或者至少步入到了一段衰落期。他预言化学、物理以及通用性科学才是未来一流人才最感兴趣的领域,他甚至预言科学院和大学里数学的地位不久将会跌落得像阿拉伯语一样平庸。从某种意义上说,他是正确的。如果不是高斯、阿贝尔、伽罗瓦、柯西以及其他人为数学注入了新的思想,牛顿掀起的浪潮将会在 1850 年销声匿迹。幸运的是,拉格朗日比较长寿,他看到了高斯伟大职业生涯的良好开端,并意识到自己的预见是无稽之谈。如今,我们可能会对拉格朗日的悲观主义一笑置之。事实上,1800 年以前数学最光辉的时代不过是现代数学的黎明,而我们正处于晨曦初露的时刻,憧憬着中午的盛景(如果确实存在中午的话)。通过拉格朗日的例子,我们要学会规避预言。

第十章　一座高耸的金字塔

大革命打破了拉格朗日的淡漠,再次激起了他对数学的浓厚兴趣。方便起见,我们回忆一下 1789 年 7 月 14 日巴士底狱被攻陷的那一天。

当法国贵族和科学界人士终于意识到即将要遭受的噩梦时,不但没人反对拉格朗日离开,还都力劝他重返柏林,那里迎接他的到来。但是,他拒绝离开巴黎,宁愿留下来看着"试验"进行到底。他和朋友们都没有预见到这是一场腥风血雨,因此当它来临的时候,拉格朗日极其后悔自己的留下,以至现在来不及逃跑了。他丝毫不担心自己的生命。首先,作为半个外国人,他相当安全;其次,他并不十分珍视生命。但令人作呕的残酷行径令他大为震惊,几乎摧毁了他对人性和理智仅存的一点点信心。"你这是自找的",他不断地提醒自己,一场接一场的暴行震撼着他,他意识到自己错了,不应该留下来见证一场由革命所造成的不可避免的恐怖事件。

革命党人复兴人类及改造人性的宏伟计划提不起拉格朗日的兴趣。当拉瓦锡被送上断头台时——如果仅仅作为一个社会正义问题,他无疑罪有应得——拉格朗日对愚蠢的处决方式表达了自己的愤慨之情:"他们一瞬间便能让人头落地,但也许一百年的时间也不足以造就出一个他这样的头脑。"但是,当有人拿这位伟大的化学家对科学的贡献为正当理由,认为其罪不当诛时,义愤填膺、饱受压迫的人们肯定会向包税人拉瓦锡保证"人民不需要科学"。也许他们是正确的,但倘若没有化学,连肥皂都不可能有。

虽然拉格朗日的整个职业生涯几乎都是在皇室的庇护下度过的,但他既不同情保皇党,也不同情革命党,二者都是文明的无情的侵犯者,他坚定而明确、不偏不倚地站在中间的文明地带。他同情那些愤怒到超越人类承受极限的人们,希望他们在争取良好生活条件的斗争中取得成功。然而，他的内心太过现实，人民领袖提出的任何改善人类苦难的幻想计划都无法打动他。他也不相信狂热的断头台刽子手所宣称的，捏造这样的计划能够不容置疑地证明人类智慧的伟大。他说："如果你想看到人类真正的伟大智慧，请在牛顿分解白光或揭示世界体系时走进他的书房吧。"

他们对拉格朗日极度宽容，专门颁布了一项给他发放"津贴"的法令。当纸币通货膨胀，津贴缩减殆尽时，他们任命他为发明委员会成员，竭力维持他的收入，还邀请他到造币委员会任职。1794 年，巴黎高等师范学校落成（第一次只存在很短一段时间），拉格朗日被任命为数学教授。高等师范学校关闭后，1797 年，著名的巴黎综合理工学校（École Polytechnique）成立，拉格朗日为其筹划数学课程，成为第一位教授，应邀给基础薄弱的学生讲课，而此前他从未教过课。为了适应这些未经训练的学生，拉格朗日带领他们从算术和代数学一直学到分析学，他看起来更像一个学生，而不是他们的老师。这样，当时最伟大的数学家成了最伟大的数学教师，为拿破仑那群骁勇善战的年轻军事工程师征服欧洲做好了准备。拉格朗日粉碎了无所不知的人不会教书的亘古迷信。他的教学远远超越了初等数学内容，不仅在学生眼前发展了新的数学，还让他们也参与到了其中。

拉格朗日在教学过程中撰写的两部著作对 19 世纪前 30 年分析学的发展产生了重大影响。他的学生发现，贯穿于传统微积分的无穷小和无穷大的概念很难理解。为了消除这些困难，他在既不采用莱布尼茨的"无穷小"，也不采用牛顿关于极限的特殊概念的情况下，发展了微积分。他将自己的理论发表在《解析函数论》(the Theory of Analytic Functions, 1797)和《函数演算讲义》(the Lessons on the Calculus of Functions, 1801)这两部著作中。这些著作的价值不在于数学，而在于它们推动柯西等人构建了严格的微积分。拉格朗日在这方面彻底失败了。但在这样说时，我们必须知道，即使现在，人们也未能完全攻克拉格朗日没有解决的那些难题。他的著作是一次引人注目的尝试，就当时而言，是令人满意的。如果我们能像他一样坚持，也会做得不错。

大革命期间，拉格朗日最重要的贡献是在完善度量衡公制的工作中发挥了主导作用。正是由于拉格朗日的讽刺与见地，才没有选 12，而是选 10 作为基数。12 的"优势"显而易见，直到现在，还有虔诚的宣传者在著名论著中用到它。把基数 12 叠加到十进制系统中，就好像要把一只六边形塞子硬塞到五边形的孔里一样。为了让人明白 12 的荒谬性，拉格朗日提出也许 11 会更好，因为任何素数都有使数系中所有分数具有相同分母的优点。但同时它也有很多缺点，这对任何了解短除法的人来说显而易见。委员会看到了这一点，坚决主张采用基数 10。

拉普拉斯和拉瓦锡最初都是度量衡委员会成员，但三个月后，他们以及其他人一起被"清除"了出去。拉格朗日一直担任会长。他说，"我不知道他们为什么留下我"，全然不知他沉默的秉性不仅保住了自己的席位，还保住了脑袋。

尽管拉格朗日做了很多有意义的工作，但他还是感到孤独与沮丧。在他 56 岁时，一个比他年龄小近 40 岁的年轻姑娘把他从生死边缘挽救了回来，这便是自己的朋友、天文学家莱蒙尼埃（Lemonnier）的女儿。她被拉格朗日的郁郁寡欢所触动，坚持要嫁给他。拉格朗日屈服了，违背男女之间的一切法则，用事实证明了他们婚姻的美满。年轻的妻子忠诚能干，将丈夫从抑郁中拉出来，重新唤醒了他对生活的希望。至于拉格朗日，他心甘情愿地作出不少让步，陪妻子参加舞会，这是他自己以前从未想到会去的地方。不久,哪怕妻子离开他的视线时间长一点,他都受不了,即便她暂时出去买东西,他也会很心神不定。

即使沉浸在新的幸福中,拉格朗日仍然保持着对生活离奇的超然态度,以及对自己愿望的绝对忠诚。他说:"我在第一次婚姻中没生孩子,不知道在第二次婚姻中是否会生一个,我一点也不想要。"他坦白而真诚地说,在所有的成就中,他最珍视的就是找到了像自己年轻妻子这样的温柔、忠诚的伴侣。

他在法国荣誉加身。这个玛丽·安托瓦内特曾经最宠信的男人,现在成了想要处死她的那些人的偶像。1796 年,法国吞并皮埃蒙特(Piedmont),塔列朗(Talleyrand)奉命拜慰仍居住在都灵的拉格朗日的父亲,并告诉他:"您的儿子,皮埃蒙特因养育出他而自豪,法国因拥有他而骄傲,他的天赋为全人类赢得了荣耀。"拿破仑在两次战役之间转向内政时,经常与拉格朗日讨论哲学问题以及数学在现代国家中的作用,对这位总是谈吐温和、三思而行、从不武断处事的人怀有最崇高的敬意。

拉格朗日冷静沉着的外表下,隐藏着一种偶尔会出乎意料闪现出来的讽刺的机智。有时,这种讽刺是如此微妙,以至一些粗枝大叶的人(如拉普拉斯)即使在它们针对自己时也意识不到。有一次,拉格朗日为实验和观察作辩护,用以反对纯粹的空想和模糊的理论化,拉格朗日说:"天文学家很奇怪,除非理论与他们的观察结果一致,否则不会相信这个理论。"有人注意到他在一次音乐会上全神贯注,便问他为什么喜欢音乐,他回答说:"我之所以喜欢它,是因为它能让我沉静。我听了前三节,到第四节就辨别不出来了,于是我就能专心思考,没什么能打搅到我。就这样,我解决了不止一个难题。"即便他对牛顿怀着诚挚的敬意,也同样夹带着温和的讽刺意味。他宣称："牛顿无疑是位杰出的天才,但我们必须承认他也是一个幸运儿,因为人们只有一次机会发现要建立的世界体系。"他又说道:"牛顿多么幸运啊,在当时,世界体系还有待发现!"

拉格朗日所做的最后一次科学工作是为《分析力学》第二版的出版进行修订与增补。虽然他已年过七旬,却已恢复了往日的精力。他重拾以前的习惯,夜以继日地工作,可很快发现已力不从心。不久,他开始一阵阵晕厥,尤其早晨起床时更是如此。一天,妻子发现他躺在地板上昏迷不醒,头因撞到桌子边缘受了重伤。此后,他放慢了步伐,但仍继续工作。他知道自己病得很厉害,但这并没有打扰到他的安宁。拉格朗日一生都过着哲学家式的生活,对自己的命运漠不关心。

在拉格朗日去世的前两天,蒙格和其他一些朋友们知道他快不行了,想着他一定希望跟他们谈谈生平中的一些事情,便赶来探望。他们发现他情况暂时不错,只不过健忘,忘了想要跟他们说什么。

拉格朗日说:"朋友们,我昨天病得很重,感觉快要死了。我的身体越来越虚弱,智力和体力在不知不觉间泯灭,力气也在一点点地耗竭。没有悲伤,没有遗憾,我平静地、渐渐地走向生命的尽头。哦,死亡并不可怕,当它毫无痛苦地到来时,这并非是一个令人不快的结果。"

他相信,生命存在于所有器官之中,存在于整个机体之中,此时,身体的各个部分都在一起走向衰竭。

"过不了多久,所有的机能都不复存在,死亡将无处不在;死亡只是身体绝对的安息。"

"我希望死去,是的,我希望死去,我从中找到了快乐。但我的妻子不希望如此。此时，我宁愿娶的是一个不那么善良，不那么渴望恢复我的体力，能让我平静死去的妻子。我有过事业，在数学领域赢得了一些声誉。我从来没恨过任何人和做过任何坏事，这样结局是不错的，但我的妻子不愿意这样。"

拉格朗日的心愿很快就实现了。在朋友们离开之后不久，他就晕倒了，再也没有醒来。1813 年 4 月 10 日凌晨，他与世长辞，享年 76 岁。

（胡俊美　译）

第十一章

从农民到势利鬼

拉普拉斯(1749—1827)

●谦虚如林肯,骄傲如路西法①●冷淡的接待与热烈的欢迎●拉普拉斯对太阳系进行了系统研究●《天体力学》●他对自己的估计●别人对他的看法●物理学中的"位势"原理●法国大革命中的拉普拉斯●与拿破仑的亲密关系●拉普拉斯的政治现实主义优于拿破仑的政治现实主义

> 一切自然的影响只是少量不变规律的数学结果。
>
> ——P.S.L.拉普拉斯(P.S.L.Laplace)

---

①路西法(Lucifer):《圣经》"以赛亚书"中的一位天使,因骄傲和自尊违抗上帝旨意,被堕入地狱。

皮埃尔·西蒙·拉普拉斯(Pierre Simon de Laplace)并非生来就是农民,也不能说他一辈子都是势利鬼。但我们怀着浓厚的兴趣,探讨他所展现的人性特征。

拉普拉斯是数学天文学家,被称为法国的牛顿;作为数学家,他被看作现代概率论的创始人。但从人性的角度来看,我们一厢情愿地认为"一个人若有高尚的追求,人格也会随之变得高尚",他却是教育领域这个传统观念最好的反例。但如果撇去这些可笑的污点——对名利的执着、成为势利鬼、喜爱出风头,总是高调地出现在公众的视野当中——拉普拉斯性格中蕴藏着真正伟大的元素。或许我们无法相信他号称自己为了真理无私奉献的说辞,或许我们听到他不断重复的临终遗言而会心一笑,他说——"我们知道的是很少的,我们不知道的是无限的"——似乎想要把牛顿的遗言"我只是在海滩上玩耍的小男孩"浓缩成更对仗的警句,但我们无法否认,这个愿意倾尽全力帮助无名年轻学者的拉普拉斯,绝不仅仅是一位善变又忘恩负义的政客。为了帮助一个年轻人,拉普拉斯还曾经欺骗了他自己。

拉普拉斯的早年生活我们知之甚少。他的父母是居住在法国卡尔瓦多斯省的博蒙镇的农民,1749 年 3 月 23 日,皮埃尔·西蒙·拉普拉斯出生。他的童年、青年时代不为我们所了解,因为他本人对此讳莫如深:他对父母身份低微深感羞愧,因此竭尽所能地掩饰自己出身于农民家庭。

拉普拉斯在乡村学校读书时,或许已经展现出过人的才华,获得富裕邻居的接济和提携。据说,他在一次神学辩论中初露锋芒。若真如此,相比他成年之后坚定的无神论思想,这样的早年经历也颇为有趣。他很早就开始了数学的学习。博蒙镇上有一所军事学院,拉普拉斯以走读生的身份在此求学,据说他之后还曾在该校任数学教师。根据乡野传闻,这位年轻人拥有超强的记忆力,风头甚至超过了他的数学才华,因此获得当地乡绅的推荐,带着介绍信前往巴黎。十八岁那年,拉普拉斯离开博蒙镇前往巴黎寻求发展机会。他对自身的能力颇为自信,但不自傲。年轻的拉普拉斯踌躇满志地来到巴黎,准备在数学领域大展拳脚。

来到巴黎,拉普拉斯先去拜访了达朗贝尔并奉上了推荐信。然而却并未获得接见。达朗贝尔并没有把这位拿着大人物推荐信前来的年轻人当回事。回到住所,拉普拉斯给达朗贝尔写了一封很精彩的信,信中阐述了自己对力学一般原理的看法。这篇文章发挥了重要作用。达朗贝尔立刻回信并邀请拉普拉斯去见他,他写道,"先生,之前我并未注意到您的推荐信;您其实并不需要任何推荐。您已经更好地介绍了自己。这对于我来说已经足够了;我将竭尽全力支持您。"几天之后,获得达朗贝尔推荐,拉普拉斯被任命为巴黎陆军学校教授。

拉普拉斯全身心地投入到了工作中——研究牛顿的万有引力在整个太阳系中的具体应用。假如没有其他那些多余的做法,他的名声一定比现在更加显赫、伟大。拉普拉斯在 1777 年写给达朗贝尔的一封信中,坦言了自己的人生理想。那时他 27 岁,他对自己进行了全面的分析,其刻画的个人形象是事实与幻想的奇特混合体。

"我一直深耕数学领域，是出于自身的爱好，而非追逐虚名，"他宣称，"我最大的乐趣就是研究那些伟大的发明家走过的征程，看他们如何用才华击败成功路上的绊脚石。我想象自己处在他们的境地之中，我问自己，我将如何克服这些障碍，虽然在大多数情况下这种设身处地的想法会使我的自尊受到打击，但只要能够分享他们的成功，对我来说也是莫大的补偿与宽慰。假如我也有幸能够像前人一样有所成就，我认为自己正是托了前人的福，我深信，如果在与今日相同的境遇中，他们一定能做得比我更好。"

或许开头还勉强说得过去。但他那自鸣得意的小作文之后的内容呢？活像一位十岁大的小萌娃，傲慢不逊地写下这些，交给自己轻信的主日学校老师。其中他还特别大方地强调自己"微不足道"的小小成功得益于前人研究打下的基础。但现实情况与这番信誓旦旦的蒙恩感言大相径庭。直言不讳地说，拉普拉斯特别擅长将他人的研究成果据为己有，只要他觉得能够为己所用，无论同辈还是前辈，他都绝不会放过。比如说，他从拉格朗日的研究中借用了"势"的基本概念（后文将详细阐述）；对于勒让德，他以分析的方式，随意使用其研究成果；而且，在他的著作《天体力学》中，他故意不注明他人的研究成果，而将其与自己的研究并列混合，企图让后世以为天体学的数学理论是他独立研究完成的。当然，"牛顿"的大名他还是必须一再引用的。其实拉普拉斯根本不需要这样"强取豪夺"。他自身对太阳系动力学做出的巨大贡献足以震古烁今，那些旁人的研究，即使都标注出来，也会被他的光芒所掩盖。

* * *

拉普拉斯所面对的问题纷繁复杂、关山难越，因为从未有过类似的研究，旁人无法理解。在讨论拉格朗日的章节中，我们提到过"三体"问题。

拉普拉斯的研究与之有些类似,但涉及的范围更广。他必须根据牛顿定律计算出太阳系家族中所有行星相互之间的以及对于太阳的摄动(相互吸引)的综合效应。尽管土星的平均运动明显地稳步下降,那么土星会不会飘逸到太空中去,还是继续留在太阳系大家庭中? 木星和月球的加速是否最终会导致其中一个被太阳吞噬,另一个撞向地球? 天体摄动效应是不断累积还是慢慢耗散的? 它们具有周期性和守恒性吗? 这些都是他研究的宏大问题中包含的小小谜题,这个宏大问题是:整个太阳系是稳定的还是不稳定的? 人们认为牛顿的万有引力定律确实是普遍存在的,而且是唯一控制行星运动的定律。

拉普拉斯在 1773 年迈出了研究这一宏大论题的第一步,那一年他 24 岁,他证明了行星与太阳的平均距离在某些轻微的周期性变化内维持不变。

对于拉普拉斯提出的稳定性问题,学界一片哗然,能够保持中立已经算是客气。牛顿本人认为必须有神的不断干预来改良宇宙这个系统,以免发生毁灭和分解。其他科学家,比如欧拉,深感月球理论(计算月球运动的理论)之困难繁杂,对于牛顿的宇宙假说能否解释行星及其卫星的运动提出质疑。因为其中涉及的力不计其数,它们之间的相互作用太复杂了以至于无法做出任何合理的猜测。但拉普拉斯成功证明了太阳系的稳定性,平息了所有与之有关的猜疑。

在此,针对读者可能产生的疑问和反对稍作解释。可以说,拉普拉斯对稳定性问题的解决方案只适用于他和牛顿共同设想的理想化太阳系。潮汐的阻力(在昼夜旋转时发挥像刹车一样的作用)等因素都忽略不计。自《天体力学》出版以来,我们对于太阳系中拉普拉斯所忽略的一切有了更多的了解。或许直到现在,真实太阳系的稳定性问题——并非拉普拉斯的理想化太阳系——依然尚待解决,这么说并不夸张。只不过,天体力学专家或许不同意这一说法,他们所代表的才是权威的观点。

从性情的角度看,在拉普拉斯的观念中,永恒稳定的太阳系按照自身复杂的运动周期,周而复始、永无止境。这在有些人看来,如无尽的梦魇般令人沮丧。最近有一种理论也许会让这些人感到欣慰:太阳可能在某一天会以新星的形式爆炸。到那时,太阳系的稳定性将不再困扰我们,因为那时我们都将瞬间化作宇宙中的一缕青烟。拉普拉斯刚一出道便有辉煌的成就,年仅 24 岁就获得了职业生涯中的第一个实质性荣誉,成为巴黎科学院的准会员。傅里叶对其随后的科研生涯做了如下总结:"拉普拉斯的研究有着明确的方向,他从未偏航;他的观点坚定而不可动摇,这是他作为天才的主要特征。当他着手解决太阳系问题时,他已经处于数学分析的顶峰,他知道这个理论的奥妙所在,他比任何人都更有资格拓展这个领域。他已经解决了天文学中的一个重大问题[1773 年寄给了科学院],他决定将自己所有的才华都投入数学天文学的研究中,这是注定由他完善的领域。他深刻地思考了自己宏大的规划,并以科学史上无可匹敌的坚忍不拔的精神,毕生致力于这项计划的完成。这一气势磅礴的课题,足以彰显才华并使他自豪。他编纂的鸿篇巨著《天体力学》正是那个时代的《天文学大成》;他的不朽的著作使他超越托勒密,如同现代分析科学[数学分析]超越了欧几里得的《原本》。"

确实如此。拉普拉斯在数学方面所做的一切都是为了帮助他解决宏大的天文学问题。拉普拉斯是充满智慧的——作为一个天才——他将自己的精力都投入一个值得为之竭尽全力的核心目标中。偶尔拉普拉斯也会走神,但他很快就会调整方向并回到正题。有一次他发现自己受到数论的强烈吸引,他意识到自己无法从太阳系的研究中抽出更多时间,马上当机立断,从中抽身。至于他在概率论方面的划时代工作,乍一看,这似乎与他的研究有所偏离,但实际上他的数学天文学研究需要这方面的成果。一旦深入理论,他就发现它在所有精确科学中是不可或缺的,因此才尽心尽力地研究并发展它们。

* * *

《天体力学》这一著作将拉普拉斯所有的天文学论著集合汇编成一个有机整体,历时二十六年,分批出版。1799 年出版的两卷,主要论述行星的运动、形状(旋转体),以及潮汐运动;1802 年及 1805 年出版的两卷,记录了对这一问题的更深入研究,这些研究最终在 1823—1825 年出版的第五卷得以完成。其中数学阐述特别简洁,偶尔略显笨拙。拉普拉斯更关心结果,而非计算过程。他甚至懒得将复杂的数学论证压缩为简短的、便于理解的形式,经常忽略过程,只呈现结果和一句乐观的评语:"显而易见"(Il est aisé à voir)。他自己常常不得不花上几小时——有时甚至要好几天复杂的推算,才能再次证明这些"显而易见"的结论。哪怕天资超群的读者,看到"显而易见"的批注,也不免掩卷叹息,也不知自己经过一星期的努力,能否有所收获。

1796 年,《天体力学》中的主要研究成果的一个更为可读的版本——《宇宙体系论》(*Exposition du système du monde*)出版了,这本书省略了全部数学内容,它被描述为拉普拉斯的代表作品。在这本著作中,拉普拉斯如同在《概率论》(1820 年第三版)冗长的非数学导言(153 页,四开)中那样,展示了他作为一个作家几乎和作为一个数学家一样伟大。任何想要了解概率论理论的魅力和影响力的读者,如果先前苦于不具备数学专业技术知识而无法读懂,通过阅读拉普拉斯的前言,便可窥一斑。自拉普拉斯写了这篇导言以来,特别是近年来,尤其针对概率论基础,我们的知识不断推进,但是他的解释依然是经典的,至少完美地阐述了整个学科的基本原理。毋庸赘言,理论知识并没有完备。事实上,它才刚刚开始——后世者还有可能会将其推倒重来。

顺带介绍一个拉普拉斯天文学工作中的有趣细节,那就是关于太阳系起源的著名星云假说。拉普拉斯对于康德之前提出的星云假说毫不知情,他(略带戏谑地)在注释中提出了这一假设。他的数学知识不足以进行系统的证明,直到本世纪物理学家兼天文学家琼斯再次提出这一问题的讨论,才引起了科学界的关注。

拉格朗日和拉普拉斯,两位18世纪法国科学界的领军人物,呈现出一个有趣的反差,这是一个典型的,随着数学的不断扩张而日益明显的反差:拉普拉斯属于数学物理学家的阵营,而拉格朗日更偏向数学家阵营。泊松,作为数学物理学家,似乎更偏爱拉普拉斯,认为他属于更理想的类型:

"无论是数论研究还是月球的天平动研究,拉格朗日和拉普拉斯的所有工作都存在深刻的差异。拉格朗日通常仅仅从数学的角度思考他所发现的问题,将问题看作数学发展的契机——因此他特别强调优美性和一般性。拉普拉斯则将数学看作工具,他会针对具体问题进行天才般的调整。一位是伟大的数学家,另一位则是伟大的哲学家,他试图通过让高等数学为自然服务来了解自然。"

傅里叶(我们将在后面讨论他)也对拉格朗日和拉普拉斯之间的根本差异感到震惊。尽管他本人的数学观是狭隘的"实用"主义,但傅里叶曾评价了拉格朗日真正的价值:

"拉格朗日不仅是伟大的数学家,也是一位同样伟大的哲学家。在他的一生中,他通过节制自己的欲望,通过他高尚质朴的举止和崇高的品格,以及他科学著作的准确性和深度,证明了他对人类普遍利益的坚定不移的热爱。"

傅里叶的这段话是值得关注的。它可能有一点我们通常在法国式的悼词中听到的韵律工整的华丽辞藻,但绝非言过其实,至少今日看来依旧中肯。拉格朗日对现代数学的深远影响正是源自"他的科学工作的准确性和深刻性,"而拉普拉斯的著作往往缺少这样的品质。

在大多数同时代的人和直接追随者看来,拉普拉斯享有比拉格朗日更崇高的地位。造成这一局面的部分原因是拉普拉斯研究的课题似乎更宏大一些——为了证明太阳系是一个巨型永动机。这一课题本身是宏大的,这毫无疑问,但它本质上也更虚幻:拉普拉斯所处的时代对于实际的物理宇宙的认识并不完备,甚至在我们自己的时代,也无法给这个问题的解决带来任何实质性的进展,而且很可能还需要许多年的时间,数学才能发展到足以处理我们现在所拥有的海量的复杂数据。数学天文学家毫无疑问依然按照"宇宙"的理想模型甚或没有给人留下什么印象的太阳系模型来进行研究,他们的研究仍将以新闻简报的形式,带来关于人类整体命运的或悲或喜的重大消息;最终,他们研究的副产品——他们开发设计的纯粹数学工具的完善——将对科学的进步做出持久的贡献(而非广为流传的猜测),正如拉普拉斯所做出的贡献一样。

如果你觉得上述论断有些夸大,那不妨看看发生在《天体力学》中的事。除了专业数学家之外,现如今,考虑到拉普拉斯用一个理想化的模型替换了无限复杂的情形,难道真有人相信拉普拉斯关于太阳系稳定性的结论吗?或许其拥护者依然众多;但从事数学物理的研究者绝不会怀疑拉普拉斯为处理他的理想模型而发展起来的数学方法的有效性。

仅举一个例子，位势理论在今天比拉普拉斯想象的要重要得多。如果没有这一理论数学工具，我们对于电磁学的探索将在起步阶段就面临重重困难而只得作罢。从这一理论衍生出的边值问题成为数学的一个蓬勃发展的分支，它对于现代物理学研究的重要意义要远大于牛顿的万有引力定律。位势的概念是一流的数学灵感——没有它，如今很多的物理研究将无从下手。

位势只不过是论牛顿的那一章中所描述的关于流体运动和拉普拉斯方程的函数 u。函数 u 在其中是"速度位势"；如果是关于牛顿引力的力的问题，u 则是"引力位势。"将位势的概念引入流体力学、引力学、电磁学和其他一些领域，这是数学物理领域有史以来影响最为深远的进步之一。它的作用是将含两个或三个未知数量的偏微分方程组替换为含一个未知量的方程式。

* * *

1785 年，拉普拉斯已经 36 岁了，他得以晋升为科学院正式会员。这一荣誉在一个科学工作者的职业生涯中是很重要的。1785 年对于拉普拉斯作为公众人物来讲具有更为重大的意义，这一年是他生命中的重要里程碑。

因为在这一年，拉普拉斯获得在军事学院对一个 16 岁的唯一的考生进行考试的独特的荣誉。正是这位年轻人，命中注定成为拉普拉斯的搅局者，使他从单纯的对数学忠贞不渝的热爱，转向了肮脏的政治。这位年轻人就是拿破仑·波拿巴（1769—1821）。

整个大革命期间，拉普拉斯在马背上四处奔波，他安然无恙地目睹了一切。但没有一个像他这样声名显赫、又带着躁动不安的野心的人能完全逃避危险。如果德·帕斯特雷（De Pastoret）在其悼词中所言属实，拉格朗日和拉普拉斯都只是因为被征召计算火炮的轨迹和指导用硝酸制造火药才免于被送上断头台。他们没有像一些不那么需要的专家学者那样被迫去吃草，也没有像他们的不幸的朋友孔多塞那样粗心大意，因为点了一份贵族的煎饼而出卖了自己。孔多塞不知道普通煎蛋卷需要放多少个蛋，张嘴就说，来一打。厨师问孔多塞你是干什么的，"木匠。"——"让我看看你的手，你可不是什么木匠。"就这样，拉普拉斯的好友孔多塞被当作反革命贵族抓了起来。最后也不知道是在狱中被下毒还是让他自行了断了性命。

大革命之后，拉普拉斯卷入到了政坛之中，也许他是想要打破牛顿的纪录。法国人委婉地评价拉普拉斯为"多才多艺"的政治家。这真是给他面子了。拉普拉斯作为政治家的缺陷正是他在这场危险游戏中真正的伟大之处。他因为经常改变自己的政治主张、以求在改朝换代中保全自己的官职而广受诟病。如果一个人足够聪明，能够让反对党相信，无论谁上台，自己就是谁的坚定拥护者，那此人一定是一个不平庸的政治家。拉普拉斯比他的恩主更能把握游戏的精髓。如果一位共和党邮政局局长将所有肥缺都给了不值当的民主党人，我们会怎么想呢？如果反过来，我们又会怎么想呢？拉普拉斯在每次政权更迭中，都能顺利升官发财。他可以从一个狂热的共和派，摇身一变为君主制复辟的坚定支持者，而无须付出任何代价。

拿破仑铲除了拉普拉斯前进道路上的一切障碍，还让他当上了内政部长——之后也是大力提携。拿破仑给了这位多才多艺的数学家无尽的荣誉——为他颁发荣誉军团大十字勋章和留尼旺勋章，甚至授予他帝国伯爵的封号。但拿破仑倒台后，他是怎么做的呢？他签署了流放大恩人拿破仑的法令。

复辟后，拉普拉斯毫无悬念地转而效忠路易十八，特别是他现在以拉普拉斯侯爵的身份而坐在上议院中。路易十八为了感谢自己的支持者，1816年，任命拉普拉斯担任巴黎综合理工学校重建委员会主席。

或许拉普拉斯在撰写科学论著时，已经完美地表达了他的政治天赋。只有真正的天才，才能够根据不断变化的政治观点调整自己的科学研究，并全身而退。第一版《宇宙体系论》开篇写着"献给五百人议会"，结尾也颇有深意："天文学的最大益处在于它能够驱散由于无知产生的对人与自然真正关系的错误认识，这样的错误是致命的，因为社会秩序必须建立在这样的关系之上。真理与正义是社会关系永远不变的基础。我们应该抛弃这样的信念，即认为有时候欺骗或奴役对于保障人们的幸福是有用的！千古以来不幸的经历已经证明，玷污这神圣的法则，终将受到惩罚。"1824年，这一版本被禁了，拉普拉斯侯爵将结尾改写为："让我们小心保存并增加这些高级知识的储备，这是能思维的人类的快乐源泉。它曾是服务于航海和地理探索的利器；但它最大的好处在于驱散天体现象带来的恐惧，并消除由于无知产生的对人与自然真正关系的错误认识，科学的火炬一旦熄灭，这样的错误必将重现。"带着这样崇高的情感，在两种极端的信念之间，或许也没有可选择的余地。

负面的事例已说得够多了。下面这段故事则表明拉普拉斯确实有胜过其他朝臣的品质——在他的真实信念受到质疑的情况下，他表现出难得的道德勇气。拉普拉斯与拿破仑讨论《天体力学》的故事更能代表他作为数学家真正的品格。拉普拉斯将自己撰写的书稿拿给拿破仑看。拿破仑想要激怒拉普拉斯的反应,于是故意指责书中的明显"疏漏"。"您写了这么一大本关于宇宙体系的巨著,却没有一次提到它的创造者,这是为什么。""陛下,"拉普拉斯反驳道,"我不需要这样的假设。"当拿破仑用同样的问题刁难拉格朗日时,拉格朗日回答说,"嗯,这真是一个极好的假设。可以用来解释许多问题。"

能够当场反驳拿破仑,并告诉他科学真理,需要极大的勇气。有一次在科学院上课时,拿破仑大发雷霆,脾气大到吓人,他故意用最粗鲁的态度,当场将可怜的博物学家老拉马克气哭了。

另一个值得赞扬的方面是拉普拉斯真诚和善地提携后辈。毕欧(Biot)回忆说,他年轻时曾经有一次在科学院汇报自己的研究报告,当时拉普拉斯也在场,事后拉普拉斯把他拉到一边,掏出一份泛黄的旧手稿,是拉普拉斯写的,与自己发现的内容完全相同。拉普拉斯告诉毕欧对此保密,还鼓励他投稿、发表自己的作品。类似的情况不止一次发生过。拉普拉斯常说,这些数学研究的新手都是前娘生的孩子,但他对待他们就像亲生子女一样爱护。

还有一个例子,经常被人用来印证数学家的不切实际,我们将要提到拿破仑评价拉普拉斯的名言,据说这是拿破仑被关押在圣赫勒拿岛时亲口所说:

"拉普拉斯是一流的数学家,他从政后很快暴露自己只能算个平庸的行政管理人员;从他做的第一件事来看,他欺骗了我们。拉普拉斯绝不会以真实的观点看待问题;他寻找细微的差别,只有一些似是而非的意见,最后他还将无限小的精神带入了行政管理。"

拿破仑这番充满讽刺的感言,是基于拉普拉斯担任内务部长的短暂任期——只有六个星期而做出的。但当时的情况是，吕西安·波拿巴急需一份工作，他接替了拉普拉斯，拿破仑这样说只是为自己众所周知的裙带关系倾向找一个借口。拉普拉斯反驳拿破仑的话没能保存下来。或许他是这么说的：

"拿破仑是位一流的士兵，他很快就暴露自己是一个平庸的政客；从他的第一个政绩中我们发现，他被骗了。拿破仑总是从最明显的角度看待问题；他成天怀疑到处都是背叛，真等背叛发生，他却没看出来，他对自己的支持者有着孩子般的信任，最终带着无限慷慨的精神迈入了贼窝。"

最终，究竟谁是更加讲究实际的行政官员呢？是无法守住自己的革命成果，被敌人囚禁杀害的人呢？还是另一个聚敛财富与荣誉直到终老的人呢？

晚年的拉普拉斯回到自己在距巴黎不远的阿尔克伊的乡村庄园，过上了舒适的隐退生活。在短暂患病之后，1827 年 3 月 5 日，拉普拉斯离世，享年 78 岁。他的遗言如前文所述，已经提到过了。

（贾随军　译）

第十二章

皇帝的朋友

蒙日(1746—1818)和傅里叶(1768—1830)

●一个磨刀匠的儿子和一个裁缝的儿子帮助拿破仑打破了贵族们的美梦●埃及的喜剧●蒙日的画法几何和机器时代●傅里叶分析和现代物理学●相信王公或无产阶级的愚蠢●无聊到死与死于无聊

我无法告诉你们我为理解画法几何学的图表而付出的努力,我对此深恶痛绝。

——C. 赫米特(C. Hermite)

傅里叶定理不仅是现代分析中最美丽的结果之一,而且为处理现代物理学中几乎每一个深奥问题提供了不可或缺的工具。

——W. 汤姆逊(W. Thomson)和 P.G. 泰特(P. G. Tait)

加斯帕尔·蒙日（Gaspard Monge）和约瑟夫·傅里叶（Joseph Fourier）的职业生涯紧密相关，以至于可以一起考虑。在数学方面，他们每个人都做出了一个重要贡献：蒙日发明了画法几何学（不要与德萨格、帕斯卡和其他人的射影几何混淆）；傅里叶以其对热传导理论的经典研究开启了数学物理发展的新阶段。

如果没有最初服务于军事工程的蒙日的几何学，19世纪机械的大规模出现或许是不可能的。画法几何学是所有机械绘图和图形方法的基础，这些方法有助于使机械工程成为现实。

傅里叶在其关于热传导的工作中开创的方法在边界值问题中具有类似的重要性，边界值问题是数学物理的关键问题。

蒙日和傅里叶对世界文明做出了相当大的贡献，蒙日的贡献是在实用性和工业方面，傅里叶的贡献是在纯科学方面。但即使在实用方面，傅里叶方法在今天也是不可或缺的；事实上，傅里叶方法在所有电气和声学工程（包括无线电）中都已成超越了经验法则与手册阶段的常识。

还有一个人不得不提，这个人就是化学家克劳德·路易斯·贝托莱伯爵（1748—1822），他是蒙日、拉普拉斯、拉瓦锡和拿破仑的密友，当然我们不会花篇幅来讲述他的一生。贝托莱与拉瓦锡一起，被视为现代化学的奠基人之一。他和蒙日如此的亲密，以至于他们的崇拜者在非科学领域不再区分他们，称他们为蒙日-贝托莱。

加斯帕尔·蒙日，1746 年 5 月 10 日出生于法国博恩，是雅克·蒙日的儿子。雅克·蒙日是一名小贩和磨刀工，他非常重视教育，将他的三个儿子都送到当地的学校读书。结果他所有的儿子都有成功的事业；加斯帕尔·蒙日是家里的天才。在该学校（由一个宗教团体管理），蒙日经常在各项活动中获得一等奖，并且设立了以他的名字命名的金质奖项。

蒙日 14 岁时，他在消防车的制造方面表现出了独特的天赋。"既没有资料，又没有模型，你怎么能完成这样一项任务呢？"惊讶的市民问蒙日。蒙日的回答是对他数学生涯及其他职业生涯的总结。"我有两个绝对可靠的成功手段：一个是不屈不挠的毅力，另一个是能将我的思想以几何学的方式精确表达出来的双手。"事实上，蒙日是一位天生的几何学家和工程师，在将复杂的空间关系形象化方面有着无与伦比的天赋。

16 岁时，蒙日完全靠自己的努力绘制了一幅精妙的博恩地图，并为此制造了自己的测量仪器。这张地图给蒙日带来了好运。

蒙日的老师们被他卓越的天赋所打动，推荐他到教会在里昂开办的学院担任物理学教授。于是，16 岁的蒙日被任命为教授。由于他和蔼可亲、耐心、不矫揉造作，再加上渊博的知识，他很快就成为一名伟大的教师。该宗教团体请求蒙日宣誓，并与他们共度一生。蒙日征求了父亲的意见。这位精明的磨刀工建议谨慎行事。

几天后，在回家的路上，蒙日遇到了一位工程师军官，他曾经看到过蒙日的那张著名地图。这位军官请求雅克·蒙日把儿子送到梅齐埃的军事学校。也许对蒙日未来的职业生涯来说幸运的是，这位军官并没有说明，由于出身卑微,蒙日永远不可能被任命为军官。蒙日不知道这一点,急切地接受了,并前往梅齐埃。

蒙日很快就知道了他在梅齐埃的处境。这所学校每年只有二十名学生,其中十名学生毕业成为工程中尉。其余的人注定要从事"实际"工作——脏活累活。蒙日没有抱怨。相反他过得很快活,因为勘测和绘图方面的常规工作很容易完成,他有大量的时间来研究数学。常规课程的一个重要部分是防御理论,其中的问题是工程设计,使工程没有任何部分暴露在敌人的直接火力之下。通常的计算需要没完没了的算术。有一天,蒙日提交了他对这类问题的解决方案。结果该解决方案被交给上级官员检查。

这位官员觉得任何人都可以在这段时间解决该问题,因此拒绝检查该解决方案。"我为什么要麻烦自己对假设的解决方案进行烦琐的验证?作者甚至没有花时间对他的数据进行整理。我相信在计算方面有很大的便利性,但不相信奇迹!"蒙日坚持自己的方案,并说他没有用过算术。他的坚韧赢得了胜利;该解决方案获得了检查,并被发现是正确的。

这就是画法几何学的开端。蒙日立即获得了小小的教学职位,教授未来的军事工程师使用新方法。以前曾是噩梦的问题——有时只有拆除已建成的工事并重新开始才能解决问题——现在变得像 ABC 一样简单。蒙日发誓不泄露他的方法,在 15 年内,这是一个被小心翼翼地保守的军事秘密。直到 1794 年,蒙日才被允许在巴黎高等师范学校教授该方法,而拉格朗日是听众之一。拉格朗日对画法几何学的反应就像 M.茹尔丹先生发现自己一生都将谈论散文时的反应一样。拉格朗日在一次讲座后说,"在听蒙日讲座之前,我不知道我懂画法几何学。"

* * *

在我们看来,这一切背后的想法就像拉格朗日感觉到的一样简单至极。画法几何学是一种在一个平面上表示普通三维空间中的实体和其他图形的方法。想象前两个平面彼此成直角,就像一本薄书的两页以 90 度角打开;一个平面是水平的,另一个平面是垂直的。要表示的图形通过垂直于该平面的光线投影到其中每个平面上。因此,该图形有两个投影;在水平面上的投影称为图形的平面图,在垂直面上的投影称为图形的立面图。垂直平面现在向下翻转("下翻"),直到它和水平平面位于同一个平面(水平面所在的平面)——就像现在把书打开平放在桌子上一样。

空间中的实体或其他图形现在由一个平面(绘图板)上的两个投影表示。例如,一个平面就是一条直线切割垂直平面(下翻之前)和水平平面的轨迹;一个实体,如立方体,由其边和顶点的投影表示。曲面与垂直平面和水平平面相交产生曲线;这些曲线或称曲面的迹线表示一个平面上的曲面。

有了这些简单的解释之后,我们就可以发展出画法几何的方法,那便是将我们通常在三维空间中看到的东西置于一张平面纸上。简短的培训就可以让绘图员像其他人看照片一样轻松地阅读这些表述,并从中获得更多信息。这项简单的发明彻底改变了军事工程和机械设计的境况。与应用数学中的许多一流成果一样,其最显著的特点就是简单。当然有许多发展或修改画法几何学的方法,但都可以追溯到蒙日。这门学科现在已经被研究得非常透彻,因此专业数学家对其兴趣不大。

在继续讲述蒙日的生活之前,让我们先讲完蒙日对数学的贡献,我们回顾一下就会发现,他的名字与曲面几何联系在一起,这是今天学习第二阶段微分(多元微积分)的每一位学生都所熟知的。蒙日向前迈出的这一大步就是系统地(也是卓越地)用微积分研究曲面曲率。在其普遍的曲率理论中,蒙日为高斯铺平了道路,高斯又启发了黎曼,黎曼则发展了在相对论中以他的名字命名的几何。

像蒙日这样的天生几何学家竟然垂涎埃及的奢侈生活,这有点遗憾,但情况确实如此。他在微分方程方面的工作也表明他的才华,当然微分方程方面的工作与几何学方面的工作是紧密相关的。蒙日的这些伟大工作都是在梅齐埃完成的。在他离开梅齐埃几年后,蒙日向他在巴黎综合理工学校的同事们讲述了他的发现。拉格朗日又是一名听众。他在讲座结束后对蒙日说,"我亲爱的同事,你刚才解释了一些非常优雅的事情;我本应该自己做的。"在另一场合,拉格朗日说,"那个把分析学运用于几何学的家伙将使自己不朽!"显然,蒙日做到了;值得一提的是,尽管蒙日天赋异禀,还有一些更紧迫的任务需要他完成,从而分散了他对数学的注意力,但蒙日永远保持了他在数学方面的天赋。像所有伟大的数学家一样,蒙日一生都是数学家。

* * *

1768 年,22 岁的蒙日被提升为梅齐埃的数学教授,三年后,在物理学教授去世后,蒙日还接替了他的位置。这两方面的工作蒙日都做得游刃有余。蒙日身体和精神一样强壮,总是能做三四个人的工作,而且经常这样做。

蒙日的婚姻带点 18 世纪的浪漫色彩。在一次招待会上,蒙日听到一位刻薄的贵族在诽谤一位年轻的寡妇,以报复她拒绝了他。蒙日在咯咯笑的人群中挤了过去,想知道自己是否听错了。"到底怎么回事?"蒙日在其下巴上打了一拳。没有决斗。几个月后,在另一个招待会上,蒙日被一位年轻女子迷住了。经介绍，蒙日认出她就是霍本夫人，也就是蒙日曾试图为之决斗的无名女子。她是一名寡妇，只有二十岁，在她已故丈夫的事情得到解决之前，她并不想结婚。蒙日安慰她说，"没关系，我一生解决了很多更困难的问题。"蒙日和她于1777年结婚。她比蒙日活得久，并在蒙日死后竭尽所能地永远纪念他——她不知道她的丈夫早在遇见她之前就已经树立了自己的丰碑。蒙日的妻子是一个在所有事情中都紧随蒙日的人。即使是拿破仑，在最后也因为蒙日年事已高而辜负了蒙日。

大约在蒙日结婚的这个时期，蒙日开始与达朗贝尔和孔多塞通信。1780年，这两个人劝说政府在卢浮宫建立了一个研究水力学的机构。蒙日被召到巴黎主管该机构，前提是他可以有一半的时间仍待在梅齐埃。当时他三十四岁。三年后，他被免去在梅齐埃的职务，并被任命为海军军官候选人的主考官，他担任这个职务直到1789年大革命爆发。

回顾大革命时期所有这些数学家的职业生涯，我们很容易发现，在我们今天看来是显而易见的事，然而他们中的每个人都视而不见。他们中没有人怀疑自己坐在地雷上，而导火线已在噼啪作响。我们的后继者可能在一百年以后也会这样说我们。

在担任海军职务的六年中，蒙日证明了自己是一名廉洁的公务员。当蒙日无情地取消了一些不称职的贵族子弟的候选资格时，这些贵族威胁蒙日将受到可怕的惩罚，但蒙日从未屈服。"如果你不喜欢我做事的方式，就找别人来做。"因此，海军为1789年的大发展做好了准备。

蒙日的出身和他与势利小人为伍的经历使他成为一名天生的革命家。他从亲身经历中体验到了旧秩序的腐败和群众经济上的困境，他认为实行新政的时机已经到来。但是，和大多数早期自由主义者一样，蒙日不知道，暴民一旦尝到了血腥的滋味,不到流完最后一滴血就不会善罢甘休的。早期革命者对蒙日的信任超过了蒙日对自己的信任。1792 年 8 月 10 日,革命者强迫蒙日担任海军和殖民地大臣,尽管蒙日自己并不情愿。蒙日是这个职位的合适人选,但在 1792 年的巴黎,担任政府官员却不是一件有益于健康的事。

暴徒已经失控,蒙日被任命执行委员会临时成员以控制局势。作为人民的儿子,蒙日觉得自己比他的一些朋友更了解人民,例如孔多塞,他明智地拒绝海军工作以保全自己的性命。

但是各种不同的人一起构成了"人民"。到 1793 年 2 月为止,蒙日发现自己被怀疑不够激进,13 日他辞职,18 日再次当选,但愚蠢的政治干预、船员喊出的"自由、平等和博爱"的口号,以及国家濒临破产,这些都使他无法开展工作。在这段艰难时期,蒙日觉得自己每一天都有可能上断头台。但他从未屈服于无知和无能,他对批评他的人说自己知道是怎么回事,而他们却一无所知。他唯一担心的是,国内的分歧会使法国遭受攻击,从而使革命的成果付诸东流。

最后,1793 年 4 月 10 日,蒙日获准辞职,以承担更紧急的工作。预料中的攻击现在已清晰可见。

随着国民大会开始组建一支 90 万人的军队进行防御,军械库几乎变空。只有十分之一的弹药,况且进口必要材料——用于制造青铜大炮的铜和锡,用于制造火药的硝石,用于制造火器的钢——的希望为零。"从土里给我们找来硝石,三天后我们就可以装大炮了,"蒙日告诉国民大会。他们反驳道,"虽然听起来不错,但是从哪里得到硝石呢?"蒙日和贝托莱给出了解决办法。

整个国家都动员起来了。在蒙日的指导下，能告知人们该做什么的公告配发给了法国的每个城镇、农场和村庄。在贝托莱的领导下，化学家们发明了新的、更好的提炼原材料的方法，并简化了火药的制造。整个法国变成了一个巨大的火药厂。化学家们还告诉人们到哪里去寻找锡和铜——时钟的金属零件和教堂的钟。蒙日是总指挥。凭借其惊人的工作能力，蒙日白天负责监督铸造厂和军械库的工作，晚上则负责撰写指导工人的公告，他干得卓有成效。他关于大炮制造工艺的公告变成了工厂手册。

随着革命形势的持续恶化，蒙日的敌人出现了。有一天，蒙日的妻子听说贝托莱和她的丈夫将被声讨。她吓得发疯，跑到杜伊勒里宫去了解真相。她发现贝托莱静静地坐在栗树下。是的，他确实听到了谣言，但他相信一周内不会有任何事情发生。"那么，"他以惯常的镇定补充道"我们肯定会被逮捕、审判、定罪和处决。"

那天晚上，当蒙日回家时，他的妻子告诉他贝托莱的预言。"我保证！"蒙日喊道；"这些我都不知道。我知道的是，我的大炮工厂正在飞速发展！"

不久之后，蒙日在他的住所被看门人举报了。这太过分了，即使对蒙日来说也受不了。他机警地离开巴黎，直到暴风雨过去。

＊　＊　＊

蒙日职业生涯的第三阶段开始于 1796 年拿破仑的一封来信。两人早在 1792 年就见过面，但蒙日并不知道这一事实。蒙日当时五十岁，拿破仑比他年轻二十三岁。

"请允许我，"拿破仑写道，"为一个几乎不得宠的年轻的炮兵军官，在

1792年受到了海军部长的热情欢迎,而向您致谢;他珍藏着这段记忆。您可以看到这位军官现在是(进攻)意大利的军队的现任将军;他很高兴向您伸出认可和友谊之手。"

蒙日和拿破仑之间的长期亲密关系就这样开始了。在评论这一独特的联盟时,阿拉戈①引用了拿破仑的话:"蒙日爱我就像一个人爱情妇一样。"另一方面,蒙日似乎是拿破仑唯一拥有无私和持久友谊的人。拿破仑当然知道蒙日帮助他成就了自己的事业;但这并不是他爱这位老人的根源。

拿破仑的信中提到的"认可"是委员会任命蒙日和贝托莱为专员,前往意大利挑选意大利人(在被榨干钱财后)"捐赠"的绘画、雕塑和其他艺术作品,作为他们对拿破仑战争经费的捐献。在挑选战利品的过程中,蒙日对艺术产生了敏锐的鉴赏力,并成了一名鉴赏家。

然而,这场实际上的抢劫多少让蒙日感到不安,当足够为卢浮宫提供六次装饰的物品被运到巴黎时,蒙日建议要适可而止。蒙日说,无论是为了自己的利益还是为了征服者的利益,统治一个民族不能完全使他们变成乞丐。他的建议被采纳了,因此这只鹅可以继续下金蛋。

在意大利的历程之后,蒙日在乌迪内附近的城堡与拿破仑会合。两人成了亲密的朋友,拿破仑陶醉于蒙日的谈话和源源不断的有趣信息,蒙日沉浸在总司令和蔼可亲的幽默中。在公共宴会上,拿破仑总是命令乐队演奏马赛曲——"蒙日最爱马赛曲!"他确实热爱,在坐下来吃饭时他扯着嗓子大喊:

---

① 阿拉戈(1786—1853),天文学家、物理学家和科学传记作家。——原注

"来吧,祖国的孩子们,荣耀的日子来了!"

稍后我们将荣幸地在拿破仑时期另一位伟大的数学家彭赛列的陪伴下见证荣耀日子的到来。

1797 年 12 月,蒙日第二次踏上意大利之旅,这次是作为杜普霍将军遇刺"重大罪行"调查委员会的成员出行。这位将军是在罗马被枪击的,当时他正站在吕西安·波拿巴身旁。该委员会(殉职将军的一个兄弟预料到了)愚蠢地为顽固抵抗的意大利人建立了一个法国模式的共和国。"一切都必须结束,甚至是征服的权利,"一位谈判代表在新一轮的勒索来临时说。

这位精明的外交官是何等的正确。八个月后,意大利人推翻了他们的共和国,这使当时在开罗的拿破仑感到非常尴尬,而与拿破仑在一起的蒙日和傅里叶则更为尴尬。

1798 年,拿破仑向十几个人透露入侵、征服和教化埃及的计划,蒙日是其中的听众之一。当然傅里叶也在其中,我们这就回头来介绍他。

* * *

让·巴蒂斯特·约瑟夫·傅里叶,1768 年 3 月 21 日出生于法国欧塞尔,是一名裁缝的儿子。傅里叶八岁时成为孤儿,一位慈善的女士被这个男孩的良好举止和认真的态度所吸引,她向欧塞尔主教推荐了傅里叶——她没有想到他后来会成为如此伟大的人物。主教把傅里叶送进了当地本笃会开办的军事学院,在那里,这个男孩很快证明了他的天赋。十二岁时,傅里叶为巴黎的教会要人撰写华丽的布道词,让他们拿去当作自己的布道词。十三岁时,傅里叶是一个问题孩子,他性格倔强,脾气暴躁,恶魔一般。然而,当首次接触数学时,傅里叶仿佛变魔术一样变了样。傅里叶发现了自己的问题所在并找到了解决途径。为了供晚上数学学习照明之用,他在厨房里以及学院里任何可能的地方收集蜡烛头。他的秘密书房就是屏风后面的炉边。

善良的本笃会修士说服这位年轻的天才选择牧师作为他的职业,他进入圣贝诺修道院成为一名见习修士。但是傅里叶还没有来得及宣誓,1789年来临了。傅里叶一心想当一名军人,仅仅是因为裁缝的儿子得不到军官委任状,所以他选择了当牧师。大革命使他自由了。他在欧塞尔的老朋友心胸宽广,认为傅里叶永远不应成为修道士。他们把傅里叶带回来,让他当数学教师。这是他实现抱负的第一步,也是漫长的一步。傅里叶的同事生病期间,他替同事讲授了物理、古典文学等课程,他证明了自己的多才多艺,通常来说,他比他的同事表现得更优秀。

1789年12月,傅里叶(当时21岁)前往巴黎,向法兰西学院介绍他对数值方程解的研究。这项工作超越了拉格朗日,很有价值,但由于与数学物理中的傅里叶方法相比相形见绌,我们就不再进一步讨论该研究;相关内容可以在方程理论的基础教材中找到。这门学科成了他毕生的兴趣之一。

回到欧塞尔后,傅里叶加入了人民群众之中,并运用了他天生的口才——这种口才使他在小时候就能够撰写激动人心的布道词,鼓动民众,让他们摆脱纯粹的说教者(还有其他的人)。

从一开始,傅里叶就热衷于革命,直到革命失控为止。在恐怖时期,傅里叶不顾自己的危险,抗议不必要的暴行。如果傅里叶活到今天,他很可能属于知识分子阶层,他不知道当真正的革命开始时,这些知识分子是第一批被扫地出门的人。他是为大众服务的,也是为科学和文化的复兴服务的，知识分子认为他们已经预见到了这种复兴。与傅里叶预想的大力促进科学的发展不同，他现在看到的是科学界人士坐在囚车里或逃离这个国家，而科学本身也在迅速蔓延的野蛮主义浪潮中为自己的生命而战。

拿破仑是第一个清晰地认识到无知本身只能带来毁灭的人，这是他不朽的功劳。他自己最终的补救办法可能也好不到哪里去，但他确实认识到文明这东西是可能的。为了制止流血事件，拿破仑下令或鼓励建立学校。但是没有教师。所有本可以立即服务于学校的人大都掉脑袋了。必须训练一支 1500 人的新教学队伍，为此，1794 年成立了巴黎高等师范学校。傅里叶被任命为数学系主任，以表彰他在欧塞尔招募教师的努力。

这一任命开启了法国数学教学的新纪元。考虑到那些已故教授们的一年又一年逐字逐句地背诵和宣讲，大会召集数学创新者进行教学，并禁止他们根据任何笔记进行授课。要求讲课是站着（而不是半睡半坐在书桌后）进行的，教学是教授和他的班级之间自由交换问题和解释的过程。教师有责任防止一节课沦为无益的辩论。

这个方案的成功甚至超过了预期，并产生了法国数学和科学史上最辉煌的时期之一。在短暂的师范学校和长久的综合理工学校的教学中，傅里叶都展示了他的教学天赋。在综合理工学校，他通过不循常规的历史典故（其中许多典故，他是第一个找到其来源的人）活跃了他的数学课堂，并巧妙地将抽象与有趣的应用结合起来。

1798 年，当拿破仑决定将傅里叶作为文化军团中的一员带往埃及，以使埃及文明化时，傅里叶还在综合理工学校培养工程师和数学家。拿破仑准备"向不幸的民族伸出援助之手，从而把他们从残酷枷锁下解放出来——他们已在残酷枷锁下呻吟了好几个世纪了，并最终毫不拖延地把欧洲文明的所有好处赋予他们。"

令人难以置信的是,这句话并非出自 1935 年为入侵埃塞俄比亚辩护的墨索里尼,而是出自 1833 年的阿拉戈,他阐述了拿破仑进攻埃及的崇高的人道目标。看看那些并未获得重生的埃及居民是如何接受"欧洲文明的所有好处"的——这些可是蒙日、贝托莱和傅里叶先生努力灌输给他们的,再看看这三位欧洲文化的火枪手自己从他们无私的传教士般工作中得到了什么,那将是很有趣的。

* * *

1798 年 6 月 9 日,五百艘船只组成的法国舰队抵达马耳他,三天后占领该地。作为东方文明化的第一步,蒙日创办了 15 所小学和一所与综合理工学校有几分相似的高等学校。一周后,舰队再次出发,蒙日登上了拿破仑的旗舰"东方号"。每天早上,拿破仑都会提出一个供晚餐后讨论的方案。不用说,蒙日是这些晚宴的明星。在这些认真讨论的主题中,有地球的年龄、世界毁于大火或水灾的可能性,以及"行星有人居住吗?"最后一个主题表明,即使在拿破仑生涯的早期阶段,他的野心也超过了亚历山大。

舰队于 1798 年 7 月 1 日抵达亚历山大港。蒙日是最早上岸的人之一,拿破仑通过行使其作为总司令的权力,才阻止了蒙日这位喜欢马赛曲的几何学家参与进攻这座城市。拿破仑绝不允许文化军团在开始教化工作之前,在第一次小冲突中就被消灭;于是拿破仑派蒙日和其他人乘船沿尼罗河到达开罗。

当蒙日和他的同伴就像埃及艳后及她的朝臣们一样懒洋洋地躺在遮阳伞下时,拿破仑沿着河岸坚定地行进,用枪弹和火焰教化了那些没有文化的(而且装备简陋的)居民。不久,这位勇敢的将军听到了从河边传来的一声可怕的炮声。他担心最糟糕的事情发生，于是便放弃了当时参与的战斗，飞奔过来进行营救。那艘幸运的船在沙洲上搁浅了。是蒙日像个老兵似的开了炮。拿破仑来得正是时候，他把攻击者赶回了岸上，并给了蒙日一个他应得的勋章，以表彰他的英勇行为。所以蒙日最终还是得逞了，他闻到了火药味。拿破仑因救了他的朋友而欣喜若狂，他并不后悔因为营救蒙日使他丧失了决定性的胜利。

1798 年 7 月 20 日，金字塔战役胜利后，胜利的军队呼啸着涌入开罗。除了有一点小小的失败，一切都像烟火一样绽放，正如伟大的理想主义者拿破仑所梦想的那样。愚钝的埃及人对蒙日、傅里叶和贝托莱先生在埃及研究所（成立于 1798 年 8 月 27 日，模仿法兰西研究所）举办的文化宴会无动于衷，他们像木乃伊一样坐视伟大化学家的科学戏法、热情的蒙日的音乐会，以及学者傅里叶关于木乃伊文明辉煌历史的论述。汗流浃背的学者们不再沉着冷静，谴责这些被启蒙者像一群没有味觉的牲口，无法享受为滋养他们精神而提供的丰富的法国文化盛宴，但这些都无济于事。老谋深算的"纯朴的"本地人再一次让其坚定的提升者当了一回傻瓜，他们保持沉默，等待一阵微风吹走蝗虫瘟疫。保持自尊，直到微风吹起，纯朴的埃及人用征服者能理解的一种语言批评了他们的优越文明。在一次街头斗殴中，300 名拿破仑最勇敢的士兵毙命。蒙日的英勇表现挽救了自己及被困的同伴的性命，这种英雄行为，足以让今天英语世界里的任何童子军获得一枚奖章。

那些顽固的埃及人的忘恩负义深深地刺痛了拿破仑。巴黎传来的令人不安的消息使他意识到，他不得不抛弃他在埃及的战友而返回法国。拿破仑不在法国的时候，欧洲大陆上的事态急剧恶化；为了维护法国的荣誉和保护自己的生命安全，现在他必须赶快回去。蒙日深得拿破仑的信任；

不如蒙日受宠的傅里叶则没有得到信任。拿破仑就在顺从的蒙日的陪同下秘密回到法国,甚至没有向在沙漠中为他遭受地狱之苦的部队告别,不过此时的傅里叶知道他在指挥官专横的眼中,也是相当重要的,他可以留在开罗教化埃及人,当然也有可能被杀掉,傅里叶对自己的处境还是满意的。傅里叶不是总司令,无权在危险面前逃之夭夭。他必须留下来。直到1801年,在特拉法加战役后,法国人最终承认教化埃及人的应该是英国人而不是他们,忠诚但幻想破灭的傅里叶才回到法国。

* * *

蒙日和拿破仑回国的旅程远不如出航那么有趣。拿破仑不再关心世界末日的问题,而是反复思考如果英国水兵把他抓住,他自己可能的结局。他回忆说,在战场上对逃兵的惩罚就是由行刑队秘密处死。英国人会不会像对待逃兵那样对待他? 如果他非死不可,他会戏剧性地死去。

有一天拿破仑说:"蒙日,如果我们遭到英国人的攻击,他们一登上我们的船,我们的船就必须炸毁。我命令你去执行。"

就在第二天,一只风帆高耸在地平线上,所有的人都坚守在各自的岗位上,以击退可能的攻击。但结果是一艘法国船。

"蒙日在哪里?"兴奋结束后有人问。

他们在火药库里找到了蒙日,当时他手里拿着一盏点燃的灯。要是那艘船是一艘英国船就好了。它们总会爆炸,不在十五分钟之后,也是在十五年之后,那可就太迟了。

贝托莱和蒙日回到家时看起来像一对流浪汉。自从他们离开后,两人都没有换过衣服,蒙日好不容易才摆脱掉他妻子的守门人。

蒙日与拿破仑继续保持很好的友谊。在拿破仑最春风得意的日子里，蒙日可能是法国唯一一个敢于与他对抗并告诉他真相的人。当拿破仑加冕称帝时，巴黎综合理工学校的年轻人奋起反抗了。他们是蒙日的骄傲。

有一天拿破仑说："好啊，蒙日，你的学生几乎都在反抗我；他们已明确宣布他们是我的敌人。"

蒙日回答："陛下，我们费了好大的劲才把他们变成共和主义者；要使他们成为帝制的拥护者，得给他们时间。此外，请允许我说，你转变得太快了！"

像这样的小争吵在老情人之间不算什么。1804 年，拿破仑封蒙日为佩卢斯（贝鲁西亚）伯爵，以表明自己对他功绩的欣赏。就蒙日而言，蒙日感激地接受了这一荣誉，他穿戴了通常贵族的服饰从而没有辜负这一头衔，他忘记了他曾经投票赞成废除所有贵族头衔。

就这样，辉煌不断持续，直到 1812 年的一天，这本应是辉煌的一天，但却迎来了从莫斯科溃退的现实。由于年龄太大（66 岁），蒙日无法陪同拿破仑进入俄罗斯，而是留在法国的乡村庄园里，他通过官方公报热切关注着大军的进展。当他读到致命的《第 29 号公告》，该公告宣布法国军队遭遇灾难时，蒙日中风了。康复后，他说："前不久我还不知道的事情我现在知道了；我知道我将如何死去。"

蒙日将留在最后一幕中；傅里叶则帮助降下最后一幕。从埃及回来后，傅里叶被任命为（1802 年 1 月 2 日）伊斯尔省省长，省会设在格勒诺布尔。该地区当时处于政治动荡之中；傅里叶的首要任务是恢复秩序。他遭到了奇怪的抵抗，他以滑稽的方式平息了抵抗。在埃及期间，傅里叶在负责研究所的考古研究方面发挥了领导作用。格勒诺布尔善良的人们对研究所一些发现的宗教意义感到非常不安,特别是确定的那些古老纪念碑的悠久年代,与圣经年表相冲突(他们想象的)。然而,他们都非常满意,并拥抱了傅里叶。原来傅里叶在家乡附近进行了进一步的考古研究,发现了他自己家族中的一位圣人——他的叔祖父皮埃尔·傅里叶(Pierre Fourier),此人因建立了一个宗教团体而被尊为圣人,傅里叶的这个发现使当地的人们非常满意,并把他视为密友。随着他的声望的确立,傅里叶完成了大量有益的工作,排干了沼泽地的水,消灭了疟疾,等等,使管辖的地区脱离了中世纪的状态。

* * *

在格勒诺布尔,傅里叶创作了不朽的著作《热的解析理论》,这是数学物理学的一个里程碑。他的第一本关于热传导的论文于 1807 年提交。这个研究是非常有前景的,以至科学院把热的数学理论问题作为 1812 年科学院的悬奖问题,以鼓励傅里叶继续研究并为此做出贡献。傅里叶赢得了这一奖项,但也不乏一些批评,他对这些批评深恶痛绝,但仍然很好地接纳了。

拉普拉斯、拉格朗日和勒让德是评审员。虽然承认傅里叶工作的新颖性和重要性,但他们指出,数学处理是错误的,在严谨性方面还有许多不足之处。拉格朗日本人曾发现了傅里叶主定理的特例,但由于他现在指出的困难,他不能继续得到一般结果。这些困难在当时很可能是无法克服的。一个多世纪以后,这些困难才得以彻底解决。

顺便说一句,有趣的是,这场争论代表了纯粹数学家和数学物理学家之间的根本区别。纯粹数学家可以使用的唯一武器是准确且严格的证明,除非所引用的定理能够经受住其所处时代的最严厉批评,否则纯粹数学家是几乎不使用它的。

另一方面,应用数学家和数学物理学家很少乐观地认为,物理宇宙的无限复杂性可以用任何简单到足以为人类所理解的数学理论充分描述。艾里把宇宙描绘成一种冗长的、自解的微分方程组的美丽(或荒谬)画面,这实际上是一种由数学的偏执和牛顿决定论所产生的幻觉,应用数学家和数学物理学家对此也不会感到过分惋惜。他们在自己的门后有更真实的东西吸引他们,那就是物质宇宙本身。他们可以做实验并对照经验的结果来检验他们故意不完美的数学推论。就数学的本质而言,一个纯粹数学家是不可能接受经验结果的。如果数学预测与实验相矛盾,应用数学家和数学物理学家不会(数学家会)抛弃物理证据,但会扔掉数学工具,寻找更好的工具。

这种因为数学本身的局限而让科学家们对数学不太重视的态度,激怒了一种类型的纯粹数学家,这就好比对迂腐的学究而言,遗漏了一个可疑的字母下标就会令他们异常愤怒。结果是,几乎没有纯粹数学家对科学做出过重大贡献——当然除非发明了科学家认为有用(也许是不可或缺)的众多工具。奇怪的是,那些反对科学家大胆想象的纯粹主义者,却大声疾呼,数学不完全是一种追根究底、小心翼翼力求精确的学科,而是富有创造性及想象力,有时甚至是松散的学科,就像伟大的诗歌或音乐一样,这与广为流传的信念相反。有时,物理学家在这方面打败了数学家:开尔文勋爵无视傅里叶关于热的解析理论经典著作中明显缺乏的严谨性,称其为"一首伟大的数学诗"。

如前所述,傅里叶的主要进展的方向是在边值问题(在关于牛顿那一章中描述过)上——使微分方程的解适合初始条件,这可能是数学物理的核心问题。自从傅里叶将这种方法应用于热传导的数学理论以来,一个人才济济的世纪中,那些极具天赋的人已经走得比傅里叶想象得更远,但傅里叶的那一步是决定性的。傅里叶所做的其中一两件事很简单,可以在这里描述。

在代数中,我们学习过绘制简单代数方程的图像,并很快注意到,如果我们得到的曲线无限延伸下去,也不会突然中断并索性停止。什么样的方程会产生像图中那样无限重复的线段(有限长,两端终止)的图形呢?

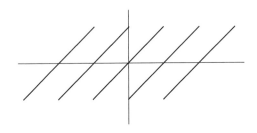

这种由直线或曲线的不连续部分组成的图形在物理学中反复出现,例如在热、声和流体运动理论中。可以证明的是,不可能用有限的、封闭的数学表达式表示它们;在它们的方程中出现无穷多个项。"傅里叶定理"提供了一种数学上表示和研究此类图形的方法:它能够(在一定限制范围内)把在一定区间内连续的函数,或区间内只有有限数量不连续点的函数,且区间内只有数量有限的转折点的函数,表示为正弦函数或余弦函数或两者的无穷和。(这只是一个粗略的描述。)

提到正弦和余弦,我们将回顾它们最重要的性质,即周期性。设图中圆的半径为 1 个长度单位。通过中心 O 绘制笛卡儿几何中的直角坐标轴,并标记出等于 2π 长度单位的 AB;因此,AB 的长度等于圆的周长(因为半径为 1)。设点 P 从 A 开始,沿箭头方向画出圆。PN 垂直于 OA。

然后,对于 P 的任何位置,NP 的长度称为角度 AOP 的正弦,而 ON 则称为余弦;NP 和 ON 具有笛卡儿几何中的符号(NP 在 OA 上方为正,下方为负;ON 在 OC 右侧为正,左侧为负)。

　　对于任意位置的点 P,角 AOP 都会是四个直角(360°)的一部分,相当于弧 AP 与整个圆周的比值。因此,我们可以通过沿着 AB 标记弧 AP 对应于的 2π 的分数来标出角度 AOP。因此,当 P 到达 C 时,P 已穿过整个圆周的 $\dfrac{1}{4}$;因此,对应于角度 AOC,我们在从 A 到 AB 的 $\dfrac{1}{4}$ 处有点 K。

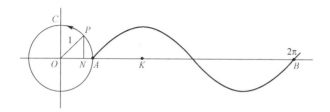

　　在 AB 的每个点上,我们竖立一条长度与相应角度正弦相等的垂线段。如果正弦值为正,垂线段在 AB 的上方;如果正弦值为负,垂线段在 AB 的下方。这些垂线段不在 AB 上的端点都位于如图所示的连续曲线上,即正弦曲线上。当 P 返回到 A 并开始重新沿着圆运动时,曲线将重复超过 B,重复出现以致无限。如果 P 沿相反方向旋转,曲线将向左重复出现。间隔 2π 后,曲线将重复;角度(此处为 AOP)的正弦是一个周期函数,周期为 2π,"sine"一词缩写为"sin";如果 x 是任何角度,方程

$$\sin(x + 2\pi) = \sin x$$

表示 $\sin x$ 是 x 的以 2π 为周期的周期函数。

　　很容易看出,如果图中的整个曲线向左移动一个 AK 的距离,那么它现在就是 AOP 的余弦的图形了。像前面一样,

$$\cos(x + 2\pi) = \cos x ,$$

"cos"是"cosine"的缩写。

通过对图形的研究就可以发现,$\sin 2x$ 完成这个周期将比 $\sin x$ "快一倍",因此完整周期的图形长度将是 $\sin x$ 的一半。类似地,$\sin 3x$ 的完整周期仅需要 $\dfrac{2\pi}{3}$,依此类推。对于 $\cos x , \cos 2x , \cos 3x , \cdots$,情况也是如此。

傅里叶的主要数学结果现在可以粗略描述。在已经提到的与"间断"的图形相关的限制范围内,任何一个具有确定图形的函数都可以由以下类型的方程表示:

$$y = a_0 + a_1 \cos x + a_2 \cos 2x + a_3 \cos 3x + \cdots +$$

$$b_1 \sin x + b_2 \sin 2x + b_3 \sin 3x + \cdots$$

其中的省略号表示两个级数将按照所示规则无限继续下去,当 y(关于 x 的任意给定函数)已知时,系数 $a_0 , a_1 , a_2 , \cdots , b_1 , b_2 , b_3 , \cdots$ 是可确定的。换句话说,任意给定的 x 的函数,比如 $f(x)$,都可以展开为上述类型的级数,即三角级数或傅里叶级数。再说一遍,所有这些都只在某些限制范围内成立,幸运的是,这些限制在数学物理中并不重要;例外情况或多或少是一些没有或几乎没有物理意义的反常情况。再重复一次,傅里叶级数是对边值问题的第一次重大推进。关于牛顿那一章中给出的这类问题的例子是用傅里叶方法求解的。在任意给定的问题中,都需要找到系数 $a_0 , a_1 , \cdots , b_0 ,$ $b_1 , \cdots$,并采用适于计算的形式。傅里叶分析提供了这个形式。

上述描述的周期性(简单周期性)概念,对自然现象来说显然是非常重要的;潮汐、月相、季节和许多其他熟悉的事物都具有周期性。有时,一个周期性的现象,例如,太阳黑子的重复出现,可以通过一定数量的具有简单周期性的图形的叠加来得出近似结果。那么对这样一些情形的研究,就能简化为分析那些合成原来周期现象的单个的周期现象。

　　该过程在数学上与将乐声分解为基音和连续泛音的过程相同。要得到声音"质量"的第一个非常粗略的近似值,只考虑基音就足够了;仅仅几个泛音的叠加通常足以产生与理想状态(其中存在无穷多泛音)无法区分的声音。能够用"谐波"或"傅里叶"分析的现象具有类似的情形。甚至有人试图通过反复出现的地震和年降雨量确定这些现象的长周期(基本周期)。简单周期性的概念在纯粹数学中与在应用数学中一样重要,我们将看到它被推广到多周期性(与椭圆函数和其他一些函数相关),而多周期性反过来又对应用数学产生影响。

　　傅里叶充分意识到自己做了一件了不起的事情,对批评他的人毫不理会。他们是对的,他是错的,但他已经以自己的方式做了足够多的事情,使他有资格独立不羁。

　　当1807年开始的工作完成并收集在1822年的热传导专著中时,人们发现固执的傅里叶没有对他最初的陈述作任何改动,他践行了弗朗西斯·高尔顿给所有作者的建议"永远不要怨恨批评,永远不要回答批评"的第二句话。傅里叶的怨恨是有道理的,他抱怨纯粹数学家只关心自己的事情,而不考虑数学物理的情况。

* * *

　　当拿破仑在1815年3月1日从厄尔巴岛逃出并登陆法国海岸时,傅里叶和整个法国一切顺利。所有的老兵们刚刚轻松自如地摆脱了使他们头疼的事,而这时麻烦又出现了,他们将更加头疼。傅里叶当时在格勒诺布尔。由于担心群众会欢迎拿破仑回来而再次狂欢,傅里叶赶往里昂,告诉波旁王室即将发生的事情。这些人一如既往地愚蠢,不相信傅里叶。在回来的路上,傅里叶得知格勒诺布尔已经投降了。傅里叶本人在布尔干被俘,被带到拿破仑面前。他面对的是他在埃及时非常熟悉,并学会了用脑袋而不是心去怀疑的那位老指挥官。拿破仑弯腰看地图,手里拿着一副圆规。他抬起头来。

"好吧,省长先生!你也向我宣战吗?"

"陛下,"傅里叶结结巴巴地说,"我的誓言使其成为一种责任。"

"你是说责任?难道你看不出这个国家没有人赞同你的意见吗?别以为你的作战计划会吓倒我。我唯一感到痛苦的是看见在我的对手中有一个埃及人,一个和我一起风餐露宿的人,一个老朋友。还有,傅里叶先生,你怎么能够忘了是我成就了你?"

傅里叶记得拿破仑在埃及无情地抛弃了他,他能吞下拿破仑这些话说明了他内心的善良和性格的坚韧,但他的头脑却很不健全。

几天后,拿破仑问现在忠诚的傅里叶:

"你认为我的计划怎么样?"

"陛下,我相信你会失败的。你在路上会遇到狂热分子,一切都会结束。"

"呸!没有人支持波旁家族,就连狂热分子也不拥护。至于这一点,你已经在报纸上看到了,他们已宣布我是非法的。我自己会更宽容一些:我会满足于把他们赶出杜伊勒里宫!"

本性难移和拿破仑的自负应该结合在一起,而不应该一分为二。

第二次复辟导致傅里叶在巴黎典当他的财产以维持生计。但在他饿死之前,老朋友们同情他,任命他为塞纳河统计局局长。1816 年,科学院试图选举他为院士,但波旁王朝下令,如果有人是他们以前的对手的朋友,不得以任何方式授予荣誉。科学院坚持自己的立场,第二年选出了傅里叶。波旁王朝反对傅里叶的这一行为可能看起来气量太小,但比起他们对可怜的老蒙日所做的事情,这算是一种高贵的行为了。高贵者应有高贵的样子!

傅里叶的最后几年是在高谈阔论中度过的。作为科学院的终身秘书,他总能找到听众。说他吹嘘自己在拿破仑手下取得的成就,未免太过温和了。他成了一个叫人无法忍受的、大喊大叫的、令人讨厌的人。他没有继续他的科学研究工作,而是通过夸夸其谈他将要做什么来取悦他的听众。然而,他为科学进步所做的贡献远远超过了自己应尽的责任,如果说人类任何工作值得不朽的话,傅里叶的工作就是不朽的。他不需要自吹自擂或虚张声势。

傅里叶在埃及的经历使他养成了一种奇怪的习惯,这种习惯可能加速了他的死亡。他认为沙漠的炎热是有助于健康的。他不仅把自己像木乃伊一样裹得严严实实,据他的差点被烤熟的朋友说,他住的房间要比地狱和撒哈拉沙漠加起来还要热。他于 1830 年 5 月 16 日死于心脏病(有人说是动脉瘤),享年 63 岁。傅里叶属于杰出数学家群体,他们的工作是如此重要,以至他们的名字在每一种文明语言中都已成为形容词。

* * *

蒙日的衰老速度较慢,也更悲惨一些。第一次复辟后,拿破仑对他自己创建的势利集团感到愤慨和仇恨,这个势利集团在他权力衰退的那一刻便拆他的台。再次掌权后,拿破仑打算狠狠地教训一下那些忘恩负义者。

蒙日是一位善良的老平民,劝诫拿破仑要仁慈和设身处地:也许有一天,拿破仑会发现自己走投无路了(在地震切断了一切逃跑的途径之后),他应该对那些忘恩负义的人的支持心存感激。冷静下来后,拿破仑明智地用仁慈化解了不公正。对于这种仁慈的做法,要归功于蒙日一人。

在拿破仑从滑铁卢逃走后,拿破仑让他的部队尽其所能摆脱困境。当他返回巴黎时,傅里叶的忠诚冷却下来了,蒙日的忠诚却与日俱增。

学校历史经常讲述拿破仑的最后一个梦想:征服美洲。蒙日的版本有所不同,事实上,他的说法处于一个更高——事实上是难以置信——的高度。拿破仑被敌人包围着,一想到因不能进一步征服欧洲而被迫无所事事,他就感到大失所望。他将目光转向西方,用一眨眼的工夫审视了从阿拉斯加到好望角的美洲。但是,拿破仑像着了魔一样,渴望成为一名修道士。他宣称,只有科学才能使他满意;他将成为第二个无限伟大的亚历山大·冯·洪堡。

他向蒙日坦言,"我希望在这个新的领域中,留下能够配得上我的著作和发现。"

确切地说,哪些作品配得上拿破仑呢?接着,这只折翅的老鹰勾勒出了他的梦想。

"我需要一个同伴,"他承认,"首先让我了解当前的科学状况。然后,你[蒙日]和我将横穿整个大陆,从加拿大到好旺角;在这段漫长的旅程中,我们将研究所有科学界尚未作出定论的地球物理学的惊人现象。"这不是妄想吗?

"陛下,"蒙日喊道——他快六十七岁了,"你的合作者已经找到了,我和你一起去!"

拿破仑又一次回到了他的老样子,他毫不客气说出了自己的想法,这个心甘情愿的老兵会阻碍他从巴芬湾到巴塔哥尼亚闪电般的行军。

"你太老了,蒙日。我需要一个更年轻的。"

蒙日摇摇晃晃地去找"一个更年轻的人"。他找到暴躁的阿拉戈,作为他精力充沛的主人的理想旅伴。尽管阿拉戈口若悬河,把这件事说得荣耀无比,但他还是吸取了教训。阿拉戈指出,一个能像拿破仑一样在滑铁卢那样抛弃军队的将军,在任何地方都不是可以追随的领袖,即使在安逸的美洲也是如此。

进一步的协商被英国人粗暴地中止了。到了10月中旬,拿破仑开始考察圣赫勒拿岛。为征服美洲而预留的一大笔钱落入了别人的口袋,而不是科学家的腰包,密西西比河和亚马孙河河畔也没有建立"美洲研究所",能与俯瞰尼罗河的神奇研究所相提并论。

在享受了帝国主义的面包之后,蒙日现在尝到了盐的味道。作为一名革命者和科西嘉新贵的宠儿,波旁王朝极其渴望砍下蒙日的头颅。蒙日为了保全性命,从一个贫民窟逃到另一个贫民窟。就算是气量狭小,不容侵犯的波旁王室给予蒙日的待遇也应当受到谴责。他们竟然狭隘到剥夺这位老人最后的荣誉——这项荣誉与慷慨的拿破仑毫无关系。

1816年,他们命令将蒙日逐出法兰西学院。现在像兔子一样温顺的院士们服从了。

波旁王朝的最后的卑鄙做法为蒙日的葬礼增色不少。正如蒙日所预见的那样,他在中风后长期昏迷最终死亡。巴黎综合理工学校的年轻人是蒙日心中的骄傲,而蒙日保护他们免受拿破仑的专横干涉,因此蒙日是他们的偶像。蒙日于 1818 年 7 月 28 日去世,巴黎综合理工学校的学生请求参加葬礼。国王拒绝了这个请求。

由于纪律严明,巴黎综合理工学校的学生遵守了禁令。但他们比胆小的院士更足智多谋或更勇敢。国王的命令仅限于葬礼。第二天,他们全体前往墓地,在老师兼朋友加斯帕尔·蒙日的墓前献上花圈。

(贾随军　译)

第十三章

荣耀的日子

彭赛列(1788—1867)

●从拿破仑的战场复活●通向监狱的荣耀之路
●1812 年在俄国过冬●天才在监狱里做的事●几何
在地狱里的两年●对天才的奖赏：愚蠢的例行公事
●彭赛列的射影几何●连续性原理和对偶原理

> 在我们这门科学中，射影几何以极大的便利为我们开辟了新的天地，它已被恰当地称为通向其自身特定知识领域的王者之路。
>
> ——F. 克莱因(F. Klein)

第一次世界大战期间,不止一次当法军遭遇追击又没有援军可用之时,最高指挥部就会安排某个女歌手离开她的闺房,将她火速送往前线,并从头到脚给她披上三色旗,命令她面对精疲力竭的士兵高唱《马赛曲》,以此来挽回当日的败局。女歌手唱完后便乘坐豪华轿车返回巴黎;受到鼓舞的部队则向前挺进,第二天早上,被恣意审查过的报纸再次异口同声,让容易上当受骗的公众确信,"荣耀的日子已经到来"——却绝口不提伤亡数字。

1812 年,荣耀的日子尚未到来。女歌手们也没有随拿破仑·波拿巴的 50 万大军向俄国胜利进军。当俄国人在所向披靡的大军面前退却时,法国士兵自己唱起了歌,激动人心的歌声响彻广阔无边的平原,将暴君们从他们的宝座驱除,让拿破仑登上了他们的位置。

正像最热情的歌手原本希望的那样,一切都进行得如此荣耀:就在拿破仑跨过涅曼河 6 天前,他出色的外交策略间接地激怒了麦迪逊总统,将美国投入一场对英的疯狂战争中;俄国人比以往任何时候都更迅速地朝莫斯科退却,拿破仑的大军正一鼓作气追赶不情愿战斗的敌人。在博罗季诺,俄国人虽然掉转头来战斗,但却败退了。拿破仑没有遇到抵抗——除了受到飘忽不定的天气的影响——继续向莫斯科推进,他从那里向沙皇喊话,愿意考虑全体俄军的无条件投降。莫斯科有能力的居民们在市长带领下，选择放火烧毁他们的城市，将其焚为平地，把拿破仑和他的所有士兵熏得无处藏身。拿破仑虽然非常恼火，但仍旧控制着局势，他无视"用剑杀人者必死于剑下"这个明显的暗示——这是直到此时对于他在军事上一意孤行的第二个或第三个暗示——立即命令他的驭手快马加鞭，火速穿越现已冰冻的平原向后方疾驰，准备在莱比锡与布吕歇尔会面，任由他的大部队要么步行回国，要么冻死。

在被抛弃的法军中，有一位年轻的工兵军官，让·维克托·彭赛列（Jean-Victor Poncelet），他曾是巴黎综合理工学校的一名学生，后来又在梅斯的军事学院学习，受到过蒙日（1746—1818）的新画法几何学和年长的卡诺（1753 年 5 月 13 日—1823 年 8 月 2 日）的《位置几何学》（1803 年出版）的启发，后者具有革命性（虽然有些反动）的教学大纲，是为了"将几何学从分析学的难以辨认的符号中解放出来"而制订的。

彭赛列在他的经典著作《分析学与几何学的应用》（1862 年第二版，第一版出版于 1822 年）的前言中，详细记述了他在这次从莫斯科的灾难性撤退中的经历。1812 年 11 月 18 日，由内伊元帅率领的疲惫不堪的法军残部在克拉斯诺伊被击垮。年轻的彭赛列是那些留在冰冷的战场上等死的人中的一个，那身工兵军官制服救了他的命。一个搜索队发现他还活着，就把他带到俄军大本营审问。

作为战俘，这个年轻军官被迫穿着那身破烂制服步行近 5 个月，穿越冰封的平原，只靠少量配给的黑面包维持生命。在连温度计上的水银柱都常被冻住的严寒中，彭赛列的许多战友都悲惨地死在路上，但他靠着强健的体魄走完全程。1813 年 3 月，他来到位于萨拉托夫伏尔加河畔的监狱。起初他因极度疲惫而不能思考，但当"明媚的 4 月阳光"使他恢复活力后,他便记起他曾经受过良好的数学教育。为了缓解严酷的流放生活,他决心尽可能多地重新阐述所学的知识。就这样他创立了射影几何学。

起初没有书,并且仅有极少量的书写材料,他回忆起了所知道的全部数学知识:从算术到高等几何和微积分。彭赛列还尽力辅导他的战友为能活着回到法国后必须参加的考试作准备,这使得这些最初的工作令人愉悦。有一种传闻,说彭赛列刚开始时只有一些木炭碎片,这些是从使他免于冻死的微弱的炭火盆中拣出来的,用于在牢房墙上画图。他曾打趣说,他学过的数学中的所有细节和复杂推导,实际上都已忘得一干二净,然而一般的、基本的原理在他的记忆中则像过去一样清晰。对他来说物理学和力学也是如此。

1814 年 9 月,彭赛列回到法国,随身带着"在萨拉托夫的俄国监狱里(1813—1814)所写的七本笔记手稿,连同其他各种新、旧著作",在这些手稿中,他——一位 24 岁的年轻人——为射影几何注入了自德萨格和帕斯卡在 17 世纪创立这门学科以来最强劲的动力。前面曾提到,他的经典著作的第一版出版于 1822 年。它并不包含上面曾引用的他发自内心"对于其生平经历的表白",但是它掀起了 19 世纪的一个巨大浪潮,促进了射影几何、普遍意义上的现代综合几何,以及在处理代数问题时所出现的"虚"数的几何解释,从几何上将这种"虚数"解释为空间的"理想"元素。它还提出了强有力的、(有时)引起争议的"连续性原理"。下面马上就要叙述这个原理,它把从表面上看没有关系的图形性质,统一为一致的、自足的完整整体,大大简化了几何构形的研究。从彭赛列的更广泛的观点来看,例外和难于处理的特殊情况不过是已经熟悉的事物的不同方面。这部经典著作也充分利用了富于创造性的"对偶原理",并引入了彭赛列本人发明的"互反性"方法。总之,这位年轻的军事工程师为几何学增添了一整套新武器,而他曾被遗弃在克拉斯诺伊的战场上等死,若不是他的军官制服让他看起来像是一个俄军大本营要审问的对象,他很可能在天亮之前就死了。

接下来的 10 年(1815—1825),彭赛列作为军事工程师的职责,使他只有零散的时间用来实现他的真正抱负——在几何学中广为利用他的新方法。许多年后他才得以解脱。他高度的责任感和决定性的效率,使彭赛列容易成为目光短浅的上司们的牺牲品。布置给他的一些工作,只有具备他这种才干的人才能完成,例如,在梅斯创办实用机械学校和在巴黎综合理工学校改革数学教育。但是有关防御工事的报告,他在国防委员会的工作,以及他在伦敦和巴黎国际博览会机械部的主管之职(1851—1858)——这里只是提到他众多日常工作中的少数几项——都可以交由能力上更弱的人去完成。不过,他伟大的科学功绩并非得不到赏识。科学院选举他(1831)做拉普拉斯的继任者。基于政治上的原因,彭赛列在三年后才接受了这项荣誉。

彭赛列整个成年时期的生活是自身两个方面长期内在冲突的结果,一方面是与生俱来要做稳定的工作,另一方面是接受短视的政客和愚钝的军阀强塞给他的一切琐碎或肮脏的工作。彭赛列本人渴望逃避,但是他在拿破仑的军队中被训练出来的那种深入骨髓的、错误的责任感,驱使他舍本逐末,不切实际。他没有过早地、持续地患神经衰弱,是他体格健硕的突出证据。而他差不多直到 79 岁去世时仍保持着他的创造力,则是他无法抑制的天才的一个光辉证明。当他们想不出更好的办法让这个才华横溢的人打发他的时间时,他们就派他到法国各地去巡视棉纺厂、丝绸厂和亚麻布厂。他们并不需要一个彭赛列去做那种事情,他也知道这一点。假如他独一无二的才能在这种事务中是不可或缺的,那么在法国他就是最不会反对这样做的人,因为他绝不是那种智力上假装正经的人,认为科学女神每次与工业握手时都会失去她永恒的纯洁。然而他并非是唯一能胜任这种工作的人,因为比如巴斯德就在处理啤酒变质、家蚕病害和人类患病等这类同样重要的问题上作出了贡献。

* * *

我们现在来看一下彭赛列为征服射影几何所发明或改造的一两件武器。首先是他的"连续性原理",它指的是当一个图形通过投影或其他方式渐变成另一个图形时几何性质的不变性。这无疑是相当含糊的,而彭赛列自己关于这个原理的表述从来就不很精确,事实上,这让他卷入了与更加保守的几何学家无休止的争论中,他礼貌地称他们为老古董——当然,这样庄重的措辞总是适合某个官员和某位绅士。请注意,该原理具有很大的启发价值,但它本身并不总是提供它所暗示的定理的证明,我们可以从几个简单的例子中看出它的精神。

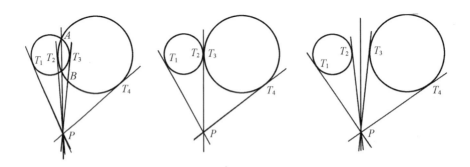

设想两个相交的圆,它们相交于点 A 和点 B。用直线将 A 和 B 连起

来。可以看到图中显示了两个实点 A，B 和两个圆的公共弦 AB。现在设想两个圆逐渐分开。公共弦不久就变成两个圆在它们接触点处的公切线。在到目前为止的任何阶段，以下定理（通常安排成中学几何中的一个练习）成立：如果在公共弦上取任意点 P，从它可以向两个圆作四条切线，假如这些切线与圆的切点是 T_1，T_2，T_3，T_4，那么线段 PT_1，PT_2，PT_3，PT_4 长度相等。反之，如果问所有的点 P 位于何处才使得两个圆的四条切线段都相等，答案是在公共弦上。用通常的语言简要叙述所有这一切，我们说一点 P 在移动时使得从它到两个相交圆的切线段的长度相等，那么它的轨迹（其意思只是位置）是这两个圆的公共弦①。所有这些都是人们所熟悉的和简明的；没有那种神秘和不可理喻成分，就像某些人可能形容接下来要讨论的"连续性原理"那样。

将这两个圆完全分开。它们的两个交点（或在最后时刻它们的一个接触点）在纸上不再看得到了，"公共弦"被留下来悬在两个圆之间，我们看不到它与两个圆中的任何一个相交。然而我们知道，仍然有一条相等切线段的轨迹，而且容易证明这条轨迹垂直于连接两个圆心的直线，就像原来的轨迹（公共弦）那样。仅作为一种说话方式，如果我们反对"虚幻"，我们则继续说两个圆相交于该平面无穷部分的两个点，即使两个圆已经被分开了，我们也说新的直线轨迹仍然是这两个圆的公共弦：交点是"虚的"或"理想的"，但是连接它们的直线（新的"公共弦"）是"真实的"——我们在纸上的确把它画出来了。

如果我们按笛卡儿的方式写出圆和直线的代数方程，那么我们为求交点而在求解这些代数方程的过程中所做的一切，在扩充了的几何中都有其

---

① 在前述中，若点 P 位于这两个圆的外部，则切线是实的（可见的）；若 P 在这两个圆的内部，则切线是"虚的"。——原注

唯一的对应关系;反之,如果我们不首先扩充几何——或至少增加它的词汇用以讨论"理想"元素——那么许多有意义的代数从几何上来看就成为无意义的了。

当然,所有这些都需要逻辑上的理由。到目前,在有需要的地方都已给出了这样的理由,也就是说,达到了包括几何中有价值的"连续性原理"的应用这一阶段。

该原理一个更重要的例子是由平行线提供的。在讲述这个例子之前,我们可以复述一位令人尊敬的杰出法官的话,这是几天前有人向他讲起这件事时他说的。这位法官一直心情不好;一位业余数学家想让这位老人高兴起来,就给他讲了一些与无穷有关的几何概念。当时他们正在法官的花园中散步。当法官被告知"平行线在无穷远处相交"时,他停下来。"布兰克先生",他加强了语气说,"任何说平行线相交于无穷或别的什么地方的人,简直没有头脑"。为了避免争论,我们可以像先前那样,说这完全是一种表达方式,以避免麻烦的例外以及令人恼火的不同案例。然而一旦语言上达成一致,那么逻辑一致性就要求它贯彻到底而不必拘泥于逻辑语法和句法规则,这就是我们所做的。

为了看出这种措辞的合理性,我们设想一条固定的直线 l 和不在 l 上的固定点 P。通过 P 任作一条直线 l' 与 l 相交于 P',并设想 l' 绕 P 旋转,使得 P' 沿 l 远去。P' 何时停止移动呢?我们说它停下来是在 l,l' 平行的时候,或者,如果我们愿意,也可以说是当交点 P' 在无穷远处时。鉴于已经表明的原因,这种说法是方便的且富有启发性——并非那位法官所想,出自疯人院,而是在几何中所做的非常有趣而且有时也是非常实用的事情。

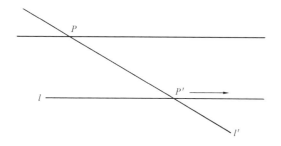

以类似方式通过在无穷远处添加"理想的"点、直线、平面，或"区域"，就可以丰富直线、平面和三维空间（同样还有更高维的空间）的可见的有限部分。如果那位法官碰巧看到这一点，他或许就会欣赏下面有关几何中无穷性态的令人吃惊的例子：平面上任何两个圆都相交于四个点，其中的两个点是虚的，位于无穷远处。如果这两个圆是同心的，那么它们在位于无穷远的直线上的两个点处相互接触。而且，平面上所有的圆都通过位于无穷远处这同样的两个点——它们通常被记作 I 和 J，有时被一些不恭敬的学生称作依萨克（Isaac）和雅各布（Jacob）。

在关于帕斯卡的那一章，我们讲述了几何中区别于度量性质的射影性质的含义。在此我们可以回过头来看一下阿达马对于笛卡儿解析几何的评论。除了其他一些事情，阿达马还注意到，现代综合几何通过启发代数学和分析学中的重要研究来报答代数对于整个几何学的恩惠。这一现代综合几何就是彭赛列的研究对象。尽管目前看来可能所有这些都相当复杂，但我们将从 19 世纪 40 年代找一条线索来把这个故事讲完，因为这件事情确实很重要，不仅对于纯粹数学的历史，而且对于近期数学物理的发展来说也是如此。

来自 19 世纪 40 年代的这条线索，是由布尔、凯莱、西尔维斯特以及其他人开创的代数不变量理论，它（我们在以后的章节将会解释）对当代理论物理具有基本的重要性。彭赛列及其学派的射影几何在不变量理论的发展中起了非常重要的作用:几何学家发现了一整批在射影下不变的图形性质;19世纪40年代的代数学家,特别是凯莱,将几何的射影变换翻译成分析学的语言,并将这种翻译应用于表达几何关系的代数(笛卡儿)模式,并因此能够在阐述代数不变量理论方面取得极其迅速的进步。如果德萨格这位17世纪的大胆先驱能够预见到其巧妙的射影方法所导致的结果,他很可能会感到惊讶。他知道自己做了件好事,但他或许不知道它到底有多好。

德萨格去世时,牛顿是一个20岁的年轻人。没有证据表明牛顿曾听说过德萨格这个名字。假如他听说过,并且能够预见到,由他那年长的同时代的人所打造的不起眼的一环,注定要构成一条强有力的锁链的一部分,而在20世纪,这条锁链注定要把他的万有引力定律从据称是永恒的基座上拉下来,他也会感到惊讶的。因为如果没有从(我们将会看到的)凯莱和西尔维斯特的代数工作中自然发展起来的张量演算这个数学工具,那么爱因斯坦或其他任何人都不可能动摇牛顿的引力理论。

* * *

射影几何中一个有用的概念是交比或非调和比。通过点 O 画任意四条直线 l, m, n, p。再画任意一条直线 x 与这四条直线相交,将 x 与这四条直线的交点分别标为 L, M, N, P。于是我们就有了 x 上的线段 LM,MN, LP, PN。由此形成比 $\dfrac{LM}{MN}$ 和 $\dfrac{LP}{PN}$。最后我们取这两个比之比,就得到了交比 $\dfrac{LM \times PN}{MN \times LP}$。这个交比的神奇之处在于,对于直线 x 的所有位置,它都有相同的数值。

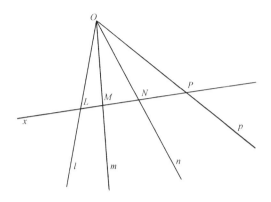

后面我们将要指出,克莱因把欧氏几何和通常的非欧几里得几何统一为一种广泛的几何。由于凯莱修改了度量几何赖以建立的距离和角度的通常概念,使得这种统一成为可能。在这一修改中,交比起着主导作用,通过它,并借助他本人引入的"理想"元素,凯莱能够将度量几何归类到射影几何。

我们来谈谈极富成效的"对偶原理",以结束这里对彭赛列所使用的那种工具的粗略描述。为简单起见,我们只考虑该原理在平面几何中是如何运用的。

首先我们注意到,任何连续曲线都可以用以下两种方式之一来看待:要么看成由一个点的运动产生的,要么看成由一条直线的旋回运动扫出来的。为了明白后者,想象一下在曲线的每一点处画出的切线。因此点和直线就关于该曲线密切地相互联系在一起:通过该曲线的每个点,存在该曲线的一条直线;在该曲线的每条直线上,存在该曲线的一个点。在前面的句子中,用"在……上"代替"通过",则在":"号后用";"号隔开的两个命题,除了"点"和"直线"这两个词互换之外,其他是等同的。

作为术语,如果一条线(直线或曲线)通过一个点,我们就说这条线在该点上,我们注意到如果一条线在一个点上,那么该点在这条线上,反之亦然。为使这一对应具有普遍性,我们将已经描述过的那种"理想元素""添加"到通常的平面,即所谓的度量平面,其中欧氏几何(普通的中学几何)成立。这样添加的结果是一个射影平面:一个射影平面包括度量平面的所有普通点和直线,此外,还包括一组理想点,它们都被假定位于一条理想直线上,使得一个这样的理想点位于每条普通直线上[①]。

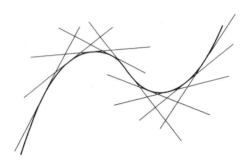

使用欧几里得的语言,我们常说两条平行线具有相同的方向;使用射影的语言来表达,这就变成了"两条平行线具有同一个理想点"。还有,在旧几何中,如果两条或更多条直线具有相同的方向,它们是平行的;在新几何中,如果两条或更多条直线具有同一个理想点,它们是平行的。射影平面上的每条直线都被设想成有一个理想点("位于无穷远处")在它上面;所有的理想点被认为构成了一条理想直线,即"位于无穷远处的直线"。

这些概念的目的,是要避免因假设平行线存在而需要的那些欧氏几何的例外陈述。这在讨论彭赛列构想的连续性原理时已经评论过

---

① 这个定义以及马上要给出的具有类似属性的其他定义,都取自已故的约翰·韦斯利·扬(John Wesley Young)所著的《射影几何》(芝加哥,1930)。在普通中学上过通常几何课程的任何人都可以读懂这本小册子。——原注

了。

有了这些预备知识,平面几何中的对偶原理现在就可以表述为:平面射影几何中的所有命题都是成对出现的,使得从一对特定的命题中任意一个出发,只要交换点和直线这两个词担当的角色,就可以直接推出另一个。

在他的射影几何中,彭赛列将这个原理用到了极致。随意打开几乎任何一本关于射影几何的书,我们都会注意到印着两栏命题的那些页,这是彭赛列发明的。两栏中对应的命题互为对偶;如果证明了其中的一个,另一个的证明则是多余的,因为对偶原理已经蕴含了它成立。这样一来,无须付出额外的劳动,几何学的内容一下子就翻倍了。我们给出下面一对命题作为对偶命题的一个例子。

两个相异的点在一条且仅在一条直线上　　　两条相异的直线在一个且仅在一个点上

也许你会认为,这并不太令人兴奋。有些雷声大雨点小,虎头蛇尾。还能做得更好一些吗?

下图中左栏是帕斯卡关于他的神秘六角形得出的命题,我们已经见过了;下图中右栏是布里昂雄定理,是借助对偶原理发现的。布里昂雄(1785—1864)发现他的定理时还是巴黎综合理工学校的一名学生;该定理于 1806 年发表在该校的《学报》上。两个命题的图形看上去毫无类似可言。这可以显示出彭赛列所用方法的威力。

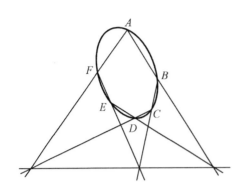

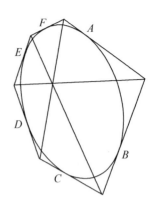

若 A、B、C、D、E、F 是一条圆锥截线上的任意点，则 AB 和 DE、BC 和 EF、CD 和 FA 每对直线的各自交点在一条直线上；反之亦然。

若 A、B、C、D、E、F 是一条圆锥截线上的切线，则 A 与 B 和 D 与 E、B 与 C 和 E 与 F、C 与 D 和 F 与 A 的每对交点的各自连线交于一点；反之亦然。

布里昂雄的发现让对偶原理在几何中出了名。在关于射影几何的任何一本教科书中，特别是在该原理向通常三维空间的推广中，我们可以找到有关其威力的更加惊人的例子。在此推广中，点和平面这两个词所担当的角色可以互换；直线则保持原样。

* * *

射影几何凸显出的优美及其证明的典雅，使它成为 19 世纪几何学家特别喜爱的研究。有能力的人蜂拥进入这座新的金矿，并迅速夺走它那些容易获得的宝藏。今天，大多数专家似乎都同意，就专业数学家的兴趣而言，这门学科已经被开采完了。然而，可以想象，其中可能还有一些与对偶原理一样明显的东西被忽略了。无论如何，对于业余爱好者，甚至对处于其职业生涯某个阶段的专业人士来说，这是一门容易上手、有着令人着迷的乐趣的学科。与其他一些数学领域不同，射影几何有幸拥有许多优秀的教科书和专著，其中有些出自几何大师，包括彭赛列本人之手。

（程钊　译）

第十四章

数学王子

高 斯(1777—1855)

●在数学上与阿基米德和牛顿齐名●卑微的出身
●粗暴的父亲●无与伦比的早慧●10岁时的机遇
●12岁梦想着革命性的发现,18岁时实现了●《算
术研究》●其他跨时代成就的概述●谷神星带来的
灾难●拿破仑,高斯的间接掠夺者,败于对手●高斯
在所有数学分支中取得的重大进展不胜枚举:见所
列清单●智者中的智者●难以接受的死亡

就像用创新性科学思想取得的本世纪(19世纪)几乎所有数学成果一样,系统的算术的进一步完善和发展也与高斯紧密相关。

——L.克罗内克(L. Kronecker)

阿基米德、牛顿和高斯都是举世无双的大数学家,一般人无法按功绩对其排名。他们三人都掀起了纯粹数学和应用数学的浪潮:阿基米德对纯粹数学的评价高于应用数学;牛顿把他的数学发明应用到科学中去,并似乎为这样做找到了完全正当的理由;而高斯则宣称,无论研究纯粹数学还是应用数学,对他来说都一样。尽管如此,高斯还是把当时最不实用的数学研究——高等算术,推崇为数学的女王。

数学王子高斯的血统与王室毫不沾边,他是穷人的儿子,1777 年 4 月 30 日出生在德国布伦瑞克(Braunschweig)一所简陋的农舍里。祖父是个贫穷的农民,1740 年在布伦瑞克定居,靠当园丁勉强度日,他共有三个儿子。1744 年出生的格哈德·迪德里希(Gerhard Diederich)是其中的老二,也是高斯的父亲。格哈德除了享有"高斯的父亲"这一独特的荣誉外,还当过园丁、运河修理工和瓦工,一生辛勤劳作,与普通人没什么区别。

在我们的印象中,高斯的父亲为人正直、诚实、粗俗,对儿子的严厉程度有时近乎残暴。他言谈粗鲁,举止笨拙。诚实的品质与不懈的劳作逐渐使他的生活条件有所改观,但他从没享受过安逸舒适的日子。由此,这样一个人会竭力阻挠年幼的儿子,不让他接受适合自己能力的教育,就不足为怪了。如果当时父亲占了上风,这个天赋异禀的孩子可能就会从事某一项家族行当,而正是因为一连串的机缘巧合,高斯才摆脱了当园丁或瓦工的命运。孩提时代的高斯恭顺听话,尽管在后来的人生中他从未指责过清贫的父亲,但却坦言自己从未真正爱过他。1806 年,格哈德去世,到那时,曾被他竭力阻挠的儿子已经完成了不朽之作。

如果从母亲这方面来看,高斯确实又是幸运的。多罗西娅·本茨(Dorothea Benz)的父亲是个石匠,由于这种职业的工作环境有碍健康,30 岁时便死于肺结核,留下了两个孩子,多罗西娅和她的弟弟弗里德里希(Friedrich)。

高斯的天赋在这里才从遗传血统上呈现出来。由于经济困难,弗里德里希被迫从事纺织行业,他非常聪明、和蔼可亲,以其敏锐而躁动的头脑在一个对他来说不仅仅是生计的领域里寻觅探索。在这个行业中,他很快就赢得了最优锦缎织布匠的美誉,而且完全是靠自己掌握的这门手艺。弗里德里希发现姐姐的孩子具有类似的头脑,于是聪明的舅舅在这位少年天才身上动起了脑筋,通过自己探究式的观察和略带嘲讽的人生哲学,竭尽所能唤起孩子敏锐的逻辑思维能力。

尽管弗里德里希知道自己在做什么,但高斯当时可能不知道。然而,高斯有着过目不忘的本领,直到临终前还清晰记得幼年和童年时的画面。成年后,回顾舅舅为他所做的一切,回想起舅舅那富有创造性的头脑却因过早离世而被剥夺了斩获累累硕果的机会,他哀叹道:"天才泯灭了。"

1769 年,多罗西娅搬到布伦瑞克,34 岁时(1776 年)嫁给高斯的父亲。第二年,儿子降生了,洗礼名的全名是约翰·弗里德里希·卡尔·高斯(Johann Friedrich Carl Gauss)。晚年,他在自己的杰作上只是简单地签名为卡尔·弗里德里希·高斯。由此,虽然弗里德里希·本茨作为一位伟大的天才逝去了,但他的名字却在对他心存感激的外甥身上保留了下来。

高斯的母亲为人直率,性格坚强,聪慧敏锐,幽默感十足。她从生下高斯到最终 97 岁去世,一直把儿子作为自己的骄傲。这个"神童"两岁时,便仿佛天外来客,其惊人的智商给所有见证他非凡成长的人都留下了深刻印象。步入童年后,他一直保持,甚至超过了幼年时期的潜质。多罗西娅·高斯站在了儿子的一边,抗衡着顽固的丈夫,以免孩子像他一样愚昧无知。

多罗西娅对儿子寄予了厚望。她可能有时也会怀疑自己的梦想能否实现,因为她总是忐忑不安地向那些能判断儿子能力的人征求意见。在高斯 19 岁时,她问高斯的数学好友沃尔夫甘·波尔约(Wolfgang Bolyai)高斯是否会有所作为,当波尔约大声说"他会是欧洲最杰出的数学家"时,她泪流满面。

她生命的最后 22 年是在儿子家度过的,其中后四年里完全失明了。尽管高斯本人对名誉几乎毫不在意,但母亲却把他的成功视若生命①。他们总能完全理解对方。她勇敢守护他的早年,而他回报她以平静的晚年。母亲失明后,高斯亲力亲为,不让其他任何人伺候;在她久病不愈期间,一直照顾着她。1839 年 4 月 19 日,母亲去世。

有好多次意外都差点让我们失去这位数学上堪与阿基米德和牛顿齐名的人物,高斯本人还记得小时候发生的一件事。一年春天,洪水泛滥,淹没了流过农舍的水道。他在水边玩耍时被卷入水中,差点淹死,要不是恰好碰到一个工人,当场就毙命了。

---

① 关于高斯与他父母关系的传说还有待考证。随后我们会看到,尽管母亲支持儿子,但父亲却反对他;而且按当时的惯例(现在通常也是如此),在德国家庭中,父亲享有最终的话语权。——我后面会讲一些从在世的、认识高斯家人的人们那里听到的传说,特别地,其中涉及高斯对待儿子们的态度。尽管这些故事是第一手证据,但我也不能保证一定是真的,毕竟他们的年纪都太大了。——原注

在整个数学史上,没有哪个孩子像高斯一样早慧。人们不知道阿基米德何时首次展露出天赋,牛顿最初表现出极高的数学天赋时,可能也没有引起别人的注意。但高斯3岁之前就显露出了自己的才能,虽然这看起来有些不可思议。

一个星期六,格哈德·高斯正计算着他所管辖的工人们每周的工钱,浑然不知年幼的儿子正以审慎的目光注视着整个计算过程。就在他快要结束冗长的计算时,一个小男孩的高声叫喊吓了他一跳:"爸爸,算错了,应该是……"核对账单后,高斯说的数果然是正确的。

在此之前,这个男孩就从父母和他们的朋友那里学会了字母发音,并自己学会了读书。尽管他在学习字母时可能已经理解了数字1,2,…的含义,但从没有人教过他任何算术知识。晚年,他喜欢开玩笑地说自己在会说话之前就知道怎么计算了。他一生都具有惊人的复杂心算能力。

高斯刚过完7岁生日就步入了他的第一所学校,那是中世纪遗留下来的一所残破学校,当时由年富力强的布特纳(Büttner)管理,他的初衷是要将他所教授的这一百来个孩子鞭打到一种恐怖的愚昧状态,以致连自己的名字都记不起来。这反映了感伤的反动分子对重返美好往昔的渴望。正是在这个地狱般的地方,高斯找到了机会。

最初两年没发生什么新鲜事儿。10岁那年,高斯开始上算术课。由于这是一门新课,没一个孩子听说过等差级数。这样,对英雄的布特纳来说,出一道自己利用公式几秒钟就能得到答案的长长的加法算术题,在那时是轻而易举的事情。如81 297+81 495+81 693+…+100 899这类题目,其中从一个数到下一个数的步长都相同(此处是198),再把一定数量的项(此处是100项)相加。

按照学校的惯例,首先算出答案的孩子把自己的石板放在桌子上;第二个算出的把他的石板放在第一个的上面,以此类推。布特纳刚把这个问题说完,高斯就把石板放在了桌子上:"答案放那儿了!"——用乡下方言是"Ligget se!"然后,在接下来的一个小时里,当其他孩子都奋力计算时,他双手交叉坐在那里,布特纳时而不时地向他投来嘲讽的目光,心想班里最小的这个学生不过又是一个笨蛋而已。下课后,布特纳仔细检查了所有石板,发现高斯的上面只有一个数。直到生命行将结束,高斯都喜欢向别人诉说自己写的结果如何正确,而其他人的如何错误。从没人教过他快速解决这类问题的技巧。一旦知道了解法,它就是一个再普通不过的问题,但从一个十岁的孩子能马上独立找到解法的角度看,就没那么普通了。

这件事为高斯走向不朽打开了大门。布特纳因这个十岁的男孩儿在没经过任何指导的情况下迅速得出结果而大为惊讶,他幡然悔过,至少对这个学生来说成了一位仁慈的教师。他自掏腰包买了市面能找到的最好的算术教科书送给高斯,高斯很快就读完了。布特纳说:"他超越了我,我没什么可以再教他了。"

仅凭布特纳自己的能力,也许不能再给这个年轻的天才提供更多的帮助,但幸运的是,布特纳的助手约翰·马丁·巴特尔斯(Johann Martin Bartels,1769—1836)是一个对数学充满热情的年轻人,主要负责帮助初学者写字和给他们削鹅毛笔。在这个 17 岁的助手与 10 岁学生之间萌生出了温暖情谊,并伴随了巴特尔斯一生。他们共同学习,遇到困难互相帮助,并详细阐明代数和分析基础教材中的证明。

* * *

正是这些早期的工作,使高斯发展出了自己职业生涯中的一个主要兴趣。他很快掌握了二项式定理：

$$(1+x)^n = 1 + \frac{n}{1}x + \frac{n(n-1)}{1\times 2}x^2 + \frac{n(n-1)(n-2)}{1\times 2\times 3}x^3 + \cdots,$$

其中 n 不一定是正整数，可以为任何数。若 n 不是正整数，则右边级数有无穷多项（不会终止），为了说明该级数何时真正等于 $(1+x)^n$，必须研究要使该无穷级数收敛于一个确定的有限值，需要对 x 和 n 施加什么限制条件。因为若 $x=-2$ 且 $n=-1$，就会得到一个比较荒谬的结果：等式左边等于 $(1-2)^{-1}=(-1)^{-1}=\frac{1}{-1}=-1$，而等式右边等于 $1+2+2^2+2^3+\cdots$，永无止境。也就是 -1 与一个"无限大的数" $1+2+4+8+\cdots$ 相等，真是天方夜谭！

无穷级数是否收敛，是否真的能计算出它们所表示的数学表达式（函数）？在年轻的高斯向自己提出这个问题之前，对于因不加辨别地使用无穷过程所引发的谜团（及荒谬结果），原来的分析学家并没有煞费苦心解释其中的原因。与二项式定理的早期接触，启发高斯做出了一些最杰出的工作，他成了第一个"严格主义者"。当 n 不是大于零的整数时，二项式定理的证明即便在今天也超出了初等教科书的范围。高斯对他和巴特尔斯在书中看到的证明并不满意，自己给出了一个证明。这是他从事数学分析研究的肇始，而分析学的精髓便是正确使用无穷过程。

于是，这项工作的顺利展开必将会带来整个数学领域的变革。事实上，像牛顿、莱布尼茨、欧拉、拉格朗日、拉普拉斯等所有当时最伟大的分析学家，几乎都对现在人们接受的关于无穷过程的证明没有任何概念。高斯首先清楚地意识到，这样一个可能导致"负 1 等于无穷"的荒谬"证明"，根本就不是证明。即使一个公式在某些情况下得到的结果并不矛盾，但也必须要确定出能使其永不产生矛盾的严格条件，否则它在数学中就毫无价值。

在高斯自己、他同时代的人（阿贝尔、柯西）以及他的后继者（魏尔斯特拉斯、戴德金）的影响下，高斯赋予分析学的严格性逐渐渗透整个数学领域，继他之后的数学与牛顿、欧拉、拉格朗日那时的截然不同。

从积极意义上讲，高斯是一位革命者。他在学业结束之前，就像对二项式定理感到不满一样，以同样的批判精神对初等几何的证明提出了质疑。他 12 岁就已经怀疑欧氏几何的基础，16 岁时第一次感受到处于欧氏几何之外的另外一种几何学。一年后，他开始对先辈们比较满意的数论证明进行深刻批判，承担起一项异常艰巨的任务——填补空白并完成他们只完成了一半的工作。算术是高斯最先取得成功的领域，也是他最喜欢研究并撰写杰作的领域。高斯将他对证明精髓的准确把握与丰富的数学创造力结合起来，无坚不摧，让人望尘莫及。

* * *

巴特尔斯不仅将高斯引领到了代数学的神秘殿堂，还帮了他很多忙。这位年轻的教师认识布伦瑞克一些有影响的人物，现在他的任务就是让这些人对他的发现感兴趣。高斯的天赋异禀给他们留下了深刻印象，同时也引起布伦瑞克公爵卡尔·威廉·费迪南德（Carl Wilhelm Ferdinand）的注意。

1791 年，公爵首次召见了 14 岁的高斯，高斯的质朴、因腼腆而表现出的局促不安深深打动了他。在高斯离开时，公爵应允会让他继续接受教育。第二年（1792 年 2 月），高斯被布伦瑞克的卡罗琳学院（Collegium Carolinum）录取，公爵不仅为他支付了当年的学费，此后还一直继续支付，直到他完成学业。

　　高斯 15 岁进入卡罗琳学院之前,通过自学和年长的朋友们的帮助,在古典语言方面取得了长足的进步,但其职业生涯也因此出现了危机。对粗鲁、务实的父亲来说,学习古典语言是愚蠢至极的事。多罗西娅·高斯为儿子争取到了胜利。在公爵的资助下,高斯在预科学校上了两年课,在那里,他对古典语言闪电般的掌握速度让老师和同学们惊叹不已。

　　语言学研究强烈吸引着高斯,但对科学来说幸运的是,他现在在数学领域找到了更加迷人的东西。高斯步入大学时已经掌握了灵活的拉丁语,事实上,他的许多伟大论著都是用拉丁语写成的。拉丁语简单易学,任何学生在几周之内就可以掌握,而且足以满足欧拉和高斯的要求。但令人遗憾的是,继法国大革命和拿破仑垮台之后,顽固的民族主义浪潮席卷了欧洲,即便高斯这样的人物也无力抵挡。除了母语外,当时的科学工作者还必须具有其他两三种语言的阅读能力。高斯竭尽所能抵制其他语言,然而当他德国的天文学家朋友敦促他用德语写一些天文学论著时,他不得不屈服了。

　　高斯在卡罗琳学院学习了三年,其间掌握了欧拉、拉格朗日等人较为重要的著作,尤其是牛顿的《自然哲学的数学原理》。一个伟人能得到的最高赞誉莫过于来自与他齐名的人物。高斯从来没有降低过自己 17 岁时对牛顿的评价。此外,在高斯流畅的拉丁文中,也不乏对欧拉、拉普拉斯、拉格朗日、勒让德等人的赞美之词。但他对牛顿的赞誉最高。

　　还在上大学的时候,高斯就开始着手研究使他流芳百世的高等算术。他惊人的计算能力此时发挥了作用。他直接对数本身进行研究,通过归纳法发现深奥的一般定理,再努力去证明它们。就这样,他重新发现了"算术的宝石"或"黄金定理",即著名的二次互反律,欧拉也曾用归纳法得到过这个定理,但是高斯第一个给出了证明。(勒让德给出的证明在一个症结处含混不清。)

整个研究起源于许多算术初学者都会问自己的一个简单问题:循环小数的每个周期中有多少个数?为了澄清这个问题,高斯计算了从 $n=1$ 到 1 000 的所有分数 $\frac{1}{n}$ 的小数表示。他没有找到要寻觅的宝藏,而是发现了一个极其美妙的结果——二次互反律。鉴于它陈述起来相当简单,接下来我们将对其进行描述,同时介绍一下高斯在算术术语和记号方面取得的一项革命性进展,即同余。下文中所有的数都是整数(通常的整数)。

若两个数 a 与 b 的差($a-b$ 或 $b-a$)能被数 m 整除,则称 a 与 b 关于模 m 同余,或简称模 m 同余,可记为符号 $a \equiv b(\bmod m)$。因此,$100 \equiv 2(\bmod 7)$,$35 \equiv 2(\bmod 11)$。

该方法把难以捉摸的算术整除性的概念用简练的记号来表示,优点在于能让人联想到代数方程的书写方法,同时也意味着我们可以把用来得到代数学中有趣结果的那些方法应用到算术(要比代数学难得多)中。例如,类似于方程"相加",也可以将模完全相同的同余式"相加",从而得到其他的同余式。

令 x 表示一个未知数,r 和 m 为已知数,且 r 不能被 m 整除,那么是否存在一个数 x 满足

$$x^2 \equiv r(\bmod m)?$$

若存在,则称 r 为 m 的二次剩余;若不存在,则称 r 为 m 的二次非剩余。

若 r 为 m 的二次剩余,则一定至少存在一个 x,使得 m 除 x^2 的余数为 r。若 r 为 m 的二次非剩余,则不存在满足 m 除 x^2 后余数为 r 的 x。

这些是前面定义的直接结论。

举个例子来说，13 是 17 的二次剩余吗？如果是，则同余式

$$x^2 \equiv 13(\bmod\ 17)$$

有解。分别用 $1,2,3,\cdots$ 去尝试，发现 $x=8,25,42,59,\cdots$ 是方程的解（$8^2=64=3\times17+13$；$25^2=625=36\times17+13$，等等），因此 13 是 17 的二次剩余。但 $x^2 \equiv 5(\bmod\ 17)$ 无解，因此 5 是 17 的二次非剩余。

现在很自然地要问，对于给定的 m，其二次剩余和二次非剩余都是什么？即若 $x^2 \equiv r(\bmod\ m)$，m 为已知，当 x 取遍所有数 $1,2,3,\cdots$ 时，哪些数 r 会出现，哪些数 r 不会出现？

不难发现，只要能对所有的素数 r 和 m 回答这个问题就足够了。由此我们把它重新叙述一下：若 p 为一个给定的素数，对于同余方程 $x^2 \equiv q(\bmod\ p)$，q 取何素数时方程可解？在算术目前的状况下，这个要求未免过高，但要解决它也不是全然没有希望。

在每一对同余式

$$x^2 \equiv q(\bmod\ p), \quad x^2 \equiv p(\bmod\ q) \quad (p\ \text{和}\ q\ \text{均为素数})$$

之间存在着漂亮的"互反律"：两个同余式或者都可解或者都不可解，除非 p 和 q 除以 4 都余 3，此时，一个可解，一个不可解。这就是二次互反律。

要证明这个结论并不容易，事实上，连欧拉和勒让德都深感困惑。高斯 19 岁时给出了第一个证明。鉴于互反律在高等算术和代数学许多高深部分中都占有至关重要的地位，多年来高斯一直在脑海中反复思忖，试图找到它的根源，最终总共给出六种不同的证明方法，其中有一种利用了正多边形的尺规作图。

为了阐明二次互反律,用具体的数举个例子。首先,取 $p=5,q=13$。因为 5 和 13 除以 4 都余 1,所以 $x^2 \equiv 13 \pmod 5$ 和 $x^2 \equiv 5 \pmod{13}$ 一定都可解,或者都不可解。对于这对同余式,属于都不可解的情况。若 $p=13$, $q=17$,因为 13 和 17 除以 4 都余 1,所以 $x^2 \equiv 17 \pmod{13}$ 和 $x^2 \equiv 13 \pmod{17}$ 一定也是都可解,或者都不可解。这对同余式属于都可解的情况:第一个同余式的解为 $x=2,15,28,\cdots$;第二个同余式的解为 $x=8$, $25,42,\cdots$。接下来只需验证 p 和 q 除以 4 都余 3 的情况。取 $p=11,q=$ 19,根据互反律,$x^2 \equiv 19 \pmod{11}$ 与 $x^2 \equiv 11 \pmod{19}$ 中恰有一个可解。前一个同余式无解,第二个同余式的解为 $x=7,26,45,\cdots$。

仅发现互反律,就堪称是一项重大成就。由于它是由一个 19 岁的孩子最先给出的证明,这对所有试图证明它的人都意味着高斯不仅仅擅长数学而已。

1795 年 10 月,18 岁的高斯离开卡罗琳学院,前往格丁根大学,此时还没决定好是把数学还是语言学作为自己的毕生事业。他发明的(当时 18 岁)"最小二乘"法,当今在大地测量、实验结果处理,以及从大量测量中推断被测量物体的"最可能"值等许多领域,都已成为不可或缺的工具。[通过使"残差"(粗略地讲,实际测量值与假定精确值之间的差)的平方和最小,可以得到最可能值。]勒让德 1806 年独立发表了该方法,这样他和高斯共享此项殊荣。最小二乘法的研究唤起了高斯对观测误差理论的兴趣。当今,所有处理统计数据的人,无论是品德高尚的情报测试员还是不择手段的市场操纵者,无不熟悉高斯的误差正态分布定律及相关的钟形曲线。

* * *

1796 年 3 月 30 日是高斯职业生涯的转折点。那一天,距离他生日正好一个月,他毅然决然地选择了数学。在 3 月这个值得纪念的日子,语言学痛失高斯,不过他将其作为了毕生爱好。

正如在费马那一章讲过的,正十七边形是一枚骰子,它的幸运下落促使高斯跨越了他的卢比孔河(Rubicon)。同一天,高斯开始写科学日记(Notizenjournal),这是数学史上最珍贵的文献之一,其中第一篇记录了他的伟大发现。

直到 1898 年,也就是高斯去世 43 年之后,格丁根皇家学会从高斯的孙子那里把这本日记借来评论研究,它才开始在科学界流传开来。它由 19 张小八开纸组成,包含了有关他的发现成果或计算结果的 146 个极其简短的说明,其中最后一则日记的时间是 1814 年 7 月 9 日。1917 年,高斯全集第 10 卷(第 I 部分)中出版了它的复印件以及几位专家编辑对其内容的详尽分析。日记并没有把他 1796 年至 1814 年这段多产时期的所有发现成果都记录在内,但是其中许多草草记下的内容足以说明他是某些领域的先行者,如椭圆函数论,尽管当时有些人不承认高斯走在他们的前列。(要知道高斯出生于 1777 年。)

对于这本日记中埋藏了数年或数十年的成果,如果当时能及时发表的话,必将给他带来一个个巨大荣誉。在高斯的一生中,有些工作他从未公开过,而且当别人赶上他时,他也从未在任何出版的论著中声称自己早就预见到了这些结果。但记录就放在那里,他确实比一些怀疑他的人发现得要早。事实证明,这些预见并非无足轻重,其中一些成了 19 世纪数学的重要领域。

有几则日记表明这本日记完全记录的是作者的私事。如 1796 年 7 月 10 日的日记中,写着

$$\text{ETPHKA! } num = \triangle + \triangle + \triangle 。$$

翻译过来,这句话与阿基米德兴高采烈说的"我发现了"(Eureka)有着异曲同工之处,它指出每个正整数都是三个三角形数之和。三角形数指序列 $0,1,3,6,10,15,\cdots$ 中的数,其中每个数(0 之后)都可写为 $\frac{1}{2}n(n+1)$ 的形式,n 为任意正整数。另一种说法是:形为 $8n+3$ 的每个数都是三个奇数的平方和,如 $3=1^2+1^2+1^2$, $11=1^2+1^2+3^2$, $19=1^2+3^2+3^2$,等等。若没有任何基础,要证明这一点绝非易事。

1796 年 10 月 11 日的神秘日记"Vicimus GEGAN"就没那么容易理解了。这次高斯又征服了什么恶龙?而在 1799 年 4 月 8 日的日记中,他用规整的矩形圈出来的"REV. GALEN"又表示击败了哪个巨兽呢?尽管我们永远都无从追溯这些词的含义,但是剩下的 144 则日记的内容绝大多数都比较清晰。其中有一则尤为重要,等讲到阿贝尔(Abel)和雅可比(Jacobi)的章节时我们就会看到。这则日记的日期为 1797 年 3 月 19 日,它表明高斯已经发现了某些椭圆函数的双周期性,而那时他还不到 20 岁。此外,之后的一则日记说明高斯已经认识到了一般情况下的双周期性。如果他把这个成果发表出来,必定会声名远扬,但他从未发表。

高斯为什么会对他的伟大发现成果有所保留呢?这要比他的天赋容易解释——如果我们接受稍后要介绍的他本人的简短说明的话。关于这方面的原因,还有一个更浪漫的版本,那便是 W.W.R.鲍尔(W.W.R. Ball)在他著名的数学史中讲述的故事。据说,当高斯把自己的第一部杰作《算术研究》(*Disquisitiones Arithmeticae*)提交给法国科学院时,被轻蔑地拒绝了。这本不该承受的屈辱对高斯造成了深深的伤害,以至从此他决定只发表任何人都承认的、在内容和形式上无可指摘的成果。这不过是一个诽谤性的传说，在 1935 年被彻底推翻了。通过彻查档案，法国科学院官方确定高斯从未把《算术研究》提交给科学院，更别说被拒绝了。

高斯自己说，他从事科学研究只不过是为了回应他天性中最深处的呼唤，对他来说，出版的论著是否能够指导他人完全是次要的问题。有一次高斯还对朋友说了另一番话，以解释他的日记及其迟迟未发表的原因。他说，20 岁前铺天盖地的新思想涌入他的脑海，他几乎无法控制它们，只能抽时间记录下一小部分。有些问题他曾绞尽脑汁研究了几个星期，但日记中只对最终结果作了简短说明。高斯年轻时就开始思考阿基米德和牛顿的灵感所赖以存在的牢固的、坚不可摧的综合证明链条。他决定以他们为榜样，只把完成的极其完美的艺术作品留给后人，使之在不损毁作品完整性的情况下，增一分则多，减一分则少。作品本身必须能站住脚、完整、简洁、有说服力，不保留任何创作过程的痕迹。他说，在拆掉大教堂的最后一个脚手架，让它在我们的视野中消失之前，大教堂并不能称为大教堂。怀着这样的理想，高斯宁愿三番五次地打磨一部杰作，也不会贪图省事发表许多粗制滥造的作品。他的印章是一棵仅长着几个果实的树，其上镌刻着他的座右铭："很少，但却成熟了。"

这种追求完美的果实确实成熟了，但并不总是那么容易消化。他抹平了达成目标过程中的所有痕迹，追随者们很难重新发现他曾走过的道路。因此只有等到极具天赋的诠释者出现之后，一般数学家们才能理解它们，看到它们对未解问题的重要意义，然后再继续进行研究。高斯同时代的人恳请他放宽苛刻的完美主义，以便加快数学的发展进程，但他从没有放宽过。直到他去世很久之后，人们才知道他早在 1800 年之前就已经深刻地预见到了 19 世纪的数学。如果当时他肯透漏一下那些内容，数学很可能会提前发展半个世纪甚至更久。那样，阿贝尔和雅可比就能在高斯止步的地方直接开始研究,而不用费尽心思重新发现高斯早在他们出生之前就知道的东西,非欧几里得几何的创立者也可以将其天赋用到其他工作中去了。

高斯自称是一位"彻彻底底的数学家。"这可冤枉了他自己,除非我们能记得当时的"数学家"还包括现在所谓的数学物理学家。事实上,他的另一个座右铭[1]:

大自然,你是我的女神,我愿意在你的定律面前俯首听命……

真正总结了他一生对数学和自然科学的奉献。这里"彻彻底底的数学家"只能从以下意义上来理解:他没有像自己指责的莱布尼茨那样,将超群绝伦的天赋散布到可能会取得丰硕成果的所有领域,而是将其最杰出的天赋发挥到完美与极致。

在格丁根大学的那三年(1795 年 10 月—1798 年 9 月)是高斯一生中成果最丰硕的时期。由于费迪南德公爵的慷慨资助,这个年轻人不用担心经济问题。他一心扑在工作上,交到的朋友寥寥无几,其中有个人叫沃尔夫甘·波尔约,高斯称他是"我知道的最杰出的人",最终成了高斯的终生密友。他们两人的情谊及其在非欧几何史上的重要性千言万语都说不尽,这里不作赘述;沃尔夫甘的儿子约翰(Johann)实际上是沿着高斯创立非欧几里得几何的道路重新走了一遍,全然不知父亲的这位老朋友先于自己做过了这项工作。现在,高斯(部分上)抓住了自 17 岁以来就一直困扰自己的那些思想,并将其条理化。他从 1795 年就一直谋划着出版一部伟大的数论著作,如今定型了,实际上《算术研究》在 1798 年已经完成。

---

① 莎士比亚(Shakespeare)的《李尔王》(King Lear)第一幕,第二场,1—2 行,此处作了修改,把"法律"(law)改为了"定律"(laws)。——原注

1798 年 9 月，高斯去了黑尔姆施泰特（Helmstedt）大学，因为那里坐落着一座藏书丰富的数学图书馆，他可以借此了解高等算术领域中已经取得的研究成果，确保给予先辈们应有的赞扬。在那里，他发现自己的名声早已先他而至。图书馆馆长、数学教授约翰·弗雷德里希·普法夫（Johann Friedrich Pfaff，1765—1825）对他表示热烈欢迎，还邀请他住到自己家里。尽管普法夫的家人瞧不起这位客人，但他们两人还是成了亲密的朋友。显然，普法夫认为自己有责任督促这个勤奋的年轻朋友锻炼身体，因此傍晚时，他们经常一边散步，一边讨论着数学。由于高斯的谦逊以及对工作内容的沉默不言，普法夫可能没从高斯身上学习到他本可以学到的那么多东西。普法夫不仅具有卓越的数学才能，而且为人质朴，性格开朗，高斯对他极为尊重（他当时是德国最著名的数学家）。高斯一生中只厌恶蔑视一种人，那就是知道自己有错还不承认的学识伪装者。

1798 年秋天，高斯大部分时间留在布伦瑞克，偶尔会去黑尔姆施泰特大学为《算术研究》做最后的润色。他希望这部著作能早日出版，但由于莱比锡（Leipzig）出版社的问题，出版时间一直推迟到了 1801 年 9 月。为了感谢费迪南德公爵为自己所做的一切，高斯将此书献给了公爵——"致最仁慈的公爵，卡尔·威廉·费迪南德。"

如果说有一位慷慨的资助者值得被资助者尊敬，那么费迪南德便是值得高斯尊敬的人。当这位年轻的天才离开格丁根后因招不到学生而对未来忧心忡忡时，公爵施以援手，除了替他支付博士论文的印刷费用（黑尔姆施泰特大学，1799）外，还给了一笔适当的补助金，以使他安心科学研究工作不致受贫穷的困扰。高斯在他的献词中写道："您的仁慈，让我从一切其他事务中解放出来，能够专心致志地撰写此书。"

*　*　*

在介绍《算术研究》之前，我们先看一下他的博士论文。1799 年，高斯在没有出席答辩的情况下被黑尔姆施泰特大学授予博士学位，论文题目为《每个单变量有理整代数函数都可以分解为一次或二次实因式的定理的新证明》（*Demonstratio nova theorematis omnem functionem algebraicam rationalem integram unius variabilis in factores reales primi vel secundi gradus revolvi posse*）。

这篇文章是代数学上的一座里程碑，但有一点是错的。原标题中的前两个词"新证明"（Demonstratio nova）意味着高斯只是在其他已知证明的基础上又给了一个新证明。他应该删掉"新"（nova），因为他给出的是第一个证明。（这种说法会在后面得到证实）在他之前，有些人曾认为自己发表了这个定理（通常称为代数学基本定理）的证明，但事实上任何人都没有真正给出过。高斯坚决认为证明应该满足逻辑上和数学上的严密性，并给出了第一个证明。这个定理的一个等价说法是：每个含一个未知量的代数方程都有一个根。初学者往往想当然地认为这个结果是正确的，却对它的含义全然不知。

如果一个疯子胡乱写下了一堆数学符号，并不能仅仅因为在外行看来这些符号与高等数学别无二致，就认为他写下的东西有什么意义。同样，若只是说每个代数方程都有根，除非我们能够说出方程的根是哪一种，否则很难说这个断言有什么意义。我们隐约地感觉到一个数会"满足"方程，但半磅黄油却不会。

为了精确地刻画这种感觉，高斯证明：每个代数方程的根都是形如 $a+bi$ 的"数"，其中 a,b 为实数[a,b 表示与从定点 O 出发的直线（就像笛

卡儿几何学中的 x 轴一样)间的距离相对应的数,可以是正数、零或负数],i 是 -1 的平方根。这种新的"数"$a+bi$ 称为复数。

顺便说一句,高斯是最早条理清晰地描述复数的人之一,正如现在初等代数教材上那样,他把它们看作了标在平面上的点。

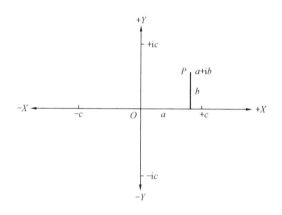

点 P 的笛卡儿坐标为 (a,b) ,也可以记为 $a+bi$。因此平面上的每个点都恰好与一个复数相对应;XOX' 上的点对应"实数";YOY' 上的点对应"纯虚数"(它们都是 ic 这样的数,其中 c 为实数)。

"虚数"这个词是代数学上的深重灾难,但它建立得如此牢固,以至数学家们无法取消它。它本不应该投入使用。初等代数书从旋转的角度对虚数给出了简单说明。假设 c 为实数,若把乘积 $i\times c$ 解释成线段 Oc 绕点 O 旋转一个直角,则 Oc 旋转到了直线 OY 上;再用 i 相乘,即 $i\times i\times c$,则 Oc 继续旋转一个直角,因此 Oc 总共旋转了两个直角,原来的 $+Oc$ 变成了 $-Oc$ 。而作为一种运算,用 $i\times i$ 相乘与用 -1 相乘的效果相同;用 i 相乘相当于旋转一个直角(正如我们刚刚看到的),这些解释是一致的。如果愿意,现在在运算中可以写出 $i\times i=-1$ 或 $i^2=-1$;因此作直角的旋转运算可以表示成符号 $\sqrt{-1}$。

这一切当然证明不了什么，也不打算证明什么。没有什么是需要证明的；只要能够满足相容性，我们可以赋予代数符号和运算任何意义。尽管借助旋转来解释上面的结论并没有证明任何东西，但是它或许表明，对严重错误命名的"虚数"，任何人都没有理由使自己陷入神秘的惊叹状态。要了解更多细节，我们几乎可以参考任何一本初等代数教材。

从刚才解释的意义上讲，高斯认为每个代数方程都有一个根的定理非常重要，以至给出了四个不同的证明，其中最后一个是他 70 岁时给出的。当今，有些人把这个定理从代数学（代数学限制有限多步内能完成的过程）迁移到分析学中。高斯甚至假设多项式的图像是一条连续曲线，如果多项式的次数为奇数，则它至少与 x 轴相交一次。对于任何代数初学者来说，这都是显而易见的。但是对今天来说，如果一个结论不经证明便不是显然的，而在尝试证明它的过程中会再次陷入有关连续和无穷的困境。即便像 $x^2-2=0$ 这样简单的方程，也不能在有限步内把根精确地计算出来。当我们讲到克罗内克（Kronecker）时，还会谈到这个问题。现在我们继续介绍《算术研究》。

《算术研究》是高斯的第一部杰作，也有人认为是他最伟大的杰作。1801 年（当时高斯 24 岁）该书出版之后，他不再以纯粹数学作为自己的唯一兴趣，而是将活动范围扩展至天文学、大地测量学，以及电磁学的数学研究与实践研究。但是，算术是他最热爱的学科，他年轻时本来还打算写《算术研究》的第二卷，但一直没有抽出时间，因此抱憾终生。这部著作分为七"部分"，本来还有第八部分，但是为了压缩印刷成本而删除了。

序言的开篇描述了这部著作的总体研究范围。"本书研究的是数学的整数部分，不包括分数和无理数。"

前三部分研究了同余理论,尤为详尽地讨论了二项同余式 $x^n \equiv A (\mathrm{mod}\ p)$,其中 n 和 A 是给定的任意整数,p 为素数,x 为未知整数。这个美妙的算术理论与相应的二项方程 $x^n = A$ 的代数理论有许多相似之处,但对代数学中没有与之相对应的特殊的算术部分,内容则要丰富和复杂得多。

在第四部分,高斯发展了二次剩余理论,其中包含对二次互反律的第一个证明。他在证明中惊人地应用了数学归纳法,这是用这种巧妙的逻辑论证解决数论问题的优秀案例,此后开始流传起来。

第五部分从算术角度研究了二元二次型理论,在完成二元理论的过程中,又不可避免地讨论了三元二次型。在这些艰深的工作中,二次互反律发挥着至关重要的作用。二元二次型的一般问题是讨论不定方程

$$ax^2 + 2bxy + cy^2 = m$$

的整数解 x 和 y,其中 a, b, c, m 为任意已知的整数;对于三元二次型,讨论的是不定方程

$$ax^2 + 2bxy + cy^2 + 2dxz + 2eyz + fz^2 = m$$

的整数解 x, y 和 z,其中 a, b, c, d, e, f, m 为任意已知整数。

在这一领域中,有个看似简单但却棘手的问题:对 a, c, f, m 施加必要且充分的限制条件,以确保不定方程

$$ax^2 + cy^2 + fz^2 = m$$

存在整数解 x, y 和 z。

第六部分是将之前的理论应用到各种特殊情况,例如,求 $mx^2 + ny^2 = A$ 的整数解 x 和 y,其中 m, n, A 为任意已知的整数。

第七部分,也是最后一部分,许多人将其视为这部著作的巅峰。高斯

利用前面的研究成果,特别是二项同余理论,对代数方程 $x^n = 1$(其中 n 为任意已知的整数)作了精彩讨论,将算术、代数和几何编织成一幅完美图画。方程 $x^n = 1$ 是作正 n 边形或将圆周 n 等分这样的几何问题的代数表述(可参考任何代数学或三角学的中学课本);算术同余式 $x^m \equiv 1 (\mathrm{mod}\ p)$,其中 m , p 为已知的整数且 p 为素数,是贯穿代数和几何的主线,赋予该图画最基本的含义。虽然任何在中学上过代数课的学生都可以找到这部无懈可击的著作,但是并不建议初学者使用(后来有些作者把高斯著作的那种简洁表述形式改成了更利于理解的形式)。

在所有这些工作中,有许多内容之前已经由费马、欧拉、拉格朗日、勒让德等人完成;但是高斯以独特的观点对整体重新加以处理,又添加了许多自己的工作,从他对有关问题的一般公式和解答中推导出了前人得到的孤立结果。例如,费马曾得到一个美妙的结果:每个形如 $4n + 1$ 的素数都可以唯一地表示成两个平方数之和。费马用复杂的"无穷下降法"进行了证明,但利用高斯对二元二次型的一般讨论,它却是一个很自然的推论。

高斯在晚年时说,"《算术研究》已经成为历史"。他是正确的。《算术研究》的出版为高等算术指明了新的方向,17 世纪和 18 世纪数论还只是把各种互不关联的特殊结果杂糅在一起,而此时却呈现出了统一性,堪与数学科学中的代数学、分析学和几何学平分秋色。

这部著作本身被称为"加七道封漆的著作",即使对专家来说,也晦涩难懂,但它所包含的以及部分藏匿在简洁的综合论证中的宝贵财富,可以被所有希望享有它们的人所利用,而这主要是高斯的朋友兼学生彼得·古斯塔夫·勒琼·狄利克雷(Peter Gustav Lejeune Dirichlet)努力的结果,他是第一个打破"七道封漆"的人。

有能力的鉴定者马上意识到了这是一部杰出的著作。勒让德①（Legendre）起初可能认为高斯对他有失公允，因为他的著作中的大部分内容已被高斯的《算术研究》所取代。但他在数论专著第二版（1808）的前言中，重新恢复了热情。拉格朗日也对《算术研究》赞不绝口。1804 年 5 月 31 日，他在给高斯的信中写道："您的《算术研究》使您立刻跻身于一流数学家的行列，我认为最后一部分包含了长期以来最漂亮的分析发现成果，先生，请相信没人比我更诚挚地为您的成功喝彩。"

由于《算术研究》的写作风格追求尽善尽美，不是很容易理解，当最终那些有天赋的年轻人想要深入学习这部著作时，书商却破产了，书买不到了，连高斯最得意的学生爱森斯坦（Eisenstein，1823—1852）也不例外。狄利克雷比较幸运，买到了一本，他出行时总会随身携带，甚至睡觉时也把它放在枕头底下。他每逢睡前都会奋力啃完几段，希望夜里醒来再读一遍的话，一切能变得清晰起来——他经常能如愿以偿。在讲到费马时，提到的一个绝妙定理应归功于狄利克雷：每个等差级数

$$a, a+b, a+2b, a+3b, a+4b, \cdots$$

中都有无穷多个素数，其中 a, b 都是整数，且没有大于 1 的公因子。利用分析学，可以证明这个定理，这本身就是一个奇迹，因为定理涉及的是整数，而分析学处理的是连续的非整数。

狄利克雷在数学领域的贡献远不止于对《算术研究》的补充说明，但是我们没有篇幅去讨论他的生平。遗憾的是，我们同样也没有篇幅讨论爱森斯坦，他是 19 世纪早期才华横溢的年轻人之一，可惜英年早逝。让许多数学家觉得不可思议的是，据说连高斯这样的人物都说过："世界上只有三位

---

① 阿德里安·马里·勒让德（Adrien-Marie Legendre，1752—1833）。受篇幅限制，我们无法叙述他的生平；他的许多杰出工作被年轻数学家同化或规避了。——原注

划时代的数学家,那就是阿基米德、牛顿和爱森斯坦。"如果高斯真的讲过这样的话(无从核实),那么仅仅因为是他说过的,而且他又是一个不轻易说话的人,爱森斯坦便值得我们关注。

在离开高斯的这个活动领域之前,我们可能会问,他为什么从未研究过费马大定理?他自己作出了回答。1816 年,巴黎科学院提议把费马大定理的证明(或否证)设为 1816—1818 年的大奖问题。1816 年 3 月 7 日,奥尔伯斯(Olbers)在不来梅港市(Bremen)写信奉劝高斯参与这场角逐:"亲爱的高斯,在我看来,你应该为此忙碌起来。"

但是"亲爱的高斯"抵御住了劝诱,两周后回信发表了对费马大定理的看法。"非常感谢您告知我巴黎大奖赛的消息,但我承认,我对费马大定理这样孤立的命题没有什么兴趣,因为我很容易便可以提出许多这样既不能给予证明也不能加以否定的命题。"

高斯继续说,这个问题使他想起了以前大力扩展高等算术时的一些思想。无疑,他指的是库默尔、戴德金和克罗内克将要独立发展的代数数论(后面章节会介绍)。但是高斯构想的理论只是其中之一,他宣称,如果只能透过黑暗看到一个遥远的、隐约存在的目标,就不可能会预见到朝着这个目标会取得什么样的进展。要想在如此艰难的求索中获得成功,一定是受到了幸运之星的眷顾,当时他因很多琐事不能安心工作,无法沉湎于苦思冥想之中,但是在"1796—1798 年这段幸运时期,我想出了《算术研究》的要点。而且我仍然相信,如果我能像我所希望的那样幸运,如果我成功地在那个理论中采取一些重要措施,费马大定理或许将只是一个最无聊的推论罢了。"

可能令今天所有数学家都感到遗憾的是,在穿越黑暗的过程中,"几个我们称为行星的土块"（高斯语）在夜空中意外闪耀，把高斯引入了歧途。在计算谷神星和智神星的轨道方面，即使牛顿说这是数理天文学领域最棘手的一类问题，那些比高斯稍逊一筹的数学家（如拉普拉斯）或许也能够完成高斯所做的全部工作。但高斯在这些问题上的辉煌成果马上使他成了欧洲公认的一流的数学家，还因此赢得了舒适的职位，可以在相对平静的环境中工作；所以可能那些该死的"土块"正是他的幸运星。

* * *

高斯职业生涯的第二个重要阶段始于 19 世纪的第一天，这一天也是哲学史和天文学史上的重要日子。1781 年，威廉·赫歇尔（William Herschel，1738—1822）发现了天王星，从而使当时已知行星的数量达到哲学上令人满意的 7 颗。但根据波德（Bode）定律，在火星和木星的轨道之间应该还存在太阳系中的其他成员，为此天文学家孜孜不倦地探寻着。直到 19 世纪的第一天，巴勒莫（Palermo）的朱塞佩·皮亚齐（Giuseppe Piazzi，1746—1826）观察到有颗星体正朝着太阳方向移动，最开始他误以为是一颗小彗星，但不久便意识到那是一颗新的行星——后来被命名为谷神星，这是现在已知小行星群中的第一颗小行星。

著名哲学家格奥尔格·威廉·弗里德里希·黑格尔（Georg Wilhelm Friedrich Hegel，1770—1831）曾公开发表文章抨击天文学家冒昧地去寻找第八颗行星，而就同时，谷神星被人们发现了，这是长期以来事实与推测之间最具讽刺意味的裁决之一。当时，黑格尔断言，只要对哲学稍加注意，一定马上会看到正好存在七颗行星，一颗不多，一颗不少。因此，他认为他们对第八颗行星的寻求是愚蠢地浪费时间。毫无疑问，黑格尔的学生对他的这个小失误给出了圆满的说明，但他们说服不了那些嘲笑其威风凛凛的禁令的数百颗小行星。

在这里,高斯对哲学家的看法很有意思,他认为这些哲学家们终日忙于他们根本就不理解的科学问题,尤其是有些人都没有在一些艰深的数学问题上把自己迟钝的嘴磨尖,就要啄向数学基础。反过来,这也使人想到了为什么现在兰伯特·A. W. 罗素(Bertrand A. W. Russell,1872—1970)、阿尔弗雷德·诺斯·怀特黑德(Alfred North Whitehead 1861—1947)和大卫·希尔伯特(David Hilbert,1862—1943)为数学哲学做出了杰出贡献:因为他们全都是数学家。

1844 年 11 月 1 日,高斯在给朋友舒马赫(Schumacher)的信中写道:"你可以在当代哲学家谢林(Schelling)、黑格尔(Hegel)、内斯·冯·埃森贝克(Nees von Essenbeck)及其追随者身上看到一种共性[数学上的无能],难道他们的定义不使你毛骨悚然吗? 看看古代哲学史中那些伟人,如柏拉图等人[亚里士多德(Aristotle)除外]是怎么解释的吧。即便是康德(Kant)本人,也往往好不到哪儿去;在我看来,他对分析命题和综合命题之间的区分,或者是微不足道的,或者是错误的。"高斯在写这封信的时候(1844 年)早已全面掌握了非欧几里得几何,非欧几里得几何本身足以驳倒康德关于"空间"与几何的一些观点,而他可能过分轻蔑了。

我们绝不能从高斯关于纯粹数学技巧的这个孤立例子,就推断出他没有哲学鉴赏力。他有。所有的哲学进展都对高斯有着极大的吸引力,尽管他并不赞成他们用以取得这些进展的方法。他曾说:"我认为有些哲学问题的解决比数学问题的解决重要得多,比如说有关伦理学、我们与上帝的关系,或者我们的命运和未来;但它们的解决完全超出了我们的能力,且完全游离于科学范畴之外。"

谷神星是数学的一场灾难。要理解为什么高斯如此严肃地对待它，我们一定不要忘记，尽管牛顿这位巨人已经去世了 70 多年，但直到 1801 年的数学仍然没有脱离他的庞大羽翼。当时的数学巨星，如拉普拉斯，也不过是辛辛苦苦去完成牛顿天体力学的大厦。在那时，数学还经常与数学物理学或数理天文学混为一谈。公元前 3 世纪，阿基米德把数学看作一门独立的学科，但在牛顿光辉的照耀下，这种观点被人淡忘了，直到年轻的高斯再次洞察到了它，数学才被公认为是以研究自身为第一要务的科学。然而，当 24 岁的高斯正在那些无人涉足的、即将并入现代数学王国的荒野中行进时，那块微不足道的"土块"，那颗毫不起眼的谷神星，却吸引了他无与伦比的聪明睿智。

谷神星并不是唯一的罪魁祸首。他天赋异禀的心算能力，一方面通过实证研究馈赠了数学以《算术研究》，但同时也在这场悲剧中起到了决定性作用。公爵培养了年轻的高斯，但他却一直没有找到赚大钱的工作，他的朋友和父亲非常着急，再加上他们不了解使这个年轻人成为沉默隐士的工作的性质，便都以为他疯了。在新世纪的曙光即将来临之际，他终于迎来了一次难得的机会。

人们在一个很难观测的位置发现了一颗新的行星，于是有一项任务便是从现有寥寥无几的数据中计算出行星的轨道，拉普拉斯本人可能作出过尝试。牛顿曾宣称，此类问题是数理天文学中最艰深的问题。为确定出精确的轨道，以确保绕太阳旋转的谷神星不逃离望远镜的追踪，即使在今天，仅需要的算术计算就可能会难倒电子计算机；但对这个年轻人来说，当时间紧迫或者懒得去拿对数表时，他凭借着非凡的记忆力无须查表，所有这些无止境的运算（是计术，而不是算术）都是小儿科。

如果牛顿的万有引力定律确实是自然法则的话，为什么不能迁就一下高斯的坏习惯，使他用之前从未使用过的计算方法得到复杂的轨道，让数学权威们由衷地感到兴奋与惊叹，从而使耐心的天文学家有可能一年之后在万有引力定律指定的位置重新发现谷神星呢？为什么不背弃阿基米德虚无缥缈的观点，忘掉自己在日记中有待深入的无与伦比的发现成果，而去做这项工作呢？简言之，为什么不使自己成名呢？公爵一向慷慨大方，但却在这个年轻人最隐秘的地方伤害了他的自尊心；作为当时时尚潮流中"伟大"的数学家，头衔、赞誉，以及随之而来的经济独立，所有的这一切现在都触手可及。有史以来的数学之神——高斯，在自己的年轻一代中伸手摘下了廉价的死海之果。

在近 20 年的时间里，孩子气的高斯怀着难以抑制的喜悦之情，昔日在日记中描绘的那些难以捉摸、隐约可见的崇高梦想，孤零零地搁置在那里，几乎被人们所遗忘。年轻的高斯经过精妙细致的计算后，预测了谷神星必然会出现的地点，而人们正是在那里重新发现了它。不久，智神星、灶神星和婚神星作为小谷神星微不足道的姐妹行星，也被因不相信黑格尔而到处窥视的望远镜观测到，而且它们的轨道与高斯卓绝的计算结果相吻合。原本欧拉需花 3 天时间才完成的计算（据说他就是因此失明的），按照高斯给出的固定方法与程序，现在成了只需要辛苦几个小时便能完成的简单练习。20 年来，他把大部分时间都投入天文计算中。

然而，即使这样沉闷枯燥的工作也无法扼杀高斯的创造天赋。1809 年，他发表了第二部杰作《天体沿圆锥曲线的绕日运动理论》（*Theoria motus corporum coelestium in sectionibus conicis solem ambientium*），书中根据复杂的摄动分析等观测数据，详尽讨论了行星和彗星轨道的确定问题，制定了多年来支配计算天文学和实用天文学的定律。这是一项伟大的成就,但如果高斯沿着日记中那些被他忽视的线索继续研究的话,就能轻易地取得比这更加出色的成果。《天体运动理论》并没有给数学带来实质性的新发现。

在重新发现谷神星后,各种赞誉排山倒海般袭来。拉普拉斯立刻称赞这位年轻的数学家与他不相上下,不久后又高呼高斯更胜一筹。过了一段时间,著名的旅行家、科学爱好者亚历山大·冯·洪堡(Baron Alexander von Humboldt,1769—1859)问拉普拉斯谁是德国最伟大的数学家,拉普拉斯回答说:"普法夫。"洪堡大吃一惊,因为他正在推荐高斯担任格丁根天文台台长之职,就问道:"那高斯呢?""哦,"拉普拉斯说,"高斯是世界上最伟大的数学家。"

在谷神星事件之后的 10 年中,高斯可以说是喜忧参半。即使在他职业生涯的早期阶段,也不乏诋毁者。那些在上流人士面前说得上话的知名人物,嘲笑这位 24 岁的年轻人把时间浪费在计算小行星运行轨道这种毫无意义的消遣上。谷神星可能是田野的女神,但对聪明人来说,在这个新行星上种植的玉米显然不会进入周六下午布伦瑞克的市场。毫无疑问,他们是正确的,但 30 年后,当他奠定了电磁学的数学理论基础并发明了电报时,他们仍以同样的方式嘲笑他。高斯让他们肆意地开着玩笑,从来没公开做过任何答复,但他私下表达了自己的遗憾:正人君子和科学泰斗们都会因气量狭小而变得荒谬可笑。与此同时,他继续进行研究工作,感谢欧洲学术界授予他的荣誉,但绝不会为了得到荣誉去恳求他们。

布伦瑞克的公爵增加了对这个年轻人的资助津贴,并一直持续到他 28 岁结婚(1805 年 10 月 9 日)。新娘是布伦瑞克的约翰妮·奥斯特霍夫(Johanne Osthof)。婚后第 3 天,高斯给他在格丁根大学的老朋友沃尔夫甘·波尔约写了封信,信中表达了令人难以置信的幸福感。"在我面前,生活就像永恒的春天,生气勃勃,绚丽多彩。"

在这段婚姻中,他们生育了 3 个孩子:约瑟夫(Joseph)、米娜(Minna)和路易斯(Louis)。据说大儿子约瑟夫继承了父亲的心算天赋。然而,路易斯出生不久,约翰妮便在 1809 年 10 月 11 日去世了,留给年轻丈夫的是孤独与忧伤。永恒的春天化为了寒冬。为了年幼的孩子,尽管他在第二年(1810 年 8 月 4 日)再度结婚,但过了很久之后,高斯才能比较坦然地谈起第一任妻子。第二任妻子米娜·沃尔德克(Minna Waldeck)是约翰妮的密友,共生了两个儿子与一个女儿。

据小道消息,高斯和他的儿子们相处得并不融洽。可能只有天赋异禀的约瑟夫除外,他从来没给父亲带来过任何麻烦。传闻有两个儿子背井离乡去了美国,成了密苏里州(Missouri)的农民。其中一个儿子的许多后裔至今仍生活在美国,这里我们不再赘述,只能说有一个美国的子孙成了圣路易斯(St.Louis)的一位富商。高斯和女儿们在一起时总是很开心。还有一个有关高斯的儿子们的完全相反的传说(40 年前由一个对高斯一家记忆犹新的老人所证实):高斯对他的儿子们一贯都很好,但其中有几个放荡不羁,令心烦意乱的父亲焦虑不已。人们可能会认为,高斯对父亲的记忆唤起了他对儿子们的同情。

* * *

1808 年高斯失去了父亲。而在父亲去世的两年前,他的恩人在惨境中死去,他受到的损失更为惨重。

费迪南德公爵不仅是一位学识渊博的、开明的资助者和仁慈的统治者,还是一位一流的战士,在七年战争(1756—1763)期间,他的英勇无畏和军事才华赢得了腓特烈大帝的热烈称赞。

在费迪南德公爵前往圣彼得堡为德国争取俄国援助以失败告终之后，70岁的他被任命为普鲁士军队的指挥官，意欲誓死抵抗拿破仑统治下的法国军队。奥斯特里茨（Auerstedt）战役（1805年12月2日）已经成为历史，普鲁士发现自己在压倒性优势面前被抛弃了。费迪南德在奥斯特里茨和耶拿（Jena）遇到向萨勒（Saale）进军的法军，惨遭失败，他身受重伤，向家乡撤退。

大腹便便的拿破仑大帝亲自走向战场。当费迪南德战败时，拿破仑驻扎在哈雷（Halle）。一个来自布伦瑞克的代表团等待着胜利的法国皇帝，乞求他能宽恕这位被他打败的勇敢老人。强大的皇帝可不可以在军规上做出让步，让这个奄奄一息的敌人在自己的火炉边安静地死去？他们向他保证，公爵不会再对别人有危险了，就快死了。

然而不巧的是，当时正赶上拿破仑大发雷霆。他不仅拒绝了，而且拒绝得相当粗俗、残暴。他对这个令人敬仰的对手过度诽谤，歇斯底里地嘲笑一个垂死之人的作战能力，这种拒绝方式暴露了他真正的做人准则。屈辱的代表团别无选择，只能尽力使这个温和的统治者避免承受死于牢狱的耻辱。9年后，同样是这群德国人，在滑铁卢战役中像井然有序的魔鬼一样战斗，推翻了这位法国皇帝，这似乎并不奇怪。

高斯当时住在布伦瑞克，房子坐落在主干道上。深秋的一个早晨，他看到医院的马车疾驰而过，里面躺着正在逃往阿尔托纳（Altona）的生命垂危的公爵。他激动得无以言表，这个对自己胜过亲生父亲的男人，像一个被追捕的罪犯一样仓皇躲藏起来等死。他当时什么也没说，后来也很少说话，但朋友们注意到他更加沉默寡言，一向严肃的性格变得更加严肃了。

像早年的笛卡儿一样,高斯害怕死亡。一生中,每一位密友的离世都会让他因无声的、压抑的恐惧不寒而栗。高斯充满活力,他还不会死。1806 年11 月 10 日,公爵在其父亲位于阿尔托纳的家中离世。

由于慷慨的资助人的离世,高斯必须要找一个可靠的营生养家糊口。这一点不成问题,因为这位年轻数学家的名声已经遍及欧洲的每一个角落。圣彼得堡科学院想方设法让他顺理成章地接替欧拉的位置,因为自欧拉 1783 年去世以来,还一直没有一位合适的继任者。1807 年,他们向高斯提出了一个明确的、颇具吸引力的邀约。亚历山大·冯·洪堡和其他有影响力的朋友不愿看到德国失去这位世界上最伟大的数学家,在他们的努力运作下,高斯被任命为格丁根天文台台长,并享有给格丁根大学的学生讲授数学的特权——必要时,也是职责。

毋庸置疑,高斯可能已经获聘了数学教授职位,但他更喜欢天文台,因为那里能为自己的持续性研究提供更光明的前景。如果说高斯讨厌教学,这未免有点言过其实,但是给普通的学生上课确实没有给他带来任何乐趣,只有当一个真正的数学家找来时,他才会跟人坐在桌旁,在精心备好的课程中滔滔不绝地袒露他的方法的秘密。但遗憾的是,这样的诱因很罕见,大多数情况下,占用高斯宝贵时间的学生往往是不具备数学天赋、最好另谋高就的人。1810 年,高斯在给自己的密友、天文学家兼数学家弗雷德里希·威廉·贝塞尔(Friedrich Wilhelm Bessel,1784—1846)写信时说:"今年冬天,我要给 3 个学生上两门课程,其中一个学生基础只是一般,一个比一般还要差一些,还有一个既没基础又没能力。这样的人都是数学行业的负担。"

当时,法国正为给予德国人良好的政府而忙于对德国的掠夺,格丁根付给高斯的薪水虽然不多,但足以满足高斯全家的简单需求。奢华的生活对高斯没有任何吸引力,早在 20 岁之前,他就将自己的一生毫无保留地献给了科学。正如他的朋友萨托里乌斯·冯·瓦尔特斯豪森(Sartorius von Waltershausen)写的那样:"从青年、晚年直到去世,高斯始终都非常简朴。一间狭小的书房、一张铺着绿色台布的小工作台、一张白色的站立式书桌、一张狭小的沙发,70 岁之后又添了一把扶手椅、一盏遮光灯、一间没有火炉的卧室,简单的饮食、一件长罩衫、一顶天鹅绒帽子,这些就是他的全部需要。"

如果说高斯简朴节约,那么在 1807 年入侵德国的法国侵略者就更加简朴节约了。为了按自己的想法统治德国,奥斯特里茨和耶拿的胜利者们要求战败方的赔偿超出了赔偿能力。这些勒索者们知道高斯既然是格丁根大学的教授和天文学家,便强迫他向拿破仑的战争金库捐款 2000 法郎。这笔巨款远远超出了高斯的支付能力。

不久,高斯收到了自己的朋友、天文学家奥尔伯斯的一封信,对于连一位学者都要受到如此狭隘的勒索,奥尔伯斯表达了自己的愤慨之情,随信寄来的还有这笔罚金。高斯对这位慷慨的朋友报以的同情很是感谢,但没有收下钱,而是立即给奥尔伯斯寄了回去。

不是所有的法国人都像拿破仑一样吝啬。高斯把奥尔伯斯的钱退回去不久,就收到了拉普拉斯一张友好的小字条,这个著名的法国数学家跟他说自己已经为他这个世界上最伟大的数学家支付了 2 000 法郎的罚金,并因能够为朋友卸下本不该肩负的重担而感到自豪。由于拉普拉斯是在巴黎缴纳的罚金,因此高斯没办法退回。然而,他拒绝了拉普拉斯的帮助,借助一笔(不请自来的)意外之财,按当前市场利率连本带利地把钱还给了拉普拉斯。一定有传言说高斯不愿接受别人的赈济,但接下来对他的一次帮助取得了成功。他在法兰克福的一位仰慕者匿名寄来 1000 荷兰盾,由于找不到寄件人,他只得勉强收下了这笔馈赠。

朋友费迪南德的去世,德国遭法国洗劫后的满目疮痍,经济状况的窘迫,以及第一任妻子的离世,这一切都影响了高斯的健康,30 岁出头的他生活得苦不堪言。夜以继日的过度劳累加剧了他的抑郁症倾向,各种措施都无济于事。他从来没有向朋友们倾诉过自己的烦恼,在他们面前,他总是平静地与之保持通信。但有一次,他在一份个人的手稿中吐露了出来。高斯 1807 年在格丁根任职,在之后的 3 年中,他偶尔会重新回到日记中的某个重要问题上去。在一篇关于椭圆函数的手稿中,纯科学问题间突然冒出了一段非常漂亮的铅笔字:"对我来说,死亡比这样的生活更好受些。"工作成了他摆脱痛苦的麻醉剂。

1811—1812 年(1811 年时高斯 34 岁),生活变得明媚起来。有了第二任妻子照顾年幼的孩子们,高斯得以平静下来。然而,几乎恰好在第二次婚姻一年之后,他在 1811 年 8 月 22 日黄昏时分首次观测到的那颗大彗星突然明亮起来。这是一个检验高斯为征服小行星而发明的武器的劲敌。

事实证明,他的武器达到了要求。当彗星拖着燃烧着的弯刀接近太阳时,欧洲迷信的人们充满敬畏地注视着这耀眼的奇观,从炽热的刀刃中看到了来自上天的严厉警告:万王之王对拿破仑勃然大怒,对这个无情的暴君很是不满。然而,高斯却欣慰地看到彗星沿着他很快计算出的轨迹运行,甚至都精确到了小数点最后一位。次年,那些喜欢道听耳食的人们也看到他们自己的预言得到证实,莫斯科燃起熊熊大火,拿破仑大军在俄国冰封的平原上全军覆没。

这是民众的解释与事实相符,并产生了比科学更重要影响的罕见例子之一。拿破仑本人也会愚昧地轻信别人——他相信"预感",一方面进行大屠杀,另一方面天真地信仰着仁慈的、莫测高深的天意,将二者协调起来,相信自己是应运而生的人。一颗无害的彗星卖弄着那绚丽的尾巴划过天际的壮观景象,很可能在拿破仑这种人的潜意识里留下了深刻的印象,干扰了他的判断。他对数学和数学家近乎迷信的崇敬,并没有给它们带来多大的荣耀,尽管人们经常通过引用他对二者的崇敬之情来作为赞美它们的主要理由。

拿破仑仅仅对数学在军事中的作用有着较为肤浅的理解(这些作用对一个瞎了眼的白痴来说也显而易见),而对于他同时代的大师们,如拉格朗日、拉普拉斯和高斯所研究的数学一无所知。在学校学习浅显的初等数学时,他是个聪明伶俐的学生,然而他过早地转向了其他领域,没能证明自己的数学潜力,而且也从未进一步学习。拿破仑是个能力卓绝的人,但他严重低估了自己不懂的那些问题的难度,竟然在拉普拉斯面前还摆出一副高人一等的模样,简直令人难以置信。但事实上,他竟然不知天高地厚地向这位《天体力学》(*Mécanique céleste*)的作者保证,只要能抽出一个月的闲暇时光,他就能读懂这本书。牛顿和高斯也许能胜任这项任务;但毫无疑问,拿破仑可能会在一个月内不停地一页一页翻看着,自然也不会感到十分疲惫。

令人欣慰的是,高斯太高傲了,不会为了满足拿破仑大帝的虚荣心而出卖数学,也不会像那些被误导的朋友所敦促的那样,凭借拿破仑那臭名昭著的对所有数学事物都很尊重的伪装,乞求他免除 2 000 法郎的罚金。拿破仑也许会因别人的奉承很乐意大发慈悲,但高斯不会忘记费迪南德的死,他觉得没有拿破仑的纡尊降贵,他和他所膜拜的数学会更好。

这位数学家与这位军事天才之间最鲜明的对比,莫过于他们面对溃败的敌人分别采取的不同态度。我们已经见识过了拿破仑如何对待费迪南德。但拿破仑垮台时,高斯并没有欣喜若狂。他冷静、超然地阅读着他能找到的有关拿破仑生平的一切资料,竭力了解像拿破仑这种富有才智的人的思想工作,从中获得很多乐趣。高斯有着强烈的幽默感,从勤劳的农民祖先那里继承的直率的务实作风,很容易让他对夸张的言行一笑置之。

* * *

如果高斯把向贝塞尔透漏的一项发现成果公诸于世,那么 1811 年也许会成为可以与 1801 年(《算术研究》在这一年问世)相媲美的数学上的里程碑。高斯在完全理解了复数以及它们可作为解析几何平面上点的几何表示之后,开始研究现在所谓的复数的解析函数问题。

复数 $x+iy$ 表示点 (x,y),其中 $i=\sqrt{-1}$。方便起见,把 $x+iy$ 用单个字母 z 表示。当 x,y 以任意规定的连续方式独立取实数值时,点 z 就会在平面上四处移动,显然 z 并不是随机移动,其移动方式由赋予 x,y 的值来确定。任何关于 z 的表达式,如 z^2,$\dfrac{1}{z}$ 等,当赋予 z 一个值时,这些函数都对应唯一一个确定的值,即所谓的 z 的单值函数,记为 $f(z)$。因此,若 $f(z)$ 是一个特殊的函数 z^2,则 $f(z)=(x+iy)^2=x^2+2ixy+i^2y^2=x^2-y^2+2ixy$(因为 $i^2=-1$)。显然,当赋予 z,也就是 $x+iy$ 一组值,如 $x=2,y=3$,则 $z=2+3i$,此时便能准确地确定出函数 $f(z)$ 的值;这里当 $z=2+3i$ 时,有 $z^2=-5+12i$。

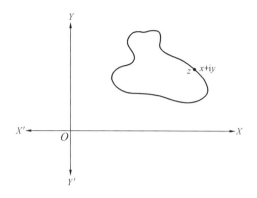

在复变函数理论中,并不是要研究所有的单值函数 $f(z)$;我们详尽地讨论一下单演函数,具体原因在描述完"单演"的含义之后再介绍。

令 z 移动到另一个位置 z'。用 z' 取代 z 后,函数 $f(z)$ 取另一个值 $f(z')$。现在用函数新的取值与原来取值的差 $f(z') - f(z)$ 除以变量新的取值与原来取值的差,有 $\dfrac{f(z') - f(z)}{z' - z}$,而且,正如要精确计算一条曲线的斜率需要求出曲线所表示的函数的导数一样,现在令 z' 无限接近 z,由此 $f(z')$ 同时也接近 $f(z)$。但这里还会出现一个值得注意的新现象。

这里并没有要求 z' 按某种特定的路径移动到与 z 重合的位置。由于 z' 在与 z 重合之前,可以通过复平面上的无穷多条路径移动,因此当 z' 沿各种不同路径与 z 重合时,我们不应奢望 $\dfrac{f(z') - f(z)}{z' - z}$ 的极限值都相同,而且通常情况下是不同的。但是,当 z' 沿不同路径移动到与 z 重合的位置时,如果前面所说的这些极限值恰好都相等,则称 $f(z)$ 在 z 处(或表示 z 的点处)是单演函数。单值(前面描述的)和单演是复变量解析函数的特征。

事实上,流体运动理论(数学的电学理论以及保角地图表示)中的许多内容都可以很自然地借助复变量解析函数论来处理,由此我们可以看到解析函数的重要性。假设这样的函数 $f(z)$ 分成了"实"部(不包含"虚数单位" z 的部分)和"虚"部,如 $f(z) = U + iV$,则对特殊的解析函数 z^2,有 $U = x^2 - y^2, V = 2xy$。想象在平面上流动的一层液体。如果流体的运动没有涡旋,通过画出曲线 $U = a$(a 为任意实数),由某个解析函数 $f(z)$ 可以得到一条运动的流线。类似地,由 $V = b$(b 为任意实数)可得等位线。让 a 和 b 在一定范围内取值,就能得到我们想要的任意大区域内的完整运动图像。对于一种指定的情形,如流体在绕障碍物流动的情况下,问题的难点则在于选择什么样的解析函数,整个事情在很大程度上就倒过来了:研究简单的解析函数,寻找它们适合的物理问题。说来也奇怪,事实证明,许多人为设计的问题在空气动力学和流体运动理论的其他实际应用中具有重大价值。

复变量解析函数论是 19 世纪最伟大的数学成就之一。高斯在给贝塞尔的信中陈述了这个庞大理论中基本定理的内容,但没有发表,最终被柯西和后来的魏尔斯特拉斯重新发现。鉴于这是数学分析史上的里程碑,稍后我们在不考虑精确公式所要求的严密性前提下,对其简单描述。

设想一个复变量在没有圈和扭结的有限闭合曲线上移动,且假设我们对一小段曲线的"长"有着直观的认识。在曲线上标出 n 个点 $P_1, P_2, \cdots, P_n$,使得 $P_1P_2, P_2P_3, P_3P_4, \cdots, P_nP_1$ 每一段的长度都不大于某个预先指定的有限长度 l。在每个曲线段上(而非小线段的端点处)选一个点,由对应点 z 的值得到函数 $f(z)$ 的值,用这个点所在的线段的长度与 $f(z)$ 的值相乘。对每一段都进行类似的操作,再把所有结果相加。随着这些段的数目无限增加,取这个和的极限,就得到了 $f(z)$ 对这条曲线的"线积分"。

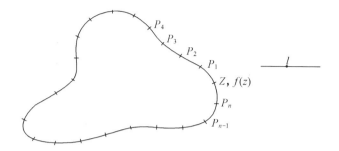

何时线积分为零？为了实现这一点，只需 $f(z)$ 在曲线上和曲线所围区域内的每一点 z 上都解析（单值和单演）。

这就是高斯在 1811 年向贝塞尔说起过的著名定理，分析学中的许多重要结果都可以作为它的推论。后来，柯西又独立发现了另一个与之类似的定理。

＊　＊　＊

高斯 30 多岁时，并没有将其惊人的精力全部投入天文学中。1812 年，拿破仑大军在冰冻的平原上展开了一场殊死后卫战，高斯另一项关于超几何级数的伟大成果也在这一年发表。超几何级数为如下形式的级数

$$1+\frac{ab}{c}x+\frac{a\,(a+1)\,b\,(b+1)\,x^{2}}{c\,(c+1)\times 1\times 2}+\cdots,$$

省略号表示该级数按所示规律无限继续下去，下一项为

$$\frac{a\,(a+1)\,(a+2)\,b\,(b+1)\,(b+2)\,x^{3}}{c\,(c+1)\,(c+2)\times 1\times 2\times 3}。$$

这篇论文是又一个里程碑。正如已经提到的，高斯是现代严格化的先驱。他在文章中确立了使得级数收敛（在本章前文的解释意义下）时应对 a,b，c,x 施加的限制条件。这个级数本身并不仅仅是教科书中的练习，因此研究它并不只是为了获得分析运算中的技巧，然后把它遗忘。通过对 a,b，

c，x 中的一个或多个数赋予特殊值，可以得到该级数的特殊情况，而其中有许多都是分析学中非常重要的级数，例如用于对对数级数、三角级数以及在牛顿天文学和数学物理学中反复出现的几个级数进行计算和制表的级数；一般二项式定理也是它的一个特例。通过处理这个级数的一般形式，高斯一举解决了许多问题。19 世纪，人们在这项工作的基础上发展出了物理微分方程的大量应用。

选择这样一项工作去认真努力地研究是高斯的特点。他从不发表浅薄的文章。当他的任何成果发表出来时，他不仅已经完成了成果本身，其中还充斥着很多思想，以至后继者们能将他的创造成果应用于新的问题。受篇幅限制，关于高斯在纯粹数学贡献的基本特征，虽然我们无法通过更多的例子对它们加以讨论，但是即便最简短的概括也要提到他有关四次互反律的工作。这项工作非常重要，为高等算术开辟了一个全新的、始料未及的方向。

＊　＊　＊

在解决了二次互反律之后，高斯自然而然地想到了任意次二项同余式的一般问题。若 m 是已知的一个不能被素数 p 整除的整数，n 是已知的一个正整数，若能求出一个整数 x，使得 $x^n \equiv m \pmod{p}$，则称 m 为 p 的 n 次剩余；当 $n=4$ 时，m 为 p 的四次剩余。

二次二项同余（$n=2$）的例子对 n 超过 2 时的情况几乎没有什么启发。在《算术研究》所删除的第八部分［或者可能像他告诉索菲·热尔曼（Sophie Germain，1776—1831）的那样，包含在曾计划但未完成的第二卷］中，高斯讨论了这些高次同余，探索了相应的互反律，即 $x^n \equiv p \pmod{q}$ 与 $x^n \equiv q \pmod{p}$ 的（关于可解或不可解）相互关系，其中 p，q 为有理素数。特别地要考察 $n=3$ 和 $n=4$ 的情况。

高斯在 1825 年的论文,以伟大先驱者的全部勇气开辟了新天地。在历经许多错误的尝试而终将陷入不堪忍受的困境之后,高斯发现了解决问题核心的"自然"途径。与二次互反律中的情形不同,有理整数 $1,2,3,\cdots$ 并不适用于表述四次互反律,因此必须创造出一种全新的整数。这些就是所谓的高斯复整数,也就是所有形如 $a+bi$ 的复数,其中 a,b 为有理整数,i 表示 $\sqrt{-1}$ 。

为了说明四次互反律,必须详尽地对复整数的算术可除性定律进行初步讨论。高斯对此做出了研究,从而开创了代数数理论——这可能是他当时评估费马大定理时想到的理论。对三次互反律($n=3$),他也按类似的途径找到了正确方法。人们是在他死后的论文中发现的这项工作。

后面在介绍库默尔和戴德金的职业生涯时,我们便能更加清楚地看到这一巨大进展的意义。就目前而言,只要说一下高斯最欣赏的学生爱森斯坦解决了三次互反律问题就足够了。他进一步发现四次互反律与椭圆函数论的某些内容有着惊人的联系。高斯曾对椭圆函数论进行了深入研究,但并没有披露自己的发现成果。

当然,高斯复整数是所有复数的一个子集,而整数作为一个微不足道的特例,人们可能会认为由所有数的代数理论可以得到包含着整数的算术理论,但事实并非如此。相比算术理论,代数理论简直就是小巫见大巫。或许有理数(形如 $\dfrac{a}{b}$ 的数,其中 a,b 为有理整数)能够说明其中的原因。我们总可以用一个有理数除以另一个有理数,再得到一个新的有理数:$\dfrac{a}{b}$

除以 $\dfrac{c}{d}$ 得 $\dfrac{ad}{bc}$。但有理整数除以另一个有理整数,得到的并不总是有理整数:7 除以 8 得 $\dfrac{7}{8}$。因此,如果我们必须要把自己限制在整数这一数论中最有趣的情形,那么在起步之前就已经束手束脚了。这就是高等算术比高等代数或初等代数更艰深的原因之一。

* * *

在将数学应用到大地测量学、牛顿的引力理论和电磁学方面,高斯同样取得了重要进展。一个人怎么可能完成为数众多的遥遥领先的研究成果呢?高斯以他特有的谦逊宣称:"如果别人也像我一样深入、持之以恒地思考数学真理,他们也会取得我的这些发现成果。"高斯的解释让人想起了牛顿。当有人问牛顿为什么能在天文学领域取得超越所有前辈的发现成果时,他回答说:"因为我一直在思考它们。"这对牛顿来说可能是很明显的事,但对普通人来说就不是了。

上述高斯之谜的一部分答案在于他总是不知不觉地专注于数学思想——这本身当然也需要解释。作为一位年轻人,高斯被数学"俘获"了。他在和朋友谈话时会突然陷入沉默,情不自禁地被各种想法所淹没,他呆呆地站在那里凝视着周围的一切。过后,他控制住了自己的思想,或者思想对他失去了控制,就开始有意识地把全部精力倾注在解决困难上,直到获得成功。他一旦抓住一个问题,不攻克它就绝不放手,尽管他可能同时关注到几个问题。

他在这样一个例子(《算术研究》第 636 页)中曾讲道,4 年来自己几乎每个星期都要花时间去确定某个符号的正负,最后终于灵光一现,答案跃然纸面。但你如果以为它会像新星一样自己闪现出来,不需"花费"一点时间,恐怕是根本没有领会重点。高斯经常在历经几天或几周的研究之后一无所获,但当他一夜无眠重新开始工作时,晦涩难懂的东西已经不复存在了,他脑海中清晰地闪现出整个解决方案。能够长时间高度集中注意力也是高斯之谜的一部分答案。

关于沉浸在自己思想世界中的这种忘我能力,高斯与阿基米德、牛顿很像,而且他在另外两方面的能力也与他们不分伯仲,即细致的观察能力和科学的创造能力,他能够设计出科学研究所需要的仪器。

大地测量学中的日观测仪的发明应归功于高斯,利用这种精巧的工具,信号通过反射光可以在瞬间传输。在当时,日观测仪的发明是人类向前迈进的一大步。高斯所使用的天文仪器也在他手里得到了明显改进。为了对电磁学进行基础研究,他还发明了双线磁强针。作为他机械方面创造能力的最后一个例子,高斯在 1833 年发明了电报,他与同事威廉·韦伯(Wilhelm Weber,1804—1891)理所当然地用它传递信息。能够将数学天赋与一流实验能力相结合,这在所有科学中都是非常罕见的。

高斯本人并不关心他的发明可能具有的实际用途。像阿基米德那样,他对数学的热爱胜过世界上所有其他领域;其他领域可能会采摘到他劳动的有形成果。但他在电磁研究方面的合作者韦伯,清楚地看到格丁根的这个微不足道的电报对文明的意义。回想一下,铁道在 19 世纪 30 年代才刚刚发展起来。1835 年,韦伯预言:“当全球都被铁路和电报线网覆盖时,这张网的作用将与人体神经系统的作用相当,一部分作为运输工具,一部分作为以闪电之速传播思想和感知的工具。”

前面已经提到过高斯对牛顿的钦佩之情。鉴于自己在一些杰作上付出的巨大努力,高斯能真正领会到牛顿为其伟大工作所做的长期酝酿和无尽沉思。牛顿和掉落的苹果的故事让高斯义愤填膺。他叫道："愚蠢！如果你愿意相信这个故事就信吧，但事情的真相是这样的：一个愚蠢的、喜欢指手画脚的人问牛顿是如何发现的万有引力定律。牛顿见自己不得不应付智商像孩子一样的家伙，为了摆脱骚扰，他回答说，一个苹果掉下来砸在他的鼻子上。那人恍然大悟，心满意足地离开了。"

我们这个时代也上演着与苹果类似的故事。当有人问爱因斯坦是什么使他创建了引力场理论时，他回答说，他问一个从建筑物上摔下来却安然无恙地落在一堆稻草上的工人，是否他下落过程中注意到了地心引力的"力量"在拉他。当被告知没有力量拉他时，爱因斯坦立即发现，在足够小的时空区域中，"引力"可以被观察者（正在下落的工人）参照系的加速度所取代。即便这个故事是真实的，也完全是在胡说八道。爱因斯坦之所以有这样的想法是他刻苦拼搏的结果，几年来，他努力掌握了两位意大利数学家里奇（Ricci）和列维-齐维塔（Levi-Civita）的张量演算。这两位数学家都是黎曼和克里斯托弗尔（Christoffel）的学生，同时他们也都受到高斯几何工作的启发。

高斯对阿基米德也怀有无限钦佩之情。在评价阿基米德时，他说自己无法理解为什么阿基米德没有发明出十进制记数系统或其他相应的系统（基数不是 10）。阿基米德设计了一种远远超越希腊符号体系的书写与记数方法，按高斯的说法，阿基米德所做的完全非希腊式的工作表明，他已经将十进制及最重要的位值制原理（$325 = 3 \times 10^2 + 2 \times 10 + 5$）掌握在手里了。高斯认为这种疏忽是科学史上莫大的不幸。"如果阿基米德当时已经做出这个发现，现在科学会上升到什么样的高度啊！"他惊呼说，同时还想到自己大量的算术与天文学计算，如果没有十进制记数法，即便对他来说也是不可能完成的。高斯充分认识到改进的计算方法对所有科学都具有重要意义,他辛辛苦苦地计算着,直到把几页的数字减少到几乎一眼就能看清的几行。他的很多计算都是靠自己心算完成的,改进的计算方法是为那些天赋不如他的人准备的。

尽管高斯在统计、保险、"政治算术"的科学方面的浓厚兴趣和聪明睿智足以使他成为一名出色的财政部部长,但与晚年的牛顿不同,他从不被官职的酬劳所吸引。直到最终病倒时,他仍始终都满足于自己的科学和简单的消遣。广泛阅读欧洲文献和古代经典著作、强烈关注世界政治、掌握外语和新科学(包括植物学和矿物学),这些就是他的业余爱好。

尽管莎士比亚悲剧中的那些阴暗面使这位对各种苦难都极度敏感的伟大数学家觉得过于沉重,但英国文学仍对他有着特别的吸引力,他谨慎地挑选着一些让人精神愉悦的作品来阅读。沃尔特·斯科特爵士(Sir Walter Scott,高斯同时代的人)的小说《凯尼尔沃斯》(*Kenilworth*)一经出版便受到了读者的热烈追捧,但故事的不幸结局让高斯郁闷了好几天,他后悔看了这本书。沃尔特爵士的一处纰漏"月亮大概从西北方向升起",逗得这位数理天文学家哈哈大笑,于是他花了好几天时间修改能找到的所有副本。英国的历史著作,特别是吉本(Gibbon)的《罗马帝国衰亡史》(*Decline and Fall of the Roman Empire*)和麦考利(Macaulay)的《英国史》(*History of England*),带给了他格外的消遣。

对于一夜成名的同时代的青年拜伦勋爵(Lord Byron),高斯几乎有些讨厌他。拜伦的装腔作势、反复出现的厌世情绪、矫揉造作的愤世嫉俗,以及浪漫的英俊外表,让许多多愁善感的德国人为之痴迷,从数量上甚至完全超越了冷漠的英国人。英国人,至少年长点的英国男性认为拜伦有点像头蠢驴。高斯看透了拜伦的装腔作势,非常讨厌他。毕竟没有一个终日沉溺于上好的白兰地和美色的人,会像那个眼神闪烁、手发颤、放荡不羁的年轻诗人拜伦一样厌世。

对于本国的文学作品,相比于其他才智超群的德国人,高斯的品味有些与众不同。他最喜欢德国诗人让·保罗(Jean Paul),对歌德(Goethe)和席勒(Schiller)(这两个人的生活与他有部分重叠)并不十分推崇。他说歌德不尽如人意。至于席勒,由于与自己的哲学信条截然不同,高斯不喜欢他的诗歌。高斯称《忍让》(*Resignation*)是一首亵渎神明、道德败坏的诗,并在其副本的页边空白处写下了"恶魔!"

高斯终生都保持着年轻时对语言的掌握能力。语言对他来说不仅仅是一种业余爱好。随着年龄的增长,为了检验自己头脑的灵活性,他会故意学习一门新语言。他相信,这种锻炼有助于大脑保持年轻。62 岁时,他在没有任何人帮助的情况下开始深入细致地学习俄语。不到两年,他就能流利阅读俄国的散文和诗歌作品,并完全用俄语与在圣彼得堡的科学界朋友们通信。来格丁根拜访他的俄国人也认为他俄语说得相当完美。与英国文学一样,他认为俄国文学也给自己带来了乐趣。除此,他还尝试过梵文,但不喜欢。

他的第三个嗜好是世界政治,他每天大概要花一小时去了解它们。他还定期参观文学博物馆,阅读博物馆订阅的所有报纸,上至伦敦《泰晤士报》(*Times*),下到格丁根本地新闻,了解时事动态。

才华横溢的高斯在政治上是个彻头彻尾的保守主义者,而绝非一个革命者。高斯生活在一个国内、国际形势都动荡不安的年代。正如他的朋友冯·瓦尔特斯豪森所说,暴民统治和政治暴力行为在他内心深处激起一种"难以名状的恐惧"。1848 年的巴黎起义让他充满惶恐。

高斯出身寒门，从小就熟悉"民众"的智慧与道德，他记得自己看到的一切，因此，总的来说，正如蛊惑人心的煽动家们所发现和认为的那样，他认为"平民"的智慧、道德以及政治敏锐度极低。他相信一个真实的说法，即"人乐于受骗"。

当卢梭（Rousseau）笔下的"自然人"聚集成一群乌合之众，或者他们在内阁、议会、国会和参议院审议时，高斯开始对人与生俱来的道德、正直和智慧产生怀疑，毫无疑问，其中一部分原因是，高斯作为一名科学家，深知法国大革命初期这些"自然人"对法国科学家所做的事情。也许真的正如革命者宣称的那样，"人们不需要科学"，但如此的表白对高斯这种性格的人来说是一场挑战。高斯接受了挑战，他对为了一己之私而使民众陷入骚动的所有"人民领袖"表现出了极度蔑视。随着年龄的增长，他把和平与安时处顺作为一个国家唯一的好事。他说，如果德国爆发内战，他宁愿去死。他认为，拿破仑式的征服外国是一种令人费解的愚蠢行为。

这些保守的观念不是出自一个革命者的怀旧，他并没有号召全世界无视天体力学规律，在死气沉沉、一成不变的昔日天堂中岿然不动。他相信改革——如果改革是明智的。如果连大脑都无法判断改革何时是明智的，何时是不明智的，那么人体的什么器官才具有这种功能呢？高斯有足够的智慧，能甄别出他那个时代改革派大政治家的野心将要把欧洲带到何方，因此当时的场面并没有博得他的信任。

高斯的那些较为进步的朋友把他的保守主义归因为他对工作的执着。可能确实与此有关。在生命的最后 27 年中，高斯只有一次没有在天文台就寝，当时他为了迎合想要炫耀他的亚历山大·冯·洪堡，而去参加了在柏林举办的科学会议。但是，一个人并不是必须在地球上飞来飞去，才能看到世界上到底发生了什么。解读报纸(即使他们撒谎)和政府报告(尤其是他们撒谎时)的头脑与能力,有时甚至比大量旅游观光或在酒店八卦更好。高斯待在家里,边阅读边对其中的大部分内容提出质疑、思考,进而得到真相。

高斯的另一个力量源泉在于他平静的科学态度以及没有野心。他的全部抱负都是为了促进数学的进步。当有竞争对手怀疑高斯所说的他早已预见到他们的发现成果时,其实高斯并不是在自吹自擂,这些结论与他手头处理的问题密切相关。但他并没有把日记展示出来以证明自己的优先权,而是任其依自身的价值而存在。

在这些怀疑者中,勒让德最直言不讳,其中的一次经历使得他与高斯终生为敌。高斯在《天体运行理论》中提到了早期发现的最小二乘法。但勒让德在 1806 年就发表了这个方法,从时间上看早于高斯。因此他怒气冲冲地给高斯写了封信,实际上是指责高斯不诚实,并抱怨高斯既然已经取得了那么丰硕的研究成果,为什么不能体面一些,还要盗用被自己视若珍宝的最小二乘法呢? 拉普拉斯也加入这场争论之中。对于高斯所说的自己早在 10 年前甚至更早就预见到了最小二乘法,拉普拉斯不置可否,而是保持了一贯的温文尔雅。显然,高斯不屑于继续就这个问题争论下去。在给朋友的一封信中,他指出了当时可以结束争端的证据,但高斯"太高傲了,不屑于争辩"。他说:"我在 1802 年把整个事情告诉过奥尔伯斯"。如果勒让德对此存在质疑,可以去问奥尔伯斯,他那里有原稿。

然而,这场争论还是对数学后来的发展造成了极其不良的影响。由于勒让德把他对高斯毫无事实根据的怀疑情绪传递了雅可比(Jacobi),这就妨碍了这位发展了椭圆函数论的杰出的年轻人与高斯友好相处。更加遗憾的是,勒让德是一位品德高尚、公正无私的人,命中注定他要在一些领域会被更富创造力的数学家所超越。在漫长而艰辛的一生中,他把自己大部分时间和精力都倾注到了这些领域,然而他的一切努力都被年轻的数学家,如高斯、阿贝尔和雅可比等人视为多余的。高斯的每一步都走在勒让德前面。当勒让德指责高斯的不公时,高斯觉得自己很为难。他在给舒马赫(Schumacher)(1806 年 7 月)的信中抱怨道:"我的理论工作几乎全部都与勒让德的撞车了,这好像是命中注定的。在高等算术中如此,在与椭圆求长[求曲线弧长的过程]相关的超越函数研究中如此,在几何基础中如此,现在在这儿[最小二乘法]……又是如此。勒让德在研究中也用到了最小二乘法,而且确实把它坚定地贯彻到底了。"

近些年,随着高斯生前论文和大量通信的详尽出版,所有这些古老的争论最终彻底解决,其结果有力支持了高斯。然而,高斯有一点要受到批评,那就是他对别人,特别是年轻人的伟大工作缺乏足够的热情。当柯西开始发表复变函数论中的卓越成果时,高斯置若罔闻。数学王子没有对这位年轻的法国人给予任何赞美与鼓励。为什么会这样呢?(正如我们所见)高斯本人早在柯西着手这项工作几年之前就已经触及了问题的核心。关于这一理论的论文将会成为高斯的杰作之一。无独有偶,在高斯去世三年前,也就是 1852 年,当他注意到哈密顿(Hamilton)关于四元数的工作(将在后面章节中讨论)时,他仍然缄默不语。为什么他非要说些什么呢?四元数问题的关键已经在他的笔记中沉睡了 30 多年了。他保持沉默,没有争优先权。正如他在复变函数论、椭圆函数和非欧几里得几何中作出预见一样,高斯因完成了这样的工作而倍感欣慰。

正如复数的代数是在平面中做旋转一样,人们试图构建的四元数的代数则是在三维空间中做旋转。但在四元数(高斯称之为变种数)中,代数学的一个基本法则被打破了——$a \times b = b \times a$ 不再成立,这样不可能建立起保持这种法则的三维旋转代数。作为 19 世纪最伟大的数学天才之一,哈密顿以爱尔兰人的热情与活力记录了自己如何奋战 15 年,直到有幸迸发出的灵感让他想到他所寻求的代数中 $a \times b \neq b \times a$,这才最终创造出能够满足需要的、无矛盾的代数。高斯并没有说自己当时为了实现这个目标花费了多长时间,他仅用几页纸记录他在代数学中的成就,没有给数学留下任何想象空间。

如果说高斯发表的赞赏性语言显得有些冷漠的话,那么当具有无私探究精神的人找他时,他在与他们的通信和科学联系中则表现出了足够热情。其中他有过这样一段科学情谊,它的建立不单单是出于对数学的兴趣,还彰显了他对女性科学工作者的包容与尊重。高斯在这方面的宽阔胸襟在当时任何人看来都非同凡响,同时对德国人来说也几乎是史无前例的。

这里所说的女性就是仅比高斯年长一岁的索菲·热尔曼小姐。她和高斯从未谋面,高斯曾向格丁根大学推荐授予她名誉博士学位,但她没有等到这一天便(在巴黎)去世了。无巧不成书,我们将会看到 19 世纪最著名的女数学家,另一位索菲,在柏林因性别原因拒绝授予她学位多年之后,也同样是在这所开明的大学如愿以偿。对数学领域的女性来说,索菲似乎是个比较幸运的名字——倘若能遇到心胸宽广的老师。当今最杰出的女数学家埃米·诺特(Emmy Noether,1882—1935)也来自格丁根①。

---

① "来自"一词的使用是正确的。当敏锐的纳粹分子因诺特(Fräulein Noether)是犹太人而预将她驱逐出德国时,宾夕法尼亚州的布林莫尔学院(Bryn Mawr College)接纳了她。她是世界上最富创造力的抽象代数学家。在新德国启蒙运动不到一周的时间里,格丁根就失去了高斯所珍视的、为之终身奋斗的开明大度。——原注

索菲·热尔曼的科学兴趣有声学、弹性的数学理论和高等算术,并在所有这些领域中都成绩斐然。特别地,她对费马大定理的贡献,使得1908年美国数学家伦纳德·尤金·迪克逊(Leonard Eugene Dickson,1874—1954)在这个方向上取得重大进展。

索菲被《算术研究》迷住了,在给高斯的信中谈到了自己的一些算术观点。她担心高斯可能会对女数学家存在偏见,就用了男人的名字。高斯对这位才华横溢的通信者给予了高度评价,用流利的法语称呼他为"勒布朗先生"。

勒布朗在法国入侵汉诺威时帮了高斯一个忙,这时她不得不卸下她(他)的伪装,向高斯透露了真实姓名。在1807年4月30日的信中,高斯感谢这位通信者替自己跟法国将军佩尔内蒂(Pernety)斡旋,并谴责了这场战争。接着,他对她高度赞扬,并表达了自己对数论的热爱。由于高斯的赞扬很有意思,我们从这封信摘录一段来说明高斯为人热忱的一面。

"然而,当看到我尊敬的通信者勒布朗先生变成如此杰出的人物(索菲·热尔曼)时,我该如何向您表达我的赞美与惊讶呢?您真是一个让我难以置信的光辉榜样。对一般的抽象科学,尤其是对数的奥秘感兴趣的人还是极其罕见的:这一点不足为怪,只有那些勇于深入研究它的人才能体会这一崇高科学的迷人魅力。然而,按照我们的习惯和成见,女性要想精通这些棘手的研究工作,遇到的困难一定比男性多得多,因此如果女性成功地克服了这些障碍,并深入其中最令人费解的部分,那么毫无疑问,她一定肝胆过人、天赋异禀、才华盖世。事实上,没有任何东西能以如此慰藉、如此明确的方式向我证明这门学科的魅力，它使我的生活洋溢着快乐，正如您喜欢说的那样，这种魅力并不是虚幻的。"接着，他继续和她讨论数学。令人惊喜的是信末的日期："布伦瑞克，1807 年 4 月 30 日，我的生日。"

我们从高斯 1807 年 7 月 21 日写给朋友奥尔伯斯的信中可以看出，他这样做并不仅是出于对年轻的女性仰慕者的礼貌。"……拉格朗日对天文学和高等算术具有浓厚兴趣；他认为我前段时间跟他探讨的两个检验定理（2 是哪些素数的三次剩余或四次剩余）是'最漂亮，但同时也是最难证明的结论'，但是索菲·热尔曼证出了它们并寄给了我；我还没有仔细检查，但我相信它们是正确的，至少她处理问题的角度是正确的，只不过比必要的稍微麻烦一些……"高斯所说的定理是指：对于哪些奇素数 p，同余式 $x^3 \equiv 2 \pmod{p}$ 和 $x^4 \equiv 2 \pmod{p}$ 可解。

* * *

要想描述高斯在纯粹数学和应用数学领域中的所有杰出贡献，必将是一部长篇巨著（可能比描述牛顿需要用到的篇幅还长），因此这里我们仅介绍一些尚未提及的比较重要的工作，以及选择那些为数学提供了新的技巧或者圆满解决突出问题的工作。我们把高斯 1800 年之后感兴趣的主要领域总结成了一个粗略但便捷的年代表，具体如下：1800—1820 年，天文学；1820—1830 年，大地测量学、曲面理论和共形映射；1830—1840 年，数学物理学，特别是电磁学、地磁学和基于牛顿定律的引力理论；1841—1855 年，拓扑学以及有关复变函数的几何学。

1821—1848 年，高斯在汉诺威（当时格丁根隶属于汉诺威政府）和丹麦政府规模庞大的大地测量中担任科学顾问。他全身心地投入这项工作,他的最小二乘法以及所设计的用于处理大量数值数据的技巧,有了充分施展的机会。然而,更重要的是,在对部分地球表面进行精确测量过程中产生的问题,无疑向人们提出了与所有曲面相关的更深刻、更普遍的问题。这些催生了相对论的数学研究。这并不是一个全新的课题:高斯的几位前辈,尤其是欧拉、拉格朗日和蒙日,已经对某些类型曲面的几何学进行了研究,但高斯需要做的是解决所有一般性的问题,自他的研究之后,微分几何迎来一段最辉煌的发展时期。

粗略地说,微分几何主要研究位于一点的小邻域内的曲线、曲面的性质,因此不用考虑距离的 2 次以上的方幂。受这项工作的启发,黎曼(Riemann)在 1854 年发表了他关于几何基础假设的经典论文,它不仅反过来引领微分几何步入第二个辉煌时期,当今还被应用到数学物理学,特别是广义相对论中。

高斯在有关曲面的工作中所考虑的三个问题:曲率的测量、共形表示(或共形映射)理论以及曲面的可贴性,蕴含了具有重要数学与科学价值的一般理论。

从纯粹数学角度,"弯曲的时空"是将我们所熟悉的、可视化的用两个坐标描述的空间的曲率,推广到由四个坐标描述的空间的曲率,这没什么神秘的,只不过是对高斯有关曲面研究的自然发展。他的一个定义能说明这一切的合理性。现在的问题是要设计某些恰当的方法,用来描述曲面的"曲率"如何随曲面上点的变化而变化;而且这种描述必须满足我们对"比较弯曲"和"不太弯曲"的直觉。

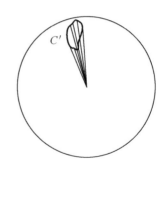

以无圈的闭合曲线 C 为界的曲面,它任何部分的全曲率定义如下:曲面上某一点的法线是经过该点且与曲面在该点处的切平面垂直的直线。在曲面上任意一点,都存在着这个曲面的一条法线。假设已经画出了所有法线,现在,从半径为单位长度的球的中心出发,试想着画出平行于 C 的法线的所有半径。这些半径将在单位球面上交出一条曲线 C',球面上被 C' 所围得的那部分球面的面积称为由曲线 C 所围的那部分曲面的全曲率。通过以上形象化的描述,我们会看到这个定义与所需要的普通概念相符。

高斯在研究曲面时开创的另一种基本思想是参数表示。

要确定平面上一个特定的点,需要两个坐标。在球面或者类似地球的球体上也一样,此时可以把坐标看作经度和纬度。这阐明了二维流形的含义。一般地:对于某类对象(如点、声音、颜色、线,等等)中的每个特定成员,如果能且仅能用 n 个数来刻画(个性化),就称这个类是 n 维流形。这样的刻画只给类中成员的某些特征指定了数。因此,如果我们只考虑声音的音高,就会得到一维流形,因为仅与声音的振动频率对应的这一个数就足以确定音高;如果再添上其他一些测量标准,如音量,声音就成了二维流形,等等。如果我们现在把曲面看作由点构成的对象,它就是(点的)二维流形。我们发现,利用几何学语言能够很容易地把任何二维流形说成是"曲面",并将几何推理应用到流形中,以期发现一些有趣的东西。

我们所考虑的上述内容导致了曲面的参数表示。在笛卡儿几何中,关于三个坐标的方程表示一个曲面。假设(笛卡儿)坐标为 x,y,z,我们现在不再用关于 x,y,z 的单个方程,而是用三个方程表示曲面:

$$x = f(u,v), y = g(u,v), z = h(u,v)$$

其中 $f(u,v),g(u,v),h(u,v)$ 是关于新变量 u,v 的函数(表达式),当消去(消去的字面意思是"跨到门外")这些变量时,就得到了关于 x,y,z 的曲面方程。这种消去是能够实现的,我们可以先用其中的两个方程解出两个未知量 u,v;然后把得到的结果代入第三个方程中。例如,若

$$x = u + v, y = u - v, z = uv,$$

由前两个方程,可得 $u = \dfrac{1}{2}(x+y), v = \dfrac{1}{2}(x-y)$,因此由第三个方程可得 $4z = x^2 - y^2$。现在,令变量 u,v 独立取遍给定数集中所有的数,函数 f,g,h 也将会取得相应的数值,x,y,z 将会在上述三个方程表示的曲面上移动。变量 u,v 称为曲面的参数,三个方程 $x = f(u,v), y = g(u,v), z = h(u,v)$ 称为曲面的参数方程。这种表示曲面的方法在研究随点快速变化的曲面的曲率和其他性质时,比笛卡儿的方法更具优越性。

请注意,参数表示属于内在的,它参照的是曲面本身的坐标,而不是像笛卡儿的方法那样参照与曲面无关的外在的或无直接联系的轴。同时,我们还会发现两个参数 u,v 能直接说明曲面是二维。地球的纬度和经度属于这些内在的、"自然"坐标的例子;我们航海时如果按笛卡儿的坐标,就必须参照穿过地心的三条互相垂直的轴,这实在是太不方便了。

该方法的另一个优点是它易于推广到任意维数的空间,只需像以前一

样增加参数的个数就足够了。当我们讲到黎曼时,会看到如何自然地利用这些简单的思想把毕达哥拉斯和欧几里得的度量几何进行推广。尽管高斯奠定了这一推广的基础,但直到本世纪(20世纪),人们才充分认识它们对数学和物理学的重要意义。

对大地测量学的研究还促使高斯发展了几何学中另一种强有力的方法——共形映射。在绘制地图之前,比如要绘制格陵兰岛,我们必须先确定要使什么保持不变。是否要像墨卡托投影那样,使距离失真,以致与北美相比,夸大格陵兰岛的重要性呢? 抑或是保持距离,以使地图上沿参考线(比如经度线和纬度线)的任何地方测量的一英寸,始终对应于地球表面同样的距离? 如果是这样,就需要一种这样的映射,但该映射不再保持我们希望保持不变的其他特征;例如,如果地球上的两条道路以某一角度相交,地图上显示的这两条道路就会以不同的角度相交。保持角度不变的映射称为共形映射。在这种映射中,前面介绍的复变解析函数论是最有效的工具。

共形映射的整个主题在数学物理及其应用中屡见不鲜,例如静电学、流体动力学及其分支空气动力学。空气动力学在翼型理论中扮演着重要角色。

高斯一贯坚持并最终取得成功的另一个几何学领域是曲面的可贴性,即确定哪些曲面在不被拉伸和撕裂的条件下,可以弯曲地贴到一已知曲面上。高斯发明的方法仍具有普遍性,并得到了广泛应用。

高斯对其他许多科学分支的基础研究都做出了贡献,例如电磁学(包括地磁学)、毛细现象、牛顿的万有引力定律下的椭球体(行星是一种特殊的椭球体)间的引力,以及屈光学,特别是关于透镜组的屈光学,他研究了它们的数学理论。其中,屈光学还给他提供了一次应用纯粹抽象技巧(连分数)的机会,这种技巧是他年轻时为了满足对数论的好奇心而发展的。

高斯不仅把所有这些领域都极大地数学化了,还善于利用自己的双手和双眼,堪称一个非常精准的观察者。他发现的许多独特定理,尤其是在电磁学和引力理论研究中发现的那些定理,已成为所有物理学工作者不可或缺的工具。多年来,高斯一直在朋友韦伯的帮助下,试图为所有的电磁现象寻找令人满意的理论。然而,他失败了,最终放弃了尝试。如果他发现了克拉克·麦克斯韦(Clerk Maxwell,1831—1879)电磁场方程,可能就会满意了。

这些卓绝的工作使高斯无可厚非地赢得了"数学王子"的美誉,但所列出的这一长串工作还远未完全,作为结束,我们必须要提及一个课题——拓扑学。高斯除了在1799年的论文中将其一笔带过外,什么也没有发表过,但他预言它必将会成为数学领域最受关注的问题之一。我们在这里不可能对拓扑学蕴含的内容进行专业性定义(要用到连续群的概念),但可以从一个简单的例子中获悉它处理哪些类型的问题。在一根绳子上任意打一个结,然后将绳子的两端也系在一起。通过肉眼便能轻易地将"简单"的结与"复杂"的结区分开来,但如何对二者之间的区别作出精确的数学表述呢? 又如何在数学上对它们进行分类呢? 尽管高斯就这个问题什么也没发表,但人们在他的遗作中发现他已经开始着手研究。关于这个课题的另一类问题:为使给定的曲面平铺在平面上,确定曲面上切口数量的最小值。对于锥面,一个切口就足够了;环面需要两个切口;而对于球面,如果不允许拉伸,切任何有限多切口都无法实现。

通过这些例子,或许有人认为整个拓扑学课题是微不足道的。但如果事实如此,高斯就不会把它看得那么重要了。他对其重要性的预测在我们这代人中实现了。当今,一个朝气蓬勃的学派[包括许多美国人,如 J.W.亚历山大(J.W.Alexander)、S.莱夫谢茨(S.Lefschetz)、O. 维布伦(O.Veblen)等]发现拓扑学(抑或有时所说的"位置几何学")在几何学和分析学中具有深远影响。现在看来,高斯当初没能从谷神星的研究中抽出一两年时间来整理关于这一庞大理论的思想,是多么令人遗憾啊!否则,这一理论终将会成为他晚年的梦想以及我们青年时代的现实。

* * *

在生命最后的几年中,高斯虽各种荣誉加身,但没有享受到应有的幸福。在去世前的几个月中,他仍像过去一样思维敏捷、富有创造性,即使身体出现了疾病征兆,也并没急于休息。

一次险境逃生,使得他比以往更加沉默寡言,甚至都不能谈到朋友的突然离世。1854 年 6 月 16 日,他 20 年来第一次离开格丁根,去参观正在建设中的连接他所在城镇与卡塞尔(Cassel)的铁道。高斯一直对铁路建设和运营有着浓厚兴趣,现在他马上就可以看到一条在建铁路了!然而马匹突然狂奔,他被甩出了马车,虽然没有受伤,但受到严重惊吓。待他康复之后,当 1854 年 7 月 31 日铁道建到格丁根时,他兴奋地目睹了通车仪式。这是他最后一个安逸的日子。

新年伊始,他便开始饱受疾病的折磨,心脏肥大、气短、身体浮肿。尽管如此,他仍然尽心竭力地工作,由于手部痉挛,优美清晰的字迹最终变得断断续续。他的最后一封信是写给大卫·布鲁斯特爵士(Sir David Brewster)的,其中讲到了电报的发明。

1855 年 2 月 23 日凌晨,经过与病魔的艰苦抗争之后,高斯平静地离开了人世,享年 78 岁。直到生命的最后一刻,他的神志始终清醒。高斯活在数学的每个角落。

（胡俊美　译）

第十五章

数学与风车

柯　西(1789—1857)

●19世纪数学性质的变化●法国大革命时期的童年
●柯西早年的错误教育●拉格朗日的预言●年轻的
基督徒工程师●马吕斯的先见之明 ●群论●排名第
27位●破解了一个费马之谜●虔诚的河马●撞上山
羊查尔斯●关于天文学和数学物理的论文●甜蜜加
固执是无敌的●法国政府让自己出丑●柯西在数学
中的地位●一个不可指责的人的缺点

一个人甚至可能会在诵天主经时不合时宜。

——西班牙谚语

在 19 世纪的头三十年里,数学突飞猛进,变得明显不同于 18 世纪史诗般的后牛顿时代。变化的方向在于前所未有的普遍性和自由创造及由之而来的更严格的证明。今天,我们显然又面临同样的情形,如果有人胆敢预言四分之三世纪后的数学将会是什么样子,那他一定是一个鲁莽的预言家。

19 世纪初,只有高斯对即将发生的事情略有所察,但他那牛顿式的保守使他没有把自己的预见告诉拉格朗日、拉普拉斯和勒让德。尽管这几位伟大的法国数学家直到 19 世纪前三分之一世纪都还健在,他们的许多工作现在看来都是准备性的。拉格朗日的方程理论为阿贝尔和伽罗瓦铺平了道路;拉普拉斯对牛顿天文学微分方程的研究——包括引力理论——预示了 19 世纪数学物理学的惊人发展;勒让德在积分学方面的研究为阿贝尔和雅可比指明了最丰饶的分析领域之一;拉格朗日的分析力学始终是现代的,即便如此,它还是经哈密顿和雅可比以及后来的庞加莱之手而得到了巨大的推进;拉格朗日在变分法方面的工作是经典和有用的,但同样地,魏尔斯特拉斯以 19 世纪下半叶特有的严格性和创新精神为它开拓了崭新的方向,而这反过来在我们的时代又激发了进一步的扩展和革新(美国和意大利的数学家领导了这方面的发展)。

* * *

1789 年 8 月 21 日,在巴士底狱陷落后不到六周的时间里,奥古斯汀-路易斯·柯西（Augustin Louis Cauchy）出生于巴黎，他是第一位绝对拥有现代思想的伟大的法国数学家。作为革命年代的孩子，他在营养不良的环境中成长，为自由与平等纳税。多亏了他父亲的外交手腕和敏锐的判断力，柯西才在半饥半饱的日子里活了下来。在经历了恐怖时期之后，他从综合理工学校毕业，为拿破仑效力。拿破仑王朝覆灭后，柯西充分领教了来自革命和反革命两方面的挤压，在某种程度上，他的作品受到了当时社会动荡的影响。如果革命之类的事情确实影响了一位科学家的工作，那么柯西应该是证明这一事实的典型的实验室标本。他在数学上有着非凡的创造力，其丰硕多产只有欧拉和凯莱二人能超越。他的作品和他所处的时代一样具有革命性。

现代数学得益于柯西的两个主要兴趣，每一个都标志着与 18 世纪数学的鲜明决裂。首先是将严谨性注入数学分析。很难找到一个恰当的比喻来说明这一进步的重要性。也许可以像下面这样来解释：假设几个世纪以来，整个民族一直在崇拜虚假的神，而他们的错误突然被揭露出来。在引入严格性之前，数学分析就是一座虚假的神殿。在这方面，柯西与高斯和阿贝尔是伟大的先驱。高斯可能早在柯西进入这一领域之前就已遥遥领先，但他却没有这样做。正是柯西迅速发表文章的习惯和他的富有成效的教学天赋，使数学分析的严格性得到了人们的认可。

柯西在数学中的第二个重要贡献是在与分析相反的方向——组合数学。柯西在方程理论中抓住了拉格朗日方法的核心，将其抽象化，开始了群论的系统创造。其实质将在后面论述，目前我们只关注柯西观点的现代性。

柯西并不关心他发明的东西是否有任何应用（哪怕是对数学其他分支

的应用），而是为了其自身的目的把它发展为一个抽象系统。他的前辈们，除了通才欧拉（他愿意写一篇关于数字谜题的论文，就像写关于水力学或"世界体系"的论文一样），都从数学的应用中获得了灵感。当然，这种说法也有许多例外，尤其是在算术方面，但在柯西时代之前，几乎没有人在单纯的代数运算中寻求有益的发现。柯西的眼光更为深邃，在代数公式的对称性之下考虑代数运算及其组合定律，并将它们独立出来，从而引出了群论。今天，这一基本而复杂的理论在纯数学和应用数学的许多领域中，从代数方程论到几何学和原子结构理论，都具有根本的重要性。它是晶体几何学的基础，这只是它的应用之一。它后来的发展（在分析方面）已延伸到高等力学和现代微分方程理论。

* * *

柯西的生活和性格就像可怜的堂吉诃德一样，令人印象深刻——我们有时不知道该笑还是该哭，只有通过咒骂来调和。他的父亲路易斯-弗朗索瓦（Louis-François）是美德和虔诚的典范，这两点都是他们前进道路上卓越的品性，但很容易做过头。只有天知道老柯西是怎么逃过上断头台的，因为他是一位议会律师，一个有教养的绅士，一个有成就的古典和圣经学者，一个偏执的天主教徒。巴士底狱陷落时，他还是巴黎的一名警察中尉。在革命爆发的两年前，他娶了玛丽·玛德琳·德斯特尔（Marie Madeleine Desestre）。她是个优秀的女人，但并不很聪明，和他一样，也是个顽固的天主教徒。

奥古斯丁是家里六个孩子中的老大（两个儿子，四个女儿）。柯西从他的父母那里继承和获得了一切可贵的品质，使他们的生活读起来像为不满16周岁的法国女学生编写的迷人的爱情故事，恬静无波，男女主人公就像上帝的天使一样圣洁和无欲无求。有这样的父母,柯西成长为18世纪和19世纪40年代法国天主教唐吉诃德式的顽固教徒也就不足为奇了。当时教会处于守势。他为他的宗教而受苦,因此值得尊重(即使他的同事们指责他是一个沾沾自喜的伪君子),但也不止一次,他是活该受苦。他不断宣扬圣座之美,这让人们反感,并招致对他的虔诚计划的反对,而他们并不总是配得上这些计划。阿贝尔,他本人也是牧师的儿子和极其正统的基督徒,他表达了柯西的一些偏执行为引起的普遍反感,他在家书中写道:"柯西是一个偏执的天主教徒——对于一个搞科学的人来说,这是件奇怪的事。"重点当然是"偏执",而不是被它修饰的词。我们将遇到的两个最优秀的人物和最伟大的数学家,魏尔斯特拉斯和埃米特,都是天主教徒,他们很虔诚,但并不偏执。

柯西的童年是在大革命最血腥的时期度过的。学校关闭了。当时的公社不需要科学和文化,它要么让有文化的人和科学家挨饿,要么把他们送上断头台。为了逃避显而易见的危险,老柯西举家迁往他在阿奎尔村的乡下住所。他偏居在那里躲避恐怖,饥渴地吃着自制的食物,他的妻子和襁褓中的儿子大部分吃的都是他自己种植的少量水果和蔬菜。因此,柯西长大后身体虚弱,发育不全。他快二十岁时才逐渐从早期营养不良中康复。他一生都在关注自己的健康。

这种隐居的日子持续了将近十一年,在此期间,老柯西承担了他的孩子的教育工作。他自编教科书,其中有几本是用他精通的流畅的诗文形式写成。他相信,诗歌使青少年对语法、历史,尤其是德育不会产生心灵上的抵触。年轻的柯西因此获得了自己奔放流利的法语和拉丁语诗歌修养,并终生沉湎其中。他的诗歌充满高尚的情感、令人钦佩地表达,反映了他清白一生的虔诚,但在其他方面并不突出。大部分课程都是关于狭隘的宗教教育,母亲在其中给予了有力的帮助。

阿奎尔村毗邻拉普拉斯侯爵和克劳德-路易·贝托莱伯爵(1748—1822)的毫华庄园。贝托莱伯爵是一位杰出而又古怪的化学家,他在恐怖时期保住了自己的脑袋,因为他知道关于火药制造的全部奥秘。两人是很好的朋友。他们的花园用一道普通的墙隔开,墙上有一个门,每个人都有一把钥匙。尽管这两位数学家和化学家一点也不虔诚,但老柯西还是结识了他这两位赫赫有名、玉食锦衣的邻居。

贝托莱深居简出,拉普拉斯则更善于社交,不久,他就到朋友的小屋去拜访。在那里,他看到了年轻的柯西,身体太虚弱,不能像一个营养良好的孩子那样活蹦乱跳,却像一个忏悔的修道士那样专心阅读他的书籍和文件,而且似乎乐在其中。不久,拉普拉斯发现这个男孩有非凡的数学天赋,并建议他积蓄自己的力量。没过几年,拉普拉斯就开始忧心忡忡地听取柯西关于无穷级数的讲演,担心这个大胆的年轻人在收敛性方面的发现可能会毁掉他自己的整座天体力学大厦。当时"世界体系"几乎濒临崩溃,地球近乎圆形的轨道的椭圆率数据略微偏大,而拉普拉斯的计算所基于的无穷级数可能是发散的。幸运的是,在用柯西的方法对他所有级数的收敛性进行了长时间的检验后,拉普拉斯发现他的天文直觉使自己免于灾难,他站起身来,发出了无限宽慰的一声长叹。

1800 年 1 月 1 日,与巴黎保持着谨慎联系的老柯西被选为参议院秘书。他的办公室在卢森堡宫。年轻的柯西共用了这间办公室,占用一个角落作为自己的书房。因此,他得以经常见到拉格朗日——当时是巴黎综合理工学校的教授,他经常来拜访身为秘书的柯西,与他讨论业务。拉格朗日很快对这个男孩产生了兴趣,和拉普拉斯一样,他也被柯西的数学天赋所打动。有一次,当拉普拉斯和其他几位著名人士在场时,拉格朗日指着站在角落里的年轻柯西说:"你看到那个小男孩了吗? 好! 我们在场的都是数学家,有朝一日他将会取代我们所有人。"

对于柯西,老拉格朗日认为这个脆弱的男孩可能会把自己累坏,于是提出了一些合理的建议:"在他 17 岁之前,不要让他碰数学书。"拉格朗日这里指的是高等数学书。还有一次,他说:"如果你不赶紧着实加强奥古斯丁的文学教育,他的兴趣爱好将会把他带偏。他会成为一名伟大的数学家,但他不会用自己的语言写作。"父亲衷心地接受了这位当代最伟大的数学家的建议,在儿子完全沉迷于数学之前,给了儿子良好的文学教育。

在他的父亲为他做了力所能及的一切之后,柯西进入了先贤祠中心学校,大约在他 13 岁的时候,拿破仑在学校里设立了一些奖项,还为法国所有学校同一年级设立了一项大赛。柯西从一开始就是学校的明星,他在希腊语、拉丁语作文和拉丁语诗歌方面都获得了一等奖。1804 年离校时,他赢得了全国大赛奖,并获得了人文学科的特别奖。同一年,柯西接受了他的第一次圣餐,这是任何天主教徒生命中庄严而美好的时刻,对他来说更是如此。

在接下来的十个月里,他在一位优秀的老师指导下集中学习数学。1805 年,16 岁的他以第二名的成绩进入巴黎综合理工学校。在那里,他的经历并不十分愉快。他处于那些下流的年轻怀疑论者的包围之中,他们无情地捉弄他,因为他公开展示了他的宗教信仰。但柯西克制着自己的脾气,甚至还试图说服一些嘲笑他的人。

1807 年,柯西从巴黎综合理工学校转到土木工程学院。他虽然只有十八岁,却轻而易举地打败了已在学校里待了两年的二十岁的年轻人,这些年轻人很早就被征召参加特殊任务。柯西在 1810 年 3 月完成训练后，马上被委派了一项重要任务。他的能力和大胆的创意使他脱颖而出，去做一个废除官僚体制的人，即使在这过程中要以砍掉一些老年人的脑袋为代价。不管人们怎样评价拿破仑，只要他能找到有能力的人，就会把他带到任何地方。

1810 年 3 月，柯西离开巴黎前往瑟堡执行任务，"轻装上阵，充满希望"。其时离滑铁卢战役（1815 年 6 月 18 日）尚有五年，拿破仑仍满怀信心地期待着能扼住英国的脖子，在英国自家芬芳的草坪上刮蹭它的鼻子。在发动进攻之前，必须有一支庞大的舰队，而这支舰队还没有建成。抵御海上英国人攻击的港口和防御工事是这个美梦中要处理的第一个环节。从许多方面来说，从瑟堡开始所有这些宏大的行动是合乎逻辑的，这些行动是为了加速法国人自攻占巴士底以来一直在喊着的"光荣的日子"的到来。这样，天才青年柯西被派往瑟堡，成为一名伟大的军事工程师。

柯西的行囊里只放了四本书：拉普拉斯的《天体力学》，拉格朗日的《解析函数论》，托马斯·坎皮斯①的《效法基督》，以及一本维吉尔②的作品——对于一个雄心勃勃的年轻军事工程师来说，这是一个不同寻常的组合。恰恰是拉格朗日的这部论著使作者的预言——"这个年轻人将取代我们所有人"——首次成为现实，因为它激发了柯西去寻找一些不受拉格朗日理论中明显缺陷影响的函数理论。

第三本书给柯西带来了一些苦恼，因为这本书加上他那咄咄逼人的虔

① 托马斯·坎皮斯(Thomas à Kempis，1380—1471)，文艺复兴时期一位德国作家，其《效法基督》是基督教名著。——译注
② 维吉尔(Virgil，前 70—前 19)，古罗马诗人，代表作史诗《埃涅阿斯纪》(Aeneid)对后世影响深远。——译注

诚,使他那些急于继续杀戮行当的务实伙伴们感到有些不安。但是柯西很快甘愿受罚地告诉他们,他至少已读过这本书。他们则向他保证:"你很快就会抛弃这些东西。"柯西温柔地回答说,请他们指出他的行为中有什么不当,他会很高兴地纠正。他们对此又是如何回答的没有留存下来。

焦急的母亲听到了她的宝贝儿子很快就已成为异教徒的传闻,还有甚至更糟糕的谣言。柯西给他母亲写了一封很长的充满了虔诚情感的信,这封信足以安抚所有曾经把儿子送到前线或附近任何地方的母亲们,柯西在信中安慰了他的母亲,使她又一次感到幸福。这封信的结论表明,神圣的柯西完全有能力对抗折磨他的人,这些人曾暗示他有点精神失常。

"因此,认为宗教可以改变任何人的想法是荒谬的,如果所有的疯子都被送进疯人院,那里的哲学家会比基督徒更多。"这是柯西的口误,还是他真的认为没有基督徒是哲学家? 一闪念间,他用下面的话作为结束:"但是,够了——对我来说,写作数学论文更有益处。"确实是如此;只不过每次他看到风车在空中挥舞着它巨大的手臂时,他又在一瞬间出了神。

柯西在瑟堡待了大约三年。除了繁重的工作,他的日子过得很好。在1811年7月5日的一封信中,他描述了自己繁忙的生活。"我4点起床,从早到晚忙个不停。这个月西班牙囚犯的到来增加了我的日常工作。我们只有八天的预警时间,而在这八天里我们必须建造营房,为1 200人准备行军床……从最后两天开始,我们的俘虏终于有了住处和被盖。他们有帐篷床、稻草、食物,他们认为自己非常幸运……工作不会使我疲倦,相反,它使我更强壮,我非常健康。"

在所有这些美好的工作之外,柯西还找到时间进行研究。早在1810年12月,他就开始"重新研究数学的所有分支,从算术开始,到天文学为止,澄清晦涩难懂的东西,用(我自己的方法)简化证明,发现新命题。"除此之外,这位了不起的年轻人还抽出时间去指导那些向他求教的人,使他们能够在他们的职业中获得晋升,他甚至还协助瑟堡市长组织学校考试。他就这样学会了教书。他还有时间从事业余爱好。

1812 年在莫斯科的挫败,对普鲁士和奥地利的战争,以及 1813 年 10 月在莱比锡战役中的彻底惨败,都使拿破仑不得不放弃入侵英国的梦想,瑟堡的工程也停滞不前。1813 年,由于过度劳累,柯西回到了巴黎。当时他只有 24 岁,但他的杰出研究已经引起了法国顶尖数学家的注意,尤其是关于多面体和对称函数的论文。由于二者的性质都很容易理解,而且它们各自都对当今的数学有非常重要的启示,我们将对它们作简要的介绍。

＊　＊　＊

第一个问题本身并没有太大的意义。今天看来其重要意义在于马吕斯对它的异常尖锐的批评。由于奇怪的历史巧合,马吕斯反对柯西推理时所采用的那种精确方式,比他所处的时代超前了整整一百年。科学院以"多面体理论的关键改进"作为悬奖问题,拉格朗日认为年轻的柯西从事这项研究很有前途。1811 年 2 月,柯西提交了他的第一篇关于多面体理论的论文。这篇论文否定解决了普安索(1777—1859)提出的问题:是否存在正 4、6、8、12 与 20 面体以外的正多面体? 在这篇论文的第二部分,柯西推广了中学立体几何课本中给出的欧拉公式:$E+2=F+V$,该公式揭示了多面体的边(E)、面(F)和顶点(V)个数的关系。

这篇论文被印了出来,勒让德对它评价很高,并鼓励柯西继续研究。柯西第二篇论文(1812 年 1 月)的评审人是勒让德和马吕斯(1775—1812)。勒让德对这位年轻作家充满热情,并预言他会有伟大的成就。但马吕斯比较保守。

艾蒂安-路易斯·马吕斯不是一个专业的数学家,而是拿破仑在德国和埃及战役中的一位工程师军官,他因为偶然发现了光的反射偏振而出名。因此,他的反对可能让年轻的柯西觉得,这正是一个固执的物理学家会有的那种吹毛求疵的批评。在证明他最重要的定理时,柯西使用了所有几何学初学者都熟悉的"间接法"。马吕斯反对的正是这种证明方法。

用间接法证明一个命题时,假设该命题为伪命题,由此推导出一个矛盾;因此,按亚里士多德的逻辑,就可以判断这个命题是正确的。柯西无法提供一个直接证明来反驳马吕斯的批评,而马吕斯让步了——虽然他仍然不相信柯西证明了什么。当我们对整个故事(在最后一章)作结论时,我们将看到直觉主义者在另外的场合也提出了同样的反对意见。如果马吕斯在 1812 年没能让柯西明白这一点,那么在 1912 年之后,布劳威尔替他报了一箭之仇。布劳威尔成功地让柯西在数学分析方面的一些后继者至少看到了这一点:亚里士多德逻辑,正如马吕斯试图告诉柯西的那样,在数学中并不总是一种安全的推理方法。

现在来讲由柯西系统地提出并在 19 世纪 40 年代中期一系列长篇论文中进一步阐明的置换理论。置换理论后来发展成为有限群论,我们现在将通过一个简单的例子来说明其基本概念。不过,我们要首先非正式地描述一下一个操作群的主要性质。

我们将用大写字母 $A,B,C,D,\cdots$ 表示操作,连续施行两次操作,比如 A 在前,B 在后,将用并列字母 AB 来表示。请注意,根据刚才所说,BA 的意思是先执行 B,然后执行 A,所以 AB 和 BA 不一定是同一种操作。例如,如果 A 是"对给定数字加 10"的运算,B 是"对给定数字除以 10"的运算,应用于 x 的 AB 是 $\dfrac{x+10}{10}$,而应用于 x 的 BA 是 $\dfrac{x}{10}+10$,或

$\dfrac{x+100}{10}$,得到的分数是不相等的;因此 AB 和 BA 是不同的。

如果两个操作 X,Y 的效果相同,则表示 X 和 Y 相等(或者说等价),并将其写成 $X=Y$。

下一个基本概念是结合性。如果对于集合中的任意三个操作,例如 U,V,W,有 $(UV)W=U(VW)$,就说这个集合满足结合律。$(UV)W$ 是指先执行 UV,然后在结果上执行 W;$U(VW)$ 的意思是先执行 U,然后在结果上执行 VW。

最后一个基本概念是恒等操作,或称单位元:一个操作 I 不改变它所作用的任何东西,则被称为单位元。

有了这些概念,我们现在可以来陈述定义一个操作群的简单假设。

一个操作集合 $I,A,B,C,\cdots,X,Y,\cdots$ 若满足公设(1)～(4),则称为构成一个群:

(1)对于集合中任意一对操作①,存在一个组合规则,使按此顺序和组合规则组合 X,Y 的结果,是该集合中唯一确定的操作,记为 XY。

(2)对于集合中任意三个操作 X,Y,Z,公设(1)中的规则满足结合律,即 $(XY)Z=X(YZ)$。

(3)在集合中存在一个唯一的单位元 I,使得对于集合中每一个操作 X,有 $IX=XI=X$。

―――――――――

① 一对操作可能是相同的,即 X,X。——原注

（4）如果 X 是集合中的任何一个操作，那么集合中就存在一个唯一的操作，比如 X'，使得 $XX'=I$（很容易证明也有 $X'X=I$）。

这个公设系统包含了可以由（1）～（4）中其他假设推演出来的多余假设，但这里给出的公设形式更易于掌握。为了说明群的概念，我们举一个关于字母置换（排列）的非常简单的例子。这个例子看起来似乎微不足道，但这种置换或替换群被发现蕴含了长期寻找的方程代数可解性的线索。

a,b,c 这三个字母的排列顺序正好有 6 个，即 $abc,acb,bca,bac,cab,$ cba。取其中任何一个，比如说第一个 abc，作为初始排列。通过字母的什么置换，我们可以从这个排列转变为其余 5 个排列？要从 abc 变换为 acb，只需将 b 和 c 交换或置换即可。我们以记号 (bc) 表示 b 和 c 的这一置换操作，读作"b 变换为 c，c 变换为 b"。从 abc 到 bca，我们将 a 变为 b，将 b 变为 c，将 c 变为 a，记为 (abc)。排列 abc 由 abc 本身不变得到，即 a 变为 a，b 变为 b，c 变为 c，为单位置换，记为 I。6 个排列

$$abc,acb,bca,bac,cab,cba$$

均依此处理，我们得到相应的置换

$$I,(bc),(abc),(ab),(acb),(ac)$$

公设中的"组合规则"如下所述：取其中任意两项置换，如 (bc) 和 (acb)，并考虑按上述顺序依次施行这两项的结果，即 (bc) 在先，(acb) 在后：(bc) 把 b 变为 c，然后 (acb) 把 c 变为 b。因此，b 仍是原来的样子。取 (bc) 中的下一个字母 c，通过 (bc)，c 被变为 b，通过 (acb) 被变为 a；接着，我们可以看到 a 现在被变换成了什么：(bc) 使 a 保持原来的样子，而 (acb) 使 a 变成 c。最后，(bc) 加施 (acb) 的结果是 (ca)，我们可以用

$$(bc)(acb)=(ca)=(ac)$$

来表示。

用同样的方法很容易验证

$$(acb)(abc) = (abc)(acb) = I;$$

$$(abc)(ac) = (ab);(bc)(ac) = (acb),$$

对于所有可能的组合可如此类推。因此,这 6 个置换满足公设(1),可以检验(2)(3)(4)也满足。

所有这些都总结在这个群的"乘法表"中,其中各置换用其下面的字母来表示(以节省空间):

$$I,(bc),(a\ bc),(ab),(acb),(ac)$$

$$I,A,\quad B,\quad C,\quad D,\quad E$$

	I	A	B	C	D	E
I	I	A	B	C	D	E
A	A	I	C	B	E	D
B	B	E	D	A	I	C
C	C	D	E	I	A	B
D	D	C	I	E	B	A
E	E	B	A	D	C	I

在读取表格时,任何字母,比如 C,是从左边的列中取出,任何字母,比如 D,从最上面的行中取出,在这里,对应的行和列相交的项目 A,是 CD 的结果。因此,$CD = A$,$DC = E$,$EA = B$,等等。

作为一个例子,我们可以对 $(AB)C$ 和 $A(BC)$ 验证结合律,它们应该相等。首先,$AB = C$;因此 $(AB)C = CC = I$。再有 $BC = A$;因此 $A(BC) = AA = I$。同样地,$A(DB) = AI = A$;$(AD)B = CB = A$;因此 $(AD)B = A(DB)$。

一个群中不同操作的总数称为其阶数。这个例子中群的阶数是6。通过对上表的考察，我们选出了几个子群，例如，它们的阶数分别是1,2,3。这说明了柯西证明的一个基本定理：任何子群的阶都是该群阶数的除数。

		I
	I	I

		I	A
	I	I	A
	A	A	I

		I	B	D
	I	I	B	D
	B	B	D	I
	D	D	I	B

读者可能会觉得尝试构建一个阶数不是6的群会很有趣。对于任意给定的阶数，不同的群（有不同的乘法表）的数量是有限的，但对于任意给定的阶数（一般的 n 阶），我们还不知道这个数字可能是什么，在我们的有生之年也不太可能知道。所以在一种表面上像多米诺骨牌一样简单的理论诞生之初，我们就遇到了未解决的难题。

在构造了群的"乘法表"之后，我们忘掉它来源于置换（如果这恰好是表的制作方式），而认为这个表定义了一个抽象的群；也就是说符号 I，A，B，…除了组合规则之外，没有任何具体解释，如 $CD = A$，$DC = E$，等等。这种抽象的观点是现在流行的，它不属于柯西，而是由凯莱在1854年提出的。直到20世纪的头一个十年，也还没有人能给出完全令人满意的群的公设系统。

当群的操作被解释为置换，或刚体的旋转，或在可以应用群的任何其他数学领域出现的某种操作，这种解释被称为由乘法表定义的抽象群的实现。一个给定的抽象群可能有许多不同的实现。这是群在现代数学中具有根本重要性的原因之一：同一个群的一个抽象的基本结构（由乘法表概括）是几个表面上互不相关的理论的本质，通过对这个抽象群的性质的深入研究，通过这一次而不是几次研究，就可以获得有关这些理论及其相互关系的知识。

只举一个例子，就是把一个正二十面体（二十面正立体）绕着它的对称轴旋转的所有旋转的集合，在经这个集合中的任何旋转操作之后，这个立体仍占有同样的空间体积，这个集合就形成一个群，而这个旋转群，如果抽象地看，就是我们试图解一般五次方程时由根的置换所引出的群，它们是同一个群。此外，在椭圆函数理论中也出现了同样的群。这表明，虽然不可能用代数方法解一般的五次多项式，但方程可能（事实上可以）借助所提到的函数来求解。最后，所有这些都可以通过描述一个已经提到的二十面体的旋转而被几何地描绘出来。这种美丽的统一是费利克斯·克莱因（1849—1925）在他的《二十面体》（1884）一书中提出的。

柯西是置换群理论的伟大先驱之一。自他的时代以来，人们在这一问题上做了大量的工作，而这一理论本身也由于无限群的加入而得到了极大的扩展——具有无限多（可以如 1,2,3,… 这样计数）操作的群，进一步，又扩展到连续运动群。在后者的情形，群的操作通过无限小（任意小）的位移将一个物体移动到另一个位置——不像上面描述的二十面体群，在那里旋转将整个物体移到另一个位置。这只是无限群的一个范畴（这里的术语并不精确，但足以引出重点——离散群和连续群的区别）。正如有限离散群的理论是代数方程理论的基础结构,无限连续群的理论也是微分方程理论的重要组成部分,微分方程是数学物理中最重要的部分。所以柯西与群论打交道并非游手好闲。

为了结束对群的讨论,我们可以指出柯西讨论的置换群是如何进入现代原子结构理论的。一个置换,比如(xy),在它的符号中恰好包含两个字母,被称为换位。很容易证明,任何置换都是换位的组合。例如,

$$(abcdef)=(ab)(ac)(ad)(ae)(af),$$

从这里可以很明显地看出用换位来表示置换的规则。

现在,假设一个原子中的电子是相同的,也就是说,一个电子与另一个电子是不可区分的。这是一个完全合理的假设,因此,如果在一个原子中有两个电子交换,这个原子将保持不变。为了简单起见,假设一个原子恰好包含三个电子,比如a,b,c。a,b,c的置换群(我们已经给出了乘法表)将对应所有的电子交换,它们使原子保持不变——就像它原来那样。由此出发而研究由原子组成的激发态气体发出的光的谱线似乎是一个漫长的过程,但是人们已经迈出了这一步。量子力学一个学派的专家在置换群理论中找到了一个令人满意的背景来解释光谱(和其他与原子结构有关的现象)。当然,柯西没有预见到他所发展的理论会有这样的应用,他也没有预见到它会应用于代数方程这一谜题。这个胜利留给了一个十几岁的男孩,我们以后会见到他。

* * *

到了 27 岁(1816 年),柯西已经跻身于当时数学家的前列。他唯一的劲敌是沉默寡言的高斯,比他大 12 岁。柯西 1814 年发表的关于具有复数上下限的定积分的论文,开启了他作为复变函数论的独立创造者和无与伦

比的发展者的伟大事业。至于技术术语，我们必须查阅关于高斯的那一章——他在 1811 年，比柯西早三年，就得到了基本定理。直到 1827 年，柯西才出版了关于这个主题的详尽的论文。延迟的原因可能是篇幅太长——大约 180 页。柯西没有想到，资金预算超出了科学院或综合理工学校有限的印刷 80 页到 300 页的巨著。

第二年(1815 年)，柯西证明了费马留给困惑不解的后人的一个伟大定理，从而引起了轰动：每个正整数都是三个"三角形数"、四个"正方形数"、五个"五边形数"、六个"六边形数"等的和，在每种情况下，零都被算作相关类型的数字。"三角形数"是数字 $0,1,3,6,10,15,21,\cdots$，通过由点组成的正(等边)三角形得到：

"正方形数"情形类似：

由上图可以明显地看出，每个正方形数是从前一个正方形数通过"加边"而获得。同样，"五边形数"是由点构成的正五边形；"六边形数"和其他形数依此类推。这并不容易证明。事实上，这对欧拉、拉格朗日和勒让德来说都太难了。高斯早些时候证明了"三角形数"的情形。

似乎是为了表明自己不局限于纯粹数学方面的一流工作，柯西在 1816 年又获得了科学院颁发的大奖，以表彰他的"波浪在不定深度的重流体表面的传播理论"——海浪与这种类型的波浪非常接近，适合于进行数学处理。论文最终(打印出来后)超过了 300 页。27 岁的柯西发现自己被强烈地"催促"成为科学院的一员——这对一个如此年轻的人来说是最不寻常的荣誉。有人向他默许,数学学科的第一个空缺就会落在他头上。就受欢迎程度而言,这是柯西职业生涯的高潮。

1816 年,柯西进入科学院的时机已经成熟,但却没有空缺。不过,由于在任者的年龄,其中两个席位可能很快就会空出:蒙日 70 岁,L. M.N.卡诺 63 岁。蒙日我们已经会见过;卡诺是彭赛列的前驱。由于其恢复并扩展帕斯卡和德萨格的综合几何的研究,以及将微积分建立在坚实的逻辑基础上的勇敢尝试,卡诺在科学院占有一席之地。除了数学之外,卡诺在法国历史上也享有令人羡慕的名声。他是一个天才,在 1793 年组织了 14 支军队,击败了欧洲反民主的反动联盟向法国发起进攻的 50 万大军。当拿破仑在 1796 年夺取政权时,卡诺因为反对暴君而被放逐。卡诺说:"我是所有国王的不可调和的敌人。"1812 年俄国战役后,卡诺作为一名士兵服役,却有一个条件:他将为法国而战,而不是为拿破仑的法兰西帝国而战。

拿破仑从厄尔巴岛逃脱后,经历了辉煌的"百日王朝",在政治动荡期间,科学院进行了改组,卡诺和蒙日被驱逐。卡诺的继任者接过位置无须多说,但当年轻的柯西平静地坐到蒙日的椅子上时,风暴爆发了。对蒙日的驱逐完全是不体面的政治行为,无论谁从中获利,至少表明他缺乏灵敏的嗅觉。柯西当然有他的正义和良知。

吃过河马肉的人都说它有一颗柔嫩的心,所以皮厚不一定是一个人内心的可靠标识。柯西崇拜波旁王朝,相信这个王朝是上天派来统治法国的直接代表(即使上天派来了一个像查理十世这样无能的小丑)。因此,柯西坐上蒙日的座椅,只是在履行他对上天和法国的忠诚职责。从他后来对神圣的查理十世的忠诚可以看出他是真诚的而不仅仅是自私。

荣誉和要职纷至沓来,幸临这位当今法国最伟大的数学家,他此时还不到 30 岁。从 1815 年(当时他 26 岁)起,柯西就开始在巴黎综合理工学校讲授分析学。他现在被任命为教授,不久之后又被任命为法兰西公学院和索邦大学的教授。一切都开始朝着既定方向发展。他的数学活动令人难以置信;有时,在同一周内就会有两篇完整的论文提交给科学院。除了自己的研究之外,他还撰写了无数关于别人提交给科学院的论文的评审报告,并抽出时间几乎源源不断地发表关于数学的所有分支的论文,无论是纯粹数学还是应用数学。在欧洲的数学家中,他变得比高斯更出名。学者和学生们都来听他对他正在发展的新理论,尤其是分析和数学物理的优美而清晰的阐述。他的听众包括来自柏林、马德里和圣彼得堡的著名数学家。

在繁忙的工作中,柯西抽出时间来求爱。他的未婚妻叫阿洛伊丝·德·布尔(Aloise de Bure),两人于 1818 年结婚,共同生活了将近四十年。阿洛伊丝是一个有教养的古老家庭的女儿,和他本人一样,也是一个虔诚的天主教徒。他们有两个女儿,都像柯西小时候那样被抚养长大。

* * *

这里需要提一下这一时期的一部伟大作品。在拉普拉斯等人的鼓励下,柯西于 1821 年整理出版了他在巴黎综合理工学校讲授的分析课程。长期以来,这部著作树立了严格化的标准。直到今天,柯西对极限和连续性的定义,以及他这门课中关于无穷级数收敛的很多内容,都可以在任何一本认真编写的微积分书中找到。从序言中摘录的一段可以看出他的想法和他的成就:

"我试图赋予分析方法以几何学所要求的一切严谨性,而决不提及代数的普遍性推理(今天所说的代数的形式主义)。这类推理,尤其是在从收敛级数到发散级数和从实数到虚数的研究过程中,虽然已得到普遍承认,但在我看来,与偶尔发现真理的归纳法半斤八两,并不符合数学所标榜的精确性。我们还应当注意到,这类推理往往使代数公式的有效性变得不确定[①]。实际上,这些公式中的大多数只在某些条件下,以及当它们所包含的量取某些值时才成立。通过确定这些条件和数值,并准确界定我所使用的符号的含义,我将消除所有的不确定性。"

柯西的生产力是如此惊人,以至他不得不自己创办了一份杂志,《数学练习》(*Exercises de Mathématiques*,1826—1830)及后续第二系列《数学分析与物理学练习》(*Exercises d'Analyse Mathématique et de Physique*),用来发表他在纯粹数学和应用数学方面的阐释性和独创性的著作。1860 年以前,人们都争相购买和研究这些著作,它们对改变人们的数学兴趣做出了很大贡献。

在柯西的大手笔中,还有一件十分有趣的事情。1835 年,科学院开始出版它的《周报》(*Comptes rendus*)。这里是柯西的处女地,他开始用注记和长篇论文淹没新出版的刊物,有时一周不止一篇。对迅速增加的印刷费用感到沮丧的科学院通过了一项即日生效的规定,禁止发表超过四页长的文章。这限制了柯西的豪华风格,他的篇幅较长的论文,其中包括一本关于数论的 300 多页的巨著,都放到其他地方出版了。

---

①例如,由 1 除以 $1-x$ 得到 $\dfrac{1}{1-x}=1+x+x^2+x^3+\cdots$ 直至无穷,当 x 是大于或等于 1 的正数时,是无意义的。——原注

＊　＊　＊

柯西婚姻幸福,研究成果像鲑鱼产卵一样丰富。当 1830 年的革命推翻了他心爱的查理时,柯西成为忠臣的时机到来了。当命运让柯西从蒙日的椅子上站起来,追随他的国王流亡国外时,人们还从未见过他如此地开怀大笑。柯西无法拒绝这样做,他曾庄严宣誓效忠查理,而对于柯西,宣誓就是宣誓,即使是对一头又聋又哑的驴子。值得赞扬的是,柯西在四十岁的时候放弃了他所有的职位,自愿流亡国外。

他并不后悔他的离去。巴黎满是血迹的街道使他敏感的胃感到恶心。他坚信善良的查理国王绝不应为这场血腥的混乱负责。

柯西离开巴黎的家人,但没有辞去他在科学院的职位。他先去了瑞士,在那里他在科学会议和研究中寻求消遣。他从来没有向查理十世求助,甚至不知道被流放的国王是否知道他自愿的牺牲是出于坚持原则。不久,一个更加开明的查理、撒丁岛国王查理·阿尔伯特听说著名的柯西失业了,便给了他一份都灵数学物理教授的工作。柯西非常高兴。他很快学会了意大利语,并用这种语言演讲。

不久,柯西由于过度的劳累和兴奋而病倒了,使他感到遗憾的是(正如他在写给妻子的信中所说),他有一段时间被迫放弃了晚上的工作。在意大利度假,再加上拜谒了教皇,他的精神完全恢复了。他回到都灵,热切地期待着将余生奉献给教学和研究。但不久,愚钝的查理十世就像一头无脑的山羊一样又闯入了这位退休数学家的生活。他要回报他这位忠实的追随者,却不承想给他带来了异乎寻常的伤害。1833 年,柯西被委任教育查理的继承人,13 岁的波尔多公爵。男保姆和小学教师的工作是柯西在这个世界上最不想做的事情。尽管如此，他还是在布拉格忠实地向查理十世报到，并接受了忠诚的十字架。第二年，他的家人也来了。

教育波旁家族的继承人决不是闲差。从早到晚，柯西都被这个王室小顽童纠缠着，几乎没有时间用餐，这个娇生惯养的男孩不仅要学习普通学校的基础课程，而且还得特别注意不要让他在公园里蹦蹦跳跳时摔倒，擦破膝盖。不用说，柯西教授工作的主要部分是一系列亲密的交谈，内容是关于他自己也沉迷其中的一种特殊的道德哲学。法国最终决定不再让波旁王室返回中心，而是把他们和他们无数的后代当作奖品，抽奖给国际婚姻所里百万富翁的女儿们，这或许也是好事。

尽管柯西几乎一直在照看他的学生，但他还是设法维持自己的数学研究，有时他会冲进自己的私人宿舍，草草写下一个公式或一段话。这一时期最令人印象深刻的作品是关于光的色散的长篇论文，柯西在其中试图解释色散现象（由于组成白色的彩色光的折射率不同，白光被分离成不同的颜色），他的假设是光是由弹性固体的振动引起的。这项工作在物理学史上很有意义，因为它是19世纪物理学研究倾向的一个例证，即试图用力学模型来解释物理现象，而不是仅仅建立一个抽象的数学理论来联系观察结果。这与牛顿及其后继者的普遍做法有所不同——尽管曾有人试图用纯力学的方法"解释"万有引力。

今天的趋势是与纯粹数学的关联相反的，完全放弃了以太、弹性固体或其他比被解释的事物更难理解的力学"解释"。物理学家们现在似乎注意到了拜伦的质疑："那么谁来说明这个解释呢？"弹性固体理论取得了长期而辉煌的成功，甚至在今天，柯西从他的错误假设中导出的一些公式仍在使用。但当精细的实验技术和意外现象（在这种情况下是反常色散）与理论的预测不一致时，这一理论本身就被抛弃了，这种情况并不少见。

1838 年，柯西终于从他的学生手中解脱（当时他快 50 岁了）。一段时间以来，他在巴黎的朋友们一直敦促他回去，柯西以父母的金婚为借口向查理和他的所有随从告别。根据一项特殊规定，法兰西研究院（科学院过去和现在都是法兰西研究院的一部分）的成员不需要宣誓效忠政府，所以柯西恢复了他的职位。他的数学活动比以往任何时候都更活跃。在他生命的最后 19 年里，他发表了 500 多篇关于数学各个分支的论文，包括力学、物理学和天文学。这些著作中有许多是长篇论文。

他的麻烦还没有结束。当法兰西学院出现一个空缺时，柯西被一致推选出来填补这个位置。但是他必须先宣誓效忠，在这一点上，柯西并没有特权。柯西认为政府是在篡夺主人的神圣权利，他挺起了脖子，拒绝宣誓。他又一次失业了。但计量局需要他这种水平的数学家。他再次全票当选。于是，一场有趣的拔河开始了，在绳子的一端是柯西男爵和"计量局"，另一端是不圣洁的政府。只有一次政府感到自己出了洋相——它手一松，柯西就被放回了计量局，没有宣誓。藐视政府是严重违法的，更不用说不忠了，但柯西还是坚持他的工作。他在计量局的同事们礼貌地忽略了政府关于合法选举的要求，这让政府感到尴尬。四年来，柯西始终固执地背向政府，继续他的工作。

柯西对数学天文学的一些最重要的贡献就属于这一时期。勒维耶曾很不情愿地让柯西开始处理自己 1840 年关于智神星的论文。这是一项充满了数值计算的冗长工作,任何评审人都需要花费与作者最初进行这些计算一样长的时间来检查。当论文提交给科学院时,官员们就开始寻找愿意承担验证结论正确性这一非人任务的审稿人。柯西自告奋勇。他没有追随勒维耶的脚步,而是迅速找到了捷径,发明了使他能够在非常短的时间内验证和推广勒维耶工作的新方法。

1843 年,柯西 54 岁,与政府的斗争达到了危机的程度。部长不愿再成为公众的笑柄,他要求计量局举行选举,填补柯西拒绝让出的职位。在他的朋友的建议下,柯西在一封公开信中向公众陈述了他的观点。这封信是柯西写过的最漂亮的东西之一。

无论我们如何看待柯西对一项事业的唐吉诃德式的拥护(而除了肮脏的反动派以外,所有人都知道这项事业已经彻底失败),我们都不能不尊重柯西在陈述自己的观点时的无畏精神,有尊严而没有激情,为他的良心的自由而斗争。这是新瓶装旧酒式的为自由思想而战,这种方式在当时并不常见,但现在已经司空见惯了。

在伽利略的时代,柯西无疑会为了维护自己信仰的自由而上火刑台;在路易-菲力浦(Louis Philippe)的统治下,他拒绝任何政府要求他宣誓效忠的权力,因为不愿违背自己的良心,他为自己的勇敢而承受了痛苦。他的立场甚至赢得了敌人的尊重,也使政府受到了蔑视,甚至包括它的支持者的蔑视。不久,政府明白了镇压的愚蠢——巷战、骚乱、罢工、内战,以及让人们流离失所的无可抗拒的命令。1848 年,路易-菲力浦和他的帮派被赶下台。临时政府最初的行动之一就是废除效忠宣誓。凭借难得的判断力,政客们意识到所有这些誓言要么是不必要的,要么是毫无价值的。

1852 年，拿破仑三世（Napoleon Ⅲ）掌权后，恢复了宣誓。但这时柯西已经赢得了战斗。有人悄悄地给他传话说，他可以继续上课而不必宣誓。双方都心照不宣，不必大惊小怪。政府没有要求对其慷慨大度表示感谢，柯西也没有任何表示感谢的打算，而是继续讲课，好像什么都没发生过。从那时到他生命的尽头，他一直是索邦大学的主要荣耀。

在政府不稳定而自己的生活较为稳定的空档，柯西花了一些时间来为耶稣会士辩护。这是一个麻烦的老问题——国家教育当局坚称，耶稣会士培训招致了效忠的分裂，耶稣会士则捍卫宗教教育，认为其是任何教育的唯一可靠基础。这是柯西自己的场地上的一场斗争，他带着雄辩的热情投入了战斗。他为他的朋友们所做的辩护是动人而真诚的，但却无法令人信服。每当柯西一摆脱数学，他的感情就代替了理性。

克里米亚战争给了柯西最后一次机会，让他的头脑更冷静的同事们不喜欢他。他成了一个被称为"东方学校工作"的特殊事业的热心宣传者。这里的"工作"指的是特定的"好工作"。

这项"工作"的赞助者在 1855 年写道："有必要纠正过去的混乱，同时对俄国人的野心和伊斯兰教徒的狂热进行双重检查：首先要准备复兴被《古兰经》蹂躏的民族……"。简而言之，克里米亚战争是为十字架开路的传统刺刀。用更人道的东西取代残忍的《古兰经》的明显必要性给柯西留下了深刻的印象，他全身心地投入这个项目中，"完成和巩固……解放的工作是由法国军队如此令人钦佩地开始的。"

耶稣会对柯西的专业帮助心存感激,对他的许多具体工作(包括募集捐款)给予了充分的肯定,这些具体工作是完成"被《古兰经》律法奴役的人民的道德复兴,是福音在耶稣基督的摇篮和坟墓周围的胜利,"这些就是信奉基督教的法国人、英国人、俄国人、撒丁岛人和土耳其人在克里米亚战争中所洒鲜血的"唯一可接受的补偿"。

正是这种性质的好工作,使得柯西的一些朋友出于对当时正统宗教虔诚精神的同情,称他为一个沾沾自喜的伪君子。这个称号是完全不妥当的。柯西是有史以来最真诚的偏执狂之一。

这项工作的最终结果是1860年5月发生了一场特别令人憎恶的大屠杀。柯西没能活着看到他的努力获得成功。

$$* \quad * \quad *$$

伟大的数学家的声誉也会像其他伟人一样起伏不定。柯西死后很长一段时间——甚至直到今天——都因生产过量和创作草率而受到严厉的批评。他的总产出是789篇论文(其中许多是非常广泛的作品),填满了24卷大四开本。如果一个人除了少数质量一般的作品外,主要创作了大量一流的作品,那么上面所说的批评似乎就无伤大雅了,何况这类批评大多来自那些本身产量较少并且作品不是最具独创性的人。柯西在现代数学中的地位接近于舞台的中心。现在,尽管有些人不情愿,但这一点几乎得到了普遍承认。柯西去世后,尤其是最近几十年,他作为数学家的声誉稳步上升。他引入的方法、他的整个计划开创了现代严格性的第一阶段,他几乎无与伦比的创造力在数学上留下了印记,就我们现在所知,注定在未来许多年仍然是清晰可见的。

柯西所做的大量新事物中,有一个表面看起来不太重要的细节,可以作为他的先知独创性的例证被提及。柯西提出用模i^2+1同余而不是虚数$i(=\sqrt{-1})$来解决数学中所有涉及复数的问题。这是在1847年完成的,这篇论文——一篇很短的论文——没有引起多少注意。然而,这是克罗内克纲领的萌芽,它正在改变数学的一些基本概念。这件事在以后的章节中还会经常提到,在这里就此带过。

在社会交往中,柯西总是彬彬有礼,即使在像为自己的辩论募捐这样的场合,也决不会失态。他的习惯是有节制的,除了数学和宗教以外,他在所有的事情上都节制有度。在最后一点上,他缺乏一般的常识。对他来说每一个接近他的人都是皈依的希望。当21岁的威廉·汤姆逊(开尔文勋爵)请柯西讨论数学时,柯西花了大量时间试图让他的访客——当时是苏格兰自由教会的坚定信徒——皈依天主教。

柯西也曾陷入优先权的争论,他的敌人指责他贪婪和不公平。他最后的岁月就是被这样一场他似乎并不占理的争论所扰乱。但在涉及原则问题时,他一如既往地固执,他不顾众怒,以不可战胜的甜蜜加执拗坚持自己的观点。

柯西在科学界的同事中不受欢迎还有另一个原因。在科学界和科学社团,人们应该只根据候选人的科学功绩来投票,其他任何手续都被认为是不道德的。不管是否正确,柯西被指责常常按照他的宗教和政治观点投票。他认为他的同事在这方面和类似的缺点上对他缺乏理解,这让他在最后的几年里感到痛苦。双方都不能理解对方的观点。

柯西于1857年5月23日意外去世,享年68岁。为了治疗支气管疾病,他退居乡间休养调理,结果只一次致命的发烧就把他击倒了。在他死前的几个小时,他还在和巴黎大主教热烈地谈论他对慈善事业的看法——慈善事业是柯西毕生的兴趣之一。他的临终遗言是对大主教说的:"人会逝去,但他们的行为将永存。"

（李文林　译）

"十四五"时期国家重点出版物出版专项规划项目

群星闪耀
——大数学家传
下册

[美]E.T.贝尔 ◎著

李文林 胡作玄 袁向东 胡俊美 贾随军 程钊 ◎译

大连理工大学出版社

Dalian University of Technology Press

图书在版编目(CIP)数据

群星闪耀：大数学家传. 下册 /（美）E. T. 贝尔著；
李文林等译. -- 大连：大连理工大学出版社，2024. 8.
ISBN 978-7-5685-5131-1

Ⅰ. K816.11

中国国家版本馆 CIP 数据核字第 2024RS9745 号

群星闪耀：大数学家传
QUNXING SHANYAO：DA SHUXUEJIA ZHUAN

出 版 人：苏克治
策划编辑：苏克治
责任编辑：赵晓艳　王　伟
责任校对：周　欢
封面设计：奇景创意

出版发行：大连理工大学出版社
　　　　　（地址：大连市软件园路 80 号，邮编：116023）
电　　话：0411-84708842（发行）
　　　　　0411-84708943（邮购）　0411-84701466（传真）
邮　　箱：dutp@dutp. cn
网　　址：https://www. dutp. cn

印　　刷：大连图腾彩色印刷有限公司
幅面尺寸：170mm×240mm
插　　页：1
印　　张：45.25
字　　数：700 千字
版　　次：2024 年 8 月第 1 版
印　　次：2024 年 8 月第 1 次印刷
书　　号：ISBN 978-7-5685-5131-1
定　　价：158.00 元（全二册）

本书如有印装质量问题，请与我社发行部联系更换。

中译序

E. T. 贝尔的数学家传记著作 *Men of Mathematics*（本中译本取名《群星闪耀——大数学家传》），从古希腊的芝诺、阿基米德写到 20 世纪初的庞加莱和康托尔，自从 1937 年首次出版以来，多次再版，至今仍在不断重印，可以说是在西方世界最受欢迎的一部数学家传记作品了。

贝尔这部数学家传记之所以广受欢迎，最明显的原因自然是其通俗性加科学性，就是说用通俗生动而又不失准确的语言，向大众介绍经过精心挑选的数学家的生平，传播他们的数学思想和精神。通俗性与科学性是一本优良的科普作品的两大要素，前者决定传播的广度，后者决定传播的深度。在通俗性方面，贝尔为这本传记提出了很高的要求，并且应该说是认真实践了这一要求。在作者笔下，一个个栩栩如生的大数学家和他们脍炙人口的生平故事，对读者有很大的吸引力，而这些数学大师的数学发现和数学思想，虽然许多内容远远超过了中学数学范围，但如贝尔在导言中所说："无论它们在哪里出现，我们都给出了充分的描述，使任何具有高中数学水平的人都能看懂。"

当然，通俗性不能以丧失科学性为代价。如果一味以博取眼球为目的，忽视甚至罔顾数学内容的准确性和史实的可靠性，那样的科普作品是不可取的。除了准确无误以外，科学性还有一个很重要的要求，就是一部科普作品应有足够的科学知识含量。数学家传记不应仅仅满足于传播数学家的奇闻轶事甚至热衷于八卦传说以哗众取宠,而应着力传播数学家的数学思想与科学精神。贝尔的这部数学家传记显然不是那种肤浅的消遣品。读者通过阅读书中大数学家们的故事,不仅认识了构建现代数学大厦的是一群什么样的建筑师,而且对他们的智力创造物,从芝诺悖论、欧氏几何、解析几何、微积分、群论、非欧几何乃至逻辑代数、超穷集合论等等都会有一定程度的理解。正如伯特兰·罗素对本书的评论所言:"任何学习数学的人都会从阅读这本书中获益,因为他使得数学这一学科变得人性化,并有助于我们对数学历史环境的了解。"

撰写数学家传记必然遇到的一个问题是如何处理一些高度吸睛但却没有根据的传说。在这方面,贝尔表现出一个数学家的严谨。在本书中我们看不到一些笛卡儿传中津津乐道的因瞥见一只蜘蛛(或说苍蝇)而发明解析几何的故事。特别是,与一般以传说人物泰勒斯为数学第一人的西方数学史著作不同,本书压根就没有提到泰勒斯这个名字!

在翻译本书的过程中,笔者感到,除了通俗性与科学性,贝尔的这部数学家传记还有另一个重要的特点,就是具有明确的数学史观。贝尔在导言中指出:"我们有必要在此简要说明什么是贯穿整个数学历史的主要指导线索。"而贝尔认为:"从早期开始,就一直有两种对立的、有时又是互补的倾向,支配着整个数学的发展。粗略地说,这两种倾向就是离散的倾向和连续的倾向。"与此密切联系的是"当今蓬勃发展的两大对立的数学思想流派的代表,即批判破坏性学派和批判构造性学派。"这就是贯穿本书的指导线索。数学史观可以说是数学史家的灵魂,明确的史观指导数学史家去伪存真,去粗取精,将表面上杂乱无章的数学史料编织成脉络清晰的知识动力体系,而不致成为史料的堆砌或单纯的编年史。当然,数学发展的线索不只有一条,不同的视角可以有不同的见解,这里正是数学史家们争鸣探讨、深耕求真之处。

本书有一个乍看明显的缺陷，即缺失东方数学家的传记。本书还有一些其他缺点，例如对有的数学家（如柯西）的成就介绍重点不够突出等。

对于缺选东方数学家，笔者认为应非作者的主观意图，因为贝尔在本书导言中明确提出反对狭隘民族主义。他说："狭隘民族主义和国际嫉妒，即使在最不带感情色彩的纯数学中，也严重扭曲了发现和发明的历史。"他进一步写道："对西方数学的公正描述，包括对每个人和每个国家在错综复杂的发展中所占地位的评析，只有一个中国史学家才能写出来。只有他才有耐心和以超然的态度，去解开那奇怪的扭曲的模式，去发现我们西方五花八门的自夸中所隐藏的任何真相。"贝尔所反对的"狭隘民族主义"剑指何方，可以说昭然若揭。一位西方数学史家在 20 世纪 30 年代能持如此立场，确实令人称奇！

本书曾受到部分西方史学家依据所谓"史学标准"的严厉批评。正如我们已看到，贝尔在本书中对史料的处理方式和观点与传统的西方史学标准的确相去甚远。史学标准确实是一个严肃的并且在笔者看来需要以客观而非双重的态度认真研讨的问题。无论如何，读者是上帝，由于前面所述的特点，本书已然成为久传不衰的数学科普经典。正因为此，我们欣然接受了大连理工大学出版社翻译新的中文译本的邀请，并严谨以待，奋力译作。我们希望这个新译本有自己的特色，同时欢迎批评指正。

本书的翻译出版得到了严加安院士和纪志刚教授的大力支持，在此谨表感谢。

李文林

2024 年 3 月于北京中关村

致　谢

如果没有大量的脚注，就不可能在本书中为每一个历史事实的引用标明出处。但在大型大学图书馆之外所查阅的资料很少，而且大部分都是外文。关于某个人生活中的主要日期和主要事实，我查阅了讣告（现代人的）：这些都可以在他曾经参加过的学术团体的会刊中找到。其他有趣的细节从数学家之间的通信和他们的作品集中获得。除了目前所引用的少数具体资料外，以下的参考书目和参考资料也特别有帮助：

（1）大量的历史笔记和论文摘自《数学年鉴》（*Jahrbuch über die Forschritte der Mathematik*，数学史部分）；

（2）《数学文献》（*Bibliotheca Mathematica*）。只有三份资料来源比较"私密"，需要明确所引用的文献。伽罗瓦的生平是根据 P. 迪普威（P. Dupuy）在《巴黎高等师范学校科学年鉴》（*Annales scientifiques de l'École normale supérieure*，3me série，tome 13，1896）上发表的经典陈述，以及 P. 塔内利（P. Tannery）编辑的注记。魏尔斯特拉斯和索尼娅·柯瓦列夫斯基之间的通信由米塔格-勒弗莱（Mittag-Leffler）发表在《数学学报》（*Acta Mathematica*）上（部分也发表于第二届国际数学家大会文集，巴黎，1902）。关于高斯的许多细节都摘自冯·沃尔特豪森的书《回忆高斯》（W. Sartorius von Waltershausen，*Gauss zum Gedächtnissy*，Leipzig，1856）。

如果断言书中的每一个日期或专有名称的拼写都是正确的,那就太轻率了。日期的使用主要是为了使读者可以了解到一个人在什么年龄做出最具独创性的发明。

至于拼写,我承认,面对诸如 Basle、Bale 和 Basel(或者 Utzendorff 和 Uitzisdorf)这样的同一座瑞士城镇的不同拼法,我感到很无助。在 James 与 Johann 之间,或者 Wolfgang 与 Farkas 之间做出选择时,我会采取较简单的方法,即通过其他途径来确定相应的人物。

与前一本书(《探索真理》)的情形一样,我非常高兴地感谢 E. 哈勃博士和他的妻子格蕾丝给予的宝贵帮助。虽然书中所有的陈述都是由我个人负责,但在我不能自称为专家的领域,两位专家的学术批评(尽管我并不总是从中受益)对我有很大的帮助,我相信他们建设性的批评已经弥补了我的不足。M. 沃德博士也批评了某些章节,并对他所擅长的问题提出了许多有益的建议。托蓓一如既往,贡献良多;为了感谢她所付出的一切,我把这本书献给她(如果她愿意的话)——它既是我的,也是她的。

最后,我要感谢各图书馆的工作人员,感谢他们慷慨地借出珍本书籍和书目资料。我要特别感谢斯坦福大学、加利福尼亚大学、芝加哥大学、哈佛大学、布朗大学、普林斯顿大学、耶鲁大学、约翰·克雷拉图书馆(芝加哥)和加州理工学院。

E. T. 贝尔

目　录

他们说，他们说什么？让他们说！

（阿伯丁大学马歇尔学院校训[①]）

纯粹数学科学的现代发展，可以说是人类精神的最高创造。

——A. N. 怀特黑德（《科学与现代世界》，1925）

数学真理本身既不简单也不复杂，它就是这样。

——É. 莱莫恩

一个数学家，如果不是某种程度的诗人，就决不是一个完美的数学家。

——K. 魏尔斯特拉斯

我听到有人指责我是数学的对手、数学的敌人，然而没有人比我更重视数学，因为它完成了我所不能完成的事情。

——歌德

数学家就像情人。……给数学家最少的原理，他就会从中推出一个结论，而你也必须承认他这个结论，然后从这个结论又可得出另一个推论。

——丰特内勒

做不可能的事比绕过数学家容易。

——A. 德·摩根

我很遗憾，在这堂课上，我必须使用如此多的四维几何知识。我不道歉，因为我真的不应该为大自然最基本的方面是四维的这一事实担责。事情就是这样……

——A. N. 怀特黑德（《自然的概念》，1920）

---

① "They say, What they say? Let them say! "英国阿伯丁大学马歇尔学院大门上铭刻的箴言。

* * *

万物皆数。

——毕达哥拉斯学派

数学是科学的女王,算术是数学的女王。

——C. F. 高斯

因此,我们可以说,数字支配着整个量的世界,算术四则运算可以被看作是数学家的全部装备。

——J. C. 麦克斯韦

算术的不同分支——野心、迷惑、丑化和嘲笑。

——假海龟(《爱丽丝漫游奇境》)

上帝创造整数,其余一切都是人的作品。

——L. 克罗内克

[算术]是人类知识中最古老的分支之一,也许是最古老的分支;然而,它的一些最深奥的秘密却与它最古老的真理相近。

——H. J. S. 史密斯

* * *

柏拉图的著作并不能使任何数学家相信它们的作者对几何学有强烈的迷恋……我们只知道他鼓励数学。但是,如果——没有人相信这一点——在他的大门上确实写了齐泽斯的"不懂几何者莫入"这句话,那么它所显示的几何学的意义,顶多相当于提醒你一顿好晚餐不要忘记带一包三明治一样。

——A. 德·摩根

几何学没有王者之路。

——梅内克穆斯(致亚历山大大帝)

* * *

当他还是国会议员的时候,他就学习并几乎掌握了欧几里得的前六卷。为了提高自己的能力,特别是逻辑和语言能力,他开始了严格的思维训练。因此,他喜欢欧几里得,他随身携带着欧几里得,直到他能够轻松地证明前六卷中的所有命题;他经常学习到深夜,枕头旁边放着一支蜡烛,而他的律师同行们,六个人挤在一个房间里,空中响彻不间断的鼾声。

——A. 林肯(《短篇自传》,1860)

* * *

尽管听起来很奇怪,但数学的力量正是在于它可以避免所有不必要的思考,以及它对思维活动的奇妙节省。

——E. 马赫

像棉花价格曲线那样画出的一条曲线,描述了我们耳朵所能听到的最复杂的音乐演奏效果。……在我看来,这正是数学力量的绝妙证明。

——开尔文勋爵

* * *

数学家,凭借他们的符号洪流,显然是在处理纯粹形式的真理,却仍然可能得出对我们描述物质宇宙具有无限重要性的结果。

——K. 皮尔森

说明一个实验者在没有数学帮助的情况下解释他的结果是多么困难,这样的例子数不胜数。

——开尔文勋爵

但是,数学之所以享有崇高声誉还有另一个原因:正是数学为精确的自然科学提供了某种程度的可靠性,而没有数学,它们就无法获得这种可靠性。

——A. 爱因斯坦

数学是特别适合处理任何抽象概念的工具,它在这方面的力量是无限的。因此,一本关于新物理学的书,如果不是纯粹描述实验工作,本质上也必须是数学的。

——P. A. M. 狄拉克(《量子力学》,1930)

当我继续研究法拉第的时候,我意识到他描述(电磁学)现象的方法也是数学的,虽然没有表现为传统的数学符号形式。我还发现,这些方法可以用通常的数学形式来表达,因此可以与那些公认的数学家的方法进行比较。

——J. C. 麦克斯韦(《电磁通论》,1873)

＊　＊　＊

命题 64……数学家难道……没有他们的神秘甚至前后不一和自相矛盾之处吗？

——伯克利主教

要创造一种健康的哲学，你就应该放弃形而上学，而做一个好的数学家。

——B. 罗素（1935 年的一次演讲）

数学是唯一好的形而上学。

——开尔文勋爵

数学，毕竟是独立于经验的人类思想的产物，怎么能如此令人钦佩地适应于现实对象呢？

——A. 爱因斯坦（1920）

每一个新发现都是以数学的形式出现，因为我们没有其他的指导。

——C. G. 达尔文（1931）

无限！没有任何其他问题能如此深刻地打动人类的精神。

——D. 希尔伯特（1921）

无限的概念是我们最好的朋友；它同时又是我们内心平静的最大敌人。……魏尔斯特拉斯教我们相信，我们已经彻底驯服了这匹野兽。然而，事实并非如此；它又一次挣脱了缰绳。希尔伯特和布劳威尔已经着手再次驯服它。需要多长时间？我们不知道。

——J. 皮尔庞特（《美国数学会通报》,1928）

在我看来，一个数学家，只要他是一个数学家，就不需要把自己的全部精力放在哲学上——而且许多哲学家都表达过这一观点。

——H. 勒贝格（1936）

上帝是几何学家。

——柏拉图

上帝是算术家。

——C. G. J. 雅可比

宇宙的伟大建筑师现在开始以纯数学家的身份出现。

——J. H. 琼斯（《神秘的宇宙》,1930）

数学是最精确的科学,它的结论能够得到绝对的证明。但这只是因为数学并不试图得出绝对的结论。所有数学真理都是相对的,有条件的。

——C. P. 斯坦梅茨(1923)

这是一条万无一失的准则,当一个数学家或哲学家用一种玄乎的深奥来写作时,他就是在胡说。

——A. N. 怀特黑德(1911)

（李文林　译）

第十六章

几何学的哥白尼

罗巴切夫斯基(1793—1856)

●寡妇的孩子●喀山●被任命为教授和学监●多才多艺●作为管理者的罗巴切夫斯基●理性和祈祷对抗霍乱●俄罗斯的感谢●盛年受辱●罗巴切夫斯基像弥尔顿一样失明,口述杰作●超越欧几里得●非欧几里得几何学●思想的哥白尼

罗巴切夫斯基的理论对他同时代的人来说是不可理解的,似乎只是因为它与一条公理相矛盾,而这条公理的必要性仅仅建立在几千年来的传统偏见之上。

——《罗巴切夫斯基全集》编辑

如果普遍接受的对哥白尼所做的事情的重要性的评价是正确的，我们必须承认，把一个人称为某项事业的"哥白尼"，要么是人们可能给予的最高赞扬，要么是最严厉的谴责。当我们理解罗巴切夫斯基在创造非欧几里得几何中所做的事情，并考虑到它对整个人类思想（数学只是其很小的虽然是很重要的部分）的意义时，我们可能会同意：当克利福德（1845—1879）（他本人是一个伟大的几何学家而非"普通的数学家"）称罗巴切夫斯基为"几何领域的哥白尼"时，并没有过度颂扬他的英雄。

尼古拉斯·伊凡诺维奇·罗巴切夫斯基（Nikolas Ivanovitch Lo-batchewsky）是一个小政府官员的次子，1793 年 11 月 2 日出生于俄罗斯下诺夫格罗德州的马卡里耶夫地区。父亲在尼古拉斯七岁时去世，留下遗孀普拉斯科维亚·伊凡诺夫娜（Praskovia Ivanovna）照顾三个年幼的儿子。由于父亲在世时的工资仅够维持家庭生活，这位寡妇发现自己陷入了极度贫困。她把家搬到了喀山，在那里，她尽自己最大的努力为孩子们准备上学，看到他们一个接一个地被接纳为当地中学的免费学生，她感到无比欣慰。1802 年，八岁的尼古拉斯被录取入学。他在数学和古典学方面都取得了惊人的进步。14 岁时，他就为上大学做好了准备。1807 年，他进入喀山大学（成立于 1805 年），在那里度过了接下来的四十年，他是学生，助教，教授，最后成为校长。

第十六章 几何学的哥白尼

为了让喀山大学最终能与欧洲任何一所大学一比高低,当局从德国引进了几位杰出的教授。其中有天文学家利特罗,他后来成为维也纳天文台台长。阿贝尔说利特罗是把自己的目光引向"南方"的理由之一。德国的教授们很快就发现了罗巴切夫斯基的天才,并给予他各种鼓励。

1811 年,18 岁的罗巴切夫斯基在与当局短暂的争执后获得了硕士学位,他的年轻气旺引起了当局的愤怒。由于他在教职员中的德国朋友的支持,他以优异的成绩获得了学位。此时,他的哥哥亚历克西斯负责初等数学课程,以培训初级政府官员,当亚历克西斯暂时请病假时,尼古拉斯接替了他的位置。两年后,21 岁的罗巴切夫斯基获得了"编外教授"的试用期,或者用我们美国人的话说,助理教授。

* * *

1816 年,罗巴切夫斯基在 23 岁的时候就被提拔为普通教授。他的职责十分繁重。除了他的数学工作,他还负责天文学和物理学的课程,前者是为了替代一个休假的同事。他能很好地平衡自己肩负的重担,这使他成为一个引人注目的能担当更多工作的候选人,因为他的理论是:一个能做很多工作的人就能做更多。不久,罗巴切夫斯基成了大学图书馆管理员和混乱的大学博物馆馆长。

学生们往往是一群不守规矩的人,直到生活教会他们慷慨激昂在竞争激烈的谋生事业中是行不通的。从 1819 年到 1825 年沙皇亚历山大去世,罗巴切夫斯基的无数职责中,包括喀山所有学生的监管、从小学到大学研究生的课程。监管工作主要是监督他所管理的学生的政治观点。这种吃力不讨好的工作,其难度可想而知。罗巴切夫斯基处心积虑、日复一日、年复一年地把他的报告呈交给他的疑心重重的上级,没有一次因监管懈怠而遭到训斥,却又从未失去过所有学生们的真诚尊敬与爱戴,这一切比感激的政府授予他的、他在国事场合乐于佩戴的所有华丽的勋章更能说明他的管理能力。

大学博物馆里的所有收藏品都是用干草叉扔进去的。类似的混乱也使庞大的图书馆几乎无法使用。罗巴切夫斯基奉命收拾这些烂摊子。为了表彰他的非凡的服务,当局提拔他为数学和物理学院的院长,但没有拨出任何资金另外聘请助手来清理图书馆和博物馆。罗巴切夫斯基亲自动手做这些工作,编目、除尘和打捆,或者根据需要挥舞拖把。

随着1825年亚历山大的去世,事情有了转机。对喀山大学进行恶意迫害的那个官员被开除了,因为他太腐败了,德不配位。他的继任者任命了一个专业的馆长来接替罗巴切夫斯基没完没了的整理图书目录、给矿物标本除尘和给鸟类标本除虫的工作。由于在大学的工作需要政治和道义上的支持,这位新馆长出于自身利益的考虑做了一些高级政治操作,并在1827年为罗巴切夫斯基争得了校长的任命。这位数学家现在是大学的校长了,但这个新职位并不是闲差。在他的得力领导下,全体工作人员进行了改组,引进了更优秀的人员,不顾官方的阻挠放宽了教学,图书馆的建设达到了更高的科学标准,组织了一个机械作坊来制造研究和教学所需的科学仪器,建立和装备了一个天文台——这是精力充沛的校长的一个专宠项目——以及大量的从俄罗斯各地采集的矿物收藏品。一切都井井有条,并不断充实丰富。

即使有校长职位的新尊荣加身,也没有阻止罗巴切夫斯基在必要的时候到图书馆和博物馆里去干体力活。大学就是他的生命,他热爱大学。只要受到一点轻微的刺激,他就会脱下外套去干活。曾经有一位有名的外国客人,把不穿外衣的校长当成了看门人或工人,要求他带自己去参观图书馆和博物馆的收藏。罗巴切夫斯基向他展示了最珍贵的藏品,一面展示一面解说。这位乐于助人的俄国工人的高超智慧和彬彬有礼,使参观者心醉神迷,印象深刻。与导游告别时,他给了一笔可观的小费。让外国客人感到困惑的是,罗巴切夫斯基愣住了,愤怒地拒绝了递过来的硬币。来访者以为这不过是这位高尚的俄国看门人的又一个怪癖,便鞠了一躬,把钱装进了口袋。那天晚上,他和罗巴切夫斯基在州长晚宴上不期而遇,双方都表示道歉,并接受了对方的道歉。

罗巴切夫斯基坚信这样一种哲学:要想把事情做到自己满意的程度,你要么自己动手,要么对它的执行情况有足够的了解,以便能够明智而有建设性地批评别人的工作。如前所述,大学就是他的生命。当政府决定将建筑现代化并增加新的建筑时,罗巴切夫斯基就把确保工作能正确进行和不浪费作为自己的任务。为了使自己能适应这项任务,他自学了建筑学。他对这门学科的掌握是如此实用,以至这些建筑不仅美观,而且符合它们的用途,在政府建筑史上几乎是独一无二的,建造的钱比拨款还少。几年后(1842年),一场灾难性的大火焚毁了半个喀山,带走了罗巴切夫斯基最好的建筑,包括他心中的骄傲——刚刚完工的天文台。但由于他精力充沛、头脑冷静,仪器和图书馆得以保存。大火过后,他立即着手重建。两年后,那场灾难的痕迹已荡然无存。

我们记得1842年,大火之年,也是在高斯的帮助下,罗巴切夫斯基当选为格丁根皇家学会的外籍会员,因为他创造了非欧几里得几何。很难想象像罗巴切夫斯基这样在教学和管理方面负担如此沉重的人能有时间从事一项哪怕是平常的科学工作,但他确实以某种方式抓住了机会,创造了数学领域的伟大杰作和人类思想的里程碑之一。他断断续续地研究了20

多年。他第一次公开谈论这个话题，是 1826 年向喀山数学-物理学会做的报告。

从他得到的所有反响来看，他当时仿佛是在撒哈拉沙漠中央喊话。高斯直到 1840 年左右才听说这项工作。

在罗巴切夫斯基忙碌的生活中的另一个插曲表明，他不只是在数学方面远远领先于他的时代。1830 年的俄国卫生状况很可能并不比一个世纪后好多少，我们可以假定，同样的不讲个人卫生的情况，曾使第一次世界大战中的德国士兵对他们不幸的俄国俘虏产生了惊人的厌恶，也使今天勤劳的普罗大众把莫斯科的公园和游乐场当作巨大而方便的厕所。在罗巴切夫斯基时代，面临霍乱流行，喀山不幸的居民却作了长期抗疫的充分准备。在 19 世纪 30 年代还没有疾病的细菌理论，尽管进步的思想长期以来一直怀疑，与瘟疫祸害有关的是肮脏的习惯，而不是上帝的愤怒。喀山暴发霍乱时，牧师们尽其所能地帮助受感染的人们，把他们赶进教堂，共同祈祷，赦免垂死的人，埋葬死者，但从未建议过铲子除了挖坟墓之外还有其他用途。罗巴切夫斯基意识到城市的情况已经没有希望，于是劝他的教师们把他们的家人带到大学来，并说服——实际上是命令——一些学生加入他的队伍，与霍乱进行理性的、人性的斗争。窗户必须保持关闭，严格的卫生规定被执行，只有补充食物供应这样最必要的事情才被允许。在这样受到保护的 660 名男人、女人和儿童中，只有 16 人死亡，死亡率不到 2.5％。与全城采用传统治疗方法造成的损失相比，这是微不足道的。

人们可以想象，在罗巴切夫斯基为国家做出了所有杰出的贡献，并被欧洲公认为数学家之后，他将获得政府的大量荣誉。想象这样的事情不仅是极其天真的，而且还有悖于《圣经》的训诫："决不要相信君王。"1846 年，罗巴切夫斯基被粗暴地解除了教授和大学校长的职务,作为对他所作的一切牺牲和对俄国最优秀的人始终不渝的忠诚的回报。对于这种不正常也不应得的双重伤害,并没有任何公开的解释。

罗巴切夫斯基已经五十四岁了,但他的身体和精神都一如既往地健康和旺盛,而且比以往任何时候都更渴望继续他的数学研究。他的同事们对这一骇人听闻的事件表示了抗议,并感到这将危及他们自己的安全,但他们被简短地告知,他们只是教授,天生无法理解政府科学的更高奥秘。

这种难以掩饰的耻辱使罗巴切夫斯基崩溃了。他仍然被允许在大学继续做研究。1847 年,当他的继任者——政府精心挑选来管教那些心怀不满的教师们的——来到这里接手他那不体面的工作时,罗巴切夫斯基放弃了恢复在这所大学里的地位的一切希望,而它在学术上的卓越地位几乎完全归功于他的努力,此后他只是偶尔出现在考试中帮忙。虽然他的视力迅速衰退,但他仍能进行紧张的数学思考。

他仍然热爱这所大学。儿子死后,他的身体也垮了,但他坚持了下来,希望自己还有点用处。1855 年,喀山大学庆祝了建校 50 周年。为了表示敬意,罗巴切夫斯基以个人身份参加了庆祝活动,并赠送了他的《泛几何学》,这是他科学生涯的大成之作。这部作品(有法语版和俄语版)不是他的亲笔,而是口述的,因为罗巴切夫斯基已经双目失明。几个月后,他于1856 年 2 月 24 日去世,享年 62 岁。

* * *

要了解罗巴切夫斯基做了什么,我们必须先看看欧几里得的杰出成就。直到最近,欧几里得这个名字实际上还是小学几何的同义词。关于欧几里得本人,除了他可疑的年代(前 330—前 275)之外,人们所知甚少。他的《原本》除了对初等几何的系统阐述外,还包含了他那个时代所知的全部数论。几何教学由欧几里得主导了 2200 多年。他在《原本》中扮演的角色,似乎主要是他的前辈和同时代的人的零散结果的协调者和逻辑安排者,他的目标是对初等几何给出一个连贯的、合理的说明,以使整本长书中的每一个命题都可以回溯到最初的公设。

欧几里得并没有达到这个理想的目标,甚至远没有接近这个目标,尽管几个世纪以来人们一直认为他达到了。

欧几里得的不朽的称号是基于某种完全不同的东西,而不是所谓的逻辑完美,这种完美有时仍然被错误地归功于他。这就是他认识到他的第五公设(他的公理XI)是一条纯粹的假设。第五公设可以用许多等价的形式表述,每一种都可以从其他任何一种表述通过欧几里得几何其余的公设推演出来。这些等价命题中可能最简单的一种是:已知任一直线 l 和不在 l 上的一点 P,那么在 l 和 P 确定的平面上能画出一条并仅有一条通过 P 的直线 l',使得 l' 永远不会与 l 相交,无论 l' 和 l 延伸多远(向两个方向)。仅仅作名义上的定义,我们说位于一个平面上永不相交的两条直线是平行的。因此,欧几里得的第五公设断言,经过点 P,有且只有一条与 l 平行的直线。欧几里得对几何本质的深刻洞察使他确信,在他的时代,这个假设从未能从其他假设推导出来,尽管人们曾多次尝试证明这个假设。欧几里得自己也无法从他的其他假设中推导出这个假设,同时希望用它来证明他的许多定理,因此他诚实地把它和他的其他假设放在了一起。

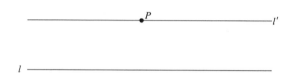

在我们开始讨论罗巴切夫斯基在几何学的推广中扮演的哥白尼角色之前,有一两个简单的问题需要说明。我们已经提到了平行公设的"等价物"。其中之一,即所谓的"直角假设",将有两种可能性,两者都不等同于欧几里得的假设,其中一个引出了罗巴切夫斯基的几何,另一个引出了黎曼的几何。

考虑一个图形 $AXYB$,它"看起来"像一个矩形,由四条直线 AX,XY,YB,BA 组成,其中 BA(或 AB)是底,AX 和 YB(或 BY)被画得彼此相等且与 AB 垂直并在 AB 的同一侧。关于这个图,需要记住的是每一个角 XAB,YBA(在底边上)都是直角,边长 AX,BY 也是相等的。不用平行公理,可以证明 AXY 和 BYX 是相等的。但是,如果不使用这个公理,就无法证明 AXY 和 BYX 是直角,尽管它们看起来是直角。如果我们假设平行公设成立,就可以证明 AXY 和 BYX 是直角。反之,如果我们假设 AXY 和 BYX 是直角,就可以证明平行公设成立。因此,AXY 和 BYX 是直角的假设与平行公设是等价的。这个假设在今天被称为直角假设(因为两个角都是直角,所以用"角"的单数形式而不是其复数形式)。

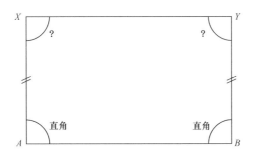

众所周知，直角假设导致了相容的、实际有用的几何，事实上，是导致了欧几里得几何的革新，以满足现代逻辑的严谨性标准。然而这幅图还显示了另外两种可能性：每一个相等的角 AXY，BYX 都小于一个直角——这是锐角假设；每一个相等的角 AXY，BYX 都大于一个直角——也就是钝角假设。由于任何角都能满足且只能满足其中一个要求，即它等于、小于或大于直角，因此直角、锐角和钝角这三个假设就排除了所有其他的可能性。

一般的经验使我们倾向于第一个假设。然而其他两个假设并不像乍看上去那么不合理，为了明白这一点，我们将考虑比欧几里得想象他所画图形的高度理想化的"平面"更接近人类实际经验的东西。但首先我们观察到，无论是锐角假设还是钝角假设都不能证明欧几里得的平行公设，因为如前所述，欧几里得的假设与直角假设是等价的（在互相演绎的意义上；直角假设对于平行公设的推导来说，既是必要的，又是充分的）。因此，如果我们根据这两个新假设中的任何一个成功地建立几何学，我们就不会在它们中发现欧几里得意义上的平行。

为了使其他的假设不像乍看上去那么不合理，我们假设地球是一个完美的球体（没有因山脉等原因而产生的不规则形状）。从这个理想地球的中心画出一个平面，将地球表面切成一个大圆。假设我们希望从地球表面的一点 A 到另一点 B，在从 A 到 B 的过程中始终停留在地面上，再进一步假设我们希望用尽可能短的路来完成这段旅程。这就是"大圆航行"的问题。想象一个平面经过 A、B、地心（这样的平面只有一个）。这个平面将地表切成一个大圆。为了使我们的旅程最短，我们从点 A 到点 B，沿着这个大圆中连接它们的两条弧中较短的一条。如果 A 和 B 恰好位于一个直径的两端，我们可以走任何一条弧。

前面的例子介绍了一个重要的定义，即曲面上的测地线的定义，下面将对此进行解释。刚才已经看到，在球面上两点连接的最短距离，即在曲面上测量的距离本身，就是连接它们的大圆的一条弧长。我们还看到，连接两点的最长距离是沿同一个大圆的另一条弧，除非两点是直径的两端，此时最短和最长弧相等。在关于费马的一章中，"最大"和"最小"被统称为"极值"（"extreme"或"extremum"）。我们现在回想起平面上两点连接的直线段的一个常用定义——"两点之间的最短距离"，把这个定义转移到球面上，我们说，平面上的直线对应于球面上的大圆。由于希腊语中表示地球的单词是测地线（geodesic）的第一个音节 ge（γῆ），我们把任何曲面上连接任意两点的所有极值线都称为该曲面的测地线。因此在一个平面上测地线是欧几里得的直线；在球面上，它们是大圆。

测地线可以形象地被看作在一个曲面上两点之间尽可能绷紧的一根弦所占据的位置。

现在，至少在航海中，即使只考虑中等距离，海洋也不会被认为是一个平坦的表面（欧氏平面）；它被认为是非常近似的球体表面的一部分，大圆航行的几何不是欧几里得几何。因此，欧几里得的几何学并不是人类适用的唯一几何学。在平面上两条测地线恰好相交于一点，除非它们平行，此时它们永不相交（在欧氏几何中）；但在球面上，任何两条测地线总是恰好相交于两点。同样，在一个平面上，没有两条测地线可以包围一个空间，正如欧几里得在他的几何学中所假设的那样；在球面上，任意两条测地线总是能包围一个空间。

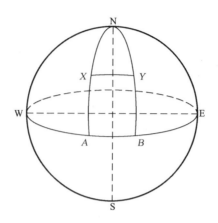

现在想象一下球体上的赤道和两条穿过北极垂直于赤道的测地线。在北半球,这就给出了一个边长弯曲的三角形,其中两条边相等。这个三角形的每条边都是测地线的一条弧。画任意另一条与两等边相割的测地线,使赤道与切割线之间的截距相等。我们现在有了球面四边形,它相应于前不久我们在平面得到的四边形 $AXYB$。这个图形底部的两个角是直角,对应的边是相等的,就像以前一样,但是 X,Y 处的每个相等的角现在都大于一个直角。因此,在高度实用的大圆航海几何中,它比初等几何的理想图形更接近于人类的真实经验,欧几里得公设,或者说与其等价的直角假设,在这种几何中是不成立的,这是从钝角假设中推导出来的几何。

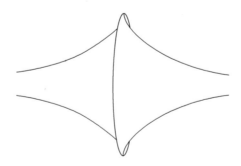

以同样的方式,考察一个不太熟悉的曲面,我们可以使锐角假设变得

合理。这个表面看起来就像两支无限长的喇叭,在它们最大的一端焊接在一起。为了更准确地描述它,我们必须引入称为曳物线的平面曲线,它是这样生成的:让两条线 XOX', YOY' 在水平面上以直角相交于 O,就像笛卡儿几何中那样。想象一下,一根不可延伸的纤维沿着 YOY' 躺着,它的一端连接着一个重的小粒子;纤维的另一端在 O,沿着直线 XO 拉出这一端。

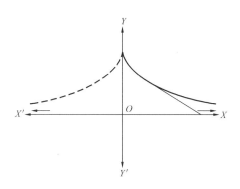

当粒子随着移动,它勾勒出了曳物线的一半;另一半是通过沿着 OX' 拉动纤维的末端画出来的,当然这只是前半部分关于 OT 的反射或镜像。在每种情况中,这种拉伸应该无限地继续下去——“直到无穷”。现在想象这条曳物线围绕 XOX' 线旋转,就产生了双喇叭曲面;因为一些不便赘述的原因,这曲面被称为“伪球面”(pseudosphere)(它具有负常曲率)。如果在此曲面上,我们像前面那样用测地线画出有两条等边和两个直角的四边形,我们发现锐角假设是成立的。

因此,直角、钝角和锐角假设分别在欧氏平面、球面和伪球面上是正确的,在所有情况下,“直线”都是测地线或极值线。欧氏几何是球面上几何的一种极限或退化情况,当球面的半径变得无限时就会实现。

欧几里得显然是基于地球是平的这一假设建立他的几何学,而不是像人们现在所知道的那样去构造一个适合地球的几何模型。即使不是欧几里得,那也是他的前辈们已经采用了这样的假设,当"空间"理论或者说几何学传到欧几里得手里的时候,他的公设中所体现的纯粹的假设已经成为亘古不变的必然真理,由更高的智慧向人们揭示的、作为所有事物的真正本质的真理。人们花了两千多年时间来敲击几何学中这条永恒真理,而罗巴切夫斯基成功了。

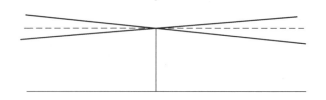

用爱因斯坦的话来说,罗巴切夫斯基挑战了一条公理。任何人只要挑战一个在 2000 年甚至更久的时间里,对绝大多数理智的人来说似乎是必然或合理的"公认真理",就等于把他的科学声誉,甚至他的生命,握在自己手里押宝。爱因斯坦本人对"两个事件可以同时发生在不同的地方"这一公理提出了挑战。通过分析这一古老的假设,他创立了狭义相对论。罗巴切夫斯基质疑欧几里得的平行公设,或者说是等价的直角假设,对于一个相容的几何来说是必要的,他提出了一个基于锐角假设的几何系统来支持他的挑战,在这个系统中,通过定点与给定直线平行的直线不是一条,而是两条。罗巴切夫斯基的两条平行线都不与跟它们平行的直线相交,任何通过固定点并位于两条平行线形成的夹角内的直线也都不与已知直线相交。这种明显奇怪的情况通过伪球面上的测地线"实现"了。

对于任何日常应用(测量距离等)而言,欧几里得和罗巴切夫斯基的几何差异太小,可以忽略不计,但这一点并不重要:每种几何都是相容的,都符合人类的经验。罗巴切夫斯基抛弃了欧几里得几何的必然"真理"。他的几何学只是他的后继者所构建的若干几何学中的第一个。这些欧几里得几何的替代物——例如广义相对论的黎曼几何——今天在物理学仍然活跃并不断发展的部分中的作用,至少与欧几里得几何过去到现在对相对静止和经典的部分一样重要。在某些情况下欧几里得几何是最好的,或者至少是充分的,对其他情况来说,它是不够的,需要一种非欧几里得几何。

从某种意义上说,2200 年来,人们一直认为欧几里得在他的几何体系中发现了一个绝对的真理或人类认知的必要模式。罗巴切夫斯基的创造是这种信念错误的实际证明。他的大胆挑战和成功的结果鼓舞了数学家和科学家去挑战其他的"公理"或公认的"真理",例如因果律。几个世纪以来,因果关系的"定律"似乎和被罗巴切夫斯基抛弃之前的欧几里得公设一样,对人们的正确思维来说是必要的。

罗巴切夫斯基挑战公理的方法所产生的全部影响,可能还没有被人们认识到。可以毫不夸张地称罗巴切夫斯基为几何学的哥白尼,因为几何学只是他改造的更广阔领域的一部分,我们甚至可以把他称为思想的哥白尼。

(李文林 译)

第十七章

天才与贫困

阿贝尔(1802—1829)

◉1802 年的挪威◉因牧师的多生而窒息◉阿贝尔的觉醒◉老师的慷慨◉大师们的学生◉多亏一个漏洞◉阿贝尔和五次方程◉政府施以援手◉阿贝尔盛大的欧洲数学之旅并不盛大◉法国人的彬彬有礼与德国人的热情友善◉克雷尔和他的杂志◉柯西不可原谅的过错◉"阿贝尔定理"◉让数学家忙上 500 年的成果◉死后的加冕

我已建成一座比青铜更耐久,比国王所筑的金字塔更巍峨的纪念碑,无论雨水侵蚀、北风肆虐,也无论旷日引久、岁月流逝,都无法将它摧毁。我不会完全死去;我的大部分将逃脱死亡,我将永远成长,永远在后人的赞颂中焕发活力。

——贺拉斯(Horace)[颂歌集(Odes),3,XXX]

1801 年，占星学家很可能会通过星象预见到：一个璀璨夺目的数学天才的新星系即将腾空升起，为数学史上最伟大的一个世纪揭开序幕。在这个群英荟萃的星系中，没有谁比尼尔斯·亨里克·阿贝尔（Niels Henrik Abel）更耀眼了，埃尔米特（Hermite）曾评价说：“他给数学家们留下的东西，足够让他们忙碌五百年。”

阿贝尔的父亲是一位牧师，住在挪威克里斯蒂安桑（Kristiansand）教区一个名叫芬岛（Findö）的小村庄。1802 年 8 月 5 日，尼尔斯·亨里克在那里出生了，他是家中的次子。在父亲的一方中，有几位祖辈在教会工作中颇有建树，包括阿贝尔的父亲在内的每个人都很有文化修养。阿贝尔的母亲安妮·玛丽·西蒙森（Anne Marie Simonsen）的特别之处，主要在于她长相俊美、追求享乐以及情绪变化无常——从牧师配偶的角度看，他们是一个相当振奋人心的结合。阿贝尔从母亲那里继承了惊人的容颜和强烈的人性渴望，相比于永远辛勤地工作，他希望能从生活中获得更多的东西，但却很少得到满足。

这位牧师共有七个孩子。当时，由于与英国和瑞典发生战争，再加上两次战争之间遭受的一场饥荒，挪威极度贫穷。然而，尽管家里穷得叮当响，偶尔还会食不果腹，这一家人却并没有灰心，生活得非常幸福。有这样一幅动人的画面：显露出数学天分的阿贝尔坐在火炉边，屋里的其他人有说有笑,而他一只眼睛研究着数学,另一只眼睛盯着他的兄弟姐妹。吵闹声从来不会分散他的注意力,他一边书写一边和大家开玩笑。

和其他一流的数学家一样,阿贝尔很早就发现了自己的天赋。一位残暴的校长无意中为他创造了机会。在 19 世纪的前几十年,教育很严厉,至少挪威是这样。体罚是磨练学生性格和满足专横教师虐待倾向的最简单的方法,常被淋漓尽致地应用到一个微不足道的过错。如果说牛顿是被玩伴的猛力一脚踢醒的,那么阿贝尔并不是由于自己遭受皮肉之苦被唤醒的,而是由于一个同学被残酷地鞭打致死。这种事情的发生,即便在严厉的学校董事会看来,也未免有些过分,他们辞退了这位老师。取而代之的是伯恩特·迈克尔·霍姆伯厄(Bernt Michael Holmboë,1795—1850),他很有能力,但绝对称不上才华横溢的数学家,他后来在 1839 年编辑了阿贝尔文集第一版。

当时,阿贝尔大约 15 岁。但在此之前,他除了能用幽默感化解一些麻烦外,几乎没有显露出任何卓越的才能。在善良、开明的霍姆伯厄的教导下,阿贝尔突然意识到自己应该是什么样子。16 岁时,他开始自学牛顿、欧拉和拉格朗日等先辈的伟大著作,并彻底领悟了他们的思想。此后,真正的数学不仅成为他热衷的职业,还成了他痴迷的爱好。几年后,当有人问他何以能如此迅速地跻身于一流数学家之林时,他回答说:"通过阅读大师,而不是其学生的著作"——一些通俗教科书的作者会在其序言中提到这一秘诀,以化解平庸的、缺乏创意的教学方法所带来的有害影响。

霍姆伯厄和阿贝尔很快便成为亲密的朋友。虽然这位老师本身并不是富有创造力的数学家,但他了解并能够鉴赏数学杰作。正是在他的恳切建议下,阿贝尔很快就掌握了包括高斯《算术研究》(*Disquisitiones Arith-*

meticae）在内的最艰深的经典著作。

如今我们都知道，老一辈大师们认为已经证明了的许多杰出成果，实际上根本没有得到真正证明，欧拉关于无穷级数和拉格朗日关于分析的一些工作尤其如此。阿贝尔以其敏锐的头脑，最先洞察到前人推理中的漏洞，决定以其毕生大部分精力去填补它们，以使推理无懈可击。他在这方面的一项经典工作便是首次证明了一般的二项式定理，牛顿和欧拉曾讨论过该定理的特殊情况。然而，对于一般情况，很难给出可靠的证明。由此看来，现在教科书中还能找到未经证实的所谓证明，仿佛阿贝尔从来没有存在过一样，也就不足为怪了。不过，在阿贝尔澄清无穷级数理论及其应用的宏图伟略中，这个证明不过是其中的一个细枝末节罢了。

1820 年，阿贝尔的父亲去世，年仅 48 岁。这样，照顾母亲和六个兄弟姐妹的重任便落在了只有 18 岁的阿贝尔肩上。他满怀信心，欣然承担起了这个突如其来的责任。阿贝尔是个温和、乐观的人，他只希望本着公平公正的标准，成为大学里一位备受尊重、生活相对富足的数学家，这样就能为家人的生活提供适当保障了。与此同时，他还给私人授课，尽其所能做着一切。顺便提一下，可以说阿贝尔是一位非常成功的教师，如果不是家庭的羁绊，他永远都不会受到贫穷的困扰。他随时能想办法赚到足够的钱来维持自己简朴的生活，可由于背负着七口之家，他没有机会。阿贝尔从不抱怨，从容应对，将这一切视为日常工作的一部分，一有空闲时间就继续进行数学研究。

霍姆伯厄深信自己遇到了有史以来最伟大的数学家，于是尽其所能为这个年轻人争取补助，并慷慨地从自己并不富裕的腰包里拿出资金。但是，这个国家穷到饿殍载道的地步，所做的这些还远远不够。多年的贫困加之夜以继日的工作,阿贝尔在使自己永垂不朽的同时,也播下了疾病的种子,以致工作完成一半之前就去世了。

* * *

阿贝尔第一个雄心勃勃的行动便是尝试着攻克一般五次方程,这是代数学领域的所有伟大前辈都竭尽全力想要解决的一个问题,但全部以失败告终。由此,我们很容易想象当阿贝尔误以为自己取得成功时的那种欣喜若狂。通过霍姆伯厄,这个所谓的解答被送到了当时丹麦最博学的数学学者手中,幸运的是,这位学者要求他给出更详细的说明,而没有对解答的正确性发表意见。在此过程中,阿贝尔发现了自己推理中的漏洞,所谓的解答当然根本不是什么解答。这次失败对他来说是一次难能可贵的触动,引领他走上了正确的道路,他开始怀疑代数解存在的可能性,并最终给出了不可能性的证明。那时,他大约19岁。但在整个研究中,有人至少在一定程度上先于他进行了尝试。

一般五次方程这个问题在代数学中的作用,宛如决定着整个科学理论命运的一个关键性实验的作用一样,值得备受关注。后面我们将引用阿贝尔说过的一些话。

这个问题的本质很容易描述。在中学的代数课程中,我们学过关于未知量 x 的一般一次方程和二次方程的解法,如

$$ax + b = 0, \quad ax^2 + bx + c = 0,$$

后面,又学习了三次方程和四次方程的解法,如

$$ax^3 + bx^2 + cx + d = 0, \quad ax^4 + bx^3 + cx^2 + dx + e = 0 。$$

也就是说,对于前四次的一般方程,未知量 x 都能用关于已知系数 $a, b, c,$ d, e 的有限(封闭)公式表示出来。这四类方程中任何一类的解,仅通过对

已知的系数进行有限次加、减、乘、除和开方就能得到,我们称这样的解为代数解。在这个定义中,代数解的一个重要的限定条件是"有限";对任何代数方程来说,即便给出不含开方运算的解也并不困难,但却意味着要进行无穷多次其他运算。

在成功地求解了前四次代数方程之后,代数学家们奋斗了近三个世纪的时间,试图为一般五次方程

$$ax^5 + bx^4 + cx^3 + dx^2 + ex + f = 0$$

找到类似的代数解,但都失败了。阿贝尔就是从这里起步的。

接下来的摘录,一方面是为了显示极富创造力的大数学家的思维方式,另一方面则出于这些摘录的内在魅力。它们摘自阿贝尔的论文《关于方程的代数解法》(*On the algebraic resolution of equations*)。

"方程的代数解是代数学中最有趣的问题之一,我们发现,几乎所有杰出的数学家都研究过这一课题。人们很容易便得到了前四次方程根的一般表达式,发现了求解它们的统一方法,并认为这些方法适用于任何次方程;但是,尽管拉格朗日和其他卓越的数学家付出了种种努力,却仍未实现预期目标。这使得人们开始猜测一般方程不可能存在代数解;但这又是无法确定的,因为采用的方法只有在方程可解的情况下才能得出明确结论。事实上,他们提出解方程,却不知道是否可解。通过这种方法,人们尽管并不一定但也许确实可以找到解。然而,如果运气不好、方程不可解的话,人们可能会永远寻求下去,可又终究找不到解。因此,要在这个问题上确保万无一失,就必须另寻他路。我们可以赋予问题这样一种形式,使它总是可以解决的,就像我们总能解决任何问题一样。与其去寻求一个不知道是否存在的关系,我们必须要问的是这样的关系是否确有可能……当一个问

题以这种方式提出时,它本身就包含了解答的线索,并指明了必须选择的思路与途径;我相信,即便复杂的计算会妨碍得出这个问题的完整答案,我们也会从中得到或多或少重要的命题。"

他接着说,这种应遵循的真正的科学方法之所以很少使用,是因为它牵涉极其复杂的(代数)计算,"但是,"他补充说,"在许多情况下,这种复杂性只是表面现象,一开始计算后就消失了。"他继续说:

"我已经用这种方法探讨了几个分析学分支,虽然我向自己提出的一些问题常常超越自身的能力范围,但还是取得了大量的一般性成果,它们深刻揭示了数学所要阐明的那些量的本质。我会在别的地方介绍我在这些研究中得到的成果以及所采用的研究方法。在本篇论文中,我将探讨方程代数解的所有一般性问题。"

随即,他陈述了他打算讨论的两个相互关联的一般问题①:

"1.找出任意给定次数的所有代数可解方程。
2.给定一个方程,判定它是否代数可解。"

他说,这两个问题本质上是一样的,尽管他没有宣称圆满地解决了它们,但确实指明了一种用以彻底解决它们的可靠方法。

阿贝尔还没来得及回到这些问题上,势不可挡的创造力便驱使着他进入了更广阔的问题领域;而原来这些问题的彻底解决,即明确代数方程代数可解的充分必要条件,则留给了伽罗瓦。当阿贝尔的这篇论文于1828年出版时,伽罗瓦只有 16 岁,但却已开启了其重大发现之旅。伽罗

---

① 阿贝尔原话:……我们总能解决一个难题(…Ce qu'on peut toujours faire d'un problème quelconque.)这似乎过于乐观了,至少对普通人来说如此。此方法如何应用于费马大定理?

——原注

瓦后来知道了阿贝尔,并非常欣赏他所做的工作;而阿贝尔很可能从未听说过伽罗瓦的名字,尽管当他访问巴黎时,距离这位才华横溢的后继者可能只有几英里之遥。要不是由于伽罗瓦老师的愚蠢和阿贝尔一些数学"前辈"的高傲,他们很可能会见面。

阿贝尔在代数学领域的工作尽管具有划时代的意义,但在他所开创的新的分析学分支面前,却显得黯然失色。正如勒让德所说,这是阿贝尔"不朽的丰碑"。如果他的生平故事没有为他的辉煌成就增光添彩的话,那至少说明了他去世时世界失去了什么。这是一个有点令人沮丧的故事。面对贫困带来的压力,又缺乏当时数学权威的鼓励,只有阿贝尔不可战胜的乐观态度和百折不挠的勇气才使这个故事变得轻松一些。然而,除了霍姆伯厄,他还结交了一位慷慨的朋友。

* * *

1822 年 6 月,19 岁的阿贝尔在克里斯蒂安尼亚大学(University of Kristiania)毕业。霍姆伯厄竭尽全力帮助这个年轻人摆脱贫困,同时还说服他的同事应该慷慨解囊,以使阿贝尔能够继续进行数学研究,可尽管他们为阿贝尔感到无比自豪,本身也是穷困潦倒。很快,斯堪的纳维亚(Scandinavia)已满足不了阿贝尔的发展需求,他渴望访问当时世界的数学王者之地——法国,希望在那里见到伟大的同行(他的水平已远远高于其中一些人,只是他自己不知道)。除此,他还梦想着去德国旅行,并拜见高斯这位无可争议的数学王子。

阿贝尔的数学和天文学界的朋友们到大学游说,请其呼吁挪威政府资助这个年轻人进行一次盛大的欧洲数学之旅。为了向当局证明自己的价值,阿贝尔提交了一篇长篇论文,从标题看,可能与他最负盛名的领域有关。他本人对这篇文章给予了高度评价,相信它在大学的出版会给挪威增光添彩,而阿贝尔对自己工作的评价一向公正,可能和其他任何人的评价一样高。遗憾的是,当时这所大学自身正陷入严重的财政困难,论文最终也遗失了。经过极为夸张的审慎思忖之后,政府妥协了——哪个政府不是这样呢?他们并没有做出唯一明智的选择,即马上把阿贝尔送往法国和德国,而是给了他一笔补贴,让他继续在克里斯蒂安尼亚大学学习,以便提高法语和德语水平。这正是他可以从任何炫耀善良和常理的官僚机构那里所能期待的决定。然而,常理可无权对天才加以束缚。

阿贝尔在克里斯蒂安尼亚大学又待了一年半,他没有浪费时间,而是尽职尽责地履行了他在合同中的义务,努力学习德语(不太成功),在法语方面有了良好的开端,并不断学习数学。凭着无可救药的乐观派精神,他还和一个年轻女子克雷利·肯普(Crelly Kemp)订了婚。终于,1825年8月27日,也就是在阿贝尔23岁时,他的朋友们打破了政府设置的最后一道屏障,皇家下令资助他足够的经费去法国和德国游学一年。尽管额度不高,但考虑到当时国家窘迫的财政状况,他们所给予的帮助比一部艺术和贸易百科全书更能说明挪威在1825年的文明程度。阿贝尔感激不尽。动身前,他花了大约一个月的时间安顿家人。但在此之前13个月里,他一直天真地以为所有数学家都像他一样豁达,于是在没有迈上成功之路前就断了自己的退路。

天知道阿贝尔如何自掏腰包支付了那篇论文(证明一般五次方程代数解的不可能性)的印刷费用。尽管印刷质量相当差,但却是落后的挪威所能做到的最高水平了。阿贝尔天真地认为,这篇论文将成为他向欧洲大陆著名数学家证明自己的科学名片。他特别希望高斯能认识到此项工作的重大价值,并不仅仅只是给他一次正式见面的机会。他不可能知道,"数学王子"对那些竭力争取得到认可的年轻数学家,有时未必会表现出王子般的慷慨。

高斯如期收到了这篇论文。阿贝尔从可靠目击者那里听说了高斯是如何"欢迎"这篇文章的。他没有屈尊看一眼就把它抛在一边,并厌恶地感叹道:"又是一个怪物!"阿贝尔决定不去拜访高斯。从那以后,他对高斯极度不满,一有机会就诋毁他,说高斯的文笔晦涩难懂,并暗示德国人对他有些过于推崇。这种完全可以理解的不满,到底让高斯和阿贝尔谁的损失更大,是个悬而未决的问题。

人们常常因为这件事而指责高斯"妄自尊大,目中无人",但这些词很难恰当地形容他的行为。一般五次方程的求解问题在那时已臭名昭著,疯子们和著名数学家都曾在一直研究这个问题。现在,如果一个数学家收到所谓化圆为方问题的解答,我们不敢肯定他是否会客气地给读者写封回信,但几乎可以肯定的是,他会把作者的手稿扔进废纸篓。因为他知道,林德曼(Lindemann)在 1882 年证明了仅靠直尺和圆规化圆为方是不可能的——就像欧几里得一样,疯子们把自己局限在这些工具上。他也知道任何人都能理解林德曼的证明。而在 1824 年,一般五次多项式的问题几乎堪与化圆为方相提并论,这就是高斯的不耐烦之处。但这个问题还没有那么糟,因为毕竟还没有人证明它的不可解。阿贝尔的论文对此给出了证明;如果高斯冷静下来,他很可能会读到自己非常感兴趣的东西。可悲的是,他没有这样做。哪怕他的一句话,都可能会让阿贝尔一举成名,甚至连生命都有可能会延长。当了解到阿贝尔的整个故事时,我们就会认识这一点。

1825 年 9 月离开家后,阿贝尔首先拜访了挪威和丹麦的著名数学家和天文学家。然后,他没按原计划赶往格丁根拜见高斯,而是去了柏林。在那里,他非常幸运地遇到了一个人——奥古斯特·利奥波德·克雷尔(August Leopold Crelle,1780—1856),这个人将成为他在科学方面的霍姆伯厄,且在数学界的影响力远远超过友善的霍姆伯厄。如果说克雷尔让阿贝尔成了名,那么阿贝尔也通过让克雷尔成名给予了丰厚回报。当今,只要是进行数学研究的地方,克雷尔的名字无不家喻户晓,甚至还不止于此;因为"克雷尔"已经成为一个专有名词,指代他所创办的著名期刊,其中前三卷包含了阿贝尔的 22 篇论文。这一期刊成就了阿贝尔,或者至少让他在欧洲大陆的数学家中人尽皆知,如果没有它,是无论如何也做不到的。同时,阿贝尔的杰出工作也让这个期刊旗开得胜,轰动整个数学界,并最终造就了克雷尔。对这位谦逊的数学爱好者不能只是一笔带过,还应该多说几句。他的业务能力以及对具有真正数学天赋的合作者的敏锐直觉,对 19 世纪数学发展的影响比许多学术机构还要大。

克雷尔本身是一位自学成才的数学爱好者,而不是富有创造力的数学家。他是个土木工程师,很早就在工作中出人头地,修建了德国第一条铁路,赚了一大笔钱。闲暇时,他致力于数学研究,而不仅仅把它当成一种业余爱好。1826 年,他创办的期刊《纯粹与应用数学杂志》(*Journal für die Reine und Angewandte Mathematik*)推动了德国数学的发展,这是他对数学进步做出的最大贡献。当然,在此前后,他自己也曾在数学研究中取得了一定成果。

《纯粹与应用数学杂志》是世界上第一种专门致力于数学研究的期刊,不欢迎老套的工作。除了克雷尔本人的一些论文外,不管任何人的论文,只要内容新颖、正确且足够"重要"(这是一种无形的要求),就会给予发表。从 1826 年至今,"克雷尔"每三个月定期出版一次,刊登了大量新的数学成果。在第一次世界大战后的混乱局面中，"克雷尔"岌岌可危，几近停刊，但却得到了来自世界各地订户的支持，他们不愿意看到这座代表着通向比我们自己的文明更宁静美好的世界的纪念碑被摧毁。如今，有数百种期刊专门或主要致力于纯粹和应用数学的发展。它们中有多少能够在下一次风暴肆虐期间幸存下来，就不得而知了。

当阿贝尔 1825 年抵达柏林时，克雷尔刚刚下定决心启动资金开始他的伟大事业。阿贝尔对促成这项决定发挥了一定作用。关于阿贝尔和克雷尔的第一次会面有两种说法，都很有意思。当时，克雷尔正在政府任职，即担任柏林贸易学校（Gewerbe-Institut）的主考官，他在这方面并没什么才能，也不太感兴趣。据第三手资料［由克雷尔到魏尔斯特拉斯（Weier-strass），再到米塔格-莱弗勒（Mittag-Leffler）］，克雷尔对那次历史性会晤是这样描述的：

"在一个晴朗的日子，一个相貌俊朗、朝气蓬勃、有着聪慧面孔的年轻人局促不安地走进我的房间。我认为我又得应付一个想要参加贸易学校入学考试的考生，就向他说明了分别需要进行几项考试。最后，那个年轻人（用蹩脚的德语）解释道：'不是考试，只是数学。'"

克雷尔看出阿贝尔是个外国人，就试着用法语与他交谈，但阿贝尔的法语表达让人理解起来有点困难。克雷尔随后询问了他在数学方面的研究成果。阿贝尔非常精于世故地回答说，除了其他文章外，他读过克雷尔本人 1823 年有关"解析技巧"（现在英语中称为"阶乘"）的论文，当时它刚刚发表出来。他说他发现这项工作很有意思，但是……然后，不太委婉地告诉克雷尔，这篇文章有些地方错得离谱。正是在这里，克雷尔展现出了他的伟大之处，他没有因眼前这个年轻人的大胆冒昧而冷若冰霜或勃然大怒,而是聚精会神地倾听着,密切关注并询问着具体细节。他们进行了一场关于数学的长谈,克雷尔只能听懂其中一部分内容。但无论他是否理解阿贝尔告诉他的全部内容,他都清楚地认识到了阿贝尔的旷世才华。克雷尔从未完全理解阿贝尔在做什么,但他对于数学天才的敏锐直觉告诉他,阿贝尔是一位一流的数学家,并竭尽全力使这个年轻人获得应有的认可。在会谈结束之前,克雷尔已经下定决心,一定要让阿贝尔成为他所筹办的期刊的首批撰稿人之一。

阿贝尔的记述与克雷尔有所不同,但没有本质差别。我们从字里行间可以看出,这种差异是由于阿贝尔的谦逊导致的。起初,阿贝尔担心他企图引起克雷尔注意的计划会落空。克雷尔搞不清这个年轻人想要什么,他是谁,或者关于他的任何事情。但当克雷尔问及阿贝尔在数学方面读过什么时,事情变得明朗许多。在阿贝尔提到他研究过的大师们的作品时,克雷尔立刻警觉起来。他们就几个悬而未决的著名问题进行了长谈,阿贝尔鼓足勇气向毫无思想准备的克雷尔抛出了他对于一般五次方程代数不可解的证明。尽管克雷尔并不赞同,认为这样的证明中肯定存在问题。但他接受了这篇论文的副本,翻阅一遍后,承认其推理超出了自己的能力范围——最终在他的期刊上发表了阿贝尔详尽补充后的证明。尽管克雷尔是个造诣不深的数学家,没有自命不凡的科学成就,但却是一个胸襟开阔的人,事实上,是一个伟大的人。

克雷尔带着阿贝尔到处炫耀,把他当作自己有生以来最杰出的数学发现成果。自学成才的瑞士学者斯坦纳(Steiner)——"自阿波罗尼奥斯以来最伟大的几何学家"——有时也会跟他们一同出行。当克雷尔的朋友们看到他带着两个天才一起走来时,会大声惊呼:"亚当(Adam)爸爸又带着该隐(Cain)和阿伯(Abel)①来啦。"

在柏林,应接不暇的社交活动分散了阿贝尔的注意力,于是他逃往弗莱堡专心工作。正是在弗莱堡,他最辉煌的研究成果雕凿成形,即建立了现在所谓的阿贝尔定理。但他还必须得前往巴黎,与当时最杰出的法国数学家如勒让德、柯西等会面。

* * *

可以不假思索地说,阿贝尔在法国数学家那里受到的礼待一如所期:作为一个非常文明时代的非常文明的民族的杰出代表,他们都对他彬彬有礼。事实上,这种极度的客套就是阿贝尔在这次热切期待的访问中的全部收获。当然,他们不知道他是谁或者是干什么的,而只是敷衍地了解一下。如果阿贝尔走到他们近前要开口谈论自己的工作,他们马上就会自吹自擂。德高望重的勒让德如果不是因为自己的冷漠,本可以从阿贝尔那里学习到他毕生热爱的椭圆积分知识,而这必然会引起他极大的兴趣。但当阿贝尔拜访他时,他刚刚跨进马车,只来得及礼貌性地打个招呼就离开了。后来他慷慨地进行了补偿。

1826 年 7 月下旬,阿贝尔在巴黎一个贫穷而又贪婪的家庭寄宿,他们每天提供两顿难以下咽的饭菜,一间破烂的房间,租金却高得离谱。阿贝尔在巴黎住了 4 个月之后,写信向霍姆伯厄诉说了自己的感受:

"说实话,这个欧洲大陆上最喧嚣的首都,此刻对我来说就像沙漠一样。我几乎谁也不认识;这是个可爱的季节,每个人都去了乡下。……到目前为止,我已经结识了勒让德先生、柯西先生、阿歇特(Hachette)先生,

---

① 根据《圣经》,上帝创造了亚当和夏娃,二人生有三子,该隐(Cain)和阿伯(Abel)分别是他们的长子和次子。——译注

以及一些不太知名但才华横溢的数学家，如《科学通报》（*Bulletin des Sciences*）的编辑赛吉（Saigey）先生，还有一个普鲁士人勒让-狄利克雷（Lejeune-Dirichlet）先生，他那天来看我，还以为我是他的同胞。他是一位极具洞察力的数学家，和勒让德先生一起证明了 $x^5+y^5=z^5$ 不可能有整数解，除此，还得到了许多漂亮结果。勒让德极其客气，可惜年事已高。柯西很疯狂。……他做的工作超群绝伦，却又混乱不堪。起初，我几乎一点也不懂；现在我清楚多了。……柯西是唯一一个致力于纯粹数学研究的人。泊松（Poisson）、傅里叶（Fourier）、安培（Ampère）等人埋头于磁学和其他物理学科。我想，拉普拉斯（Lpalace）先生现在什么也不写了，他最后一项工作是对其《概率论》的补充修订。我经常在研究所见到他，他是个非常有趣儿的小老头儿。泊松个头不高，他知道如何表现得举止端庄；傅里叶先生也一样。拉克鲁瓦（Lacroix）已经相当年迈了。阿歇特先生打算把我引荐给其中几个人。

法国人对陌生人的态度比德国人保守得多，要跟他们亲近极其困难，我也不敢有什么过分要求。总之，每个初学者在这里都很难引起别人的注意。我刚刚在一篇论文中完成了对某类超越函数的详尽论述［他的杰作］，打算下周一提交给学院［科学院］。我把它拿给了柯西先生，但他对此不屑一顾。我敢毫不夸张地说，这是一篇优秀的论文。我很想听听研究所对它的看法，到时一定会和你分享……

1826 年 10 月 24 日，巴黎。"

* * *

接着，他讲述了他正在做什么，然后不安地表示了对自己未来前景的担忧。"我后悔设定了两年的旅行时间，一年半就足够了。"

他已经从欧洲大陆获取了所能得到的一切,现在渴望有时间逐步发展那些创造成果。"我还有很多事情要做,但只要还在国外,一切就会比较糟糕。要是我能像基尔豪(Kielhau)先生那样拥有教授职位就好了! 我的职位还没有保证,这是事实,但我并不为此感到不安;如果幸运之神在这方面没有眷顾我,也许就会在另一方面对我微笑。"

* * *

我们从更早的一封写给天文学家汉斯汀(Hansteen)的信中摘录了两段,第一段与阿贝尔重建数学分析的宏图伟略有关,因为那时该学科已经存在坚实的基础,第二段则展现了他人性方面的某些东西。(两者都是意译。)

"在高等分析中,经过绝对严格证明的命题微乎其微。我们随处都能看到一种不当的推理方法,即从特殊到一般,而神奇的是,用这样的方法很少发现所谓的悖论。探寻其中的缘由确实是一件非常有意思的事情。在我看来,其原因在于迄今为止分析学中出现的函数大部分可以表示为幂函数。……当我们采用一般方法时,避免陷阱并不太难;但是我必须特别谨慎,因为缺乏严密证明(没有任何证明)的命题在我心中已根深蒂固,以致我要不断冒着未对其进一步检查就使用它们的风险。我将把这些琐碎的结果出版在克雷尔先生的期刊上。"

* * *

接着,他对柏林之行表达了自己的感激之情。"的确,很少有人对我感兴趣,但这为数不多的几个人让我无比珍视,因为他们让我感到了太多的温暖与友善。也许我能够以某种方式回报他们对我的期望,因为对一个给予别人帮助的人来说,看到自己的努力白费一定是件很难过的事情。"

随后，他讲述了克雷尔如何恳请他在柏林永久定居。克雷尔使出浑身解数，将人际交往和人才资源管理能力发挥得淋漓尽致，以期挪威人阿贝尔能获得柏林大学的教授职位。这就是 1826 年的德国。当然，阿贝尔已经很伟大了，他所展现的才华与潜质表明他最有可能成为高斯的数学接班人，即便是个外国人也没有什么关系，因为 1826 年的柏林需要最出色的数学人才。一个世纪后，即使是数学物理学界的翘楚也不受欢迎了，于是柏林政府强行解雇了爱因斯坦。我们就是这样进步的。但现在回到乐观的阿贝尔身上。

"起初，我打算从柏林直接前往巴黎，因为克雷尔先生答应陪我一起去，我非常高兴。但是他有事耽搁了，我不得不独自旅行。现在我的个性已无法忍受孤独，独自一人时，我情绪低落，脾气暴躁，也没有什么工作兴致。因此，我心想跟博克（P. A. Boeck）先生一起去维也纳会好得多，在我看来，这次旅行似乎很合理，因为维也纳有利特罗（Littrow）、伯格（Burg）等人，他们都是真正首屈一指的数学家。此外，我一生只作这一次旅行。难道我想看看南方生活的这种愿望，有什么不合理吗？我可以边旅行边勤奋工作。到维也纳后，从那里前往巴黎，几乎就是一条途经瑞士的直线，为什么我不能也去瑞士看看呢？天啊！我，即使是我，也像其他人一样，喜欢大自然的美丽！整个旅行会使我比原计划晚两个月到达巴黎，仅此而已。我可以迅速弥补上失去的时间。你不认为这样的旅行对我很好吗？"

* * *

于是，阿贝尔去了南方，将其杰作交给柯西保管，并请他转交给科学院。然而，多产的柯西却忙于自己下蛋，并得意地咯咯叫着，根本无暇顾及谦逊的阿贝尔放在他窝里的名副其实的鲲鹏巨蛋。阿歇特，一位并不出众的普通数学家,在 1826 年 10 月 10 日向巴黎科学院提交了阿贝尔的论文,题为"关于一类极为广泛的超越函数的一个一般性质"(*Memoir on a general property of a very extensive class of transcendental functions*)。这就是后来勒让德以贺拉斯的诗句"不朽的丰碑"来形容的工作,也是埃尔米特(Hermite)所说的阿贝尔留下的足以让后代数学家忙上五百年的工作,代表了现代数学发展的最高成就之一。

这次怎么样呢? 科学院任命勒让德和柯西为审稿人。当时勒让德 74 岁,柯西 39 岁。这位年迈的数学家正在失去锋芒,而年轻的数学家正处于以自我为中心的巅峰时期。勒让德(在 1829 年 4 月 8 日给雅可比的信中)抱怨说:"我们发现这篇论文几乎难以辨认,是用近乎白色的墨水写成的,字迹很潦草。我们一致认为作者应该提交一份更整洁的副本以供阅读。"这是多好的托辞啊! 而柯西则把论文带回家,随手一丢,便忘得一干二净。

为了形容这一非凡的健忘壮举,我们可以试想一位埃及古物学者忘记了把罗塞塔石碑放在了什么地方。阿贝尔去世后,这篇论文才奇迹般地重见天日。雅可比从勒让德那里听说了这件事(阿贝尔回到挪威后曾与勒让德通过信),在 1829 年 3 月 14 日的一封信中,他惊呼道:"阿贝尔先生的这一发现真是太了不起了! ……有人见过这样的成果吗? 但是,这个也许本世纪最重要的数学发现成果,两年前就已经提交给你们科学院了,为什么却没有引起你们同行的注意呢?"这一质问传到了挪威。长话短说,挪威驻巴黎领事就这份遗失的手稿提出外交抗议,最终柯西于 1830 年找到了它。不过,最后直到 1841 年它才出版在《法国科学院著名科学家论文集》(*Mémoires présentés par divers savants à l'Académie royale des sciences de l'Institut de France*)第 7 卷第 176-264 页。在此期间,编辑,或印刷商,或两者一起,以极端的玩忽职守使这部史诗般的故事发展到高潮,那就是他们在阅读校样之前就把手稿弄丢了[1]。科学院(1830 年)为补偿阿贝尔,把数学大奖授予了他和雅可比(Jacobi)二人。然而,阿贝尔那时已经去世了。

* * *

那篇论文的开头几段点明了它的研究范围。

"迄今为止,数学家们研究的超越函数还很少。实际上,超越函数的整个理论可以归结为对数函数、三角函数和指数函数的研究,它们在本质上属于同一种函数。直到最近,人们才开始关注其他一些函数,其中,椭圆超越函数首当其冲,勒让德先生已经发展出了它们的几个非凡的、优美性质。作者[阿贝尔]在有幸提交给科学院的那篇论文中考虑了一类非常广泛的函数,其导数可以用系数为单变量的有理函数的代数方程来表示,并证明了这些函数的性质与对数函数和椭圆函数的性质类似……另外,还得到如下定理:

"如果有几个函数,它们的导数可以是同一个代数方程的根,其中该方程的所有系数都是单变量有理函数,那么只要在这些函数的变量之间建立一定数量的代数关系,便总可以用一个代数函数和对数函数来表示任意多个这样函数的和。

"这些关系的数量完全不依赖于函数的数量,而只取决于所考虑的特

---

① 利布里,一个所谓的数学家,曾通过出版商看过阿贝尔的著作,他在科学院的允许下加了一个假惺惺的注解,表示承认令人痛悼的阿贝尔的天才。这可是最后一根稻草:科学院可以公布全部事实,也可以选择官方沉默,却必须不惜代价维护自命不凡者的荣誉和尊严。最后,我们也许记得,正是在利布里在场的情况下,阿贝尔珍贵的手稿和著作不翼而飞了。——原注

定函数的性质。……"

* * *

阿贝尔这个描述得如此简单的定理如今被称为阿贝尔定理,其证明被说成是"积分学上一道让人叹为观止的练习题"。就像在代数学中一样,阿贝尔在分析学中的证明方法也极其简洁,可以毫不夸张地说,任何一个 17 岁学过微积分初等知识的人都能理解。阿贝尔的证明古朴简单,没有任何虚华的修饰。而 19 世纪对这个原始证明的某些推广与几何重建,就不能这样说了。如果说阿贝尔的证明像菲迪阿斯的雕像,其他一些人的则像哥特式大教堂,上面覆盖着爱尔兰花边、意大利五彩纸屑和法国糕点。

阿贝尔的开篇可能会让人产生误解。毫无疑问,他只是在对一个老人表示友好与尊重,尽管这个人在初次见面时就对他表现出鄙夷与不屑。在漫长的职业生涯中,勒让德将大部分时间都花在了一个重要问题上,却一直没有搞清楚它的实质所在。阿贝尔的话可能暗示了勒让德曾经讨论过椭圆函数,但事实并非如此。勒让德大半辈子研究的是椭圆积分,它与椭圆函数的区别就像马与马所拉的车一样,而这正是阿贝尔对数学的这一最伟大贡献的关键与根源。对于学过三角学的人来说,这个问题非常简单;为了避免对基础知识作过多烦琐的解释,接下来假设这些内容是已知的。

然而,对于那些已经完全忘记三角学的人来说,可以把阿贝尔划时代的进步的本质和方法论作如下类比。我们前面提到了马车和马,"马车在马前"这句本末倒置的谚语描述了勒让德的所作所为;阿贝尔明白,如果马车要向前走,马就应该走在前面。再举一个例子:弗朗西斯·高尔顿(Francis Galton)在对贫困和长期酗酒之间关系的统计研究中,以客观公正的心态,重新审视了激愤的道德家和别有用心的经济改革者对此类社会现象的所有自以为是的评价。他并没有假设人们因为酗酒而堕落,而是将其颠倒过来,暂时假设人们酗酒是因为他们没有从祖先那里继承到道德本性,简而言之,是因为他们堕落。高尔顿把改革者那些空洞的说教抛在一边,牢牢抓住一个科学的、客观的、可行的假设,并将数学的客观方法应用其上。他的工作尚未得到社会的认可。我们暂时只需要注意,高尔顿像阿贝尔一样对问题逆向思考——上下、里外、前后颠倒过来考虑。这就像海华沙(Hiawatha)和他神奇的手套一样,高尔顿把皮革翻到了里面,把里子翻到了外面。

所有这一切远非显而易见或微不足道的。这是有史以来最具威力的数学发现(或创造)方法之一,阿贝尔是第一个有意识地将其作为研究手段的人。正如雅可比在被问及他的数学发现的秘密时所回答的那样,“你必须经常逆向思考。”他回想起阿贝尔和自己所做的事。如果一个问题解决起来无从下手,可以尝试着把它颠倒过来,即将所求的作为已知,将已知作为所求。因此,当我们把嘉当(Cardan)作为他父亲的儿子,认为他的性格难以理解时,可以转移重点,逆向思考,把嘉当的父亲作为儿子的生产者和赋予者来分析,看看会得到什么结论。即不研究“遗传”,而是专注于“赋予”。现在回到那些还记得一点三角学的人身上。

假设数学家没有意识到,$\sin x$,$\cos x$ 等正三角函数在加法公式和其他方面比 $\sin^{-1} x$,$\cos^{-1} x$ 等反三角函数使用起来更便捷。那么,回顾一下用 x,y 的正弦函数和余弦函数表示的公式 $\sin(x+y)$,并把它与用 x,y 表示的公式 $\sin^{-1}(x+y)$ 作对比。前者岂不是比后者更加简单、优美和“自然”吗?现在,在积分学中,反三角函数很自然地表示为简单代数无理式(二次)的定积分;当我们用积分法求圆的弧长时,就会出现这样的积分。

假设反三角函数最初以这种方式出现,那么考虑这些函数的反函数,也就是我们熟悉的三角函数本身,将其作为要研究和分析的已知函数,不是"更自然"吗? 这一点毫无疑问;但在许多更高深的问题中,即使最简单的利用积分求椭圆的弧长,也会首先出现比较棘手的反"椭圆"(不像"圆"的弧那样,它不是"圆的")函数。只有阿贝尔才意识到应该把这些函数"反过来"研究,就像研究 $\sin x$,$\cos x$ 而不是 $\sin^{-1} x$,$\cos^{-1} x$ 一样。这很简单,不是吗? 然而,勒让德这位伟大的数学家,却花了四十多年的时间研究"椭圆积分"(他问题中棘手的"反函数"),而从未想到过他应该逆向操作[①]。用这种极其简单而又匪夷所思的方法来审视看似简单但深奥复杂的问题,是 19 世纪获得的最重大的数学进展之一。

然而,所有这一切都只是个开始,尽管阿贝尔在他的卓绝定理和椭圆函数研究中的工作是让世人震撼的开始——就像吉卜林(Kipling)所说的雷霆般来临的黎明。三角函数或椭圆函数只有一个实周期,例如 $\sin(x + 2\pi) = \sin x$ 等。阿贝尔发现,由椭圆积分的反演所得到的新函数恰好具有两个周期,其比值为虚数。此后,他在这个方向上的追随者,如雅可比、罗森海因(Rosenhain)、魏尔斯特拉斯、黎曼等许多人,深入挖掘了他的伟大定理,对其思想加以继承和拓展,发现了具有 $2n$ 个周期的 n 元函数。阿贝尔本人也对他的发现成果进行了深入探索与研究。如今,他的后继者们已将所有这些成果应用到几何学、力学、部分数学物理学以及其他数学领域,解决了许多重要问题。如果没有阿贝尔开创的这项工作,这些问题是无法解决的。

① 是阿贝尔享有优先权,还是他与雅可比"共同发现",关于这个问题,我遵从米塔格-莱弗勒的说法。通过对所有公开证据的分析,我相信阿贝尔的优先权无可争议,尽管雅可比的同胞会有不同意见。——原注

* * *

在巴黎期间,阿贝尔只是认为自己得了一场顽固性感冒,因持续时间较长咨询了几位高明的医生。然而,他被告知患了肺结核。他不相信,擦去靴子上巴黎的灰尘,便回到柏林作短暂访问。这时,他的资金所剩无几,全部财产只有大约 7 美元。他写了一封加急信,经过一段时间的延误之后,便收到了霍姆伯厄寄来的借款。我们千万不要认为阿贝尔是个毫无偿还能力的长期借钱人。他有充分的理由相信自己回国后应该会找到一份有酬劳的工作。此外,外面还有应该付给他的钱。从 1827 年 3 月至 5 月,阿贝尔一直靠从霍姆伯厄那里借来的大约 60 美元生活和从事研究工作。然后,在所有钱都花光之后他转身回国,等到达克里斯蒂安尼亚时已一贫如洗。

但是,他希望这一切很快好起来,他的天分已经开始得到人们的认可,大学的任命定将来临。可当出现一个职位空缺时,阿贝尔并没有得到它。霍姆伯厄勉强接受了这个席位,本来他打算让阿贝尔填补上,但理事会威胁说,如果他不接受,就让一个外国人担任。因此,我们不能苛责霍姆伯厄。尽管阿贝尔已经充分显示出了自己的教学能力,但校方认为霍姆伯厄会是一个比他更好的老师。如果我们熟悉当前美国专业教育学院所推崇的教育理论,即一个人对他要教的内容了解得越少,教得就越好,就能完全理解这种情况了。

尽管如此,事情还是有所好转。大学支付了阿贝尔的旅行费差额,霍姆伯厄也把学生送到他那里学习。天文学教授在休假期间建议聘请阿贝尔来承担他的部分工作。生活优渥的谢尔德鲁普(Schjeldrup)夫妇收留了他,并视若己出。但尽管如此,他还是无法摆脱家庭的重担。直到最后,他们都紧紧依赖着他,使他几乎一无所有,不过他从来没有说过一句怨言。

1829 年 1 月中旬,咳血症状已成为不争的事实,阿贝尔知道自己将不久于人世。他仿佛呓语般地喊道:"我要为我的生命而战!"但在更为平静的时候,他疲惫不堪地试图努力工作,"像一只注视着太阳的病鹰",无精打采,知道自己的日子屈指可数。

阿贝尔最后的日子是在弗罗兰德(Froland)的一个英国人家里度过的,他的未婚妻克雷利·肯普是那里的家庭教师。他临终前想到了她的未来,在给朋友基尔豪(Kielhau)的信中,他写道:"她并不漂亮,长有红色的头发和雀斑,但却是一个极其出色的女子。"阿贝尔希望在他死后克雷利能和基尔豪结婚;尽管两人之前从未谋面,他们还是按他半开玩笑的提议做了。直到阿贝尔去世,克雷利都坚持自己照顾他,"独自享受着这最后的时光。"1829 年 4 月 6 日清晨,他与世长辞,年仅 26 岁零 8 个月。

在阿贝尔去世两天之后,克雷尔来信说,他的谈判终于成功了,阿贝尔将被任命为柏林大学数学教授。

(胡俊美　译)

第十八章

伟大的算法学家

雅可比(1804—1851)

现代分析学越来越明显地倾向于用思想取代计算;然而,在某些数学分支中,计算仍然具有至关重要的地位。

——P.G.L.狄利克雷(P.G.L.Dirichlet)

在科学领域中,雅可比这个名字经常出现,但并不总是指同一个人。19 世纪 40 年代,有个臭名昭著的 M.H.雅可比,他有个相对默默无闻的兄弟 C.G.J.雅可比,其名气不及他的十分之一。然而,到今天情况已经发生反转:C.G.J.雅可比成了不朽的人物——或者近乎不朽,而 M.H.雅可比则迅速地淡出了人们的视线。M.H.雅可比因开创风靡一时的电镀法骗术而名声大噪;C.G.J.雅可比的名声则建立在数学基础上,虽然范围偏窄,但更负盛名。在这位数学家生前,人们总是把他与比他更知名的兄弟混淆,或者更糟糕的是,会因为他与这个"真诚"的江湖骗子具有血缘关系而祝贺他。最后,C.G.J.雅可比再也受不了了。有一次,M.H.雅可比的一位狂热崇拜者恭维他一个如此杰出的兄弟,他反驳说:"请原谅,漂亮的女士,但我就是我的兄弟。"在其他场合,C.G.J.雅可比也会脱口而出:"我不是他的兄弟,他是我的兄弟。"这就是如今名声对血缘关系的影响。

卡尔·古斯塔夫·雅各布·雅可比(Carl Gustav Jacob Jacobi)1804 年 12 月 10 日出生在德国普鲁士的波茨坦,是富有的银行家西蒙·雅可比(Simon Jacobi)和妻子(姓氏为莱曼)的次子。他们共有四个孩子,三个男孩分别叫莫里茨(Moritz)、卡尔(Carl)和爱德华(Eduard),还有一个女孩特蕾泽(Therese)。卡尔的启蒙老师是他的一个舅舅,他从舅舅那里学习了古典文学和数学,为 12 岁(1816 年)进入波茨坦文理中学做好了准备。

从一开始,雅可比就显露出自己是一位"通才",文理中学的校长1821年离开学校进入柏林大学时也说过这样的话。雅可比和高斯一样,若不是数学更强烈地吸引着他,本可以很容易在语言学上享受盛誉。他的老师海因里希·鲍尔(Heinrich Bauer)发现了他的数学天赋,由于雅可比反对死记硬背、按部就班地学习数学,两人历经一场旷日持久的争论之后,最终同意让他自学。

对于数学能力的成长,年轻的雅可比在某些方面与他的劲敌阿贝尔有着惊人的相似之处。雅可比也向大师们学习,欧拉和拉格朗日的工作教会了他代数学和微积分,并引领他走进数论领域。最初的这段自学为雅可比的第一项杰出工作——椭圆函数——指明了方向,而匠心独具的数学大师欧拉也把雅可比看作自己卓越的继承人。在纷繁复杂的代数学中,欧拉和雅可比的纯粹运算技能除了本世纪的印度数学天才斯里尼瓦瑟·拉马努金(Srinivasa Ramanujan)外,无人能与之匹敌。如果阿贝尔愿意,他也可以像大师一样处理公式,但与雅可比相比,他的天赋更富哲学性,而少于形式性。就严谨性而言,阿贝尔生性比雅可比更接近高斯——这并不是说雅可比的工作不严谨,因为确实不是这样,但他的灵感似乎更多地来自形式性,而非严谨性。

阿贝尔比雅可比大两岁。雅可比并不知道阿贝尔在1820年已经攻克了一般五次方程的问题,于是在同一年也尝试着给出一个解答,他把一般五次方程化简为 $x^5 - 10q^2 x = p$ 的形式,并指出这个方程的解可以从某个十次方程的解中推导出来。他虽然没能取得成功,却从中学到了大量代数学知识,并将其视为自己数学教育中的重要一步。但与阿贝尔不同的是,他似乎没有想到一般五次方程可能没有代数解。这种疏忽,或想象力的缺乏,或者随便称之为什么,是雅可比和阿贝尔间的典型区别。雅可比有着极其客观的头脑,慷慨的本性中不含丝毫的嫉妒或妒忌之情,他自己在谈到阿贝尔的一篇杰作时曾说:"它超越了我的赞美,正如它超越了我的研究成果一样。"

雅可比在柏林的求学生涯从 1821 年 4 月持续到 1825 年 5 月。其中前两年,他在哲学、语言学和数学上花的时间差不多。在语言学研讨班上,雅可比受到了博克的赏识,他是著名古典学者,曾出版(还有其他作品)品达(Pindar)著作的一个精美版本。对数学来说幸运的是,博克未能把这个最有前途的学生的人生兴趣引向古典学研究。对一个有抱负的学生来说,数学领域并不能为他提供太多的机会,可雅可比仍继续自学大师们的著作。他快口直肠,把大学数学课程说成是无聊的废话。尽管他在试图把某位有资格的数学界朋友引荐到他当之无愧的职位上时,知道该如何向人逢迎谄媚,但通常都是直言不讳,一针见血。

当雅可比正努力将自己培养为一名数学家时,阿贝尔已经在雅可比未来的成名之路上迈出了坚实的步伐。1823 年 8 月 4 日,阿贝尔写信给霍姆伯厄,说他正忙于研究椭圆函数:"你会记得,这项小小的工作涉及椭圆超越函数的反函数,我证明了一些[似乎]不可能的结果;我请德根(Degen)尽快从头到尾看了一遍,但他找不到任何错误的结论,也不明白问题出现在哪里。天知道我怎么办才好。"极其巧合的是,几乎就在阿贝尔写这封信的时候,雅可比最终下定决心将全部精力都投入数学中去。对 20 岁左右的年轻人来说,两年的年龄差(阿贝尔 21 岁,雅可比 19 岁)抵得上成年时期的二十年。阿贝尔开始时遥遥领先,但雅可比在不知道还有竞争对手的情况下,很快迎头赶上了。雅可比的第一项卓越研究成果就是在阿贝尔的椭圆函数领域取得的。在考虑这个问题之前,我们先来概述一下他忙碌的一生。

雅可比在决定全力以赴从事数学研究后,给舅舅莱曼(Lehmann)写了一封信,把自己要承担的工作进行了估量。"对于欧拉、拉格朗日和拉普拉斯的论著所建立的宏伟大厦,如果想要深入洞察它的内在本质,而非浅尝辄止,需要呕心沥血,涸思干虑。要掌控这个庞然大物,而不担心被它摧毁,就需要付出不懈的努力,直到站在它的顶峰,俯瞰整个工作的全貌。一个人只有理解了它的精髓,才有可能在完成其细节时做到客观与平和。"

随着这一任劳任怨的表白,雅可比立即成为数学史上最拼命的工作者之一。一位缺乏勇气的朋友抱怨说,科学研究劳心费力,可能会损害身体健康,雅可比反驳道:

"当然啦!有时确实会因为过度劳累而危及健康,但那又怎样呢?只有白菜才没有神经,没有烦恼。而它们又从完美的安康中得到了什么?"

1825年8月,雅可比以部分分式及其相关主题的论文获得博士学位。我们无须对这篇论文的性质做过多解释——因为它没有多大意义,现在只不过是代数或积分学中等课程中的一个细节。虽然雅可比研究了问题的一般情况,对公式的运用显示出相当的独创性,但这篇论文还不能说是拔新立异,也没有彰显出作者的盖世才华。在获得博士学位的同时,雅可比完成了教师职业培训。

获得学位后,雅可比在柏林大学讲授微积分在曲面和空间曲线(粗略地说,即由相交曲面所确定的曲线)上的应用。前几节课就清晰地表明雅可比是个天生的老师。后来,当他开始以惊人的速度发展自己的思想时,他成了当时最鼓舞人心的数学老师。

雅可比通过讲授自己的最新发现成果,让学生亲眼见证新学科的创立过程,进而培养其研究能力,他似乎是大学里这样做的第一个数学教师。

他认为,应该把年轻人投进冰冷的水中,使他们要么学会游泳,要么被淹死。许多学生一直要到掌握了所有与他们问题相关的已有结果后,才肯尝试自己进行研究。结果是,很少有人能掌握独立研究的门径。雅可比反对这种拖拉的饱学方法。为了让那些天资卓越但却缺乏自信,总是要学到更多知识才肯做事的年轻人明白这一点,他打了下面一个比方。"如果你父亲非要在娶一个姑娘之前认识世界上所有的姑娘,他就永远不会结婚,你现在也不会出现在这儿了。"

除了后文提到的一个可怕插曲外,雅可比一生都致力于教学和科研,偶尔也会出席英国和欧洲大陆举办的科学会议,或者在过度紧张的工作之后被迫休假调养身体。他的生活年表并不是非常精彩——一个职业科学家的生活,除了对他自己外,很少会让别人觉得激动人心。

雅可比以其杰出的教学才能,仅在柏林大学担任半年讲师之后,便在1826年又被聘任为哥尼斯堡大学的讲师。一年后,雅可比在数论领域发表的一些成果(与三次互反律有关;参看高斯那一章)得到了高斯的赏识。由于高斯不是轻易就被打动的人,教育部立即注意到了雅可比,并使他从同事中脱颖而出,晋升他为副教授——对一个 23 岁的年轻人来说,这可是非同寻常的。自然,那些被他超越的人都对他的晋升感到不满;但两年后(1829 年),当雅可比发表了其第一部杰作《椭圆函数理论的新基础》(*Fundamenta Nova Theoriae Functionum Ellipticarum*)时,他们率先说他的晋升不过是体现了公平公正而已,并向这位才华横溢的年轻同事表示祝贺。

＊　＊　＊

1832 年,雅可比的父亲去世。而在此之前,他不必为生计而奔波。他安定富足的生活大约又持续了 8 年,到 1840 年,家里财产荡然无存。36 岁的雅可比自己身无分文,但还得供养同样一无所有的母亲。

高斯一直都在关注着雅可比的非凡举动,这不仅是出于科学兴趣,而且因为雅可比的许多发现成果与他年轻时从未发表的一些成果有所重叠。据说,高斯亲自会见过这个年轻人;当时雅可比因过度劳累到马里昂巴德(Marienbad)度假,1839 年 9 月,他在返回哥尼斯堡的途中拜访了高斯。高斯似乎担心雅可比的经济崩溃会对其数学研究产生灾难性的影响,但贝塞尔(Bessel)请他放心:"幸运的是,这样的天才不会被摧毁,但我希望他能够享受金钱带来的自由感。"

失去财富并没有对雅可比的数学研究产生任何影响。他从不提及自己的困境,而是一如既往地勤奋工作着。1842 年,雅可比和贝塞尔参加了在曼彻斯特举办的英国协会会议,德国人雅可比和爱尔兰人哈密顿在那里见面了。雅可比最大的荣耀之一是继续哈密顿在动力学领域的工作,并在某种意义上完成了这个爱尔兰人因为一时迷失(我们以后会讲到)而放弃的工作。

在职业生涯的这个阶段,雅可比突然想要成为一个比单纯数学家更加耀眼的人物。为了不打断对其科学生涯的叙述,我们将在这里介绍一下这位杰出数学家在政治上的不幸遭遇。

1842 年旅行回来后的第二年,雅可比因过度劳累身体彻底垮掉了。在 19 世纪 40 年代,德国科学的进步掌握在那些后来合并为德意志帝国的小邦国的仁慈王公贵族手中。雅可比的保护神是普鲁士国王,他似乎非常感谢雅可比的研究给王国带来的荣誉。因此,当雅可比病倒时,仁慈的国王敦促他去气候温和的意大利度假,时间长短由他自己决定。他与博尔夏特(Borchardt,后面介绍魏尔斯特拉斯时会连带介绍他)及狄利克雷一起在罗马和那不勒斯(Naples)待了5个月后,于1844年6月返回柏林。他现在可以留在柏林,直到完全康复。但是,由于他人的嫉妒,尽管作为科学院成员的他能随意选择讲授任何课程,却没能获得柏林大学的教授职位。此外,国王实际上自掏腰包,给了雅可比一笔可观的津贴。

有了国王的慷慨资助,人们可能会认为雅可比会继续坚持他的数学研究。但他在医生愚蠢至极的建议下,开始介入政治,以"益于其神经系统"。还从来没有哪位医生会给自己无法诊断病症的病人开出一个比这更加愚蠢的处方! 雅可比接受了这个处方。当1848年民主动荡开始爆发时,他的从政时机成熟了。在一位朋友的建议下——顺便说一句,这位朋友恰好是大约20年前雅可比晋升时所超越的同事之一——这位朴实无华的数学家步入了政治舞台,宛若一个体态诱人、丰腴可口的传教士踏上了食人岛一样,他被他们吞噬了。

雅可比那个花言巧语的朋友介绍他加入一个倾向自由派的俱乐部,并推选他作1848年5月大选的候选人。但雅可比并不了解议会内部情况。他在俱乐部的雄辩演讲,让一些比较明智的成员认识到他并不适合作他们的候选人。他们的理由似乎很充分,雅可比领取着国王发放的津贴,尽管现在宣称自己是自由派,但更有可能是一个见风使舵的人、一个变节者、一个保皇派的卧底。在一次精彩的演讲中,雅可比用无可辩驳的逻辑驳斥了这些人卑鄙的含沙射影,然而他却忽略了一个事实:对讲求实际的政治家来说,逻辑是世界上最没用的东西。他们让他自取其辱,最终没能当选。尽管这场竞选活动所引发的骚动轰动了柏林的啤酒馆,但他的神经系统并没有从中受益。

更糟的还在后面。谁又能责怪教育部部长在次年5月询问雅可比是否康复得足以安全返回哥尼斯堡呢？或者谁又会奇怪国王几天后就叫停了给他的津贴呢？毕竟，即使是国王，当别人对他恩将仇报时，也允许表现出些许的暴躁与任性。然而，雅可比的绝望处境足以激起任何人的同情。他婚后几乎身无分文，除妻子外，还要养活七个年幼的孩子。哥达(Gotha)的一个朋友收留了他的妻子和孩子，而雅可比则躲到旅馆一个昏暗的房间里继续他的研究。

他现在(1849年)45岁，是欧洲除高斯外最著名的数学家。维也纳大学听说了他的困境，开始争取他。值得一提的是，关于雅可比的去留，阿贝尔在维也纳的朋友利特罗在商谈中起了主导作用。最后，当利特罗提出给予雅可比的明确而慷慨的待遇条件时，亚历山大·冯·洪堡(Alexander von Humboldt)说服了满脸怒容的国王，恢复了津贴，雅可比也成为不能被挖走的德国第二位伟大人物。他留在了柏林，并再次得宠，但绝对退出了政治舞台。

* * *

雅可比的第一项重要工作的主题——椭圆函数，已经获得了一席之地；毕竟，如今它或多或少只是更广泛的复变函数理论中的一个细节，而单复变函数本身已不再是令人心往神驰的研究领域，正逐渐从不断更迭的数学舞台中退去。由于椭圆函数理论在随后的章节中还要多次提到，而它貌似不应该具有如此突出的地位，接下来我们尝试着简要阐明一下这个问题。

任何数学家都不会否认，单复变函数理论是19世纪数学的主要领域之一。至于该理论为何如此重要，我们不妨重申一下其中一个重要原因。

高斯已经证明,复数是每个代数方程都存在根的充分必要条件。是否还存在其他的、更一般类型的"数"? 这样的"数"又是如何产生的呢?

除了认为复数最初出现在某些简单方程(例如 $x^2+1=0$)的求解过程中外,我们还可以认为它起源于初等代数的另一个问题——因式分解。要把 x^2-y^2 分解为一次因式,只需正整数和负整数即可: $x^2-y^2=(x-y)(x+y)$。但对于 x^2+y^2,同样是分解为一次因式,却要用到"虚数": $x^2+y^2=(x+y\sqrt{-1})(x-y\sqrt{-1})$。关于这个问题可能有多种推广形式,例如,可以考虑把 $x^2+y^2+z^2$ 分解为两个一次因式,此时,是否仅正数、负数和虚数就足够了呢? 还是必须要创造某种新"数"才能解决问题? 事实是后者。人们发现,对这种必要的新"数"来说,通常的代数法则在一个重要情况下不再适用:"数"的乘积顺序不再是无关紧要的问题;也就是说,对于新数, $a\times b$ 不等于 $b\times a$。我们在哈密顿那一章会进一步讨论这个问题,现在要注意到的是,初等代数的因式分解问题很快就会把我们引领到复数不足以解决的领域。

如果我们坚决要求关于数的所有常见代数法则都成立,那么我们可以推进的程度有多远呢? 什么才可能是最一般的数呢? 19 世纪后半叶,人们证明了复数 $x+iy$ (其中 x 和 y 为实数,$i=\sqrt{-1}$)是满足通常代数法则的最一般的数。回顾一下,实数对应着从一个固定点沿一条固定直线的正方向或负方向测量的距离,在笛卡儿几何中,函数 $f(x)$ 的图形按 $y=f(x)$ 描绘出来,确定了实变量 x 的函数 y 的图像。17 世纪和 18 世纪的数学家们认为他们的函数就是这种类型。但是,如果他们应用于这些函数的通常代数及其在微积分中的推广同样适用于复数,其中实数作为复数的一种特殊情况,那么很自然,早期分析家发现的诸多结果可能还不到全部内容的一半。特别地,对于积分学中呈现的许多令人费解的异常现象,只有在高斯和柯西引入复变函数，并将运算范围扩展到最大可能的程度后，它们才得到澄清。

在这些浩如烟海的基本发展中，椭圆函数的重要性再怎么估计都不过分。高斯、阿贝尔和雅可比在广泛而详尽地阐述椭圆函数理论时，无法回避地遇到了复数，椭圆函数理论为发现和改进单复变函数理论中的一般定理提供了试验田。这两个理论似乎注定要相辅相成、相互补充——这是有原因的。同样，椭圆函数与高斯的二次型理论之间存在深刻联系，这也是有原因的，但由于篇幅限制，我们无法做过多讨论。如果没有椭圆函数中那些更广泛定理的特例为一般理论提供无数线索，单复变函数理论的发展将会比现在缓慢得多——对于数学读者，可以回想一下刘维尔（Liouville）定理，整个多重周期性课题以及它对代数函数及其积分的影响。如果19世纪的这些数学丰碑有一些已消失于昨日的迷雾之中，我们只需提醒自己，目前分析学中最具启发性的定理之一——皮卡（Picard）关于本性奇点附近的例外值定理，最初就是用椭圆函数理论中的方法证明的。在大致概述了椭圆函数缘何在19世纪的数学中如此重要之后，我们可以继续讨论雅可比在该理论发展过程中发挥的主要作用。

* * *

椭圆函数的历史相当复杂，尽管专家们对它颇感兴趣，但一般读者可能觉得索然无味。因此，我们只作简要概述，而省略掉其依据（高斯、阿贝尔、雅可比、勒让德等人的信件）。

首先，可以确定的是，对于阿贝尔和雅可比的一些最惊人的工作，高斯足足领先他们27年。高斯说："阿贝尔所走的道路和我在1798年所走的完全相同。"凡是研究高斯死后才公布的证据的人都会承认这种说法是正确的。其次，大家似乎一致认为阿贝尔在某些重要的细节上要领先于雅可比，但雅可比在完全不知道对手工作的情况下开始了他的伟大研究。

椭圆函数的一个重要性质是它们的双周期性（由阿贝尔在 1825 年发现）：如果 $E(x)$ 是一个椭圆函数，那么对于变量 x 的所有取值，都存在两个不同的数 p_1, p_2，使得

$$E(x + p_1) = E(x) \ , \ E(x + p_2) = E(x) \ 。$$

最后，勒让德在历史上是一个悲剧性的角色。40 年来，他一直致力于椭圆积分（而不是椭圆函数）的研究，却始终没有注意到阿贝尔和雅可比几乎同时意识到的东西，即一旦把问题逆向思考，整个主题将变得无比简单。椭圆积分最初出现在求解椭圆弧长的问题中。关于阿贝尔的反演方面，通过添加下面的符号论述，能更清晰地揭示出勒让德所遗漏的要点。

若 $R(t)$ 表示 t 的一个多项式，对于形如 $\int_0^x \dfrac{1}{\sqrt{R(t)}} dt$ 的积分，当 $R(t)$ 为三次和四次多项式时，该积分称为椭圆积分；当 $R(t)$ 为高于四次的多项式时，该积分称为阿贝尔积分（以阿贝尔命名，他的一些最伟大的工作与此类积分有关）。如果 $R(t)$ 仅为二次多项式，则该积分可以用初等函数计算出来。特别地，

$$\int_0^x \frac{1}{\sqrt{1 - t^2}} dt = \sin^{-1} x$$

（$\sin^{-1} x$ 读作"正弦值为 x 的角"）。也就是说，若 $\int_0^x \dfrac{1}{\sqrt{1 - t^2}} dt$，将积分上限 x 视为积分本身（y）的函数。这个问题的反演解决了勒让德四十年来一直苦苦为之拼搏的大部分困难。当消除此障碍后，这些重要积分的真正理论几乎随即便涌现出来——就像从河道中拖走一块巨木之后，其他受阻

的木头便顺流而下一样。

当勒让德了解阿贝尔和雅可比所做的工作后,尽管他意识到他们更简单的方法(反演)会使自己四十年的杰出劳动成果一文不值,但还是非常诚恳地鼓励了他们。可惜的是,对阿贝尔来说,勒让德的赞美来得太晚了;但对雅可比来说,却是使他超越自我的一种激励。在整个科学文献最精彩的一封通信中,20 岁出头的年轻人和 70 多岁的老将竞相表达着对对方诚挚的赞美和感激之情。唯一不和谐的音符是勒让德直言不讳地贬低高斯,而雅可比则极力维护高斯。但由于高斯从不屈尊发表他的研究成果——当阿贝尔和雅可比先于他发表时,他已经计划写一部关于椭圆函数的重要著作,因此我们不应该因勒让德持有完全错误的观点而苛责他。由于篇幅限制,我们只能省略掉这封精彩书信中的摘录(这些信件全文收录在《雅可比文集》(法文版)第 Ⅰ 卷中)。

* * *

与阿贝尔共同创立椭圆函数理论,只是雅可比众多成就中很小但却非常重要的一部分。即便仅仅列举他在不到 25 年的短暂工作生涯中所丰富过的那些领域,就比本书叙述一个人物所占的篇幅还要多,因此我们只提及他取得的几项辉煌成果。

雅可比是第一个把椭圆函数应用到数论中的人,继他之后,该理论成为一些最伟大的数学家最喜欢的消遣。这是一个异常深奥的课题,其中,巧妙的代数技巧以意想不到的方式展现了此前未曾发现的普通整数之间的关系。正是通过这种方法,雅可比证明了费马的著名论断:每一个整数 $1, 2, 3, \cdots$ 都是四个平方数之和(零被视为整数)。而且,他通过漂亮的分析过程得到，对任意给定的整数，可以有多少种方式表示成这样的和。①

对于那些更注重实际问题的人，我们可以谈及雅可比在动力学领域的工作。在这门对应用科学和数学物理学都至关重要的学科中，雅可比取得了超越拉格朗日和哈密顿的首个重大进展。熟悉量子力学的读者应该记得，哈密顿-雅可比方程在描述这一革命性理论的过程中扮演着重要角色。除此之外，他在微分方程领域的研究开创了一个新时代。

在代数学中，我们只举一个例子，那就是雅可比把行列式理论转化为了每个上过中学代数课的学生都熟悉的简单形式。

雅可比对牛顿-拉普拉斯-拉格朗日引力理论中反复出现的函数进行了出色研究，并将椭圆函数和阿贝尔函数应用于椭球体的引力问题，在该理论中做出了重大贡献。

他在阿贝尔函数方面的伟大发现更是拔新领异、独具匠心。正如椭圆函数产生于椭圆积分的反演中一样，阿贝尔函数产生于阿贝尔积分的反演中。（本章前面提到了这些专业术语。）在这个领域，没有任何指引，他在毫无线索的迷宫中迷失了很长时间。在最简单的情况下，适当的反函数是具有 2 个变量和 4 个周期的函数；一般情况下，函数有 n 个变量和 $2n$ 个周期；椭圆函数对应 $n=1$。这一发现对 19 世纪分析学的意义，就宛如哥伦布发现的美洲大陆对 15 世纪的地理学的意义一样。

* * *

雅可比并没有像他那些懒惰的朋友们预想的那样，因为劳累过度而早

① 若 n 为奇数，则表示的方法数等于 n 的所有因子（包括 1 和 n）的和的 8 倍；若 n 为偶数，则表示的方法数等于 n 的所有奇因子的和的 24 倍。

逝,而是在 47 岁(1851 年 2 月 18 日)时死于天花。在向这位胸怀宽广的人告别之际,我们可以引用他反驳伟大的法国数学物理学家傅里叶时所说的话。傅里叶曾指责阿贝尔和雅可比在热传导中的问题还有待解决时,却把时间"浪费"在椭圆函数的研究上。

雅可比说:"的确,傅里叶先生认为,数学的主要目的是服务公共事业并解释自然现象;但是像他这样的哲学家应该知道,科学的唯一目的是人类心智的荣耀,在这个标准下,关于数的问题和关于世界体系的问题同等重要。"

如果傅里叶能够重返人间,他可能会对自己为"服务公共事业和解释自然现象"而发明的分析学的遭遇感到失望与沮丧。就数学物理学而言,现在的傅里叶分析只不过是更广泛的边值问题理论中的一个细节,而正是在纯粹数学的那些最纯粹的领域中,它才体现出了其重要性与合理性。至于这些现代研究是否给"人类的心智"带来了荣耀,可能还要交给专家们去评判——倘若行为主义者留下了一些能给人类心智带来荣耀的东西的话。

（胡俊美　译）

第十九章

一个爱尔兰人的悲剧

哈密顿(1805—1865)

●爱尔兰最伟大的科学家●精心设计却不妥善的教育●17岁时的重大发现●独特的大学生涯●情场失意●哈密顿与诗人们●任命于邓辛克●光束●光学原理●锥形折射的预测●婚姻和酒精●域●复数●不满足交换律●四元数●堆积如山的文稿

在数学方面,他比第谷·布拉赫(Tycho Brahe)和埃拉·帕特(Erra Pater)还要伟大;因为他能按几何比例测得啤酒罐的大小。

——S.巴特勒(S.Butler)

威廉·罗恩·哈密顿（William Rowan Hamilton）无疑是爱尔兰最伟大的科学家。之所以强调他的国籍，是因为在哈密顿孜孜以求、不懈努力的背后，其中一个驱动力源于他公开表达的愿望，即用自己的旷世才华为祖国带来荣耀。有人说他是苏格兰人的后裔，但他本人坚称自己是爱尔兰人。当然，苏格兰人很难在这位爱尔兰最伟大、最雄辩的数学家身上看到苏格兰的影子。

哈密顿的父亲是爱尔兰都柏林的一名律师，共有四个儿子和一个女儿，威廉是最小的，于1805年8月3日①出生在那里。父亲还是位一流的商人、狂热的宗教信徒，有着"雄辩的口才"，但同样重要的是，他也是一个非常善于交际的人，所有这些特征都遗传给了他天赋异禀的儿子。母亲萨拉·赫顿（Sarah Hutton）出身于一个以聪明智慧著称的家庭，哈密顿的天资过人可能就是继承自她。

父亲口若悬河、能言善辩，"口才和文笔"都相当出色，这使得当这个快乐的酒鬼摇摇晃晃地出现在每个聚会时，都会成为那里的焦点。威廉的叔叔詹姆斯·哈密顿（James Hamilton）则是特里姆村（Trim，距都柏林约二

---

① 他墓碑上的出生日期是1805年8月4日。事实上，他是午夜出生的，因此在日期上出现了混淆。哈密顿对这类琐事十分讲究精确性，他把生日定在8月3日，直到晚年出于感情原因，又将日期改到了8月4日。——原注

十英里)的一位牧师,性格内敛得多,但他实际上是一位才华横溢的语言学家——除了希腊语、拉丁语、希伯来语、梵语、迦勒底语、巴利语外,天知道还有哪些异教方言,所有这些就像欧洲大陆和爱尔兰更文明的语言一样,他都能脱口而出。这种通晓多种语言的能力,对不幸但渴求学习的威廉的早期教育造成的误导不容小觑,因为威廉早在 3 岁时就显露出天资过人的迹象,于是便离开了母亲的宠溺,被有点愚蠢的父亲打发到语言通詹姆斯叔叔那里去,在专业指导下学习各种语言。

哈密顿的父母对他的成长几乎没有什么影响;他 12 岁时母亲去世,两年后父亲去世。正是詹姆斯·哈密顿,让小威廉学习毫无用处的语言学而白白浪费了他的才能,并在 13 岁时就把他塑造成了一个历史上最令人震惊的语言学怪胎。哈密顿并没有在牧师叔叔的误导下变成一个令人难以忍受的道学先生,这证明他的爱尔兰判断力基本健全。即便对一个富有幽默感的男孩,他所接受的教育也很可能会使他变成一个永远的傻瓜,而哈密顿没有幽默感。

哈密顿幼年时期的才能听起来就像一段编造的传奇故事,但却完全是事实:3 岁时,他不仅有着出色的英语阅读能力,算术方面也颇有进步;4 岁时,他成了不错的地理学者;5 岁时,他阅读并翻译拉丁语、希腊语和希伯来语,喜欢吟诵德莱顿(Dryden)、柯林斯(Collins)、弥尔顿(Milton)和荷马(Homer)的作品——最后一个是用希腊语写的;8 岁时,他又精通了意大利语和法语,并能用拉丁语即兴演讲,用拉丁六步格表达对爱尔兰美丽风光真挚的喜爱之情。最后,不到 10 岁,他开始学习阿拉伯语和梵语,为他非凡的东方语言学识打下了坚实的基础。

对哈密顿掌握的语言统计还并不完整。在威廉差 3 个月才满 10 岁时,据他叔叔说,“他学习东方语言的渴望丝毫没有减弱,现在已经掌握了其中的绝大部分。事实上，除了一些次要的、相对地方化的语言外，他掌握了所有语言。他已经精通梵语，通过对梵语的深入学习和理解，能够进一步加深对希伯来语、波斯语和阿拉伯语的掌握程度。他也有迦勒底语和叙利亚语基础，还学过印度斯坦语、马来语、马拉地语、孟加拉语等。他马上要开始学中文了，但购书难度较大。为此，我花了一大笔钱才从伦敦搞到，希望这笔钱能够用得其所。"然而，对此，我们只能举起双手惊叹：天哪，所有这一切又有何意义呢？

到13岁，威廉吹嘘说自己每过一年就能掌握一门语言。14岁时，他用波斯语写了一篇辞藻华丽的欢迎辞，以欢迎前来访问都柏林的波斯大使，并将其转交给这位大为惊讶的有权有势的人。年轻的哈密顿希望继续利用自己的优势乘胜追击，于是去拜访大使，但这位狡猾的东方人事先得到他忠实秘书的提醒，"非常遗憾，由于头疼得厉害，他不能亲自接见我（哈密顿）。"或许大使还没有从官方宴会中清醒过来，或者他已经读了这封信。至少在翻译方面，这封信非常糟糕——一个十四岁的男孩极其严肃地认为自己精通波兰诗人所有最晦涩、最浮夸的段落，他可能会想象一个老练的东方人在热烈的爱尔兰狂欢后，会在第二天早上将它作为提神剂。如果年轻的哈密顿真的想拜访大使，应该送一条咸鲱鱼，而不是一首波斯诗。

除了惊人的才华、成熟的谈吐以及对大自然充满诗意的热爱之外，哈密顿与其他健康的男孩没有什么两样。他喜欢游泳，不像那些书呆子一样脸色苍白。他温文尔雅，性情平和——对于一个健壮的爱尔兰男孩来说，这是相当不寻常的。然而，在后来的生活中，哈密顿曾向一个诋毁他的人——说他是骗子——发起挑战，要展开一场殊死搏斗，显示出了他的爱尔兰血统。但哈密顿的助手和解了这件事，因此威廉不能算作一位伟大的数学家决斗者。在其他方面，小哈密顿不是个寻常的孩子，他无法容忍别人给人或动物造成痛苦或折磨。他一生热爱动物，更难能可贵的是，他尊重它们，将其视为与人类平等的生命。

哈密顿 12 岁开始从对语言的无谓投入中逐渐反省过来，14 岁之前彻底完成了转变。上天选择了一个不起眼的人让哈密顿迷途知返，这就是当时正在伦敦威斯敏斯特（Westminster）学校就读的美国速算神童泽拉·科尔伯恩。人们把科尔伯恩和哈密顿安排在一起，希望这位年轻的爱尔兰天才能够洞穿这位美国人研究方法上的秘密，而科尔伯恩本人并没有完全理解它们（正如在费马一章中看到的那样）。科尔伯恩非常坦率地向哈密顿透露了自己的技巧，哈密顿反过来又对他的技巧进行了改进。科尔伯恩的方法并没有什么深奥或非凡之处，他的成就很大程度上源于其记忆力。哈密顿在他 17 岁（1822 年 8 月）写给堂兄亚瑟（Arthur）的一封信中承认了科尔伯恩对自己的影响。

到 17 岁时，哈密顿已经通过积分学掌握了数学，并学习了足够的数学天文学知识，能够计算日食和月食。他阅读了牛顿和拉格朗日的著作。所有这一切都是他的消遣；古典文学仍然是他认真学习的内容，虽然只是他的第二爱好。更重要的是，他在给姐姐伊丽莎（Eliza）的信中写道，他已经获得了"一些奇妙的发现"。

哈密顿提到的这些发现很可能是他第一项伟大工作的肇始，即有关光学中光束的研究。这样，哈密顿在 17 岁时就已经开启了他的重大发现生涯。在此之前，他由于发现拉普拉斯在试图证明力的平行四边形法则的过程中存在一处错误，而引起了都柏林天文学教授布林克利（Brinkley）博士的注意。

* * *

哈密顿步入大学之前从未上过学，所有的初级训练都是在叔叔的指导下或自学完成的。为了准备都柏林三一学院的入学考试,他被迫致力于学习古典文学,但这并没有占用掉他的全部时间,因为在 1823 年 5 月 31 日,他写信给堂兄亚瑟说:"在光学方面,我有了一项非常奇妙的发现——至少在我看来如此。……"

若正如人们料想的那样,这项发现指的是哈密顿即将描述的"特征函数",那么它标志着其作者的才华堪与历史上任何数学家相媲美。1823 年 7 月 7 日,年轻的哈密顿轻松地从一百名考生中脱颖而出,进入三一学院学习。他早已名声在外,因此不出所料,很快就成了名人;事实上,当他还是一名大学生时,在古典文学和数学方面的精湛造诣就激起了英格兰、苏格兰和爱尔兰学术界的好奇心,甚至有人宣称,第二个牛顿已经到来。他在大学期间的辉煌事迹可想而知——他几乎包揽了可获得的一切奖项,并在古典文学和数学方面斩获最高荣誉。但比所有这些胜利更重要的是,他完成了关于光束的划时代著作第 Ⅰ 部的初稿。当哈密顿向爱尔兰皇家科学院提交他的论文时,布林克利博士说,"这个年轻人,我不是说他将会成为,而是说他现在已经是这个年龄段中一流的数学家了。"

即使为了保持辉煌的学术业绩,年轻的哈密顿需要做大量艰辛、乏味的工作,还需要花费一部分时间致力于更有价值的研究,但这些仍没有耗尽他充沛的精力。他一共经历了三段严肃的恋情,19 岁时是第一次。由于威廉意识到自己"配不上"女孩儿——尤其是他的经济状况——只能通过写诗来表达对她的爱慕之情,结局不出意外:一个更现实、更平凡的男人娶了这个女孩。1825 年 5 月初,哈密顿从他心上人的母亲那里得知,他的爱人已经嫁给了自己的情敌。哈密顿是一个笃信宗教的人,对他来说自杀是一种致命的罪过,但他仍然试图投水自尽,由此可以推断出他所经受的打击。对科学来说幸运的是,他又写了一首诗来安慰自己。哈密顿终生一直都是一位多产的诗人。但正如他告诉他的朋友兼狂热崇拜者威廉·华兹华斯(William Wordsworth)的那样,他真正的诗歌是他的数学。对此,没有数学家会有异议。

这里,我们可以谈谈哈密顿与当时一些耀眼的文学巨匠间的终生友谊,如所谓的"湖畔派"诗人华兹华斯、骚塞(Southey)和柯勒律治(Coleridge),以及奥布里·德·维尔(Aubrey de Vere)和教育小说家玛丽亚·埃奇沃思(Maria Edgeworth)——像哈密顿一样有着虔诚信仰的女文学家。1827年9月,哈密顿到英国湖区旅行时,第一次见到华兹华斯。他"在下午茶时间招待了华兹华斯"后,两人来来回回地徘徊了一晚上,都竭力想送对方回家。第二天,哈密顿送给华兹华斯一首90行的诗,而诗人本人可能曾在一种庄重的场合吟唱过它。华兹华斯自然不喜欢这位热情的年轻数学家不自觉的抄袭,敷衍地赞美几句后,他长篇大论地告诉这位满怀希望的作者,"写诗的技巧不应该是这样。(从一位如此年轻的作家身上还能期待什么呢?)"两年后,当哈密顿成为邓辛克天文台的天文学家时,华兹华斯回访了他。哈密顿把姐姐伊丽莎介绍给了这位诗人,她觉得自己"情不自禁地模仿起了华兹华斯《游访雅罗河》(*Yarrow Visited*)中的前几行文字——

> 这就是华兹华斯!
>
> 这个我心中珍视的男人
>
> 在我的幻想中,你是如此真实,
>
> 如今,这一切都消逝了吗?"

* * *

华兹华斯的来访带来了一个巨大好处:哈密顿终于意识到"他要走的

道路必须是科学之路,而不是诗歌之路;必须要放弃二者同时兼顾的一贯期冀,因此,他必须振作精神,痛苦地与诗歌告别。"简而言之,哈密顿明白了一个显而易见的事实,那就是从文学的意义上讲,他没有一点诗歌天分。然而,他一生都在不断写诗。华兹华斯对哈密顿的才智评价很高。事实上,他曾落落大方地表示(实际上),他所认识的人中只有两个让他有自卑感,那就是柯勒律治和哈密顿。

直到 1832 年,哈密顿才遇到柯勒律治。实际上,当时这位诗人已经沦落为平庸的德国形而上学家的一个拙劣翻版。尽管如此,由于长期以来哈密顿一直是康德哲学的忠实学者,因此双方对彼此的才能都给予了高度评价。事实上,哈密顿始终痴迷于哲学思辨,曾一度宣称自己是贝克莱(Berkeley)失去生机的唯心主义的忠实信徒——在理智上,而非内心深处。联系两人的另一个纽带是他们对哲学的神学方面的关注(如果有这样一个方面的话),尽管柯勒律治关于三位一体的想法还不太成熟,但却博得了哈密顿的赞赏,这位虔诚的数学家对此相当重视。

* * *

哈密顿在三一学院的大学生涯结束时比开始时更加壮观;事实上,这在大学历史上是独一无二的。布林克利博士辞去天文学教授职位,任克洛因(Cloyne)主教。当按照英国惯例公布职位空缺之后,包括后来英国皇家天文学家乔治·比德尔·艾里(George Biddell Airy,1801—1892)在内,好几位杰出的天文学家都递交了他们的资格证书。经过一番讨论,管理委员会放弃了所有申请人,一致推选当时(1827 年)22 岁的本科生哈密顿担任教授。哈密顿当时并没有申请这个职位,不过现在,"面前是一条康庄大道",他决心不辜负热情的选举者对他的期望。他从 14 岁起就对天文学产生了浓厚兴趣,小时候,曾指着景色宜人的邓辛克山上的天文台,认为如果可以自由选择的话,想生活在那里。如今,他 22 岁,雄心勃勃,要做的就是朝着目标径直前行。

他一开始就相当出色。虽然哈密顿并不是真正的天文学家,他的助手也没什么能力,但这些弊端并不严重。从当时的情况来看,邓辛克天文台不可能对现代天文学产生重要影响,而哈密顿也很明智地将主要精力放在了数学上。23 岁时,他完成 17 岁时的"奇妙发现",出版了《光束理论》(A Theory of Systems of Rays)第 I 部。这部伟大的经典著作对光学的意义,就像拉格朗日的《分析力学》对力学的意义一样。此外,哈密顿还亲手将光束理论推广到动力学领域,由此将这门基础科学打造成它可能的终极完美形式。

哈密顿在他的第一部杰作中引入的应用数学的一些技巧,当今已成为数学物理学不可或缺的工具,理论物理学特定分支的许多研究人员都试图用哈密顿原理来概括整个理论。14 年后,在 1842 年曼彻斯特举办的英国协会会议上,雅可比正是因为这部伟大著作而断言,"哈密顿是你们这个地方的拉格朗日"(这个地方指讲英语的民族)。哈密顿本人煞费苦心,用非专业人士也能理解的方式描述了他的新方法的精髓。下面,我们引用他 1827 年 4 月 23 日提交给爱尔兰皇家科学院的论文摘要。

"在光学中,光线被视为一条直线、折线或曲线,光沿着它传播;光束是这样的光线的集合或汇聚体,它们通过某种共同的纽带、某种相似的光源或发光点联系起来,简而言之,就是由具有某种光学统一性的光线聚合在一起。这样,从一个发光点发射出来的光线构成一个光学系统,经镜子反射后,又构成另一个光学系统。对于已知(如这些简单的例子)光学起源和历史的光束,研究这些光线的几何关系,探究它们如何排布,如何发散、汇聚或平行,与哪种曲面和曲线相切割,截面角如何,如何将它们组成部分光束,尤其是如何确定和区分每一条光线,所有这些都属于光束的研究范围。把对一种光束的研究加以推广,以便能在不改变计划的情况下就过渡到对其他光束的研究中去,并确定出一般的规则与一般性的方法,使这些独立的光学研究结合并协调起来,便构成了光束理论。最后,借助现代数学的威力来实现这一点,即用函数代替图形,用公式代替图表,从而建构光束的代数理论,或者说是代数学在光学上的应用。”

“为了建构这样的应用,自然甚或说必须要借助笛卡儿将代数学应用于几何学的方法。这位伟大的哲学数学家设想,有可能用三个坐标数来代数地表示或表达空间中任何一点的位置,并切实采用了这种方案,其中这三个坐标数分别对应这个点在三个垂直方向上(如北、东、西)距离某个固定点,或距离为此选定或假设的原点间的距离;这样,在发展出的一般科学中,空间的三个维度获得了它们的三个代数等价量,以及适当的概念与符号。由此,通过平面或曲面上任意一点的三个坐标间的关系,可以代数地定义平面或曲面的方程;推广至所有的点:对于线,无论是直线还是曲线,都可以按同样的方法来表示,即对两个曲面均给出这样的关系,再将曲线视为两个曲面的交线。这样,以三个变量之间方程的一般研究为媒介,就可能对曲面和曲线进行一般研究,并发现它们的共同性质;每个几何问题即使不能立即得到解决,至少也可以以代数方式表示出来,代数学中的每一项进步或发现都能在几何学中得到应用和说明。空间和时间的科学(这里采用我在别处大胆提出的代数观点)彼此不可分割,紧密地交织在一起。从此以后,要改进其中一门科学而不改进另一门,几乎是不可能的。曲线的切线绘制问题导致了流数或微分的发现;求长或求(面)积问题导致了流数的反演或积分。对曲面曲率的研究需要偏微分的微积分学；等周问题导致了变分法的形成。反过来，代数科学中的所有这些伟大进步都立即在几何学中得到应用，并导致了点、线或面之间新关系的发现。但是，即便这种方法的应用不是如此多样和重要，把它作为一种方法来思考，人们仍然可以从中极大地获得心智上的满足与快乐。"

"这种代数坐标方法在光学系统研究中的第一个重要应用，是由拿破仑驻埃及军队中的一名法国工程师军官马卢斯（Malus）做出的，他因发现反射光的偏振而在物理光学史上享有盛名。1807 年，马卢斯向法兰西科学院提交了一部关于偏振的深奥数学著作（就是上面提到的主题），题目是《光学专论》（Traité d'Optique），其中采用的方法可以描述如下：在任何最终的光学系统中，根据表征特定系统并将其与其他系统区分开来的某一定律，都可以认为直线光线的方向取决于光线上某个指定点的位置。通过为这条光线上另外一点的三个坐标确定三个表达式，这个定律可以以代数方式表示为所提出点的三个坐标的函数。因此，马卢斯引入了表示三个这样的函数（或至少与它们等价的三个函数）的一般符号，然后通过非常复杂但对称的计算得出了几个重要的一般性结论；其中的许多结论，以及许多其他结论，在我尝试着将代数学应用到光学时，也用一种近似相同的方法得到了，而当时我对马卢斯的工作并不知情。然而，我的研究很快就引导我用一种截然不同的、更适用于光学研究的方法（我认为我已经证明了这一点）来代替马卢斯的方法；这种方法不必再利用上述三个函数，或至少它们的两个比值，而只需一个函数就足够了，我称之为特征函数或主函数。于是，尽管他用一条光线的两个方程来演绎推理，而我则通过建立并使用系统的一个方程来实现这一点。"

"我为此而引入的这个函数，已成为我在数学光学中演绎方法的基础。

另一方面,前人曾把这个函数视为该学科中一项高深的、广博的归纳结果。这个著名结果通常称为最小作用量原理,但有时也称为最小时间原理(参见费马一章),它包括迄今为止发现的所有关于确定光线的传播路径和形式的规则,以及普通或异常[双折射晶体中的冰洲石就属于后者,一条光线投射到晶体后,产生两条折射光线]反射或折射所导致的这些路径的方向改变的规则。光从一点传播到另一点消耗的某种量,在一种物理理论中是作用量,在另一种物理理论中则是时间。人们发现,如果路径的两个端点不变,那么光沿实际路径传播所消耗的这个量比沿其他任何路径消耗得都少。用专业术语来说,就是其变分为0。我的方法在数学上的新颖之处在于,将这个量视为这些端点的坐标的函数,当坐标发生改变时,这个量按我所谓的变化作用量定律也发生改变;同时,还在于我把光学中所有关于光束的研究化简成了对单独这一个函数的研究:这种化简以一种全新的视角呈现了数学光学,(在我看来)与笛卡儿将代数学应用于几何学时的视角相类似。"

对于哈密顿的这段描述已经十分完整,除了有一点可能需要补充:任何科学,无论阐述得多么精彩,都不像一部小说那样容易理解,即便小说写得非常糟糕。因此,整篇摘录值得我们再读一遍。

在关于光束的这项杰出工作中,哈密顿的成就甚至比他意识到的还要卓著。几乎在上述摘录写成一百年后,人们发现,哈密顿引入光学中的方法正是与现代量子理论和原子结构理论有关的波动力学所必不可少的。回想一下,牛顿曾倾向于光的粒子说或微粒说。而惠更斯(Huygens)及其后继者几乎直到现在仍试图完全通过波动理论来解释光的现象。在1925—1926年形成的现代量子论中,这两种观点统一起来,并在纯粹数学的意义上得到了协调。1834年,28岁的哈密顿实现了他的雄心壮志,把他所引入的光学原理推广到了整个动力学领域。

哈密顿的光线理论在他年仅 27 岁发表之后,很快就成了数学经典著作中最及时、最备受瞩目的成就之一。该理论旨在讨论日常生活和科学实验室中观察到的现实物质世界的现象。任何这样的数学理论,除非日后能够得到实验验证,否则它与对该学科进行系统化介绍的简明词典没什么区别,而且几乎肯定的是,它很快就会被一种更富想象力、不能一目了然的描述所取代。在证明真正的数学理论在物理学中的价值方面,有一些著名的预言,我们回顾以下三个:约翰・库奇・亚当斯(John Couch Adams,1819—1892)和乌尔班・让・约瑟夫・勒维耶(Urbain-Jean-Joseph Lever-rier,1811—1877)根据牛顿的万有引力理论对天王星摄动的分析,独立且几乎同时在 1845 年做出了海王星的数学发现;1864 年,詹姆斯・克拉克・麦克斯韦(James Clerk Maxwell,1831—1879)基于自己的光的电磁理论,在数学上预言了无线电波的存在;最后,爱因斯坦在 1915 至 1916 年根据他的广义相对论预言了光线在引力场中的偏转,这个预言首次在具有历史意义的 1919 年 5 月 29 日的日食观测中得到证实,而且爱因斯坦还根据自己的理论预言,一个大质量物体发出的光的谱线将向光谱的红端移动一定幅度,这一点也得到了证实。后两个例子——麦克斯韦和爱因斯坦的例子——与第一个不同:这两个例子属于在数学上预测出了完全未知和无法预料的现象,也就是说,这些预言是定性的。麦克斯韦和爱因斯坦都通过精确的定量预测加强他们的定性预测,当这些预言最终被实验证实时,便消除了因认为它们仅仅是猜测而给予的谴责。

哈密顿对光学中所谓锥形折射的预言,同样兼有定性和定量的特征。基于光束理论,他在数学上预测了与光在双轴晶体中的折射有关的一种完全出乎意料的现象。在修订关于光线著作的《第三个补充》时,他有了一个惊人的发现，他这样描述道：

"光在普通镜子上的反射定律，似乎欧几里得就已经知晓；光在水、玻璃或其他非结晶介质表面上的普通折射定律则是由斯内利厄斯(Snellius)在更晚时发现的；惠更斯发现了由单轴晶体(如冰洲石)产生的异常折射定律，并经马卢斯所证实；最后，在我们这一代，菲涅耳(Fresnel)发现了黄玉或霰石等双轴晶体表面的异常双折射定律。但是，即使在这种异常折射或晶体折射的情况下，除了柯西在一个理论中提出可能存在或许我们无法感知到的第三条折射光线外，人们还从未观察到两条以上的折射光线，甚或是怀疑它们不存在。然而，哈密顿教授在用他的一般方法研究了菲涅耳定律的结果后，得出这样的结论：某些情况下，在双轴晶体内，对应单独一条入射光线，不仅仅会产生两条、三条或有限条折射光线，而且会产生无限多条折射光线，或者说锥形折射光线簇。还有一些情况，在这样的晶体内，单独一条光线会产生排布在另一个锥体中的无数条出射光线。因此，他从理论中预测到两条新的光学定律，并将其命名为内锥折射和外锥折射。"

汉弗莱·劳埃德(Humphrey Lloyd)通过实验证实了哈密顿的预测，这使得那些理解年轻的哈密顿工作的人无不表现出无限的钦佩与赞美。曾与哈密顿竞争天文学教授职位的艾里这样评价他的成就："哈密顿教授最近做出的预测，也许是有史以来最非同凡响的预测。"哈密顿有一个宏伟目标，即"把和谐与统一引入被视为纯粹科学分支的光学思考和推理中"，他本人认为，与此目标相比，这个预言和其他类似的预言一样，只是"一个枝节的、次要的结果"。

* * *

有些人认为，这一辉煌成就是哈密顿职业生涯的巅峰之作，在完成了光学和动力学方面的伟大工作之后,他开始走下坡路。而其他人,尤其是那些被称为四元数高教会派的成员,则认为哈密顿最卓绝的作品还在后面,即四元数理论的创立,哈密顿将其视为能让自己流芳百世的代表作。我们暂且先把四元数放在一边。可以简单地说,从哈密顿 27 岁到他 60 岁去世,有两个灾难使他的科学事业受到重创,那就是婚姻和酗酒。酗酒在一定程度上是由不幸的婚姻导致的,但也并非完全如此。

哈密顿第二次不幸的恋情因为一句无心的话而结束。事实上,那句话并没有任何深意,但这位敏感的追求者却对此耿耿于怀。1833 年春天,哈密顿娶了他第三位心仪的对象海伦·玛丽亚·贝利(Helen Maria Bay-ley),那时他二十八岁。新娘是一位乡村牧师遗孀的女儿。海伦"尽管没有动人的容颜和超群的智力,但端庄典雅,她率真的天性和他(哈密顿)知道她会具有的宗教信仰原则,很早就给他留下了良好的印象。"然而现在,如果诚实是一个傻瓜唯一的优点,那么任何傻瓜都能说出真相:无论谁和她结婚,都会因为自己的草率行事而吃亏。1832 年夏天,贝利小姐"患了一场重病……这件事无疑把他(失恋的哈密顿)的大部分心思都吸引到她身上,他为她的康复感到焦虑不安,而且事情正发生在他与心仪的女孩刚刚分手之际,他感到必须克制以前的激情,为更温柔、更温暖的感情铺平道路。"简而言之,哈密顿被一个生病的女人牢牢吸引住了。而她的余生都将处于半残疾状态,或者是由于无能为力,或者是由于身体欠佳,她让丈夫的懒散仆人肆意妄为地敷衍家务,使家里的某些地方——尤其是他的书房——变得像个猪圈。哈密顿需要一个富有同情心、意志坚强的女人来照顾他并把家务打理得井井有条,然而,他娶的却是一个软弱的人。

婚后十年,哈密顿惊诧地意识到自己正踏在一条湿滑的道路上,他试图停下脚步。作为一个年轻人,他在宴会上开怀畅饮,一两杯酒下肚后,他的非凡口才与交际才能也自然而然地随之提高，便更加放纵自己。婚后，他饮食不规律或干脆不吃饭，习惯连续工作十二或二十四小时，靠从酒瓶中摄取营养补充体力。

适度饮酒到底是促进还是妨碍数学创造力，是一个尚有争议的问题。在用一套全面的对照实验来解决这个问题之前，我们必须要始终持有这个疑问，就像在其他任何生物学研究中一样。如果像有些人所主张的那样，诗歌创造和数学创造是相似的，那么适度饮酒（如果有的话）并不会明显破坏数学创造力；事实上，非但如此，许多证据确凿的例子似乎表明情况恰恰相反。当然，就诗人而言，"酒与歌"常常相伴相随，至少在斯温伯恩（Swinburne）的例子中，如果没有酒，诗歌就几乎完全枯竭了。数学家们经常谈到长时间专注于一个难题所产生的巨大压力，有些人发现，喝酒能让人的紧张情绪有明显缓解。但可怜的哈密顿很快就超越了这个阶段，不论是在自己凌乱的书房里，还是在大庭广众的宴会厅里，他对自己的形象都漫不经心。他在一次科学晚宴上喝醉了，当意识到是什么使他沉沦之后，他决心再也不沾酒了，而且两年里一直坚守着这个决定。后来，在罗斯勋爵（Lord Rose，拥有当时最大、但最没用的望远镜）的庄园举行的一次科学会议上，他的老对手艾里嘲笑他只喝水。哈密顿屈服了，此后又纵情地沉溺于酒精——远超过他所需要的。即使有了这个劣势，也没能让他淘汰出局。不过，要是没有这一不利因素，他可能会走得更远，达到一个更高的高度。然而，他的高度已经足够了，道德说教还是留给道德家吧。

* * *

在考虑哈密顿所认为的代表作之前，我们不妨简要概括一下他获得的主要荣誉。30岁时，哈密顿在英国科学促进协会的都柏林会议上担任要职。与此同时，总督吩咐道："请跪下，哈密顿教授。"然后拿着国玺剑在他的双肩上轻轻一拍，说："请起身，威廉·罗恩·哈密顿爵士。"这是哈密顿一生中极少数无话可说的场合之一。32 岁时，他成为爱尔兰皇家科学院院长。38 岁时，他获得英国政府颁发的一项终身津贴，每年 200 英镑，当时的首相是爱尔兰不太热衷的朋友罗伯特·皮尔爵士。在此之前不久，哈密顿做出了他的重大发现——四元数。

在弥留之际，他被授予了一项比以往任何时候都更令他高兴的荣誉：他当选为内战期间成立的美国国家科学院第一位外籍院士。这项荣誉主要是为了表彰他在四元数方面所做的工作，由于某种微妙的原因，四元数对当时的美国数学家（当时只有一两位，哈佛大学的本杰明·皮尔斯［Benjamin Peirce）是其中的主要人物]的影响，比自牛顿的《自然哲学的数学原理》之后任何其他的英国数学成就都更加深远。四元数早期在美国的风行多少有些神秘。可能是《四元数讲义》(*Lectures on Quaternions*)浮夸的辞藻迎合了这个年轻的、朝气蓬勃的国家的口味，因为他们还沉溺在参议院演讲和 7 月 4 日的浮文巧语中，没有摆脱出来。

＊　＊　＊

四元数历史悠久，我们无法在此讲述整个故事。即便高斯在 1817 年的预测，也不能作为该领域的发端；欧拉在他之前给出一个孤立的结果，用四元数能非常简单地加以解释。四元数的起源可能比这还要久远，因为奥古斯都·德·摩根（Augustus De Morgan）曾经半开玩笑地指出，哈密顿四元数的历史可以从古印度人一直追溯到维多利亚女王。然而，我们在这里只需关注这一发现中最重要的部分，并稍微考虑一下激发哈密顿灵感的源泉。

正如将在布尔那一章中会看到的那样,19世纪上半叶,英国代数学派使得通常的代数学获得独立发展。他们预见到当前谨慎地、严格地发展任何数学分支时都要采用的方法,即把代数学建立在公设基础之上。在此之前,当假设所有代数方程都有根时,各种类型的"数"——分数、负号、无理数,进入数学,并按与普通正整数相同的方式发挥作用。由于已经习惯了正整数,以至所有数学家都认为它们是"自然的",并在某种模糊的意义上被完全理解了——然而,即使在今天,当讨论乔治·康托尔(Georg Cantor)的工作时,我们也会看到情况并非如此。把一个体系建立在盲目的、形式化的数学杂耍基础上,并天真地相信其自洽性,这种信奉也许是崇高的,但也有些愚蠢。这种轻信在臭名昭著的形式永恒原则中达到了高潮。该原则实际上指出,一组规则如果对一种数(比如正整数)产生的结果满足相容性,那么当它们作用在任何其他类型(比如虚数)的数上时,仍然会继续得到相容的结果,即便这些结果没有明确解释。这种对毫无意义的符号的完全信任,常常会导致荒谬的结果,这似乎并不奇怪。

英国学派改变了这一切,尽管他们没能迈出最后一步,证明普通代数学的公设永远不会导致矛盾。事实上,这一步直到我们这一代才由德国数学基础研究工作者完成。在这方面,必须谨记代数学只处理有限过程;当涉及无穷过程,例如对无穷级数求和时,我们就会被从代数学推向另一个领域。之所以强调这一点,是因为标有"代数学"的普通初等教材中包含的许多内容都不属于现代意义上的代数学——例如无穷几何级数。

在四元数的创立过程中,哈密顿所做工作的本质通过普通代数学的一组公设[选自迪克逊的《代数及其算术》(*Algebras and Their Arithmetics*),芝加哥,1923年]或专业术语下的域[英国作者有时用corpus(体)来对应德语Körper或法语corps],能够更清晰地显现出来。

"一个域 F 是元素 $a,b,c,\cdots$ 的集合 S 与两种代数运算组成的系统，其中这两种运算分别称为加法和乘法，使得对于 S 中任意两个（可以相同也可以不同）元素 a,b，按这种顺序在 S 中有唯一确定的元素 $a \oplus b$ 和 $a \odot b$，且满足公设 Ⅰ-Ⅴ。为简单起见，我们用 $a+b$ 表示 $a \oplus b$，用 ab 表示 $a \odot b$，分别称为 a 与 b 的和与积。此外，S 中的元素将称为 F 中的元素。

　　Ⅰ.若 a,b 为 F 中任意两个元素，有 F 中的元素 $a+b$ 和 ab 唯一确定，且

$$a+b=b+a \ , \ ab=ba \ 。$$

　　Ⅱ.若 a,b,c 为 F 中任意三个元素，有

$$(a+b)+c=a+(b+c) \ ,$$

$$(ab)c=a(bc) \ ,$$

$$a(b+c)=ab+ac \ 。$$

　　Ⅲ.在 F 中存在两个不同的元素，分别记为 0 和 1，使得对 F 中的任意元素 a，有 $a+0=a$，$a1=a$（因此由 Ⅰ 可得 $0+a=a$，$1a=a$）。

　　Ⅳ.对 F 中的任意元素 a，总存在 F 中的一个元素 x，使得 $a+x=0$。（因此由 Ⅰ 可得，$x+a=0$）。

　　Ⅴ.对 F 中的任意（非 0）元素 a，总存在 F 中的一个元素 y，使得 $ay=1$。（因此由 Ⅰ 可得，$ya=1$）。"

从这些简单的公设出发，可以演绎出整个普通代数学。对于那些多年没有接触过代数学的人来说，我们对其中的一些公设多说一两句可能会有所助益。公设 Ⅰ 的要求分别称为加法交换律和乘法交换律。在 Ⅱ 中，

$(a+b)+c=a+(b+c)$ 称为加法结合律,表示 a 与 b 相加的和再加上 c,结果与 a 加上 b 与 c 的和相同。Ⅱ中的乘法结合律 $(ab)c=a(bc)$ 与之类似。Ⅱ中的 $a(b+c)=ab+ac$ 称为分配律。Ⅲ假设了"零元"和"单位元";Ⅳ假设 x 为 a 的负元;Ⅴ中第一个小括号的说明是禁止"除数为 0。"

这样一组公设可以看作经验的凝练。数个世纪以来,人们一直借助数字并根据算术规则获得实用性的结果——通过经验获得的,这表明大多数规则都包括在这些精确的公设中,但一旦理解了经验赋予的启示,他们就会故意消除或忘记经验提供的解释(这里指普通算术),而通过常规逻辑和数学技巧,以自身的价值抽象地发展出由这些公设定义的系统。

请特别注意Ⅳ,它假设存在负元。我们并不打算从正数的特性中推导出负数的存在性。当负数首次出现在经验(作为借方而不是贷方)中时,它们作为数被视为"不自然的"怪物,就像后来在 $x^2+1=0,x^2+2=0$ 这样方程的形式解中出现的虚数 $\sqrt{-1},\sqrt{-2}$ 一样可恶。如果读者回顾一下高斯对复数所做的工作,那么对于哈密顿最初把"虚数"从荒谬的、纯虚构的神秘感中剥离开来的方法,便能更充分地体会它十足的简明性。尽管严格地说,这种简单的东西与四元数无关,但却是引领哈密顿得到四元数的步骤之一。潜藏在这种巧妙的重构复数代数背后的方法和观点,对后续的发展至关重要。

如果像通常一样,用 i 表示 $\sqrt{-1}$,那么"复数"是形如 $a+bi$ 的数,其中 a,b 为"实数",或者如果愿意,更一般地,可以把复数视为由上述公设所定义的域 F 中的元素。哈密顿没有把 $a+bi$ 看作"数",而是把它作为有序"数"偶,记为 (a,b)。然后,按照代数学家处理复数时从经验中凝练出来的形式结合规则,他把和与积的定义强加在这些数偶上,好像它们确实满足普通的代数法则一样。这种处理复数的新方法的优点在于：数偶的和与积的定义，被视为域中和与积的一般的、抽象定义的实例。因此，如果证明了由公设所定义的域这一系统的相容性，那么复数以及它们据以结合的通常规则自然而然也成立，无须进一步证明。这样，只要说明哈密顿复数理论中和与积的定义就足够了，其中的复数是 (a,b)，(c,d) 等这样的数偶。

(a,b) 与 (c,d) 的和为 $(a+c,b+d)$，积为 $(ac-bd,ad+bc)$。后者中的减号与域中一样，即 Ⅳ 中假设的元素 x 用 $-a$ 表示。域中的 0 和 1 在这里分别对应数偶 $(0,0)$ 和 $(1,0)$。通过这些定义，很容易证明哈密顿的数偶满足域的所有公设，而且它们也符合复数运算的形式规则。因此，$a+bi$ 与 $c+di$ 分别对应 (a,b) 与 (c,d)，这两者的形式"和" $(a+c)+(b+d)i$ 对应数偶 $(a+c,b+d)$。同样，由 $a+bi$ 与 $c+di$ 的形式乘法得到的 $(ac-bd)+i(ad+bc)$ 对应数偶 $(ac-bd,ad+bc)$。如果有读者原来不知道这些内容，再看一遍也是值得的，因为它是现代数学中用来消除神秘感的一个例子。任何概念只要带有一丝神秘色彩，它就不是数学概念。

在把复数作为数偶处理之后，哈密顿试图将其推广到有序三元数组和四元数组。如果没有明确目标，这样的工作当然是含糊不清、毫无意义的。哈密顿的目标是建立一种代数学，使得它对三维空间中的旋转，就像复数或数偶对二维空间中的旋转起到的作用一样，这两个空间都是初等几何中的欧氏空间。现在，可以认为复数 $a+bi$ 表示一个向量，即既有大小又有方向的线段，如图所示，有向线段（用箭头表示）表示向量 $\overrightarrow{OP}$。但是，当试图在三维空间中将向量性态符号化，以保留它们在物理学，特别是在旋转组合中的那些有益性质时，哈密顿被一个无法预料的困难困扰了很多年，甚至很长一段时间里都没有察觉出问题的本质。我们可以顺便看一下他所追踪的一条线索。尽管人们现在几乎普遍认为这一线索荒谬不堪,或者至多只是一个没有历史或数学经验依据的形而上学假设,但更值得注意的是,正如他所坚信的,它引导他得到了各种成果。

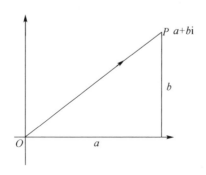

哈密顿反对他同时代的英国人所提倡的对代数学纯粹抽象的、公设化的阐述形式,而试图在"更实在"的基础上建立代数学。为了这项毫无意义的事业,他利用了自己所了解的康德的错误观点——这种错误观点随着非欧几里得几何的创立而被推翻——把空间视为"纯粹的感官直觉形式"。事实上,哈密顿似乎并不熟悉非欧几里得几何,他追随康德的看法,认为"时间和空间是知识的两大源泉,从中能够得出各种先验的综合认知。关于这一点,纯粹数学在我们对空间及其各种关系的认识方面提供了一个极好的例子。因为它们都是纯粹的感官直觉形式,所以赋予了综合命题先验性的可能。"当然,今天任何一个数学家都知道康德的这种数学观念是错的,但在 19 世纪 40 年代,当哈密顿正着手研究四元数时,对那些从未听说过罗巴切夫斯基的人来说——几乎是所有人,康德的数学哲学仍然是有意义的。哈密顿通过一个看起来很糟糕的数学双关语,将康德的学说应用于代数学,并得出一个惊人的结论:由于几何学是关于空间的科学,而时间和空间是"纯粹感性的直觉形式",因此数学的其余部分一定都属于时间。为了详细阐述代数学是纯粹时间的科学这个匪夷所思的学说,他浪费了自己的大量时间。

这种奇怪的想法吸引了许多哲学家的兴趣，最近，那些自以为是的在数学的胆囊里寻找哲学石的形而上学家们，将其挖掘出来并严肃地解剖了一番。正因为"代数学作为纯粹时间的科学"没有任何数学意义，所以，直到时间本身终结之前，它一直会被热烈讨论。关于代数学"纯粹时间"方面的观点，有一位伟大数学家的看法可能比较有趣。"我个人无法认可代数学和时间概念的联系，"凯莱（Cayley）坦言，"即使这个概念不断发展并且非常重要，我也并不认为它是科学的基本概念"。

哈密顿在试图构建三维空间的向量代数和旋转代数时遇到的困难，植根于他潜意识里的信念，即认为普通代数学中最重要的定律必须在他所探求的代数学中仍然成立。三维空间中的向量如何相乘？

要想领略这个问题的难度，至关重要的是要记住（见高斯那一章），普通复数 $a+bi$ 是通过平面内的旋转被赋予了一种简单解释，而且复数服从普通代数的所有规则，特别是乘法交换律：若 A，B 为任意复数，则无论从代数角度，还是从平面旋转的角度来理解，都有 $A \times B = B \times A$。因此，当时人们自然就期望，推广的用于表示三维空间旋转的复数也服从同样的交换律。

哈密顿的伟大发现或发明是一种代数，一种在三维空间中旋转的"自然"代数，但不满足乘法交换律。在这种四元数的哈密顿代数（哈密顿给出的命名）中，出现了一类乘法，其中 $A \times B$ 不等于 $B \times A$，而是等于负 $B \times A$，即 $A \times B = -B \times A$。

这个舍弃乘法交换律而构建的相容的、实用的代数系统，是一项一流的发现成果，或许堪与非欧几里得几何的思想相媲美。一天（1843 年 10

月 16 日),哈密顿在和妻子外出散步时,头脑中突然迸发出智慧的火花(经过 15 年的徒劳思考),他自己深感震撼,就把新代数的基本公式刻在了当时所在桥面的石头上。他的伟大发现为代数家们指明了一条通往其他代数的道路。直到今天,数学家们仍在哈密顿思想的引领下,通过否定域中的一条或多条公设来发展其结果,几乎可以随心所欲地建构代数。其中一些"代数"极其有用;而对于包含众多代数的一般理论,哈密顿的发现尽管非常重要,也只不过是它的一个细节。

在哈密顿四元数的基础上,过去两代物理学家们所青睐的各种向量分析迅速涌现出来。今天,与物理应用有关的,包括四元数在内的所有这一切,都被具有无可比拟的简洁性和一般性的张量分析所取代,后者在 1915 年随广义相对论而盛行起来。后面会谈到这一点。

与此同时,需要指出的是,哈密顿最大的悲剧既不是酗酒,也不是婚姻问题,而是他固执地认为四元数是掌握物理世界的数学的关键。历史表明,当他坚持"……我仍然必须断言,在我看来,这一发现对 19 世纪中叶的重要性,正如流数(微积分)的发现对 17 世纪末的重要性一样"时,他不过是在可悲地自欺欺人。从来没有一位卓绝的数学家错得如此离谱。

* * *

在生命的最后 22 年中,哈密顿几乎完全致力于四元数的详细阐述,包括它们在动力学、天文学和光的波动理论中的应用,并进行了大量通信。他去世后出版的《四元数基础》(*Elements of Quaternions*),其过于繁复的风格,清楚地表明受到了作者生活方式的影响。1865 年 9 月 2 日,哈密顿死于痛风,享年 61 岁,人们发现他留下了一大堆混乱不堪的论文和大约 60 本满是数学的鸿篇手稿。目前,关于他作品的理想版本正在编写过程中。

论文的状况表明,他在生命的最后三分之一时间里遭遇了怎样的家庭困境;在堆积如山的论文中发现了无数个餐盘,盘中还带有干瘪的、没有吃过的排骨;除此,在这一片混乱狼藉之中,还发现了足够一大家子食用的菜肴。在生命的最后阶段,哈密顿过着隐士般的生活,对工作时塞给他的饭菜视而不见,完全沉迷于自己的梦想;这位超群绝伦的天才的最后一次巨大努力,将使自己和他挚爱的爱尔兰永垂不朽,并将因作为自牛顿的《自然哲学的数学原理》问世以来对科学界做出的最杰出的数学贡献而屹立不倒。

　　哈密顿的早期工作是使其获得不朽荣耀的基础,但在他的杰作面前,他认为这些是微不足道的。直到最后,他始终都谦逊而虔诚,完全不担心自己的科学声誉。"我一直很欣赏托勒密(Ptolemy)对伟大的天文学大师希帕恰斯(Hipparchus)的描述,'一个热爱劳动、热爱真理的人'。但愿我的墓志铭也是如此。"

(胡俊美　译)

第二十章

天才与愚蠢

伽罗瓦(1811—1832)

即便是众神，也无法战胜愚蠢。

——席勒(Schiller)

阿贝尔死于贫困,伽罗瓦则死于愚蠢。在整个科学史上,关于极度的愚蠢战胜桀骜不驯的天才的例子中,没有哪一个比埃瓦里斯特·伽罗瓦(Évariste Galois)短暂的一生更具说明性了。伽罗瓦的不幸经历,对于所有自负的教育者、不择手段的政治家和骄傲自大的院士,很可能成为记录他们险恶行为的纪念碑。尽管伽罗瓦并不是"无能的天使",但在众多愚蠢者的联合攻击下,他杰出的才能被摧毁了,他与一个又一个不可征服的蠢材奋力拼搏,最终耗尽了自己的生命。

伽罗瓦人生的前 11 年很幸福。他的父母住在巴黎郊外一个名叫拉赖因堡(Bourg-la-Reine)的小镇上,1811 年 10 月 25 日埃瓦里斯特在那里出生。父亲尼古拉·加布里埃尔·伽罗瓦(Nicolas-Gabriel Galois)是 18 世纪的遗老,知书达理,博学多才,富有哲学思想,对王权深恶痛绝,热爱自由。在拿破仑逃离厄尔巴岛后的"百日王朝"期间,他当选为镇长。滑铁卢战役后,他继续留任,效忠国王,支持镇民反对牧师,并以自己创作的老派诗歌来取悦社交聚会的人们。事实证明,这些并无恶意的活动后来为这位和蔼可亲的人埋下了祸根。埃瓦里斯特不仅从父亲那里学会了作诗的技巧,还沿袭了他对暴政和卑鄙行径的憎恶。

伽罗瓦 12 岁之前,除了母亲阿代拉依德·玛丽·德芒(Adélaïde-Marie Demante)外,没有别的老师。他的一些性格特征遗传自母亲。德芒出身于杰出的律师世家,她的父亲似乎有几分鞑靼血统。他对女儿进行了彻底的古典教育和宗教教育,而她又将其赋予了自己的长子。不过她没有照搬照抄,而是在自己独立的思想中融入了刚强的坚毅精神。她不否定基督教,也不盲目地全盘接受,而只是将其教义与塞内加(Seneca)和西塞罗(Cicero)的教义进行对比,把一切都归结为人的基本道德。在朋友们的印象中,她是一个性格坚强、有主见、慷慨大方、创意鲜明、善于探究、有时甚至有点自相矛盾的女人。她于 1872 年去世,享年 84 岁。直到最后一刻,她仍头脑清晰,思维敏捷。她和丈夫一样,痛恨暴政。

在伽罗瓦的家族史中,任何一方都没有关于数学天赋的记录。大概是在青春期早期,他的数学天赋突然爆炸似的迸发出来。孩提时代的他,感情丰富、严肃认真,不过他很乐意参加为向父亲表示敬意而定期举办的庆祝活动,甚至还创作诗歌和对白来给客人们助兴。但所有这一切,很快就在一些琐碎的苛求和愚蠢的误解下改变了,这不是由他的父母而是由他的老师造成的。

1823 年,12 岁的伽罗瓦考入巴黎路易皇家学校(lycée of Louis-le-Grand)。这是他步入的第一所学校,是个阴森恐怖的地方,到处是栅栏和铁门,由一个与其说是老师,不如说是政治狱卒的人所掌管,看起来就像一座监狱,而事实上也的确如此。1823 年的法国,人们仍对大革命记忆犹新。那是一个阴谋与反阴谋、骚乱与革命谣言并存的时代。所有这些都在学校里引起了共鸣。学生们怀疑校长密谋重新让耶稣会卷土重来,于是罢课并拒绝在教堂唱圣歌。校长甚至没有通知他们的父母,就开除了那些他认为罪大恶极的学生。他们流落街头。伽罗瓦并不在其中,但如果在的话或许会更好些。

在此之前,暴政对这个 12 岁的男孩儿来说不过是个抽象的名词。现在他亲眼目睹了其中的所作所为,这段经历扭曲了他一生的性格。他被震惊得怒不可遏。由于母亲在古典文学方面的出色指导,伽罗瓦的学业非常顺利,屡次获奖。但他也获得了比任何奖励都更持久的东西,那就是坚定的信念。无论对错,即便是内心的恐惧和最严厉的惩罚,都不能扼杀年轻人在第一次无私奉献时思想中的那种正义感和公正感。这些都是他从同学们的勇气那里学到的,他从未忘记以他们为榜样。伽罗瓦太过年轻了,难免会愤世嫉俗。

接下来的一年,标志着这个少年的生活陷入了又一次危机。他厌倦了曾经有着些许兴趣的文学和古典文学,数学天赋已经开始崭露头角。伽罗瓦的老师建议让他留级,这遭到了他的父亲的反对。于是他继续无休止地练习着修辞学、拉丁语和希腊语。老师们认为他成绩平平,举止"放荡不羁",最终他们如愿以偿,伽罗瓦留级了。他被迫舔食着被他的天赋所拒绝的残羹剩饭,感到无聊与厌倦,对功课敷衍了事,漫不经心,不感兴趣。当时,数学或多或少是为了吃透古典文学这种正课而作为附带内容讲授的,不同年级和不同年龄的学生在学习其他课程之余,才选修初等数学课。

正是在这百无聊赖的一年里,伽罗瓦开始学习正规学校的数学课程,接触勒让德辉煌的几何学。据说,即使最优秀的数学家,要掌握勒让德的几何学,通常也需要两年的时间。伽罗瓦将其从头读到尾,就像其他孩子读海盗故事书一样轻松。这部著作燃起了他的热情;它不是不入流的文人墨客所写的教科书,而是一位富有创造力的数学家所创作的艺术品。仅读一次,就足以让这个着了迷的男孩儿清晰地了解初等几何的整个结构。他已经掌握了它。

他对代数学的反应颇具启发性。他讨厌代数学,如果考虑到伽罗瓦当时的想法,就能理解他这样做有充分的理由。代数学中没有一个大师能像勒让德那样鼓舞人心。代数方面的课本只不过是学校的教科书而已。伽罗瓦轻蔑地把它扔到一边。他说,代数学缺乏只有富有创造力的数学家才能赋予的创新风格。既然已经通过著作结识了一位大数学家,伽罗瓦开始亲自解决这些问题。他不顾老师详细琐碎的说教,直接向当时最伟大的代数学大师拉格朗日学习,后来又读了阿贝尔的文章。这个十四五岁的孩子理解了写给成熟的专业数学家的代数分析杰作——关于方程的数值解、解析函数论和函数微积分的论著。他的数学成绩平平:传统的课程对一个数学天才来说是无足轻重的,也不是掌握真正的数学所必需的。

伽罗瓦几乎可以完全在脑海中进行最艰深的数学研究,这种异乎寻常的天赋既不需要老师也不需要考官的帮助。他们总是纠结于在他看来显而易见或微不足道的细节,这使他忍无可忍,常常勃然大怒。尽管如此,他还是在综合考试中获了奖。令师生们都感到惊讶的是,伽罗瓦趁他们没注意,攻占下了他自己的王国。

随着第一次认识到自己的强大力量,伽罗瓦的性格发生了深刻变化。他知道自己和杰出的代数分析大师们有着密切关系后,感到无比自豪,渴望能够冲进前列与他们一决高下。他的家人——甚至包括他不循规蹈矩的母亲——都觉得他很奇怪。在学校,老师和同学们的心里对他产生了一种既恐惧又愤怒的奇特情感。他的老师们都非常善良、有耐心,但同时又都很愚蠢,而对伽罗瓦来说,愚蠢是不可饶恕的罪过。年初时,他们说他"非常温和,充满纯真,具有良好的品质,但是——"他们接着说,"他有些奇怪。"毫无疑问,这个男孩儿确实有些奇怪,他才智过人,非同凡响。不久之后,他们承认他并不"调皮捣蛋",而只是"想法独特、为人古怪""好争辩",

并抱怨他喜欢戏弄同伴。当然,所有这些都应该受到批评,但如果他们擦亮眼睛,就会看到这个男孩发现了数学,他已经受到内心感召的驱使。在觉醒的那一年结束时,我们得知"他的古怪使他与所有的同伴疏远了",老师们注意到了"他性格中的一些秘密"。更糟糕的是,他们指责他"装模作样地表现出雄心壮志和匠心独具"。但也有些人承认伽罗瓦非常擅长数学。他的修辞学老师们给出了一句略带古典意味的讽刺:"他的聪明现在是我们无法相信的传奇。"他们抱怨说,分配给他任务时,他表现出来的只有懒散和怪异,如果他肯屈尊关注它们,便会通过不断"胡闹"来让老师们感到厌烦。这里的"胡闹"并不是表示他品行恶劣,因为伽罗瓦没有恶意,我们只是用一个感情强烈的措辞来形容一位一流的数学天才将自己的聪明才智浪费在迂腐学究所阐述的无用的修辞学上。

一个因具有教育洞见而享有赞誉的人指出,伽罗瓦在文学研究方面的造诣并不亚于数学。伽罗瓦似乎被这个人的好意打动了,他承诺给修辞学一个机会。然而,他内心的数学恶魔现在已经完全苏醒,肆虐着要喷薄而出,可怜的伽罗瓦一改在那人心目中的美好形象。很快,这位持有异议的老师也站在了大多数人一边,与他们达成一致意见。他遗憾地承认,伽罗瓦已经无可救药,"骄傲自大、装模作样追求独创性。"但这位教师最终提出了一条绝妙的、恼人的建议来补救自己的过失。如果当时伽罗瓦肯采纳这一建议的话,也许会活到 80 岁。"对数学的狂热主宰了这个孩子,我认为,他的父母最好让他只学数学。他在这里是在浪费时间,所做的一切无非是在折磨老师,自找麻烦。"

16 岁时,伽罗瓦犯了一个奇怪的错误。阿贝尔在其职业生涯之初,曾自以为已经完成了一件不可能的任务,即解决了一般五次方程的问题。伽罗瓦在对这件事不知情的情况下,重蹈覆辙。有一段时间——不过时间很短——他相信自己已经完成了一件无法完成的工作。这只是阿贝尔和伽罗瓦职业生涯中几个惊人的相似之处之一。

当伽罗瓦 16 岁已经开始了他的重大发现之旅时,他的数学老师韦尼亚(Vernier)仍对他大惊小怪,仿佛看到了一只孵出了小鹰的母鸡,不知道如何才能让这只桀骜不驯的动物安安稳稳地待在谷仓的土地上。韦尼亚恳求伽罗瓦按部就班地展开工作。然而,伽罗瓦却置若罔闻,毫无准备便参加了巴黎综合理工学校(École Polytechnique)竞争激烈的入学考试。这所名校是法国数学家的摇篮,创办于法国大革命期间[有人说是蒙日创办的],旨在为土木和军事工程师提供世界上最出色的科学和数学教育。它对雄心勃勃的伽罗瓦具有双重吸引力。在巴黎综合理工学校,不仅他的数学才华会得到最大程度的认可与鼓励,他所渴望的人身自由和言论自由也将得到满足;因为理工学校这些充满活力、勇于冒险的学生中,有未来的军队领袖,由此,对于那些总想破坏大革命的辉煌成果,试图恢复腐朽的神职和王权神授制度的反动阴谋家来说,难道这些学生不正是他们的眼中钉吗? 至少在伽罗瓦稚气的眼中,无所畏惧的理工学校学生绝对与路易皇家学校那些受人钳制、喋喋不休的修辞学老师不同,他们是一群虔诚的年轻爱国者。事情很快就证明他的估计至少在某种程度上是正确的。

伽罗瓦考试失败了。不止他一人把这次失败的原因归于愚蠢的不公。那些曾被他无情嘲笑过的同伴们都惊呆了,他们相信伽罗瓦具有超群绝伦的数学天赋,并怀疑主考官不称职。在将近四分之一个世纪之后,《新数学年刊》(*Nouvelles Annales de Mathématiques*)的编辑、致力于服务理工学校及高等师范学校报考者的泰尔康(Terquem)提醒读者,这场争议尚未平息。在评论伽罗瓦的失利以及另一个案例中主考官令人费解的裁决时,泰尔康说:"一个智力超群的考生败给了一个智商低下的考官。[因为他们不理解我,我是野蛮人〕。……考试是神秘的,我不得不低头。就像神学中的神秘事物一样,理性必须谦卑地承认它们,而不是试图去理解它们。"至于伽罗瓦,这次失败几乎是对他的致命一击,他变得封闭而自我,一生怀恨在心。

1828 年是伽罗瓦最重要的一年,那时他 17 岁。他第一次遇到了一个能够理解他天分的人,即路易皇家学校的高等数学老师路易-保罗-埃米尔·里夏尔(Louis-Paul-Émile Richard,1795—1849)。里夏尔不是普普通通的老师,而是一个才华横溢的人,他在业余时间到索邦大学听高等几何课程,随时了解当时数学家取得的最新进展,并将其传授给学生。他羞怯腼腆,也没什么野心,把所有才华都倾注在了学生身上。这个不愿为自己利益多采取一点行动的人,却在学生的前途受到威胁时,不惜付出任何代价。尽管他科学界的朋友们都极力劝他写作,但他却几乎忘我,一心要通过更有才能的人的工作来推动数学发展。19 世纪杰出的法国数学家中,不止一位对他鼓舞人心的教导表示感谢:如通过纯粹的数学分析方法与亚当斯(Adams)共同发现海王星的勒维耶(Leverrier),著名几何学家、首次系统阐述伽罗瓦方程论的高代代数经典著作的作者塞雷(Serret),一流的代数学大师、算学家埃尔米特(Hermite),以及最后的伽罗瓦。

里夏尔立刻认识到自己遇到了什么——"法国的阿贝尔"。对于伽罗瓦上交的关于一些难题的独到解答,他骄傲地讲给全班同学,并对这位年轻的作者大加赞扬,公开宣称这位非凡的学生应该免试进入巴黎综合理工学校。他授予了伽罗瓦一等奖学金,并在其学期报告中写道:"该生明显优于他所有的同学,只适于研究数学领域中最高等的内容。"这一切都是原原本本的事实。伽罗瓦 17 岁时就在方程论方面取得了具有划时代意义的重大发现成果,其影响绵延一个多世纪后仍长盛不衰。1829 年 3 月 1 日,伽罗瓦发表了他的第一篇论文,内容与连分式有关。这篇文章并没有包含他所做的卓越工作,但也足以向同学们宣告,他不仅仅是一个学者,还是一个富有创造力的数学家。

当时法国最顶尖的数学家是柯西。就成果的丰富性而言,很少有人能与他相匹敌;正如我们所见,他的论著数量仅次于历史上最多产的两位数学家欧拉和凯莱(Cayley)①。每当科学院希望就提交给它审议的数学论文发表权威意见时,都会请柯西出面。通常情况下,他是一个雷厉风行的、公正的审稿人,但是偶尔也会失误。而且不幸的是,他的失误恰好都是在最关键的时候。由于柯西的疏忽,数学史上发生了两次重大灾难,即对伽罗瓦的忽视和对阿贝尔的不公。对阿贝尔,柯西只负部分责任,但对伽罗瓦那种不可原谅的疏忽,他应该全权负责。

伽罗瓦把他 17 岁之前的重大发现整理为一篇论文,打算提交给科学院。柯西答应帮忙呈递,但却给忘了,更让人无语的是,他甚至连作者的摘要也弄丢了。这便是伽罗瓦关于柯西的慷慨承诺所获悉的最后结果。然而,这只是一连串类似灾难的开始,正是这些灾难,使这个受挫少年由对科学院和院士们的愤怒与蔑视,激化成对注定要生活在其中的整个愚昧社会的强烈仇恨。

尽管这个饱受磨难的男孩已展现出天分,但他在学校仍然没有自由。当局非但没有让他安心收获丰硕的发现成果,反而用一些琐碎的工作烦扰他,并通过无休止的训诫和惩罚刺激他公开反抗。然而,他们在他身上只能看到自负和要成为数学家的坚定决心。他已经是一位数学家,但他们不

---

① 这是根据目前(截至 1936 年)实际出版的论著给出的结论。当欧拉的论著最终全部出版后,其数量无疑将超过凯莱。——原注

知道。

18 岁那年,又发生了两场灾难,彻底影响了伽罗瓦的性格。他第二次参加巴黎综合理工学校的入学考试,负责评判的是一些连给他削铅笔都不配的人。结果可想而知,伽罗瓦失败了。这是他最后的机会,巴黎综合理工学校的大门永远对他关闭了。

那次考试已成为一个传奇。伽罗瓦几乎完全靠大脑工作的习惯使他在黑板前处于严重劣势。粉笔和板擦让他很尴尬——直到他找到了其中一种合适的用途。在考试的口试部分,有一位考官冒昧地与伽罗瓦争论一道数学难题。这个人非但错了,还固执己见。伽罗瓦眼见他成为数学家和巴黎综合理工学校民主自由捍卫者的全部希望和整个生活正在落空,便失去了所有耐心。他知道自己已经失败,便在愤怒和绝望的冲动下,将黑板擦掷向那个折磨他的人的脸,一击而中。

伽罗瓦受到的最后一击是父亲的惨死。由于老伽罗瓦是拉赖因堡的镇长,特别是他一直支持镇民们对抗牧师,因此他成了当时牧师政治阴谋所瞄准的目标。在 1827 年群情激奋的选举之后,一位诡计多端的年轻牧师组织了一场针对镇长的诽谤运动。这位奸诈的牧师利用镇长众所周知的诗歌才华,为他的一个家庭成员编写了一组污秽、愚蠢的诗歌,并再署上镇长老伽罗瓦的名字,在镇民中肆意传播。这位极其正派的镇长患上了迫害妄想症。一天,他趁妻子不在,溜到巴黎,在一处距离儿子就读学校仅一箭之遥的房里自杀身亡。葬礼上爆发了严重的骚乱。愤怒的镇民们投掷着石块;一名牧师的额头被划伤了。伽罗瓦看着父亲的棺材在这场不体面的骚乱中被放进坟墓。此后,他怀疑到处都存在他所憎恶的不公,看不到任何好的方面。

在第二次报考巴黎综合理工学校失败后,伽罗瓦准备回学校教书。这所学校现在换了一位新校长,一个趋炎附势、胆小怯懦、为保皇党和神职人员卖命的马屁精。他在即将动摇法国根基的政治剧变中优柔寡断,见风使舵,对伽罗瓦最后的人生岁月造成了悲剧性的影响。

尽管伽罗瓦仍然受到老师们的骚扰和恶意误解,但还是为期末考试做好了准备。那些主考人的评语很有意思。他的数学和物理的评语是"非常优秀"。最终的口试评语如下:"该生在表达自己的想法时偶尔会含混不清,但他很聪明,表现出卓越的研究精神。他向我介绍了应用分析领域的一些新成果。"而在文学方面:"这是唯一一个对我提出的问题回答得很糟糕的学生;他简直什么都不懂。我听说他具有非凡的数学才能,这使我大为惊讶;因为,从考试来看,我认为他没有什么才华,他成功地向我隐藏了掌握的知识。如果这个学生真的像我眼中见到的那样,我严重怀疑他是否会成为一个好老师。"对此,回顾起自己的一些好老师,伽罗瓦可能会回答:"绝非如此!"

1830 年 2 月,19 岁的伽罗瓦正式被大学录取。他对自己卓尔不群的能力的肯定,再次体现在对那些按部就班的老师的极度蔑视上,他继续独自探索着自己的想法。在这一年,他撰写了三篇论文,开辟了新的研究领域。这些论文包含他在代数方程论方面的一些重要工作,远远领先于前人的研究成果。伽罗瓦满怀希望地将这一切(连同进一步的结果)以论文的形式提交给了科学院,以角逐一项数学大奖。这个奖项是数学研究领域中的最高奖项;只有当时最顶尖的数学家才有能力参与竞争。专家们一致认为伽罗瓦的论文当之无愧,它是最具原创性的工作。正如伽罗瓦非常公允地讲到的那样:"我所做的研究工作会让许多学者止步不前。"

第二十章　天才与愚蠢

这篇手稿被安全地送到了科学院秘书手中。秘书把它带回家审阅,可他还没来得及看就去世了。人们在他死后查遍他所有的文件,也没能找到这篇手稿的蛛丝马迹,这是伽罗瓦最后听到的消息。我们很难责备伽罗瓦将自己的不幸归咎于某种比盲目的巧合更不确定的东西。在柯西的疏忽之后,同样的事情再次发生,这看起来未免太过巧合,而不只是意外了。他说:"天才被迎合平庸之辈的恶毒社会组织所评判,永远无法获得公正的待遇。"他的仇恨与日俱增,开始投身政治运动,并站在了当时被禁止的激进主义共和派的一边。

* * *

1830 年革命的第一声枪响让伽罗瓦欣喜若狂。他试图带领同学们加入战斗,但他们退缩了,善于审时度势的校长要他们以自己的名誉担保不离开学校。伽罗瓦拒绝了,校长恳求他当天不要离开。然而,校长的讲话极度缺乏策略且完全有悖常识。伽罗瓦义愤填膺,试图连夜逃走,但围墙对他来说太高了。在那之后的整个"光荣的三天"里,巴黎综合理工学校英勇的年轻人走上街头谱写名垂青史的历史篇章,而这位校长却小心翼翼地密切监视着学生。他见风使舵,随机应变。革命胜利后,奸诈的校长非常慷慨地把他的学生交给临时政府处置。这使得伽罗瓦的政治信仰更加坚定。在假期期间,他强烈维护民众的权利,让他的家人和儿时的朋友们深感震撼。

在一场彻底的政治骚动之后,1830 年最后几个月的局势像往常一样动荡不安。渣滓沉到水底,浮沫升至水面,介于两者之间的温和派则举棋不定,犹豫不决。回到学校的伽罗瓦看到了校长的趋炎附势、优柔寡断以及学生的懦弱忠诚,这些与巴黎综合理工学校的情况截然相反。他再也无法忍受这种无所作为的屈辱,给《学校公报》(*Gazette des Écoles*)写了一封言辞激烈的信,对学生和校长大加指责。伽罗瓦被开除了,学生们本来可以保全他,但没有勇气。愤怒的伽罗瓦又给《学校公报》写了一封信,这次面向的对象是学生们。他写道:"我不为自己请求你们做什么,但请你们为了你们的名誉凭良心说话。"这封信没有得到回应,原因很明显,伽罗瓦所呼吁的人既没有名誉感,也没有良心。

现在伽罗瓦自由了,他宣布私人开设高等代数课,每周一次。于是,这位 19 岁的、富有创造力的一流数学家,开始都兜售着无人问津的课程。该课程包括"一种新的虚数理论[现在称为伽罗瓦虚数理论,它在代数和数论中非常重要]、方程的根式解理论,以及用纯代数方法处理的数论和椭圆函数理论"——这些都是他自己的工作。

由于招不到学生,伽罗瓦暂时放弃了数学,加入了国民警卫队的炮兵部队。在警卫队的四个营中,有两个营几乎全部由自称为"人民之友"的自由派组成。不过,他并没有完全放弃数学。为了得到别人的认可,在泊松的鼓励下,他最后一次孤注一掷,向科学院提交了一篇关于方程一般解的论文——现在称为"伽罗瓦理论"。泊松这个名字,凡是在研究万有引力、电学和磁学的数学理论的地方无不出现,而他就是这篇文章的审稿人。泊松提交了一份敷衍了事的评审报告。他说,这篇论文"令人难以理解",但并没有说明他花了多长时间才得出这个惊人的结论。这是压倒伽罗瓦的最后一根稻草。于是,伽罗瓦把全部精力都投入革命的政治运动中。他写道:"如果需要一具尸体来唤起民众的热情,我愿意献上我的。"

1831 年 5 月 9 日,标志着整个事件开始走向终结。这一天,大约 200 名年轻的共和党人举办宴会,抗议皇家下令解散伽罗瓦加入的炮兵部队。

他们为 1789 年和 1793 年的革命干杯，为罗伯斯庇尔（Robespierre）干杯，为 1830 年的革命干杯。整个集会笼罩在革命和挑衅氛围之中。伽罗瓦站起来，一手拿着酒杯，一手拿着打开的小刀，提议"为路易-菲力普国王"干杯。他的同伴们误解了他举杯的目的，纷纷吹口哨表示不满。随后，他们看到了那把打开的刀子，将其视为对国王性命的威胁，于是大声欢呼赞同。伽罗瓦的一位朋友看到大仲马（great Alexandre Dumas）和其他名人从敞开的窗旁走过，便恳求伽罗瓦坐下，可喧嚣声仍在继续。伽罗瓦成了一时的英雄，炮兵们涌上街头，通宵载歌载舞进行狂欢。第二天，伽罗瓦在母亲家被捕，关进圣佩拉吉（Sainte Pélagie）监狱。

在伽罗瓦忠实朋友们的帮助下，一位机智的律师设计了一套巧妙的辩护词，大意是伽罗瓦确实说过"如果路易-菲力普叛变，就为他干杯。"打开着的刀很容易解释，伽罗瓦一直用它来切鸡肉，事实也是这样。对于祝酒词中能搭救他的那半句话，他的朋友们发誓说他们确实听到了，只不过当时被口哨声所淹没，只有离他很近的人才听得到。伽罗瓦并不愿承认自己说过那半句能搭救他的话。

在审判过程中，伽罗瓦态度傲慢，对法庭和控告者充满蔑视。他丝毫不顾后果，发表了慷慨激昂的长篇大论，抨击政治上的所有不公势力。法官自己也是有子女的人，他警告被告这样做会对此案不利，并严厉制止伽罗瓦继续说下去。检方就涉事餐厅用于半私人宴会时是否属于"公共场所"这一问题争论不休。伽罗瓦的自由就悬在这一难以决断的法律条文上。但很明显，法庭和陪审团都被被告的年轻所打动。仅仅经过十分钟的审议，陪审团就宣布被告无罪。伽罗瓦从证物桌上拿起他的小刀，合上后塞进口袋，一言不发地离开了法庭。

他的自由没有持续多长时间。不到一个月,1831 年 7 月 14 日,他再次被捕,这次是以防御措施为名。当时,共和党人即将举办庆祝活动,而伽罗瓦是当局眼中"危险的激进分子",因此被无故拘禁。全法国的官方报纸都在肆意渲染着警方这次精彩的突击行动。他们现在把"危险的共和党人埃瓦里斯特·伽罗瓦"抓了起来,他在那里不可能发动革命了。但是他们很难找到合理的罪名来让他接受审判。诚然,他被捕时全副武装,但并没有拒捕。伽罗瓦不是傻瓜。他们会指控他密谋反对政府,罪责太重了,行不通,没有哪个陪审团会定罪。啊!经过两个月的反复思忖之后,他们终于成功捏造了一项罪名。由于伽罗瓦被捕时穿着炮兵制服,可当时炮兵部队已经解散,因此他犯有非法穿制服罪。这次他们给他定罪了。和他一起被捕的一个朋友被判处了 3 个月徒刑,他被判 6 个月。他将在圣佩拉吉监狱里关押到 1832 年 4 月 29 日。他的姐姐说,想到即将到来的黯淡无光的日子,他看起来像个 50 岁的老人。怎么不会呢?"就算天塌下来,也要让正义得以伸张。"

* * *

监狱对政治犯的管束相对宽松,他们受到的待遇还算人性化。大多数人醒着的时候在专门给他们准备的院子里散步,或在食堂里喝酒——这是监狱长私下的小金库。不久,伽罗瓦以其阴郁的面容、节制的生活习惯,以及全神贯注的神情,成了那些快乐酒徒们的笑柄。尽管他专心致志地研究着数学,但也不禁会听到别人对他的嘲讽与奚落。

"什么!你只喝水?退出共和党,回到你的数学中去吧。"——"没有酒和女人,你永远不会成为真正的男人。"伽罗瓦被刺激得忍无可忍,抓起一瓶白兰地,不知道或不管它到底是什么,便一饮而尽。一位善良的狱友照顾着他，直到他清醒过来。当他意识到自己的所作所为时，羞愧难当。

最后，他终于逃离了这个当时法国作家笔下的巴黎最肮脏的下水道。1832 年的霍乱疫情促使当局 3 月 16 日将伽罗瓦转移到一家医院。这个曾经威胁过路易-菲力浦性命的"重要政治犯"太珍贵了，不能暴露在疫情之下。

伽罗瓦假释出狱后，有很多机会同外界接触。就这样，他经历了他唯一的一段恋情。正如所有其他事一样，他在这件事上也很不幸。一个一无是处的姑娘（一个低俗、风骚的女人）向他发起了爱情攻击。伽罗瓦热烈地接受了，但也导致了他后来讨厌爱情，讨厌自己，也讨厌这个姑娘。他给挚友奥古斯特·舍瓦利耶（Auguste Chevalier）的信中写道："你的信充满使徒般的慰藉，给我带来了些许平静。但怎样才能抹去我所经历的如此激烈的情感印记呢？……在重读你的来信时，我注意到一句话，你在其中指责我沉醉于一个腐朽世界的臭淤烂泥之中，玷污了自己的内心、头脑和双手。……沉醉！我对一切都失望了，甚至包括爱情与名誉。我所憎恶的世界怎能玷污我呢？"这封信写于 1832 年 5 月 25 日。4 天后，他重获自由，打算到乡下去休息和思考问题。

* * *

5 月 29 日那天到底发生了什么，我们尚不清楚。但一般认为，下面两封信中的选段揭露了事情的真相：伽罗瓦刚一获释就与政敌发生了冲突。这些"爱国者"总是渴望战斗，而不幸的伽罗瓦不得不应对一场"荣誉"之战。在 1832 年 5 月 29 日"致所有共和党人的信"中，伽罗瓦写道：

"我请求爱国者和朋友们不要责备我并非为国家而死。我是一个声名狼藉的风骚女人的牺牲品，我的生命是在一场悲惨的打斗中熄灭的。哦！为什么要为如此微不足道的事情而死，为如此卑劣的行径而死！……请原谅那些杀害我的人，他们是真诚的。"在另一封写给两个未指明姓名的朋友的信中，他说："两位爱国者向我发起挑战——我无法拒绝他们。请原谅我没有告知你们中的任何人，因为我的对手要我以自己的名誉担保不预先通知任何爱国者。你们的任务很简单：证明我是迫不得已，也就是说在用尽一切和解办法之后，才参加决斗的……请记住我吧，因为命运没有赐予我足够的时间，让我的国家知道我的名字。永别了，你们的朋友埃瓦里斯特·伽罗瓦。"

＊ ＊ ＊

这是他写下的最后的话。在写这些信之前的整个晚上，他拼命赶时间，奋笔疾书，写完自己的科学遗愿，以便在预见的死亡降临之前，从广博的大脑中挖掘出一些重大的思想。他一次又一次地停下来，在纸边空白处潦草地写着："我没有时间了；我没时间了，"接着又开始写下又一个狂草横飞的提纲。他在黎明前最后几个小时里所写的东西，会让几代数学家忙上数百年。他一劳永逸地攻克了一个困扰数学家几个世纪之久的谜题，找到了它的真正答案，即方程可解的条件。但这只是其众多成果之一。伽罗瓦在这项伟大工作中极其成功地运用了群论（参见柯西一章），而他的确成为这一抽象理论的伟大先驱之一。当今，抽象群论在整个数学领域中都具有举足轻重的地位。

＊ ＊ ＊

除了这封让人心烦意乱的信之外，伽罗瓦还把一些本打算呈交给科学院的手稿委托给他的科学执行人。14 年后，即 1846 年，约瑟夫·刘维尔（Joseph Liouville）在《纯粹与应用数学杂志》上编辑了其中部分手稿。刘维尔本人也是一位杰出的、具有独创性的数学家，是这一伟大期刊的编辑，他在序言中写道：

"埃瓦里斯特·伽罗瓦的主要工作旨在确定方程可根式解的条件。作者奠定了其一般理论的基础，并将其详尽应用于素数次方程的研究。伽罗瓦16岁还在路易皇家学校读书时……就一直致力于研究这个难题。"刘维尔接着说，科学院的评审拒绝伽罗瓦的论文，因为它们晦涩难懂。他继续说："造成这种缺陷的根本原因在于过分追求简洁，在处理抽象的、难以理解的纯代数问题时，这是人们应该首先竭力避免的。的确，当一个人试图把读者从惯走的老路引领向更广阔的领域时，更需要清晰明了。正如笛卡儿所说，'当讨论超凡问题时，要做到超凡清晰。'伽罗瓦经常忽略这条原则；我们可以理解，卓越的数学家可能会认为，需要通过严厉、睿智的忠告来让一个充满天赋但缺乏经验的初学者回到正道上来。他们所谴责的作者就在面前，热情、活跃，应该会从这些忠告中受益。

"然而，现在一切都变了。伽罗瓦已不复存在！我们不要再纠结于无谓的批评，暂且把缺陷放在一边，来看看优点吧。"接着，刘维尔讲述了他如何研究这些手稿，并从中挑选出一件特别值得一提的完美无瑕的珍品。"

"我的热情得到了丰厚回报，当我填补了一些细微漏洞之后，我欣喜若狂，发现伽罗瓦的证明方法完全正确，特别地，他用这个方法证明了一个美妙的定理：一个不可约素数次方程可根式解，当且仅当它的所有根都是任意两个根的有理函数。"①

* * *

伽罗瓦将遗嘱寄给了他的挚友奥古斯特·舍瓦利耶，正是由于舍瓦利

---

① 如果读者看一看第十七章中的阿贝尔的摘录，就清楚这个定理的重要性了。——原注

耶,世界才得以保存下这些重要文献。"我亲爱的朋友,"伽罗瓦开始写道,"我在分析方面获取了一些新的发现。"然后,他在时间允许的范围内概述了这些发现成果。它们具有划时代的意义。他最后写道:"就这些定理的重要性,而非正确性,请雅可比或高斯公开提出他们的意见。我希望,以后会有人从这些潦草的文字中找到对他们有益的结果。深情地拥抱你。埃瓦里斯特·伽罗瓦。"

轻信别人的伽罗瓦!雅可比很慷慨,而高斯会怎么说呢?他怎么评价阿贝尔的呢?关于柯西和罗巴切夫斯基,他又遗漏了什么没说呢?尽管历经了种种苦难,伽罗瓦仍然是一个怀有梦想的孩子。

1832 年 5 月 30 日清晨,伽罗瓦在"决斗场"与对手交锋。两人各站在二十五步开外,持枪决斗。子弹射穿了伽罗瓦的肠子,他倒下了。现场没有医生,他躺在倒下的地方,直到 9 点钟,才被一个路过的农民送到了科尚医院(Cochin Hospital)。伽罗瓦知道自己快死了。在无法避免地患上腹膜炎之前,他一直保持着清醒,也许是因为回想起了自己的父亲,他拒绝了牧师的祈祷。他的弟弟,这个唯一得到通知的家人,眼含热泪地赶来了。伽罗瓦试图用一副坚忍的样子来安慰他,"别哭了,"他说,"我需要鼓足勇气才能在 20 岁时面对死亡。"

1832 年 5 月 31 日清晨,年仅 21 岁的伽罗瓦去世了。他被埋葬在南方公墓(the South Cemetery)的一处普通壕沟里,因此至今他的坟墓已无踪迹可寻。作为其不朽丰碑的是他的文集,共 60 页。

（胡俊美　译）

第二十一章

不变量的双子星

凯莱(1821—1895)和西尔维斯特(1814—1897)

●凯莱的贡献●早年生活●剑桥●娱乐●取得律师资格●14年的律师生涯●凯莱遇到他的合作者●西尔维斯特暴风骤雨般的一生●被宗教束缚●凯莱与西尔维斯特的对比●西尔维斯特赴弗吉尼亚任职●又走错了路●不变量理论●应聘到约翰·霍普金斯大学●无尽的活力●"罗莎琳德"●凯莱对几何学的统一●n 维空间●矩阵●牛津支持西尔维斯特●最后得到了尊重

　　不变量理论在凯莱的大力推动下应运而生,但最终形成一件完美的艺术品,为后世的数学家所钦佩,这在很大程度上要归功于西尔维斯特的智慧火花。

　　　　　　　　　　　　　——P.A.麦克马洪(P.A.Macmahon)

"我们很难概述现代数学的广阔程度。用"广阔"这个词并不恰当:我的意思是,在这个广阔领域充斥着各种美丽的东西——它不是一片整齐划一的平原,仿佛没有任何物体;而是像一个在远处就可以一眼看到的美丽乡村。其中的山坡、山谷、溪流、岩石、树林和鲜花都值得我们细细品味。不过,就像其他一切事物一样,对于一个数学理论来说——美只可意会,不可言传。"

这些话来自凯莱1883年担任英国科学促进协会主席的就职演说,这段话很可能适用于他自己的著作。在充沛的创造力方面,欧拉、柯西和凯莱是一类人,而庞加莱(相比于这几个,他去世时更年轻)紧随他们之后。这只是就这些人的工作数量而言;工作质量是另一回事,工作质量要根据这些巨人所提出的思想在数学研究中出现的频率、个人的观点,以及民族偏见等来做出判断。

凯莱对现代数学之广阔领域的言论表明,我们需要把注意力聚焦于他明显引入了新颖且影响深远的思想的那些工作中。而他最广为人知的工作是不变量理论,以及从他那庞大的理论体系自然生长出的东西。他的朋友西尔维斯特也是这一理论的创始人和出类拔萃的研究者,为他提供了有力的支持。不变量的概念对现代物理学,特别是相对论,有非常重要的意义,但这并不是它受到关注的主要原因。众所周知,物理理论会受到修正或抛弃;作为纯粹数学思想的永久性补充,不变性理论似乎有更坚实的基础。

另一个由凯莱提出的想法,即"高等空间"(n 维空间)的几何学,同样具有现代科学意义。作为纯粹数学,其重要性无可比拟。同样,矩阵的理论也由凯莱提出。在非欧几里得几何学方面,凯莱为克莱因的重大发现铺平了道路,即欧几里得的几何学以及罗巴切夫斯基和黎曼的非欧几里得几何学都仅仅是更一般几何学的不同方面,它们作为特殊情况都包括在更一般几何学的范畴之中。我们将在概述了凯莱和他的朋友西尔维斯特的生涯之后,再简要说明凯莱这些贡献的性质。

如果可能的话,应把凯莱和西尔维斯特的生涯放在一起书写。一个是另一个的完美陪衬,每一个人的生活在很大程度上弥补了另一个人的不足。凯莱的生活是平静的;而西尔维斯特的生活正如他自己所说的那样,用了大量的精力"与世界作斗争"。西尔维斯特的思想有时像推动水车的水流一样汹涌湍急;凯莱的思想则总是强有力的、稳定和从容不迫的。凯莱不能容忍自己的书面表达缺乏精确数学的严谨性——本章开头引用的明喻是罕见的例外之一;西尔维斯特在谈论数学时,立刻变得近乎东方式的富有诗意,而他那难以抑制的热情经常使他仓促行事。然而,这两个人成了亲密的朋友,并在他们各自所做的一些最好的工作中相互启发,例如在不变量和矩阵的理论中(稍后描述)。

由于这两种截然不同的性格,友谊的道路并不总是一帆风顺也就不足为奇了。西尔维斯特经常气急败坏;凯莱平静地等待西尔维斯特情绪的释放,相信他容易激动的朋友会很快冷静下来,那时他就能平静地重新开始他们的讨论，就好像西尔维斯特从来没有气急败坏一样，而西尔维斯特已经忘记了自己的鲁莽轻率——直到他为另一件事情发怒为止。在许多方面，这一对出奇地投缘的朋友就像一对度蜜月的夫妇，但他们友谊中的一方从不发脾气。尽管西尔维斯特比凯莱年长七岁，我们还是从凯莱开始说起吧。西尔维斯特的生活自然地融入了凯莱平静的溪流，就像溪流中央的一块锯齿状的岩石。

* * *

阿瑟·凯莱（Authur Cayley）于 1821 年 8 月 16 日出生于萨里郡的里士满，是他父母的第二个儿子，当时暂时居住在英国。在他的父亲那一边，凯莱家族可追溯至诺曼征服英国（1066 年）的时期，甚至更早可以追溯到诺曼底的一个男爵家世。这个家族很有才华，像达尔文家族一样，为研究遗传的学生提供了许多有启发性的材料。他的母亲是玛莉亚·安东尼娅·道提（Maria Antonia Doughty），据说是俄罗斯血统。凯莱的父亲是一名从事俄罗斯贸易的英国商人；凯莱出生在他的父母定期去英国的一次旅行中。

1829 年，凯莱八岁时，商人父亲退休了，从此他们一家住在英国。凯莱被送到布莱克希思（Black-heath）的一所私立学校，后来在 14 岁时被送到伦敦的国王学院。他的数学天赋很早就显露出来了。他卓越才能的最初展现就像高斯一样；年轻的凯莱在长期的数字计算中发展出一种惊人的技巧，他从事这项事业是为了娱乐。在开始正式学习数学时，他很快就超过了学校的其他人。不久，他就像后来上大学时一样，成为特别出众的学生，他的老师们一致认为，这个男孩是一个天生的数学家，应该把数学作为自己的事业。与伽罗瓦的老师形成鲜明对比的是，凯莱的能力一开始就得到了老师的认可,并获得了特别的鼓励。起初,这位退休的商人父亲强烈反对他的儿子成为一名数学家,但最后,在学校校长的劝说下,他同意了,并祝福了儿子,还给了他钱。他决定送儿子上剑桥大学。

凯莱 17 岁时在剑桥大学三一学院开始了他的大学生涯。他的同学称他为"纯粹的数学家",他对小说有一种奇怪的热情。凯莱是矫揉造作小说(stilted fiction)的终身爱好者,这种小说现在被称为古典小说,迷倒了 19 世纪 40 年代和 50 年代的读者。斯科特似乎是他的最爱,简·奥斯汀紧随其后。后来他读萨克雷,但他不是很喜欢;狄更斯的书他一直读不进去。拜伦的叙事诗博得了凯莱的赞赏,尽管多少有点清教徒式的、维多利亚时代的口味,使凯莱不喜欢其中许多最好的东西,他从来没有认识过有趣的风流公子唐璜。莎士比亚的戏剧,尤其是喜剧,对他来说永远是一种乐趣。在比较严肃作品的阅读方面,他反复阅读格罗特冗长的《希腊史》和麦考利的文体优美的《英格兰史》。他在中学学到的古典希腊语,一直是他一生的阅读语言;他用法文自如地阅读和写作,当他厌倦了维多利亚时代的古典著作之时,他对德语及意大利语的熟知为他提供了许多阅读材料。欣赏严肃的小说只是他的消遣之一;其他的我们会慢慢了解。

在剑桥大学三年级快结束时,凯莱在数学方面遥遥领先于其他同学,以至于主考官在他的名字下面画了一条线,把这个年轻人归入"在第一名之上"的最出色的一类。1842 年,年仅 21 岁的凯莱获得了剑桥大学荣誉学位考试第一名。同年,他又在难度更大的争取史密斯奖的一项测验中获得了第一名。

依据测试的结果,凯莱现在有望获得一份奖学金,这将使他能够在几年内随心所欲地工作。他被选为三一学院研究员和助理导师,任期三年。

如果他愿意接受圣职,他的任期可能还会延长,但是,尽管凯莱是英格兰正统教会的基督徒,但他无法忍受成为牧师来保住自己的工作或获得一个更好的职位——正如许多人所做的那样,他们不想违背自己的信仰或良心。

他的职责很轻松,轻松得几乎感觉不到它的存在。他带了几个学生,但不足以影响他自己或他的工作。他尽可能充分地利用自己的自由,继续进行他本科时就开始的数学研究。就像阿贝尔、伽罗瓦以及其他许多在数学上取得很大成就的人一样,凯莱从大师们那里寻求灵感。他的第一部著作发表于1841年,当时他还是一名20岁的本科生,灵感源于对拉格朗日和拉普拉斯的研究。

获得学位后,他只做想做的事情,凯莱第一年发表了八篇论文,第二年发表了四篇,第三年发表了十三篇。当这位年轻人的早期论文中的最后一篇发表时他还不到25岁,这些论文勾画出了他今后50年的大部分工作。他已经开始研究 n 维几何(由他首创)、不变量理论、平面曲线的计数几何,并且对椭圆函数理论做出了独特贡献。

在这个成果极其丰富的时期,他并不仅仅是在辛勤工作。从1843年22岁直到25岁离开剑桥,他偶尔会逃到欧洲大陆去享受徒步旅行、登山和水彩画写生的愉快假期。虽然他看起来瘦弱,但他很坚韧,经常在丘陵地带跋涉了一个漫长的夜晚之后,精神饱满地享用早餐,再准备花几个小时研究他的数学。在他的第一次旅行中,他游览了瑞士,并进行了大量登山活动。就这样,他开始了另一个终生的爱好。他对"现代数学范围"的描述,绝不仅仅是一个从未攀登过高山或在美丽的乡村漫步过的教授的学术练习,而是一个亲身了解大自然的人的准确比喻。

在他第一次国外度假的最后四个月里,他熟悉了意大利北部。后来又产生了另外两种爱好,这两种爱好使他余生都得到慰藉:一是对建筑的理解和欣赏,二是对优秀画作的热爱。他自己喜欢水彩画,在这方面表现出非凡的才能。凭借对优秀的文学作品、旅游、绘画和建筑的热爱,以及对自然之美的深刻领悟,他有足够的理由避免让自己沦为传统文学作品中的"纯粹的数学家"——传统文学作品的大部分作者可能确实认识一些学究式的大学数学教授,但他们一生中从未见过真正的数学家本人。

1846 年,25 岁的凯莱离开了剑桥。他没有获得数学家的职位,除非他能使自己的良心符合"神圣命令"的要求。作为一名数学家,凯莱坚定地认为调整自己的良心比把圆化成方更难实现。总之,他走了。法律以及印度事务部的文职官员吸引了英格兰许多最有前途、最有才干的人,现在法律吸引了凯莱。19 世纪英国有许多顶尖的大律师和法官都是剑桥大学数学荣誉学位考试的名列前茅者,这多少有些令人吃惊,但这并不像有些人声称的那样,认为数学训练就是为法律工作做准备的。毫无疑问的是,让一个像凯莱那样有着公认数学天赋的年轻人起草遗嘱、负责转让和租赁,可能是社会的愚蠢行为。

按照那些希望在英国从事更有绅士风度的法律职业的人(也就是律师行业以上的人)的惯例,凯莱进入林肯律师事务所,为自己的律师资格做准备。作为克里斯蒂先生的学生,凯莱三年后于 1849 年获得律师资格。那时他二十八岁。获得律师资格后,凯莱下定决心,不让法律影响他的理智。他决心不腐化堕落,他拒绝的事务比他接受的事务还要多。整整 14 年他坚持这么做,过着富足的生活,同时有意放弃使自己沉浸在金钱和显赫大律师声望中的机会,他赚了足够他生活的钱(但不会过多),并使他能够继续他的工作。

在沉闷乏味的法律事务中,他表现出了堪称楷模、近乎圣人的耐心,他在律师行业(财产转让业务)中的声誉也稳步上升。甚至有记载说,他的名字因他所做的一项堪称典范的法律工作而被载入一本法律书籍。但我们也要极为欣慰地指出,凯莱不是一个不沾阳春水的圣人,而是一个普通人,在必要的时候也会发脾气。有一次,他和他的朋友西尔维斯特在办公室里兴致勃勃地讨论不变量理论中的某个问题,这时一个男孩走进来,递给凯莱一大堆法律文件,让他细读。看了一眼他手中的东西,他不禁摇晃了一下,回到现实中来。对于一个头脑清醒的人来说,花几天时间理顺一些鸡毛蒜皮的小事,就为了替养尊处优的委托人本已丰厚的收入再省下几个英镑,实在是太过分了。他厌恶地大喊了一声,轻蔑地说他手里拿的是"讨厌的垃圾",然后把这些材料扔到地板上,继续谈论数学。显然,这是凯莱有生以来唯一一次发脾气。在律师生涯 14 年之后,凯莱抓住机会放弃了律师职业。就在凯莱从事律师的苦差事期间,他发表了 200 至 300 篇数学论文,其中有许多论文现在成为经典。

* * *

在凯莱从事律师事务阶段,西尔维斯特进入了凯莱的生活,我们将在这里介绍他。

詹姆斯 · 约瑟夫(James Joseph)是几个兄弟姐妹中最小的一个,于1814 年 9 月 3 日出生在伦敦,父母都是犹太人,这也是他出生时的名字。人们对他的童年知之甚少,因为西尔维斯特似乎只字不提他的早年生活。他的大哥移民到了美国,在那里他取了西尔维斯特的名字,这个名字为这个家庭的其他成员所仿效。但是,为什么一个正统的犹太人会给自己起一个被基督教教皇所青睐而被犹太人所敌视的名字,这是一个谜。可能他的大哥有幽默感；无论如何，平凡的詹姆斯·约瑟夫（James Joseph），亚伯拉罕·约瑟夫（Abraham Joseph）的儿子，从此永远成为了詹姆斯·约瑟夫·西尔维斯特（James Joseph Sylvester）。

和凯莱一样，西尔维斯特的数学天才很早就显露出来了。他从 6 岁到 14 岁就读私立学校。他十四岁的最后五个月是在伦敦大学度过的，在那里他师从德·摩根。在一篇写于 1840 年、题目有些神秘的论文《论共存的导数》中，西尔维斯特说："我为这个术语［数学归纳法］感谢德·摩根教授，我为自己是他的学生而自豪。"

1829 年，年仅 15 岁的西尔维斯特进入利物浦皇家学院，在那里他待了不到两年。在第一年结束时，他获得了数学奖。这时他在数学方面已经远远领先于他的同学，因此为他单独开班。在皇家学院期间，他还获得了另一个奖项。这一点特别有趣，因为这个奖项使西尔维斯特与美国第一次建立了联系，他将在那里度过他一生中最幸福、也是最不幸的日子。他在美国的哥哥的职业是精算师，他哥哥曾向美国彩票承包商的董事们建议，将排列方面的一个难题交给年轻的西尔维斯特。这位初露锋芒的数学家的解答是完美的，实际上也是最令董事们满意的，他们给了西尔维斯特 500 美元作为奖励。

在利物浦的日子一点也不快乐。西尔维斯特总是勇敢而开放，他对自己的犹太信仰毫不讳言，即使是面对学院里那些自称是基督徒的壮实的野蛮年轻人的迫害，他还是自豪地宣称自己的信仰。但是一只孤独的孔雀不可能永远呆在一群乏味的松鸦中，西尔维斯特最终逃到了都柏林，口袋里只剩下几个先令。幸运的是，一个远房亲戚在街上认出了他，把他带回了家，帮他收拾了一下，然后给了路费让他回到了利物浦。

在这里,我们会注意到另一个奇怪的巧合:都柏林,或至少是都柏林的公民,为第一次来访的利物浦宗教难民给予了体面的人道待遇;大约 11 年后,当他第二次来访时,都柏林三一学院授予他学士和硕士学位。他自己的母校剑桥大学却拒绝授予他学位,因为他作为一个犹太人,不能认同那些由英格兰教会规定的、被称为三十九条的荒谬声明,而该声明是教会对有理性的人的最低要求。然而,这里可以补充一点,当英国高等教育终于在 1871 年摆脱了教会之手的束缚时,西尔维斯特立即被授予了荣誉学位。在这件事情上,如同面对其他困难一样,西尔维斯特不是温顺的、长期受苦的殉道者。他身体上和精神上都充满了力量和勇气,他知道如何奋力抗争为自己赢得正义——而且经常如此。事实上,他是一个天生的战士,有着狮子般不屈不挠的勇气。

1831 年,当他刚满 17 岁时,西尔维斯特进入了剑桥的圣约翰学院。由于严重的疾病,他的大学生涯中断了,直到 1837 年他才参加数学荣誉学位考试并名列第二。第一名的那个人,作为数学家,从未被他人提起过。因为不是基督徒,西尔维斯特没有资格竞争史密斯奖学金。

在知识兴趣的广度方面,西尔维斯特很像凯莱。从外表上看,这两个人一点也不像。正如我们所知晓的,凯莱虽然精瘦而富有朝气,充满耐力,但他外表虚弱,举止害羞,不善社交。而西尔维斯特矮小而敦实,宽阔的肩膀上安放着硕大的头颅,给人的印象是力量和活力无穷,他也确实是这样。他的一个学生说,他可以摆好姿势,供人为查理·金斯利(Charles Kingsley)的小说《觉醒者赫利沃德》中的主人公画像。至于数学以外的兴趣,西尔维斯特比凯莱少得多,但也自由得多。他对希腊和拉丁经典原著的了解广博而精确,直到最后一次患病时,他仍然热爱这些原著。他的许多论文都因引用这些经典著作而活跃起来。这些引语总是特别贴切,确实真正阐明了眼前的问题。

他从其他文献中也引用了许多的典故。一些文学研究者在阅读四卷本《数学论文集》时,可能会觉得很有趣,他们会从注明出处的引文和没有清楚说明出处的奇怪暗示中,重新认识西尔维斯特广泛的阅读范围。除了英语和古典文学之外,他还很熟悉法语、德语和意大利语的原著。他对语言和文学的兴趣是敏锐而异乎寻常的。不变量理论的大部分专用术语都归功于他。在谈到他从希腊和拉丁文词汇创造出大量新数学术语时,西尔维斯特称自己为"数学亚当"。

假设他不是一个非常伟大的数学家,在文学方面,他可能会比一个勉强过得去的诗人好一点。他一生都着迷于诗歌及其构成的"法则"。就他自己而言,他留下了许多诗句(其中一些已经出版),有一札是以十四行诗的形式写的。他诗歌的主题有时很容易让人发笑,但他经常展现出他对诗歌的理解。他在艺术方面的另一个兴趣是音乐。在音乐方面,他算得上是一个很有造诣的业余爱好者。据说他曾跟古诺学歌唱,并在工人聚会上用他的歌曲娱乐。他的"高音 C"比他的不变量更让他骄傲。

在凯莱和西尔维斯特之间有许多明显的差别,其中值得注意的一点是:凯莱广泛阅读各类数学家的著作;而西尔维斯特觉得试图掌握别人所做的工作令人难以忍受的厌烦。在他晚年的时候,有一次,他聘请了一个年轻人教他一些关于椭圆函数的知识,因为他希望把它们应用到数论中(特别是分拆理论,这种理论讨论把一个给定数表示为给定数类——如全体由奇数构成的数类,或一些为奇数、一些为偶数的数类——中的数相加的和有多少种分解方式)。大约上了三节课后,西尔维斯特放弃了学习的打算,反而给这个年轻人讲解他自己在代数方面的最新发现。但是凯莱似乎无所不知,甚至连他很少涉足的学科都知道,以至全欧洲的作家和编辑都向他征求他作为审稿人的意见。凯莱过目不忘;而西尔维斯特甚至很难记住自己的发明,有一次他甚至质疑自己某个定理的真实性。即使是每一个工作中的数学家都知道的细节,也成为西尔维斯特惊奇和喜悦的源泉。因此,几乎所有的数学领域都为西尔维斯特提供了一个可供探索的迷人世界,而凯莱则平静地浏览这一切,看到了他想要的东西,就拿走了,然后继续寻找新的东西。

1838年,24岁的西尔维斯特得到了他的第一份正式工作——伦敦大学学院的自然哲学教授(一般是科学,特别是物理学),他年迈的老师德·摩根是他的同事之一。虽然他曾在剑桥大学学习化学,并一生都对其保有兴趣,但西尔维斯特发现去教科学完全与自己的志趣不合。大约两年后,他放弃了教学。与此同时,25岁的他当选为皇家学会会员,成为特别年轻的一员。西尔维斯特的数学成就是那样突出,他们不得不承认这一点,但他们没有帮助他找到合适的职位。

在他职业生涯的这个时刻,西尔维斯特开始了他一生中最奇异的一次遭遇。这个遭遇是滑稽可笑还是悲剧性十足呢,这要看我们怎样看待它了。怀着乐观和一如既往的热情,1841年他横渡大西洋就任弗吉尼亚大学的数学教授——这一年布尔(Boole)发表了他对不变量的发现。

西尔维斯特在这所大学只待了大约三个月。大学当局拒绝惩罚一位侮辱过他的年轻人,因此他选择辞职。在这次不幸经历之后的一年多时间里,西尔维斯特试图寻找一个合适的职位,然而都是无功而返。同时他还向哈佛大学和哥伦比亚大学提出申请,也都没有成功。失败后,他回到了英国。

西尔维斯特在美国的经历使他在接下来的十年充满坎坷。回到伦敦后，他成了一家人寿保险公司精力充沛的精算师。对于一个有创造力的数学家来说，这样的工作是一项糟糕的苦差事，而西尔维斯特几乎不再是一名数学家。不过，为了糊口，他带了几名私人学生，其中一人在当今世界上仍为每个国家的公民所知且备受尊敬。那是在 19 世纪 50 年代早期，一个讲究女性礼仪的"土豆、梅子和棱镜"时代，年轻女性除了化妆和虔诚之外，不应该考虑太多事情。因此，当我们发现西尔维斯特最杰出的学生是一位年轻女性弗洛伦斯·南丁格尔（Florence Nightingale）时，我们会感到相当惊讶。她是不顾顽固的军方官员的愤怒抗议，把体面的新卫生法引进军队医院的第一人。那时西尔维斯特已三十好几了，南丁格尔小姐比她的老师小六岁。就在南丁格尔小姐去参加克里米亚战争的同一年（1854 年），西尔维斯特摆脱了他临时凑合的谋生之路。

然而，在此之前，他又走错了一步，结果一无所获。1846 年，32 岁的他进入英国内殿律师学院（他害羞地称自己为"闯进鹰群中的鸽子"），为自己的法律生涯做准备，并于 1850 年获得律师资格。就这样，他和凯莱终于走到了一起。

当时凯莱二十九岁，西尔维斯特三十六岁；他们两人都没有从事他们的天性所召唤的工作。35 年后，西尔维斯特在牛津大学发表演讲，对"凯莱表示感谢，尽管他比我年轻，却是我的精神祖师——他第一次开阔了我的眼界，清除了我眼中的糟粕，使我的双眼能够发现并接受我们共同的数学信仰中更高的奥秘。"1852 年，他们相识后不久，西尔维斯特就提到"凯莱先生通常讲出来的总是珍珠和红宝石。"就凯莱而言，他也经常提到西尔维斯特，但总是冷冰冰的。西尔维斯特在 1851 年发表的一篇论文中最早表达了他的感激之情，他说："上面所阐述的定理（他关于线性等价二次型的子行列式之间关系的论述）部分是在与凯莱先生的一次谈话中提出的（感谢他使我重新享受了数学生活的乐趣）……"

也许西尔维斯特夸大其词了，但他说的确有道理。即使他没有死而复生，他至少也得到了一双新的肺：从他与凯莱见面的那一刻起，他呼吸着数学的气息，与数学为伴，直到生命的终结。这两个朋友经常在林肯学院的庭院里散步，讨论他们两人首创的不变量理论。后来，当西尔维斯特离开后，他们继续进行数学上的漫步，大约会在各自住处的中途地点见面。当时两人都是光棍。

＊　＊　＊

代数不变量理论已经扩展为各种各样的不变性理论，而不变量概念自然起源于一个极其简单的观察。正如我们将在关于布尔的那一章中指出的那样，这一思想的最早实例出现在拉格朗日的著作中，后来出现在高斯的算术著作中。但这两个人都没有注意到，在他们面前显现的简单但非凡的代数现象是一个巨大理论的萌芽。布尔似乎也没有完全意识到他在继续并极大地扩展拉格朗日的工作时所作出的重大发现。除了一次轻微的争吵，西尔维斯特在优先问题上对布尔的态度是公正和慷慨的，当然凯莱也是很公正的。

任何经历过二次方程求解的人都可以理解上面提到的简单观察，他仅仅是这样一个事实。方程 $ax^2 + 2bx + c = 0$ 有两个相等根的一个充要条件是 $b^2 - ac$ 为零。让我们把变量 x 用变量 $y = (px+q)/(rx+s)$ 替换。因此，x 将被求解 x 的结果所代替，即 $x = (q-sy)/(ry-p)$。这将给定的方程转换成 y 中的另一个方程；假设新方程是 $Ay^2 + 2By + C = 0$。通过代数运算，我们发现新方程的系数 A, B, C 能用原方程的系数 a，

b，c 表示如下：

$$A = as^2 - 2bsr + cr^2$$

$$B = -aqs + b(qr + sp) - cpr$$

$$C = aq^2 - 2bpq + cp^2$$

由此很容易得出（通过直接的化简，如果必要的话，还有一种更简单的方法可以推导出结果，而无须实际计算 A、B、C）：

$$B^2 - AC = (ps - qr)^2(b^2 - ac)$$

这里，$b^2 - ac$ 称为 x 的二次方程的判别式；因此，关于 y 的二次方程的判别式是 $B^2 - AC$，并且已经表明，变换后的方程的判别式等于原始方程的判别式乘以因子 $(ps - qr)^2$，这个因子只依赖于把 x 用 y 表示的变换式 $y = (px + q)/(rx + s)$ 中的系数 p，q，r，s。

布尔是第一个（在 1841 年）在这个不起眼的过程中发现有值得关注东西的人。每个代数方程都有一个判别式，当且仅当方程的两个或多个根相等时，某个表达式（诸如二次方程的 $b^2 - ac$）的值等于零。布尔首先问道，对于一个方程来说，当 x 被相应的 y 代替时（就像对二次方程所做的那样），除了一个只依赖于变换系数的因子之外，两个方程的判别式是否都保持不变？他发现这是真的。接下来，他问是否除了由系数构成的判别式之外，不可能有其他表达式在变换下具有相同的不变性。他发现一般的四次方程有两个具有这种性质的表达式。随后，另一个才华横溢的德国年轻的数学家爱森斯坦（1823—1852）对布尔的结果进行了研究，在 1844 年发现，某些既包含原始方程的系数又包含 x 的表达式，它们会呈现出同种类型的不变性；原来的系数和原来的 x 转换为变换后的系数和 y（就像二次方程那样），并且由原来方程的系数构成的表达式与由变换后构成的表达式仅仅有一个因子的差别，且这个因子仅仅依赖于变换的系数。

布尔和爱森斯坦都没有任何通用的方法来寻找这样的不变量表达式。1845年，年仅二十四岁的凯莱凭借他开创性的论文《论线性变换理论》进入这个领域。他给自己提出了一个问题：找到统一的方法，使他能够得到所描述的所有不变量表达式。为了避免冗长的解释，这个问题已经用方程式来陈述了；实际上它是用其他方法来解决的，但这点在这里并不重要。

由于这个不变量问题是现代科学思想的基础，我们将给出三个深层次的例子来说明它的意义，这三个例子都没有涉及符号或代数。

想象一下，在一张纸上画出由相交的直线和曲线组成的任何图形。你可以用任何方法把纸弄皱，但不要撕毁，并且试想一下，弄皱前后图形保持不变的最明显的特征是什么。对一块画有任意图形的橡皮做同样的事，可以以任何复杂的方式拉伸但不要扯断橡皮。在这种情况下，很明显，面积和角度的大小以及线的长度，并没有保持"不变"。通过适当地拉伸橡皮，直线可以被扭曲成几乎任意弯曲的曲线。与此同时，原来的曲线——或者至少其中的一些——可能会变成直线。然而，整个图形的某些性质依然没有改变；它的简单和显而易见性很可能导致它被忽视。这是图中任意一条线上的点的顺序，这些点标记了其他线与给定线的交点。因此，如果沿着一条给定的线从 A 到 C 移动铅笔，在图形扭曲之前，我们必须通过 B，那么在给定线扭曲后从 A 到 C 也必须通过 B。顺序（如上所述）是在诸如把一张纸揉成一个纸团，或者拉伸一块橡皮等特定变换下的不变量。

这个例子可能看起来微不足道，但任何读过广义相对论中"世界线"相交的非数学描述，并知道两条这样的线的相交标志着物理上的"点事件"的人，都会发现我们所讨论的与我们对物理宇宙的描绘是一样的。强大到足以处理如此复杂"变换"并实际产生不变量理论的数学方法，是包括黎曼、克里斯托弗尔、里奇、列维-齐维塔、李和爱因斯坦等众多人的创造,这些数学家的名字为阅读通俗相对论的读者所熟知;整个庞大的计划是由代数不变量理论的早期工作者提出的,而凯莱和西尔维斯特是代数不变量理论的真正创始人。

作为第二个例子,设想在一根绳子上打了一个结,把绳子两端系在一起。我们拉动绳结,让它沿着绳子移动,把它扭曲成各种"形状"。在这个例子中,这些扭曲就是我们的变换,那么什么保持"不变",什么保持"守恒"呢? 显然,结的形状和大小都不是不变的。但结本身的"式样"是不变的;这一点无须详细说明,只要我们不解开绳子的两端,无论我们对绳子做什么,它都是同一个式样的结。同样,在更古老的物理学中,能量是"守恒的";我们假定宇宙中的总能量为一个不变量,在从一种形式(如电能)到另一种形式(如热和光)的所有转换下都保持不变。

我们对不变量的第三个例子只需要稍微提及一下物理学即可。观察者参考三个互相垂直的轴和一个标准的时间轴来确定他在空间和时间中的"位置"。相对于第一个观察者移动的另一个观察者,希望描述第一个观察者所描述的相同的物理事件。根据所涉及的特定类型的变换,两个观察者所提供的数学描述可能不同,也可能相同。如果他们的描述确实不同,很明显,这种差异并不是由他们所观察到的物理事件所造成的,而是由他们的参照系统和变换造成的。那么问题就来了,如何构建那些自然现象的数学表达式,以至于这些数学表达式独立于任何特定的参照系,从而使所有的观察者都可以用相同的形式表达。这相当于找到变换的不变量,该变换表示一个参考系统相对于任何其他参考系在"时空"中的最一般的位移。这样,寻找自然内在规律的数学表达式的问题就被不变量理论中的一个容易解决的问题所取代了。当我们谈到黎曼时,会有更多关于这方面的讨论。

＊ ＊ ＊

1863 年,剑桥大学设立了一个新创立的萨德勒数学教授职位,并提供给凯莱,而他也迅速接受了这个职位。当年四十二岁的他与苏珊·莫林(Susan Moline)结婚。尽管作为一名数学教授,他挣的钱比他从事法律工作要少,但凯莱对此并不后悔。几年后,他在大学的职责有了新的变化,凯莱的薪酬也提高了。他讲授的课程由每学期一门增加到每学期两门。他现在的精力几乎全部用于数学研究和大学管理。在大学行政管理方面,他良好的业务训练、平和的脾气、客观而公正的判断以及法律经验都被证明是非常宝贵的。他从来没有太多的话要说,但他说的话通常被认为是最终定论,因为他总是在深思熟虑后才发表自己的看法。他的婚姻和家庭生活很幸福;他有两个孩子,一个儿子和一个女儿。随着年龄的增长,他的思维仍然像以前一样活跃,他的性格也变得更加温和。要是有人在他面前说出武断的看法,他一定会心平气和地提出抗议。对于年轻人和数学事业的初学者,他总是慷慨地给予帮助、鼓励和合理的建议。

在他担任教授期间,女性的高等教育是一个备受争议的问题。凯莱把他所有的低调、有说服力的影响都投向了争取文明的一面。通过他的努力,妇女最终获准成为学生(当然是在她们自己的修道院里)进入中世纪剑桥大学这个如修道院般隐居的地方。

当凯莱平静地在剑桥研究数学时,他的朋友西尔维斯特仍在与世界抗争。西尔维斯特从未结过婚。1854 年,四十岁的他申请了伍尔维奇皇家军事学院的数学教授职位,但他没有得到这个职位。他也没有得到他在伦敦格雷欣学院申请的另一个职位。他的试讲对主管委员会来说好的过分了,然而,当选伍尔维奇皇家军事学院数学教授的候选人在第二年去世,西尔维斯特因此接到了任命。在他不太丰厚的报酬中,有在公共土地上放牧的权利。由于西尔维斯特既不养马、牛、羊,自己也不吃草,所以很难看出他从这个极珍贵的恩惠中能得到什么特别的好处。

西尔维斯特在伍尔维奇任职 16 年,直到 1870 年 56 岁时因为"老朽无能"而被迫退休。他仍充满活力,但无力对抗那些僵化的官僚体系。他还有许多伟大的工作有待完成,但他的上级想当然地认为,他这个年龄的人已经走到头了。

另一方面,他被迫退休激发了他所有的战斗本能。说白了,当局试图骗取西尔维斯特的部分养老金,而这部分养老金本来是属于他的。西尔维斯特没有就此罢休。令他们懊恼的是,那些想要骗他养老金的人发现他们不是在恐吓某个温顺的老教授,而是一个能进行有力还击的人。最后,他们给了他全部的养老金。

虽然他的物质生活方面发生了这些不愉快的事情,但在科学研究方面西尔维斯特就没有什么可抱怨的了。他经常得到各种各样的荣誉,其中有一项是科学界最珍视的荣誉,即法兰西科学院的外籍通讯院士。由于斯坦纳的去世,在几何部有了一个空缺,西尔维斯特于 1863 年当选为法兰西科学院的通讯院士。

从伍尔维奇退休后,西尔维斯特住在伦敦,写诗,阅读古典文学作品,下棋,大体来说过得很快活,但没有做多少数学研究。1870 年,他出版了他的小册子《诗律》,他非常重视这本小册子。然后,在 1876 年,他在 62 岁时突然又开始了数学生涯。这个"老人"不断奋斗的火焰是无法扑灭的。

1875 年,在吉尔曼校长的杰出领导下,约翰·霍普金斯大学在巴尔的摩成立。有人建议,只要吉尔曼以一位杰出的古典文学学者和他所能负担得起的最好的数学家为核心构建教员团队,其他的问题都会迎刃而解,事实确实如此。西尔维斯特终于找到了一份工作,在那里他几乎可以随心所欲地做自己喜欢做的事,而且可以充分发挥自己的才能。1876年,他再次横渡大西洋,担任约翰·霍普金斯大学的教授。那时他的工资很丰厚,一年五千美元。在接受聘请时西尔维斯特提出了一个奇怪的条件:他的薪金"用黄金支付"。或许,他想到了伍尔维奇。伍尔维奇给了他相当于2750美元(外加畜牧费)的薪金。他希望这次真的能得到自己应得的,不管有没有养老金。

从1876年到1883年在约翰·霍普金斯大学度过的那几年可能是西尔维斯特迄今过得最幸福、最平静的时期。尽管他不必再"对抗世界",但他没有躺在荣誉上睡大觉。他好像年轻了40岁,又变成了一个充满活力的年轻人,热情似火,闪烁着新的想法。他非常感谢约翰·霍普金斯大学给了他机会,使他在63岁的时候开始他的第二次数学生涯。在1877年校庆典礼上的讲话中,他毫不犹豫地公开表达了他的感激之情。

在这篇演讲中,他概述了他希望在教学和研究中做的事情(他做到了)。

有一些东西叫作代数形式。凯莱教授称之为齐次多项式。[例如:$ax^2+2bxy+cy^2, ax^3+3bx^2y+3cxy^2+dy^3$;在第一个式子中,数字系数分别是1,2,1,在第二个式子中,数字系数分别是1,3,3,1,这些数字系数都是二项式系数,就像帕斯卡三角形的第三和第四行(第五章);按次序下一个将是$x^4+4x^3y+6x^2y^2+4xy^3+y^4$。]确切地说,它们不是几何形式,虽然它们在某种程度上能够体现几何形状,而更准确地说,它们是过程或操作的方案,用于形成、创造代数量。

"对于每一个这样的齐次多项式而言，都与无限多种其他形式相联系，这些其他形式可以看作是由齐次多项式产生的，宛如大气一样在它周围浮动。但是，尽管这些从母体中衍生出的形式是无限的，但我们发现，它们可以通过一定数量的基本形式的组合或者混合得到，这些基本形式就像代数谱中的齐次多项式一样，可以叫作标准射线。正如现在[1877年，甚至今天]物理学家的一项主要工作，就是确定每一种化学物质光谱中固定的谱线。因此一个伟大的数学家的目标和目的是找出基本导出形式，它们被称为协变式[已经描述过的那种'不变量'表达式，既包括变量，又包括系数]以及类似于齐次多项式的不变量。"

对数学读者来说，很明显，西尔维斯特在这里对基本系统和给定形式的组合给出了一个非常漂亮的类比；我们可能会建议非数学读者重读这篇文章，以抓住西尔维斯特所谈论的代数的精髓，因为这个类比确实非常贴切，并且是在年度研究进展中所能找到的"大众化"数学的一个好例子。

在一个脚注中，西尔维斯特指出，"我目前有一个班，有8到10人参加我的现代高等代数的讲座。其中一位是年轻的工程师，他从早上八点到晚上六点一直在忙他的工作，其中用一个半小时吃饭或听我的课，他对我所说的[某一个定理]，给我提供了最好的证明，也是表达得最好的证明……"西尔维斯特已经六十多岁了，他以一个预言家的热情，鼓励其他人去看他已经发现或即将发现的乐土。事实上，这是最好的教学，也是足以证实先进教学的唯一标准。他（在脚注中）对收留自己的国家赞不绝口……我相信，世界上没有一个国家像美国这样把能力和品格看得如此重要，而不那么重视金钱（尽管我们听说过万能的美元）……

他还讲述了他蛰伏的数学本能是如何再次被唤醒，并焕发出很强的创造力的。"如果不是这所大学(约翰·霍普金斯大学)的一名学生坚守要跟我学习现代代数的愿望,我永远也不会从事这项研究……他很尊重我,但又坚忍不拔地推进自己的目标。他会对《新代数》(天知道他在哪里听说过,因为在这片大陆上几乎没有人听说过这本书)抱有或多或少的期待。我不得不让步,结果怎样呢?在试图阐明我们的教科书中一个模糊的解释时,我绞尽了脑汁,我重新点燃了热情,投入到一个我已经放弃多年的课题中,并找到了在过去相当长的时间里吸引我注意的思想沃土,并且可能在未来的几个月里会耗尽我所有的思考能力。"

几乎任何西尔维斯特的公开演讲或较长的论文,除了技术细节之外,都包含了很多关于数学的可引用内容。从他的著作集中,可以为初学者甚至是经验丰富的数学家们,选编出一本令人耳目一新的选集。可能没有其他数学家像西尔维斯特那样通过他的著作如此鲜明地揭示了他的个性。他喜欢与人交往,并用自己对数学的热情感染他们。因此,他说(他确实如此),"只要一个人仍然是一个合群和社交的人,他就不能不把他正在学的东西传授给别人,不能不通过他人传播自己大脑中活跃的想法和印象,这是人的天性。这不会使他的道德本性萎缩,也不会使他未来智力最可靠的源泉枯竭。"

作为凯莱对现代数学范围描述的补充,我们可以把西尔维斯特的描述也涵盖进去。"如果我长期独占现代数学所拥有的如此广阔的领域,我将感到遗憾。数学不是一本仅局限于封面和铜钉之间的书,只需要耐心就能够找到里面的内容;它不是一座矿,虽能经历长时间的开采,但终究只有有限数量的矿脉;它不是土壤,其肥力会因连续的收获而耗尽;它不像大陆或海洋那样可以绘制出来它的范围和轮廓;尽管它像空间一样是无限的,但相对于它的愿景而言,空间还是有点狭窄了;它的可能性是无限的,就像在天文学家的注视下永远有天体挤进去、永远在增加的宇宙一样无限；它就像意识和生命一样，不能被限制在指定的范围内，也不能被简化成一些永远正确有效的定义；它似乎蛰伏于每一个单子中，每一个原子中，每一片树叶、每一朵花蕾和每一个细胞中，永远准备着迸发出新的动植物存在形式。"

1878 年，西尔维斯特创办了《美国数学杂志》，并经由约翰·霍普金斯大学委任担任主编。

这个杂志极大地推动了美国数学的发展，使其朝着正确的方向引领研究。今天，它在数学方面仍然欣欣向荣，但在财务上却面临着沉重的压力。

两年后，在西尔维斯特生涯中发生了一件古典文学方面的意外事件。我们借用费比恩·富兰克林博士的话来讲述这件事，费比恩·富兰克林继任西尔维斯特之后，担任了几年约翰·霍普金斯大学的数学教授，后来成为巴尔的摩《美国人》的编辑，这件事是他亲眼所见、亲耳所闻的。

"他(西尔维斯特)除了写了一些原创诗之外，还非常出色地翻译了贺拉斯和德国诗人的一些作品。他在韵律方面的力作是在巴尔的摩完成的，目的在于阐明作诗的理论，他在小册子《诗律》举例说明了作诗的理论。"在皮博迪学院朗读《罗莎琳德》这首诗，是他一次心不在焉的有趣表演。这首诗至少有四百行，全部用罗莎琳德这个名字押韵(i 发长音和短音都可以)。大厅里座无虚席，观众们期待着在聆听这首诗的独特经历中得到乐趣。但西尔维斯特教授发现有必要写大量的注释，他宣布，为了不打断这首诗的朗读，他会先把注释读一遍。几乎每一条注释都临时增加了一些评论，朗读者对每一条注释都非常感兴趣，以致他一点都没有意识到时间的流逝，或者观众兴趣的减少。当他读完最后一条注释时，他抬头看了看钟，吃惊地发现,在开始朗读这首诗之前,他已经让听众听了一个半小时的注释,而他们是来听他朗读诗的。观众以一阵幽默的笑声回应了他惊讶的表情;然后,他恳求所有的听众,如果他们有事的话,可以完全自由地离开,然后他读了《罗莎琳德》这首诗。"

富兰克林博士对他的老师的评价极好地概括了他的为人:"西尔维斯特脾气暴躁,没有耐心,但慷慨、仁慈、心地善良。他总是非常欣赏别人的工作,并对他的学生所表现出的任何天赋或能力给予最热情的认可。他会为了一点微不足道的小事而勃然大怒,但他并不怀恨在心,他总是乐于及早忘记争吵的原因。"

在继续探讨凯莱与西尔维斯特的人生交集之前,我们先让《罗莎琳德》的作者描述一下他是如何做出他那个最美丽的发现的,那就是所谓的"标准形式"。［这仅仅意味着将给定的"齐次多项式"化简为"标准"形式。例如,$ax^2 + 2bxy + cy^2$ 可以表示为两个平方的和,如 $X^2 + Y^2$,$ax^5 + 5bx^4y + 10cx^3y^2 + 10dx^2y^3 + 5exy^4 + fy^5$ 可以表示为三个五次幂的和,$X^5 + Y^5 + Z^5$。］

"在林肯法律协会的一间偏僻的办公室里,我一口气喝了一壶波特葡萄酒来维持活力。我发现并发展了整个奇数阶二元标准型的理论,而且,到目前为止,我也发现了偶数阶二元标准型的理论[①],工作完成了,而且做得很好,但付出的代价通常就是绞尽脑汁,双脚不管是有知觉还是无知觉,就像陷入了冰窖。那天晚上睡意全无。"专家们一致认为,他描述的内容是真实的。不过,从西尔维斯特喝出来的酒来判断,这酒一定是醇酒。

[①] 该理论的这一部分是多年后由 E. K. 韦克福特(E. K. Wakeford, 1894—1916)提出,他在第一次世界大战中牺牲了。"现在感谢上帝,此刻他与我们同在。"[鲁珀特·布鲁克(Rupert Brooke)]——原注

第二十一章　不变量的双子星

* * *

1881—1882 年,当凯莱接受邀请去约翰·霍普金斯大学做半年的讲座时,凯莱和西尔维斯特在专业上又走到了一起。他选择了当时正在研究的阿贝尔函数作为自己的课题,67 岁的西尔维斯特忠实地参加了这位著名朋友的每一次讲座。西尔维斯特还有几年学术多产的时间,而凯莱就没那么多了。

现在我们将简要介绍一下凯莱除了在代数不变量理论方面的工作之外对数学的三项杰出贡献。我们已经提到,他发明了矩阵理论,n 维空间几何学,以及他在几何学中的一个想法为非欧几里得几何带来了新的曙光(在克莱因的手中)。我们将从最后一个开始说起,因为这是最难的。

德萨格(Desargues)、帕斯卡(Pascal)、彭赛列(Poncelet)和其他人创造了射影几何(见第五章和第十三章),其目的是发现那些在射影下不变的图形性质。测量——角的大小、线的长度以及依赖于测量的定理,例如毕达哥拉斯定理,即直角三角形最长边的平方等于其他两边平方之和的命题,都不是射影的,而是度量的,它们不能用通常的射影几何来处理。这是凯莱在几何学上最伟大的成就之一,他超越了这个障碍。在他绕过这个障碍之前,他把图形的射影性质和度量性质分开了。从他更高的观点来看,度量几何也变成了射影几何,由于引入了“虚”元素(例如坐标含有 $\sqrt{-1}$ 的点),射影方法的巨大力量和灵活性被证明可以适用于度量性质。任何学过解析几何的人都会记得,两个圆相交于四个点,其中两个总是“虚”的。(有一些明显的例外情况,例如同心圆,但这对我们的目的来说已经无关紧要了)。度量几何的基本概念是两点之间的距离和两线之间的角度。用另一个同样涉及“虚”的概念取代距离的概念,凯莱提供了将欧几里得几何和常见的非欧几里得几何统一为一个综合理论的方法。如果不使用一些代数，就不可能对如何做到这一点制作出清晰的说明；就我们的目的而言，我们只要注意到凯莱的主要成就，就是把射影几何与度量几何以及上述提到的其他相关几何统一起来就可以了。

当凯莱第一次提出 n 维几何时，它比我们今天看来要神秘得多，因为我们已经熟悉了相对论中四维（时空）的特殊情况。仍然有人说四维几何对人类来说是不可想象的，但这其实是一种迷信，很久以前就被普吕克推翻了这种迷信：把四维图形放在一张平坦的纸上是很容易的。就几何学而言，整个四维"空间"是很容易想象的。首先考虑一个非常规的三维空间：在一个平面上可以画出的所有的圆。这个"所有"是一个三维"空间"，原因很简单，它需要恰好三个数字，或者说三个坐标，才能将这些圆中的任何一个确定下来，即有两个坐标可以基于任意给定的一对轴来确定圆心的位置，还有一个坐标用于给出半径的长度。

如果读者现在希望想象一个四维空间，他可能会想到用直线代替点，作为构成我们常见的"实体"空间的元素。我们熟悉的实体空间看起来不像是无限细小的鸟枪子弹的集合体，而是像一个由无限细、无限长的笔直吸管组成的宇宙干草堆。如果我们说服自己（就像我们可能做的那样），要在我们的干草堆中确定一根特定的干草，恰好四个数字是必要而且充分的，那么我们很容易看出直线的空间确实是四维的。一个"空间"的"维数"可以由我们选择的构成它的任何东西来确定，只要我们选择适当的元素（点、圆、线，等等）来构建它。当然，如果我们把点作为构建空间的元素，除了疯人院里的疯子，还没有人成功地想象出一个超过三维的空间。

现代物理学正迅速教会一些人抛弃他们对数学"空间"（比如欧几里得

的"空间")之外的神秘的"绝对空间"的信仰,而数学"空间"是由几何学家为关联他们的物理经验而构建的。如今的几何学在很大程度上是分析的课题,但"点""线""距离"等旧术语有助于激发我们对坐标集进行有趣探索的灵感。可这并不意味着这些特定的东西是分析中可能做出的最有用的;也许有一天我们会发现,与那些更重要的事情相比,这些东西都显得微不足道,而我们囿于以往的传统继续做这些事情,那仅仅是因为我们缺乏想象力。

如果要谈论分析学的产生有什么优势,就像要我们回到过去,同阿基米德一起在尘土中画图一样,优势有待揭示。图形毕竟可能只适合于年幼的孩子;拉格朗日在撰写分析力学时,完全摒弃了这种幼稚的辅助手段。我们将分析"几何化"可能恰恰证明了我们尚未成熟。众所周知,牛顿本人首先是通过分析得出了惊人的结果,然后用阿波罗尼奥斯的论证重新诠释了这些结果。其中的第一个原因是,他知道,一个定理只有在配上漂亮的图片和生硬的欧几里得论证后,才会被众多天赋不如自己的数学家们所相信,第二个原因是他自己仍然流连忘返于前笛卡尔时代几何的暮色中。

我们选择提及的凯莱的最后一项伟大发现是矩阵及其代数。这个课题起源于 1858 年的一篇论文,它直接来源于对代数不变量理论的变换(线性)组合方式的简单观察。回顾一下我们对于判别式及其不变量的论述,我们观察变换(箭头在这里读作"被替换为") $y \rightarrow \dfrac{px+q}{rx+s}$,假设我们有两个这样的变换:

$$y \rightarrow \frac{px+q}{rx+s}, x \rightarrow \frac{Pz+Q}{Rz+S},$$

把其中的第二个变换应用到第一个变换中的 x 上。我们得到

$$y \rightarrow \frac{(pP+qR)z+(pQ+qS)}{(rP+sR)z+(rQ+sS)}。$$

我们只关注三个变换中的系数,将它们写成方阵,即

$$\left\| \begin{matrix} p & q \\ r & s \end{matrix} \right\|, \left\| \begin{matrix} P & Q \\ R & S \end{matrix} \right\|, \left\| \begin{matrix} pP+qR & pQ+qS \\ rP+sR & rQ+sS \end{matrix} \right\|,$$

就可看出,连续实施的前两个变换的结果,可以用下面的"乘法"规则写出来:

$$\left\| \begin{matrix} p & q \\ r & s \end{matrix} \right\| \times \left\| \begin{matrix} P & Q \\ R & S \end{matrix} \right\| = \left\| \begin{matrix} pP+qR & pQ+qS \\ rP+sR & rQ+sS \end{matrix} \right\|。$$

显而易见,其中右边的数组的行是通过将左边的第一个数组的行应用到第二个数组的列上而得到的。这样的数组(任何数量的行和列)被称为矩阵。它们的代数来自几个简单的公设,我们只需要举出以下几个命题。矩阵 $\left\| \begin{matrix} a & b \\ c & d \end{matrix} \right\|$ 和 $\left\| \begin{matrix} A & B \\ C & D \end{matrix} \right\|$ (依据定义),当且仅当 $a=A, b=B, c=C, d=D$ 时,它们是相等的。刚才写的两个矩阵之和是矩阵 $\left\| \begin{matrix} a+A & b+B \\ c+C & d+D \end{matrix} \right\|$。$\left\| \begin{matrix} a & b \\ c & d \end{matrix} \right\|$ 乘以 m(任何数字)就是矩阵 $\left\| \begin{matrix} ma & mb \\ mc & md \end{matrix} \right\|$。矩阵"乘法"×(或"复合")如上文所举出的 $\left\| \begin{matrix} p & q \\ r & s \end{matrix} \right\|, \left\| \begin{matrix} P & Q \\ R & S \end{matrix} \right\|$ 例子所示。

这些规则的一个显著特点是,除了特殊类型的矩阵,乘法具有不可交换性。例如,根据该规则,我们可以得到

$$\left\| \begin{matrix} P & Q \\ R & S \end{matrix} \right\| \times \left\| \begin{matrix} p & q \\ r & s \end{matrix} \right\| = \left\| \begin{matrix} Pp+Qr & Pq+Qs \\ Rp+Sr & Rq+Ss \end{matrix} \right\|,$$

而右边的矩阵不等于如下相乘产生的矩阵:

$$\begin{Vmatrix} p & q \\ r & s \end{Vmatrix} \times \begin{Vmatrix} P & Q \\ R & S \end{Vmatrix} 。$$

所有这些细节，特别是最后一个细节，都是为了说明在数学史上经常出现的一个现象：科学应用所必需的数学工具，往往是在以数学为其基础的这门科学构建起来之前几十年就已经发明出来了。矩阵"乘法"的法则很奇怪，按照这个规则，我们做乘法的次序不同就得到不同的结果（不像普通的代数，$x \times y$ 总是等于 $y \times x$），这似乎与任何科学或实际用途都相去甚远。然而，在凯莱创建它 67 年之后的 1925 年，海森堡（Heisenberg）发现，矩阵代数恰恰是他在量子力学革命性工作中所需要的工具。

1895 年 1 月 26 日，在经历了一场漫长而痛苦的疾病之后，凯莱怀着顺从的心态和坚定的勇气去世了，直到他去世的那一周，他都在继续从事创造性的活动。引用福塞思传记的最后一段话："但他不仅仅是一位数学家。华兹华斯为他的'快乐战士'选择了唯一的目标，他坚持到了最后，实现了他的崇高的人生理想。他的一生对那些认识他的人［福塞思（Forsyth）是凯莱的学生，后来成为他在剑桥大学的继任者］产生了重大影响：他们钦佩他的品格，就像尊重他的天才一样；在他去世时，他们觉得一位伟人从世界上消失了。"

凯莱的大部分工作已经进入了数学的主流，而且在他庞大的《数学论文集》（大四开本十三卷，每卷约 600 页，包括 966 篇论文）中，很可能还有更多的内容，这些都会给未来几代富有冒险精神的数学家们带来有益的尝试。凯莱最感兴趣的领域目前已不再流行，对西尔维斯特来说也是如此；但数学有一个习惯，就是回到它原来的问题上，把它们纳入到范围更广的综合问题中来。

* * *

1883 年,杰出的爱尔兰数论专家、牛津大学萨维利安几何教授亨利·约翰·斯蒂芬·史密斯(Henry John Stephen Smith)在他学术研究的壮年时期逝世,享年 57 岁。牛津邀请 70 多岁的西尔维斯特来接替这一空缺的职位。西尔维斯特接受了,这让他在美国的无数朋友感到非常遗憾。尽管家乡对他一点也不慷慨,但是他还是很想念家乡。也许这也给了他某种满足感,他觉得"被建筑师们丢弃的石头,同样成了重要的基石。"

这位了不起的老人来到牛津大学就职,担负起他的职务,以一种全新的数学理论("互反式"——微分不变量)浇灌他的高年级学生。任何赞美或公正的认可似乎总能激励西尔维斯特超越自己。虽然在他最新的工作中,法国数学家乔治·哈尔彭(Georges Halphen)在某些方面走在了他的前面,但他用他独特的方式在这项工作中打上了自己的烙印,并以其不可磨灭的个性使之充满活力。

1885 年 12 月 12 日,西尔维斯特 71 岁时在牛津大学发表了就职演说,他的激情和热情与他早年一样,也许更多,因为他现在感到安全,知道他终于得到了那个与他作对的势利世界的认可。从演讲中摘录的两段内容,可以让我们对演讲全文的风格有所了解。

"我将要阐述的理论,或者说我将要宣布诞生的理论,相对于'伟大的不变量理论'来说,不是妹妹的关系,而是弟弟的关系,虽然他出生较晚,但根据男性比女性更有价值的原则,或者无论如何,根据萨利法的规定,他有权在他的姐姐的地位之上,并在他们的联合王国中行使至高的权力"。

在评论某个代数表达式中莫名其妙地缺少一项时,他变得抒情起来。

"不过,在我们面前的例子中,这个意外缺席的家庭成员——它的出现本来是可以期待的——在我脑海中留下了印象,甚至达到了影响我情绪的程度。我开始把它想象成代数星座里的一颗失落的昴宿星。最后,在对这个问题的沉思中,我的感情在一首押韵的诗歌中、在一个愚蠢的游戏中得到了发泄,得到了解脱。我不免有些担心自己会显得古怪或放肆,我将冒昧复述这首诗歌。在我开始对一般理论做最后的评论之前,它至少可以作为一个插曲,或多或少缓解你们的紧张。

致一个代数公式诸项大家庭中缺失的一员

孤独和被抛弃的人啊! 你被命运所遗弃,

离开你渴望的伙伴们——你飘向何处?

你在失去亲友的地方徘徊

像某个迷途的星星或被埋葬的陨石。

你让我想起那自负之人

不愿凡庸,只愿伟大,

从浩渺的太空一头栽下。

独自凄凉地生活在孤独中;

或者就像新的赫拉克利特,承受艰难的流放,

时而被希望所鼓舞,时而被恐惧所折磨,

直到神圣的女神安斯特瑞亚将神秘的预兆

通过大西洋的怒涛,传输到他的耳畔

让他'敬畏缪斯的圣殿

把火焰撒向伊西斯的国土'。

在缪斯女神的泉水中养精蓄锐、沐浴了指尖之后,让我们回过头来,花一点点时间,简单地品尝一下理性的宴席,并把我之前的论述中自然产生的一些一般思考作为最后一道小吃,来款待我们自己。"

如果缪斯之泉是这个老朋友在这场惊人的理性盛宴中洗手指的钵,那么可以放心打赌的是,忠实的波尔多酒瓶一定在他手边。

西尔维斯特在他的著作中经常提及数学与艺术之间的紧密关系。因此,在一篇关于牛顿发现代数方程虚根公式的论文中,他在脚注中写道:"为什么不把音乐描述为感性的数学,把数学描述为理性的音乐呢?因此,音乐家感受数学,数学家思考音乐——音乐是梦境,数学是工作生活——当人类的智慧升华到尽善尽美的境地,在未来的某个时刻,莫扎特—狄利克雷或贝多芬—高斯将大放异彩,音乐和数学将在相互的交融中实现各自的完美状态——亥姆赫兹(Helmholtz)的天赋和努力已经清楚地预示着这种结合!"

西尔维斯特热爱生活,即使是在他不得不与之斗争的时候,也仍然是爱它的。如果有一个人从生活中得到了最好的东西,那就是西尔维斯特了。他引以为荣的是,伟大的数学家们,除了那些属于可避免的或意外的死亡者之外,都是长寿的,而且直到他们生命垂危的时候,思维依然是敏捷的。1869 年,他在英国数学会发表的就职演讲中,列举了过去一些最伟大的数学家的荣誉名册,并用他们逝世时的年龄来证实他的观点:……世界上没有哪门学科比数学更和谐地发挥所有心智的作用……或者像它这样,仿佛通过不断地启发,把他们提升到越来越高的、自觉的聪明人的境地……数学家活得长,活得年轻;灵魂的翅膀不会过早脱落,它的毛孔也不会被世俗生活中尘土飞扬的大道上吹来的泥土颗粒堵塞。"

西尔维斯特是自己哲学的鲜活例证。但即使是他最终也向时间低头了。1893 年,他 79 岁了,视力开始下降,他感到悲伤和沮丧,因为他再也不能像以前那样热情地讲课了。第二年,他请求解除他教授职位上更加繁重的职责。退休后,他孤独而沮丧地生活在伦敦或汤布里奇韦尔斯。他所有的兄弟姐妹早就去世了,他比他大多数最亲近的朋友更长寿。

但即使是现在,他的能力还没有完全枯竭。他的思想仍然充满活力,尽管他自己觉得他的创造力的锋刃已永远迟钝。1896 年末,在他 82 岁的时候,他在一个一直令他着迷的领域里重燃热情,他又开始研究复合分拆理论和哥德巴赫猜想,即每个偶数都是两个素数之和。

他的时间所剩无几了。1897 年 3 月初,他在伦敦的房间里从事数学研究时,中风瘫痪,丧失了说话能力。他于 1897 年 3 月 15 日去世,享年 83 岁。他的一生可以用他自己的话来概括:"我真的很喜欢我的学科。"

(贾随军　译)

第二十二章

名师与高徒

魏尔斯特拉斯(1815—1897)和柯瓦列夫斯基
(1850—1891)

●现代分析之父●魏尔斯特拉斯与他的同代人的关
系●智慧杰出的惩罚●被迫学法律,自己努力逃出●啤
酒和剑●新的开始●受古德曼的恩惠●泥潭中的 15
年●奇迹般的摆脱●魏尔斯特拉斯的生活问题●太多
的成功●索妮娅猛攻大师●他得意的学生●他们的
友谊●一个女人的感激●索妮娅悔悟,获巴黎大奖●魏
尔斯特拉斯赢得各种荣誉●幂级数●分析的算术化
●怀疑

在近代获得最大发展的理论,无疑是函数论。

——V.沃尔泰拉(V. Volterra)

一些年轻的数学博士,他们急于寻求能够施展才学的职位,因而常常问道:一个人在数学上是否能长期从事初等教学工作而又同时保持创造的活力? 这是可以做到的。布尔的一生,提供了部分的回答,而魏尔斯特拉斯这位"分析王子""现代分析之父"的经历则对此作出了完全肯定的回答。

在详细介绍魏尔斯特拉斯(Weierstrass)之前,我们先从编年的角度来看一看他与那些同时代的德国人的关系。这些人跟他一样,在 19 世纪后半叶和 20 世纪头 30 年间,每个人都至少使数学王国的一个广阔领域面目一新。1855 年也许可以作为一个方便的参考点。这一年,高斯去世了,这标志着同 18 世纪最卓越的数学家之间的联系到此中断。1855 年,魏尔斯特拉斯(1815—1897)40 岁,克罗内克(1823—1891)32 岁,黎曼(1826—1866)29 岁,戴德金(1831—1916)24 岁,而康托尔(1845—1918)还是个年方 10 岁的孩子。由此观之,要发扬高斯的伟大传统,德国的数学家是后继有人的,其时魏尔斯特拉斯声名初建;克罗内克崭露头角;黎曼一些最伟大的工作亦已告成;戴德金则正在跨入日后使他威名大振的(数论)领域,当然康托尔还是默默无闻。

我们列举出这些名字和生卒年月,因为所提到的四个人,他们许多最出色的工作虽然性质不同甚至互不相干,却会师于整个数学的中心问题之一,这就是无理数理论:魏尔斯特拉斯和戴德金实际上是重新展开了公元前 4 世纪欧多克索斯关于无理数和连续性的讨论；克罗内克，一位当代的芝诺，批判了魏尔斯特拉斯对欧多克索斯的修正，把魏尔斯特拉斯的晚年搅得很不愉快；康托尔则独创一格，开辟了一条崭新的道路去寻求对实无穷本身的理解，而根据某些人的看法，实无穷概念是包含在连续性概念之中的。魏尔斯特拉斯和戴德金的工作使分析的发展进入了现代时期，这就是在分析（微积分、复变函数论和实变函数论）中讲求严格的逻辑精确性的时期，它不同于以往一些作者所采用的不太严密的直觉方法，这种直觉方法对于启发新发现有难以估量的指导意义，但按照毕达哥拉斯学派对数学证明的衡量标准来看却毫无价值。正如我们已经指出的那样，高斯、阿贝尔和柯西开创了使分析严格化的第一阶段；魏尔斯特拉斯和戴德金发起的运动则把严格化提到了一个更高的水平，它能满足 19 世纪下半叶数学分析的更严密的要求，而先前的严谨性此时已不敷应用。

魏尔斯特拉斯有一项发现使直觉分析学派尤为震动，从而引起了对严格性的严肃注意：他作出了一条连续、但在任何点上都没有切线的曲线。高斯曾称数学是"眼睛的科学"；然而想要"看见"魏尔斯特拉斯摆在那些感官直觉的提倡者面前的这条曲线，单靠一双好眼睛是不够了。

对于每一个作用力，都有一大小相等而方向相反的反作用力，因而对严格性的这种修正自然也会招致反对。克罗内克进行了猛烈的甚至是恶意的攻击，他的攻击达到了使人反感的程度。他认为这种严格性没有任何意义。克罗内克虽然伤害了善良而德高望重的魏尔斯特拉斯，但对那些保守的同时代的人以及当时的数学分析却几乎没有什么影响。克罗内克的思想超前了一个时代。直到 20 世纪 20 年代，人们才开始认真考虑他对于广为接受的连续性和无理数学说提出的非难。今天，已经不是所有数学家都像克罗内克的某些同时代的人那样，认为他的攻击仅仅是出于对比他更有名的魏尔斯特拉斯的嫉妒。人们承认他那些令人不安的反对意见,可能是夹着一些重要的东西,但不会很多。不管有没有,当时克罗内克的批评,对于开辟现代数学推理严格化的第三个阶段却有一份功劳,这第三个阶段是我们正在努力亲身体验的。魏尔斯特拉斯并不是受克罗内克骚扰的唯一数学家;康托尔也因为他这位有影响的同事不怀好意的攻击而深感苦恼。所有这些人都将在适当的地方再作介绍;这里我们只是想说明:他们的生活与工作紧密交织在一起,至少构成了一幅华丽的图案的一角。

为了完成这幅图案,我们还必须指出魏尔斯特拉斯、克罗内克与黎曼之间以及克罗内克与戴德金之间的其他接触。我们记得,阿贝尔死于1829年,伽罗瓦死于1832年,雅可比死于1851年。在我们所讨论的这个时代,数学分析中一个突出的问题就是要进一步完善阿贝尔与雅可比关于重周期函数——椭圆函数和阿贝尔函数(参阅十七、十八章)的工作。魏尔斯特拉斯确实在某种程度上把自己看作阿贝尔的继承者;克罗内克在椭圆函数方面开辟了新的前景,但在阿贝尔函数领域里,他未曾同其他两个人进行竞争。克罗内克基本上是一位算术家和代数学家;他最出色的工作是对伽罗瓦方程论的深入研究与发展推广。这样伽罗瓦离世不久便有了一位当之无愧的继承者。

除了对连续性和无理数领域的进击,戴德金最富有创造性的工作是在高等算术方面,他革新了这一领域并使之臻于完善。在这方面,克罗内克是他的一位精明有力的对手,不过我们又一次看到他们所采取的途径是迥然不同的,恰好表现了这两个人的特征:戴德金借无限作庇护来克服代数数论中的困难(正如他的"理想"论,将在以后适当的章节中介绍);而克罗内克则寻求用有限方法来解决各种问题。

* * *

卡尔·威廉·西奥多·魏尔斯特拉斯(Karl Wilhelm Theodor Weierstrass),1815 年 10 月 31 日生于德国明斯特(Münster)区的奥斯坦菲尔德(Ostenfelde),他是威廉·魏尔斯特拉斯(Wilhelm Weierstrass,1790—1869)与其妻子西奥多拉·福斯特(Theodora Forst)的长子。父亲是一名受法国雇用的海关官吏。读者或许记得,1815 年是滑铁卢大战之年。法国仍然主宰着欧洲。同一年又恰逢俾斯麦降生,这位显赫的政治家一生的业绩在第一次世界大战中(如果不是更早的话)化作了废墟,然而,他那位在当时多少有点相形失色的同龄人对于科学和整个文明所做的贡献,如今却比在世之日受到了越来越崇高的评价。

魏尔斯特拉斯全家都是虔诚而开明的天主教徒,父亲可能是在结婚时由新教改奉天主教的。魏尔斯特拉斯有一个弟弟彼得(Peter,1904 年去世),还有两个妹妹克拉拉(Klara,1823—1896)和艾丽斯(Elise,1826—1898),她们后来终年如一地照料着魏尔斯特拉斯的生活。母亲在 1826 年生下艾丽斯之后不久便去世了,第二年父亲又结了婚。关于魏尔斯特拉斯的生母,所知甚少,只晓得她对自己的丈夫和婚姻抱着一种有克制的不满。魏尔斯特拉斯的继母是一位典型的德国家庭主妇,对于孩子们的智力发展,她的影响大概是微乎其微的。相反,孩子们的父亲却是一个重实际的理想主义者、一个有文化素养的人,曾当过一段时期的教师。他一生的最后 10 年,是在已经扬名于世的儿子的柏林家中安度晚年,他的两个女儿也住在那里。这些孩子中没有一个结过婚,虽然可怜的彼得曾表露过对结婚生活的渴望,但这种意向很快被父亲和妹妹压下去了。

孩子们纯朴的生活中,父亲的铁面无情、武断专横和普鲁士式的顽梗可能是引起不和谐的因素。他那无休无止的说教几乎毁了彼得的一生。对魏尔斯特拉斯他也差点做出同样的事情：他还没有真正弄清自己这个年轻有为的儿子的能力究竟表现在哪一方面，就想逼使他去从事一个根本不合适的职业。直到小儿子将近 40 岁的时候，老魏尔斯特拉斯还敢于训斥这个"孩子"并且干涉他的事务。至于魏尔斯特拉斯，幸亏他具有反抗精神。正如我们将要看到的那样，他跟他父亲的斗争——虽然他自己也许根本没有意识到他是在同这位"暴君"作斗争——采取了常见的方式：他把父亲为他安排的生活弄得乱七八糟。这是一种很巧妙的自卫，就好像他本来就有所策划似的，而最有意思的是无论他本人还是他父亲都没有想到正在发生什么事情，虽然魏尔斯特拉斯在 60 岁时写的一封信表明他至少已认识到了他早年困难的原因。魏尔斯特拉斯终于找到了自己的道路，然而这是一条漫长而曲折的道路，充满着艰难的探索。只有像他那样不修边幅、体格健壮、头脑强健的人，才能赢得最后的胜利。

魏尔斯特拉斯出世不久，全家就移居到威斯特伐利亚（Westphalia）的西高登（Western Kotten）。他父亲在那里担任盐务官。西高登，像魏尔斯特拉斯度过他一生中最好年华的其他沉闷萧条的小地方一样，在今日德国之所以闻名，仅仅是由于魏尔斯特拉斯这株天才的树苗曾经在那里被判为朽木，却没有枯萎凋谢；他第一篇公开发表的作品就是 1841 年在西高登写成的（时年 26 岁）。这个小乡镇没有学校，魏尔斯特拉斯被送到邻近的明斯特读书，14 岁时从那里进了帕德博恩（Paderborn）市教会预科学校。跟处在某种类似环境下的笛卡儿一样，魏尔斯特拉斯十分喜爱他的学校，并同那些有经验、有教养的老师交上了朋友。他只用比规定少得多的时间就学完了全套课程，并且一贯地保持着出色的成绩。1834 年他 19 岁从预科学校毕业。在预科学校，奖赏接二连三地落到他的头上，有一年他一共得了 7 项奖;他的德语总是保持第一,拉丁语、希腊语和数学这三门也至少有两门名列前茅。一个有趣的讽刺是他的书法从未获过奖,然而他后来曾被指定去给那些刚刚脱离妈妈管教的孩子们上写字课。

数学家常有一种对音乐的爱好,而魏尔斯特拉斯尽管兴趣广泛,却不喜欢任何形式的音乐,这倒很有意思。他对这门艺术毫无兴趣,也不愿装得有兴趣。在他成名之后,两位热心的妹妹想教他一点音乐知识,好让他在社交场合里显得更为融和。但只半心半意地上了一两节课,他就抛弃了这个索然无味的计划。音乐会使他感到厌倦,观看大型歌剧时他也会打瞌睡——如果她们能把他拉出去参加这类活动的话。

像他能干的父亲一样,魏尔斯特拉斯既是一个理想家,又是一个实干家——至少有一段时间如此。他在纯粹理论的学习中夺取了许多锦标,而同时,又能在 15 岁那年为自己找了个有收入的工作,去给一位经营火腿和奶油生意的女商人当会计。

所有这一切,对魏尔斯特拉斯的前途却产生了不幸的后果。像许多家长一样,老魏尔斯特拉斯从儿子的成功中引出了错误的结论。他是如此"推理"的:因为这孩子能赢得一连串的奖赏,所以他必定有一副好头脑——这一点大概无可非议;因为这孩子能替一个信誉良好的女商人把账目管得井井有条并获得报酬,所以他一定可以成为一名出色的簿记员。那么,对于簿记这一行来说,怎样才能攀到事业的顶峰呢?最好是到普鲁士文职政府机构——当然要到高级部门中去找肥缺。而为了得到这种机会,就需要有法律知识,来有效地为自己谋取利益并保护自己,免受欺诈。

根据这一套逻辑所推出的主要结论,老魏尔斯特拉斯便急忙把自己这个刚满 19 岁的天资聪颖的儿子,送到波恩(Bonn)大学去学习商业生意经和法律诉讼术。

　　然而魏尔斯特拉斯却无意于商业和法律。他把自己强壮的体格和聪明机智花费在击剑场上,并且忙于社交,整夜整夜跟朋友们一起借名不虚传的德国啤酒纵欢作乐。魏尔斯特拉斯这段少有的经历对那些目光短浅的哲学博士是何等警人的例子啊!这些人当了一段教师以后就灰心退缩,唯恐暗淡的前途从此永无光明。不过,要干魏尔斯特拉斯干过的事情,并能从中自拔,那至少也得有他的十分之一的体力和千分之一的脑力才行。

　　在波恩,人们发现魏尔斯特拉斯的剑术是百战不殆。他目光敏锐,击距长远,出手准确。加上那闪电般的速度,使他成为一个可望而不可即的对手。事实上他的确保持了不败的纪录:没有一道剑痕来装饰他的脸颊,在所有回合中他也从没有流过一滴血。我们不知道他在每次获胜之后的庆功宴上有没有被灌得酩酊大醉,许多谨慎的传记作者都回避这个问题,但任何仔细拜读过魏尔斯特拉斯的数学名著的人,都很难想象他这般强健的头脑会因半加仑啤酒而昏昏欲睡。他在大学里虚度的 4 年毕竟是平安无事地过去了。

　　波恩的经历对魏尔斯特拉斯有三点极为重要之处。首先,这段经历使他摆脱了父亲意志的束缚,却又丝毫没有伤害他对上当的父亲的热爱;其次,这段经历使他对于那些不及他那样天才的人们——对于他的学生们——的理想和抱负怀有深切的同情、体贴之心,这对他日后成为历史上最伟大的数学教师有直接的影响;最后,经过这段经历之后,他少年时代那种诙谐幽默、温敦善良的特点被固定下来成为终身不移的性格。因此,他的"大学时代"并不像他失望的父亲和忧虑的妹妹(更甭提胆小的彼得了)所认为的那样是无可挽回的损失——当魏尔斯特拉斯在波恩"虚度"了 4

年,没有带着任何学位回到悲伤的家人中间的时候,他们确是那样想的。

一场可怕的争吵发生了。他们训斥他——因为他是一个"从躯壳到灵魂都在患病"的人,这大概是脑子里装的法律和数学太少而肚子里装的啤酒太多所致;他们围着他,对他怒目而视,更糟糕的是他们开始像谈论一个死人一样来谈论他:对一具尸体又能做些什么呢?拿法律来说吧,魏尔斯特拉斯在波恩只有过一次短暂的接触,但这已经足够:他对一位法律博士候选人的强烈"反对"使院长和他的朋友们大吃一惊。至于在波恩的数学学习——那也是不值一提。朱利叶斯·普吕克(Julius Plücker)这位天才的数学家,本来能给魏尔斯特拉斯一些有益的帮助,却被繁忙的公务缠身,没有工夫来进行个别指导,魏尔斯特拉斯从他那里什么也没有学到。

但跟阿贝尔和其他许多一流的数学家一样,魏尔斯特拉斯在击剑饮酒之余也拜读了几本名著;他曾钻研过拉普拉斯的《天体力学》,这为他终生感兴趣的动力学和微分方程组研究打下了基础。当然,他那做小官的、有教养的父亲对这些是一窍不通的,他的驯服的弟弟和灰心的妹妹也听不懂他在说些什么。在他(她)们看来,单是这一点就够了:卡尔哥哥,一个普通家庭的骄子,在他身上寄托着这么多资产阶级的体面希望,父亲不顾经济的拮据负担他上了整整 4 年大学,可他竟两手空空地回来了,连一个学位也没有拿到。

几个星期以后,魏尔斯特拉斯家的一位通情达理的朋友,很同情魏尔斯特拉斯这个孩子,同时对数学有一种业余的爱好,便出了个主意:让魏尔斯特拉斯到就近的明斯特预科学校去准备州级教师考试。这并不能使年轻的魏尔斯特拉斯得到博士学位,但教师这个职业却可以提供一定的业余时间。只要他有良好的素质,就能借此而保持数学的创造力。魏尔斯特拉斯坦率地向学校当局作了"忏悔",同时请求给他一个机会作新的开端。他的请求被同意了。1839 年 5 月 22 日,魏尔斯特拉斯注册入学,为取得当中学教师的资格做准备。对于他日后在数学上的卓越成就来说,这真是关键之举,虽然当时魏尔斯特拉斯走这一步好像是种彻底的溃退。

在明斯特,有一件事改变了魏尔斯特拉斯的一切,那就是数学教授克里斯托弗·古德曼(Christof Gudermann,1798—1852)的出现。古德曼当时(1839)正在热心研究椭圆函数。我们记得,雅可比在 1829 年发表了他的《椭圆函数论新基础》。古德曼的精心研究[它们在克列尔(Crelle)的支持下,以一系列论文的形式发表在他的《数学杂志》上]现在虽已很少有人了解,但我们不能像一些赶时髦的人有时所做的那样,仅仅因为这些工作过时就低估了古德曼的影响。古德曼在他那个时代提出了看来是很有创造性的思想。发展椭圆函数论的途径多种多样,多得让人不安。某个时期某种特殊的方法似乎最好,但另一个时期另一种略微不同的理论又会时兴起来,备受宣扬。

古德曼的思想是以函数的幂级数展开作为一切研究的基础。(此处只陈述这个事实,其意义在后面介绍魏尔斯特拉斯工作的主要动机之一时就会明白)这确是一个很好的新思想。多年来,古德曼一直以德国人那种彻底的精神竭力加以探索,但他多半未能认识到这个绝妙思想的深远意义,他本人也未能将其贯彻到底。这里要指出的一个重要事实是:魏尔斯特拉斯使幂级数理论——古德曼的新思想——变成了自己在分析方面全部工作的核心。他的思想来源于古德曼,他听过古德曼的课。后来,每当谈论到他在分析中发展的那些方法的范围时,魏尔斯特拉斯总喜欢对别人说:"除了幂级数什么也没有!"

古德曼关于椭圆函数(他用别的名字来称呼它们,但这无关紧要)的课程开课的第一讲有 13 名听众,但这位主讲先生过分陶醉于自己所选择的课题,很快就离开了基础内容而升腾到纯粹思维的高空,实际上是在那里独自飞翔。到第二堂课时,就只有一个人来听了,古德曼却很高兴。这位坚定的听众就是魏尔斯特拉斯。从那以后,再没有哪个不谨慎的第三者敢来冒犯这位主讲老师和他的唯一学生之间的神圣交流。古德曼和魏尔斯特拉斯又同是天主教徒,他们在一起相处得很融洽。

对于古德曼的苦心栽培,魏尔斯特拉斯感激不尽。成名以后,他总是抓住每一个机会——越公开越好——来表达这种感激之情。古德曼的帮助绝不是无足轻重。并不是每一个教授都能给出像魏尔斯特拉斯所受到的这种启示——即把函数的幂级数表示作为一个出发点。除了椭圆函数论课程,古德曼还给魏尔斯特拉斯作关于"解析球面几何"——且不论这是什么——的私人讲授。

1841 年,魏尔斯特拉斯 26 岁,他参加了教师资格考试。这次考试分笔试和口试两部分进行。作为笔试,他须在 6 个月内就 3 个题目写出使主考人满意的论文。第三个题目引出了一篇讨论中学教学中苏格拉底法的出色论文,当魏尔斯特拉斯成为世界一流的大学数学教师之后,他还极其成功地使用着这种方法。

一个教师——至少是教比较高深的数学的教师——的成败可由他门下的学生来判断。如果学生们对于他的"极其清晰的讲演"表现出热情,并能做详细的听课笔记,但在他们获得高级学位以后,却不能独立进行创造性的数学研究,那么他作为一个大学教师是绝不称职的。对他来说,最合适的工作——如果能找到的话——是到一所中学或不大的预科学校去教书,那里的培养目标是驯良的绅士,而不是独立思想家。魏尔斯特拉斯的演讲是完美的典范,但如果它们仅仅是精湛的讲解,那从教学法的角度来看就毫无价值了。除了形式的完美,魏尔斯特拉斯的演讲还有某种听不见摸不着、被称为灵感的东西。他从不夸夸其谈,把数学说得至高无上,也决不装腔作势,自吹自擂,而是想方设法把他的一大部分学生教育成有创造性的数学家。

魏尔斯特拉斯参加的考试将使他有可能在一年见习之后正式获得中学教师的职位,这是同类考试记录中最不寻常的一次。魏尔斯特拉斯呈交的论文,其中有一篇也许是历届教师资格考试所曾收到的最深奥玄妙的作品了。由于考生本人的请求,古德曼给魏尔斯特拉斯出了个真正的数学问题:求椭圆函数的幂级数展开。事情不止于此,但上面所说的却是最有意思的部分。

假如古德曼关于这篇论文的报告能受到重视,魏尔斯特拉斯生活的历程会是另一个样子了,然而这份报告中本来可以使魏尔斯特拉斯时来运转的地方却没能产生任何实际的影响。古德曼在这份正式报告的附言中指出:"该问题是应考生本人要求,经考试委员会同意而出的,一般而论,它的难度远远超出了一个青年分析学者的能力。"魏尔斯特拉斯的书面论文被接受了,同时又成功地通过了口试,他得到了一个他在数学方面的最初贡献的特殊证明。在说明了这位考生所做出的工作并指出这项研究所表现的创造性及某些结果的新奇之处后,古德曼宣称,这篇论文显露出了一位杰出的数学人才,"只要他不被荒废埋没,必定会对科学的进步作出贡献。为了作者本人和科学起见,不应该让他去当中学教师,而应提供有利条件,促使其能在学术指导方面发挥作用……由此,按照生而有之的权利,该生将能跨入著名发明家的行列。"

这些评语,古德曼还在一些地方加了着重号,在正式报告中却被人一笔勾销了。魏尔斯特拉斯得到了教师资格证书,而这就是一切。他 26 岁开始当中学教师,这个职业吞噬了他将近 15 年的光阴,包括 30 岁到 40 岁的 10 年,而这段时间通常被认为是科学工作者一生中最多产的黄金岁月。

他的日常工作极为繁重。只有具有钢铁一般意志和极为坚强的体格的人才能做魏尔斯特拉斯所做过的事情。晚上是归他自己支配的。他过着双重的生活,他既没有陷入单调无味的工作而变成一个麻木迟钝的人(他决不会这样),也没有摆出一副乡村学者的架势,沉迷于难为一般人理解的神秘玄想。魏尔斯特拉斯后来总喜欢带着暗自得意的神情,追忆他用以愚弄那些快活的政府官员和青年军官的方式;他们发现这位和蔼可亲的中学教员是个忠实可靠的朋友和活泼风趣的酒伴。

但是,除了偶尔夜出而结交的这些愉快的酒友,魏尔斯特拉斯还有另一个不为他那些无忧无虑的伙伴们所知道的朋友——阿贝尔,陪伴他度过了许多不眠的长夜。他自己说过,阿贝尔的著作永远不离开他的案头,当他已经成为全世界头号的分析学家和全欧洲最伟大的数学教授,他对所有的学生总是用同一句话来作为第一次见面和最后分手时的忠告:"读读阿贝尔!"他对这位挪威人怀着无限的敬慕,从未因嫉妒的阴影而衰淡。"阿贝尔,这幸运的家伙!"他曾这样说道:"他做了永恒的工作! 他的思想将永远影响我们的科学,使她丰富多产。"

同样的话也适用于魏尔斯特拉斯本人。他以创造性的思想丰富了数学科学,这些思想绝大部分是他在穷乡僻壤当一名默默无闻的中学教师时完成的。那里看不到任何高等数学的书籍,当时又值德国经济萧条时期,对一个教师来说,一封信的邮资就将耗去他一周所得微薄薪金的可观部分,魏尔斯特拉斯付不起邮资,连科学通信也无法进行。这种困难的境况也许反倒变成了好事:因为不受时髦思想的束缚,他的独创精神得到了发展。坚持独立的见解,成为他后来研究工作的特征。他的讲演,总是力求从最基本的东西出发,用他自己的方法来展开全部内容,很少参考其他人的工作。这就使得他的听众有时很难分清,哪些是老师的见解,哪些是别人的东西。

对于学数学的读者来说,分析一下魏尔斯特拉斯科学生涯的若干阶段可能是有益的。在明斯特预科学校当了一年见习教师之后,魏尔斯特拉斯写了一篇解析函数方面的论文。在这篇文章中他独立地得到了柯西积分定理——即所谓分析基本定理。1842 年,魏尔斯特拉斯听说了柯西的工作,但他没有出来争优先权。(实际上高斯早在 1811 年就比他们两个领先发现了这条定理,但他一如旧习,觉得自己的工作尚不成熟而将它束之高阁。)1842 年,魏尔斯特拉斯 27 岁,他把自己发展的方法应用于微分方程组——诸如在牛顿三体问题中出现的那些方程;他的处理是成熟的、严格的。魏尔斯特拉斯做这些工作没有想到发表,只是为他一生(在阿贝尔函数方面)的工作奠定基础。

1842 年,魏尔斯特拉斯成为西普鲁士(West Prussia)德意志克朗(Deutsch-Krone)初级中学的数学和物理助理教师,并很快被晋升为正式教师。除了前面提到的科目,这位欧洲未来的头号分析学家还教过德文、地理以及由他负责照管的孩子们的写字课,1845 年又添了一门体育课。

1848 年,魏尔斯特拉斯 33 岁,转到布伦斯堡(Braunsberg)预科学校任正式教师。这算是一种升迁,却很有限。校长是个难得的好人,他尽自己能力帮助魏尔斯特拉斯,虽然他对这位同事的杰出才华只有一个模糊隐约的概念。这所学校以一个小小的图书馆而自豪,馆内有经过精心挑选的数学与其他科学藏书。

就在这一年,魏尔斯特拉斯曾经有几周的时间暂时离开对数学的钻研而热衷于一场小小的恶作剧。当时德国在政治上有些混乱;忍耐的德国人民传染了自由的菌苗,至少有一些勇敢分子开始踏上武力争取民主的征途。执政的保皇党对一切没有充分颂扬君主政体的演说和文字实行了严格的检查制度。报纸上开始出现一些短小精悍的自由赞歌,当局当然不能容忍这破坏法律和秩序的行为。当布伦斯堡忽然涌现出一大群民主诗人,在尚未受到检查的地方报纸上歌颂自由时,惊慌的政府急忙指派了一名地方文职官员来担任检察官,然后便去睡大觉,以为一切都会好起来的。

不幸这位检察官先生对于一切形式的文学艺术,尤其是对于诗歌有一种强烈的反感。他根本不能让自己坐下来去读一读这些材料。他把自己的监督范围限于用蓝铅笔删改那些单调的政治散文,而把所有文学作品的审阅交给中学教师魏尔斯特拉斯去做。魏尔斯特拉斯很乐意干这桩差事。他知道无论哪一首诗歌,这位正式的检察官决不会瞧上一眼的,于是便设法让最有鼓动性的作品在检察官的鼻子底下完全合法地登载出去。这一招使当地百姓欢欣鼓舞,拍手称快,直到一位高级官员出来干涉,这场滑稽才告结束。检察官当然是负正式责任的罪人,魏尔斯特拉斯却因此平安无事。

德意志克朗这个偏僻的小乡村,很荣幸地成为魏尔斯特拉斯(于1842—1843年)生平第一次发表文章的地方。当时德国中学发行一种不定期的教学"简介",其中也刊登一些教师的文章。魏尔斯特拉斯投了一篇稿——《关于解析析因的评论》(*Remarks on Analytical Factorials*)。这个题目无须解释,有意思的是析因问题曾使老一代分析学家绞尽脑汁而徒劳无获。直到魏尔斯特拉斯钻研了这个问题,才抓住了事情的关键。

我们记得,克列尔也写过许多关于析因的文章。我们并已看到,当阿贝尔冒失地写信指出克列尔的文章有严重缺陷时,他是如何感到有兴趣和加以认真考虑的。克列尔现在又出场了,并且再一次表现出对阿贝尔所表现的同样高尚的精神。

魏尔斯特拉斯这篇文章写成后过了 14 年——直到 1856 年才正式发表。克列尔把它刊登在自己主编的《数学杂志》上,其时魏尔斯特拉斯已经出名。克列尔承认魏尔斯特拉斯的严格处理清楚地暴露了自己工作中的错误,他接着说道:"我在工作中决不抱任何个人私见,也绝不是为了沽名钓誉,而仅仅是为了尽最大努力接近真理;不论是谁走近了真理——不论是我自己还是其他任何人,对我来说都一样,只要是更接近真理就行!"克列尔不是那种神经过敏的人,魏尔斯特拉斯也不是那样的人。

不管德意志克朗这个小小的村镇在政治或商业地图上是否显眼,在数学史上,它却像一座帝国的都城一样巍然屹立,因为正是在这里,魏尔斯特拉斯,在既无图书馆又没有任何科学联系的情况下,奠定了他一生事业——即"完成由阿贝尔定理和雅可比多元重周期函数的发现而发展起来的、阿贝尔与雅可比二人都毕生从事的研究"——的基础。

魏尔斯特拉斯认为,阿贝尔正当年轻有为之时不幸夭折,因而没有机会对自己的伟大发现去穷根究底。雅可比也未能清楚地认识到:他的工作的真正意义,应该到阿贝尔定理中去寻找。"巩固和扩充这些宝贵财富——即完成实际展示这些函数并确定其性质的任务——仍是数学的主要问题之一。"魏尔斯特拉斯宣称一旦对这个问题有了深刻的理解并具备必要的工具之后，他就将全力以赴来研究它。后来他告诉别人这方面的进展是如何的缓慢："方法的制定和其他困难的问题占据了我们的时间。由于不利环境的阻碍，在我触及这个主要问题本身之前，花费了好多年的光阴。"

魏尔斯特拉斯在分析方面的全部工作，可看作对他所说的这个重要问题的总攻击。孤立的结果，特殊的方法，甚至还有那些推广的理论——例如他所建立的无理数理论——全都发源于这一中心问题的某个方面。他早就确信：为了能清楚地理解他正在努力探讨的东西，必须对数学分析的基本概念进行彻底的修正。从这一信念出发，他又过渡到另一个现在看来也许比中心问题本身更为重要的问题：分析必须建立在普通整数 1，2，3，… 的基础之上。无理数，赋予我们极限和连续的概念，从而成为分析的本源，也必须按照无可违背的推理而归结为整数；不严格的证明必须抛弃或重做，缺陷和漏洞必须填补，含糊的公理必须用怀疑和批判的眼光严加审查，直到一切变得清楚明了，一切都是用容易理解的整数语言来叙述为止。这在某种意义上就是毕达哥拉斯希望以整数作为全部数学的基础的梦想，然而魏尔斯特拉斯却使这一纲领获得了明确的构造意义，并能付诸实施。

这样就开创了 19 世纪著名的"分析算术化"运动——它与我们将在后面一章中介绍的克罗内克的算术化计划不同。事实上，这是两条相互对抗的途径。

这里顺便指出，魏尔斯特拉斯对自己一生研究工作的计划以及他所获得的巨大成就（其中大多数问题是他像一个青年人应该做的那样，自己向自己提出的），有力地证明了克莱因对一位学生的忠告的价值。这位对数学研究感到困惑的学生向克莱因请教"数学发现的奥秘"。"你必须有一个问题。"克莱因回答说，"选定一个目标，然后朝着它勇往直前。你也许永不能抵达目的地，但一路上却会发现许多有趣的东西！"

从1848年开始，魏尔斯特拉斯从德意志克朗迁移到布伦斯堡，在那里的皇家教会预科学校教了6年书。该校1848—1849年的"简介"刊登了魏尔斯特拉斯的一篇文章——《对阿贝尔积分论的贡献》。这篇文章大概使当地人吃了一惊。要是这篇文章有机会落到德国任何一位职业数学家手中，魏尔斯特拉斯也许就会从此一举发迹。但正如他的瑞典传记作者米达格-莱弗勒（Mittag-Leffler）一针见血指出的那样：没有人会到中学简介中去寻找有划时代意义的纯数学论文的。魏尔斯特拉斯大概也只好用他的文章去点烟斗了。

他下一步的努力就走得比较远了，1853年（魏尔斯特拉斯38岁）暑假是在他父亲位于西高登的家中度过的。魏尔斯特拉斯利用假期写了一篇阿贝尔函数的论文。论文完成后，他把它寄给了克列尔的著名的《数学杂志》。文章被接受了，并在第47卷（1854）上发表出来。

也许就是这篇文章的写作引出了魏尔斯特拉斯在布伦斯堡教师生活中的一段趣闻。一天早晨，从魏尔斯特拉斯教的那个班上传来一阵喧嚷之声。校长先生觉得奇怪，赶去一看，发现魏尔斯特拉斯不在班上。他急忙跑到魏尔斯特拉斯的住所，敲门进去，看见魏尔斯特拉斯正坐在昏暗的灯光下凝神思考。房间的窗帘还没有拉开，原来他已工作通宵，竟没有注意到黎明的到来。校长提醒说，天已大亮了，并告诉他班上的学生正在胡闹。魏尔斯特拉斯却回答说他正在思索一项会引起科学界关注的重要发现，不能中断工作。

这篇发表在1854年克列尔的《数学杂志》上的阿贝尔函数的论文轰动

了一时。这篇杰作出自一位身居僻地的无名教师之手。在柏林,还从来没有人听说过他的名字,这本身就够令人惊异了。但对那些知道这篇文章分量的人来说,更为惊异的是这位孤独无援的作者从未发表过一篇阶段性的文章来宣布自己的研究进展,而是以令人敬佩的自我克制,在大功告成以前将各种结果隐而不宣,这种做法几乎是没有先例的。

10年之后,魏尔斯特拉斯在给一位朋友的信中对自己这种科学上的沉默作了谦虚的解释:"……在(担任中学教师)那些年头里,要是没有艰苦的研究工作,无边的空虚和烦闷将会令人难以忍受,这些艰苦的工作使我变成孤独的隐士——虽然在我的朋友圈子里,在那些包含贵族、律师和青年军官的人眼里,我是一个愉快的好伙伴……,现状不值一提,而谈论将来又不是我的习惯。"

社会承认接踵而来。在柯尼斯堡(Königsberg)大学,雅可比曾在该领域取得了巨大的成就,而在魏尔斯特拉斯此刻带着超乎寻常的杰作阔步迈进了同一领域,那里有一位数学教授里什洛(Ridielot),堪称是雅可比在多元周期函数论方面的继承人。他那专家的眼光立即洞察了魏尔斯特拉斯工作的价值,便很快说服了自己所在的大学授予魏尔斯特拉斯荣誉博士学位,并亲自前往布伦斯堡颁发证书。

在布伦斯堡预科学校校长为庆祝魏尔斯特拉斯成功而举行的一次午宴上,里什洛发表讲话说:"魏尔斯特拉斯先生是我们所有人的老师!"教育部立即晋升魏尔斯特拉斯,并给了他一年的假期离职从事科学研究。克列尔的《数学杂志》的编辑博查特也赶来布伦斯堡祝贺这位全世界最伟大的分析学家,他们之间建立了真挚的友谊。这份友谊保持了四分之一世纪,直到博查特去世为止。

魏尔斯特拉斯并没有因为这一切而沾沾自喜。如此迅速而慷慨的承认，使他深受感动，但他却禁不住想到自己的过去。若干年之后，当回眸自己 40 岁时所经历的幸福转机以及由此而开辟的灿烂前程，魏尔斯特拉斯不无感慨地说道："生活中这一切都来得太迟了。"

* * *

魏尔斯特拉斯再也没有回到布伦斯堡。当时并无合适的位置可以提供给他，德国一流的数学家们尽了最大的努力克服困难，终于帮魏尔斯特拉斯在柏林皇家工学院找到一个数学教授的位置。任命的日期是 1856 年 7 月 1 日；同年秋天，他又成为柏林大学教授（兼任前述职务），同时被选进了柏林科学院。

由于新的工作环境所引起的兴奋，以及繁重的教学负担，魏尔斯特拉斯不久得了神经衰弱。紧张的研究工作也使他积劳过度。1859 年夏天，他被迫停止教课去休养治疗。秋天他重返岗位继续工作，看上去像是恢复了健康，但翌年三月，又屡遭头晕的袭击，末后竟在一次讲课中晕倒了。

他一生其余的时光，不时地受着这同一种病痛的侵扰。经过眼前这次发作，恢复工作以后——作为正教授，负担已减轻了许多——他再也不敢自己在黑板上写公式了。他习惯于坐在能同时看到整个班级和黑板的地方，向一个学生代表口授应该写到黑板上的内容。这些"代言人"当中有一位，总是冒失地想改进一下老师要他往黑板上写的东西。每当这种时候，魏尔斯特拉斯就会站起来，擦掉这位不守本分的学生的努力，让他照原来告诉他的那样写。这位教授和那倔强的学生之间的较量，有时会持续好几个回合，不过，到头来总是魏尔斯特拉斯获胜。他对付调皮捣蛋的孩子是很有经验的。

魏尔斯特拉斯的成就名扬全欧洲(稍后又传到美洲),他班上的学生人数开始难以控制地膨胀起来,他有时很懊丧于听课的学生在质量上远远落后于迅速增长的数量。虽说如此,他还是在自己周围聚集了一批极有才华的青年数学家,他们绝对忠实于自己的老师,并且作出巨大努力去传播老师的思想。因为魏尔斯特拉斯在发表成果方面总是十分迟缓,要不是这些弟子们自发地宣传他的那些讲演,他对于 19 世纪数学思想的影响恐怕就要小多了。

对于学生们来说,魏尔斯特拉斯总是那样平易近人,那样真诚地关心着他们的各种问题,无论是数学的还是个人的问题。他身上没有丝毫"大人物"的架子,他喜欢跟任何愿意陪伴他的学生——他们的数量又是如此之多——一起散步回家,就像跟他的最著名的同事们并肩散步一样兴高采烈。如果这个同事恰好是克罗内克,他就更加高兴。当他跟几个最忠实的弟子一起围桌而坐,面前放上一杯酒,那是最大的乐事了。这时,他好像又回到了学生时代,并且每次都坚持要替大伙付账。

有一件(关于米达格-莱弗勒的)轶事,也许说明 20 世纪的欧洲已经部分地丧失了它在 19 世纪 70 年代所曾表现过的东西。当时,普法战争(1870—1871)虽然使法国对德国怀有敌意,但数学家之间依旧欣赏彼此的成就,而不以国籍论高低。在拿破仑战争期间,英法两国数学家也曾同样地保持着相互的尊敬。1873 年米达格-莱弗勒从斯德哥尔摩来到巴黎。一切都安置就绪后,他满怀热情地准备在埃尔米特指导下学习数学分析。"您错啦,先生。"埃尔米特对他说:"您应该到柏林去听魏尔斯特拉斯的课。他是我们所有人的老师!"

米达格-莱弗勒听从了这位宽宏豁达的法国人的忠告,并且不久就作出了重大发现，他的这项发现在今天所有的函数论著作中都可以看到。
"埃尔米特是一个法国人，一个爱国主义者。"米达格-莱弗勒发表感想时
说："同时我也了解到，他是一位真正的数学家！"

* * *

魏尔斯特拉斯在柏林担任数学教授的那些年头（1864—1897），人们对
这位被公认为世界一流分析学家的人充满了科学与人文方面的兴趣。这
种兴趣的一个侧面，在纯粹的科学传记中也许一笔带过就行了，这里却需
要多用些笔墨，这就是魏尔斯特拉斯和他最得意的学生索妮娅（或称索菲
娅）·柯瓦列夫斯基（Sonja Kowalewski）的友谊。

柯瓦列夫斯基夫人结婚前的名字是索妮娅·柯文-克鲁科夫斯基
（Sonja Corvin-Kroukowsky）；她 1850 年 1 月 15 日生于俄国莫斯科，1891
年 2 月 10 日卒于瑞典斯德哥尔摩，比魏尔斯特拉斯早去世 6 年。

索妮娅 15 岁开始学数学，到 18 岁时已经取得长足的进步而准备学习
高等课程了。她醉心于数学。由于她出身于一个富裕的贵族家庭，因而得
以实现出国深造的抱负并进了海德堡大学。

这位天赋极高的姑娘后来不仅成了近世最卓越的女数学家，并且兼享
着妇女解放运动领袖的声誉，对于改变妇女长期无权进入高等教育领地的
状况贡献尤为卓著。

与此同时，她还是一位出色的作家。少女时代，她曾在数学和文学二
者之间犹豫良久，不能抉择。当她完成数学方面最重要的工作（后面要提
到的那篇获奖论文）之后，作为一种休息，她转向文学创作，写了一部回忆
她在俄国时的童年生活的小说（最初是用瑞典文和丹麦文发表的）。关于

这部作品,当时报刊报道说:"俄国和斯堪的纳维亚的批评界一致公认,无论从文风还是从思想看,索妮娅·柯瓦列夫斯基都足以与俄国文坛最优秀的作家媲美。"不幸由于她过早去世,这极有希望的开端也陷于夭折,她的其他文学作品只残留一些片段。她仅有的那部小说后来被译成了多种语言出版。

魏尔斯特拉斯虽然终身未娶,却也不是那种一见漂亮女人就开溜的怯懦的单身汉。而索妮娅,据认识她的人的权威判断,是非常漂亮的。我们必须先交代一下她跟魏尔斯特拉斯是如何相识的。

魏尔斯特拉斯喜欢以充满人性的方式度暑假。但 1870 年,普法战争迫使他放弃了通常的夏季旅行,留在柏林讲他的椭圆函数论。由于战争,他班上只剩下 20 多名学生,而两年前听他这门课的人却有 50 人之多。1869 年秋,索妮娅·柯瓦列夫斯基,这位刚满 19 岁的妙龄女郎,刚好在海德堡(Heidelberg)大学利奥·柯尼希斯贝格尔(Leo Königsberger,1837 年生)门下学习椭圆函数论,在那里她还听过基尔霍夫(Kirchhoff)和亥姆赫兹的物理课,并且在一种十分有趣的情况下遇见了著名化学家本生(Bunsen,稍后我们就要讲到这件事)。柯尼希斯贝格尔是魏尔斯特拉斯最早的门生之一,并且是自己老师的一流的宣传家。索妮娅为老师的热情所动,决定直接投拜这位数学大师,接受他的指导和启发。

在 19 世纪 70 年代,未婚女学生的身份有些特殊。为了预防流言,索妮娅在 18 岁订了婚约,举行了名义上的婚礼,把丈夫留在俄国,自己动身去德国求学。她与魏尔斯特拉斯相处中有一个疏忽的地方,就是没有在一开始就告诉他自己已经结了婚。

索妮娅想拜这位数学大师本人为师,决心既下,便鼓起勇气,到柏林去求见魏尔斯特拉斯。她,芳龄二十,诚恳热切,态度坚决;他,已经 55 岁,由于铭记着古德曼愿收自己为徒,而使自己成长为一名数学家的培育之恩,因而对青年人的雄心壮志总是抱着同情、理解之心。为了掩饰自己紧张的心理,索妮娅戴了一顶很大的帽子,帽边松垂,"以致魏尔斯特拉斯看不清她那双美丽明亮的眼睛,而这双眼睛,当她愿意时,有着一种不可抗拒的说服力。"约两三年后,有一次魏尔斯特拉斯访问海德堡,本生(一位脾气乖戾的单身汉)告诉他说索妮娅是个"危险的女人"。看到这位朋友那副害怕的神态,魏尔斯特拉斯乐不可支,因为本生竟不知道魏尔斯特拉斯给索妮娅作经常的个别授课已经两年多啦。

可怜的本生,他对索妮娅的评价是以一段个人的痛苦往事为依据的。曾经有很长时期,他一直宣称不许任何女人,尤其是俄国女人来侵犯他实验室的男人的尊严。索妮娅有个俄国女朋友,很想到本生实验室去学化学,却被本生撵了出来,于是便向索妮娅求援,让她去对这位顽固的化学家试试口才。索妮娅把帽子丢在家里,连忙去找本生。本生好像是中了索妮亚的魔法似的,居然答应了收她的朋友作实验室的学生。直到索妮娅走后,他才如梦初醒,恍悟过来。"就是这个女人,她让我自食其言了",他哀叹地对魏尔斯特拉斯说道。

首次访晤,索妮娅的一片诚心赢得了魏尔斯特拉斯的好感。他随即给柯尼斯伯写信了解她的数学才能并询问"这位小姐的人品是否为成功提供了必要的保证"。他收到的是一封热情洋溢的回信,于是就向大学评议会请求批准索妮娅来大学听自己的数学课。魏尔斯特拉斯的请求遭到粗暴拒绝,他便决定用个人的业余时间来指导她。每星期日下午,魏尔斯特拉斯在自己的寓所给索妮娅上课,另外他每周还回访一次。上了几次课后,索妮娅便不再戴她那顶帽子了。这些课程从 1870 年秋天开始,一直持续到 1874 年秋天,除了假期或生病,从不间断。如果因为某种原因不能见面,他们便通信联系。1891 年索妮娅去世后,魏尔斯特拉斯焚烧了她给他的全部信件,一起付之一炬的还有许多别的信件,可能还有若干篇数学论文。

魏尔斯特拉斯与这位美丽动人的青年朋友之间的通信,充满着热烈的人间情谊,甚至在信的大部分篇幅讨论数学时也是如此。这些信件中有许多无疑具有重要的科学价值。遗憾的是,索妮娅在书信方面不是个井井有条的女人,她身后只留下一堆凌乱不堪的断篇残简。

魏尔斯特拉斯本人在这方面也不是没有漏洞。他常把尚未发表的手稿借给身边的学生,自己既不留记录,学生们也未必奉还。有的人甚至厚颜无耻地将老师的工作改头换面,弄得乱七八糟,然后当作他们自己的结果拿出去发表。魏尔斯特拉斯虽然也曾在给索妮娅的信中抱怨过这种剽窃行为,但他最感恼恨的并不是这些人的偷窃行径,而是在于他们那种有损于数学的、草率而拙劣的修改。索妮娅决不会做这种事情,但在别的方面她也并不是完全无可指责。魏尔斯特拉斯曾把他非常重视的一篇未发表的手稿寄给索妮娅,但以后就再没见过这篇文章的影踪。她显然是将这篇手稿丢失了,因为(根据魏尔斯特拉斯的信件判断)每当魏尔斯特拉斯提起它来,索妮娅总是谨慎地避开这个话题。

为了补偿这一过失,索妮娅想竭力帮助魏尔斯特拉斯对其余未发表的工作多加小心。魏尔斯特拉斯有个习惯,外出旅行时总要带着一只白色的大木箱,里边装着他所有的工作笔记和各种未完成的手稿。对于任何一项理论,他总要反复推敲,直到找出一种能发展该项理论的最好、最自然的表达方式。结果他发表东西总是很迟缓,并且只有当他能用某种首尾一贯的观点将一个课题研究得极为透彻以后,才肯署上自己的名字拿出去发表。据说他有好几项初具轮廓的研究方案都藏在那只神秘的木箱里。1880年,魏尔斯特拉斯在一次休假途中将这只箱子丢失了,打那以后,就再没有听说过这只箱子。

1874 年,索妮娅缺席接受了格丁根大学的博士学位,接着便回到俄国休息。长期的兴奋和过度的工作已使她疲惫不堪。她的名声早已传到国内。在圣彼得堡繁忙的社交季节,她被卷进了徒耗精力又无益处的社交活动,这成了她的"休息"。而此时此刻,魏尔斯特拉斯却在柏林跟欧洲各国牵线联系,希望能替自己最宠爱的学生找一个与她的才能相称的职务。他的努力毫无结果,这激起了他对学术界狭隘的传统观念的憎恶。

1875 年 10 月,魏尔斯特拉斯从索妮娅那里获知她父亲亡故的消息,便去信亲切慰问,但索妮娅显然没有回信。此后大约整整有 3 年时间,她完全退出了魏尔斯特拉斯的生活。1878 年 8 月,魏尔斯特拉斯写信问她是否收到过他的一封信,这封信是很早以前发出的,他已记不清具体日期。"你没有收到我的信吗?还是有什么别的原因阻碍你像从前那样向你最亲密的朋友(这是你往常对我的称呼)自由吐露思想? 这是一个谜,只有你才能解开……"

在这同一封信中,魏尔斯特拉斯不无忧虑地请求她出来澄清关于她已抛弃数学的传闻:切比雪夫(Tchebycheff),一位俄国数学家,出国时拜访过魏尔斯特拉斯并曾告诉博查特(Borchardt)说索妮娅已"走向社会",事实也确实如此。"来信寄到柏林,地址照旧",魏尔斯特拉斯在信尾写道,"我肯定会收到的"。

男人对男人的忘恩负义本不罕见,而索妮娅现在的做法却说明一个女人沿着这条路能滑多远。她有整整两年没给她的老朋友回信,虽然她明知他心情忧郁,并且健康不佳。

回信终于来了,但却令人失望。在索妮娅身上,女性已暂时战胜了雄心,她跟丈夫在一起愉快地生活着。不幸的是,她成了一群庸俗的艺术家、记者和无聊文人阿谀奉承的对象,这些人喋喋不休地夸奖她的无比天才。这种肤浅的颂扬把她捧得真有点飘飘然了。假如索妮娅经常来往的是一些与她智力相当的人,那她大概仍会像从前一样正常地生活,保持着对科学的热情,并且也不会像现在那样不公道地对待那个曾经培养了她科学才能的人了。

1878 年 10 月索妮娅的女儿芙菲(Foufie)出生。

产后被迫的宁静生活,又重新唤醒了这位母亲心中沉睡已久的数学兴趣,她于是提笔写信给魏尔斯特拉斯请求给予技术指点。魏尔斯特拉斯回信说要先查阅一下有关文献才能发表意见。尽管她怠慢了他,他仍然准备慷慨相助,他唯一感到遗憾的,是她长期的沉默使自己失去了帮助她的机会(他在 1880 年 10 月一封信中表示了这一点)。"但我不愿谈论太多过去——让我们放眼将来吧!"

物质生活的困苦使索妮娅看到了真理。她生来就是个数学家。她离不开数学,就像鸭子离不开水一样。1880 年(她 30 岁)10 月,她再次写信请求魏尔斯特拉斯的指导。没等到魏尔斯特拉斯回信,她就急忙打点行装离开莫斯科去柏林。要是先收到魏尔斯特拉斯的回信的话,她大概就不会去了。尽管如此,当处于迷惘中的索妮娅出其不意地来到柏林后,魏尔斯特拉斯还是挤出了整个一天的时间来帮助她分析她所面临的困难。他一定是跟她作了一次出色而又坦率的谈话,因为索妮娅 3 个月之后回到莫斯科,便一头栽进了数学研究,以至那班逍遥的朋友和无知的清客都觉得她像是判若两人了。根据魏尔斯特拉斯的建议,她开始钻研光线在晶体介质中的传播问题。

1882 年,他们之间的通信出现了两个新情况。其中之一是有数学意义的,另一个情况则是魏尔斯特拉斯直言不讳地发表意见,认为索妮娅和她丈夫的结合并不合适,特别是后者不能真正地理解索妮娅的智力贡献。同数学有关的一点涉及庞加莱,他当时在事业上还刚刚崭露头角。魏尔斯特拉斯凭着他那洞察青年人才的敏锐直觉,热烈赞许庞加莱前途无量,同时希望他能改变急于发表的倾向,以使自己的研究成果更趋成熟,并且不要把精力分散到过于广泛的领域。"每星期发表一篇真正有分量的文章——这是不可能的",在谈到庞加莱如洪水般涌现出来的文章时,魏尔斯特拉斯这样评论说。

索妮娅的家庭困难,不久由于她丈夫在 1883 年 3 月突然去世而结束。当时她在巴黎,而他在莫斯科。这个打击犹如晴天霹雳,整整有 4 天,她把自己独自关在屋子里,不吃不喝,到第五天竟失去知觉。第六天她苏醒过来后,请人给她拿来纸、笔,在纸上写满了数学公式。这年秋天,她完全恢复了,并出席了在敖德隆(Odessa)举行的一次科学会议。

多亏米达格·莱弗勒的帮助,柯瓦列夫斯基夫人最后找到了一个能够充分发挥她的才能的职位。1884 年秋,她到斯德哥尔摩大学任教,后来(1889)又被任命为该校终身教授。到那里不久,意大利数学家维托·沃尔泰拉(Vito Volterra)指出了她关于晶体中光线反射的工作中有一处严重的错误,这使她感到烦恼。这个漏洞甚至逃过了魏尔斯特拉斯的眼睛,他当时被烦琐的行政事务缠身,以致除了这些杂事,就"只剩下吃饭睡觉的时间了……"他自己说："我已得了医生们所谓的脑力衰竭。"他现已年近古稀，尽管身体有病，但强盛的智力却不减当年。

这位大师的70岁生日，成了一次公众的庆祝活动，他的学生弟子从欧洲各国前来欢聚一堂。从那以后，他公开的讲演就越来越少了，有10年的时间，他只是在家里会见少数的学生。每当这些学生看见老师露出倦容，他们就避开数学话题而谈论其他事情，或者是聚精会神地听这位慈祥的老人回忆学生时代的胡闹，回忆他那与所有科学上的朋友相隔绝的沉闷岁月。与他的70岁生日相比，魏尔斯特拉斯八十寿辰更是一个令人印象深刻的欢乐节日。在德国人心目中，他几乎成了一位民族英雄。

魏尔斯特拉斯晚年最大的欢乐，莫过于看到自己最宠爱的学生赢得了举世公认的名声。1888年圣诞夜，由于她的论文《论刚体绕定点的转动》的发表，索妮娅接受了法国科学院颁发的"鲍亭奖（Bordin Prize）"。

按照竞奖规则，所有论文必须匿名寄送（作者的名字装在一只密封的信封内，信封外边跟论文上写有同样的格言。这信封只有当竞赛者的工作被评获奖后才予启封），这样就可以使那些心怀妒意的竞争者没有机会暗示她曾施加不正当的影响。评奖人都公认《论刚体绕定点的转动》这篇论文异常成功，以至一致同意将奖金数从原先宣布的3 000法郎增至5 000法郎。然而，金钱只不过是得奖价值的极小部分罢了。

魏尔斯特拉斯欣喜若狂。"用不着告诉你，"他写信给索妮娅说，"你的成功使我、我的妹妹以及这里的朋友们多么高兴。特别是我，感到了一种真正的满足。最有权威的人士现已作出他们的判断：我的'忠实弟子'，我的'得意门生'，的确不是一个'轻浮的吹牛家'。"

就让我们在他们欢呼胜利的时刻与这两位朋友道别吧！两年以后

（1891 年 2 月 10 日），索妮娅在一次流行性感冒（这在当时是很厉害的传染病）的短暂袭击之后逝世于斯德哥尔摩，当时才 41 岁。魏尔斯特拉斯又活了 6 年，在患了长时间的流感并发症之后，于 1897 年 2 月 19 日在柏林宅邸平静地离开了人世，享年 82 岁。他临终的遗愿是希望牧师在他的葬礼上不要说任何溢美之词，而只限于履行通常的祈祷仪式。

索妮娅安葬在斯德哥尔摩。魏尔斯特拉斯与他的两个妹妹都葬在柏林的天主教公墓。索妮娅也是天主教徒，属于希腊正教。

＊　＊　＊

我们现在要对魏尔斯特拉斯作为其分析工作基础的两个基本思想作一扼要的介绍。详细而精确的叙述超出了本书的范围，读者可以在任何一本写得比较好的函数论著作的头几章找到这样的叙述。

一个幂级数乃是一形如

$$a_0 + a_1 z + a_2 z^2 + \cdots + a_n z^n + \cdots$$

的展式，其中系数 $a_0, a_1, a_2, \cdots, a_n, \cdots$ 均为常数，而 z 为变数；有关的这些数可以是实数或是复数。

级数前 $1, 2, 3, \cdots$ 项之和，即 $a_0, a_0 + a_1 z, a_0 + a_1 z + a_2 z^2, \cdots$ 被称为"部分和"。如果对于某一特定的 z 值，这些部分和形成一收敛于某确定极限的数列，我们就说该幂级数在 z 处收敛于同一极限。

使一个级数在其上收敛于某极限的 z 值的全体，形成该级数的"收敛域"。对于这区域内的任何 z 值，该级数皆收敛；而对 z 的其他值，级数皆发散。

如果级数对某个 z 值收敛，那么对于这个 z，我们就可通过取足够多的项来计算级数的值至所要求的任何精确度。

目前,大多数有科学应用的数学问题,其"答案"都是以一个微分方程(或一组微分方程)的级数形式的解来表示的。只有在很少数的场合,才能得到解的有限表达式,其中只用到已被制成表的数学函数(如对数函数、三角函数、椭圆函数等)。这些问题中,我们需要做两件事情:证明所得级数收敛,假如它确实收敛的话;计算级数的值,使其精确到所要求的精确度。

若所得级数并不收敛,这通常就说明问题本身提得不合适,或者是解错了。在纯粹数学中出现的大量函数也是用同样的办法来处理的,不论它们是否可能获得科学应用。于是一般的收敛理论终于被精心建立起来,以适应于这类范围宽广的问题。结果,某一特殊级数的个别检验常常被归诸更普通的、已经被探讨过的情形。

最后,所有这些研究(无论是纯粹数学的还是应用数学的)都从上述单变数 z 的情形而被推广到 $2,3,4,\cdots$ 个变数的幂级数,例如两个变数的幂级数

$$a+b_0z+b_1w+c_0z^2+c_1zw+c_2w^2+\cdots$$

也许可以这样说:没有幂级数理论,就不可能有今天所了解的大部分数学物理(包括天文学和天体物理)知识。

在极限、连续以及收敛等概念中所遇到的困难,驱使魏尔斯特拉斯创立了他的无理数理论。

假设我们按照在中学里所做的那样来求 2 的平方根,并计算到充分多的十进制数。作为所求平方根的逐次近似值,我们得到一个数的序列:1,1.4,1.41,1.412,$\cdots$。如果需要的话,按照通常的规则和确定的步骤,经过充分的计算,我们可以展示出这个近似序列的头一个或头一百万个有理数

1,1,4,…。考查一下这个序列将会知道:只要计算到足够的步数,我们就能得到一个完全确定并包含有我们希望的那么多十进制数(比如 1000 位)的有理数,它同这个序列中任一个后继有理数相差一个形如.000…000…的数(十进制),其中有相当多的零在另一个数字(1,2,…,或 9)之前出现。

这就解释了所谓一个收敛数序列意味着什么:构成这序列的有理数 1,1,4,…给出了一个"无理数"的越来越精确的近似值,我们称这个无理数为 2 的平方根,并设想它就是通过该收敛有理数序列来定义的,这里所谓定义是指规定了一种方法(通常学校里所用的),根据这种方法可以通过有限步计算而得出该序列中的任何一项。

当然,我们实际上不可能展出整个的序列,因为这个计算过程不可能在任何有限的步骤内停止。尽管如此,我们仍然将这种构造某序列的任意项的过程看作整个序列的充分清楚的定义,就像可以被我们理解的任一确定的单个对象一样。这样做,我们就有了一个在数学分析中运用 2 的平方根和类似地运用其他无理数的行之有效的方法。

正如前面所说,这里不可能对魏尔斯特拉斯的理论作出精密的论述,但即使是详细的介绍,也仍然会明显地暴露出上述内容的某些逻辑缺陷——正是这些逻辑缺陷使克罗内克等人起来攻击魏尔斯特拉斯对无理数的"序列"定义。

不管魏尔斯特拉斯的理论正确与否,他和他的学派也已使这一理论发挥了巨大的作用。他们所获得的最有用的结果,迄今并未受到过权威性的怀疑,至少在数学分析及其应用的范围内是如此。这当然并不意味着对这理论的反对意见皆不足取,而只是提请人们注意这样的事实:数学,也像其他尘俗的领地一样,决不能被看作完美的天国。在这里,完美只是一种幻想;在这里,用克列尔的话来说,我们只能期望越来越接近于数学的真理——不论它是什么,如果确实存在的话——就像魏尔斯特拉斯在用有理数收敛序列来定义无理数的理论中所做的那样。

最后,数学家,像我们大家一样的凡夫俗子,为什么一定要如此学究式地精确和如此不近人情地完美呢? 正如魏尔斯特拉斯所说:"的确,一个数学家若不是某种意义上的诗人,那他就不可能成为一个完美的数学家。"这就是答案:完美无缺的数学家,正因为要有诗一般的完美,在数学上是不可能的。

(李文林　译)

第二十三章

完全独立

布　尔(1815—1864)

●英国数学●生来就被势利所诅咒●布尔为教育而
奋斗●错误的判断●上天干预●发现不变量●代数是
什么？●一位哲学家攻击一位数学家●为优先权争
吵●布尔的机会●《思维规律》●符号逻辑●它的数学
意义●布尔代数●英年早逝

纯数学是布尔在他的一部称作《思维规律》的书中发现的。

——B.罗素(B. Russell)

"哦，我们从来不读英国数学家写的东西。"这句典型的评论是一位杰出的欧洲数学家当被问及他是否注意到一位英国著名数学家的最新工作时所作的回答。他那带有不加掩饰的优越感的"我们"包括了所有欧洲大陆的数学家。

这不是那种数学家们喜欢讲述的关于他们自己的故事，但是因为它绝妙地说明了英国数学家的特点，也是英国学派一直自称的主要特征——岛国的独创性，因此它是对英国曾经产生过的最具岛国独创性的数学家之一乔治·布尔（George Boole）的生平和工作的理想介绍。事实上，英国数学家们常常平静地走他们自己的路，做他们个人感兴趣的事情，就像他们玩板球只是为了自娱自乐一样。他们自鸣得意，对于别人通过呐喊已经让世人确信在科学上极为重要的东西不屑一顾。由于对牛顿方法的长期盲目崇拜，而对当下的主要潮流漠不关心，英国学派有时会付出沉重的代价，但从长远来看，这一学派要么接受要么放弃的态度，为数学增添了更多的新领域，那并不是一味地模仿欧洲大陆的大师们所能做到的。不变量理论就是一个恰当的例子；麦克斯韦的电磁场理论则是另一个例子。

虽然英国学派在发端于其他地方的工作上也拥有强有力的开发者，但是它对数学进步的更大贡献是在独创性方面。布尔的工作是这方面的一个突出例子。当它首次发表时，人们并没有将其视为数学，只有少数几个人,主要是布尔自己的更离经叛道的同胞,认识到这里有对于全部数学来说极为有趣的某种东西的萌芽。今天,肇始于布尔的工作的自然发展,正迅速地成为纯粹数学的主要分支之一。几乎遍及所有国家的大批数学工作者,正在将其扩展到所有数学领域,其中人们正尝试在更牢靠的基础上巩固我们所取得的成果。正如伯特兰·罗素若干年前说的那样,纯粹数学是布尔在他 1854 年出版的著作《思维规律》中发现的。这也许是一种夸大其词,然而它显示出数理逻辑及其分支在今天所具有的重要地位。布尔之前的其他人,尤其是莱布尼茨和德·摩根曾梦想过将逻辑本身添加进代数领域;布尔做到了。

和数学中的其他一些开创者一样,布尔并非出生在经济地位最低的社会阶层。然而他的命运要艰辛得多。1815 年 11 月 2 日,他出生于英格兰的林肯,是一个小店主的儿子。假如我们能够相信英国作家自己所描绘的那些往昔的美好时光——1815 年正是滑铁卢战役那一年——那么在当时作为一个小商贩的儿子,注定是命运多舛。

布尔父亲所属的整个阶层受到的轻蔑对待,比起受奴役的帮厨女佣和受人鄙视的二等仆役有过之而无不及。布尔所出生的"下层社会",在"上层社会"(包括更富有的酒商和放债人)眼中根本就不存在。人们理所当然地认为,一个身处布尔那种阶层的孩子应该恭敬而心怀感激地掌握简编教义问答手册,并就此安身立命,永不逾越那种人类自负和阶级意识方面的优越感的显著标志迫使他遵从的严格界限。

要说布尔早年刻苦自学以进入到"上帝乐意召唤他"的上层社会,是一种在炼狱中涤罪的合理模仿,那就有些云淡风轻了。按照上天的旨意,布尔的伟大灵魂已经被分配到最卑微的阶层;就让那个雄心勃勃的灵魂呆在那里自作自受吧。美国人可能会记得，差不多在同一时期，只比布尔大6岁的亚伯拉罕·林肯也在为自己奋斗。但林肯没有受到嘲笑，而是得到了鼓励。

那些教会年轻的绅士相互倾轧、训练他们将来成为当时流行的血汗工厂和煤矿系统的管理者的学校并不是为布尔这类人准备的。绝对不是，他所进的"国民学校"设立的主要目的是要将穷人留在适合他们的社会底层。

对拉丁文略知一二，或许还稍微懂得点希腊文，是在那个不可思议的烟雾弥漫的工业革命时代一个绅士的神秘特征之一。尽管很少有孩子曾经掌握了拉丁文，使他们不借助双语本就能阅读它，然而拉丁文的语法知识仍旧是上流阶层的一个标志。奇怪的是，通过死记硬背记住的拉丁文句法，却被认为是为拥有和保持财产做准备的最有用的脑力训练。

当然，接受布尔入学的那所学校，并不讲授拉丁文。对于有产阶级能够具有掌控财富上不如他们的人的能力，布尔作出了一个可悲的错误判断，他确信要想一劳永逸地摆脱穷困，必须要学会拉丁文和希腊文。这就是布尔的错误。拉丁文和希腊文与他穷困的根源没有任何关系。在他因贫穷而艰难谋生的父亲的同情和鼓励下，他确实在自学拉丁文了。尽管这个贫穷不堪的小商贩知道，他本人永远无法摆脱穷困，但他还是尽可能地为他的儿子打开一扇门。他不懂拉丁文，这个努力奋斗的孩子就向另一个小商人，也是他父亲的朋友——一个小书商求助。这位好心人只能在初级语法方面给这孩子开个头，此后布尔就需要自学下去了。任何见过一个好老师试图让一个正常的8岁孩童读懂恺撒的人都会认识到，无人指导下的布尔所面临的是什么。到12岁时，他已经掌握了足够的拉丁文，能把贺拉斯的颂诗翻译成英文诗了。他的父亲将它发表在当地的一家报纸上，充满了希望和自豪,尽管他一点也不了解这个翻译在技巧方面的优点。这引发了一场学术上的争吵,部分是对布尔的奉承,部分是对他的羞辱。

一位古典学专家不承认一个 12 岁的孩子能够翻译出这样的作品。12 岁的小孩子对某些事情的了解,往往比他们健忘的长辈所认为的要多。由于在技术方面出现了严重缺陷,布尔感到丢脸,下决心弥补他自学的不足。他还自学了希腊文。现在他决心要么做好,要么不做。在接下来的两年,他埋头学习拉丁文和希腊文,仍是在没人帮助的情况下进行的。所有这些辛劳的效果,在布尔的许多散文中通过其典雅和突出的拉丁风格明显地体现了出来。

布尔早期的数学教育来自他的父亲,他的父亲通过自学所获得的远远超出了自己所受的那点学校教育。这位父亲还试图让他的儿子对另一个爱好感兴趣,那就是制作光学仪器,但布尔执着于他自己的志向,坚持认为古典学是主导生活的关键。在完成普通的学校教育后,他又选修了商业课程。这次他的判断更好些,但并没有给他带来多大帮助。到 16 岁时,他意识到自己必须要马上赡养可怜的父母了。教书这个职业提供了获得稳定工资的最直接机会。在布尔所处的那个年代,助教被称作助理教员①,付给他们的是工酬而不是薪金。两者之间不仅是金钱上的差别。也许正是在这个时候,狄更斯的《尼古拉斯·尼克贝》中那个不朽的斯奎尔斯,正在多特男童学校,以他对"项目教学法"的杰出预见,为现代教育学作出了伟大但未被赏识的贡献。年轻的布尔甚至可能担任过斯奎尔斯的助理教员;他曾在两所小学任教。

布尔在这两所小学度过了差不多 4 年的时光。至少,在学生们安详地

_____

① 原文 usher 的本意是"引座员、招待员",这里指"助理教员",含有戏谑的含义。——译注

入睡后,那个寒冷的漫漫长夜是属于他自己的。他仍然走在错误的道路上。他对自己不相称的社会地位的第三次判断类似于他的第二次判断,但比他的第一次和第二次判断都进了一大步。由于缺乏资本——实际上,这个年轻人挣来的每一分钱都用来赡养父母和维持最基本的生活开销——布尔现在将目光投向了那些体面的职业。当时的军队是他无法企及的,因为他买不起军官任免令。律师资格提出了明显的经济和教育要求,对此他没有希望满足。他当时所从事的那种等级的教学工作,甚至连一个受尊敬的行当都算不上,更不用说一种职业了。还剩下什么?只有教会了。布尔决心成为一名牧师。

人们尽管对上帝褒贬不一,但即使是最严厉的批评者也必须承认,上帝是有幽默感的。上帝看出布尔成为一名牧师会有多么荒谬,他便巧妙地将这个年轻人的热切愿望引向不那么荒谬的途径。一次意料之外的比他们所遭受的任何贫困都更大的痛苦,迫使布尔的父母力劝他们的儿子放弃一切想当牧师的念头。但是,他为他曾计划的职业生涯所作的四年个人准备(和付出的艰辛)并没有白白浪费;他掌握了法语、德语和意大利语,它们在他真正的道路上注定都是不可或缺的。

* * *

他终于找回了自己。他父亲早期的教诲现在结出了果实。布尔在他20岁时开办了一所自己拥有的启蒙学校。为了给他的学生们以适当的准备,他必须教他们一些应该教的数学。他的兴趣由此被激发出来。没多久,当时那些普通的、令人生厌的教科书便唤起了他的惊奇,但随后是他的蔑视。这东西是数学吗?难以置信。数学大师们是怎么说的?同阿贝尔和伽罗瓦一样,布尔直接到数学大本营寻找前行的指引。必须记住,他只受过初级的数学训练。为了对他的心智能力有所了解,我们可以想象一下,一个 20 岁的孤单的学生,只靠自己的努力,掌握了拉普拉斯的《天体力学》,而对于一个认真的学生来说,这是有史以来最难理解的数学名著之一,在它的推理中充满了漏洞和谜一般的"容易看出"这种声明。不仅如此,他还对拉格朗日的极其抽象的《分析力学》进行了彻底的学习和领会,这本书从头至尾连一张用来说明分析的图表都没有。不过,布尔通过自学已经找到了自己的道路,知道自己在做什么。他甚至在没人指导的情况下,凭自身努力作出了他对数学的第一个贡献——这是一篇关于变分法的论文。

布尔从这一时期的孤独研究中得到的另一个收获,值得单独写一段。他发现了不变量。这项伟大发现将被凯莱和西尔维斯特以盛大的方式加以发展,其重要性已经得到了充分的阐释;这里我们重复一下,要是没有不变量的数学理论(它产生自早期的代数工作),相对论就是不可能的。因此,在布尔刚刚开始他的科学生涯的时候,他就注意到他脚边躺着一件拉格朗日自己本来可以很容易看到的东西,他把它捡起来,发现他拥有了一颗一流品质的宝石。布尔之所以能看到别人所忽视的东西,无疑是由于他对代数关系的对称性和美有强烈的鉴赏力——当然,代数关系碰巧既对称又美;它们并非总是如此。其他人可能认为他的发现只是漂亮而已。布尔则认识到它属于一个更高的等级。

在布尔的时代,发表数学论文的机会很少,除非作者碰巧是某个拥有自己的期刊或会报的学术团体的成员。对于布尔来说幸运的是,由能干的苏格兰数学家格雷戈里主编的《剑桥数学杂志》在 1837 年创刊了。布尔将他的一些论文投到该期刊。其论文的独创性和风格给格雷戈里留下了很好的印象,一次真挚的数学通信开始了一段持续布尔一生的友谊。

在此讨论英国学派当时对于理解代数之为代数,也就是作为一组公设的推论的抽象展开而不必对"数"或其他任何东西进行任何解释或应用所作的伟大贡献,会使我们离题太远,但可以提到的是,代数的现代观念始于皮科克、赫歇尔、德·摩根、巴贝奇、格雷戈里和布尔这些英国的"改革者们"。在皮科克 1830 年发表的《代数学通论》中,当时被视为多少有些离经叛道的东西,如今在任何一本写得不错的教科书上都是老生常谈。皮科克彻底破除了在诸如 $x+y=y+x, xy=yx, x(y+z)=xy+xz$ 等关系中,如我们在初等代数中所看到的,$x, y, z, \cdots$ 必然"表示数"这种迷信;它们并不一定表示数,这是关于代数的最重要的事情之一,也是其应用的力量源泉。$x, y, z, \cdots$ 只是任意的符号,按照某些运算结合在一起,一个运算用+表示,另一个运算用×表示(或者简单地以 xy 代替 $x \times y$),并符合起初明确规定的假设,如上面的例子 $x+y=y+x$,等等。

代数本身只不过是一个抽象系统,不了解这一点,代数很可能还被牢牢地困在 18 世纪的算术泥沼中,而不能在哈密顿指引下朝着现代的、极为有用的方向改变。我们在此只须注意到代数的这个革新,给布尔提供了他的第一个机会来做出为同时代的人称道的杰出工作。他首创了一种新的方法,将数学运算的符号与运算所依据的事物分离开来,并着手研究这些运算本身。它们是怎样结合的? 它们也受某种符号代数的支配吗? 他发现它们是这样的。他这方面的工作极为重要,但是被他自己的一项独特贡献所掩盖,这就是他所创立的一种简单可行的符号逻辑或数理逻辑系统。

* * *

为了恰当地介绍布尔的杰出发明,我们必须稍微偏离主题,回忆一下 19 世纪上半叶的一场著名争论。这场争论在当时引起了异常的喧嚣,但是现在除了病态哲学的历史学家外,几乎没有人记得它了。我们刚才提到过哈密顿。在那时有两个知名的哈密顿,一个是爱尔兰数学家威廉·罗恩·哈密顿(1805—1865)爵士,另一个是苏格兰哲学家威廉·哈密顿(1788—1856)爵士。数学家们通常称这位哲学家为另一个哈密顿。在作为苏格兰大律师和官方大学职位候选人的不太成功的职业生涯之后,这位能言善辩的哲学家最终成为爱丁堡大学的逻辑和形而上学教授。正如我们所见,数学上的哈密顿是19世纪杰出的、富于独创性的数学家之一。这对于另一个哈密顿也许是不幸的,因为后者对于数学完全没有用处,草率的读者有时会把两位著名的威廉爵士相混淆。这使得另一个哈密顿在坟墓中都不得安宁。

现在,如果有什么比一个愚笨的苏格兰形而上学家在数学上更愚蠢,那也许就是数学上更愚笨的德国形而上学家了。为了超越苏格兰人哈密顿关于数学的一些荒谬的言论,我们不得不转向黑格尔关于天文学的言论,或者洛策关于非欧几里得几何的言论。任何想要自欺欺人的堕落读者,都能轻易地找到他所需要的一切。形而上学家哈密顿的不幸,是他过于愚钝或懒惰,以至没能学到比最微不足道的小学数学更多的东西,但是"他的毛病就是无所不知"。当他开始讲授和写作哲学时,他觉得有必要确切地告诉这个世界,数学到底有多没用。

哈密顿对数学的攻击可能是目前所知数学曾经遭受的众多野蛮攻击中最著名的一次。差不多十年前,一位教育爱好者在美国全国教育协会的一次出席人数众多的会议上,复述从哈密顿的谩骂中摘录的一长段话时,受到了热烈的欢迎。如果听众们不是鼓掌,而是停下来将哈密顿的一些哲学作为一种正确享受数学鲱鱼时必不可少的调味汁吞下去,他们可能会从展示中获得更多的东西。为公平起见,我们将转述他最火爆的几句话,让读者自行判断。

"数学[哈密顿总是将数学(mathematics)用作复数,而不是像今天习惯的那样,用作单数]使头脑僵化和干枯;""对数学的过度研究绝对会使人丧失哲学和生活所需要的智力;""数学根本无助于养成逻辑习惯;""在数学中,愚钝就此升格为才能,而才能则降格为无能";"数学可以扭曲头脑,但绝不会矫正头脑。"

这只是一小把鸟枪子弹;我们没有篇幅叙述他使用的炮弹。对于一个对数学的了解远不及任何一个聪明的十岁孩子的人来说,整个攻击最令人难忘。特别值得一提的是最后一次攻击,因为它引出了在整个口水仗中具有数学重要性的人物德·摩根(1806—1871)。他是有史以来最老练的辩论家之一,是一位极具独立精神的数学家,是一位为布尔铺平道路的伟大逻辑学家,是所有招摇撞骗之徒的既冷酷无情又具有好脾气的敌人。最后他是著名小说家(作品有《简称爱丽丝》等)的父亲。哈密顿说,"这[一个完全荒谬的理由,没必要重复]就是为什么德·摩根先生在与其他数学家的争论中经常正确的原因。不过,如果德·摩根先生不是一位数学家,他可能会更像一位哲学家;要记住,从长远来看,数学和品酒尤其能说明问题。"虽然这个深奥的标点符号晦涩难懂,意思却十分清楚。然而醉心于饮酒的不是德·摩根。

德·摩根已经从他对逻辑的开创性研究中获得了一些名声,在一个心不在焉的时刻,他让自己陷入了与哈密顿关于后者的"谓词量化"的著名原理的争论。没必要解释这个神秘的东西是什么(或曾经是什么);它已经不存在了。德·摩根对三段论作出了真正的贡献;哈密顿认为他在自己的青泥中发现了德·摩根的宝石,这位愤怒的苏格兰律师兼哲学家公开指责德·

摩根剽窃——做这种事是非常愚蠢和不明智的——于是开始了争吵。至少在德·摩根方面,争吵是一种极有趣的乐子。德·摩根从不发脾气;哈密顿从未学会克制自己。

* * *

假如这仅仅是数不清的有损科学史形象、涉及优先权的争吵中的一次,那么这件事就不值得一提。它在历史上的意义在于,布尔在目前(1848年)是德·摩根的坚定的朋友和热情的崇拜者。布尔仍在教小学,但他和许多一流的英国数学家有私交或通信联系。他现在来帮助他的朋友——并不是机智的德·摩根需要什么人的帮助,而是因为他知道德·摩根是对的,哈密顿是错的。因此,布尔在 1848 年出版了一本薄薄的《逻辑的数学分析》,这是他首次公开他对于其工作所开创的这一宏大课题的贡献,在这方面他的勇气和洞察力为他赢得了持久的声誉。这本小册子——仅此而已——受到了德·摩根的热烈称赞,这是大师,德·摩根迅速认出了他。这本小册子只是将在 6 年后出现的更伟大的东西的预兆,但布尔无疑开辟了新的、困难的领域。

与此同时,布尔很不情愿地拒绝了他的数学界朋友给出的建议,即去剑桥接受那里的正规数学训练,他继续做着小学教学的苦差事,毫无怨言,因为他的父母现在完全靠他供养。最终他得到了一次机会,他作为一名研究者和一名演讲者的杰出才能很可能发挥了一些作用。他被任命为新成立的女王学院的数学教授,该学院位于当时的爱尔兰科克市。这是在1849 年。

不用说,这位一生只知道贫穷和辛勤工作的聪明人,很好地利用了他摆脱财务负担和没完没了的单调乏味工作后的相对自由。在人们看来他的职责现在是繁重的;布尔却觉得它们与他所习惯的枯燥乏味的小学教学相比要显得轻松。他做了许多各种各样值得注意的数学工作,但他的主要努力是继续完成他的杰作。1854年他将其发表,题目为《思维规律研究,逻辑和概率的数学理论基础》。当它发表时,布尔39岁。对于一个年龄这样大的数学家来说,做出如此深刻的原创性工作,多少是有些不寻常的,但当我们回忆起布尔在到达他的目标前不得不走过的漫长而迂回的道路时,这一现象就解释得通了。(可以将布尔和魏尔斯特拉斯的经历作对比。)

以下几段摘录可以让我们对布尔的风格和他的工作领域有所了解:

"以下论述的宗旨是要研究使推理得以进行的那些心智运作的基本规律;用一种演算的符号语言来表达它们,在此基础上建立逻辑科学并构作其方法;使这一方法本身成为应用于概率的数学理论的一种一般方法的基础;最后,从这些研究过程中所揭示的各种真理成分收集一些有关人类心智的本质和构成方面的可能暗示。……"

"那么我们把那种制定了某些仅由心智申明确认的基本规律之后,准许我们由此经过按部就班的过程推导出它的全部次级结果,并且为它的实际应用提供完全一般的方法的理论,当作真正的逻辑科学会有错吗?……"

"的确,存在着正是按照语言属性建立的某些一般原理,根据它们确定了符号(它们仅仅是科学语言的元素)的用法。在某种程度上,这些元素是任意的。它们的解释纯粹是约定的:允许我们按我们所希望的任何意义使用它们。然而这种允许受到两个必不可少的条件的限制,——首先,在同一推理过程中,该意义一旦按约定被确立我们就绝不背离;其次,执行这一过程所依据的定律无一例外地建立在所用符号的上述意义或含义的基础之上。根据这些原理,逻辑符号的规律与代数符号的规律之间可能建立的任何一致只可能出现在过程的某种一致中。两种解释的范围仍保持分离和独立,每一种都服从其自身的规律和条件。"

"以下所作的实际研究将在逻辑的实践方面将其展现为一个过程系统,它借助具有确定的解释并服从只建立在这种解释基础之上的符号来执行。但同时,它们显示的那些规律在形式上等同于一般的代数符号规律,唯一补充的就是逻辑符号还要服从一个特殊的规律$[x^2=x$,在逻辑代数中,除其他解释外,它可以被解释成"所有那些由一个类 x 及其本身共有的东西组成的类就是类 x"],量的符号本身并不服从它。"(也就是说,在通常的代数中,每一个 x 等于它的平方并不正确,而在布尔的逻辑代数中这是正确的。)

这个方案在书中得到了具体实施。布尔将逻辑简化为一种极其容易和简单的代数。在这种代数中,对适当材料进行的"推理"成为对公式进行的一种初等变换,它们要比在中学二年级代数中所处理的大多数公式简单得多。这样逻辑本身就受到了数学的支配。

自从布尔的开创性工作以来,他的伟大发明已经在许多方面得到了修改、改进、推广和扩展。今天,符号逻辑或数理逻辑对于试图严肃地理解数学的本质,以及整个庞大的上层建筑所依赖的数学基础的状态,都是不可或缺的。可以肯定地说,只要旧的、布尔之前的语言逻辑论证方法可供我们随意使用,符号推理所探索的困难的复杂性和微妙性都将是对人类理性的蔑视。布尔整个计划的大胆创举无须任何路标。它本身就是一个里程碑。

自 1899 年希尔伯特发表他关于几何基础的经典著作以来,人们已经对若干数学分支的公设表述给予极大的关注。这个运动远溯欧几里得,但是由于某种奇怪的原因——可能是因为笛卡儿、牛顿、莱布尼茨、欧拉、高斯以及其他一些人所发明的那些技术,让数学家有大量工作可做来自由地、有些不加批判地发展他们的学科——欧几里得的方法在除几何外的所有学科中都被长期忽视了。我们已经看到,英国学派在 19 世纪上半叶将这个方法应用到代数上。他们的成功似乎并没有对他们同时代的人和直接继承人的工作产生很大影响,只是由于希尔伯特的工作,公设法才作为对于任何数学学科来说最明确、最严格的方法而获得承认。

今天这种抽象趋势风靡一时,其中某一特定主题的符号和操作规则被清空了所有意义,并以纯形式的观点进行讨论,然而这一趋势忽视了(实际的或数学的)应用,而这在一些人看来正是人类开展任何科学活动的正当理由。不过,抽象的方法的确提供了不精确的处理方法所不具有的洞察力,特别是布尔的逻辑代数的真正简单性由此显而易见。

因此,我们将陈述布尔代数(逻辑代数)的公设,这样做之后,将看到它们确实可以被赋予一种与古典逻辑一致的解释。下面的一组公设摘录自亨丁顿发表在《美国数学会会刊》(1933 年,第 35 卷,274-304 页)上的一篇文章。全文可以在大多数大型公共图书馆中找到,任何学过一星期代数的人都能容易读懂它。正如亨丁顿所指出的,我们这里抄录的他的第一组公设不如他的其他几组公设优美。但是它所用的和形式逻辑中一样的类的包含解释比起其他的解释更直接,所以这里选用了它。

这组公设用 K,$+$,$\times$ 来表达,其中 K 是一类不加定义(完全任意,没有任何指定的意义或超出公设中给定的那些性质)的元素 a,b,c,$\cdots$,而 $a+b$ 和 $a\times b$(也简单地写作 ab)是两个不加定义的二元运算 $+$,$\times$ 的结果

（"二元"是因为＋,×的每一个运算都对 K 的两个元素进行操作）。共有 10 个公设，Ⅰa—Ⅵ：

"Ⅰa.如果 a 和 b 在类 K 中，那么 $a+b$ 在类 K 中。

"Ⅰb.如果 a 和 b 在类 K 中，那么 $a×b$ 在类 K 中。

"Ⅱa.存在一个元素 Z，使得对于每一个元素 a 有 $a+Z=a$。

"Ⅱb.存在一个元素 U，使得对于每一个元素 a 有 $aU=a$。

"Ⅲa.$a+b=b+a$。

"Ⅲb.$ab=ba$。

"Ⅳa.$a+bc=(a+b)(a+c)$。

"Ⅳb.$a(b+c)=ab+ac$。

"Ⅴ.对于每一个元素 a，存在一个元素 a'，使得 $a+a'=U$ 和 $aa'=Z$。

"Ⅵ.在类 K 中至少有两个不同的元素。"

容易看出，下面的解释满足这些公设：$a,b,c,\cdots$ 是类；$a+b$ 是所有那些在类 a,b 至少之一中的东西构成的类；ab 是所有那些既在类 a 中也在类 b 中的东西构成的类；Z 是"空类"——没有任何元素的类；U 是"全类"——包含所讨论的所有类中的所有东西的类。公设 Ⅴ 则说明给定任何类 a，存在一个包含所有那些不在 a 中的东西构成的类 a'。注意公设 Ⅵ 意味着 U,Z 是不同的类。

从这样一组简单且明显的陈述出发，借助由公设产生的简单代数就能够用符号建立起整个古典逻辑，这看起来是相当令人惊异的。由这些公设发展出了可以称为"逻辑方程"的理论：将逻辑中的问题翻译成这样的方程，然后用代数工具"求解"它们；再根据逻辑数据重新解释该解答，给出原始问题的解。我们将使用"包含"（当 K 的元素是命题而不是类时，也可以解释成"蕴涵")的符号来结束这段叙述。

"关系 $a<b$［读作 a 包含在 b 中］由下列方程中的任意一个来定义：$a+b=b,ab=a,a'+b=U,ab'=Z$。"

为了看出这些是合理的,例如,考虑第二个方程 $ab=a$。这个方程是说,如果 a 包含在 b 中,那么既在 a 中也在 b 中的一切是整个 a。

由所述公设可以证明以下关于包含的定理(如果愿意,可以有上千个更复杂的定理)。所选的例子都与我们关于"包含"的直观概念相符合。

(1)$a<a$。

(2)若 $a<b,b<c$,则 $a<c$。

(3)若 $a<b,b<a$,则 $a=b$。

(4)$Z<a$(其中 Z 是 Ⅱ a 中的元素——可以证明是满足 Ⅱ a 的唯一元素)。

(5)$a<U$(其中 U 是 Ⅱ b 中的元素——同样是唯一的)。

(6)$a<a+b$;并且若 $a<y$ 且 $b<y$,则 $a+b<y$。

(7)$ab<a$;并且若 $x<a$ 且 $x<b$,则 $x<ab$。

(8)若 $x<a$,并且 $x<a'$,则 $x=Z$;并且若 $a<y,a'<y$,则 $y=U$。

(9)若 $a<b'$ 不成立,则至少存在一个不同于 Z 的元素 x,使得 $x<a$ 且 $x<b$。

注意到在算术和分析中"$<$"是"小于"的符号,也许是有趣的。注意,如果 $a,b,c,\cdots$ 是实数,Z 表示零,那么(2)对于"$<$"的这个解释是满足的;假如 a 是正数,那么(4)也同样满足;但是(1)不满足,(6)的第二部分也不满足——正如我们从 $5<10,7<10$,但 $5+7<10$ 不成立所看到的。

明白了该方法在有关符号逻辑的任何工作中所起的作用,我们就很容易领会它的巨大威力和灵活易用。但是正像我们已经强调过的,这种"符号推理"的重要性,在于它适用于有关全部数学基础的微妙问题。要不是这种精确的方法一劳永逸地确定了"语词"或其他"符号"的含义,这些问题可能是普通人无法接近的。

就像几乎所有的新生事物一样,符号逻辑在它发明出来后的许多年里都没有受到人们重视。我们发现迟至 1910 年,一些著名数学家还嘲讽它是没有数学意义的"哲学"古董。怀特黑德和罗素在《数学原理》(1910—1913)中的工作,首次使相当数量的一些专业数学家相信,符号逻辑也许是值得他们认真对待的。这里可以提一下符号逻辑的一个坚定反对者——康托尔,我们将在最后一章评论他在无穷方面的工作。由于那些小讽刺——对于没有偏见的人来说,正是它们使得数学史读起来如此有趣——中的一个,符号逻辑在对康托尔的著作的激烈批评中起了重要的作用,致使它的作者对其本人及其理论丧失了信心。

布尔在他的杰作出版后没有活得很久。在它出版后那一年,布尔仍在潜意识中为他一度认为希腊文知识能够带给他的社会尊重而奋斗。他娶了玛丽·埃弗雷斯特——女王学院一位希腊语教授的侄女。他的妻子成了他忠实的信徒。在她丈夫去世后,玛丽·布尔应用从他那里得来的一些思想,使儿童教育理性化和人性化。在她的小册子《布尔的心理学》中,玛丽·布尔记述了布尔的一次有趣的沉思,《思维规律》的读者会发现它与某些章节中未表达但隐含的个人哲学相一致。布尔告诉他妻子,在 1832 年大约 17 岁的时候,当他走过一片田野时,头脑中"闪现"出一个想法,人们除了从直接观察中获得知识外,还从某种不确定、不可见的——玛丽·布尔称之为"无意识的"——来源获得知识。有趣的是,(在后面的章节中)我们将听到庞加莱所表达的关于数学"灵感"产生自"潜意识头脑"的类似看法。无论如何,布尔在写《思维规律》时是有灵感的,如果曾有人有过灵感的话。

布尔于 1864 年 12 月 8 日在他 50 岁的时候去世。他当时正享有迅速增长的声望。他的英年早逝是因为他在被大雨淋得湿透的情况下,仍然忠实地作了事先约定的演讲而感染上了肺炎。他完全意识到他已经做出了伟大的工作。

(程钊 译)

第二十四章

是人，而不是方法

埃尔米特(1822—1901)

●老问题，新方法●埃尔米特专横跋扈的母亲●厌恶
的考试●自学●高等数学有时比普通数学容易●教
育的不幸●给雅可比的信●21岁的大师●向主考官
报仇●阿贝尔函数●被柯西困扰●埃尔米特的神秘
主义●一般五次方程的解法●超越数●给化圆为方
者提示●埃尔米特的国际主义

> 同埃尔米特先生谈话：他从来不唤起具体的形象；然而你很快就看出，
> 对于他来说，最抽象的实体就像活生生的动物一样。
>
> ——H. 庞加莱（H. Poincaré）

突出的尚未解决的问题要求用新的方法来解决,而强有力的新方法又产生出有待解决的新问题。但是,正如庞加莱指出的,解决问题的是人,而不是方法。

在引出数学新方法的老问题当中,运动问题以及它所包含的地球力学和天体力学方面的所有问题,可以说是微积分的主要推动力之一,也是现在把关于无穷的论证置于稳固基础之上的尝试的主要推动力之一。由强有力的新方法产生新问题的例子是张量算法在几何中所提出的一大堆问题,它由于在相对论中取得成功而在几何学家中得到普及。最后,作为庞加莱的话的一个解释,正是爱因斯坦,而不是张量方法,使得用前后一贯的理论处理引力这个问题得到解决。所有这三个论点在查尔斯·埃尔米特(Charles Hermite)的一生中都得到了证实,他是 19 世纪后半叶的首要的法国数学家,如果我们不考虑埃尔米特的学生庞加莱的话。而庞加莱部分地属于我们这个世纪。

查尔斯·埃尔米特于 1822 年 12 月 24 日出生于法国洛林(Lortaine)的迪厄泽(Dieuze)。再没有比生在 19 世纪 20 年代更吉利的时代了。他把创造性的天才与最善于掌握其他人工作的能力罕见地结合起来。在 19 世纪中叶,这就需要把高斯对数论的创造和阿贝尔及雅可比在椭圆函数方面的发现、雅可比在阿贝尔函数上突出的进展,以及由英国数学家布尔、凯莱和西尔维斯特迅速发展起来的大的代数不变量理论协调在一起。

法国大革命几乎要了埃尔米特的命，尽管早在他出生 20 多年之前最后一颗脑袋已经落地。他的祖父让公社给毁了，后来死在监狱中；他的叔祖父上了断头台。埃尔米特的父亲由于年轻才幸免于难。

假如说埃尔米特的数学才能来自遗传，那就可能来自他父亲这一方。他父亲是学工程的。老埃尔米特觉得工程不对劲，就放弃不干了，后来又开始搞制盐工业，仍然是不合口味，最后安顿下来做买卖当布商。这位见异思迁的人选择这个安身立命的职业无疑是因为他娶了老板的女儿玛德琳·拉莱芒（Modeleine Lallemand）为妻。她是一位盛气凌人的女人，在家里掌权当家，从买卖到她丈夫样样事都管。她成功地把丈夫和买卖都提高到殷实资产者的兴旺水平。她有七个孩子：五个儿子，两个女儿。夏尔排行第六。他生下来时右腿畸形，而使他终身跛足——这也许是一种隐蔽的赐福，因为这使他不能从事任何与军事生涯哪怕只有些许联系的职业，他必须拄着拐杖才能走路。他的残疾并没有使他始终如一的愉快性情受到影响。

埃尔米特的最早的教育来自父母。因为买卖不断繁荣，在他 6 岁时，他们家由迪厄泽搬到南锡（Nancy）。这时，买卖越来越占据他父母的全部时间，于是埃尔米特就被送到南锡的公立中学当寄宿生。结果这个学校不令人满意，有钱的父母决定让他上最好的学校，于是送他到巴黎去。在巴黎他先在亨利四世（Henri Ⅳ）公立中学学习了短时期之后，转到更著名的（或者名声更坏的）路易十四（Louis-le-Grand）公立中学——可怜的伽罗瓦的母校——准备考入巴黎综合理工学校。

乍一看好像埃尔米特仿佛也要重演一次他那位桀骜不驯的前人在路

易十四公立中学的不幸遭遇。他对于修辞学同样不喜欢,对于学校里教的初等数学也同样不感兴趣。但是,讲得很好的物理课使他着迷,并在教学相长的过程中赢得他热心的合作。后来,埃尔米特并没有受到学究们的烦扰,他成为一位优秀的古典学家以及能写出漂亮而清晰散文的大师。

那些憎恶考试的人会喜欢埃尔米特。路易十四公立中学这两位最著名的校友——伽罗瓦和埃尔米特——的生涯中有某些共同之处,他们会使那些把考试作为衡量人的智力高低的可靠尺度的人们扪心自问,他们是靠头还是靠脚得出这个结论的。只是靠上帝的恩惠以及忠实的和有头脑的教授里夏尔的坚持不断的交涉与努力(15年前,他曾经为科学院挽救伽罗瓦竭尽全力,但徒劳无功),才使得埃尔米特没有被那些愚笨的考官扔出去,在失败的垃圾堆里烂掉。当埃尔米特还是一位公立中学学生时,他也仿照伽罗瓦的步调,忽视他的初等课程,而去圣-热内维埃夫(Sainte-Geneviève)图书馆自修来补充课程的不足。他在图书馆找到并且掌握了拉格朗日关于数学方程解法的论著。他节省下零钱,购买了高斯的《算术研究》的法文译本并完全领会了这本书。而在他之前和之后,都很少有人能够掌握这本书。在他追随高斯所做的工作时,他已经准备进一步深入下去了。晚年他常喜欢说:"我学习代数学正是靠这两本书。"他也通过欧拉和拉普拉斯的著作而得到他们的教诲。然而,埃尔米特的考试成绩最好听也不过是平平常常。数学上的无足轻重之辈比他考得好得多。

里夏尔考虑到伽罗瓦的悲剧结局,于是竭尽全力使埃尔米特改变他独创性研究的方向而去为考进巴黎综合理工学校参加不那么激动人心但竞争激烈的入学考试,这就好像驶向浑浊的河里,而伽罗瓦就是巴黎在综合理工学校这个烂泥塘中淹死的。但是,好心的里夏尔禁不住要告诉埃尔米特的父亲说,夏尔是"一位年轻的拉格朗日。"

1842 年，《新数学纪事》创刊，这是为了高中学生的兴趣而创办的。第一卷中有埃尔米特写的两篇文章，这时他还是路易十四公立中学的学生。第一篇文章是解析几何中圆锥曲线的一个简单练习，没有表现独创性。第二篇文章在埃尔米特全集中只占六页半的篇幅，完全是另外一回事。它的题目并没有搞得耸人听闻，而是《对于五次方程的代数解的思考》。

这位 20 岁的谦逊的数学家一开始这样写道："众所周知，拉格朗日证明一般的五次方程的代数解答依赖于一个特殊的六次代数方程的根的决定，他称这个六次方程为'约化方程'[现在称为'预解式']……因此，如果这个预解式可以分解成二次或三次的有理因式，我们就能够得到五次方程的解答。我将试图证明这种分解是不可能的。"埃尔米特不仅通过简单的论证成功地达到了他的目的，而且在证明过程中表明他是位代数学家。只需很少的修改，这篇短文就会变成很完美的作品。

可能很奇怪，像埃尔米特在他的一般五次方程的文章中所表现出来的能够进行真正数学思考的能力的年轻人居然对于初等数学会感到困难。但是，为了能够理解或者创造性地研究 1800 年以后发展起来的至今仍使数学家们感兴趣的数学，并没有必要去理解（甚至听到）在长期历史过程中所发展起来的大部分古典数学。例如，对于希腊人处理圆锥曲线的几何方法（综合方法），今天想要理解近世几何的任何人都无须去掌握，而对代数或算术有兴味的人根本就无须学习任何几何学。对于分析来说也一样，只不过程度稍差，在分析中所用的几何语言是最简单的。假如目标是现代证明，那么这种几何语言既不必要，也不会令人满意。作为最后一个例子——画法几何学，对于搞设计的工程师用处很大，而对于搞研究的数学家实际上并没什么用。一些在数学上仍然存在的困难的题目，也只需要中学的代数教育，以及理解它们的清晰的头脑，例如有限群理论、关于无穷的数学理论、概率论及高等数论的一部分。因此,为了进入技术学校或理工学校甚至于从这些学校毕业的学生需要知道的大部分知识,对于从事数学工作可以说毫无价值,这也就不值得大惊小怪了。这就说明了为什么埃尔米特作为初露头角的数学家取得惊人成功以及他作为考生之所以侥幸勉强逃脱了失败的灾难。

1842 年底,埃尔米特 20 岁时参加了巴黎综合理工学校的入学考试,他被录取了,但是名次是第 68 名。他已经是比考他的某些人还优秀得多的数学家,其中有些可能一直也没赶上他这时的水平。这次考试使他蒙羞的结果在这位年轻大师中产生的印象如此之深,即使他成年后所有的胜利也永远不曾抹掉。

埃尔米特在巴黎综合理工学校只待了一年。他不够格的原因倒不是因为头脑笨,而是因为他的跛足。根据校方的一个决定,他由于跛足不能胜任给这所学校的优秀学生所设置的任何职位。或许埃尔米特被开除了反倒好,他是热情的爱国者,可能很容易卷进这个或那个政治或军事骚动中去,而这对他那种容易兴奋的法国气质又是非常喜好的。可是,这一年也绝没有浪费掉。他没有屈从于他讨厌的画法几何学,而把他的时间花在阿贝尔函数上面,这在当时(1842 年)对于欧洲大数学家来说,可能是最有兴趣也是最重要的研究课题。这时,他还结识了约瑟夫·刘维尔(Joseph Liouville,1809—1882),刘维尔是一流的数学家,是《数学杂志》(Journaldes Mathématiques)的编辑。

一旦刘维尔看到一名天才,他就能认出来。顺便提起一件事可能是有趣的,刘维尔激起著名的苏格兰物理学家威廉·汤姆逊(William Thomson,即开尔文勋爵)给数学家下一个迄今最令人满意的定义。"你们知道

一位数学家是什么样的?"开尔文有一次问一班学生。于是他走向黑板,写下

$$\int_{-\infty}^{+\infty} e^{-x^2} \, dx = \sqrt{\pi}$$

他用手指指着他在黑板上写的公式,转向这班学生说:"对一位数学家来说,这个公式是如此的显然,就像 2 乘 2 等于 4 对你们一样。刘维尔就是这样一位数学家。"年轻的埃尔米特在阿贝尔函数方面最早的工作在他还不到 21 岁就已经开始,它的不显然程度远远超过开尔文的例子,正如开尔文的例子超过"2 乘 2 等于 4"一样。刘维尔记得在隆重的欢迎仪式上,老勒让德曾称颂当时年轻、默默无闻的雅可比所做的革命性的工作,他猜想雅可比也会对刚开始研究的埃尔米特表现同样的大方态度,他没有猜错。

* * *

埃尔米特给雅可比的令人吃惊的第一封信件是 1843 年 1 月由巴黎发出的。"研究了您(雅可比)关于阿贝尔函数论中出现的四重周期函数的论文,使人得出一个定理,是关于这些函数的自变量分值的。它类似于您得出的定理……为了得出阿贝尔讨论的方程的根的最简单表示的定理。刘维尔先生敦促我写信给您,把这篇论文寄给您;先生,我能希望您愿意以它所需要的全部宽容欢迎它吗?"由此开始,他立即投身到数学当中。

现在我们来简单回顾一下我们提到这个问题的实质:三角函数是单变量、单周期函数,因此 $\sin(x+2\pi) = \sin x$,其中 x 是变量。2π 是周期。阿贝尔和雅可比通过椭圆积分的"反演"发现了单变量、双周期函数,比如说 $f(x+p+q) = f(x)$,其中 p, q 为周期(见十二,十八章)。雅可比发现两变量、四周期函数,比如说

$$F(x+a+b, y+c+d) = F(x, y)$$

其中 a,b,c,d 是周期。以前在三角学中遇到的一个问题是用 $\sin x$（可能还有 x 的其他三角函数）来表出 $\sin\left(\dfrac{x}{2}\right)$ 或 $\sin\left(\dfrac{x}{3}\right)$ 或者一般的 $\sin\left(\dfrac{x}{n}\right)$，其中 n 是任意给定的整数。埃尔米特所研究的问题就是对于两变量、四周期函数的相应的问题。对于三角函数的问题，我们最后得出一个非常简单的方程；而埃尔米特的这个问题，其困难程度大到前者所无法比拟，但结果仍然是一个方程（n^4 次），且这个方程最让人意想不到的是，它可以用代数方法来解，也就是用根式来解。

由于他的跛足而被巴黎综合理工学校勒令退学，现在埃尔米特渴望找到一个教学职位作为他的安身之处，以便养活自己并能研究他自己心爱的数学。数学生涯的大门本来应该向他大开的，不管他有没有学位，但是无情的条例和规则是没有例外的，官僚主义常常错杀无辜，埃尔米特差一点被"绞死"。

埃尔米特不能放弃他那"有害的独创性"一直继续研究到能够进行的最后一刻，他在 24 岁那年放弃了正在进行的基础研究，为了取得他头一个学位（文学与科学学士）而去掌握必须学习的无聊课程。在年轻的数学天才面前，在第一关过了之后，通常还得通过两次更难的考验才能取得教师的合格证书。幸运的是，埃尔米特躲过了最后一劫，他以非常糟糕的成绩通过了考试（在 1847—1848 年）。要不是两位主考官帮忙，埃尔米特或许根本就通不过。这两位主考官是斯图姆（Sturm）和贝特朗（Bertrand），他们都是优秀的数学家，他们只要见到一位同行中的能工巧匠，就能够认出来（埃尔米特在 1848 年娶了贝特朗的妹妹路易丝［Louise］为妻）。

简直是命运的嘲弄，埃尔米特第一次学术生涯方面的成功是他在 1848 年被任命为巴黎综合理工学校的入学考官，而他本人就几乎没有通过这所学校的入学考试。几个月之后，他被任命为该学校的辅导教师（répétiteur）。他现在总算稳定地找到一个合适的职位，再没有考官找麻烦了。但是为达到这种"坏成就"，他牺牲了大约 5 年时间，而这 5 年时间几乎可以肯定是他最富有创造性的时期，结果被用来迎合愚蠢的官僚制度而浪费掉了。

＊　＊　＊

埃尔米特最后满足或者摆脱了他那些贪婪的主考官之后，他就安下心来去成为一位伟大的数学家。他的一生平静无事。1848 年到 1850 年，他代替莱布里（Libri）去法兰西学院任教。六年之后，刚过 34 岁，他被选进科学院（成为科学院院士）。尽管他作为创造性的数学家已赢得世界的声誉，但埃尔米特一直到 47 岁才得到一个适当的职位，也就是到 1869 年，他才被任命为巴黎高等师范学校教授，最后到 1870 年成为巴黎大学理学院教授，直到他 27 年后退休。在这个有影响的职位的任期内，他培养了整整一代杰出的法国数学家，其中值得一提的有埃米尔·皮卡（Émile Picard）、加斯顿·达布（Gaston Darboux）、保罗·阿佩尔（Paul Appell）、埃米尔·博雷尔（Émile Borel）、保罗·潘勒韦（Paul Painlevé）和庞加莱。但是，他的影响远远超出法国之外，他的经典著作有助于教育同时代的各国数学家。

埃尔米特杰出的工作的突出特色是和下面这点紧密相连的，他不愿意利用自己的权威地位按自己形象去再造他的所有的学生，他展示给他的数学同行的总是这种慷慨的大度。现代可能没有其他的数学家像埃尔米特一样同全欧洲的数学家进行如此大量的科学通信，而他的信息是用和蔼的、鼓励的、表示欣赏的语气。在 19 世纪后半叶许多数学家都是由于埃尔米特首先做出有力推荐才得到公众承认的。雅可比也是大度的，只有他早年对待爱森斯坦是例外。但是，他有挖苦人的倾向（除了可能使那位讽刺对象不愉快之外，一般都非常有趣），而埃尔米特的亲切的机智中是没有这些的。当这个默默无闻的年轻人敢于以他关于阿贝尔函数的头一项伟大工作来接近他时，这样一个人值得接受雅可比的大度的答复。雅可比写道："先生，假如你的一些发现与我自己过去的一些工作相重的话，你不要因此感到不安。因为你必须从我结束的地方开始，所以两人的工作必定有一个小的相互衔接的区域。在将来，假如我还有幸收到你的信，我将只有向你学习的份。"

在雅可比的鼓励下，埃尔米特不仅和他分享阿贝尔函数论中的发现，而且还寄给他四封论述数论的长信，第一封是早在 1847 年就寄出的。这些信中最早的一封是埃尔米特年仅 24 岁时写的，开辟了新方向（我们将指出在什么方面），单凭这些信就足以建立起他那一流创造数学家的名声。他研究的问题的广泛性和他为了解决这些问题而想出的方法的大胆独创性都显示出埃尔米特是历史上天生的数论大家之一。

第一封信的开头是一段致歉的话。"我荣幸地接到您充满良好的祝愿的信已经快两年了，我一年没有回信，今天我请求您原谅我长时间的怠慢，并向您表示当我看到自己在您的著作宝库之中居一席之地时我的兴奋的心情。〔雅可比在他自己的某些著作中发表了埃尔米特书信的一部分，并给予全部应得的承认。〕这已经是老早的工作了，我对您的如此明白地表示您的友善深为感动；先生，请允许我相信，您的友好情谊将铭记在我的心怀。"接着埃尔米特谈到雅可比的另一项研究激起了他目前的努力。

如果读者看一下在高斯那章中所讲述的单变元单值函数（对于变元每个值只取唯一的值的单值函数），雅可比所证明的下列命题应该能理解：具有三个不同周期的只有唯一变元的单值函数是不可能存在的。一个变元的单值函数或者有一个周期或者有两个周期，这可以通过三角函数和椭圆函数表示出来。埃尔米特宣称，雅可比这个定理使他产生一个想法，把某些新方法引入到高等算术中去。虽然这些方法太专门而不能在这里详述，但是我们可以简单地指出其中一种方法的精神实质。

高斯意义下的算术讨论有理整数 $1, 2, 3, \cdots$ 的性质；而无理数（像 2 的平方根）则排除在外。高斯特别研究了具有两个或三个未知数的很多类型的不定方程的整数解，例如，$ax^2 + 2bxy + cy^2 = m$ 的解，其中 a, b, c, m 是任意给定整数，要求讨论方程的所有整数解 x, y。这里需要注意之点是问题的陈述和解都是在有理整数范围内，即离散的数的范围内来考虑的。使用适于研究连续的数的分析去解决这种离散问题似乎是不可能的，但是这正是埃尔米特所做的。从离散的表述出发，他把分析应用于这个问题，最后得出离散范围内的结果，而他也是从离散范围开始的。比起为代数和算术发明的任何离散技术来，分析的发展程度要高超得多，埃尔米特的贡献可以比作把近代机械引进到中世纪的手工劳动之中。

埃尔米特可以随心所欲地选择工具，不论是代数的还是分析的，都比高斯写《算术研究》时任何可用的工具更加强有力。埃尔米特为自己的伟大发明而创造的这些更近代的工具使得他能够去研究那些在 1800 年会使高斯为难的问题。埃尔米特一下子就从高斯和爱森斯坦曾经讨论过的一般问题开始，他至少开始了任意个未知数的二次型的算术研究。"型的算术理论"的一般性质可以从一个特殊问题的陈述看出来。取代两个未定元 (x, y) 的二次高斯方程 $ax^2 + 2bxy + cy^2 = m$，必须讨论 s 个未定元 n 次类似方程的整数解，其中 n, s 是任意整数，方程左端每项次数都是 n（而不像高斯方程是 2）。在叙述他如何经过反向思考发现雅可比关于单值函数的周期性的研究依赖于二次型理论更深的问题之后，他讲出他计划的要点：

"可是，一旦得到这种观点，我想给我自己提出的问题（足够庞大），似乎不能脱离一般的型的理论这个大问题来考虑。在高斯先生[当埃尔米特写这段话时，高斯还活着，因此用了客气的"Monsieur"（先生）]为我们开辟的这个无限广泛的研究领域中，代数学和数论似乎必定结合同等的一些分析概念，对此，我们当前的知识还不足以使我们形成一个确切的想法。"

接着他谈到一些看法，虽然还不是十分清楚，却可以解释为，代数学、高等算术以及函数论的某些部分之间的微妙关系的关键可以通过对下列问题的彻底理解而得出：即哪种"数"对于明显解出所有类型的代数方程是充分而且必要的。因此，对于 $x^3 - 1 = 0$，理解 $\sqrt[3]{1}$ 既充分必要；对于 $x^5 + ax + b = 0（a, b$ 是已知数），为了使 x 能够明显地用 a, b 表出，必须发明哪种"数"x 呢？高斯自然给出过一种解答：任何根 x 是一个复数。但是这只是一个开端。阿贝尔证明，假如只容许进行有限多次四则运算和开方，那么就没有一个用 a, b 来表示 x 的明显公式。以后我们还要回到这个问题：埃尔米特甚至在更早的时候（1848 年，当时他 26 岁），在他头脑中某个地方似乎已经有了他的最伟大的发现之一。

埃尔米特对数的态度多多少少属于毕达哥拉斯和笛卡儿那种神秘主义传统，笛卡儿的数学信条正如我们下面马上要讲的，本质上是毕达哥拉斯派的。在其他事情上，善良的埃尔米特也明显地显示出神秘主义倾向，一直到他 43 岁。埃尔米特正如他那个时代许多法国科学家那样是位宽容的不可知论者。接着在 1856 年，他突然生了一场危险的大病。在这种虚弱的身体状况之下，埃尔米特顶不住哪怕是最不固执的福音派传教士，而热情的柯西过去总是疼惜他这位天才的年轻朋友对宗教事务太自由随便，这时他对衰弱不堪的埃尔米特猛攻过来，使他皈依了罗马天主教。从此之后，埃尔米特成为一位虔诚的天主教徒，他的宗教活动给他带来很大的满足。

埃尔米特对数的神秘主义观念没有什么坏处，这是他个人的私事，辩论这事不会有什么结果。简单讲，埃尔米特相信数是超出人类控制之上独立存在的东西。他认为，数学家有时被容许窥视支配数所在的虚无缥缈的王国中那种超人的和谐规律，正像伟大的伦理道德的天才有时声称他们看到天国的神圣的完美一样。

可能这样讲是不错的，当今的著名数学家，只要他对过去 50 年（特别是最近 25 年）的数学发展稍加注意，为的是能够理解数学的本质以及数学推理的过程，那他就不会同意埃尔米特的神秘主义观点。关于数学的来世说这种近代怀疑主义比起埃尔米特的信念来是得还是失，那取决于读者自己的口味。现在几乎普遍被有资格的评判认定是错误的"数学存在"的观点，正是笛卡儿在他的永恒三角形理论中如此漂亮地表述出来的，我们可以在这里引一段作为埃尔米特神秘主义信念的集中体现：

"我想象一个三角形，虽然这样一个图形可能并不存在，而且除了在我的思想之中，可能在世界上从来没有存在过。然而这个图形具有某种永恒的、不变的性质或形式或者确定的本质，这并不是我发明的，也完全不依赖于我的心灵。由我能够证明这个三角形的各种性质这个事实，这是显然的。比如我能证明，三角形的三个内角之和等于两直角，大角对大边，等等。不管我愿意不愿意，我非常清楚地、非常信服地认识到，这些性质存在于三角形之中，即使我以前从来没有想到，哪怕这是我头一次想象到一个三角形。可是，没有人能说，是我发明或者想出它们的。"把这种思想转移

到像 $1+2=3, 2+2=4$ 这种简单的"永恒真理"上，笛卡儿的永恒几何学就变成了埃尔米特超人的算术了。

埃尔米特有一项算术研究，虽然相当专门，我们在这里还是提一下，作为纯粹数学的预见性的实例。我们记得，高斯在高等算术中引进复整数（形如 $a+bi$ 的数，其中 a,b 是有理整数，i 表示 $\sqrt{-1}$），为的是使双二次互反律有一个最简单的表示。狄利克雷和高斯的其他追随者于是讨论这样的二次型，其中变元和系数中出现的有理数由高斯的复整数所取代。埃尔米特进而推广到更一般的情形，并研究用今天所谓的埃尔米特型来表示整数的问题，这种型的一个例子（不考虑 n 变元，而只考虑两个复变元 x_1, x_2 及其"共轭" $\overline{x}_1, \overline{x}_2$ 的特殊情形）是

$$a_{11}x_1\overline{x}_1 + a_{12}x_1\overline{x}_2 + a_{21}x_2\overline{x}_1 + a_{22}x_2\overline{x}_2,$$

其中表示复数的字母上面的一横表示该复数的共轭，也即如果 $x+iy$ 是该复数，其"共轭复数"就是 $x-iy$；系数 $a_{11}, a_{12}, a_{21}, a_{22}$ 满足 $a_{ij}=\overline{a}_{ji}$ 其中，$(i,j)=(1,1),(1,2),(2,1),(2,2)$，因此 a_{12} 与 a_{21} 彼此共轭，a_{11} 和 a_{22} 都分别是它们自身的共轭复数（因此 a_{11}, a_{22} 是实数）。不难看出，如果所有乘积都乘出来的话，整个型是实的（i 不出现），但是最"自然的"还是用上面给出的形式来讨论。

埃尔米特发明了这种型，他就对求出这种型能表示哪些数的问题感兴趣。在 70 多年之后，发现埃尔米特型的代数对于数学物理学是不可少的，特别是近代量子理论。埃尔米特并不知道他的纯粹数学会在他去世很长时期之后证明对于科学是有价值的。的确，他正像阿基米德一样，他似乎从来不太关心数学的科学应用。但是，埃尔米特的工作给物理学提供了一个有用的工具，这个事实本身或许为相信让数学家去研究他们自己那套不可思议的玩意儿，最能证明他们抽象存在的合理性这种观点提供了一个论

据。

由于埃尔米特关于代数不变量理论的光辉发现太专门而不适合在这里讨论,我们马上转而叙述他在其他领域两项最突出的成就。不过,他同时代的人对于埃尔米特的不变量工作的高度评价可以从西尔维斯特的话"凯莱、埃尔米特和我构成不变量论的三位一体"看出来。可是西尔维斯特没有说在这个惊人的三位一体中谁是上帝,谁是耶稣,谁是圣灵;也许这种忽略没什么关系,因为这样一个三足鼎立中的每一个成员都可以把自己变为自身或者变为同他共同组成不变体的人中的任何一个。

* * *

埃尔米特觉得在他所有的漂亮工作中,有两个领域他做出可能是最突出的个别结果,这两个领域就是一般的五次方程和超越数。他在第一个领域所发现的特性在他的短文《论[一般]五次方程的解》(*Sur la résolution de l'équation du cinquième degré*)的引言中有清楚的说明(这篇文章发表在 1858年科学院的《周报》上,当时埃尔米特 36 岁。)

"已经知道一般五次方程可以通过[未知量 x 的]代换(其系数可以不用除了平方根或立方根之外的无理数来决定)而约化成

$$x^5 - x - a = 0$$

的形式[也就是说,如果我们能够把这个方程的 x 解出来,我们就能解一般的五次方程]。

"这个重要结果是英国数学家吉拉德(Jerrard)得出的,它在阿贝尔证明不可能有根式解之后,是五次方程的代数理论中最重要的一步进展。这种不可解性事实上表明有必要引进新的解析元素[某种新函数]来求解,由于这个原因,似乎很自然采用我们刚刚提到的非常简单的方程的根作为辅助工具。可是,为了使应用它作为一般方程的解的必不可少元素严格地合法化,还要看这种形式的简单是否真能使我们对方程的根的性质产生某种想法,能使我们抓住这些量的存在的特点和本质,而现在我们除了它们不能表成为根式之外一无所知。

"现在,极为重要的是吉拉德方程给我们研究方程带来最大的方便,并且容易得出一个真正的解析解,它的意思我们下面要加以解释。因为我们的确可以从以前不同的观点来考虑方程的代数解的问题,以前的观点是长期以来由一次方程到四次方程的解所表明的观点,也是我们特别受其约束的观点。

"我们不去用包含多值根①的公式把互相紧密联系在一起的根的组合作为系数的函数来表示,而是设法求得根分别表示成像三次方程情形那样的辅助变数的多个不同的单值函数。在三次方程的情形,考虑的是方程

$$x^3 - 3x + 2a = 0$$

如我们所知,我们只需要把系数 a 表示成为某个角(比如说 A)的正弦,为的是使这些根分离成为下面完全确定的函数:

$$2\sin\frac{A}{3}, \quad 2\sin\frac{a+2\pi}{3}, \quad 2\sin\frac{A+4\pi}{3}$$

[这里埃尔米特重述通常在中学代数第二年课程中讨论的三次方程的熟知的"三角函数解"。其中"辅助变数"是 A;这里的"单值函数"是正弦函数。]

"那么关于方程

---

① 例如,正如在简单的二次方程 $x^2 - a = 0$ 中,根为 $x = +\sqrt{a}$ 和 $x = -\sqrt{a}$;这里所涉及的根的"多值性"(在这个例子中是一个平方根或者二次无理性),表现在双重符号 $\pm$ 上(当我们简单谈到两根是 $\sqrt{a}$ 时)。表示三次方程三个根的公式涉及三值无理性 $\sqrt[3]{1}$,它具有三个值 1, $(-1+\sqrt{-3})/2$, $(-1-\sqrt{-3})/2$。——原注

$$x^5 - x - a = 0$$

我们揭示的事实也是完全类似的。只是这里必须要引进的是椭圆函数而不是正弦函数或余弦函数……。"

于是，很快埃尔米特就着手讨论解一般的"五次方程的问题，为此目的他采用椭圆函数（严格讲是椭圆模函数，但是这种区分在这里并不重要）。把这样一个技艺的惊人的巧妙之处传达给非数学家几乎是不可能的；用一个非常不恰当的比喻来说，埃尔米特发现了著名的"失掉的弦"，而过去就没有人会想到，这样一种飘忽不定的东西会在时空某处存在。不用说，他完全没有预见到的成功在数学界引起了轰动。更进一步讲，他宣告代数和分析的一个新部门诞生了，其中的主要问题是发现并且研究可以把一般的 n 次方程的解用有限的形式明显地表现的那些函数。迄今最好结果是埃尔米特的学生——庞加莱（在 19 世纪 80 年代）得到的，他创造出表示所求的解的函数。这些函数结果是椭圆函数"自然的"推广。这些被推广的函数的特征在于其周期性。再进一步讨论其细节就会离题太远，但是如果篇幅允许的话，我们在讲述庞加莱时，还要回到这个题目上来。

埃尔米特另一项引起轰动的孤立结果是证明在数学分析中用 e 表示的数的超越性，即 e 等于

$$1 + \frac{1}{1!} + \frac{1}{2!} + \frac{1}{3!} + \frac{1}{4!} + \cdots$$

其中 1！等于 1，2！ $=1\times2$，3！ $=1\times2\times3$，4！ $=1\times2\times3\times4$，等等；这个数是所谓"自然"对数的"底"，其数值近似为 2.718 281 828…。曾经有人说过，很难想象有缺少 e 和 π（圆周与其直径之比）的宇宙。不管可能会如何（事实上那是虚设的），事实上 e 在当前数学——无论纯粹数学还是应用数学——处处出现。为什么会这样呢？至少就涉及应用数学来讲，可以由

下面这个事实推断出来:作为 x 的函数,e^x 是 x 的唯一函数,其关于 x 的变化率等于函数本身,也就是说 e^x 是与其导数相等的唯一函数①。

"超越性"的概念特别简单,也特别重要。系数为有理整数($0,\pm1$,$\pm2,\cdots$)的代数方程的任何根称为一个代数数。从而 $\sqrt{-1},2.78$ 是代数数,因为它们分别是代数方程 $x^2+1=0,50x-139=0$ 的根,且方程中的系数(头一个方程为 $1,1$,第二个方程为 $50,-139$)都是有理整数。不是代数数的"数"称为超越数。用另一种方式来表示,超越数就是不满足任何带有有理系数的代数方程的数。

好了,给定按照某种确定规则造出的任何"数",问它是代数数还是超越数?这是一个有意义的问题。例如,考虑下面简单定义的数

$$\frac{1}{10}+\frac{1}{10^2}+\frac{1}{10^6}+\frac{1}{10^{24}}+\frac{1}{10^{120}}+\cdots$$

其中指数 $2,6,24,120,\cdots$ 是相继的"阶乘",即 $2=1\times2,6=1\times2\times3,24=1\times2\times3\times4,120=1\times2\times3\times4\times5,\cdots$,并且该级数按照所给出的项的同一规律延续下去,以至"无穷"。再下一项是 $\frac{1}{10^{720}}$;开头三项之和为 $0.1+0.01+0.000\,001$,即 $0.110\,001$,可以证明这个级数的确定义一个小于 0.12 的确定的数。这个数是不是某一个带有有理整数系数的代数方程的根呢?答案是否定的,虽说在不经别人指出如何着手的情况下就证明这点是对高等数学能力的严重考验。另一方面,由无穷级数

$$\frac{1}{10^5}+\frac{1}{10^8}+\frac{1}{10^{11}}+\frac{1}{10^{14}}+\cdots$$

所定义的数是代数数,它是 $99\,900x-1=0$ 的根(对于记得如何求出收敛

---

① 严格讲,ae^x(其中 a 不依赖于 x)是最一般的函数,但是这里的"乘积常数"a 无关紧要。——原注

的无穷等比级数的和的读者，可以验证这一点）。

头一位证明某些数是超越数的是约瑟夫·刘维尔（就是鼓励埃尔米特写信给雅可比的那位），他在 1844 年发现了很大一类超越数。它们中最简单的全都具有这样的形式：

$$\frac{1}{n}+\frac{1}{n^2}+\frac{1}{n^6}+\frac{1}{n^{24}}+\frac{1}{n^{120}}+\cdots$$

其中 n 是大于 1 的实数（上面给出的例子相应于 $n=10$ 的情形）。但是，要证明某一个特殊的数，例如 e 或 π 是或不是超越数比起发明出整整一类无穷多个超越数来或许是更加困难得多的问题：有创造才能的数学家只需（在某种程度上）规定运算条件，而猜想的数则完全掌握着局势，在这种情形下是数学家而不是猜想的数在接受他只是模模糊糊了解的指令。因此，当埃尔米特于 1873 年证明 e（定义已在上面给出）是超越数时，整个数学界对他证明的神奇的技巧不仅十分欣喜而且非常吃惊。

从埃尔米特的时代起，已经证明许多数（及数的类）是超越数。在这个黑暗的海岸上保持了一定时期的高潮线究竟是什么，我们可以在这里顺便谈一下。1934 年年轻的俄国数学家阿列克塞·盖尔方德（Alexis Gelfond）证明所有形如 a^b 的数（其中 a 不等于 0 或 1，b 是任何无理代数数）是超越数，这解决了大卫·希尔伯特（David Hilbert）23 个著名问题中的第七个，这些问题是希尔伯特在 1900 年巴黎国际数学家大会上提出而引起数学家注意的。注意在盖尔方德定理的陈述中，"无理数"是必要的（假如 $b=\dfrac{n}{m}$，而 n,m 是有理整数，如 a 是代数数，则 a^b 是 $x^m-a^n=0$ 的根；能够证明，这个方程等价于一个所有系数都是有理整数的方程。）

埃尔米特对于不易攻克的 e 的出乎意料的胜利，激发数学家们希望 π

547

不久也会以同样的方式被征服。不过，对于他自己来说，埃尔米特的收获已是足够多了。他写信给博查特（Borchardt）说："我将不再冒险去尝试证明 π 的超越性。假如别人打算干，我会比别人更高兴看到他们取得成功，但是，相信我，我亲爱的朋友，取得成功绝不是轻而易举的事。"九年之后（1882 年），慕尼黑大学的斐迪南·林德曼（Ferdinand Lindemann）用了和埃尔米特足以解决 e 的那种非常类似的方法证明了 π 是超越数，从而彻底解决了"化圆为方"的问题。由林德曼所证明的，可以推出不可能单用直尺及圆规作出一个正方形，其面积等于任意给定圆的面积，这是从欧几里得以前的时代以来就一直使多少代数学家百思不得其解的问题。

由于一些怪人仍为这个问题所困，下面我们可以简洁地叙述一下林德曼的证明如何解决了这个问题。他证明了 π 不是一个代数数。但是，任何单凭圆规直尺所能解决的几何问题，如果用和它等价的代数形式重新陈述的话，就导致一个或者多个带有有理整系数的代数方程，它们能通过相继开平方根解出根来。因为不满足这种方程，所以圆是不能单用圆规直尺"化成正方形"。如果允许使用其他机械工具，那就不难化圆为方。除了那些神经不太正常的人之外，这个问题已经完全解决半个多世纪了，到现在把 π 计算到更多位小数也没有什么好处，在这方面即使人类还能存在下去达十亿的十亿次幂年，他们所需要的精确度，现在也早已经达到并远远超过了。神秘主义者与其试图去干那种不可能的事，不如去思考 e，π，-1 和 $\sqrt{-1}$ 之间的下面这个有用的关系

$$e^{\pi\sqrt{-1}} = -1$$

直到这个关系对于他们就像佛对于印度教信徒那么显然。任何人要能够直观地看透其中的奥秘，就不会再需要去化圆为方了。

由于林德曼证明了 π 的超越性，吸引业余爱好者的一个突出的没有解

决的问题就是费马的"大定理"。对这个问题,真正具有天才的业余爱好者无疑还是有机会的。为了不致把这理解成鼓励各式各样的人一窝蜂地将尝试的证明塞给数学杂志的编辑,我们在这里回顾一下,在林德曼大胆去攻这个著名的问题时所发生的事,要是这事都不能说明解决费马问题需要有超出常人的天才,那就没有别的能说明了。1901 年,林德曼发表了一篇17 页的论文,声称其中包含那长期以来人们寻找的证明。在被人指出其中有使证明无效的错之后,林德曼仍然不灰心,又接着用七年的最好时光企图去修补那不能修补的漏洞。他在 1907 年又发表了一篇 63 页的所谓证明,可是就在一开头就有一个推理错误使得通篇文章变得无意义。

埃尔米特对数学的技巧方面做出了巨大的贡献,但他坚定不移信守他的理想,即坚信科学是超越国界的,是超越企图控制它或者使之僵化的信条权力的,这从事物的长期观点看,或许是对文明更为有意义的礼物,正如他们呈现在受折磨的人类面前那样。我们回顾他精神的圣洁之美时,不得不深深遗憾在当今的科学界没有地方再能找到类似的精神了。甚至在骄横的普鲁士人在普法战争中羞辱巴黎时,埃尔米特虽然是个爱国者,但却保持头脑冷静,他清楚地认识到"敌人的"数学也是数学而不是别的东西。今天,即使一位科学家采取了文明的立场,他所谓的广阔胸怀也不是一点不受个人思想的影响,而是盛气凌人,好像在守势一方的人应该如此。对埃尔米特来说,知识和智慧不是任何宗派、任何信条或任何国家的特权,这是如此明显以至他从来不把自己本能的明智表现于言辞。关于埃尔米特通过直觉所知道的东西,我们这一代要比他落后两个世纪。他抱着热爱整个世界的心情,于 1901 年 1 月 14 日与世长辞。

(胡作玄　译)

第二十五章

怀疑论者

克罗内克(1823—1891)

◉一个美国圣人的传说◉幸运的克罗内克◉学校胜利◉伟大的天赋◉代数数◉同魏尔斯特拉斯的论战◉克罗内克的经商经历◉有了钱又搞数学◉伽罗瓦理论◉克罗内克的讲演◉他的怀疑论是他最有创造力的贡献

一切最深刻的数学研究成果,最终必须能以最简单的整数性质加以表述。

——L.克罗内克(L. Kronecker)

　　专业数学家中够得上是合格实业家的实属罕见，而克罗内克（Krone-cker）最接近这类理想人物。30 岁之前，他经营实业如此出众，致使他挣出一个十分舒服的环境，然后把自己出众的才能奉献给数学。大多数的数学家却无此等财力。

　　根据美国数学家熟悉的一则传闻，摩根银行的创立者约翰·皮尔庞特·摩根（John Pierpont Morgan）的经历正好跟克罗内克的相反。这则传闻说，摩根在德国读书时，表现出非凡的数学才能，连他的教授都劝他终身以数学为业，甚至替他在德国的大学谋到一席教职——这在当时是个前途无量的起步点。可是，摩根倾心于金融业，并为此奉献了他的天赋，其结果是人人皆知的。喜好玄想（学院意义下的、非华尔街式的）的人，可以来一番赏心悦目的幻想，即假如摩根继续投身于数学，世界历史将发生何种变迁。

　　人们也尽可以去想象，如果克罗内克不是为了数学而放弃金融业，德国又会是何等模样。要知道，他有着超群的实业家才干；他是一位热烈的爱国者，又对欧洲的外交有不可思议的透彻理解；他有着玩世不恭的嘲癖——赞美他的人称之为现实主义，看透了强国各自怀着鬼胎。

　　起初，克罗内克像许多犹太知识青年一样信奉自由主义，但很快转变成一名坚定不移的保守派，因为他看清了哪一边对自己更有利——在取得财政上的赫赫战果之后，他就宣告忠心支持那个真理的化身——年老无情的俾斯麦(Bismarch)。克罗内克对著名的电磁电报事件大加赞扬——有人曾说这一事件是触发 1870 年普法战争的电火花。他对时局的发展总是胸有成竹:在华森堡(Weissenburg)战役前,德国的军事天才还对他们勇敢地向法国挑战的后果感到担忧时,克罗内克就信心十足地预言德国将在整个战役中稳操胜券,事态的发展正是如此。在这次战争期间以至整个一生中,他和法国一流的数学家都保持着真诚的友善关系,看来他头脑清醒,知道不受政治见解的蒙蔽而妨碍自己了解科学竞争对手的成就。此外也许像克罗内克这样讲究实效的人已决定跟数学同呼吸共命运了。

利奥波德·克罗内克一落地就过着优裕的生活,他的双亲是走运的犹太人。1823 年 12 月 7 日,他降生在普鲁士的里格尼(Liegnitz)。不知由于何种疏忽,克罗内克的正式的传记作者[海茵里希·韦伯(Heinrich Weber)和阿道夫·克内泽尔(Adolf Kneser)]根本没有提及利奥波德的母亲——尽管他也许有过一个,而只是集中谈论其父亲经营商业,买卖十分兴隆;他受过良好的教育,尤其迷恋哲学,并把这种爱好传给了利奥波德;他还有一个儿子叫雨果(Hugo),比利奥波德小 17 岁,后来成了卓越的生理学家,在伯尔尼当教授。利奥波德早年在父亲的监督下由私人教师培育成长;后来,向雨果传授学识则成了利奥波德忠心恪守的义务。

利奥波德在大学预科的预备学校接受第二阶段的教育,这时对他影响最深的是嗜好哲学与神学的副校长沃纳(Werner),他也是克罗内克升入预科后的老师。克罗内克从沃纳那里自由地吸收了基督教神学思想,对此产生了终身不渝的热情。不过,由于谨慎的习性,克罗内克一直没有改宗基督,直到 68 岁临终前卧病不起时,才请求脱离犹太教而皈依福音新教基督,因为这时候他知道此举不会对他的六个孩子有明显的危害。

预备学校的另一名老师恩斯特·爱德华·库默尔（Ernst Eduard Kummer，1810—1893）也深深地影响着克罗内克，并成了他的终生挚友。库默尔后来出任柏林大学教授，是德国自己培养出来的最富创造性的数学家，下文谈及戴德金（Dedekind）时会更多地提到他。老克罗内克、沃纳和库默尔这三个人，机智老练，充分利用了利奥波德的聪慧天资，铸就了他的精神与意志力，规划了他日后的生活航程，使他再也无法偏离这条航道。

还在他受早期教育的阶段，我们就注意到他适于生存的豪爽性格。他极善与人交往。对业已成名或行将发迹的人，对有益于他的实业或数学的人，他会本能地跟他们建立起持久的友谊。这种结交朋友的能力，对于想在实业界获得成功的人而言，无疑是一种美德。它恰是克罗内克身上最可贵的财富；他也从未丢弃它。克罗内克并不爱财如命，亦非势利小人，他只是那些幸运儿中的一个，他们与成功者相处比与失败者相处更觉自然。

克罗内克在学校的表现样样突出，兴趣也极广泛。他学习希腊语和拉丁文，轻松自如，并成了他的终身爱好。他的希伯来语、哲学和数学也学得相当出众。库默尔专门指导他学数学，使他的数学才能很早就得以显露。但年轻时的克罗内克根本没有集中精力于他最具才华的数学，而是随心所欲地选修各种科目，以满足自己多方面的才能。除了正规学业，他还学习音乐，弹得一手好钢琴，声学方面的造诣也颇深。他在暮年时宣称，音乐是一切艺术中最美妙的，当然，也许要把数学除外——他把数学比喻成诗。克罗内克的广泛兴趣经久不衰、延绵一生，他在许多领域都有很高的修养。对古典的希腊文与拉丁文文学的喜爱，促使他加入了致力于翻译和普及希腊古典名著的团体"格雷卡（Graeca）"；对艺术评论的倾心，促使他成了一位精明的绘画和雕塑的鉴定家。音乐家们常去他在柏林的漂亮住宅相聚，其中包括菲利斯·门德尔松（Felix Mendelssohn）。

1841 年,克罗内克考入柏林大学。他一面继续受多方面的教育,一面开始潜心钻研数学。当时的柏林大学以有狄利克雷(Dirichlet,1805—1859)、雅可比(Jacobi,1804—1851)和斯坦纳(Steiner,1796—1863)这些数学教授而自豪。跟克罗内克同年的爱森斯坦也在柏林大学,他们俩成了好友。

狄利克雷对克罗内克的数学风格(特别是将分析应用于数论)的影响,明显地反映在他所有的成熟之作中;斯坦纳似乎没对他产生作用,因为克罗内克对几何无动于衷;雅可比则让他尝到了椭圆函数的风味,他后来用惊人的创造力开发了这一课题,并取得了辉煌成果,主要是将它富于奇异魔力的美注入了数论。

克罗内克的大学生活几乎是中学经历的重复与放大:他选听古典文学和科学课程;他沉迷于哲学,比过去更专心地研究它,尤其是对黑格尔(Hegel)的哲学体系。我之所以强调他关注黑格尔,是因为某些好奇和能干的读者也许颇想从玄妙的黑格尔辩证法中,寻找产生克罗内克数学歧见的渊源。但这一课题完全超出了本书作者的能力。不过,目前怀疑数学本身相容性的某些不可思议的非正统看法——克罗内克的"革命"应对此负部分责任,跟难以捉摸的黑格尔的哲学体系确有奇怪的相似之处。解决这一难题的理想候选人恐怕应是既熟悉波兰多值逻辑又信仰马克思主义的共产主义者,虽然只有上帝知道能在哪棵月桂树上找到这类罕见的鸟。

克罗内克按照德国大学生的习惯,不必把时间全花在柏林大学,有些课程他是在波恩大学念的。他的老师和朋友库默尔是那里的数学教授。克罗内克逗留波恩期间,大学校方正进行一场镇压学生社团的无益战斗。这些社团的主要宗旨无非是鼓励饮酒、决斗,提倡激烈的辩论。克罗内克以他惯有的精明,秘密地跟学生结成联盟,结交了日后对他有益的朋友。

＊　＊　＊

1845 年,柏林大学接受了他的理学博士学位论文,该论文受库默尔数论工作的启示,讨论某些代数数域中的单位元问题。虽然具体写出单位元相当困难,但单位元的性质可从下面关于其一般问题(不只考虑库默尔和克罗内克感兴趣的特殊的域,而是针对任一个代数数域的)的粗略描述而为人们所理解。这一简要描述也可以使在本章及以后各章中谈到的库默尔、克罗内克和戴德金在数论方面的工作变得易懂些。问题本身的叙述并不繁难,但要首先给出几个预备性的定义。

通常的整数 $1, 2, 3, \cdots$ 被称为(正)有理整数。若 m 是任一个有理整数,则它是一个一次有理整系数的代数方程,即 $x - m = 0$ 的根。这一性质以及有理整数的其他性质,使我们可以将整数概念推广到那些由代数方程的根所定义的“数”上去。设 r 是方程

$$x^n + a_1 x^{n-1} + \cdots + a_{n-1} x + a_n = 0$$

的根,方程中带下标的 a 都是有理整数(正的或负的);如果进一步假设 r 不满足首项系数为 1 的(上面那个方程中,x 的最高幂次项 x^n 的系数就是 1)、而次数低于 n 的有理整系数方程,则称 r 是 n 次代数整数。例如 $1 + \sqrt{-5}$ 是一个二次代数整数,因为它是 $x^2 - 2x + 6 = 0$ 的一个根,同时它不可能是次数低于 2 的、系数具有上述性质的方程的根,事实上虽然我们很容易看出 $1 + \sqrt{-5}$ 是方程 $x - (1 + \sqrt{-5}) = 0$ 的根,但此时这个一次方程的常数项 $-(1 + \sqrt{-5})$ 并不是有理整数。

如果在上述关于 n 次代数整数的定义中,我们去掉首项系数为 1 的限制,而允许它取任何有理整数(0 要除外,0 也被认为是个整数),这时方程

的根被称为 n 次代数数。于是 $(1+\sqrt{-5})/2$ 不是一个二次代数整数，而是一个二次代数数，它是方程 $2x^2-2x+3=0$ 的一个根。

现在我们引入另一个概念：n 次代数数域。设 r 是一个 n 次代数数，那么用 r 进行各式各样的、反复的加、减、乘、除（除数为 0 是没有意义的，因此不允许以 0 作除数）运算，所能得到的所有表达式的全体称为由 r 生成的代数数域，记作 $F[r]$。例如，由 r 我们可得到 $r+r$，即 $2r$；由 $2r$ 和 r 我们可得到 $2r/r$，即 2；$2r-r$ 即 r，$2r\times r$ 即 $2r^2$，等等。$F[r]$ 的次数是 n。

可以证明，$F[r]$ 中的每个数皆可表示为 $C_0r^{n-1}+C_1r^{n-2}+\cdots+C_{n-1}$ 这种形式，其中各个带下标的 C 是有理整数。而且，$F[r]$ 中的每个数都是次数不高于 n 的代数数（事实上，所出现的次数都是 n 的因子）。$F[r]$ 中的某些代数数（并非全体）是代数整数。

代数数论的中心问题是研究一个代数整数在一个 n 次代数数域中的算术可除性定律。为了明确起见，我们有必要确切说明什么是"算术可除性"，对它的理解实际跟有理整数时的情形相同。说一个有理整数 m 被另一个有理整数 d 整除，是指我们可以找到另一个有理整数 q，使得 $m=q\times d$；d（以及 q）称作 m 的因子。例如，6 是 12 的因子，因为 $12=2\times6$；而 5 不是 12 的因子，因为不存在一个有理整数 q 使得 $12=q\times5$。

一个（正的）有理素数是一个大于 1 的有理整数，而且 1 及这个整数本身是其仅有的正的因子。当我们试图把这个定义推广到代数整数的情形时，很快便发觉我们并未找到事物的本质。我们必须寻找有理素数的某个性质，它能被搬到代数整数上去。这个性质应该是：若一个有理素数 p 能除尽两个有理整数的乘积 $a\times b$，则（可以证明）p 至少能除尽这乘积的两个因子 a 和 b 中的一个。

若来考虑有理整数的算术中的单位元,它是 1。我们发现它有个特别的性质,即它能够整除每个有理整数。-1 也有此性质,而且 1 和 -1 是具有这种性质的仅有的两个有理整数。

上述事实及其他线索使我们导出一些简单而有效的观念。下面的定义将成为代数整数的算术可除性理论的基础。我们假定所论及的所有整数都在一个 n 次代数数域之中。

设 r, s, t 是代数整数,使得 $r = s \times t$,则 s 和 t 称为 r 的因子。

若 j 是一个代数整数,它是该代数数域中每个代数整数的因子,则称 j 是(这个域的)单位元。跟有理数域只包含 1 和 -1 不同,一个给定的代数数域可以包含无限多个单位元,这是导致困难的根源之一。

有理整数和次数大于 1 的代数整数之间存在一个带根本性的、令人伤脑筋的区别,下面我们来介绍这种区别。

一个并非单位元的代数整数,如果它仅有的因子是单位元和这个整数本身,则它被称为是不可约的。当一个不可约的代数整数具有下述性质:若它能整除两个代数整数之积,则至少能整除其中的一个因子,那么我们称它是素代数整数。所有素数都是不可约的,但在某些代数数域中,并非所有不可约的数皆为素代数整数。例如我们很快会看到域 $F[\sqrt{-5}]$ 就存在这类现象。在讨论普通的数 $1, 2, 3, \cdots$ 的算术中,不可约数与素数是一致的。

我们在讲费马的那一章中,曾提到(有理数)算术的基本定理:一个有理整数可唯一地表示为(有理)素数之积。涉及有理整数可除性的错综复杂的全部理论都来自这条定理。不幸的是,这条基本定理并不是对所有次数大于 1 的代数数域都成立,结果是紊乱的。

我们看一个例子(讨论这一课题的教科书中经常引用的一个现成的例子)。在域 $F[\sqrt{-5}]$ 中,我们有

$$6 = 2 \times 3 = (1 + \sqrt{-5}) \times (1 - \sqrt{-5}),$$

其中 $2, 3, 1 + \sqrt{-5}$ 和 $1 - \sqrt{-5}$ 都是这个域中的素元素(用些技巧即可证明之),因此在这个域中,6 不可能唯一地分解为素元素的乘积。

应该指出,克罗内克用一种十分美妙的方法克服了这个困难,可惜他的方法过于细腻以至无法用非专门的语言来解释。戴德金作了类似的工作,并使用了完全不同的、较易为人掌握的方法,我们在讲述戴德金的生平时再来讨论它。戴德金的方法今天仍被广泛采用,但这丝毫也不意味克罗内克的方法威力较差。当有更多的数论专家熟悉了克罗内克的方法之后,它肯定会得到更广泛的应用。

* * *

1845 年,克罗内克在博士论文中探讨了某些特殊的域的单位元理论,这些域由这样的方程所确定:它们是由关于划分圆周为 n 等分(亦即构造正 n 边形的问题)的所谓高斯问题的代数公式导出的。

现在,我们可以讨论由费马提出的一个问题了。

费马"大定理"说,当 $n > 2$ 时,不可能有非 0 的有理整数 x, y, z,使得 $x^n + y^n = z^n$。数论专家试图证明这条定理。他们迈出了看来十分自然的一步,即将左方的 $x^n + y^n$ 分解为 n 个一次因式的乘积(如同在中学代数课中通常所做的那样),这导致了对跟高斯问题有关的代数数域的彻底研究,当然,它是在犯了一个严重的但又是可以理解的错误之后进行的。

这个问题从一开始就如同一个诱人犯错误的陷阱,不少很有能力的数学家都轻率地跑来自投罗网,至少有一位伟大的数学家也栽进了陷阱——他就是柯西(Cauchy)。柯西想当然地假定在代数数域中算术基本定理必然成立。在跟法兰西科学院几次虽然令人振奋然而却是过于匆忙的通信之后,柯西终于承认自己错了。当时,柯西还有大量其他感兴趣的问题要做,便把这一问题束之高阁,未能作出以他多产的天才应有的伟大发现,这项任务便落到了库默尔的头上。在所讨论的域中,存在一种不满足算术基本定理的"整数",它们到底遵从什么样的法则和秩序呢?这正是最核心、最严重的困难之所在。

这个问题通过创造一种全新类型的"数"而得到了解决。这类"数"自动地满足算术基本定理。它堪与非欧几里得几何媲美,乃是 19 世纪卓越的科学成就之一,也不愧为整个历史上的一项重大数学成果。这种新的"数"即所谓的理想数,由库默尔在 1845 年创造问世。当时,这种新"数"并非在一切代数数域中,而只是在由分圆问题导出的域中被构造出来的。

库默尔本人也曾跌进诱惑过柯西的陷阱,还自信证出了费马"大定理"。他把这一自以为正确的证明交给狄利克雷审查,后者举例指出算术基本定理在所讨论的域中并不成立,而库默尔原以为那是不言而喻的事实。库默尔的这次失败是数学发展中最幸运的事件之一,正如阿贝尔(Abel)最初解一般五次方程时所犯的错误一样,它使库默尔转向正确的轨迹,从而创造了他的"理想数"。

高斯、罗巴切夫斯基、约翰·波尔约(Johann Bolyai)和黎曼曾使几何摆脱了过于狭窄的欧几里得体系的束缚;库默尔、克罗内克和戴德金则在创造现代代数数论时,通过无限地开拓算术领域并将代数方程引入数的领地,而使数论和代数方程论获得了解放。正如非欧几里得几何的发现者给几何和物理学展示了广阔的、迄今为止尚不可预料的境界一样,这些代数数论的创立者揭示了一种全新的思想,使整个算术领地大放异彩,同时在十分简单而又坚实的公式基础上,建立起方程的理论、代数曲线和曲面的系统理论,并揭示了数本身应有的特征。

"理想"是戴德金从库默尔的具体的"理想数"得到启示而创造的一种新的数学对象,它不仅恢复了算术的"青春",也使起源于研究代数方程和方程组的代数学跨入了新的轨迹。"理想"的创立还为了解普吕克(Plücker)、凯莱(Cayley)和其他人的"计数几何"①的内在含义提供了可以信赖的线索,它吸引着 19 世纪一大批几何学家不遗余力地去找出曲线网和曲面网的交。最后,如果克罗内克反对魏尔斯特拉斯的分析学(下面将提及此事)的异端邪说有朝一日变成陈旧的正统观念(所有不脱离实际的异端邪说迟早会到达这一境地),那么,拓广分析学赖以奠基的、我们所熟知的整数 $1,2,3,\cdots$,最终也许能为分析学指明其适用的范围。这种毕达哥拉斯式的思考也许会想象出毕达哥拉斯在他全部狂想哲学中所从来没有梦想过的"数"的各种生气勃勃的性质。

1845 年,22 岁的克罗内克随着他那著名的学位论文《论复单位元》(*De Unitatibus Complexis*)跨入了代数数域这个优美而困难的领域。将圆周划分成 n 段等弧的所谓高斯问题曾引出一个代数数域,克罗内克研究了这种域中的特殊的单位元,这项工作使他获得了博士学位。

---

① 计数几何研究的一个问题是:一条代数曲线可能包含一些圈,因而有自交点,或曲线在某些点和它的切线相交。那么假如给定了曲线的阶,问此时有多少个这样的点?若无法回答上述问题,则问具有一定数目这类点或其他特殊点的曲线方程是否一定存在?对曲面可提同样的问题。——原注

　　德国大学里曾流行一种跟颁发博士学位相关的传统活动（也许今天仍旧保持着）很值得称道：获得成功的博士候选人无论如何要为考试委员们举办一次宴会，一般是摆有各种花色配菜的啤酒宴，时间很长，热闹非凡。祝宴上常有一幕虚拟的考试，对种种滑稽可笑的提问作出更加滑稽可笑的回答，使欢乐的气氛更为浓郁。克罗内克几乎邀请了包括教务长在内的全体人员参加。他后来说，回忆这次纪念他获得博士学位的轻松酒宴，仍是他一生中最大的享受。

　　克罗内克和他在科学方面的敌手魏尔斯特拉斯至少有一点颇为相像：他们两位都十分清高，甚至对他们二人都不怎么喜欢的人也都承认这一点。除此之外，他们几乎处处表现出奇妙的差异。克罗内克一生事业的高潮就是进行反对魏尔斯特拉斯的旷日持久的数学战。在这场唇枪舌剑中，既无求饶也无宽恕；一方是天生的代数学家，另一方几乎把分析学当成宗教。魏尔斯特拉斯肥胖高大；克罗内克矮小结实，虽然身高不足 5 英尺①，但显得相当匀称、敦实。脱下学生装后，魏尔斯特拉斯就放弃了舞剑弄棒；克罗内克却始终是个熟练的体操和游泳健将，后期还是出色的爬山运动员。

　　目睹过这对相貌迥异者之间的争吵的人告诉我们：小个子的坚韧顽固，气得大个子如同一条性情温和的圣伯纳（St. Bernard）狗②，晃动着身躯企图驱赶死缠着他的苍蝇，结果，那个虐待狂却发起了更巧妙的攻击。魏尔斯特拉斯终于绝望地退出了战斗，蹒跚而去；克罗内克却仍旧紧随不舍，唠叨得叫人发狂。不过，尽管他们的科学见解不同，两人仍不失为好友，都是伟大的数学家，丝毫没有"大人物"的架子——那些自以为了不起的人总

---

①　5 英尺约为 1.52 米。——译注
②　指瑞士圣伯纳救济院中饲养的一种大狗。——译注

是装出一副气壮如牛的架势。

克罗内克很幸运,他有个从事银行业并经营几处大农场的富有的亲戚。克罗内克22岁得到学位,成了一名初出茅庐的数学家;不久因这位亲戚去世,那些产业的管理权便落入了年轻的克罗内克之手。1845年至1853年的8年间,克罗内克管理这些财产、经营实业,精心的操持换来了钱财的丰收。为了更有效地利用土地,他甚至学会了农业耕作的原理。

1848年,这位25岁的精力充沛的青年实业家审慎地跟表妹范妮·普劳斯尼策(Fanny Prausnitzer)相爱,她是已故的那位有钱的亲戚的女儿。接着他们便成家立业,共生育了六个子女,其中四个子女的寿命比父母更长。克罗内克婚后的生活无比美满,他和妻子——一位天赋甚高又活泼可爱的女人——以最崇高的慈爱之心把孩子们养育成人。克罗内克临终患病前几个月,妻子亡故,他承受不住这一打击,终于身衰力竭、一命呜呼。

克罗内克从事实业的八年间没有撰写数学论文,但仍在思考数学,1853年他发表的关于方程的代数解的重要文章就是明证。在这八年中,他始终积极地与过去的老师库默尔保持着学术联系。1853年离开实业界后他即刻前往巴黎访问,跟埃尔米特等一流的法国数学家结交为友。看来,即使环境迫使他经营实业,克罗内克也没有切断同科学界的联系,他让灵魂追随着数学,不使自己改变爱好而堕入玩牌赌博的俗流。

1853年,当克罗内克发表关于方程的代数可解性(在讲述阿贝尔和伽罗瓦的那两章中已论及了这一问题的性质)的论文时,还很少有人理解伽罗瓦的方程理论。克罗内克的这项研究成果显示了他最出色的工作的许多特征。克罗内克业已掌握了伽罗瓦理论,也许他是当时(19世纪40年代后期)唯一透彻理解伽罗瓦思想的数学家;刘维尔(Liouville)则以能充分看出该理论的重要性而自豪,他明智地编辑发表了伽罗瓦的若干遗著。

克罗内克研究工作的最突出的特点是其彻底性。在这项研究中,如同在代数及数论的其他工作中一样,克罗内克像一名充满灵感的珠宝匠,把自己的宝石镶嵌在前辈练就的金子上,把原始的宝物加工成无瑕的艺术珍品,这些佳作显现了他那炉火纯青的艺术特色。他喜爱完美的事物;常常用不了几页纸就揭示出某个孤立结果的全部发展过程及其一切内涵,而绝不给优美论文赘加显而易见的细节。所以,即使是他最短的论文也为继承者准备了有重要意义的新观念;那些较长的作品则犹如埋藏着无穷绚丽宝石的矿脉。

克罗内克的大多数工作体现了他作为"算法大师"的卓越才能。他的目标是找出精密的表达式,用它来明白无误地刻画问题的全貌,并自然而然地披露从上一步到下一步的做法。当到达成功的顶点时,你就能回顾全部历程,一目了然地看清由前提到结论的必然性。细节被无情地砍去,以便让论证的主干毫不受阻地显露无遗。简言之,数学公式成了克罗内克这位艺术家手中的得力工具。

由于克罗内克的努力,伽罗瓦理论才从少数几个私人占有者手中解脱出来,变为所有代数学家的共同财富。克罗内克的技艺如此高超,以至方程发展的下一阶段,即该理论目前的公理化体系及其拓广,也要追溯到他那里。克罗内克在代数学方面的目标,如同魏尔斯特拉斯在分析学中的目标一样,在于找出一种"自然"的方法、一种直觉和经验的手段,而非给出科学的定义,以便透入问题的精髓。

同样的艺术技巧和追求统一性的趋向也出现在他的另一篇最有名的文章中,它只在他的全集中占两页的篇幅,题目是"关于一般五次方程的解"。此文于 1858 年首次公之于世。我们记得,埃尔米特曾在同一年利用椭圆(模)函数给出了该问题的第一个解答。克罗内克也得到了埃尔米特的解,或者说实际上是同样的解,但他利用了伽罗瓦解决这个问题的思想,因而使这一奇迹更富"自然"的色彩。克罗内克 1861 年的一篇文章——它也很短,却花费了他五年中的大部分时间——再次讨论了这个问题,并找出了一般五次方程在某种意义下可解的缘由。这样,他又略胜阿贝尔一筹,后者只考虑"根式"可解性问题。

克罗内克的大多数工作还透着一股明显的算术味——有理数算术或更广阔的代数数算术的味道。确实,如果他的数学研究有什么指导思想的话,那就是他希望(也许是下意识的)将全部数学算术化,从代数学到分析学,统统如此!"上帝创造了整数",他说,"其余的一切是凡人的工作。"克罗内克希冀用有穷的算术去代替分析学,造成了他和魏尔斯特拉斯的意见分歧。对于繁茂的现代数学而言,以算术化统一数学这个理想未免过于狭隘,但它至少比其他观念具有更强的明晰性,这可谓是它的优点。

几何从未引起克罗内克的认真关注。他的大部分工作完成于专门化倾向已有了巨大发展的时期。因此,像他这样的代数学家居然能以其独特的方式研究分析学并得到相当深刻而完美的成果,同时还在其他领域从事有意义的研究,这恐怕是他人所不及的。专门化常遭人们的贬责,但它也确有自己的价值。

克罗内克发现的许多新技巧有一个显著的特点,即单刀直入地把自己最感兴趣的三门学科——数论、方程论和椭圆函数论,紧密编织在一起,组成一幅美丽的图案;随着图案的进展,意料之外的对称美被揭示出来,许多细节也会出乎预料地在其他远离它的物件中被想象出来。他使用的每一种工具,似乎命中注定能更有效地用于其他研究。克罗内克并不满足于把这种神秘的统一性仅仅当作一种神秘的事物;他在高斯的二元二次型理论(主要研究二元二次不定方程的整数解)中,已找出了一种基础性的结构。

这幅图案并不包含克罗内克在代数数论方面的伟大创见。他还偶尔离开自己最感兴趣的课题,朝另外的方向探索。他曾顺乎时代的风尚搞些数学物理(如牛顿的引力理论)中的纯粹数学问题。他在这一领域的研究当然并非着眼于物理学,而仅仅是数学的兴趣所致。

＊　＊　＊

在迈进人生旅途的最后十年之前,克罗内克一直是未受雇于任何人的自由人。然而,当他以柏林科学院院士的身份在柏林大学讲课时,他自愿地承担起科学方面的责任而不取任何报酬。1861 年至 1883 年,他在这所大学主持几门定期的课程,除必要的导论外主要讲授自己的研究工作。1883 年,库默尔从柏林大学退休,克罗内克继任了这位老恩师的职位,当上了常任教授。此后,他到处游历,是在英国、法国和斯堪的纳维亚半岛举行的科学会议上的常客,倍受学者们的欢迎。他作为一名数学教师,一直在跟魏尔斯特拉斯及其他名流竞比高低,那些人讲授的课程远比他的通俗流行。代数和数论的听众从未像几何和分析的听众那样广泛,原因可能是后两者跟物理学的联系更为明显。

克罗内克安于贵族式的孤立,甚或可以说是以此为满足。他的导论课讲得十分优美、清晰,听众误以为接下去的课程也一定很容易听懂;但随着内容的深入,听众的这种信念立即化为乌有。到第三堂课时,除了几个忠心耿耿和意志坚强的学生外,余者都已悄然离去——大部分跑去聆听魏尔斯特拉斯的教诲了。克罗内克对此倒颇为得意,他开玩笑地说,现在可以在前几排座位后面拉起一道帘子,让老师和学生感到更加亲近些。留下来的学生都死心塌地以他为师。他们在课后陪他回家,一路上继续切磋课堂上的内容。你常能在拥挤的柏林人行道上看到这样的景观:一个激动的矮个子正面对一群着了迷的学生高谈阔论、手舞足蹈——特别是那双手——交通却因此而受阻。克罗内克的住所总为学生们敞开着;他真的极喜欢跟人交往,以殷勤待客为生活中的最大乐趣。他的几名学生后来成了杰出的数学家,但克罗内克并没有人为地去造就一个庞大的门徒队伍,他的"学派"是整个的世界。

最后,我们来讲讲克罗内克所独具的、令人吃惊的独立工作的特色。在人们坚信分析学已具备稳固基础的环境中,克罗内克扮演了一个不受欢迎的哲学怀疑论者的角色。事实上,认真对待哲学的大数学家并不多见,大多数人对那种哲学泛论颇具厌恶感;无论哪种涉及认识论的怀疑只要触动他们的工作的稳固性,他们便装作不知,或很不耐烦地把怀疑丢置一边。

克罗内克则不然。作为一名真正的开拓者,他那些最富创见的研究都是其哲学观的自然产物。他的父亲、沃纳、库默尔以及他本人博览的哲学著作,都教诲他应对人类的一切知识持批判的态度。当用怀疑的目光审慎数学时,他并不因特别喜爱数学而宽容它,而是给它注入尖刻的、有益的怀疑主义。他的有关言论虽然只有很少一点刊行于世,却已强烈地骚扰了他同时代的人,而且影响至今。这位怀疑论者其实并不着意于他的同辈,正如他所说的,他"着眼于在我之后的那些人。"今天,这些后来人已登上舞台,由于他们的一致努力——虽然经常做的事仅仅是彼此辩驳,我们已经开始对数学的本质和意义有了更清楚的了解。

魏尔斯特拉斯基于用有理数的无穷序列定义的无理数概念,建立了他的数学分析学科。克罗内克不仅批驳魏尔斯特拉斯,还抛弃了欧多克索斯。他像毕达哥拉斯一样,认为只有上帝赐予的整数 1,2,3,…是"存在"的,其余的一切只不过是人类利用天赐之物所进行的琐细小事。另一方面,魏尔斯特拉斯相信自己已经一劳永逸地使 2 的平方根易于为人们所理解,使用起来也像 2 本身一样安全可靠;克罗内克则拒绝承认 2 的平方根"存在",他断言,魏尔斯特拉斯对于这个根或其他任何无理数的解释都不能自圆其说。凡跟克罗内克交往的人,无论是较年长的同事或年轻人,没有一个人对他的革命性思想报以热情的欢迎。

魏尔斯特拉斯本人似乎挺不自在,他肯定觉得受了伤害。他在一句完全德国味的句子①里,发泄了他的强烈情感。这句话像一首赋格曲,几乎无法用英语记录下来。"其最糟糕之处在于,"他抱怨说,"克罗内克利用他的权威宣告,所有那些至今仍在为建立函数理论而不辞劳苦的人,都是上帝的罪人。当富于奇想的怪人克里斯托弗尔[他的多少受人忽视的工作,在他死后多年成了研究微分几何的重要工具,今天又在相对论数学中得到了发展]说:再过 20 年或 30 年,目前的函数论将被人遗忘,全部分析学将归结为型的理论,我们对此只是耸肩一笑罢了。但克罗内克作出的如下裁决就截然不同了。我要逐字逐句地重复这一裁决:'假如有足够的时间和精力,我自己将向数学界证明,不仅几何能给分析学指明一条道路,算术也能,而且是一条肯定更加严格的道路。即便我本人不能实现它,我的后来人也将实现它,……他们会认清目前的所谓分析学赖以生存的一切结论都是荒谬的'——这些话居然出自一位才华出众、成绩显赫的数学家之口,而我跟他的所有同事一直怀着极大的喜悦、真诚地称赞他的数学研究。他的主张不仅丢了那些人的脸——他强迫他们承认错误并同他们顽强追求与

---

① 见 1885 年致索妮娅·柯瓦列夫斯基的信。——原注

思索的事物一刀两断；而且还是一种召唤，让年轻一代抛弃自己的师长，改换门庭，集合到他的周围，充当一种必须建立的新体系的信徒。可悲至极，我内心无比伤感，看着一个人，一个具有无上光荣的人，被用于了解了自己的价值而滋生的合乎情理的感情所驱使，说着有害于他人的话，自己却似乎一点也没觉察。"

"够了。我讲这些仅仅是要向你解释，为什么即使健康状况允许我再讲几年课，我也不可能再从讲课中感受到从前曾享受到的快乐。不过，你千万不要对外人去讲。我不喜欢那些不像你这样了解我的人，从我的话中杜撰出实际并不属于我的情感。"

魏尔斯特拉斯写下上述这段文字时业已七十高龄，身体状况也不佳。假如他能活到今天，他会看到他创立的巨大体系仍然如一株闻名天下的月桂，枝叶繁茂，郁郁葱葱。克罗内克的怀疑极大地激起了对全部数学基础的批判性考查，但至今并未摧垮分析学。怀疑在日渐深入，一旦有某个具有重大影响的东西被什么更具稳固性而目前沦为未知的东西所替代，那么克罗内克本人的大部分工作也要被丢弃，因为他所预言的批判性考查已经在他也根本没怀疑到的地方找到了弱点。时间愚弄着我们所有的人，唯一能聊以自慰的是后来人总比我们更伟大。

克罗内克的"革命"被他的同代人称作对分析学的破坏性袭击，它要把除正整数以外的一切赶出数学。自笛卡儿以来，几何在很大程度上成了研究二个、三个或多个实数组成的有序对方面的分析学（"数"对应于从直线上某固定点到该直线上指定点的距离）；因此，它也在克罗内克制定的纲领的统辖之下。人们熟知的负整数概念（比如 -2）在克罗内克预言的数学中就失去了地位，更不必说一般的分数了。

正如魏尔斯特拉斯所指出的,无理数最使克罗内克恼怒。后者认为,说 $x^2-2=0$ 有一个根是毫无意义的。当然,所有此类厌恶和异议本身也毫无意义,除非有明确的计划能找出被拒绝的事物的替代物。

克罗内克确实在寻找,至少已经有了个大概的轮廓。他说全部代数、数论(包括代数数论)可以按他的要求加以改造。例如,为避免出现 $\sqrt{-1}$,我们只要临时采用一个字母代替它(不妨采用 i),然后考虑包含 i 和其他字母(如 $x, y, z, \cdots$)的多项式。于是,我们像在初等代数中那样,利用各种技巧去讨论这些多项式,此时 i 和其他任何字母都受到同等对待。最后,用 i^2+1 去除所有含有 i 的多项式,并只保留除后可得的余数,其余的全部丢弃。稍微记得一些初等代数的人都会相信:这样做就能得到教科书中错叫为神秘的"虚数"的所有为人熟知的性质。利用同样的手法,只要我们愿意,就能把负数、分数以及所有的代数数(正有理整数除外)从数学中一笔勾销,剩下的便唯有天赐的正整数了。舍弃 $\sqrt{-1}$ 的灵感追根寻源来自柯西 1847 年的大脑,它成了克罗内克的纲领的胚芽。

不欢迎克罗内克"革命"的人,把它称作"暴乱"——根本不像有条不紊的革命,倒很像酒后的喧闹。但是不管怎么说,近年来它已在整个数学界掀起了两场富于建设性的批判运动:要求对任何一种被视为"存在"的"数"或其他数学"实体",给出有限步的构造方法,或证明实现这种构造是具体可行的;将那些无法用有限的语言加以明晰阐述的定义驱逐出数学。由于坚持上述要求,我们已经大大澄清了关于数学本质的观念,尽管还留有大量的事情要做。目前正在进行的讨论,我们将留待在康托尔的那章再讲,届时可以举出一些实例。

克罗内克跟魏尔斯特拉斯的意见分歧不应该使我们留下不愉快的印

象;不过假如我们忘了克罗内克慷慨大度的一生,就难免不对他有微词。克罗内克并非要故意伤害他的善良的老前辈;他只是在一场纯粹属于数学范围的争论达到白热化时,让舌头支配了大脑。魏尔斯特拉斯在精神状态好的时候,对全部攻击付诸一笑了之;他应该这样做,因为他清楚自己也曾改进过欧多克索斯的工作,他的后来人当然可能再次改进他的结果。也许,假如克罗内克比实际高上六或七英寸时,他就不至于觉得受压抑,也就不会过分喧嚷、过分强调他对分析学的批判了。总之,这场嘴皮上的争吵多数听起来像是由于不适当的自卑感引出的强词夺理。

庞加莱总结了许多数学家对克罗内克的"革命"的反应,他说:克罗内克做出了那么多漂亮的数学成果,因为他常常忘记自己的数学哲学。像许多警句一样,它不真实到正好充满机敏与智慧。

1891 年 12 月 29 日,克罗内克因患支气管疾病卒于柏林,享年 69 岁。

(袁向东　译)

第二十六章

纯洁的灵魂

黎 曼(1826—1866)

像黎曼那样的几何学家几乎可能已经预见到现实世界最重要的特征。

——A.S.爱丁顿(A.S.Eddington)

有人会谈起柯尔律治,说他只写了很少的最优秀的诗,但即便诗虽不多,却应该用金面来精装。对于贝恩哈德·黎曼,有人也说过同样的话,他过于短暂的盛年所结出的数学成果总共只有八开的一卷本。对于黎曼,下面的说法也不错,凡是他接触过的东西,无不在某种程度上加以革命化。黎曼是近代最有创造性的数学家之一,不幸的是他从小就体质虚弱,以致在他具有丰富创造性的心灵中的黄金般的产品中,他只收获了一小部分就与世长辞了。要是他活在他生活的时代 100 年之后,医学科学的发展也许会使他寿命延续二三十年,数学家也就不会翘首以待他的后继者了。

格奥尔格·弗里德里希·贝恩哈德·黎曼(Georg Friedrich Bernhard Riemann),1826 年 9 月 17 日出生于德国汉诺威(Hanover)的一个名叫布拉斯伦兹(Breselenz)的小村里。他的父亲是路德教(Lutheran)牧师,共有六个孩子(二男四女),黎曼排行第二。他的父亲在对抗拿破仑的战争中打过仗,在生活比较稳定之后,他娶了法官的女儿夏洛特·埃贝尔(Charlotte Ebell)为妻。1826 年那时候汉诺威的经济一点不繁荣,一位需要供养妻子和六个儿女的衣食的小地方的乡村牧师的境况远非富裕。某些传记作者显然很公正地指出,黎曼家的子女虚弱的身体和过早的死亡都是由于他们年青时营养不良,而不是由于精力不足的结果。他们的母亲也在她的子女长大成人之前就死去了。

他们的家庭生活尽管贫困,但却过得很快乐。黎曼一直对他可爱的家庭的每个人都保持着最温暖的感情,而且在他离家时,往往得思乡病。黎曼从小就是一个胆怯怕羞的人,非常害怕当众演说或者受到人家的注意。后来这种长久的怕羞对他的确构成一个严重的障碍,给他带来许多令人烦恼的折磨,一直到他对他想做的每次公开讲话都进行辛勤的准备才逐步克服这个毛病。黎曼青少年时代那种可爱的害羞,使得碰到他的人都觉得他和蔼可亲,这同他的成熟的科学思想所表现的无情的泼辣大胆成为奇特的对比。在他自己所创造的世界中他是至高无上的,并认识到他超凡的能力,因而在任何人(不管是实在的还是虚幻的)面前决不退缩。

黎曼还是小孩时,他的父亲被调任奎克博恩(Quickborn)教区的牧师。在这里,小黎曼从他父亲那里受到入门教育,他父亲的确很可能是一位卓越的教师。贝恩哈德从一开始就表现出如饥似渴地学习欲望。他最早的兴趣是在历史方面,特别对波兰传奇般的悲惨历史感兴趣。贝恩哈德刚刚5岁,就为了这个不幸的波兰使他父亲不得安宁,他要他父亲一遍又一遍地讲述这个英雄国家为争取自由以及"自决"(用已故的伍德罗·威尔逊[Woodrow Wilson]的含义丰富、耐人寻味的词)而进行英勇斗争的传说(有时也稍带虚构)。

黎曼大约6岁时开始学算术,这个敏感的小孩思考算术时没有那么多使他苦恼的问题,这时他天生的数学天才显露出来了。贝恩哈德不仅解决了所有留给他的问题,而且发明更困难的难题来捉弄他的兄弟姐妹。在这个孩子的心灵里已经充满了数学创造的冲动。当他10岁时,跟着一位职业教师学习更高级的算术和几何。这位非常好的教师舒尔茨(Schulz)很快就发现他自己落在他的学生后面,他的学生得出的解答往往比他的更好。

14 岁时,黎曼到汉诺威同他祖母一块住,他在这里头一次进入文科中学三年级,他在这里经受了他第一次压倒一切的孤独感。他的害羞使他成为同学们的嘲弄对象,驱使他躲进自己的小天地里。在开始一段暂时落伍之后,他的功课达到全优,但是这并没有给他带来慰藉,他唯一的安慰是用他的零用钱去买小小的礼物,在他的父母和兄弟姐妹过生日时送到家里给他们。有一种送给父母的礼物是他自己发明制造的,那是一个新奇的永恒日历,这使他那些深表怀疑的同学大吃一惊。两年后,他的祖母去世,黎曼又转学到吕讷堡(Lüneburg)的文科中学,他在这里一直学习到 19 岁,准备好进入格丁根大学学习。在吕讷堡,黎曼离家很近,可以步行回家;他充分利用这个机会逃回他自己家温暖的壁炉边。他在中学教育这些年里,健康状况仍然不错,这是他一生中最幸福的日子。在文科中学和奎克博恩来回跋涉增加了他体力的负担,尽管他母亲担心他会疲劳过度,黎曼还是继续支撑着,为的是尽可能多地与家人团聚。

黎曼还在文科中学时,就极力追求最终定局和完美,这后来使他的科学著作的发表缓慢下来。这个缺点——如果是缺点的话——在他的作文练习中已给他造成很大的困难,而且一开头就使人怀疑他是否能够“及格”。但是,就是这个习惯使他的两篇杰作达到完美的形式,其中之一甚至连高斯也声称是完善的。后来,希伯来语教师塞弗让小黎曼到他自己家里寄宿,而且把他的习惯纠正过来,从而情况大有改进。

他们两人一起学习希伯来文,黎曼常常给出的比他学到的还要多,这位未来的数学家在那个时候全力以赴去满足他父亲的希望成为一位伟大的传教士,仿佛这位结结巴巴害羞的黎曼,能有一天从任何传道教坛大声宣扬地狱和天谴或者赎罪和天堂。黎曼本人也倾心于这种敬神的事业,虽然他连一次见习布道也没有搞过,可是他的确使用他的数学天才,按照斯宾诺莎的方式,试图证明创世纪的真理性。年轻的黎曼并没有被他的失败所吓倒,他终身保持他的信仰,一直是一位真诚的基督徒。正如他的传记作者(戴德金)所说:"他恭敬地避免扰乱其他人的信仰;对他来讲宗教里最重要的是每天的自我反省。"他的中学生活行将结束的时候,甚至黎曼自己也清楚地认识到,上帝可能不需要他成为打击魔鬼的斗士,但是让他去征服自然却可能很有用。因此,正像布尔和库默尔的情形一样,为了主的荣耀(*ad majoram Dei gloriam*),又一个人得救了。

文科中学校长施马尔夫斯(Schmalfuss)早已观察到黎曼的数学才能,曾给这个孩子使用自己私人藏书的自由,而且允许他不去听数学课。这样,黎曼发现他天生的数学才能,但是他没有能够立即认识到他的能力的大小,这也正好反映他几乎病态的谦逊已达到荒唐可笑地步的特点。

施马尔夫斯建议黎曼借一些数学书去自学。黎曼说,要是书不太浅那就太好了。在施马尔夫斯的建议下,黎曼借走了勒让德的《数论》(*Théorie des Nombers*)。这只不过是一本 859 页的大四开本的书,其中许多还是晦涩的非常严密的推理。六天之后,黎曼归还这本书。施马尔夫斯问"你读了多少?"黎曼没有直接回答,却表示他对勒让德这本经典著作的赞赏,"这的确是一本极好的书,我已经掌握它了。"他确实已经掌握了。过了一段时期,他参加考试时,他答得非常好,虽然他已经有好几个月没看这本书了。

无疑这就是黎曼对于素数之谜的兴趣的来源。勒让德有一个经验公式估计小于任何指定数的素数数目的近似值;黎曼最深刻、最有启发性的著作之一(只有 8 页长)就是关于这个一般领域的。事实上,"黎曼猜想"就来源于他想改进勒让德的结果,现在这个猜想对于纯粹数学家来说,即便不是最著名的挑战,也是最著名的挑战之一。

这里我们稍稍提前叙述一下什么是黎曼猜想。它出现于著名论文《论已知数以下的素数的数目》(*Über die Anzahl der Primzahlen unter einer gegebenen Grösse*)，于 1859 年 11 月在柏林科学院的每月纪要上发表，这时黎曼 33 岁。问题是关于给出一个表示小于已知数 n 的素数数目的公式。对这个问题的解决引导黎曼去研究无穷级数

$$1+\frac{1}{2^s}+\frac{1}{3^s}+\frac{1}{4^s}+\frac{1}{5^s}+\cdots$$

其中 s 是一个复数，比如说 $s=u+iv(i=\sqrt{-1})$，这里 u 和 v 是实数，如此选取的应使得这个级数收敛。在这个前提下，这个无穷级数就是 s 的一个确定的函数，记作 $\zeta(s)$（希腊字母 ζ 总是用来表示这个函数，它称为"黎曼 ζ 函数"）；随着 s 的变化，$\zeta(s)$ 连续取不同的值。对于 s 取什么值，$\zeta(s)$ 等于零？黎曼猜想，对于 u 介乎 0 与 1 之间所有这种 s 值，都具有 $\frac{1}{2}+iv$ 的形式，也就是它们的实部都等于 $\frac{1}{2}$。

这就是著名的黎曼猜想。谁要是能证明它或者推翻它就将为自己争得荣誉，并且附带解决素数理论、数论中其他分支以及分析的一些领域中许多极为困难的问题。专家的意见倾向于认为这个猜想是对的。1914 年英国数学家哈代(Hardy)证明有无穷多 s 值满足这个猜想，但只是无穷多并不一定是全部。证明或推翻黎曼猜想可能要比证明或者推翻费马大定理激发起数学家的更大兴趣。黎曼猜想不是一种能够用初等方法去进行研究的问题，它已经引出大量难度很大的文献。

黎曼在文科中学时吸收消化（总是以惊人的速度）的大数学家著作决不止勒让德一位，他还通过研究欧拉著作而掌握微积分及其各个分支。从这样古老的分析入门出发，（在 19 世纪 40 年代中期，由于已有了高斯、阿

贝尔及柯西的著作,欧拉的方法已经过时)黎曼后来居然能够成为像他那样的敏锐的分析专家,实在是令人惊奇的事。但是他从欧拉那里仍然获得了一些在他创造性数学工作中占有一定地位的东西,即对于对称公式的正确理解以及演算技巧,虽然黎曼主要依赖于我们可称为深刻的哲学思想,即处于理论核心的思想,作为他伟大灵感的主要来源。可是,他的著作中也全然不缺少"纯粹的技巧",在这方面欧拉可以说是无与伦比的大师,不过现在大家都颇为轻视这种风尚。玩弄完美的公式以及漂亮的定理无疑能够很快地堕落成愚蠢的恶习,可是只追求严格的普遍性,它的确太普遍了以致不能应用于任何特殊情形,也会得到同样的恶果。黎曼直观的数学才能保护着他,使他不致沾染这两种极端情形中任何一种坏的作风。

1846 年,19 岁的黎曼在格丁根大学注册为专修语言和神学的学生。支配他选修神学的原因可能是他打算使他的父亲高兴,以及能尽可能快地获得一个有薪水的职位而可能在经济上有所帮助。但是他还是忍不住,禁不住去听斯特恩(Stern)关于方程论和定积分的数学课程,以及高斯关于最小二乘法的讲课和戈耳什密特关于地磁学的课。黎曼对于他宽容的父亲承认了这一切,乞求允许他改变他的课程。他的父亲爽快地同意了贝恩哈德把数学作为自己的专业,而使得这个年轻人极为高兴,而且深深地感激。

在格丁根大学学习一年后,黎曼发现这里的教育方法很陈旧,于是,黎曼转到柏林大学,他从雅可比、狄利克雷、斯坦纳、爱森斯坦那里受教,而进入新的、活生生数学的领域。他从这几位大师每一位那里都学了许多东西。他从雅可比那里学习高等力学和高等代数,从狄利克雷那里学习数论和分析,从斯坦纳那里学习近世几何学,而从只比他大 3 岁的爱森斯坦不仅学到椭圆函数,而且学到自信,因为他和这位年轻的大师对于应该如何发展这一理论有着根本的、非常激烈的意见分歧。爱森斯坦坚持搞漂亮的公式，多少有点像欧拉的方式加以近代化；黎曼想要引进复变数并且从少数简单的、一般的原理出发，通过最少的计算，而导出整个理论来。无疑，这样一来就产生了黎曼对纯数学的最伟大的贡献之一的萌芽。因为黎曼关于复变函数论的工作的起源不仅对他自己的一生，而且对于近代数学史都相当重要，我们将简要介绍一下它的内容。简单地说，没有什么是确定的。单复变解析函数的定义，在谈到高斯预见柯西基本定理时讨论过，实质上是黎曼给出的。如果把这个定义解析地表示而不是几何地表示，就导致一对偏微分方程①，而黎曼把这对方程作为单复变函数论的出发点。按戴德金的说法，"黎曼在这对偏微分方程中认出单复变[解析]函数的实质定义。这些想法黎曼可能已经在 1847 年的秋季假期中[黎曼当时 21 岁]就第一次想到了。这些想法对于他的未来的事业有着高度的重要性。"

关于黎曼的灵感来源的另一种说法来自西尔维斯特，他讲了下面的故事，即便它可能不真实也是颇为有趣的。1896 年西尔维斯特去世前一年，回忆起他住在"纽伦堡（Nuremberg）河边的一家旅馆里，在室外同一位柏林书商闲谈，他和我一样正要去布拉格（Prague）……。他告诉我，他以前在大学里是黎曼的同学。他说有一天黎曼从巴黎收到几期巴黎科学院的《周报》，他立即关起门钻研几周，当他回到朋友当中来时，他说，'这（指柯西新发表的文章）是一门新数学'"。

黎曼在柏林大学待了两年。在 1848 年政治动乱之际，他参加保王的

---

① 如果 $z = x + iy$ 且 $w = u + iv$ 是 z 的解析函数，那么黎曼方程是

$$\frac{\partial u}{\partial x} = \frac{\partial v}{\partial y}, \frac{\partial u}{\partial y} = -\frac{\partial v}{\partial x}。$$

这一对方程柯西早就给出过，甚至柯西也不是头一个给出的，达朗贝尔在 18 世纪就提到这对方程。——原注

学生联合会的活动,而且参加累人的 16 小时轮流值班来保护王宫中惊恐不安的神圣的国王。1849 年他回到格丁根去完成他的数学学业以取得博士学位。他通常被人列为纯粹数学家,比起一般纯粹数学家来说,他的兴趣不平常的宽广。事实上,他花费在物理学方面的时间也和数学方面的一样多。

从这个方面来看,似乎黎曼的真正兴趣还在于数学物理学,假如他再多活二三十年,那他就非常有可能成为 19 世纪的牛顿或爱因斯坦。他的物理观念在他那个时代可以说大胆之极。一直到爱因斯坦实现黎曼关于几何化的(宏观)物理学的梦想之后,黎曼所预示的(可能多少有些暖昧不明)的物理学对物理学家来说才是合理的。在这一方面,本世纪以前唯一了解他的追随者是英国数学家威廉·金顿·克利福德(William Kingdon Clifford,1845—1879),他也是过早地去世。

在格丁根大学最后三个学期中,他听哲学课,而且非常有兴趣地上威廉·韦伯(Wilhelm Weber)的实验物理学课。黎曼死后遗留下来的哲学和心理学的著作片段表明,作为一位哲学思想家,他也像在数学和科学方面一样非常有独创性。韦伯认识到黎曼的数学才能,成为他的要好的朋友和有帮助的顾问。比起大多数在物理学方面有著作的伟大数学家来,黎曼在物理学上对于什么是重要的或者似乎是重要的有远远高明的直观感受,无疑这种感受来自他在实验室的工作,以及他同那些主要是物理学家而非数学家的人接触的结果。甚至伟大的纯粹数学家对于物理学的贡献,在涉及科学家所观察的宇宙时,往往被简单地说成是不相干的。黎曼作为物理数学家,在关于什么像是数学的科学应用的本能方面,他是和牛顿、高斯、爱因斯坦有着同一水平的。

作为他对于约翰·弗里德里希·赫尔巴特（Johann Friedrich Herbart，1776—1841）的哲学研究的结果，黎曼在 1850 年（当时他 24 岁）得出结论："能够建立起一套完备的、周密的数学理论，它包括从单个质点的基本定律而到现实连续充实的空间中的我们见到的过程，不管是引力、电磁还是热学的。"这或许可以解释为黎曼反对物理学中所有"超距作用"理论，而赞成场论。在场论中，围绕比如说"带电粒子"的空间的物理性质是数学研究的对象。黎曼在他生涯的这个阶段，似乎相信充满空间的"以太"，这是现在已经抛弃的概念。但是，正如他关于几何基础的划时代的工作中所显示的，后来他力求在人类经验的"空间"的几何学中描述物理现象并研究它们之间的相互关系。这是现在的看法，即把观察不到的实在的以太当作多余的累赘而抛弃掉。

黎曼迷上了他的物理研究，暂时把他的纯粹数学放在一边。他在 1850 年秋天参加了刚刚由韦伯、乌尔里希（Ulrich）、斯特恩、利斯廷（Listing）建立起的数学物理学讨论班。在这个讨论班上所做的物理实验耗费了时间，这些时间本来应该花在数学的博士论文上，结果黎曼一直到 25 岁才呈交博士论文。

顺便我们要提到讨论班的主持人之一，约翰·本尼狄克·利斯廷（Johann Benedict Listing，1808—1882），他可能在黎曼一项最伟大的成就（1857）上对于黎曼的思想有所影响，这就是在单复变函数论中引进拓扑方法。

可以回顾一下，高斯曾经预见到，位置分析将会成为数学的最重要领域之一，而黎曼，通过他在函数论方面的发明，使这个预见得到部分实现。虽然拓扑学（现在称为位置分析）在最初发展时，同今天从一个多产的学派吸引所有的能量而得到精致的理论没有什么相像之处,但是有趣的是,一个普普通通的难题显然开创了这整个庞大而错综复杂的理论。在欧拉的时代,在柯尼斯堡的普列格尔(Pregel)河上横跨七座桥,如下图所示,其中带阴影线的杆表示桥。欧拉提出这样的问题:通过七座桥的每一座而不经过其中任一座桥两次。这问题的答案是不可能的。

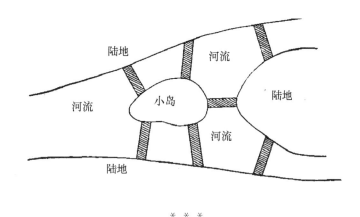

* * *

这里我们略述一下黎曼在函数论中应用拓扑方法的本质,尽管用非专门的术语来进行描述是不可能的。对于单复变函数的"单值化",我们必须参照在高斯一章中所讲过的。现在,在阿贝尔函数论中,不可避免地出现多值函数;所谓 z 的 n 值函数,就是这样一个函数,它对于每个确定的 z 值,精确地取 n 个不同的值。对于实变量函数,为了说明多值性,我们可以举出 y 作为 x 的函数,由方程 $y^2 = x$ 定义,就是二值函数。所以,若 $x = 4$,我们得出 $y^2 = 4$,因此 $y = 2$ 或 -2;若 x 是除零或"无穷大"以外的任何实数,y 就有两个不同的值 $\sqrt{x}$ 及 $-\sqrt{x}$。在这个最简单的例子中,y 与 x 通过一个代数方程相联系,即 $y^2 - x = 0$。所以立刻把这个极为特殊的情形推广成一般情形,我们可以讨论 n 值函数 y,它作为 x 的函数,由方程

$$P_0(x)y^n + P_1(x)y^{n-1} + \cdots + P_{n-1}(x)y + P_n(x) = 0$$

来定义,其中 $P_i(i=0,1,\cdots,n)$ 都是 x 的多项式。这个方程把 y 定义成 x 的 n 值函数。正如 $y^2-x=0$ 的情形一样,其中存在某些 x 值,对于这些 x 值,这 n 个 y 值中的两个或更多个值相等。这些 x 值就是所谓由该方程定义的 n 值函数的分支点。

现在所有这些都推广到复变数函数上面,函数 w(以及其积分)由

$$P_0(z)w^n+P_1(z)w^{n-1}+\cdots+P_{n-1}(z)w+P_n(z)=0$$

定义,其中 z 表示复变数 $s+it$,其中 s,t 是实变数,$i=\sqrt{-1}$。w 的 n 个值称为函数 w 的分支。这里我们必须参照(高斯那一章)关于 z 的单值函数的表示。设 $z(=s+it)$ 在其平面上描绘出任何路径,并设单值函数 $f(z)$ 可以表示为 $U+iV$ 的形式,其中 U,V 是 s,t 的函数。于是,对于每个 z 值,将对应一个且仅有一个 U 值及 V 值,而且,随着 z 在 s,t 平面上描绘出其路径,$f(z)$ 的路径由 z 的路径唯一决定。但是,假如 w 是 z 的多值函数,且对于每个 z 值,正好决定 n 个不同的 w 值(除了在支点处,w 的几个值可能相等),则(假如 n 大于1)要表示函数 w 的路径,一个 w 平面就不够了。在二值函数 w 的情形,例如由 $w^2=z$ 决定的函数,就需要两个 w 平面。并且一般来讲,对于一个 n 值函数(n 有限或无限),就需要精确有 n 个 w 平面。

即使对于非数学家来讲,考虑用单值函数来代替 n 值函数(n 大于1)的好处也是明显的。而黎曼所作的是:代替 n 个不同的 w 平面,他引进 n 叶面。这种面可大致描绘如下:在这个面上多值函数是单值的,也就是说,在该面上每个"位"对应所表示的函数有一个值且有唯一一个值。

黎曼正是把所有这 n 个平面联结成单一一个平面。他联结的办法乍看起来好像是把 n 值函数的 n 个分支表现在 n 个不同平面上的作法反过

来,可是稍微考虑一下就会看出,实际上他使单值性得到复原。因为他把
n 个 z 平面一层一层叠置起来;这些平面中的每一平面,或者说每一叶,都
对应于函数的一个特殊分支,使得只要 z 在某一个特殊的叶上移动(我们
所讨论的 z 的 n 值函数),w 就要横穿过函数对应的分支;随着 z 由一叶移
动到另一叶上,分支也就由一个变成另一个,一直到变量 z 横穿过所有叶,
回到它的初始位置,恢复到原来的分支时为止。变量 z 由一叶过渡到另一
叶可以通过联结分支点的截线(可以看成一个直线桥)来实现;我们可以想
象,沿着从一叶过渡到另一叶的截线把上叶的一"边"粘到或连接到下叶的
另一"边"上,对于上叶的另外一"边"也是类似。从图上看,有横截面,上下
叶并不是随意地沿着截线(对于给定分支点,可以用多种方式画出)联结在
一起,而是联结得要使当 z 穿过 n 叶曲面时,要是碰到了一座桥或者截线
时,它就由一叶过渡到另一叶,z 的函数的解析性质应该表现不出矛盾。
特别是变量 z,假如在一个平面上表示,绕一个支点环绕一周时,要考虑分
支之间互相转换。在单一 z 平面上,这种环绕支点的运动就相应于 n 叶黎
曼面上从一叶到另一叶的过渡以及作为结果的这个函数分支的互相变换。

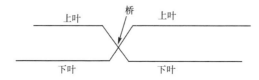

变数在 n 叶黎曼面上变动,从一叶过渡到另一叶上,存在许多方式,其
中每一种方式都对应函数分支的一个特殊的变换。它可以通过一个接一
个地写下表示各个分支相互变化的字母来表示。这样我们就得到 n 个字
母的某些代换(正如第十五章)的符号。所有这些代换生成一个群,它在某
些方面形象地表示了所表示的函数的性质。

黎曼面很难用符号来表示,使用图形表示的人只能满足于各叶之间的联系的一个草图式的表示。这同有机化学家给一个复杂的碳化合物的一个"图式"大致相同。这种图式使人大略地能够回想起这种化合物的化学性质,但是却不能也并不打算描绘出化合物中原子的空间排列。在这方面黎曼通过他的黎曼面及其拓扑,取得了极大的进展。特别是对于阿贝尔函数论,其中如何做出截断,使得 n 叶面等价于一个平面,是这个方向的一个问题。但是数学家在看到复杂的空间关系的能力方面也同常人一样,也就是说高度的空间"直觉"是特别罕见的。

* * *

1851 年 11 月初,黎曼把他的博士论文《单复变函数一般理论基础》交给高斯审阅。这位 25 岁年轻大师的这项工作,是少数激起高斯热情的近代数学的贡献之一。高斯当时已经是一位传奇式的人物,过了 4 年就去世了。在高斯读完该论文之后,黎曼拜访了高斯。高斯告诉黎曼他本人也打算花几年时间来写一部论述同样题目的专著。高斯给格丁根大学哲学系的正式报告作为他尽情表达的少见的正式意见之一很值得注意。

"黎曼先生提交的博士论文提供了可信的证据,说明作者在他的论文所论述的主题中进行了充分和深入的研究,显示了一个具有创造性的、活跃的、真正数学的头脑以及了不起的富有成果的创造性。文章清楚、简洁,有的地方很漂亮。大多数读者都喜欢论文的编排更加清晰明了。全文是一个内容充实的、有重大价值的工作,它不仅符合博士论文所要求的各项标准,而且远远超出了它们。"

一个月之后,黎曼通过了他的最后考试,包括正式进行他的论文的公开答辩,一切进行得都很顺利。于是黎曼开始希望能获得一个与他的天才相称的职位。他写信给他的父亲："我相信通过我的博士论文，我已经使我的未来更有希望。我还希望经过一段时间能学会更流畅、更快地写作，特别是如果我置身于社会之中，并且得到讲课的机会，我会由此而产生很大的勇气。"他还对他的父亲表示歉意，因为格丁根天文台一名助手空缺时，他没能够更积极地去谋取这个职位，而希望能够取得讲师资格。现在这个前景不像设想的那样暗淡。

作为他的就职论文，黎曼计划提交一篇关于三角级数（傅里叶级数）的论文。但是只有在两年之后，他才真正取得了一个没有薪水的大学讲师资格，从那些不非得听他讲课的学生那里收取学费。1852 年秋天，狄利克雷来到格丁根度假，使黎曼受益匪浅。他对于他正在考虑中的论文征求狄利克雷的意见。黎曼的朋友们设法让这位年轻人在社交场合中会见这位仅次于高斯的来自柏林的著名数学家。

狄利克雷对于黎曼的谦虚和天才很着迷。黎曼写信给他的父亲："宴会之后，第二天早上，狄利克雷和我在一起谈了两个小时。他把他的笔记给了我，而这正是我准备就职论文所需要的，否则我要在图书馆花费大量时间进行艰苦的调研才能得到这些。他还和我一起通读我的论文，对我非常好。考虑到我们之间地位的巨大差异，这我是根本不敢想象的。我希望他以后还能记得我。"在狄利克雷的这次访问期间，还有和韦伯及其他人的旅行，黎曼向他父亲报告说，这种避开数学而与人交往比他整天坐着看书对他的研究更加有好处。

1853 年（当时黎曼已经 27 岁了）以后，他热衷于考虑数学物理的问题。由于他对于物理学日益增长的热情，拖延了很久之后，这年年底他完成了就职论文。

在他能够取得他所谋求的没有薪水的讲师职位之前,他还必须通过一次试验性的讲课。对于这次试讲,他给系里提供三个题目供选择。他原本打算希望他们选择前两个题目中的一个,因为这两个题目他已经有所准备。但是他还草率地提出了第三个题目——几何学基础。这个题目是高斯已经考虑了 60 年之久的,而黎曼自己并没有什么准备。高斯无疑非常好奇,想看看黎曼的"了不起的富有成果的创造精神"对这样一个深刻的主题能够做出什么。使黎曼感到惊愕的是,高斯指定了第三个题目,让他在挑剔的教员面前展示他作讲师的勇气。这个冒失的年轻人向他父亲吐露真情:"因此我再一次陷入窘境,因为我必须完成这个题目。我已经重新进行关于电、磁、光和引力之间关系的研究。我已经进行了很长一段时间,以至我能够毫无疑虑地发展它们。我越来越相信,高斯已经研究了这个题目好多年,并且向他的一些朋友(其中有韦伯)谈过。我偷偷地告诉您这件事,免得我被认为是狂妄自大。我希望对我来说现在还不晚,我将取得人们对我作为一个独立研究者的承认。"

同时紧张地进行两项极端困难的研究工作,又在数学物理讨论班上当韦伯的助手,再加上由于贫困所造成的日常的困难,使得他一度身体垮掉了。"我现在是如此专注于统一所有物理定律的研究,以至当这个试验的题目给我以后,我还不能从我的研究工作分身。于是,部分由于对它进行深思熟虑,部分由于在恶劣气候下在室内待得过久,我生病了。我的老病又非常顽固地重患,使我不能继续进行我的工作。仅仅几个星期以后,气候好转了,我也得到大家更多的鼓励,我感觉比以前好多了。我已经在花园里租了一间房子过夏天,此后我的身体就再也没有跟我找麻烦。复活节以后两个星期,我已经完成了一件我不能摆脱的工作,我立即开始准备我的试验讲课,并在大约圣灵降临节(Pentecost)完成它[也就是大约用了七个星期]。确定我的试讲日期还很困难，在我还没有达到目的时我差一点不得不返回奎克博恩，因为高斯得了重病，而且医生怕他死期已近。由于他的身体太弱，因此不能对我进行考查。他要求我能等到 8 月份，希望到那时他能康复，特别是因为我在秋天前不会开课，因此在圣灵降临节后的星期五，他决定把讲演安排在第二天 11 点 30 分。在星期六我很幸运地通过了一切。"

这是黎曼自己对于这次历史意义的讲演的亲口叙述。这个讲演是微分几何的一场革命；并且为我们这一代的物理学的几何化铺平了道路。他在同一封信中还讲到他在复活节前后所做的工作结果如何。韦伯和他的一些合作者"已经对于一个现象进行了非常精确的测量，这个现象一直到那时还从来没有被人研究过。即莱顿(Leyden)瓶的残余电荷[在放电之后发现莱顿瓶的电荷并没有完全放净]……。我送给他[韦伯的一个合作者科尔劳施(Kohlrausch)]关于这个现象的理论，特别是为了他的目的而研究出来的。我通过关于电、光和磁的一般研究，找到了这种现象的解释。……这件事对我很重要，因为这是第一次我能把我的理论应用到现在还尚未为人理解的现象中去。并且我希望[它的]发表将促使我的更重要的工作得到承认。"

黎曼的就职讲演(1854 年 6 月 10 日)所获得的承认比他在他谦虚的心灵里暗自所希望得到的来得热烈。他准备这个讲演时花费了很大气力，因为他已经决定要使他的讲演甚至于对那些系里面没有什么数学知识的人也能够懂。黎曼的论文《论作为几何基础的假设》(*Ueber die Hypothesen, welche der Geometrie zu Grunde liegen*)不仅是整个数学的一篇伟大的杰作，而且在表述上也是一个典范。高斯特别兴奋，"与所有传统相背离，他选择了候选人提交的三个题目中的第三个，打算看一看这么一位年轻人怎样处理好如此困难的一个题目。他感到惊讶,远远超过了他的预料。在从系里的讲演会回来时,他向韦伯表示他对黎曼提出的思想的最高的评价。他在谈话时所带有的热情对高斯来说是十分罕见的。"关于这个杰作我们还有点要说的,就留到本章的末尾再说。

黎曼在回奎克博恩家乡稍事休息之后,9月份回到格丁根。在一个科学家的集会上,他发表了一篇仓促准备的讲演(熬了大半夜准备一个简短提纲)。它的题目是电在非导体中的分布。在这一年中他继续他的关于电的数学理论的研究,并且准备一篇诺比里色环的论文。正如他给他的妹妹伊达的信中所写的:"这个题目是重要的,因为与它有关的测量可以非常精确地做出,而且可以检验电运动的规律。"

在同一封信中(1854年10月9日),他对他头一次学术讲演的成功表示无比的高兴,并对预料不到的那么多听众参加表示巨大的满足。有八个学生来听他的课!他原来预想最多只有两三个学生。在受到这种想象不到的盛大欢迎的鼓励之下,他告诉他的父亲:"我已经能够正规地掌握我的课堂教学。我原来的羞怯和拘谨越来越少了,我逐渐习惯于更多地想到听众而少想到自己,而且能够从他们的表情中看到是应该继续讲,还是把讲过的东西再解释一遍。"

当狄利克雷在1855年继承了高斯的职位时,黎曼的朋友就促成当局任命黎曼为生活有保障的副教授,但是大学的财政困难不能够负担这么多,于是被授予一个年薪相当于200美元的职位,这要比有五六个学生的收入不定的学费要强多了。他的前途使他烦恼,这时他失去了他的父亲和妹妹克拉拉,使他不能够躲到奎克博恩去度假。黎曼的确感到贫穷和痛苦。他其余三个妹妹到另外一个兄弟那里一起生活,这个兄弟是不来梅的一个邮政职员。他的薪水比起经济上毫无价值的数学家来说简直是富比王侯。

第二年(1856 年,黎曼当时 30 岁)前景似乎光明一些。对于一个像黎曼这样的创造天才来说,只要他有足够的资力能使他身心健康,使得他能工作,他就不可能长期地陷入沮丧之中。这个时期他从事关于阿贝尔函数的特别富有创造性的工作,还有关于超几何级数(见高斯的那一章)以及由这个级数所得出的微分方程(在数学物理中非常重要)的经典著作。在这两项研究工作中,黎曼都开辟了他自己研究的新方向。他的方向的普遍性和直观性是他自己所特有的。他的工作贯注了他的全部精力,使他尽管在为物质生活而烦恼的情况下仍感到心情舒畅,可能结核病人的宿命的乐观主义也在他身上起作用。

黎曼对于阿贝尔函数的发展与魏尔斯特拉斯的发展不一样,就像月光不同于日光一样。魏尔斯特拉斯的研究方法是正规的,所有的细节都非常严密,就像受过全面训练的军队在一个能够预见任何情况、并准备应付偶然情况的将军的率领下向前迈进。而黎曼却纵观整个领域,除了细节之外,考虑到所有的情况,而把细节留下不管,满足于在他的想象中抓住一般地形的关键位置。魏尔斯特拉斯的方法是算术的,而黎曼的方法是几何的和直观的。要说一种方法比另外一种方法"好"是没有意义的,这两者不能从一种共同的观点来看。

由于过度的劳累以及缺乏适度的休息,使得他早在 31 岁时就神经极度衰弱。于是黎曼被迫同一个朋友到哈茨山的乡下待几个礼拜。在那儿他见到了戴德金。这三个人一起在山中长途漫游,黎曼很快就康复了。由于从保持学术风度的紧张中松弛下来,黎曼又恢复了他的幽默感,并使他的同伴对他的机智感到开心。他们也一起谈数学。大多数数学家在一起的时候也谈数学,正如律师、医生或商人在一起时也谈他们的本行一样,只要他们不必胡扯以迎合社交习惯。一天晚上,在一次长距离散步之后,黎曼在读布鲁斯特(Brewster)写的牛顿传,并且发现牛顿给本特利(Bentley)的信。信中牛顿本人断言,不存在没有中间介质的远距离作用。这使黎曼大为欣喜,并启发他做一个即席演说。今天看来,黎曼所赞美的介质不是发光的以太,而是他自己的"弯曲的空间",或者它在相对论时空中的反映。

最后,在1857年他31岁时,黎曼当上了副教授,他的薪金大约相当于一年300美元,但是由于他一辈子收入甚少,因此他也并不在乎金钱。但是这时真正的灾祸降临到他的头上:他的兄弟死了,照顾他三个妹妹的责任就落在了他的身上。算起来每人每年正好75美元。一无所有但只要有家庭温暖,茅屋也是天堂。但在大学里生活,有一点收入也堪比地狱。在黎曼的年代,情况也没什么不同,他染上结核病并不奇怪。不过,非常仁慈的上帝稍稍减轻了黎曼的负担,他的小妹妹玛丽死掉了。于是每个人的预算一下子升到100美元。如果说生计受到限制,感情却是不受金钱限制的。黎曼满怀信心做的牺牲由他的妹妹的献身精神和鼓励而得到更多的补偿。上帝可能知道,要是有一个奋斗的人需要鼓励的话,那就是可怜的黎曼。然而,这种向他提供他所需要的东西的方式似乎是相当奇怪的。

1858年,黎曼写出他关于电动力学的论文。对此他告诉他的妹妹伊达,"我关于电和光之间的密切联系的发现已经提交给格丁根皇家学会。据我所知,关于这种紧密的联系,高斯已经设计出与我不相同的另外一种理论,并告知了他的亲密朋友。不过我还是满怀信心地相信,我的理论是正确的。几年之内它将被承认是如此。众所周知,高斯很快地收回他的论文,没有发表它,可能他自己对它不满意。"对此黎曼可能是太乐观了。麦克斯韦的电磁理论是今天在宏观现象方面所公认的。光和电磁场的理论的目前状况太复杂，以致不能在此叙述。这里只需要提一下，黎曼的理论没有流传下来。

狄利克雷于 1859 年 5 月 5 日去世，生前他总是对黎曼很欣赏，并尽自己所能帮助这位奋斗的年轻人。狄利克雷的这种支持以及黎曼迅速增长的名声促使政府提拔黎曼来接替狄利克雷。这样，黎曼在 33 岁时成为高斯的第二个继承人。为了减轻他的家庭负担，当局让他仍然像高斯一样在天文台任职。现在最真诚的认可纷至沓来，这是来自数学家的选美，这些数学家虽然比自己年纪大，而且在某种程度上是他的对手。在访问柏林时，博查特（Borchardt）、库默尔、克罗内克、魏尔斯特拉斯设盛宴款待他。包括伦敦皇家学会及法国科学院在内的学术团体都聘请他为荣誉会员。总之，他得到了一个科学家通常所能得到的最高的荣誉。他在 1860 年访问巴黎时，结识了法国数学界的头面人物，特别是埃尔米特。他们对于黎曼无限敬佩。1860 年这一年，在数学物理的历史上也是值得纪念的，因为这一年黎曼开始紧张地撰写论文《论热传导问题》（*Über eine Frage der Wärmeleitung*），其中他发展了二次微分形式的整套系统（在黎曼关于几何基础的工作中已经提到），它现在在相对论中是非常基本的。

随着他被任命为正教授，他的物质生活已获得相当大的改善，于是黎曼 36 岁时结婚。他的妻子爱丽丝·科赫（Elise Koch）是他妹妹的朋友。结婚后还不到一个月，黎曼在 1862 年 7 月得了肋膜炎，由于康复不完全，结果导致肺结核。他的有影响力的朋友劝说政府给了黎曼一笔钱，让他到意大利的温和气候中休养，于是他到意大利过了这个冬天。第二年春天，在他返回德国的旅程中，他对他访问过的许多意大利城市的艺术宝藏非常喜爱，这是他一生中短暂的夏天。

他离开了他喜爱的意大利时充满了希望,可是到达格丁根时,他的病情更加严重了。在他回来的旅程中,穿过施普吕根(Splügen)山口厚厚的积雪时不小心受了风寒。第二年(1863年)8月,他回到意大利,先在比萨(Pisa)停留。他的女儿伊达(Ida,随他的妹妹命名)出生了。这年冬天格外寒冷,阿诺(Arno)河也结了冰。5月份,他移居到比萨郊外的一座小别墅里。在这儿,他的妹妹海伦故去了。他自己的病由于并发黄疸症而发展得越来越重。使他非常遗憾的是,他被迫拒绝比萨大学提供给他的教授职务。格丁根大学慷慨地延长他的休假,以使他能在比萨度过下一个冬天。在比萨,他被他的意大利的数学界朋友所包围。但是病情进一步恶化,使得他非常想家。在莱戈恩(Leghorn)和热那亚(Genoa)渴望恢复健康却未能奏效后,他在10月份回到格丁根,在那里度过了一个还可以忍受的冬季。

整个这段时期,一旦他体力许可,他就进行研究工作。在格丁根,他常常表示他希望同戴德金谈他的没有完成的工作的愿望,但是从来没有感觉到身体好到能够支持一次访问。他的最后一项计划是关于听觉的力学的工作,这个他也没有完成,他曾希望完成这项工作,还有一些其他的他认为是非常重要的事情。作为恢复体力的最后尝试,他再一次回到意大利。他的最后的日子是在马焦雷湖(Lago Maggiore)的谢拉斯卡(Selasca)的别墅中度过的。

戴德金谈到他的朋友是怎样死的:"但是他的体力迅速地下降,他自己感到他的死期已近。在他去世之前的那天,他在一棵无花果树下工作,他的灵魂充满了对环绕他的瑰丽的风景的欢乐。他的生命在慢慢地衰退,没有挣扎和死亡的痛苦,好像他有趣地遵从着灵魂和肉体的分离。他的妻子给他面包和酒……。他对她说:'吻我们的孩子',她与他一起重复主祷文,他不再能够说话了。在听到'原谅我们的罪过'时，他虔诚地两眼向上，她感觉他的手在她的手中越来越凉，通过几声最后的叹息，他的纯洁而高尚的心脏停止了跳动。在他父亲的家中养成的善良的心终生都伴随着他。他非常忠实地侍奉上帝，正如他的父亲一样，不过侍奉的方式不同而已。"

这样，在 1866 年 7 月 20 日，黎曼就在他成熟的天才的光荣之中去世，终年 39 岁。他的意大利的朋友给他树立了一块墓碑，上面刻着的碑文的结尾是这样写的："Denen die Gott lieben müssen alle Dinge zum Besten dienen"，通常译成"世间万物为敬爱上帝的人们提供最完美的服务"。

* * *

作为一位数学家，黎曼的伟大之处在于他对于纯粹数学和应用数学所提出的方法和新观点，既有强有力的普遍性，又有无限的广泛性。技术细节从来没有压倒过他。他把整个广泛的问题看成一个紧密的统一整体，甚至没有完成的研究工作所留下的零散记录通常也显示出某种难以忘怀的新颖性，从而使我们对他过早去世更加感到痛心。这里我们只能描述他的伟大杰作中的一部，即 1854 年关于几何学基础的论文；尽管我们援引克利福德(Clifford)只是为了介绍黎曼，这可能对克利福德不太公平；我们还是完整地引用他的 1870 年发表的大胆文章《论物质的空间理论》，作为黎曼几何学的实质和精神的奇特预言式的介绍。克利福德绝不是缺乏独立思考的文抄公，而是具有自己的独创性的天才头脑，对于他我们可以说，正如牛顿谈到柯茨(Cotes)时所说的那样，"假如他还活着，我们可能还要多知道某些事情。"对于那些知道某种相对论物理学及电子波动理论的较好的现存的普及论述的读者，将会认识到在克利福德的简短预言中有许多现代理论的有趣的暗示。

"黎曼已经证明存在不同类型的线和面,因此存在不同的三维空间,而我们只能通过经验得出我们所生活的空间属于哪一种。特别是平面几何学的公理只是在一页纸的面上的实验限度之内才是正确的,然而我们知道一页纸上实际上覆盖许多小的脊和沟,而对它们(全曲率不等于零),这些公理并不成立。同样,他说,虽然立体几何学的公理在我们空间的有限部分的实验范围内还是正确的,然而我们却没有理由推断,对于非常小的部分,它们也是成立了的;假如因此而对于物理现象的解释有所帮助的话,我们可能有理由推断对于空间的极小部分这些公理并不成立。

"这里我希望指出一种方式,借助于它可以使这些思考用来研究物理现象,事实上我确信:

(1)空间的微小部分事实上具有类似于曲面上小山的特性,这个曲面平均来看是平的;也就是说,通常的几何学定律不适用于微小部分。

(2)这种弯曲、扭歪的性质以波动传播的方式从空间的一部分连续过渡到另外一部分。

(3)空间曲率的这种变化就是我们所谓"物质的运动"现象中实际出现的,不管这运动物质是有重量的实体还是虚缥的以太。

(4)在这物理世界中出现的只有这种变化,它可能遵从连续性定律。

"我企图在这个假设之下,用一般的方法来解释双折射现象,但是还没有得出任何足以公布的结果。"

黎曼还相信他的新几何学将会证明在科学上非常重要,正如他在他的论文结尾所表明的(用克利福德的译文):

"或者因此作为空间基础的现实世界必定形成一个离散流形,或者我们必须在它的外面(在作用于它的支配力上)求出其度量关系的基础。

"对于这些问题的回答只能从经验所证实的现象的概念出发而得到，而牛顿正是把这概念假设为基础，并且在这个概念中做出它所不能够解释的事实所要求的连续变化。"他接着进一步讲，像他自己的研究工作，从普遍概念出发，"可以用来防止这种工作由于过于狭隘的观点而受到阻碍，并防止关于事物相互依存的认识的进步受到传统偏见的妨碍。

"这就导致我们进入另外一门科学领域——物理学领域，而本工作的目标不允许我们现在就进入该领域。"

黎曼在 1854 年的工作给几何学一种新的观点。他的几何观点是非欧几何的，但不是罗巴切夫斯基和约翰·波尔约的非欧几里得几何，也不是黎曼本人由钝角的假设所作出的体系，而是在更广泛的意义下依赖于度量的概念。把度量关系孤立出来作为黎曼理论的中心对它是不公正的，该理论包含的内容远远超出一个可行的度量哲学，不过这也是它的主要特色之一。任何对黎曼的简洁的论文的解读，都无法把全部内容阐述清楚；但是，我们打算叙述一下其中一些基本思想，我们挑选三个问题：流形的概念，距离的定义以及流形的曲率的观念。

流形是一个对象(至少是通常数学中的)类，这类中任何成员可以通过指定给它某些确定顺序的数字而完全确定，这些元素对应于元素的"可用数表示的"性质，规定的给定顺序对应于"可用数表示的"预先规定的次序。即使这个解释可能比黎曼的定义更加不易理解，然而可以把它作为开始研究的基础。用普通的数学语言来讲，可以说是这样：一个流形是数的有序 n 元组 $(x_1, x_2, \cdots, x_n)$ 的集合，其中括号( )表示数 x_1，$x_2, \cdots, x_n$ 按照给定顺序书写。两个这样的 n 元组 $(x_1, x_2, \cdots, x_n)$ 和

$(y_1, y_2, \cdots, y_n)$ 相等当且仅当它们中对应的数分别相等，也就是当且仅当 $x_1 = y_1, x_2 = y_2, \cdots, x_n = y_n$。

如果在流形的这些有序 n 元组中的每一个都正好有 n 个数出现，流形就称为 n 维的。这样我们再一次回来谈到笛卡儿坐标。假如 $(x_1, x_2, \cdots, x_n)$ 中的每个数都是正整数、零或负整数，或者是任何可数集合（集合中每个元素都可以用 $1, 2, 3, \cdots$ 来数）的元素，对于集合中每个 n 元组同样性质成立，则流形称为离散的。如果数 $x_1, x_2, \cdots, x_n$ 可以连续的取值（正如一个点沿着一条线运动），流形就称为连续的。

这个使用中的定义（故意地）忽略了这样的问题：是否有序 n 元组的集合是"该流形"或者由这些 n 元组"所表示的"某些对象是"该流形"。所以，当我们说 (x, y) 是平面内一点的坐标时，我们并不问"平面中一点"是什么，而只是用这样的有序对 (x, y) 来进行工作，其中 x, y 独立地取遍所有实数。另一方面，有时把我们注意力集中于像 (x, y) 这样的记号所代表的东西上是有好处的。所以，如果 x 是某人的年龄（以秒计），y 是他的身高（以厘米计），我们就可以对人（或全人类）而不是对他的坐标感兴趣，而坐标只是我们所研究的数学才关心考虑的。按照同样的想法，几何学不再关心空间是什么（不管"是"是否表示与"空间"有关的某种事情）。对于近代数学家来说，空间只不过是我们上述的这种数的流形，而这种空间概念是由黎曼的"流形"发展出来的。

现在我们转到讲度量。黎曼说"度量在于被比较的数量的叠置，如果没有这种叠置，只有当某个数量是另外数量的一部分时才能被比较，而这时所能判断的只是大小，而不是具体数量。"顺便可以提一下，在当前理论物理学中迫切需要一种关于度量的协调而有用的理论，特别是在所有量子和相对论上有十分重要地位的问题中尤其是这样。

　　黎曼再一次从哲学的普遍性下降到不那么神秘的数学，他进而给距离下一个定义，这是从他关于度量的概念中抽出来的。这一概念在物理和数学领域中都取得了巨大的成果。毕达哥拉斯的命题 $a^2 = b^2 + c^2$ 或 $a = \sqrt{b^2 + c^2}$（其中 a 是直角三角形最长边的长度，b，c 是另外两边的长度）是在一张平面上距离测量的基本公式。怎样把这个公式推广到曲面上去呢？在曲面上，平面上的直线对应于测地线。但是，在球面上，比如说毕达哥拉斯命题对于由测地线构成的直角三角形就不成立。黎曼把毕达哥拉斯公式推广到任何流形：

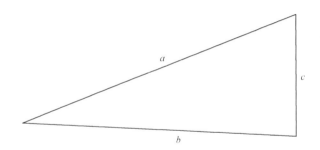

　　设 $(x_1, x_2, \cdots, x_n)$，$(x_1 + x_1', x_2 + x_2', \cdots, x_n + x_n')$ 为流形上两个彼此"无穷小地接近"的点，对于我们当前的目标来讲，"无穷小地接近"的意义是：度量流形上两点之间的"间隔"的 $x_1', x_2', \cdots, x_n'$ 的方幂如果超过二次，则可以忽略不计。为了简单起见，我们只陈述 $n = 4$ 情形的定义，即给定四维空间中两个相邻点之间的距离：距离是

$$g_{11} x_1'^2 + g_{22} x_2'^2 + g_{33} x_3'^2 + g_{44} x_4'^2 + g_{12} x_1' x_2' +$$

$$g_{13} x_1' x_3' + g_{14} x_1' x_4' + g_{23} x_2' x_3' + g_{24} x_2' x_4' + g_{34} x_3' x_4'$$

的平方根，其中十个系数 $g_{11}, \cdots, g_{34}$ 是 x_1, x_2, x_3, x_4 的函数。对于这些 g 的每一种选取，就定义一个"空间"。因此，我们可以令 $g_{11} = 1, g_{22} = 1,$

$g_{33}=1, g_{44}=-1$,而其他的 g_{ij} 都等于零;我们也可以考虑一个空间。除了 g_{44} 及 g_{34} 之外,所有 g_{ij} 都等于零,如此等等。在相对论中考虑的空间属于这类一般的空间,即除了 $g_{11}, g_{22}, g_{33}, g_{44}$ 外,所有 g_{ij} 均为零。而这些是含有 x_1, x_2, x_3, x_4 的某种简单的表达式。

对于 n 维空间的情形,相邻点之间的距离也用同样的方式定义:一般表达式包含 $\dfrac{n(n+1)}{2}$ 项。当给定相邻点距离的广义毕达哥拉斯公式之后,求空间中任意两点之间的距离只不过是可以解的积分问题。一个空间,如果其度量(测量系统)由上述这种类型公式来定义,就称为黎曼空间。

黎曼所思考的曲率(在他之前高斯已考虑过,见关于高斯那一章)是日常经验的另外一种推广。直线的曲率为零;曲率是弯曲的线同直线偏离的数量的量度,它在曲线上各点可以相同(例如在一个圆周上各点),或者沿着曲线逐点改变,这时我们再一次需要用无穷小量来表示"曲率的量度"。对于曲面,同样可以由它与平面的偏离来度量曲率,而平面的曲率为零。这可以加以推广,并像下面这样使之更精确。为了简单起见,我们首先讨论二维空间的情形,即我们通常所想象的曲面的情形。由

$$g_{11}x_1'^2 + g_{12}x_1'x_2' + g_{22}x_2'^2$$

(正如以前一样)这个表示一已知面(当函数 g_{11}, g_{12}, g_{22} 给定时,该面就被确定)相邻两点之间的距离的平方的公式,就可能完全用已知函数 g_{11}, g_{12}, g_{22} 来计算出这个面上的任何点的曲率度量。用通常的语言来讲,二维以上空间的"曲率"实际上是毫无意义的废话。然而,黎曼进而推广高斯的曲率观念,沿着相同的数学道路,在一般的 n 维空间情形,建立起涉及所有 g_{ij} 的表达式,在数学上和高斯关于曲面曲率的表达式是同一类型,黎曼就把这个一般表达式称为空间的曲率度量。对于二维以上的弯曲空间

也可以给它展示一个视觉表象,但是这种图形对认知的好处就如给没有脚的人一对破拐杖一样,它们无助于理解,在数学上也是没有用处的。

所有这些黎曼为什么要去做,这样做的结果又是什么呢？我们不打算回答第一个问题,而除非提出,黎曼做这一切是受其过人的精力所驱使。我们可以简单列举从黎曼在几何学思想上的革命所带来的一些结果。首先,他在专业几何学家的能力所及的范围内,可以创造出无限多种"空间"与"几何学"用于各种特定的目的——用于动力学或者纯粹几何学或者物理学中,而且把极其大量的重要的几何学定理捆在一起成为紧凑的小包,从而很容易从整体来掌握。其次,它阐明了空间的观念,至少在数学家处理"空间"时是如此,从神秘的非实体的空间剥去了其最后神秘的外衣。黎曼的成就教导数学家不要去相信任何几何学或者任何空间,将其当作人类知觉的必要模式。它是在绝对空间的棺材上钉上的最后一颗钉子,也是19世纪物理学中"绝对"观念的棺材上钉上的头一颗钉子。

最后,黎曼所定义的曲率,他所设计来研究二次微分形式的步骤(二次微分形式就是任意维空间相邻点的距离平方公式的表达式),以及他认识到曲率是一个不变量这个事实(在以前各章中解释过其专门意思),这些全都在相对论中找到其物理解释。相对论是否已经得到它最后的形式不是我们要讨论的问题,但是从相对论之后,我们对物理学的看法肯定不同以前。没有黎曼的工作,这个科学思想上的革命就不会发生,除非某个后来人又创造出黎曼所创造的概念和数学方法。

(胡作玄　译)

第二十七章

算术薪火

库默尔(1810—1893)和戴德金(1831—1916)

●古老守旧的本性●拿破仑时代的不平激励库默尔的天才●对抽象问题和具体问题具有同样天赋●费马大定理引发了什么？●理想数理论●库默尔的发明可与罗巴切夫斯基相比●四维空间中的波曲面●伟大的躯体、思想和心灵●戴德金,高斯最后一位学生●伽罗瓦的第一个论述者●早年对科学的兴趣●转向数学●戴德金关于连续性的工作●他所创造的理想理论

因此我们看到,理想素因子揭示复数的本质,使之更像它本来面目那样透彻,并且显示他们内在的水晶般的结构。

——E.E.库默尔(E.E.Kummer)

大多数读者知道了连续性的秘密竟是通过这样普通的观察而被揭示的,将会大失所望。

——R.戴德金(R.Dedekind)

虽然算术——数论——比起数学任何其他学科来是更深刻的问题和更有力的方法的丰富的源泉,奇怪的是,算术往往被看成站在进步的主流旁边,作为几何学和分析学的更加辉煌的成就,特别是它们在物理学上的贡献的一个多少是不动声色的旁观者。在过去的 2000 年间,只有比较少数的伟大数学家曾经比较认真地花费力气推动"纯粹数"的科学的进展。

归根结底数论是了不起的数学,对它这种奇特的忽视是由许多原因造成的。这些原因当中,我们只需注意下面的原因:当前算术比其他大的数学领域具有更多的内在困难;数论直接在科学上的应用很少,而且也不容易为普通的创造性的数学家看出来,尽管某些最伟大的数学家感到真正的数学最后终将在通常的整数的性质中找到;最后,数学家,至少是有些数学家(甚至是伟大的数学家),为追求在同代人中出名并获得荣誉,而去在分析、几何或者应用数学中收获较易取得的惊人的成功,这也是人之常情。甚至高斯也曾屈服于此,他在中年时对此感到极为懊悔。

高斯以后的近世算术是从库默尔开始的。库默尔理论的来源是他企图证明费马大定理,这在前面已经提到过(第二十五章),在我们转而讲述戴德金之前,我们可以谈谈这位数学家漫长一生中的一些事情。库默尔是典型的老派德国人,具备他们那种耿直的单纯作风、善良的天性、生动的幽默,这些特点集中地反映了几乎消亡的那一类人的最佳特征。二三十年前,旧金山任何一家德国啤酒馆的柜台后面,都可找到在酒桶旁坐着的要进博物馆的老一代的典型人物。

尽管恩斯特·爱德华·库默尔(Ernst Eduard Kummer)出生后 5 年,拿破仑就倒台了,可是这位荣耀的法国皇帝在库默尔的一生中起着即便说是不知不觉的也是非常重要的作用。他父亲是当时德国索劳(Sorau,当时属勃兰登堡公国)的一位医生,在库默尔 3 岁时就去世了。这是拿破仑的大军经德国溃败返回法国时,带来了传染典型俄国斑疹伤寒的虱子,也就把这种病传给平时洗得干干净净的德国人。这位工作过度的医生染上了这种病死去之后,留下恩斯特和他哥哥由他寡母抚养。小库默尔在极度贫困里长大,但是,他苦苦挣扎的母亲还是想方设法让她的儿子念完当地的中学。拿破仑时代法国人的骄横跋扈和强征暴敛,以及他母亲在她心头始终保持的对父亲的怀念,使得年轻的库默尔成为一名极端实际的爱国者,以至后来他带着实实在在的热情,把他卓越的科学才能献身于在柏林军事学院教授德国军官学习弹道学。他有许多学生在普法战争中表现很不错。

1828 年,库默尔 18 岁,他母亲把他送到哈雷大学学习神学,为的是将来在教会中担任职务。库默尔由于穷困,不在学校里住宿,而是每天背着装着食物和书的书包,从索劳到哈雷(Halle)往返长途跋涉。库默尔对于他的神学学习发表了一个很有趣的意见,具有抽象思辨天赋的头脑是转向哲学还是数学,多多少少出于偶然或受环境影响。对于库默尔这个特殊情形,偶然因素是在哈雷大学一位数学教授海茵里希·斐迪南·舍克(Heinrich Ferdinand Scherk,1798—1885)。舍克是个挺老派的人,但是他对于代数和数论兴致很高,他把这种兴趣传给年轻的库默尔。在舍克的指导下,库默尔很快就放弃学习伦理学和神学而转学数学。库默尔说,他喜欢数学胜于哲学是因为"纯粹的错误和谬见不能进入数学",这听起来像是在重复笛卡儿的话。要是库默尔活到今天,他也有可能要修正他的话,因为他是位心胸开阔的人,而当前数学的哲学趋势有时使人奇特地想起中世纪的神学。库默尔在大学第三年就解决一个悬奖的数学问题,并荣获博士学位(1831 年 9 月 10 日),这时他才 21 岁。当时还没有空缺的大学职位,于是库默尔在他上学的中学开始任教。

1832 年,他迁居到利格尼茨(Liegnitz)。他在那里教了十年中学。正是在这里他教克罗内克开始他那革命性的生涯。幸运的是,库默尔不像魏尔斯特拉斯处于同样环境下时那样艰难,他还能够付得起邮费来进行科学上的通信。库默尔把他的发现告诉一些著名数学家(其中包括雅可比),他们非常关心他,只要一有机会,就要把这位天才的年轻中学教师提拔到更合适的职位上。1842 年库默尔被任命为布雷斯劳(Breslau)大学的数学教授。他在这里一直任教到 1855 年,这时高斯去世使欧洲数学界的图景大为改观。

当时柏林是数学界的中心,人们以为狄利克雷在柏林任教非常满足。但是,高斯一死,狄利克雷无法抗拒做数学家之王继承人的诱惑,去继承他自己以前的老师高斯在格丁根大学当教授。即使在今天,对于在其他职位上能够轻易挣更多钱的数学家来说,作为"高斯继承人"的荣耀也具有几乎不可抗拒的吸引力,一直到最近,格丁根大学仍可以选择它所要的人。库默尔被一致选为狄利克雷在柏林的继承人,由这个事实也能看出库默尔在当时数学家中享有的崇高威望。早在 29 岁时,他已经是柏林皇家科学院的通讯院士了。现在(1855 年),他同时在大学和科学院继承狄利克雷的职位,还被任命为柏林军事学院的教授。

库默尔是那种最罕见的科学天才之一,他们不仅在最抽象数学方面是一流的,还在把数学应用于实际事物(包括所有人类的愚蠢行动中最厚颜无耻的实际事物——战争)中,也是一流的,而且在以高度卓绝的技巧进行实验物理研究的能力上同样是一流的。他的最漂亮的工作是数论,他的深刻的创造性使得他做出头等重要的发明,而且在其他领域,如分析、几何以及应用物理学,他也做出突出的工作。虽然库默尔在高等算术上的推进具有开创性,能够使他可以和非欧几里得几何学的创造者们相提并论,可是,我们在评述他 83 岁的一生时,总多少有这样的印象,虽说他的成就光辉伟大,可是并没有完成他本应该取得的成绩。可能他个人缺乏雄心壮志(下面我们要举出一个例子)、他轻松亲切的态度以及富于幽默感的个性,都妨碍他鼓足干劲去打破纪录。

库默尔在数论方面工作的特点已经在克罗内克一章中叙述过:他使算术基本定理在某些代数数域中得到复原,这些代数数域是在他力图证明费马大定理时以及高斯的分圆理论中出现的,他通过创造一种完全新型的数——"理想数"而实现这种复原。他还推进高斯关于四次互反律的工作,并寻求四次以上的高次互反律。

正如上几章所提到的,库默尔的"理想数"现在很大程度上为戴德金的"理想"所取代,我们在讲到它时还会加以解释。用通俗的语言来讲清库默尔的"理想数"是什么几乎是不可能的,因此,我在这里就先不讲了。可是对于他借助于理想数所取得的成就,我们却可以足够精确的论述如下:库默尔证明了对于很大的整整一类素数 p,$x^p + y^p = z^p$(p 是一个素数)不可能有整数 x, y, z 的解,其中 x, y, z 均不为零。对所有素数,他没能成功证明费马大定理成立。有些难以抓住的"例外素数"溜出库默尔的纲,现在情况仍然如此。不过,他迈出这一步大大超过前人所做的全部工作,以至他几乎不由自主地就享有盛名。他没有参加竞争便获得大奖。

法国科学院关于 1857 年"大奖"的竞争的完整报告如下："关于数学科学大奖的竞争报告。大奖的竞争在 1853 年设立，这个大奖延续到 1856 年。委员会考虑到申请获奖者的工作似乎没有一项符合获奖条件，便建议科学院颁奖给库默尔先生，由于他在由单位根①和整数组成的复数方面的出色研究，科学院采纳了这项建议。"

库默尔关于费马大定理的最早论文的日期是 1835 年 10 月。这篇文章之后，在 1844 年到 1847 年他又接连发表几篇文章，其中最后的论文题目是"关于无穷多②素数 p，$x^p + y^p = z^p$ 不可解的费马大定理的证明。"他继续改进他的理论，其中包括它在高次互反律上的应用，一直到 1874 年他 64 岁为止。

尽管这些高度抽象的研究是他兴趣最大的领域，尽管他谈到自己时说，"更确切地来描述我个人的科学态度，我可以方便地归诸是理论的……；我特别追求那些数学本身范围之内而又涉及应用的数学知识"，库默尔并不是一位范围狭窄的专家。他有些像高斯，好像对纯粹数学和应用科学都同样感兴趣。高斯通过自己的工作，的确成为库默尔真正的老师。而能干的学生也证明了高斯的勇气，他推广了他的老师关于超几何级数的工作，对于高斯已经完成的工作做了实质性的发展，而这对于经常出现在

---

① 如果 $x^p + y^p = z^p$，则 $x^p = z^p - y^p$，把 $z^p - y^p$ 分解成 p 个一次因子，我们得到

$$x^p = (z - y)(z - ry)(z - r^2 y) \cdots (z - r^{p-1} y)$$

其中 r 是(除 1 之外的)"p 次单位根"，即 $r^p - 1 = 0$，且 r 不等于 1。库默尔在研究费马方程过程中所引进的就是由 r 所生成的 p 次域中的代数整数，这导致他发明他的"理想数"以恢复这域中的唯一分解定理——在这样一个域中，对于所有素数 p，一个整数并不唯一表示成域中素数的乘积。——原注

② 库默尔的题目中的"无穷多"尚未(1936)证实；应该用"许多"来代替"无穷多"。——原注

数学物理中的那些微分方程的理论有着巨大的应用。

哈密顿在射线系统(光学)的伟大工作启发库默尔做出了他自己最漂亮的发明之一,即以库默尔的名字命名的四次曲面,它在四维空间的欧几里得几何学中起着重要的作用。当直线代替点取作构成空间的不能化简的要素时,就出现空间是四维(而不是我们通常想象的三维)的情形。库默尔曲面(以及到高维空间的推广)在 19 世纪几何学的整个领域中都占据着舞台的中心。凯莱发现可以用四重周期函数来对它进行参数(见高斯一章)表示,雅可比和埃尔米特都对四重周期函数做出他们某些最好的贡献。

最近(1934 年之后),阿瑟·爱丁顿爵士观察到,库默尔曲面与量子力学中的狄拉克(Dirac)波动方程有某种关系(两者具有相同的有限群;库默尔曲面是四维空间中的波曲面)。

为了完成这方面工作,库默尔由从事对射线系统的研究又回来研究物理学,并对大气衍射理论做出重要贡献。在军事学院研究弹道时,他所表现出的一流实验家的才能使科学家大为震惊。库默尔以他特有的幽默来原谅自己从数学恩宠下如此糟糕的堕落,他告诉一位年轻朋友:"当我用实验来研究一个问题时,那就证明,这个问题从数学上是攻不动的。"

库默尔深深记得自己求学时艰辛奋斗与母亲做出牺牲的经历,他不仅对他的学生是父亲,而且对学生的家长也仿佛像兄长。柏林大学或军事学院有成千上万心怀感激的学生在他们成长的路上受到库默尔的帮助,他们一辈子都记得他是位伟大的导师,也是位真正的朋友。有一次,一位穷困的年轻数学家正要通过他的博士考试时身患天花,不得不回到波森(Posen)老家去,那里离俄国边境不远。他没有通知大家,人们只是知道他极度贫困。当库默尔听说这个年轻人可能负担不起适当的医疗费用,于是他就找到这个学生的一位朋友,给他所需的钱,送他去波森看看还需要什么。库默尔的教学也以通俗的比喻和哲学的旁白而出名。因此,他要在某一个表达式中使人理解某一特殊因子的重要性时,他就说:"假如你忽略了这个因子,你就像吃李子把核吞下去而把果实吐出来。"

库默尔一生的最后九年在完全退休中度过。考虑到高斯死后留下大量东西需要编辑,他说:"我没有什么要在死后发表的论文。"他退休以后,在一家老小的围绕下(有九个孩子在世),库默尔完全丢开了数学,除了偶尔去他童年时期的旧地重游之外,几乎过着最严格的隐居生活。在感染流行性感冒之后不久,他于 1893 年 5 月 14 日去世,享年 83 岁。

* * *

库默尔在算术方面的继承人是尤里乌斯·威廉·理查德·戴德金(Julius Wilhelm Richard Dedekind)(他长大后,去掉了前面两个名字),是德国(乃至任何其他国家)所产生的最伟大的、最富于创造性的数学家之一。戴德金同库默尔一样也享有高寿(1831 年 10 月 6 日—1916 年 2 月 12 日),而且他一直到去世前不久,在数学上一直十分活跃。当他在 1916 年去世时,他作为数学经典作家已经有二三十年了。正如埃德蒙·兰道(Edmund Landan,他本人是戴德金的朋友,也是戴德金某些工作的追随者)在 1917 年格丁根王家学会的纪念讲演中说的:"理查德·戴德金不仅是一位伟大的数学家,而且是从过去到现在整个数学历史上十分杰出的人物之一。他是伟大时代的最后英雄,高斯最后的学生,四十多年以来的经典作家,从他的工作中,不仅我们,而且我们的老师,乃至老师的老师都从中吸取营养。"

理查德·戴德金的父亲是一位法学教授,名叫尤里乌斯·列文·乌尔里希·戴德金（Julius Levin Ulrich Dedekind）。他是四个孩子中最小的，出生于布伦瑞克（Brunswick），也是高斯的出生地①。从 7 岁到 16 岁，理查德在他家乡的小城上中学。他没有留下早年有无可争议的数学天才的证据。事实上，他最早的爱好是物理和化学，而把数学看成科学的侍女——或洗碟子的女工。但是他在黑暗中并没有游荡多久。大约 17 岁时，他感到物理中所谓的推理有许多可疑之处，而数学的逻辑不那么易于驳倒，他又转向数学。1848 年，他进入卡罗林学院，这所学院给年轻的高斯提供了自学数学的机会。戴德金在学院掌握了解析几何、"高等"代数、微积分和"高等"力学的基础。所以当 1850 年他 19 岁进入格丁根大学时，他已经有了充分准备能开始进行认真的工作。他的主要导师是莫里茨·亚伯拉罕·斯特恩（Moritz Abraham Stern，1807—1894）（他曾写过大量数论文章），以及高斯和物理学家威廉·韦伯。从这三位老师那里，他在微积分、高等算术初步、最小二乘法、高等测地学以及实验物理学方面打下了完备的基础。

后来，戴德金对于他在格丁根的学生时代所受的数学教育甚感遗憾，虽说这种教育满足领取国家教师证书的相当低的要求，但是对于准备搞数学事业的人却根本不够。由于根本没有接触到有现实重要性的科目，戴德金在取得学位之后，不得不花两年的艰苦时光去自学椭圆函数、近代几何、高等代数和数学物理，所有这些科目在当时已经由柏林的雅可比、斯坦纳、狄利克雷予以漂亮的阐述。1852 年，21 岁的戴德金在高斯指导下得到博

---

① 现在还没有出版过戴德金的令人满意的传记。本应在他的全集第三卷（1932）收入他的传记，但是由于主编罗伯特·弗里克（Robert Fricke）去世而未成。这里的叙述是根据兰道的纪念讲演。注意，按照某些德国传记作家的古老的传统习惯，兰道省略所有有关戴德金母亲的事，这无疑符合为已故德国皇帝所提倡的，而为阿道夫·希特勒（Adolf Hitler）衷心赞同的"三 K"理论。"女人的全部责任在于三 K，即 Kissing（吻）、Kooking（英文 cooking 按德语拼成 K，烧饭）、Kids（孩子）。可是至少还想知道这位伟人的母亲娘家姓什么。"——原注

士学位,他的论文是关于欧拉积分的不长的文章。无须去解释这篇文章讲什么,它是一个独立的、有用的研究工作,但是并不像戴德金后来许多文章那样很明显地每页都表现出天才的迹象。高斯对博士论文的评语也是很有趣的:"戴德金先生准备的论文是关于积分学的一项研究,它绝不是一般的。作者不仅显示出对有关领域具有充分的知识,而且这种独创性也预示出他未来的成就。作为批准进行考试的试验论文,我认为这篇论文完全令人满意。"高斯在论文中看到的比一些后来的某些评论家所发现的还要多,可能他与年轻的作者的密切接触,使他能看到言外之意。不过,这篇报告甚至就其本身来看,只不过是在接受一篇可通过的博士论文时惯有的那种多少是敷衍塞责的客气而已,我们不知道高斯是否真的预见到戴德金深刻的独创性。

1854 年,戴德金被任命为格丁根大学的无薪讲师,他任此职四年。高斯于 1855 年去世后,狄利克雷从柏林移居格丁根。在他在格丁根余下的三年里,戴德金听狄利克雷最重要的讲课。后来他编辑狄利克雷著名的数论著作,并附加上划时代的"附录 XI",其中包括他自己的代数数论的大纲。他还成为伟大的黎曼的朋友,当时黎曼的事业正在开始。戴德金的大学讲课大部分是初等的,只是在 1857/1858 年度,他(给两名学生塞林[Selling]和奥威尔斯[Anwers])讲授伽罗瓦方程论。这可能是伽罗瓦理论第一次正式被列入大学课程。戴德金是首先认识到群的概念在代数和算术方面的根本重要性的人之一。戴德金在他这篇早期著作中,已经显示出他后来思想的两个主要特征,即抽象性及一般性。他不是从有限群的置换表示(见伽罗瓦和柯西两章)的角度来看待有限群,而是用群的公理来定义群(如第十五章所述),力求通过这种本质的提炼来导出群的性质。这完全是近代的方式:抽象性及由此产生的一般性。第二个特征，一般性，正如刚刚推出的，是第一个特征的推论。

在 1857 年，26 岁的戴德金被任命为苏黎世综合理工学校的正教授，他在这里任教五年，于 1862 年回到布伦瑞克任高等技术学校教授。他在这里定居半个世纪之久。戴德金的传记作者——如果一旦出现的话——头等重要的任务就是解释（而不是辩解过去）这样一个奇特的事实：戴德金就任这样一个比较卑微的职位，而那些连给他系鞋带都不配的人却占据重要的有影响的大学教授职位。说戴德金偏好卑微与默默无闻也是一种解释。相信这种解释的人应该远离股票市场，因为上帝造出小羊羔，它们注定就是要被剪羊毛。

一直到他 85 岁高龄去世时（1916），戴德金一直保持头脑清醒，身体健壮。他从未结婚而是同他姐姐尤丽叶（Julie）住在一起，一直到她 1914 年去世。尤丽叶以小说家知名。他的另一位姐姐玛蒂尔德（Mathilde）死于 1860 年，他的哥哥是位著名的法学家。

这就是戴德金物质生活当中比较重要的仅有事实。他活得太长了，虽然在他去世二三十年之前，他的一些工作（将要讲到的他的无理数理论）已经为所有学过分析的人所熟知，而他自己本人却几乎变成神话一样，许多人当他是个飘渺的死者。早在他去世 12 年前，特依布纳（Teubner）出版社出版的《数学家年鉴》上，把戴德金列为已经在 1899 年 9 月 4 日去世，这真是使戴德金感到可笑。他给编者写信说，9 月 4 日这日子也许可能是对的，不过年头肯定有错。"根据我自己的备忘录，我身体十分健康地度过这一天，并且同我尊贵的朋友，哈雷的格奥尔格·康托尔共进午餐，而且极为欢畅地谈论'系统和理论'。"

＊ ＊ ＊

戴德金的数学活动几乎完全投入在最广义的数的领域中。我们只能谈一下他的两项最伟大的成就。首先我们叙述一下他对于无理数理论,从而也是对分析基础的基本贡献——"戴德金分割"。因写这事具有头等的重要性,我们可以简单地回忆一下这问题的性质。假如 a, b 是通常的整数,分数 $\dfrac{a}{b}$ 就称为有理数;假如对于某个数"N",不存在这样的整数 m, n 使得 N 能够表示成为 $\dfrac{m}{n}$,那么 N 就称为无理数。因此 $\sqrt{2}$, $\sqrt{3}$, $\sqrt{6}$ 都是无理数。要是把无理数表示为十进制小数,小数点以后的数字没有什么规律性,也就是不像有理数那样以某种"周期"无限重复下去,比如说,$\dfrac{13}{11} =$ 1.181 818……,其中"18"无限重复下去。假如小数的表示完全没有规则,那么对一个小数等于无理数该怎样定义呢? 更不用说怎样计算了。我们甚至是不是有一个清楚的概念:什么是无理数? 欧多克索斯认为他有,而戴德金关于数,不管是有理数还是无理数之间相等的定义完全与欧多克索斯的定义相同。

假如两个有理数相等,毫无疑问,它们的平方根显然相等。因此 2×3 等于 6,那么 $\sqrt{2 \times 3}$ 也等于 $\sqrt{6}$。但是,$\sqrt{2} \times \sqrt{3} = \sqrt{2 \times 3}$,因此 $\sqrt{2} \times \sqrt{3} = \sqrt{6}$ 并不显然。我们简单假设的等式 $\sqrt{2} \times \sqrt{3} = \sqrt{6}$ 在中学算术中保证是对的,但是只要我们看一看这个等式推出什么来,就显然可以看出这个等式并不显然。由这个等式可以推出,2,3,6 的"无规则的"平方根可以开出来,然后把前两个平方根乘在一起,结果就得出第三个平方根。因为这三个平方根中没有一个能够精确地开出来,不管计算进行到多少小数位,显然用刚刚描述的乘法来验证永远也验证不完。人类有史以来不停地计算也永远不能用这样的方法证明 $\sqrt{2} \times \sqrt{3} = \sqrt{6}$。随着时间的推移，可以越来越逼近这个等式，可是终点永远还在后面。戴德金在 19 世纪 70 年代初期从事的工作就是：使得"逼近""相等"这些概念精确化，或者通过更细致的描述代替我们当初那个无理数的粗糙的定义。他的著作《连续性和无理数》在 1872 年发表。

戴德金的无理数理论的核心是他的"分划"或"分割"（Schnitt）概念。一个分划把所有有理数分成两类，使得第一类中的每一个数都小于第二类中的每一个数：如果一个分划不"对应"于一个有理数，那么它就"定义"一个无理数。这个单调的陈述还需要进一步阐明，特别是因为即便是在精确的论述中也隐藏着由数学无限的理论而产生的某些复杂的困难，这在我们讲到戴德金的朋友康托尔的传记时还会再次提及。

假设我们已经指定某个规则，它把所有有理数分成两类（比如说"上类"和"下类"），使得下类中的每一个数小于上类中的每一个数（在当前，这个假设并非每一个数学哲学学派都无异议地通过。不过，现在暂且可以看成不可反驳的）。在这个假设之下，下面三种互相排斥的情形中有一种是可能的。

（A）在下类中可以存在一个数大于该类中其他每一个数。

（B）在上类中可以存在一个数小于该类中其他每一个数。

（C）在（A）（B）中所讲的数［（A）中最大、（B）中最小］都不存在。

可能导出无理数的是（C）。因为，假如（C）成立，我们假设的规则就在所有有理数的集合中"定义"一个确定的中断或分划，仿佛上类和下类趋于交会在一起。但是为了使两类交会，这个"分划"必须用某个"数"填补起来，但是由（C），不可能有这种填补。

这里我们诉诸直观。沿着一条给定直线,从任何固定点所量度的每一距离都"对应于""测量"这个距离的"数"。要是留着这个分划不加以填补,那么我们原来认为是一个点连续运动所描画出的直线,现在可以想象成其上有一个不可逾越的间隙。这背离了我们的直观概念,因此我们说,根据定义,每一个分划的确定义一个数。这样定义的数并非有理数,而是无理数。为了给这种[(C)类]分划所定义的无理数进行运算提供一个可行的方案,现在我们把(C)中有理数的下类看成等价于这个分划所定义的无理数。

我们举一个例子就足以说明这个问题。无理数——2的平方根由这样一个分划所定义,其上类包含所有平方大于2的正的有理数,而其下类包含所有其他有理数。

如果说这种捉摸不定的分划概念使你倒胃口,我可以提出两种补救办法:要么设计一种无理数的定义,它不像戴德金的定义那么神秘莫测而同时又完全可以应用;要么追随克罗内克,从根本上否定无理数存在,重新建造没有无理数的数学。在当前数学的状况下,某种无理数的理论是方便的。但是,从无理数的本性来讲,在建立一个适当的无理数理论之前,似乎有必要充分了解数学中的无穷。在戴德金的分划定义里面,显然要用到无穷的类。这样的类导致严重的逻辑上的困难。

至于认为这些困难对数学协调的发展有关系还是没有关系,那要看每位数学家的思想水平了。勇敢的分析专家大胆向前迈进,把一个巴别塔叠在另一个巴别塔上,相信不会有大怒的理性之神会推翻他及他所有的工作,而批判的逻辑学家,却冷嘲热讽地窥视他的雄伟的通天之塔,做一次很快的心算来预言它倒塌的日期。这时,谁都忙忙碌碌,谁也都似乎兴高采烈。可是,有一种结论是不可避免的:没有数学无穷的前后一贯的理论,就没有无理数的理论；没有无理数的理论，也就没有任何形式的数学分析，哪怕是同我们现有的相差甚远；最后，没有分析，现在所有的大部分数学——包括几何学及大部分应用数学也将不再存在了。

因此，数学家所面对的最重要的工作似乎是建造一个令人满意的无穷理论。康托尔力图做到这点，其成功的程度我们将会看到。至于戴德金的无理数理论，其作者似乎有某种不安，因为在他敢于拿出来发表之前，他犹豫不决达两年之久。如果读者回顾一下欧多克索斯关于"等比"的定义（第二章），他就会看到那里也出现了"无穷的困难"，特别是在"任意等倍数"这段话中。可是，欧多克索斯之后，已经取得某些进步，至少我们已经开始理解我们的困难的性质何在。

＊　＊　＊

戴德金对于"数"的概念所做的另一项突出的贡献是在代数数的方向上。对于所涉及的基本问题的性质，我们必须参照我们在克罗内克一章中所讲的关于代数数域以及代数整数分解成质因子。事情的关键在于有些代数数域，分解成质因子并不像通常算术那样是唯一的，为了恢复这种大家所追求的唯一性，他发明他所谓的理想，理想并不是一个数，而是一个数的无穷类，因此戴德金再一次在无穷的庇护之下来克服他的困难。

理想的概念并不难掌握，虽然其中有一个绕弯的情形——包含数较多的类整除包含数较少的类，这我们将在下面加以解释——这个绕弯之处对常识是个冲击。然而，常识生来就是受冲击的；假如我们没有比不怕冲击的常识更大的进步，那么我们就是愚笨低能的人种。理想应能做到两件事：它应能使（有理）算术大体保持原解，它还应能迫使不好驾驭的代数整数服从算术的基本法则——唯一地分解为素数——而代数整数不服从这一法则。

关于一个包含数较多的类整除一个包含数较少的类这点涉及下面的现象（及其推广，如现在所说的）。从算术上考虑 2 整除 4 这个事实，也就是没有余数。这个明显的事实，在我们考虑代数数域时，不能使我们得到什么新的结论。这时我们用所有 2 的整数倍数……，$-8,-6,-4,-2,0$，$2,4,6,8,$……来代替 2。为方便起见，我们把这类表示为 (2)。同样，用 (4) 表示 4 的所有整数倍数的类。(4) 中的一些数是……，$-16,-12,-8$，$-4,0,8,12,16,$……显然，(2) 是包含数更多的类；事实上，(2) 包含所有 (4) 中的数，并且此外还包含（只提两个）-6 和 6。(2) 包含 (4) 这个事实用符号表示为 $(2)|(4)$。可以很容易地看出，若 m,n 是任何通常的整数，则 $(m)|(n)$ 当且仅当 m 整除 n 时才成立。

这就会提示我们：通常算术中整除性的概念可以用刚才描述的类包含的概念来代替。要是这种包含关系不能保持算术整除性的特性，这种代替也就没什么作用。它的确保持这种特性可以仔细地验证，但是我们举一个例子就足以说明了。若 m 整除 n，n 整除 l，则 m 整除 l。例如，12 整除 24,24 整除 72,12 实际上的确整除 72。把它像上面那样换成类，这就变成：若 $(m)|(n)$，$(n)|(l)$，则 $(m)|(l)$。或者用文字来表述：若类 (m) 包含类 (n)，类 (n) 包含类 (l)，则类 (m) 包含类 (l)，这显然是对的。结果是，把数用它们相应的类来代替时，加上"乘法"的定义，要求就达到了：$(m)\times(n)$ 定义为类 (mn)；$(2)\times(6)=(12)$。注意上面这是一个定义，它并不意味着是从 (m)，(n) 的定义中推出来的。

戴德金关于代数数的理想是前面所说的推广。他遵照他通常的习惯给出一个抽象的定义,也就是根据根本性质而给出的定义,而不是根据被定义事物的某种特殊的表示或描述方式而给出的。

考虑给定代数数域中所有代数整数的集合(或类)。在这个无所不包的集合中自然有许多子集合。子集合称为一个理想,如果它具有如下两个性质:

(A)子集合中任何两个整数的和及差也属于这个子集。

(B)假如这个子集合中任何整数乘上那个无所不包的集合中的任何整数,所得的整数仍然属于这个子集。

因此,理想是一个整数的无穷类。我们可以马上看出,根据性质(A)、(B),上面定义的(m)、(n)都是理想。同以前一样,假如一个理想包含另外一个理想,就说前一个整除后一个。

可以证明任何理想是一个整数类,其中所有整数都能表示为

$$x_1 a_1 + x_2 a_2 + \cdots + x_n a_n$$

的形式,其中$a_1, a_2, \cdots, a_n$是所涉及的n次域的固定整数,而$x_1, x_2, \cdots, x_n$中每一个都是域中不管什么样的任何一个整数。如果是这样的话,我们可以把一个理想很方便地只用固定整数$a_1, a_2, \cdots, a_n$来表示,把$(a_1, a_2, \cdots, a_n)$作为理想的符号即可达到这个目的。在符号中$a_1, a_2, \cdots, a_n$的书写顺序并不重要。

现在必须定义理想的"乘法":两个理想$(a_1, a_2, \cdots, a_n)$,$(b_1, b_2, \cdots, b_n)$的乘积是理想,其记号为$(a_1 b_1, \cdots, a_1 b_n, \cdots, a_n b_n)$,其中包括第一个记号中的整数和第二个记号中的整数所有可能出现的乘积$a_1 b_1, a_1 b_2, \cdots$。例如,(a_1, a_2)和(b_1, b_2)的乘积为$(a_1 b_1, a_1 b_2, a_2 b_1, a_2 b_2)$。总可能(对于

一个 n 次域)把这种乘积记号约化成最多包含 n 个整数的记号。

让我们最后简单谈几句来结束我们的故事。一个理想称为主理想,如果它的记号只包含一个整数,如 (a_1)。同以前一样,应用记号 $(a_1)|(b_1)$ 来表示 (a_1) 包含 (b_1),我们不难看出 $(a_1)|(b_1)$ 当且仅当整数 a_1 整除整数 b_1 时才成立。于是,正如以前一样,算术整除性的概念对于这里的代数整数完全等价于类包含关系的概念。一个真理想就是它不被任何理想"整除"——即不包含在任何理想当中,除了给定域的由所有代数整数构成的无所不包的理想之外。现在,代数整数就由它们相对应的主理想来代替。可以证明,任意给定的理想可以以唯一一种方式表示为理想的乘积,正如"算术基本定理"中,有理整数可以以唯一一种方式表示为素数的乘积一样。通过上述的代数整数的算术整除性与类包含关系的等价性,算术基本定理在代数数域中的整数中得到了复原。

无论是谁,只要稍微思考一下上面所述的戴德金的创造的简单概要,就会看出他所做的事要求具有透彻的洞察力,以及远在通常好的数学头脑之上的天赋的抽象能力。戴德金是一位符合高斯心意的数学家:"但是,根据我们的意见,这种[算术的]真理应该由概念而不是由记号推出来。"戴德金总是宁愿靠着他的头脑,而不靠精巧的记号体系和熟练的公式运算来引导他前进。如果曾有人把概念引进数学,那就是戴德金。他偏爱创造性的思想胜过呆板的记号,这种智慧现在变得十分明显,即使在他生前可能还不太看得出来。数学寿命越长,它就会变得越抽象——从而可能也变得更加实用。

（胡作玄　译）

第二十八章

最后一位数学通才

庞加莱(1854—1912)

> 一位名副其实的科学家,首先是数学家,通过他的研究能感受到与艺术家相同的印象;他所获得的快乐同样丰富,而且本质相同。
>
> ——H. 庞加莱（H. Poincaré）

　　占星家威廉·里利（William Lilly，1602—1681）在《他的生平和时代》中记录了来自苏格兰默奇斯顿（Merchiston）的对数发明者约翰·纳皮尔（John Napier，1550—1617）和第一个设计了常用对数表的伦敦格雷沙姆学院（Gresham College）的亨利·布里格斯（Henry Briggs，1561—1631）之间的会面。有一个叫约翰·马尔（John Marr）的人，他是"一位出色的数学家和几何学者"，他"先于布里格斯到达苏格兰，为的是在这两位博学的人见面时赶到那里。布里格斯和纳皮尔约定了在爱丁堡会面的时间，但他失约了，纳皮尔勋爵怀疑他不会来了。有一天，纳皮尔勋爵正跟约翰·马尔谈到布里格斯先生：'啊，约翰，布里格斯不会来了。'就在这时有人敲门；约翰·马尔急忙下楼，他高兴地发现来人正是布里格斯。他将布里格斯带到勋爵的房间，他们用钦佩的目光互相注视着对方，过了将近一刻钟才开口。"

　　回顾这个传奇，西尔维斯特讲述了他自己是如何超越布里格斯那令人目瞪口呆的世界纪录的，那是在 1885 年，他拜访了一位在新的分析分支上发表了许多惊人地成熟且具独创性的论文的作者，自 19 世纪 80 年代初以来，数学期刊的编辑们接收到了大量来自这个作者的有关新分析分支的论文。

　　"在布里格斯和纳皮尔的交谈中，我很了解他的感受，"西尔维斯特承认，"最近我去了庞加莱（Poincaré）在盖伊-吕萨克街（Rue Gay-Lussac）的宽敞住所……面对这座令人窒息的巨大智慧宝库，我的舌头一下子失去了功能，直到我用了些时间（可能是两三分钟）仔细端详了他年轻的外表，我才发现自己能够开口说话了。"

西尔维斯特还记录了他的困惑，当他艰难地爬上通向庞加莱"宽敞住处"的三层狭窄楼梯后，他停下脚步，擦了擦他那硕大的秃头，当看到原来仅仅是一个男孩时，他惊讶地不知所措，"如此漂亮的金发，如此年轻"，他就是那些大量论文的作者，这预示着柯西继任者的到来。

另一件轶事多少可以说明那些了解到庞加莱工作范围的人对他有多尊重。在世界大战狂热的民族主义时期，所有的爱国学者都有义务赞扬他们风雅的盟友，而贬低他们粗俗的敌人。当被一些爱国的英国人问到谁是法国近代最伟大的人物时，伯特兰·罗素（Bertrand Russell）立即回答："庞加莱。""什么！那个家伙？"那位无知的对话者惊呼，他认为罗素指的是法兰西共和国总统雷蒙·庞加莱（Raymond Poincaré）。"哦"，当罗素明白了对方惊愕的原因时，他解释道，"我想到的是雷蒙的堂兄亨利·庞加莱。"

庞加莱是最后一个几乎将所有数学（包括纯粹数学和应用数学）都当作研究领域的人。人们普遍认为，今天的人都不可能全面理解数学，不用说在数学四个主要分支（算术、代数、几何、分析）中的两个以上中做出创造性工作，更不用说在天文学和数理物理学领域的开创性贡献了。然而即使在 19 世纪 80 年代，当庞加莱的伟大事业开启时，人们普遍认为高斯是最后一位数学领域的通才，因此并不能证明不会出现某个未来的庞加莱通吃数学的所有领域。

数学的发展既有膨胀又有收缩，多少有点像勒梅特（Lemaître）的宇宙模型。目前这一阶段正是爆炸性的膨胀阶段，任何人都不可能全部掌握世界范围内自 1900 年以来蓬勃发展的数学。但在某些重要领域，一种最受欢迎的收缩趋势已逐渐明朗。在代数领域就是如此，公理方法的大量引入使这个学科更抽象、更一般、更连贯。现代的数学方法揭示了很多数学内容之间的意想不到的一致性。在通常情况下，这种一致性被伪装所欺骗。可以想象，下一代数学家将不需要知道很多现在被认为有价值的东西，因为许多这些特殊、困难的东西，将被归入更为一般、更为简单的一般性原理。当相对论把研究以太的复杂数学束之高阁时，经典数学物理中也发生了类似的事情。

另一个在膨胀中收缩的例子，就是应用正迅速增长的张量分析替代了众多特殊类型的向量分析。对于年长的人来说，这种概括和抽象一开始往往难以掌握，往往要经历一番艰苦的挣扎，但最终人们会意识到，一般的方法本质上比为解决特殊问题而设计的各种巧妙技巧的集合更简单、更容易处理。当数学家断言像张量分析这样的工具很容易时（至少与它之前的一些算法相比），他们并不是想表现得高人一等或神秘，而是在陈述一条每个学生都能自行证明的、有价值的真理。这种包容性和普遍性正是庞加莱大量著作的显著特征。

如果抽象性和概括性具有前文所提的明显优势，那么对于那些对细节感兴趣的人来说，它们有时也会有严重的缺陷。对于一个正在工作的物理学家来说，知道他的工作中出现的一个特定的微分方程是可解的，而事实上他和数学家都不可能找到能够应用于具体问题的数值解，尽管某个纯粹数学家已经证明了它是可解的，这对物理学家有什么用呢？

举一个例子，在这个领域里庞加莱做了很多原创性工作。考虑一团均匀的、不可压缩的流体,这团流体由于粒子的引力作用聚合在一起并绕轴旋转。那么在什么条件下运动会趋于稳定? 这种稳定旋转的流体可能的形状又是什么? 麦克劳林(Mac-Laurin)、雅可比(Jacobi)和其他人证明了某些椭球体是稳定的;庞加莱使用比他们更直观、"计算更少"的方法,一度认为他已确定了梨形体稳定性的标准。但他失误了,他的方法不适用于数值计算。后来的科学家,包括著名科学家达尔文的儿子 G.H.达尔文,经过繁杂的代数和算术运算,得到了明确的结论。[①]

对双星演化感兴趣的人,如果把数学家的发现以一种他能用计算机计算的形式呈现给他,他会看着更舒服。自从克罗内克的"没有构造,就没有存在"的信条提出以来,一些纯粹数学家对于非构造性存在定理的热情不如庞加莱时代。这种类型的细节是数学使用者所必须具备的,而且必须在运用之前先掌握,庞加莱对此不屑一顾,这也是他的数学工作普遍性特点的最重要的主推因素之一。另一个因素是他非常全面地掌握了复变函数理论的所有原理。在这一点上,他是无与伦比的。值得注意的是,庞加莱将他的普遍性发扬光大,揭示了数学中遥远的分支之间迄今为止还没有预料到的联系,例如(连续)群和线性代数之间的联系。

为全面起见,在我们继续讨论庞加莱的生平之前,必须完整地回顾一下庞加莱的另一个特点:很少有数学家具有庞加莱那样宽广的哲学视野,在阐述能力方面也没有人能超过他。也许他一直对科学和数学的哲学意义深感兴趣,但直到 1902 年,当他作为一名技术数学家的伟大地位得到完

---

① 这个著名的"梨状体"问题在宇宙起源论中具有相当重要的意义,显然是由李雅普诺夫(Liapounoff)于 1905 年解决了的,其结论在 1915 年被詹姆斯·琼斯(James Jeans)爵士证实:他们发现运动是不稳定的。很少有人有勇气检查那些计算。1915 年以后,李亚普诺夫的同胞列昂·利希滕斯坦对旋转流体问题进行了全面研究。这个问题似乎有些不吉利;这两位都死于暴力事件。——原注

全确立时,他才以附带的兴趣转向也许可以称为数学普及的工作,并以诚挚的热情与非专业人士一起分享他从事学科的意义及对人类的重要性。在这里,他追求一般性而不是特殊性,这有助于他告诉聪明的局外人数学中什么是比技术更重要的东西,而不是居高临下地对他的听众说教。二三十年前,在巴黎的公园和咖啡馆里,可以看到工人和女店员热切地阅读庞加莱的这一部或那一部流行杰作,这些作品印刷低廉,纸面破旧。在有专业教养人的书桌上,也可找到装帧更精美的相同作品,明显是反复翻阅过的。这些书被翻译成英文、德文、西班牙文、匈牙利文、瑞典文和日文。庞加莱用所有人都能够领会的语言,来讲述数学和科学的通用语言。尽管他自己所特有的风格在翻译中失去了很多。

由于他的通俗作品在文学上的卓越表现,庞加莱获得了法国作家所能获得的最高荣誉,成为法兰西学院文学部的会员。嫉妒的小说家们有些恶毒地说,庞加莱获得这一对于一个科学家来说是独一无二的殊荣,是因为(文)学院的一个职能是不断编辑一本权威的法语词典,而庞加莱显然是能帮助诗人和语法学家告诉世人什么是自守函数的人。基于对庞加莱著作的研究,公正的观点认为这位数学家得到了他应该得到的。

与他对数学哲学的兴趣密切相关的是他对数学创造心理学的关注。数学家是如何作出他们的发现的?庞加莱稍后将告诉我们他对这个谜团的观察,这是有史以来最有趣的个人发现叙事之一。结论似乎是数学上的发现或多或少是在数学家长期艰苦努力之后自己冒出来的。正如在文学中(根据但丁·加布里埃尔·罗塞蒂的说法)"一首诗成型之前,一定数量的基础脑力劳动"很有必要,因此在数学中不下苦功夫就不会有发现,但这绝非故事的全部。如果不能提供一个有天赋的人可以创造的秘诀,所有对创造力的"解释"都值得怀疑。庞加莱在实践心理学上的探索,就像在同一方向上的其他一些人一样，未能带回金羊毛，但它至少表明，这种东西并不完全是神秘的，也许有一天，当人类变得足够聪明，能够理解自己的身体时，金羊毛是可以找到的。

* * *

庞加莱的智力在父母两方面都得到了很好的遗传。我们只追溯到他的祖父。在 1814 年拿破仑战争期间，他的祖父当时年仅 20 岁，被派往圣康坦（Saint-Quentin）军事医院。1817 年在鲁昂定居后，他结婚并育有两个儿子：莱昂·庞加莱（Léon Poincaré），生于 1828 年，后来成为一流的医师和医学院的成员；安托万（Antoine）则一路升迁至道路和桥梁部的监察长。莱昂的儿子亨利（Henri）于 1854 年 4 月 29 日出生于洛林地区的南锡（Nancy），成为 20 世纪初的顶尖数学家；安托万的两个儿子之一雷蒙德（Raymond）从事法律工作，并在一战期间当选法兰西共和国总统。安托万的另一个儿子成为中等教育局局长。一位跟随拿破仑进入俄国的叔祖父在莫斯科惨败后失踪，从此杳无音讯。

从这份杰出的名单中，人们可能认为亨利会表现出一定的管理能力，但他并没有，只不过在他的童年时期，他随意发明了一些供妹妹和小伙伴玩耍的政治小游戏。在这些游戏中，他总是公平公正，他的每个玩伴都得到全部职权。这也许是"从小看大，三岁看老"的确凿证据，庞加莱天生就不懂得最简单的管理原则，而他的表兄雷蒙德却凭直觉就能运用它们。

庞加莱的传记是由他的同胞、现代最重要的几何学家之一的加斯顿·达布（Gaston Darboux，1842—1917）于 1913 年（庞加莱逝世后的第二年）详细撰写的。作者可能漏掉了一些东西，达布在陈述庞加莱的母亲"来自默兹区的一个家庭，（母亲的）父母住在阿兰西，她是一个非常好的人，非常活跃，非常聪明"之后，无意中忘记提到她娘家的姓。在 1870 年和 1914 年德国文化浪潮进入法国之后，法国人是否有可能从已故导师那里继承了"三K"理论——在戴德金那一章中提到过的观点呢？然而，我们从达布后来讲述的一则轶事可以推断出，庞加莱母亲的姓氏可能是兰努瓦。我们了解到，这位母亲把全部注意力都放在了两个年幼的孩子亨利和他的妹妹（名字未提及）的教育上。妹妹后来成为埃米尔·布特鲁（Émile Boutroux）的妻子和一位（英年早逝的）数学家的母亲。

庞加莱幼年时的心智发展极为迅速，这部分归功于她母亲无微不至的照料。他很早就学会说话了，但是他在一开始说的很糟，因为"嘴比脑子慢"。从婴儿时期开始，他的运动协调能力就很差。当他学会写字时，人们发现他左右手都能用，他用左手写字或画画的能力与用右手一样差。庞加莱从未摆脱这种身体上的不协调。可以回想一下与这有关的一件趣事，庞加莱作为他那个时代最重要的数学家和主要的科学普及者，他接受了比奈测试，测试的结果非常糟糕。如果不把他当作著名的数学家而看作一个孩子，他会被评为低能儿。

庞加莱五岁时因患白喉而遭受严重挫折，这使他的喉咙麻痹达九个月之久。这种不幸使他长期以来变得虚弱而胆小，但也使他不得不回避同龄孩子的粗暴游戏，从而转向他自己的兴趣点。他的主要消遣方式是阅读，他不寻常的才能首次显现了出来。他总是一目十行，而且过目不忘，总能说出特定事件发生的页数和行数。他一生都保留这种强大的记忆力。这种罕见能力可以称为视觉或空间记忆，欧拉和庞加莱一样具有这种能力，但欧拉可能稍弱一点。在时间记忆——以不可思议的精确度回忆起一系列过去事件的能力——方面，他也异常强大。然而他还是觉得自己的记忆能力有点"糟糕"。他的视力不佳可能导致了他记忆力的第三个特点。多数数学家似乎主要通过眼睛记住定理和公式,而庞加莱几乎完全靠耳朵。当他学习高等数学时,他无法清楚地看到黑板,所以他坐在后面听,不做笔记就能跟上课程进度并能完美地记忆,这对他来说很容易,但对多数数学家来说是难以理解的。然而他一定也有一种"内眼"的生动记忆力,因为他的大部分研究,就像黎曼一样,带有轻松自如的空间直觉和敏锐的可视化的特征。他不能灵巧地运用他的手指,这当然阻碍了他在实验室的研究,这似乎很遗憾,因为如果他掌握了实验的艺术,他自己在数学物理方面的一些工作可能会更接近实际。如果庞加莱在实践科学方面像理论方面一样强大,他可能会与无与伦比的阿基米德、牛顿和高斯三人一起,成为无与伦比的第四个。

伟大的数学家多半不会是大众想象中那种心不在焉的梦想家,而庞加莱则是一个例外,不过只是在一些较小的事情上,比如将旅馆的床单与行李一同带走。但许多绝非心不在焉的人也这样做,一些最机警的人甚至会把餐馆的银餐具塞进口袋并带走它们。

庞加莱的心不在焉有一个方面与其他方面截然不同。(达布没有讲这个故事,但应该讲,因为它说明了庞加莱晚年的某些粗鲁。)一位杰出的数学家从芬兰千里迢迢来到巴黎与庞加莱就科学问题进行商谈,女仆通知庞加莱后,庞加莱没有离开书房去迎接来访者,而是继续来回踱步(这是他进行数学思考的习惯)整整三个小时。而此时那位谦虚的来访者静静地坐在隔壁房间里,与主人只有一帘之隔。最后,门帘掀开了,庞加莱的大脑袋瞬间伸入屋里,"你打扰到我了"。那个脑袋突然出现,随即消失。来访者没有被接见就离开了,这正是这位"心不在焉"的教授所想要的。

庞加莱的小学生涯是辉煌的,尽管他起初并没有表现出对数学的显著兴趣。他最早热爱自然史，终其一生，他始终是动物的伟大爱护者。他第一次尝试使用步枪时，不小心射中了一只鸟。这件事对他的影响如此之深，以致此后没有什么（除了强制性军事训练）能够诱使他接触枪支。九岁时，他初露峥嵘。法语作文老师宣称，年轻的庞加莱上交的一篇形式和内容都具有独创性的短小习作是"一篇小小的杰作"，并将其作为他的珍宝之一。但他也奉劝庞加莱，如果他想给学校考官留下好印象，他必须更加保守（或者说更愚蠢）一些。

因为无法参加同学们的喧闹游戏，庞加莱自己发明了游戏。他成为一个不知疲倦的舞者。由于所有课程对他来说都易如反掌，他大部分时间都花在娱乐和帮助母亲做家务上。即使在这个职业生涯的早期阶段，庞加莱就表现出了他那令人意外的"心不在焉"的特征：他经常忘记吃饭，几乎从不记得是否吃过早餐。也许他不愿意像多数男孩那样吃得撑撑的。

他在青春期或更早的时候（大约 15 岁时）就对数学产生了热情。从一开始，他就表现出一个陪伴其终生的怪癖：他的数学研究完全发生在脑海中，伴随着焦躁不安地不断踱步，只有当所有问题都想清楚了，他才会把它付诸笔端。在他工作时，从不会被谈话或其他噪声打扰。在后来的生活中，他写数学论文一挥而就，从来不回头看看他写了什么，而且在写作时只有极少几处的删改。凯利也以这种方式写作，可能欧拉也是。庞加莱的一些作品显示出仓促写就的痕迹，他自己说，他从未完成过一篇论文而不对其形式或内容感到遗憾。不止一位写得好的人有同感。庞加莱在古典文学方面很有天赋，这让他懂得了形式和实质的重要性，他在中学时代的古典文学就很好。

普法战争于 1870 年在法国爆发，当时庞加莱 16 岁。虽然庞加莱因为年轻体弱无法服役,但他仍然充分感受到了恐惧,因为他居住的南锡被入侵的浪潮淹没了,他陪着他当医生的父亲在救护车上四处巡视。后来他和母亲、妹妹一起去了阿兰瑟(Arrancy),在非常困难的情况下去看望外祖父母。在漫长的学校假期中,他童年最快乐的时光是在外祖父母宽敞的乡村花园里度过的。阿兰瑟位于圣普里瓦县(Saint-Privat)战场附近。为了到达这个城镇,三人不得不"在刺骨寒冷中"穿过被烧毁的废弃村庄。最后他们到达目的地,却发现房子已被洗劫一空,"不只是有价值的东西,就连不值钱的东西也被抢走了",在1870年之后的1914年,法国人对这种野蛮行径已司空见惯。外祖父母一无所有。在他们目睹大清洗的那天,他们的晚餐是由一个贫困的妇女提供的,她拒绝抛弃已成废墟的小屋,并坚持与他们分享她那一点点晚餐。

庞加莱从未忘记这一点,也从未忘记敌人对南锡的长期占领。正是在战争期间,他学会了德语。由于无法获得任何关于法国的消息,并且渴望了解德国人对同胞和法国人所说的话,庞加莱自学了这门语言。他的所见所闻以及从侵略者的官方所了解到的一切,使他终生成为一名热情的爱国者。但是,像埃尔米特一样,他从不把敌国的数学和他们世俗的活动混为一谈。另一方面,他的堂兄雷蒙德一提到德国人,就免不了发出仇恨的尖叫。在平衡一个爱国者与另一个爱国者的仇恨的簿记中,庞加莱可以与库默尔相抵,埃尔米特可以与高斯相抵,从而产生圣经契约"以眼还眼,以牙还牙"中隐含的完美零。

按照法国通常的惯例,庞加莱在进入专业领域之前参加了他的第一个学位(文学士和科学学士)的考试。他在1871年通过了这些考试(当时他17岁),但是数学差一点没有通过!他来晚了,考试时心慌意乱,没有给出收敛几何级数求和公式的极其简单的证明。但他的名声救了他。主考官宣称,"除了庞加莱,其他任何学生都应该不及格的"。

接下来他准备参加林学院的入学考试,在那里,他在没有费心做任何讲义的情况下获得了数学一等奖,这让同伴们大吃一惊。他的同学们曾派一名四年级学生考他一道看起来特别难的数学题,他们认为他是一个不务正业的人,以此来试探他。庞加莱没有多想,立即给出解决方案并离开,留下垂头丧气的学长:"他是怎么做到的?"事实上在庞加莱的整个职业生涯中,其他人也都在问同样的问题。当他的同事向他提出数学难题时,他似乎从不用思考,"答案就像箭一样射了出来。"

这年年底,他以第一名的身份考入巴黎综合理工学校。有几个关于他独特的考试的传说流传了下来。有人说,有一位主考官事先被告知,年轻的庞加莱是一个数学天才,于是他把考试暂停了三刻钟,以便设计出"一道'漂亮'的题目"来挑战一下庞加莱。但庞加莱战胜了这位主考官,他"热烈祝贺考生,告诉他获得了最高分。"庞加莱与折磨他的人的经历似乎表明,法国的数学考官们自从毁了伽罗瓦,又差一点同样毁了埃尔米特之后,他们已经学到了一些东西。

在巴黎综合理工学校,庞加莱以其在数学方面的才华著称,但他在所有体育锻炼(包括体操和军事训练)方面表现不佳,而且他完全无法画出任何与天地万物相似的图画。最后一点绝不是开玩笑。他在入学考试中绘画得了 0 分,差点被学校拒之门外。这让他的主考官很为难:"0 分是要被淘汰的。在其他方面(除了绘画)他绝对无人能及。如果他被录取,那将是破例了;但他能被录取吗?"庞加莱被录取了,好心的主考官可能在 0 之前放了一个小数点,在 0 后面加了一个 1。

尽管庞加莱不擅长体育锻炼,但他在同学中非常受欢迎。有一年年底他们组织了一次庞加莱艺术作品的公开展览,用希腊语仔细地给作品贴上标签,"这是一匹马",等等——并不总是准确的。但是庞加莱不会画画也有严重性的一面,当他学几何时,他没得到第一名,以第二名的成绩离开了学校。

1875 年,21 岁的庞加莱离开巴黎综合理工学校进入矿业学院,打算成为一名工程师。尽管他忠实地进行技术研究,但还是有一些空闲时间来做数学,他通过解决微分方程中的一般问题来展示他的能力。三年后,他向巴黎科学院提交了一篇关于同一主题的论文,但涉及一个更困难、更普遍的问题,以获得数学科学博士学位。被要求检查这项工作的达布说,"我一眼就清楚地看出这篇论文与众不同,值得接受。它包含的结果足以为好几篇优秀论文提供材料。但是,我必须勇敢地说,如果需要对庞加莱的工作有一个准确的认识,许多细节都需要修改或解释。庞加莱是一位直觉主义者。一旦到达顶峰,他就再不回顾他走过的路。他满足于开拓性的工作,而把勘测通向终点的更容易的王者之路[①]的差事留给了别人。他心甘情愿进行了在我看来是必要的修改和整理。但当我让他这样做时,他向我解释说他脑子里还有很多其他想法;他已经忙于解决一些重大问题,他将为我们提供这些问题的解决方案。"

因此年轻的庞加莱和高斯一样,大脑中充满了各种想法,但与高斯不同的是,他的座右铭不是"少些,但要成熟"。一个有创造力的科学家把他的劳动成果囤积得太久,以至于其中一些已经失去了新鲜;一个冲动的人把他收集到的一切,无论是青涩的还是成熟的,都撒播出去,任凭风和天气促使它们成熟抑或腐烂。对科学的发展而言,这两类人谁更有贡献呢?有

---

① "没有通向几何的王者之路",据说当亚历山大大大帝想要便捷掌握几何学时,梅内克穆斯(Menaechmus)这样告诉他。——原注

些人认为是这样，有些认为是那样。这个没有客观标准，每个人都有权发表自己纯主观的意见。

庞加莱注定不会成为一名矿业工程师，但在他的学徒生涯中，他至少表现出拥有真正工程师的勇气。在一次矿井爆炸和火灾造成 16 人死亡后，他立即与救援人员一起下井。但这一职业并不适合他，他很高兴有机会成为一名职业数学家，他的论文和其他早期工作为他打开了大门。他的第一份学术职务是 1879 年 12 月 1 日在卡昂担任数学分析教授。两年后，他（当时 27 岁）转入巴黎大学。1886 年，他再次晋升，负责力学和实验物理课程（最后一个似乎很奇怪，是考虑到庞加莱做学生时在实验室的表现）。除了参加欧洲的科学大会和 1904 年作为圣路易斯博览会的受邀讲师访问美国之外，庞加莱作为法国数学的统治者在巴黎度过了他的余生。

* * *

庞加莱的创作时期始于 1878 年的论文，直到 1912 年去世——当时他正处于创作巅峰。在这相对短暂的三十四年中，他完成了大量工作，当我们考虑其中大部分工作的难度时，这些工作简直令人难以置信。他的作品包括近五百篇关于新数学的论文，其中许多是内容丰富的论文，以及三十多本书籍，实际上涵盖他那个时代的数学物理学、理论物理学和理论天文学等所有分支。这还不包括他的那些科学哲学经典和通俗性文章。要充分了解这些海量的工作，我们必须是第二个庞加莱，因此我们现在将选择他最著名的两三部作品进行简要描述，并在此为不得已的不全面性表示歉意。

庞加莱的第一次成功是在微分方程理论中，他运用了自己绝对精通的所有分析资源。选择这个作为早期努力的主要方向，已经表明了庞加莱倾向于数学应用,因为微分方程自牛顿时代以来就吸引了大批研究者,主要是因为微分方程在物理宇宙的探索中具有重要意义。"纯"数学家有时喜欢想象他们所有的活动都是由他们自己的品味决定的,他们对科学的应用毫无兴趣。然而,一些最纯粹的纯粹数学家们却在微分方程上苦干了一辈子,微分方程最初出现在将物理问题转化为数学符号的过程中,然而这恰恰表明方程才是理论的核心。由科学提出的一个特定方程式可能会被数学家推广,然后返回给科学家(通常没有任何形式的解决方案可供他们使用)以应用于新的物理问题,但动机始终是科学的。傅里叶在一段著名的论述中总结了这个观点,这激怒了一些数学家,但庞加莱在他的大部分工作中都赞同并遵循了这一点。

"对自然的深入研究,"傅里叶宣称,"是数学发现最丰富的源泉。这种研究通过提供一个明确的目标,不仅具有排除含糊的问题和无用计算的优点,而且它还是发展分析本身和发现分析中基本原理的可靠手段,那些基本原理是我们必须要了解的以及科学所必须遵守的。这些原理是指那些在所有自然现象中反复出现的原理。"对此,有些人可能会反驳:这没有问题,但是高斯所从事的算术研究呢? 然而,庞加莱遵从了傅里叶的建议,不管他信不信——甚至他在数论方面的研究也或多或少受到了其他关注物理学中数学问题的人的启发。

1880 年,当庞加莱 26 岁时,对微分方程的研究导致他最杰出的发现之一,即椭圆函数(和其他一些函数)的推广。单个变量的(均匀)周期函数的性质在前面章节中多次叙述过,但是为说明庞加莱的研究工作,我们可以重复这些要点。三角函数 $\sin z$ 的周期为 2π,即 $\sin(z+2\pi)=\sin z$;也就是说,当变量 z 增加 2π 时,z 的正弦函数回到初值。对于椭圆函数,比如 $E(z)$,有两个不同的周期,比如 p_1 和 p_2,使得 $E(z+p_1)=E(z)$,

$E(z+p_2)=E(z)$。庞加莱发现周期性只是一个更一般性质的特例：当变量被其自身的可数无限多线性分式变换中的任何一个替换时，某些特定函数的值将还原，并且所有这些变换形成一个群。我们用几个符号进行解释。

将 z 替换为 $\dfrac{az+b}{cz+d}$，那么，对于 a,b,c,d 值的可数无穷集合，存在 z 的许多等价函数，假设 $F(z)$ 是其中之一，这样

$$F\left(\frac{az+b}{cz+d}\right)=F(z) 。$$

进一步，如果 a_1,b_1,c_1,d_1 和 a_2,b_2,c_2,d_2 是 a,b,c,d 值集中的任意两组值，并且如果 z 先被 $\dfrac{a_1z+b_1}{c_1z+d_1}$ 替换，然后再被 $\dfrac{a_2z+b_2}{c_2z+d_2}$ 替换，比如得到 $\dfrac{Az+B}{Cz+D}$，那么我们不仅有

$$F\left(\frac{a_1z+b_1}{c_1z+d_1}\right)=F(z) ，F\left(\frac{a_2z+b_2}{c_2z+d_2}\right)=F(z) ，$$

而且有

$$F\left(\frac{Az+B}{Cz+D}\right)=F(z) 。$$

进一步，使得 $F(z)$ 的值保持不变的所有替换

$$z \to \frac{az+b}{cz+d}$$

（$\to$ 读作"用……替换"）形成一个群，集合中两个替换的连续执行的结果：

$$z \to \frac{a_1z+b_1}{c_1z+d_1} ，z \to \frac{a_2z+b_2}{c_2z+d_2}$$

仍在集合中；集合中存在一个"恒等式替换"，即 $z \to z$（这里 $a=1,b=0$，$c=0,d=1$）；最后，每个替换都有一个唯一的"逆"——也就是说，对于集

合中的每个替换,都有一个独立的另一个替换,如果把它作用到第一个替换上,就产生恒等替换。总之,使用前面章节的术语,我们看到 $F(z)$ 是一个在线性分式变换的无限群下不变的函数。请注意,替换的无穷是可数无穷。如前所述,替换可以从 $1, 2, 3, \cdots$ 数出来,不像一条直线上的点那么多。庞加莱实际上在 19 世纪 80 年代的一系列论文中构造了这样的函数,并发展了它们最重要的性质。这样的函数称为自守函数。

这里只需要做两点评论来说明庞加莱这一奇妙创造所取得的成就。首先,他的理论把椭圆函数理论作为一个特例包括在内。其次,正如著名的法国数学家乔治·亨贝尔所说,庞加莱发现了两个令人难忘的命题,"给了他代数宇宙的钥匙":

在同一群下不变的两个自守函数①是由一个代数方程联系起来的;

相反,任何代数曲线上一点的坐标都可用自守函数表示,因此可以用单个参数(变量)的单位函数表示。

代数曲线是其方程类型为 $p(x, y) = 0$ 的曲线,其中 $p(x, y)$ 是 x, y 的多项式。举个简单的例子,圆心在原点 $(0, 0)$,半径为 a 的圆的方程是 $x^2 + y^2 = a^2$。按照庞加莱的第二把"钥匙",如果将 x, y 表示为单个参数(比如 t)的自守函数,那一定也是可行的。因为如果 $x = a\cos t, y = a\sin t$,则通过平方和相加,我们就消掉了 t(因为 $\cos t^2 + \sin t^2 = 1$),得到 $x^2 + y^2 = a^2$,而三角函数 $\cos t, \sin t$ 是椭圆函数的特例,椭圆函数又是自守函数的特例。

---

① 庞加莱将他的一些函数称为"富克斯函数",以德国数学家拉撒路·富克斯(Lazarus Fuchs,1833—1902)的名字命名,他是现代微分方程理论的创始人之一,其原因无须在此赘述。其他一些他以数学家费利克斯·克莱因(Felix Klein)的名字命名为"克莱因函数"——这是对有争议的优先权的暗讽。——原注

庞加莱在 30 岁之前所做的众多令人惊奇的分析工作中,自守函数这一庞大理论的创立只是其中之一。他也没有把所有时间都花在分析上;数论、代数的部分领域和数理天文学也引起了他的注意。首先,他以几何形式重建高斯的二元二次型理论(见有关高斯的章节),对那些像庞加莱一样喜欢直觉方法的人来说,这个重建特别有吸引力。这当然不是他在高等算术中所做的全部工作,但篇幅所限不允许我们进一步展开更多细节。

这种水平的工作不可能不受赞赏。1887 年,年仅 32 岁的庞加莱被选入科学院。他的提名者说了一些言过其实的话,但多数数学家都会认同如下事实:"[庞加莱]的工作高于一般的赞扬,不可避免让我们想起雅可比对阿贝尔的评价——他解决了在他之前无法想象的问题。我们必须认识到,我们正在目睹一场数学革命,这场革命在各个方面都可以与半个世纪以前,由于椭圆函数的出现所表现出来的革命相媲美。"

把庞加莱在纯数学方面的工作搁置在这里,就像是刚刚坐在宴会桌旁就站起来一样,但我们必须转向他普遍性的另一面。

* * *

自从牛顿和他的后继者那个时期以来,天文学慷慨地给数学家们提供了许多他们无法解决的问题。直到 19 世纪后期,数学家在解决天文学问题时所使用的方法,实际上都是对牛顿本人、欧拉、拉格朗日和拉普拉斯发明的那些方法的直接改进。但是在整个 19 世纪,特别是自从柯西发展了复变函数理论以及他自己和其他人对无限级数收敛性的研究之后,纯粹数学家的劳动积累了大量未经试验的理论工具。对于庞加莱来说,分析学对他来说是很自然的思考,这一大堆未使用的数学似乎是世界上最自然的东西,可以用来对天体力学和行星演化的突出问题进行新的研究。他从一堆东西中挑选自己喜欢的东西,对其进行改进,发明自己的新工具,并以一个世纪以来从未有过的规模系统研究数理天文学。他使研究手段现代化;事实上,对于多数天体力学专家来说,他的研究方式非常现代,以至即使在庞加莱着手研究四十年之后或更久后的今天,也很少有人掌握他的工具。一些不能运用他的方法的人,暗示他的工具在解决实际问题中毫无用处。尽管如此,庞加莱并非没有强有力的拥护者,他们的胜利对于庞加莱时代之前的人而言是不可能的。

庞加莱在数理天文学方面的第一个(1889年)巨大成功源于对"n体问题"的一次不成功的研究。对于 $n=2$,牛顿完全解决了这个问题;著名的"三体问题"($n=3$)稍后会提到;当 n 超过 3 时,一些情形可以转化为 $n=3$ 的情形。

根据牛顿的万有引力定律,两个质量为 m, M 且距离为 D 的粒子,以与 $\dfrac{m \times M}{D^2}$ 成正比的力相互吸引。设想在空间中随意分布的 n 个粒子;所有粒子的质量、初始运动和相互之间的距离都假定在给定时刻是已知的。根据牛顿定律,它们必定相互吸引,那么在任意确定的时间间隔之后,它们的位置和运动(速度)是多少? 从数理天文学的角度看,星团、星系或星系团中的恒星都可以看作遵循牛顿定律的相互吸引的物质粒子。因此,"n 体问题"——在它的一个应用中,相当于在假设我们现在有足够的观测数据来描述太空一般结构的情况下,思考从现在起一年或十亿年后的天空会是什么样子。当然,由于辐射,问题变得极其复杂——恒星的质量不会在数百万年内保持不变;但是,一个完整的、可计算的牛顿形式的 n 体问题的解,可能会给出足以满足人类所有目的的准确结果——人类很可能在辐射能够造成可观察到的误差之前早就灭绝了。

　　这实质上是瑞典国王奥斯卡二世在 1887 年悬赏提出的问题。庞加莱并没有解决这个问题，但在 1889 年，他还是被由魏尔斯特拉斯（Weierstrass）、埃尔米特（Hermite）和米塔·列夫（Mittag-Leffler）组成的评审团授予了奖项，以表彰他对动力学微分方程的一般性讨论以及对"三体问题"的研究。三体问题通常被认为是 n 体问题最重要的情况，因为地球、月球和太阳提供了 $n=3$ 情形的一个实例。魏尔斯特拉斯在给米塔·列夫的报告中写道："您可以告诉您的君主，这项工作确实不能看作提供了所提问题的完全解答，但它仍然非常重要，它的出版将开启天体力学历史的一个新时代。因此，可以认为陛下在悬赏时所期望的目的已经实现。"为了不被瑞典王超越，法国政府随后授予庞加莱荣誉军团骑士勋章——与国王的 2500 克朗和金质勋章相比，这是对这位年轻数学家天才的认可，而成本却要低得多。

　　正如我们提到的三体问题，我们现在可以报告其最近一项发展。自欧拉时代以来，它一直被认为是整个数学领域中最困难的问题之一。从数学上讲，问题归结为求解一个由九个联立微分方程（都是二阶线性的）组成的方程组。拉格朗日成功将这个系统化归为一个更简单的系统。就像多数物理问题一样，无法期望获得有限形式的解；如果存在解，那么这个解将由无穷级数给出。如果这些级数（形式上）满足方程并且对于变量的某些值收敛，则解是"存在的"。真正的难点是收敛性的证明。直到 1905 年，人们才发现了各种各样的特解，但还没有证明存在任何可以称为通解的东西。

　　在 1906 年和 1909 年，一个完全想不到的地区——芬兰，取得了一项重要进展，即使在今天，老于世故的欧洲人仍认为这个国家几乎没有文明，尤其是因为其奇怪的还债习俗，帕沃·努而米（Paavo Nurmi）在田径赛场上打败美国人之前，很少有美国人认为它已经超越了石器时代。除了所有三体同时撞到一起的极罕见的情形,赫尔辛基的卡尔·弗里索夫·松德曼(Karl Frithiof Sundman)利用了意大利列维·齐维塔(Levi-Civita)和法国潘勒韦(Painlevé)的分析方法,并进行巧妙变换,从而证明了存在上述意义的解。松德曼的解决方案不适用于数值计算,也没有提供太多关于实际运动的信息,但这里不关注这些:一个不知道是否可解的问题被证明是可解的。许多人拼了命企图证明这一点;当证明摆在眼前时,有些人的人性暴露无遗,急忙指出松德曼没有做太多的事情,因为除了他解决的那个问题之外,他没有解决其他问题。这种批评在数学领域和在文学艺术领域中一样普遍,再次表明数学家和其他任何人一样也是凡人。

庞加莱在数理天文学方面最具原创性的工作,汇总在他的伟大著作《天体力学的新方法》(三卷,1892、1893、1899)中。紧随其后的是 1905—1910 年的另一本更具直接实用性的三卷本著作《天体力学教程》,稍后出版了他的课程讲义《流体质量平衡的形状》和一本历史性评论著作《关于宇宙学的假说》。

在这些著作的第一篇中,达布(得到许多人的支持)宣称,它确实开创了天体力学的一个新时代,并且可以与拉普拉斯的《天体力学》和达朗贝尔早期关于岁差的著作相媲美。"沿着拉格朗日开辟的分析力学之路,"达布说,"……雅可比建立了一个似乎是动力学中最完整的理论之一。五十年来,我们依靠这位杰出的德国数学家的那些定理,从各个角度应用和研究它们,但并没有添加任何重要内容。正是庞加莱首先打破了似乎装着这个理论的僵硬的框架,在这些框架中,理论被包裹起来,并为它设计了外部世界的远景和新的窗口。他在动力学问题的研究中引入或使用了不同的概念:第一个是变分方程的概念,之前已经给出,而且不仅适用于力学,也就是确定某一问题的无限接近一个给定解的线性微分方程;第二,积分不变量的研究，这是完全属于他的成果，并在这些研究中发挥了重要作用。再加上其他一些基本概念，特别是那些关于所谓"周期性"解的概念，对于它们，被研究其运动的那些物体，经过一定时间后返回到它们的初始位置和初始相对速度。"

周期性轨道的研究开创了一个完整的数学分支：给定一个行星系统或一个恒星系统，以及该系统的所有成员在某一确定时刻的初始位置和相对速度的完整数据，需要确定在什么条件下该系统将会在稍后的某一时刻回到其初始状态，从而继续无限地重复其循环运动。例如，太阳系是否具有这种循环类型，如果不具有，假设它是孤立的并且不受外部物体摄动，它会具有吗？不用说，这个一般的问题还没有完全得到解决。

庞加莱在他的天文学研究中的大部分工作都是定性而非定量的，这与他的直觉主义者身份相称，这一特征引导他像黎曼一样进行拓扑学的研究。他发表了六篇关于拓扑学的著名论文，彻底改变了他那个时代这个学科的面貌。拓扑学的研究又被自由应用于数理天文学中。

我们已经提到庞加莱关于旋转流体的工作——这在宇宙演化学说中显然很重要，其中一种观点认为行星曾经足够像这样的物体，以至于实际上当作这样的物体来对待时，不会显得荒谬。它们是否存在，对数学而言并不重要，这本身就很有趣。从庞加莱自己的总结中摘录几段话，将比任何解释都更清楚地表明他在这个困难的主题中所进行的数学化的本质。

"让我们想象一个[旋转]流体通过冷却而收缩，但是收缩慢得足以保持均匀，并使其所有部分的旋转都相同。

"起初，非常接近于一个球体的这团物质变成一个旋转椭球体，它会越来越扁平，然后在某个时刻，它会变成一个三轴不等的椭球体。再后来，形状将不再是椭球体,而是变成梨形,直到最后这团物体的"腰部"越来越凹进去,最终分裂成两个截然不同的不相等物体。

"前面的假设当然不能适用于太阳系。一些天文学家认为这对于某些双星来说可能是正确的,天琴座 β 类型的双星可能呈现类似于我们所说的这种过渡形式。"

然后他继续建议将其应用到土星环上,他声称已经证明只有当密度超过土星环的 $\frac{1}{16}$ 时环才能稳定。可以说,这些问题直到 1935 年还不能认为是完全解决了的。特别是对可怜的老土星的更密集的数学研究似乎表明,它并没有被伟大的数学家完全征服,其中包括克拉克·麦克斯韦,他们在过去 70 年里一直在断断续续地研究它。

* * *

我们必须再一次离开几乎没有品尝过什么东西的宴会,进行讨论庞加莱在数学物理学方面的大部头著作。在这里,他的运气不是那么好。要想展现他非凡的才能,他应该晚出生 30 年,或者多活 20 年。不幸的是,当物理学进入周期性的衰老期时,他正值壮年。当物理学开始恢复青春时——在普朗克于 1900 年,爱因斯坦于 1905 年之后,通过给老朽的身体植入了第一对新腺体从而完成了一项艰难而精细的手术之后——他已经彻底沉浸在 19 世纪的理论中,以致几乎没有时间在 1912 年去世前领悟这个奇迹。庞加莱在成年之后的所有时间里似乎都在无意识地通过身体的每一个毛孔汲取知识。和凯莱一样,他不仅是一位多产的创造者,还是一位博学多才的学者。他的研究范围可能比凯莱更广,凯莱从未声称能够理解应用数学中发生的一切。但当涉及与经典科学相对的现实的科学问题时,这种独特的博学可能变成一种劣势。

凡是在物理学的大熔炉中沸腾的一切，一经出现便被庞加莱迅速掌握，并转化为几项纯数学研究的主题。当发明无线电报时，他抓住这个新事物并创建了关于它的数学。当其他人要么忽视爱因斯坦早期关于（狭义）相对论的工作，要么把它仅仅当作一个奇怪的东西而置之不理时，庞加莱已经在忙着研究相对论的相关数学问题，而他是告诉了世界发生了什么，并敦促世界关注爱因斯坦的第一个地位显赫的科学家。他认为爱因斯坦的理论是新时代最重要的成就，他预见到这个新时代，但他自己无法开创这个新时代。普朗克早期的量子理论也是如此。当然，有各种不同的意见。但从这个角度看，数学物理对庞加莱的作用就好像谷神星对高斯的作用一样；尽管庞加莱在数学物理方面的成就足以让他名声大噪，但那不是他生来就从事的行业，如果他坚持纯数学研究，科学从他那里得到的会更多——他的天文学工作就是纯数学的，而不是其他。但科学得到的已经足够了，像庞加莱这样的天才有资格拥有自己的爱好。

＊　＊　＊

我们现在还有篇幅来讨论庞加莱普遍性的最后一个方面：他对数学创造基本原理的兴趣。1902 年和 1904 年，瑞士数学期刊《数学教学》对数学家的工作习惯进行了调查。调查问卷发给了一些数学家，其中收到超过一百人的回复。问卷的结果和对总体趋势的分析于 1912 年以最终形式发表。① 任何想研究数学家"心路历程"的人都会对这部独特的作品产生浓厚的兴趣，并在庞加莱看到调查问卷结果之前独立得出的观点中获得许多

① 《数学教学》对数学家工作方法的调查。巴黎加乌瑟尔·维拉尔斯（Gauthier-Villars）出版社，以期刊或书籍形式提供（8＋137 页）。——原注

证实。在我们引用庞加莱的话之前，可能需要注意一些普遍感兴趣的问题。

那些后来成为伟大数学家的人早期对数学的兴趣，在前面的章节中已经多次举例说明。对于"在什么时期……在什么情况下你对数学产生了兴趣？"关于这个问题，收到 93 条回复：35 条回复说十岁以前；43 条回复说十一岁到十五岁；11 条回复说十六岁到十八岁；3 条回复说十九岁到二十岁；最后一位落伍者说是二十六岁。

同样，任何有数学朋友的人都会注意到，他们中的一些人喜欢在清晨工作（我认识一位非常杰出的数学家，他在凌晨 5 点就开始他一天的工作），而另外一些人则直到天黑后才开始工作。对这个问题的回答表明了一种奇怪的倾向——可能意义重大，尽管有许多例外：北方民族的数学家更喜欢在晚上工作，而拉丁人则喜欢在早晨工作。在夜里工作的数学家，随着年龄的增长，长时间的集中注意力往往会导致失眠，他们不得不（不情愿地）改到早晨。年轻时夜以继日工作的菲利克斯·克莱因曾指出一条可能摆脱这一困境的出路。他的一个美国学生抱怨说他因为思考数学而睡不着觉。"睡不着，嗯？"克莱因哼了一声。"氯醛是干什么的？"但是，我们不能随意推荐这种药物；克莱因自己悲剧性的衰竭可能与此有关。

可能最重要的答复是那些关于灵感与勤奋哪个是数学发现来源这一问题的回答。结论是"数学发现，无论大小。……从来不是自发产生的。它们总是有意或无意地以一片播种了基础知识，并通过劳动充分耕耘的土壤为先决条件。"

那些像托马斯·阿尔瓦·爱迪生一样宣称天才是百分之九十九的汗水和百分之一的灵感的人，并没有遭到把这些数字颠倒过来的人的颠覆。

两者都是对的；一类人记住了勤奋，而另一类人在突然发现的喜悦中忘记了勤奋，但当他们反思他们的发现过程时，他们都承认，如果没有勤奋和"灵感"的闪现，发现是不可能发生的。如果单靠勤奋就够了，那么为什么许多似乎对某些科学分支无所不知的勤奋之人，这些人又是优秀的批评家和评论家，但却从来没做出哪怕一点小发现？另一方面，那些相信"灵感"是发现或发明（无论是科学还是文学）的唯一因素的人可能会发现，看看雪莱"完全自发"的诗歌的初稿（如果这些初稿被保存和复制），或巴尔扎克的足以让出版商发疯的他那些伟大小说的一次又一次的修改稿，就能明白事实并非如此。

庞加莱在 1908 年首次发表的一篇文章中阐述了他对数学发现的看法，后来收录在著作《科学方法》中。他说数学发现的起源这个问题应该会引起心理学家强烈的兴趣，因为在这种活动中，人类的思维似乎从外部世界借鉴得最少，通过理解数学思维的过程，我们有希望搞清楚人类思维中最本质的东西。

庞加莱问道，为什么会有人不懂数学？"这应该让我们感到惊讶，或者更确切地说，如果我们不那么习惯的话，它会让我们感到惊讶。"如果数学仅基于逻辑规则，那么所有正常头脑都是可以接受的，只有疯子不会接受（根据庞加莱）。怎么会有那么多人不懂数学呢？对此可以回应说，目前还没有详尽的实验证实数学领域的无能也是人类的正常模式。"还有"，他问道，"数学中怎么可能出现错误呢？"问问亚历山大·蒲柏（Alexander Pope）："人都会犯错"，这与其他任何答案一样不能令人满意。这可能与消化系统的化学反应有关，但庞加莱更喜欢一种更微妙的解释——一种无法通过给"邪恶的身体"摄入麻醉剂和酒精来检验的解释。

　　"在我看来,答案显而易见",他宣称。逻辑与发现或发明关系不大,记忆会起作用。然而记忆并没有想象中那么重要。庞加莱竟毫不开玩笑地认真地说,他自己的记忆力不好:"那么,在多数象棋棋手(他认为他们的"记忆力"很好)都会止步的困难的数学推理面前,为什么我依然游刃有余呢?"显然因为数学推理是由推理的一般过程所引导的。一个数学证明并不是演绎推理的堆积;它是按一定顺序排列的演绎推理,顺序比组成部分本身更重要。"如果他对这个顺序有"直觉",记忆力就算不了什么,因为每个演绎推理都会自动在序列中占据一席之地。

　　然而数学创造并不仅在于对已知事物进行新的组合;"任何人都可做到这一点,但由此产生的组合在数量上将是无限的,而且其中大部分完全没有价值。创造恰恰在于避免无用的组合,做出有用的组合,这些有用的组合往往仅占一小部分。发明就是识别与选择。"但这不是老生常谈吗?有哪个艺术家不知道选择——一种不可捉摸的东西是成功的秘诀之一呢?我们又回到了原点。

　　如果对庞加莱这一部分的观察报告进行总结的话,我们可以看出他的许多论述都基于一个假设,这个假设可能确实正确,但没有任何科学证据。直截了当地说,他假设多数人都是数学方面的低能人。如果承认这一点,那么我们无须接受他那带有浪漫主义色彩的理论。它们属于励志文学,不属于科学。我们现在转向不那么有争议的话题,我们现在引用一段广为流传的文字,庞加莱在其中描述了他自己最伟大的一个"灵感"是如何产生的。这是为了证实他的数学创造理论。它正确与否可能要留待读者判断。

　　他首先指出,为了理解他的叙述,无须理解技术术语:"心理学家感兴趣的不是定理,而是环境。

"十五天来,我一直在努力证明不存在类似于我后来称为富克斯函数的函数;那时我很无知。每天我都会坐在工作台前,花上一两个小时的时间;我尝试了许多组合,但没有结果。一天晚上,我破例喝了一杯黑咖啡。我无法入睡;各种想法纷至沓来;我感觉到它们在我脑中互相碰撞,直到一对想法勾连在一起,形成一个稳定的组合。到了早上,我已经证实了一类富克斯函数的存在,这些函数来自超几何级数。我只需写下结果,而这花了我几个小时。

"接下来我想用两个级数的商来表示这些函数;这个想法是完全有意识和深思熟虑的;与椭圆函数的类比指引了我。我问自己,如果这些级数存在,它们的性质是什么,我毫不费力地构建了我称之为 θ 富克斯级数(thetafuchsian)的级数。

"然后我离开住地卡昂,参加了由矿业学院赞助的地质之旅。旅行匆忙使我顾不上进行数学研究。到达库唐塞之后,我们乘坐公共汽车去远足。当我踏上汽车台阶的那一瞬间,我突然意识到,我以前用来定义富克斯函数的变换与非欧几里得几何的变换完全相同,很显然我之前从未有过这样的想法。我没有做验证;我没有时间,因为一上公共汽车,我就又继续一个被中断了的谈话;但我立即感到这是完全确定无疑的。一回到卡昂后,我在闲暇时证明了这个结果,以使自己安心。

"然后我着手研究某些算术问题,但没有取得明显的成功,也没有考虑过这些问题可能与我先前的研究有一些联系。我对自己的失败感到沮丧,于是去海边玩了几天,思考别的问题。一天,当我沿着悬崖行走时,我突然想到,不定三元二次型的变换与非欧几里得几何的变换是相同的,这种想法又具有同样的简短、突然和直接确定的特点。

"回到卡昂后，我反思了这个结果并得到了它的推论；二次型的例子表明，存在有与对应于超几何级数的富克斯群不同的富克斯群；我发现我可以将 θ 富克斯函数理论应用于它们，因此除了那些从超几何级数导出的富克斯函数之外，还存在 θ 富克斯函数，这是我当时所知道的唯一不同于从超几何级数导出的 θ 富克斯函数。自然而然地我给自己设定了构建所有这些函数的任务。我进行了系统的研究，逐个解决了所有外围问题；然而，有一个问题仍然解决不了，而攻下它就会取得全盘胜利。但我所有的努力只是使我更清楚了这个问题的困难，而这本身是有意义的。所有这些工作都是完全有意识地去做的。

"此时我动身前往瓦莱里安山，我将在那里服兵役。因此我的关注点截然不同。有一天，当我穿过林荫大道时，我突然想到了解决那个使我止步不前的难题的办法。但我并没有马上企图解决这个问题，只是到了我的服役结束以后，我才继续研究这个问题。我已经掌握了所有的要素，只需要把它们组装起来并加以排列。所以我毫不费力地一口气写出了我最后的论文。"

* * *

他说，从他自己的工作以及《数学教学》中报道的其他数学家的工作中，都可以找到类似的例子。从他的经历来看，他相信这种表面上的"突然启发是之前长期潜意识工作的明显标志"，他继续阐述他的潜意识理论及其在数学创造中的作用。有意识的工作是必要的，它就像一种触发器，可以引爆像炸药一样长期积聚的潜意识——他没有这么说，但意思差不多。但如果我们按照庞加莱的说法，将我们需要研究的活动强加给"潜意识"或"潜意识自我"，那么我们在理性解释的方式中会得到些什么呢？不是赋予这个神秘的作用者一种假设的辨别力,使它能够在"极其多的"可能的组合中做出辨别(如何辨别,庞加莱没有说),而是平静地说,"潜意识"拒绝除了"有用的"组合之外的所有组合,因为它对对称和美有一种感受力,这听起来像是通过给它一个更令人印象深刻的名字来解决最初的问题。也许这正是庞加莱的本意,因为他曾将数学定义为对不同事物赋予相同名称的艺术;所以在这里他可能通过给同一事物赋予不同的名称来完善他的观点的对称性。一个对数学发明的这种"心理学"感到满意的人,在宗教问题上竟然是一个完全的怀疑主义者,庞加莱就是这样一个人,这似乎很奇怪。在庞加莱深深陷入心理学泥潭之后,怀疑论者可能对怀疑一切也感到了绝望。

* * *

在 20 世纪的头十年,庞加莱的名气迅速上升,他开始被视为数学领域的权威(尤其是在法国)。他对从政治到伦理的各种问题的声明通常直接而简短,并被多数人认为是最终论断。正如伟人去世后几乎无一例外会发生的那样,庞加莱生前的耀眼光芒在他死后的十年间经历了一段衰退期。但他对后代人可能感兴趣的东西的直观感知已经证明了自己的正确性。在此仅举一个例子,庞加莱强烈反对这样一种理论,即所有数学都可以用最基本的经典逻辑概念来重构;他相信有比逻辑更重要的东西成就了今天的数学。尽管他没有走到当前直觉主义学派的地步,但就像那个学派那样,他似乎相信至少有一些数学概念先于逻辑,如果一个要从另一个推导出来,那么逻辑必须从数学中产生,而不是相反。这是否是最终的信条还有待观察,但目前看来,庞加莱竭尽讽刺的方式抨击的理论似乎并不是最终的理论,不管它具有什么样的优点。

在生命的最后四年里,除了一场痛苦的疾病,庞加莱繁忙的生活平静而幸福。世界上所有主要的学术团体纷纷授予他荣誉。1906 年,52 岁的他获得了法国科学家所能获得的最高荣誉——科学院院长。所有这些并没有使他自我膨胀,庞加莱真的很谦虚,而且天真无邪。他当然知道自己成年之后的人生没有劲敌,但他也可以毫不矫揉造作地说,与他已知的东西相比,他还一无所知。他的婚姻幸福美满,有一个儿子和三个女儿,他非常喜欢他们(尤其当他们还是孩子的时候)。他的妻子是艾蒂安·若弗鲁瓦·圣伊莱尔的曾孙女,圣伊莱尔正是人们记忆中那位好战的比较解剖学家居维叶的竞争对手。交响乐是庞加莱的一大爱好。

在 1908 年于罗马举行的国际数学大会上,庞加莱因病无法去宣读他那篇关于"数学物理学的未来"的激动人心的(也许为时尚早)演讲。他患了前列腺肥大症,来自意大利的外科医生给他做了手术,人们认为他得到了根治。回到巴黎后,他一如既往精力充沛地投入研究工作中。但在1911 年,他开始预感到自己可能时日无多,并于 12 月 9 日写信询问一份数学期刊的编辑,是否愿意接受一篇未完成的论文(这与通常的习惯相反),这篇论文讨论了庞加莱认为最重要的某个问题:"……在我这个年纪,我可能无法解决这个问题,而获得的结果,很容易把研究人员带到一条新的、意想不到的道路上。尽管它们多次欺骗了我,但我认为它们太有前途了,我甘愿献出它们……"他花了两年的大部分时间试图去解决它,但毫无结果。

他所猜想的定理的证明,将使他在三体问题上取得惊人的进展;特别是将使他能够证明比以前考虑过的更一般的某些情形的无限个周期解的存在性。一位年轻的美国数学家乔治·戴维·伯克霍夫(George David Birkhoff,1884—1944)在看到庞加莱发表的"未完成的交响曲"后不久,就给出了庞加莱所需的证明。

1912 年春天,庞加莱再次病倒,并于 7 月 9 日进行了第二次手术。手术很成功,但 7 月 17 日,他在穿衣时突然死于栓塞。他当时 59 岁,正处于创造力的顶峰——用潘勒韦的话来说,他是"理性科学的活着的大脑"。

(贾随军　译)

第二十九章

失乐园？

康托尔(1845—1918)

●宿敌新脸●腐朽的信条●康托尔的艺术继承与父亲情结●让步，但晚了●他的革命性工作使他名落孙山●学术卑微●"安全第一"的灾难●一个划时代的结果●悖论还是真理？●存在无穷多个超越数●强势的攻击，懦弱的退却●更惊人的观点●两种类型的数学家●疯了吗？●反对革命●战斗愈演愈烈●诅咒对手●普遍失态●今天数学的现状，明天数学将会怎样？●勇往直前

数学，现在轮到它像所有其他学科一样被放在显微镜下，向世界揭示其基础可能存在的任何缺陷。

——F.W.韦斯塔维(F.W. Westaway)

以格奥尔格·康托尔（Georg Cantor）1874—1895 年创立的集合论（Mengenlehre，或称类论）尤其是无穷集合论所引起的争议作为本书全部故事的结束，可能是恰到好处的，虽然这并不符合时间顺序。对于数学来说，这场争议标志着一些原则的普遍崩溃，这些原则被 19 世纪有先见之明的预言家们奉为处理从物理学到民主政府所有事物的合理基础，这些预言家能预见一切，除了这场大崩溃（débâcle）。

"崩溃"一词或许过于激烈，不适于形容这个世界正在尽情享受的转变，然而现在科学思想的进化是如此突飞猛进，以至人们几乎无法将进化与革命区分开来，这也是事实。

如果没有过去根深蒂固地把注意力集中于干扰这样的错误，现代物理学的剧变也许就不可能发生；但是，把我们这一代人所做的一切灵感都归功于我们的先辈，将是对他们的过奖。这一点值得考虑，因为有些人可能会忍不住说，现在显然已经开始的数学思维中的相应"革命"，不过是芝诺和其他古希腊怀疑论者的回声。

毕达哥拉斯在 2 的平方根问题上遇到的困难和芝诺关于连续性（或"无限可分性"）的悖论——就我们所知——是我们现在数学分裂的源头。今天对自己这门科学的哲学（或者说基础）多少有所关注的数学家，在关于数学分析中所使用的推理的有效性问题上已分裂成两派，这种分歧至少可以追溯到中世纪乃至古希腊时代，并且显然已经不存在调和的希望。在数学思想的各个时代，无论是像芝诺那样隐含在富有挑战性的悖论中的思想，还是像中世纪一些最令人恼火的逻辑学家那样披着精妙的逻辑外衣的思想，都各有各的代表人物，这些差异的根源被数学家们普遍认为是在于人的本性：任何欲将魏尔斯特拉斯这样的分析学家转变为克罗内克这样的怀疑主义者的尝试都注定是徒劳的，就像试图将原教旨主义的基督徒转变为狂热的无神论者一样。

在这场争论中，双方的领袖人物一些过时的语录可能会激发（也可能是抑制，依个人情况而定）我们对格奥而格·康托尔独特的学术生涯的兴趣。在我们这一代人中，他的"实无穷理论"引发了历史上最激烈的蛙鼠大战（爱因斯坦曾这样说），这场大战的目的是证明传统数学推理的有效性。

1831 年，高斯表达了他对实无穷的恐惧。"我抗议把无穷大当作完成的东西，这在数学中是不允许的。无穷只是一种说法，其真正的含义是一些比率无限趋近的极限，还有一些则是允许无限增加的量。"

因此，如果 x 表示一个实数，分数 $\frac{1}{x}$ 随着 x 的增加而减小，我们可以找到一个 x 的值，使得 $\frac{1}{x}$ 与 0 的差值可以小于任意给定的数（除了 0），当 x 继续增加时，差值仍然小于这个预先指定的量；当 x 趋于无穷时，$\frac{1}{x}$ 的极限为零。无穷大的符号是 ∞；断言 $\frac{1}{\infty} = 0$ 是无意义的，原因有两个："除以无穷大"是一个没有定义的操作，因此没有意义；第二个原因就是高斯以上所说。类似地，$\frac{1}{0} = \infty$ 也是没有意义的。

康托尔既同意也不同意高斯的意见。在 1886 年一篇关于实在(高斯称之为完成)无穷问题的文章中,康托尔写道:"尽管潜无穷概念和实无穷概念有本质的区别,前者的意思是一个可变化的有限量,在增长的过程中可以超过任意有限的界限(如上面 $\frac{1}{x}$ 中的 x),后者则是超过所有有限量的固定的常量,但它们仍然经常被混为一谈。"

康托尔接着说,数学中对无穷的滥用理所当然地激起了他那个时代细心的数学家对无穷大的恐惧,就像高斯那样。尽管如此,他坚持认为,由此产生的"对合理的实无穷不加分析地拒绝,同样是违背事物本质的(无论它是什么——它似乎从来没有向人们显露过自己的真容),而我们必须揭示其本来面目"。因此,康托尔无疑是与中世纪伟大的神学家们站到了一起,他是这些神学家的忠实学生和狂热的崇拜者。

对古老问题的绝对肯定和彻底解决,如果在囫囵吞枣之前多加品味,才能更好地消化吸收。以下是贝特朗·罗素在 1901 年关于康托尔对无穷的普罗米修斯式的进攻所作的评论。

"芝诺关心三个问题……这三个问题分别是无穷小问题、无穷大问题和连续性问题……从他的时代到我们的时代,每一代最优秀的知识分子前赴后继地冲击这些问题,但总的来说一无所获。……魏尔斯特拉斯、戴德金和康托尔彻底解决了这些问题,他们的解决方案……是如此清晰,以至于不再留下丝毫疑难。这一成就可能是这个时代可以夸耀的最伟大的成就……无穷小问题是由魏尔斯特拉斯解决的,其他两个问题的解决是由戴德金开始,而康托尔肯定是集大成者。"[①]

----

① 摘录自莫里茨的 *Memorabilia Mathematica*,1914,原始出处不详。——原注

尽管我们知道罗素在他和怀特黑德合著的《数学原理》第二版 (1924 年)中承认,作为分析的精髓的戴德金分割(见二十七章)并非完美 无缺,但这段热情洋溢的话仍然使我们感到温暖。今天的形势仍不太好。 在过去十年里,人们为支持或反对科学或数学中某一特定信条所做的事情 比古代、中世纪或文艺复兴晚期一个世纪完成的还要多。今天,比以往任 何时候都有更多的优秀人才致力于研究一个杰出的科学或数学问题,而最 终成果已成为原教旨主义者的私有财产。罗素 1901 年评述中提到的那些 成果没有一个能够全身幸存。

四分之一个世纪以前,当先知们让人们相信他们头顶上闪耀着犹如午 夜天空中出现的骄阳一般的万丈光焰时,那些看不到这伟大光焰的人被认 为是傻瓜。今天,每一个站在先知一边的有能力的专家,就会有一个同样 有能力的专家出来与他针锋相对。如果在任何地方有愚蠢,那么它是分布 得如此均匀,以至于已经不再是一种区分的标志。我们正在进入一个新时 代,一个充满怀疑和谦恭的时代。

作为怀疑的一方,我们可举大约同一时间(1905 年)的庞加莱为代表。 “我曾经谈到过⋯⋯我们需要不断地回到我们科学的基本原理,以及这样 做对研究人类心智的好处。这种需要激发了两项事业,这两项事业在数学 的最新发展中占据了非常突出的地位。第一个是康托尔主义⋯⋯康托尔 为科学引入了一种考虑数学无穷的新方法⋯⋯但后来我们遇到了一些悖 论、一些明显的矛盾,这可能会让伊利亚学派的芝诺和梅加拉学派感到高 兴。因此,每个人都必须寻求补救办法。就我而言,在这方面我并不是孤 独的,我认为重要的是永远不要引入不能用有限的词语来完全定义的实 体。无论采用何种治疗方法,我们都可以保证自己享受被请来治疗一个美 丽的病理学病例的医生的快乐。”

几年后,庞加莱对病理学本身的兴趣有所减弱。1908 年在罗马举行的国际数学大会上,这位心生倦意的医生说出了这样的预言:"后人会把集合论看作一种已经治愈的疾病。"

康托尔最大的功绩是,他不惜违背自己的本意,不由自主地发现"数学主体"已经病入膏肓,而芝诺所感染的旧疾至今仍未减轻。他那令人不安的发现,是他自己智力生活的奇特回响。我们首先要看一下他的物质生活方面的事实,这些事实本身也许没有多大意义,但对理解他后来的理论却具有特别的启发意义。

＊　＊　＊

格奥尔格・费迪南德・路德维希・菲利普・康托尔(Georg Ferdinand Ludwig Philipp Cantor)是富商格奥尔格・沃尔德玛・康托尔(Georg Waldemar Cantor)和他的艺术家妻子玛丽亚・博姆(Maria Böhm)的第一个孩子,父母双方都是纯犹太血统。他的父亲出生在丹麦的哥本哈根,但年轻时移民到俄罗斯的圣彼得堡,数学家康托尔于 1845 年 3 月 3 日在那里出生。由于肺部疾患,父亲于 1856 年移居德国法兰克福,在那里过着舒适的退休生活,直到 1863 年去世。这种少有的民族混合,可能使好几个国家声称康托尔是他们的儿子。康托尔自己偏爱德国,但不能说德国真心地喜爱他。

康托尔有一个弟弟康斯坦丁(Constantin)和一个妹妹索菲・诺比林(Sophie Nobiling),康斯坦丁后来成为德国军官(很少有犹太人成为军官),并且是一名优秀的钢琴家;妹妹是一位有造诣的设计师。被压抑的艺术天性在数学和哲学(古典的和经院的)中找到了汹涌的出口。孩子们明显的艺术气质遗传自他们的母亲,母亲的祖父是一位音乐指

655

挥,母亲的一个兄弟住在维也纳,教过著名的小提琴家约阿希姆(Joachim)。玛丽亚·康托尔的一个哥哥是音乐家,她的一个侄女是画家。如果真如那些平庸的心理学支持者所说的那样,平常心和冷静的稳定是一回事,那么康托尔家族的所有这些艺术天赋可能是他不稳定的根源。

一家人都是基督徒,父亲已经改信新教;母亲生来是罗马天主教徒。和他的死敌克罗内克一样,康托尔也支持新教,并对中世纪神学无休止的吹毛求疵情有独钟。如果康托尔没有成为数学家,他很可能会在哲学或神学领域留下自己的印记。在这方面,有一点值得注意的是,康托尔的无穷理论曾被耶稣会士信手拈来,他们敏锐的逻辑头脑居然在超出他们神学理解的数学表象中,发现了上帝存在和神圣的三位一体(Holy Trinity)与同等(co-equal)、同永恒(co-eternal)自相容的无可置疑的证据。在过去的2500年里,数学也曾高唱过一些非常奇怪的曲调,但这是最令人叫绝的一次。公平地说,虽然康托尔本人是一个虔诚的基督徒和老练的神学家,但他以过人的机智和愤怒时的犀利言辞,无情嘲笑了这种自命不凡的荒谬"证据"。

康托尔的学校生涯就像大多数天才的数学家一样——在他15岁之前就早早地被发现他在数学方面的天赋和浓厚兴趣。他的第一次教育是受教于一个私人教师,随后进入圣彼得堡的一所小学学习。当全家搬到德国时,康托尔首先在法兰克福的私立学校和达姆施塔特新式学校就读,1860年15岁时进入威斯巴登预科学校。

康托尔立志成为一名数学家,但他务实的父亲在认识到他的数学能力后,却固执地想强迫他去学工程,因为这是一个更有前途的谋生之道。在

1860 年康托尔受坚信礼①时，他的父亲写信给他，表达了他和康托尔在德国、丹麦和俄国的众多叔伯姑姨和堂兄弟姐妹们对这个天才男孩的高度期望："他们都对你寄予厚望，希望你成为西奥多·舍费尔（Theodor Schaeffer），之后，如果上帝愿意，也许会成为工程领域的一颗闪亮的明星。"父母们什么时候才能意识到试图把一个天生的赛车手培养成马车夫是多么愚蠢的行为呢？

人们希望借对上帝的恳求来逼迫一个敏感、虔诚的 15 岁男孩就范，19 世纪 60 年代的这种做法如果发生在今天（感谢上帝！），会像网球一样遭到我们年轻一代坚强头脑的反弹，当时却对康托尔造成了沉重的打击。事实上，这把他弄得晕头转向。年轻的康托尔深爱着父亲，笃信宗教，他看不出老人只是在为自己不合情理的野心寻找借口。康托尔敏感的心灵就这样开始经受第一次扭曲。康托尔没有反抗，而是选择了顺从，像今天一个有天赋的孩子为了获得成功可能会做的那样，直到这位固执的父亲自己也意识到这是在摧残他儿子的个性。但是，康托尔为迁就他的父亲而违背自己的本性，这过程在他心中播下了不自信的种子，使他在后来的生活中很容易地成为克罗内克恶毒攻击的受害者，并使他怀疑自己的工作的价值。如果康托尔从小被养成独立的人格，他就永远不会怯懦地顺从那些有名望的人，而这导致了他生活的悲剧。

当伤害已经造成时，这位父亲让步了。康托尔 17 岁时以优异的成绩完成了中学的课程，他被"亲爱的爸爸"允许进大学专攻数学。"我亲爱的爸爸！"康托尔在充满孩子气般感激的回信中写道："您知道您的信使我多么欣喜。这封信决定了我的未来……现在我很高兴看到，如果我按照自己的意愿来做选择，不会让您不高兴了。亲爱的父亲，我希望您能在我身上

---

① 坚信礼（Confirmation），一种基督教仪式。根据基督教教义，孩子满十三岁时受坚信礼，此后才能成为正式教徒。——译注

找到快乐；因为我的灵魂，我的整个生命，都在于我的事业；一个人渴望做什么，内心的冲动驱使他去做什么，他就一定会成功！"毫无疑问，爸爸应该得到这份感谢，即使康托尔的感谢对于现代人来说笼罩着过于卑屈的阴影。

康托尔于 1862 年在苏黎世开始了他的大学学习，但在第二年，他的父亲去世后，他转学到了柏林大学。在柏林，他攻读数学、哲学和物理学。前两个学科平分了他的兴趣；对于物理学，他从来没有什么确切的感觉。在数学方面，他的导师是库默尔、魏尔斯特拉斯和他未来的敌人克罗内克。按照德国的惯例，康托尔必须到另一所大学待一段时间，1866 年他去格丁根访问了一个学期。

库默尔和克罗内克在柏林的时候，那里的数学充满了算术气息。康托尔深入钻研了高斯的《算术研究》，并于 1867 年完成了他的博士学位论文，研究了高斯留下的一个难题，即不定方程

$$ax^2 + by^2 + cz^2 = 0$$

的整数解，其中 a, b, c 是任意给定的整数。这是一篇很好的作品，但可以肯定地说，读过它的数学家没有人预料到这位 22 岁的保守的作者会成为数学史上最激进的创新者。在这第一次尝试中，才能是显见的，但天才还谈不上。在这篇严肃经典的论文中，没有关于这位未来伟大创新者的丝毫预兆。

康托尔在 29 岁之前发表的所有早期作品都可以作如是观。它们是很优秀，但任何一个像康托尔那样完全吸收了高斯和魏尔斯特拉斯的严格证明学说的杰出人士都可能完成。高斯的数论是康托尔在数学上的初恋，他被它强有力的、锐利清晰的完美证明所吸引。由此出发，在魏尔斯特拉斯理论的影响下，他现在进入到严格的分析分支，特别是三角级数（傅里叶级

数)的理论。

今天,这个理论的微妙的困难(在无穷级数的收敛问题上比幂级数更不容易解决)似乎激励了康托尔比他同时代的人更深入地寻求分析的基础,他对无穷本身的数学和哲学发起了伟大的攻击,这关系到连续性、极限和收敛性等问题的根基。就在他30岁之前,康托尔发表了他的第一篇关于无穷集理论的革命性论文(在克雷尔的《杂志》上)。下文将对此进行描述。康托尔所建立的关于所有代数数集合的出乎意料的看似矛盾的结果,以及所采用的完全新颖的方法,立即显示出这位年轻的作者是一位具有非凡独创性的数学家。是否所有人都同意这些新方法,这无关紧要;人们普遍认为,一个人为数学领域带来了一些根本性的新东西,他理应立即获得一个有影响力的职位。

* * *

康托尔的物质生涯和其他不太知名的德国数学教授一样,他从未能实现在柏林当教授的抱负,这或许是康托尔最重要和最具创造性的时期(1874—1884年,年龄在29岁到39岁)在德国可能得到的最高荣誉。他所有活跃的职业生涯都是在哈雷大学度过的,这是一所明显的三流学府。1869年,24岁的他被任命为编外讲师(靠从学生那里收取的费用生活的讲师)。1872年,他被聘为助理教授。1879年——在对他工作的批评还没有表现出对他个人的恶意人身攻击的性质之前——他被任命为正教授。他最早的教学经历是在柏林的一所女子学校。为了证明自己能胜任这个奇怪的不合适的任务,他在获得儿童教育的国家资格证之前,曾专门去听过一个没有灵感的数学平庸之辈沉闷的教育学讲座。这完全是一种社会资源的浪费。

　　无论对不对,康托尔因未能获得梦寐以求的柏林职位而怪罪于克罗内克。当两个学术专家在纯粹的科学问题上产生激烈分歧时,他们本来是有选择余地的。如果克制是更大的勇敢,他们可以选择一笑泯恩仇,不为之小题大做;或者选择其他人在面对对立局面时所采取的各种好战方式中的任何一种,其中有一种是以有效的、不正当的方式去攻击另一方,这种方式往往使人能够在真诚的友谊的幌子下达到恶意的目的。然而在这里却完全没有这一类事! 当康托尔和克罗内克闹翻时,他们是彻底的针尖对麦芒,把忍让拿去喂狗,除了割开对方的喉咙外,他们什么都做。也许这毕竟是比另一种道貌岸然的伪善更正派的战斗方式——如果男人必须打架的话。任何战争的目的都是消灭敌人,对不愉快的事情表现出感情用事或骑士风度是一个无能战士的标志。克罗内克是科学争论史上最强悍的斗士之一,康托尔则是最弱势的对手之一。克罗内克赢了。但是,正如稍后将出现的那样,克罗内克对康托尔的强烈敌意并不完全是个人目的,至少有一部分是科学的和无私的。

　　1874 年,29 岁的康托尔发表了第一篇关于集合论的革命性论文,这一年也是他与瓦莉·古德曼(Vally Guttman)结婚的一年。这段婚姻生下了两个儿子和四个女儿。孩子们都没有继承父亲的数学天赋。

　　在因特拉肯度蜜月时,这对年轻夫妇多次见到了戴德金,他也许是当时唯一认真而富有同情心的试图理解康托尔颠覆性学说的一流数学家。

　　在 19 世纪的最后 25 年里,对于德国数学界的领军人物来说,戴德金在某种程度上是一个不受欢迎的人,他有着深刻的独创性,能够同情在科学上声名狼藉的康托尔。局外人有时会想象,独创性在科学中总是会受到热诚的欢迎。数学的历史却与这种乐观的幻想大相径庭:在一门成熟的科学中,离经叛道者的道路很可能与人类保守主义的任何其他领域一样艰难,即使离经叛道的是被承认超越了狭隘的正统观念而发现的一些有价值的东西。

如果在进军新方向之前能三思而行,戴德金和康托尔两人都可能得到他们想得到的东西。戴德金的整个职业生涯都是在普通的职位上度过的;现在,戴德金的工作已经被认为是德国对数学做出的最重要的贡献之一,有人便说,戴德金是自甘清高,穴居于一个隐世之地,冷对那些智力比他低得多却像镀锡的铁盘一样在学术和公众的荣耀中扶摇闪光的人,这种和稀泥的无稽之谈让那些本身是"雅利安人"而不是德国籍的观察家们感到无语。

19世纪德国学术的理想是一种完全协调的至高的"安全第一",这也许正确地反映出对激进的独创性的高斯式的极端谨慎——新事物可能并不完全正确。毕竟,关于云雀的翱翔天性,一本认真编辑的百科全书提供的信息通常总比一首诗(比如雪莱的某些诗)更可靠。

在这样一种令人腻烦的所谓现实的氛围中,康托尔的无穷理论——过去2500年来对数学最令人不安的原创贡献之一——感觉就像一只试图在冷凝的空气中自由翱翔的云雀。即使这个理论是完全错误的——有些人认为它不可能以任何类似于康托尔提出的方式来挽救——它也应该受到更好的待遇,而不能仅仅因为它是没有接受过正统数学名义的神圣洗礼的新事物而向它扔掷砖块。

* * *

1874年的开创性论文致力于建立所有代数数的集合的一个完全出乎

意料和看似矛盾的性质。虽然这类数在前面的章节中已经被描述过多次，但为了清楚地说明康托尔证明的惊人事实的性质，我们将再次解释它们是什么——在提到"证明"的时候，我们现在故意忽略对康托尔所使用的推理的合理性的一切怀疑。

如果 r 满足一个有理数整数（整数）系数的 n 次代数方程，且 r 不满足次数小于 n 的代数方程，则 r 是一个 n 次代数数。

这一概念可以加以推广。因为很容易证明形如

$$c_0 x^n + c_1 x^{n-1} + \cdots + c_{n-1} x + c_n = 0$$

的方程的任意一个根都是一个代数数，这里系数 c 是任意给定的代数数（如前定义）。例如，根据这个定理，

$$(1 - 3\sqrt{-1})x^2 - (2 + 5\sqrt{17})x + \sqrt[3]{90} = 0$$

的所有根都是代数数，因为其系数都是代数数。（第一个系数满足 $x^2 - 2x + 10 = 0$，第二个系数满足 $x^2 - 4x - 421 = 0$，第三个系数满足 $x^3 - 90 = 0$，这些方程的次数分别为 $2,2,3$。）

想象一下（如果你能）所有代数数的集合。所有的正有理整数 $1,2,3,\cdots$ 都属于该集合，因为它们中的任何一个，比如说 n，满足一个代数方程 $x - n = 0$，其中系数（1 和 $-n$）是有理数。但除此之外，所有代数数的集合还将包括所有有理整数系数的二次方程的所有根，以及所有有理整数系数的三次方程的所有根，以此类推，直到无穷。这样，所有代数数的集合所包含的成员，将比它的有理整数子集 $1,2,3,\cdots$ 无限地多，这在直观上难道不是显而易见的吗？可能是如此，但这个判断恰恰是假的。

康托尔证明了所有有理整数的集合 $1,2,3,\cdots$ 所包含的成员数恰好与

所有代数数的"更无限包容"的集合一样多。

这里不能给出这个似是而非的陈述的证明，但是这种证明所基于的手段——"一一对应"——是容易理解的。这将有助于有哲学头脑的人理解什么是基数。在描述这个简单但有些难以捉摸的概念之前，我们先来看看对康托尔理论的其他定义的各种看法，它们凸显了一些数学家和众多哲学家对所有关于"数"或"量"的问题的态度之间的区别。

"数学家从不像哲学家那样，用量自身定义量；他定义它们的相等、它们的和与它们的乘积，而这些定义决定了或者说构成了量的所有数学性质。他以一种更抽象和更形式化的方式规定了符号，同时规定了这些符号必须依从的组合规则；这些规则足以表征这些符号，并赋予它们数学上的价值。简单地说，他通过任意的约定来创造数学实体，就像由支配棋子走法和它们之间关系的约定来定义象棋一样。"①并非所有的数学思想流派都赞同这些观点，但它们至少提供了一种可借以对基数作以下定义的"哲学"。

请注意，定义的一开始是对"相同基数"的描述，这与上面所引库图拉（Couturat）的开场白精神一致；"基数"随后从其"相同性"的灰烬中如凤凰般重生。这完全是没有明确定义的概念之间的关系问题。

当两个集合中的所有元素都可以一对一地配对时，就说两个集合具有

---

① 库蒂拉，《论数学的无穷》（De l'*infini mathématique*），巴黎，1896，第49页。需要注意的是，这部著作的大部分内容现在已经无可救药地过时了，值得向一般读者推荐它的是其论述的清晰性。一部由波兰著名专家论述康托尔主义要素的著作是西尔平斯基（Sier Pinski）的《超穷数教程》（*Leçons sur les nombres transfinis*），巴黎，1928。任何受过小学教育并有抽象推理的爱好者都能理解这本书的内容。博雷尔撰写的序言则打出了必要的危险信号。上面从库图拉特摘录的内容与希尔伯特的计划有关，具有一定的历史意义，它预见了希尔伯特在三十年后对其形式主义信条的陈述。——原注

相同的基数。配对之后,两个集合中都不存在未配对的东西。

一些例子将阐明这个深刻的定义。它是一种平凡而又丰产的虚无,却如此深刻,以至于几千年来一直被忽视了。集合(x,y,z),(a,b,c)具有相同的基数(我们不会犯这样的错误说:"当然! 每个包含三个字母"),因为我们可以将第一个集合中的x,y,z与第二个集合中的a,b,c配对,x与a,y与b,z与c配对,这样做后,发现在两个集合中没有一个元素是未配对的。显然,还有其他方法可以实现配对。同样,在实行严格一夫一妻制的基督教社区中,如果20对已婚夫妇坐在一起吃饭,丈夫的基数将与妻子的基数相同。

作为这种"明显"相同性的另一个例子,我们回忆伽利略关于正整数的所有平方的集合和所有正整数的集合的例子:

$$1^2,2^2,3^2,4^2,\cdots,n^2,\cdots$$
$$1,2,3,4,\cdots,n,\cdots$$

这个例子与前面的例子之间的"矛盾"区别是明显的。如果所有的妻子都退到客厅去,让她们的配偶喝着波特酒,讲着故事,那么坐在桌子旁的正好是20个人,只有以前的一半。但是,如果从自然数中除去所有的平方数,那么剩下的数和原来一样多。不管我们喜不喜欢(如果我们是理性动物,就不应该不喜欢),一个集合的一部分可能与整个集合具有相同的基数,这个不可思议的奇迹就摆在我们面前。如果有人不喜欢"相同基数"的"配对"定义,他可能会被挑战产生一个更合适的定义来。直觉(男性、女性或数学的直觉)被大大高估了。直觉是一切迷信的根源。

请注意,在这个阶段,有一个头等重要的困难已经被掩盖了。什么是集合,什么是类?用哈姆雷特的话来说,那真是个"问题"。我们将回到这个问题上来,但我们不作回答。无论谁成功地回答了这个天真的问题,使康托尔的批评者完全满意,就很有可能消除对他精妙的无穷理论的严重的反对意见,同时在非情感的基础上建立数学分析。要看出这一困难并非微不足道,可以试着想象所有正有理整数 1,2,3,…,然后问自己,你是否能像康托尔一样把这个"类"的整体作为一个明确的思想对象放在你的头脑中,就像理解三个字母的 x,y,z 构成的类一样容易。康托尔要求我们这样做,以理解他所创造的超穷数。

现在继续讨论"基数"的定义,我们引入一个方便的术语:其成员可以一对一配对的两个集合或类(如前面给出的例子中所示)被称为相似的。集合(或类)x,y,z 中有多少东西? 显然三个。但是什么是"三"呢? 答案包含在以下定义中:"给定类中的事物数量是与给定类相似的所有类的类。"

对于尝试解释什么是类来说,人们从这个定义得不到任何东西;必须按其本来面目加以把握。它在 1879 年由戈特洛布·弗雷格(Gottlob Frege)提出,1901 年由伯特兰·罗素(Bertrand Russell)再次(独立地)提出。它相对于"类的基数"的其他定义的一个优点是它既适用于有穷类,也适用于无穷类。那些认为这个定义对数学来说太神秘的人可以遵循库图拉的建议回避它,不试图定义"基数"。然而,这样做也会带来困难。

康托尔的惊人结果是,所有代数数的类与它的所有正有理整数子类相似(在上面定义的术语意义上),这只是无穷类中许多完全出乎意料的性质中的第一个。暂且假定,他得到这些性质的推理是合理的,或者,即便康托尔留下的推理在形式上并非无可争议,但它们可以被严格化,那么我们必须承认康托尔推理的力量。

以超越数的"存在性"为例。在前面的一章中,我们看到,为了证明这类特定数的超越性,埃尔米特付出了多么巨大的努力。即使在今天,也没有一种普遍的方法可以证明任何我们认为是超越数的超越性。对每一种新的类型都需要发明特殊的、巧妙的方法。例如,由

$$1 + \frac{1}{2} + \frac{1}{3} + \cdots + \frac{1}{n} - \log n$$

当 n 趋于无穷时的极限所定义的数(它是一个常数,尽管从其定义来看像是一个变量)可能是超越数,但我们不能证明这一结论。所需要的是证明这个常数不是任何具有有理整数系数的代数方程的根。

这一切都提示了一个问题:"究竟有多少超越数?"它们是比整数多、比有理数多,或是比代数数多,还是比它们少? 由于整数、有理数和所有代数数的数量都是相等的(根据康托尔定理),问题于是归结为:超越数能否像 $1,2,3,\cdots$ 那样计数? 所有超越数的类是否与所有正有理整数的类相似? 答案是否定的:超越数比整无限多。

这里我们开始进入集合论有争议的方面。刚才的结论就像对克罗内克那样气质的人的挑战。在讨论林德曼证明 π 的超越性(见第二十四章)时,克罗内克问道:"你关于 π 的美丽研究有什么用? 既然无理数[从而超越数]不存在,为什么要研究这样的问题?"我们可以想象,对于康托尔证明超越数比整数 $1,2,3,\cdots$ 无限多的这种怀疑论的影响。根据克罗内克的说法,整数是上帝最崇高的作品,也是唯一"存在"的数字。

这里不可能对康托尔的证明作哪怕是概要的介绍,不过对他使用的某种推理还是可以简单考察如下。如果一个类与所有正有理整数的类相似(在这一术语的上述意义上),我们就说这个类是可数的。可数类中的事物可以像 $1,2,3,\cdots$ 那样计数;不可数类的东西则不能数出 $1,2,3,\cdots$;不可数

类包含的东西会比可数类多。不可数类存在吗？康托尔证明了这一点。事实上，任何线段上所有点的类，无论线段有多小（前提是多于一个点），都是不可数的。

由此我们可以看出为什么超越数是不可数的。在关于高斯的那一章中，我们看到任何代数方程的任何根都可以用笛卡儿几何平面上的一点来表示。这些根构成了所有代数数的集合，康托尔证明了这些代数数是可数的。但如果仅仅一条线段上的点已经是不可数的，那么笛卡儿平面上的所有点更是不可数的。代数数点缀在平面上，就像黑夜天空中的星星；稠密的黑暗恰是那超越数的苍穹。

关于康托尔的证明，最值得注意的是，它没有提供任何方法来构造任何一个具体的超越数。在克罗内克看来，任何这样的证明都是无稽之谈。许多温和的"存在性证明"的例子激起了他的愤怒。其中有一个特别有趣，因为它预示了布劳威尔对在无限集的推理中充分使用经典（亚里士多德）逻辑的反对。

一个多项式 $ax^n + bx^{n-1} + \cdots + 1$，其中系数 a，b，$\cdots$ 是有理数，如果不能分解成两个都是有理数系数的多项式的乘积，就说它不可约。一个给定的多项式要么可约，要么不可约。这一亚里士多德式的命题现在对大多数人来说都是有意义的，但克罗内克却不这样认为。根据克罗内克的理论，除非我们能在有限的非试探性步骤中实现某种确定的过程，从而解决任意给定多项式的可约性问题，否则我们在逻辑上没有权利在数学证明中使用不可约性的概念。他认为，如果不这样做，就会使我们的结论产生矛盾，而且，在没有描述性过程的情况下使用"不可约性"，充其量只能给我们一个"尚未证实"的苏格兰式判决。根据克罗内克的理论，所有这些非构造性推理都是不合法的。

* * *

由于康托尔的无穷类理论所使用的推理在很大程度上都是非构造性的,克罗内克认为它是一种危险的数学精神错乱。眼看着数学正在康托尔的领导下走向疯人院,满怀激情地致力于他所认为的数学真理的克罗内克用自己手中的每一件武器,猛烈而恶毒地攻击了《实无穷论》和它的高度敏感的作者。悲剧的结果是,被送进疯人院的不是集合论,而是康托尔。克罗内克的攻击摧毁了集合论的创造者。

1884 年春天,在他四十岁的时候,康托尔经历了第一次彻底的精神崩溃,这种崩溃在他漫长的一生中以不同的强度反复出现,迫使他离开社会,进入精神病诊所。他暴躁的脾气加剧了他的困难。严重的抑郁发作使他在自己眼中变得卑微,他开始怀疑自己的工作是否可靠。在一段清醒的时间里,他请求哈雷大学当局把他从数学教授调到哲学教授的位置上。他关于实无穷理论的一些最好的作品是在两次攻击之间的间隙时间完成的。他注意到在癫痫发作后的恢复期,自己的头脑会变得异常清醒。

对于康托尔的悲剧,克罗内克受到的指责或许过于严厉;他的攻击只是众多促成原因之一。缺乏认可使康托尔痛苦不堪,他深信自己已经向合理的无穷理论迈出了第一步,也是决定性的一步,他陷入了忧郁和非理性之中。然而,克罗内克似乎确实在很大程度上要对康托尔未能在柏林获得他梦寐以求的职位负责。在学生面前发表对同时代的人的工作的野蛮攻击,通常被认为是不太厚道的。这种分歧可以在科学论文中得到客观的处理。1891 年,克罗内克在柏林向他的学生们批评了康托尔的工作。很明显,在一个屋檐下容不下这两个人了。由于克罗内克掌握了话语权,康托尔只好听由自己被打入冷宫。

不过,他还是得到了一些安慰。富有同情心的米塔-列弗勒不仅在自己的杂志(《数学学报》)上发表了康托尔的一些成果,而且还在康托尔与克罗内克的斗争中安慰了他。仅在一年之内,米塔-列弗勒就收到了不少于52 封来自陷于苦难中的康托尔的来信。在那些相信康托尔理论的人当中,和蔼可亲的埃尔米特是最热心的一个。他对新学说的热诚接受温暖了康托尔谦逊的心:"埃尔米特在这封信中对我的集合论的赞美……,在我看来是如此崇高,如此过奖,以至我不想发表它们,以免招致那些人的令人头晕目眩的指责。"

* * *

随着新世纪的开始,康托尔的工作逐渐被认为是对所有数学特别是分析基础的根本性贡献。但不幸的是,至今仍然影响着康托尔理论的悖论和二律背反开始同时出现。这也许是康托尔理论注定要对数学作出的最大贡献,因为在关于无限的逻辑和数学推理的基础中,这两个问题无疑是存在的,这直接激发了目前所有演绎推理的批判运动。人们希望由此推导出一种比前康托尔时代的数学更丰富、更"真实"的数学。

康托尔最显著的结果是在不可数集理论中获得的,不可数集理论最简单的例子是线段上所有点的集合。这里只能陈述他的一个最简单的结论,与直觉所预测的相反,两条不相等的线段包含相同数量的点。记住两个集合包含相同数量的事物,当且仅当其中的事物能一一对应,我们很容易看出康托尔结论的合理性。如下图所示两条不相等的线段 AB,CD。直线 OPQ 与 CD 相交于 P,与 AB 相交于 Q;于是 P 和 Q 就成为对应点。当 OPQ 围绕 O 旋转时,点 P 遍历 CD,同时点 Q 遍历 AB,因此 CD 的每个点都有且只有一个 AB 的"对应"点。

可以证明一个更意想不到的结果。任何线段,无论多小,所包含的点

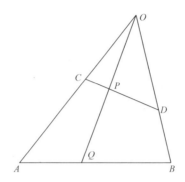

都和一条无限直线一样多。进一步说,线段所包含的点与整个平面、或整个三维空间、或整个 n 维空间(其中 n 是任意大于零的整数)中所包含的点一样多,最后,与可数无穷维空间中所包含的点一样多。

在这一切中,我们还没有试图定义类或集合。可能(正如罗素在 1912 年所认为的那样)为了对康托尔的理论有一个清晰的概念,或者为了让该理论自身保持相容性(这一点是任何数学理论所要求的),我们没有必要这样做。然而,目前的争论似乎要求给出一个清晰的、自洽的定义。以下的定义过去被认为是令人满意的。

一个集合具有三个特征:它包含了具有某一特定性质(如红色、体积或味道)的一切事物;任何不具备这种性质的事物都不属于该集合;集合中的每一个事物都可以识别其与集合中所有其他事物相同还是不同——简单地说,集合中的每一事物都有永远可识别的个性。集合本身是作为一个整体来把握的。这个定义可能用起来太严格了。例如,设想康托尔的所有超越数的集合在第三个要求下将发生什么。

在这里,我们可以回顾一下整个数学史——或者考察一下大数学家们在他们的专业论著中所显示的部分——我们会注意到几乎所有数学论述中经常出现的两种表达方式。读者可能对下述被反复使用的一些短语感到厌烦,比如"我们可以找到一个大于2的整数",或者"我们可以选择一个小于n但大于$n-2$的数"。采用这样的措辞,并不仅仅是陈词滥调。其使用是有原因的,细心的作者在断言"我们可以找到,等等"时,他们的意思是他们可以做到他们所说的。

与此截然不同的是在另一类数学著作中反复出现的短语:"存在"。例如,有人会说"存在一个大于2的整数",或者"存在一个小于n但大于$n-2$的数"。这种措辞的使用者肯定会致力于被克罗内克认为是站不住脚的信条,当然,除非对这种"存在"有一个构造性证明。对于出现在康托尔理论中的集合(如前所定义),其存在性并没有得到证明。

这两种论述方式将数学家分为两类:信奉"我们可以"的人(可能是潜意识地)相信数学纯粹是人类的发明;秉持"存在"论的人则相信数学本身是超越人类的"存在","我们"只是在人生旅途中偶然发现数学的"永恒真理",这在很大程度上就像一个人在城市里散步时,会遇到许多街道,而这些街道的规划与他毫无关系。

神学家都是"存在"论者;谨慎的怀疑论者则大多是"我们可以"型的。超人类"存在"的提倡者说:"存在着无穷多个偶数或素数";克罗内克和信奉"我们可以"的人则会说:"把它们造出来。"

从《新约》中一个著名的例子可以看出,两者之间的区别并非微不足道。基督断言天父"存在";腓力要求"将天父显给我们看,我们就知足了。"康托尔的理论是几乎完全站在"存在"论这一边的。是否有可能康托尔对神学的热情决定了他的忠诚? 如果是这样,我们就不得不解释,同样是基督教神学鉴赏家的克罗内克,为什么会是这样一个狂热的"我们"型的人。就像在所有这类问题中一样,双方的弹药都可以从任何口袋里偷来。

以"存在"的方式看待集合论的一个显著而重要的例子是所谓的策墨罗公设(发表于 1904 年)。"对于每一个其元素是集合 P 的集合 M(即 M 是集合的集合,或类的类),集合 P 是非空且不重叠的(没有两个集合包含共同的元素),至少存在一个集合 N,它包含了构成 M 的每个集合 P 中的一个且仅一个元素。将此与前面所陈述的集合(或类)的定义进行比较,就会发现,如果集合 M 由,比如说,无穷多个不重叠的线段组成,"我们"型的人就不会认为这个公设是不言而喻的。然而这个公设似乎是足够合理的。试图证明它的尝试都失败了。这个公设在所有与连续性有关的问题中相当重要。

至于这个假设是如何引入数学的,我们要提到康托尔理论的另一个未解决的问题。一组不同的、可数的事物,就像某面墙上的所有砖块一样,可以很容易地进行排序;我们只需要从几十种不同的方式中选择一种来进行计数 $1,2,3,\cdots$。但是我们如何在一条直线上排列所有的点呢?它们不能像数 $1,2,3,\cdots$ 那样计数,当我们考虑到这条线的任意两点之间都"可以找到"或"存在"另一个点时,这个任务就显得毫无希望了,如果每次我们数两个相邻的砖块时,在它们之间的墙上就会突然出现另一个砖块,那么我们的计数就会出现混乱。然而,直线上的点似乎确实有某种秩序;我们可以说一个点是在另一个点的右边还是左边,等等。对一条直线上的点进行排序的尝试都没有成功。策墨罗提出他的假设是为了使这种尝试变得更容易,但它本身并没有被普遍接受为一个合理的公设或作为一个可以安全使用的公设。

康托尔的理论包含了更多关于实无穷和超穷(无穷大)数的"算术",远不止这里所讲到的。但由于该理论仍处于争议之中,我们不妨以最后一个谜题的陈述来结束它。究竟是"存在",还是"我们可以""构造"一个既不相似于所有正有理整数集合，也不相似于直线上所有点的集合的无穷集（专业意义上的——对应）？答案是未知的。

1918 年 1 月 6 日，康托尔在哈雷的一家精神病院去世，享年 73 岁。荣誉和认可最终属于他，甚至对克罗内克的旧怨也被遗忘了。毫无疑问，对于康托尔来说，回忆起他与克罗内克在 1891 年后者去世前的几年里已经至少表面上和解，这是一种满足。如果康托尔能活到今天，他可能会为在所有数学领域进行更严谨的思考而感到自豪，这在很大程度上归功于他本人在可靠的基础上发现分析（和无穷）的努力。

＊　＊　＊

回顾使实数、连续性、极限和无穷概念在数学中精确化和持续可用的长期斗争，我们看到芝诺和欧多克索斯与魏尔斯特拉斯、戴德金和康托尔在时间上的差距并不像将现代德国与古希腊分开的 24 或 25 个世纪所意味的那样大。毫无疑问，我们比前人对所涉及的困难的性质有了更清晰的认识，因为我们看到同样的未解决的问题以新的形式出现在古人做梦也想不到的领域里，但是如果说我们已经解决了那些古老的困难，这是对事实的严重歪曲。然而，净成绩单所记录的收获，却比我们的前人所能正当宣称的任何收获都要大。我们比他们想象的要深入得多，我们发现，在我们试图把我们的经验联系起来时，他们在推理中所接受的一些"法则"——例如亚里士多德逻辑的那些"法则"——最好用其他的"纯粹的约定"来代替。如前所述，康托尔的革命性工作给了我们当前活动最初的动力。但人们很快就发现——在康托尔去世前 21 年——他的革命要么太过革命，要么不够革命。现在看来，似乎应该是后一种情形。

反对革命的第一枪是 1897 年由意大利数学家布拉里-福尔蒂（Burali-

Forti)打响的,他运用康托尔无穷集合论中所使用的推理提出了一个惊天的矛盾。这个特殊的悖论只是一系列悖论中的第一个,因为它需要很长的解释才易于理解,我们将代之以罗素1908年发表的悖论。

我们已经提到过弗雷格,他提出了"与给定类相似的所有类的类",以此定义给定类的基数。弗雷格花了数年时间试图把数的数学建立在合理的逻辑基础上。他一生的著作是《算术基础》(*Grundgesetze der Arithmetik*),该书第一卷于1893年出版,第二卷于1903年出版。这部著作使用了集合的概念,同时在相当多的地方以多少带有讽刺的手法对以前的作者在算术基础上的明显错误和多方愚蠢行为进行了猛烈的抨击。第二卷以以下的坦诚表述结尾:

"一个科学家几乎不可能遇到比工作刚结束时地基垮塌更尴尬的事情了。当我的著作即将出版之际,伯特兰·罗素先生的一封信就使我处于这种境地。"

* * *

罗素给弗雷格送来了他的巧妙悖论:"所有不是其自身成员的集合的集合"。这个集合是自身的成员吗?任何一种回答略加思考后都可以被说明是错的。然而,弗雷格却自由地使用了"所有集合的集合"。

人们提出了许多方法来避免或消除矛盾,这些矛盾就像在弗雷格-戴德金-康托尔关于实数、连续性和无穷理论头上一连串开炸的炸弹。弗雷格、康托尔和戴德金严重受挫,灰心丧气地退出了战场。罗素提出了他的"恶性循环原则"作为补救措施:"任何涉及一类集合全体的东西都不能是其成员";后来他又提出了他的"可约性公理",这个公理现在实际上已经被抛弃了,这里就不再赘述。在一段时间内,这些修复性工作是非常有效的

(不包括德国数学家的看法,他们从来没有吞下那些矛盾的酸枣)。渐渐地,随着对所有数学推理的严格检查取得进展,旧药方被抛到一边,人们开始齐心协力,在施用新的灵丹妙药之前,找出无理数和实数系统病患中真正的病症所在。

目前理解我们的困难的努力源于 1899 年格丁根的大卫·希尔伯特(1862—1943)和 1912 年阿姆斯特丹的 L. E. J. 布劳威尔(L. E. J. Brouwer, 1881—1966)的工作。这两个人和他们的众多追随者都有一个共同的目标,那就是把数学推理建立在一个健全的基础上,尽管他们的方法和哲学在某些方面是尖锐对立的。这两个人似乎都不可能像他们各自所认为的那样完全正确。

作为其数学哲学的开始,希尔伯特回归到希腊。希尔伯特恢复了毕达哥拉斯的计划,即严格而完整地陈述一组公设,数学论证必须从这组公设出发通过严格的演绎推理进行。他使数学公设的展开比希腊人更加精确,并于 1899 年出版了他的经典著作《几何基础》的第一版。希尔伯特提出了一个希腊人似乎没有想到的要求,那就是:几何学的假设必须是自身相容的(即没有内在的、隐藏的矛盾)。要对几何学作出这样的证明,就必须证明,由这些公设发展而来的几何学中的任何矛盾,都意味着算术上的矛盾。因此,这个问题又被归结为证明算术的相容性,直到今天,这个问题仍然没有解决。

因此,我们又回到了要狮身人面像告诉我们什么是数的问题。为了解释令毕达哥拉斯困惑的数,戴德金和弗雷格都遁向无穷。戴德金用无穷类定义无理数,弗雷格以与一个给定类相似的所有类的类定义基数。希尔伯特也在无穷中寻求答案,并认为这是理解有穷所必需的。他非常坚定地相信,康托尔主义最终会从现在深陷的炼狱中得到救赎。"这(康托尔的理论)在我看来是数学思维最令人钦佩的成果,确实也是人类智力过程的最高成就之一。"但他也承认,布拉里-福尔蒂、罗素等人的悖论并没有得到解决。然而,他的信仰克服了所有的怀疑:"没有人能把我们从康托尔为我们创建的乐园驱逐出去。"

但就在这个兴奋的时刻,布劳威尔出场了,他强壮的右手里拿着一把可疑的燃烧着的剑。剧情在继续:戴德金扮演了亚当的角色,康托尔站在一旁充当夏娃,两人忧心忡忡地盯着处在不妥协的荷兰人严厉监视下的大门。布劳威尔说,希尔伯特提出的摆脱矛盾的公设化方法将达到其最终目的,不会产生矛盾,但"以这种方式将不会获得任何数学价值;一个没有矛盾障碍的错误理论,一样是错误的,正如一项不受惩戒法庭制约的有罪策略,一样是犯罪。"

布劳威尔反对其对手的"犯罪策略"的根据是一些新的东西——至少在数学上是这样。他反对无限制地使用亚里士多德逻辑,特别是在处理无穷集时,他坚持认为,当这种逻辑应用于不能在克罗内克意义上明确构造的集合时,必然会产生矛盾(必须给出一套程序规则,可藉以产生集合中的东西)。"排中律"(一个事物必须具有某种性质或一定不具有这种性质,例如在断言一个数是素数或不是素数时)只有在应用于有穷集时才合法。亚里士多德把他的逻辑设计为有穷集的一套工作规则,他的方法是基于人类对有穷集的经验,没有任何理由假设一个适用于有穷集的逻辑在应用于无穷集时将继续产生相容的(无矛盾的)结果。当我们回忆起无穷集的定义本身强调无穷集的一部分可以包含与整个集一样多的东西时(正如我们已经多次说明的那样),这种说法似乎是足够合理的,当"部分"指的是有些而不是全部时(正如在无穷集的定义中所出现的那样),这种情况在有穷集中绝不会发生。

在这里,我们看到了一些人所认为的康托尔实无穷理论的麻烦根源。根据集合的定义(如前所述),所有具有某种性质的事物被"联合"起来形成一个"集合"(或"类"),这个定义并不适合作为集合论的基础,因为该定义要么不是构造性的(在克罗内克的意义上),要么假定了一个凡人无法产生的可构造性。布劳威尔声称,在这种情况下,使用排中律充其量只是对命题的启发式指导,这些命题可能是正确的,却不一定是正确的,即使它们是严格应用亚里士多德逻辑推导出来的。他说,在过去的半个世纪里,许多错误的理论(包括康托尔的理论)一直矗立在这个腐朽的地基上。

这样一场数学思维基础的革命并非没有受到挑战。来自保守右翼的愤怒咆哮加速了布劳威尔的左翼激进行动。"外尔和布劳威尔的所作所为(布劳威尔是领导者,外尔是他的叛逆同伙)归根结底是在步克罗内克的后尘,"主张维持现状的希尔伯特说道,"他们要将一切他们感到麻烦的东西扫地出门,并开出一张禁单,以此来拯救数学。他们这样做的结果是肢解我们的科学,并冒着失去我们大部分最宝贵财富的风险。外尔和布劳威尔谴责无理数的一般概念、函数的一般概念甚至数论函数、康托尔的超穷数的一般概念,他们谴责无穷多个正整数有一个最小数的定理,谴责'排中律'(例如像'素数要么只有有限个,要么有无穷多个'这样的判断)。这些都是[他们]要禁止的定理和推理模式的例子。我相信,正如克罗内克不能废除无理数一样(外尔和布劳威尔确实允许我们保留一个残缺不全的躯干),他们的努力今天也同样不会成功。不! 布劳威尔的计划并不是一场革命,而只不过是重演一场枉费心机的暴动,这场暴动当初曾以更凶猛的形式进行,却以彻底失败告终。今天,通过弗雷格、戴德金和康托尔的工作,[数学]王国已经武装齐备,空前强固。布劳威尔和外尔的努力注定是徒劳的。"

对此,另一方只是耸耸肩作为回答,并继续执行其伟大而根本的新任务,即在比过去 2500 年里从毕达哥拉斯到魏尔斯特拉斯的人们所奠定的任何基础都更坚实的基础上重建数学(特别是分析的基础)。

当这些困难都被克服时——希望如此,数学将会是什么样子呢?只有先知或先知的第七个儿子才会把脑袋伸进预言的绳套里。但是,如果在数学的发展过程中有任何连续性的话——大多数冷静的观察者相信是有的——我们将发现,未来的数学将比我们或我们的前辈所知道的更广泛、更坚定,内容更丰富。

过去三分之一个世纪的争论已经为广袤无垠的数学科学增加了新的领域——包括崭新的逻辑学,而且新、旧领域正在迅速地融合协调。如果我们可以大胆地作一个预测,那就是,未来的数学将在各方面都更新鲜、更有生命力,更接近人类的思想和需求——比现在正在大力重新打造的东西更自由地向超越人类的"存在"寻求合理的解释。数学的精神是常青的。正如康托尔所说:"数学的本质在于它的自由";而目前的"革命",不过是这种自由的另一种表现。

* * *

> 困惑挫折,她工作不息,
> 心神疲惫,她愈发振作,
> 顽强的意志支撑着她,
> 双手制作,大脑思索,
> 她所有的忧郁都要化为劳作,
> 直到死亡,这友善的敌人用长矛刺向
> 那颗强大的心,
> 痛苦的战斗方告结束。

——詹姆斯·汤姆逊

(李文林　译)

人名索引

（按汉语拼音顺序）